窥探

文化真相

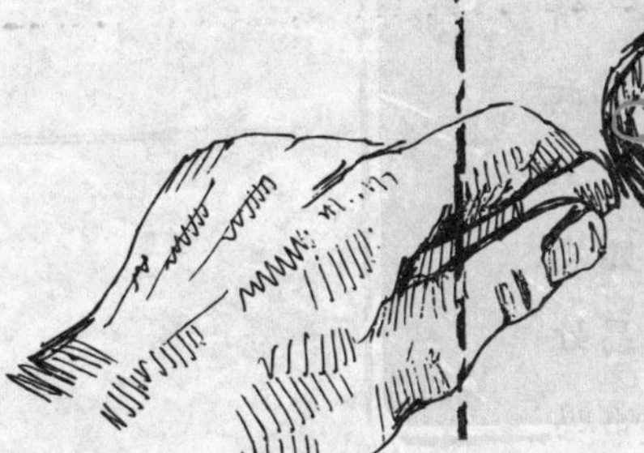

《文化真相》编辑部 ◎ 主编

北京·旅游教育出版社

编委会

主　编：山野卧龙
副主编：李银良　卫卫　马琳
编　委：（排名不分先后）

孙　沛	李鹏飞	刘　宝	李　怡
杜蒙蒙	滕婷婷	苑　城	罗凤琴
陈雪姣	杨晓东	赵一文	李　然
王军锋	周鸣敏	江　飞	王　欢
谌立军	陈代明	邓　阳	邓益香
谌雨霞	邓幸妮	洪　武	程　倩
邓琴书	王　超	梁　慧	夏鸥云
唐　璐	刘小波	闫颖慧	黄　玉
霍庆冬	罗　垠	潘吉钜	彭赠忠
杨成芳	雒岩卫	张　娟	曹昌虹
秦玉虎	张冬霞	赵东瑾	王雷鸣
宗　静	徐丽丽	李瑶瑶	宫　烁
江鑫淼	杜　慧	马　静	

前 言

子在川上曰:逝者如斯夫!回望历史,每一篇都是一段真实而精彩的过往,凝聚着多少文化烟云,汇集了多少人生悲喜……然而,在您看到的这些盛世、光辉的表象下,往往充满了鲜为人知的秘闻轶事、迷雾重重的文化之谜、百味杂陈的礼仪风俗、怪诞无比的幕后真相,以及纵横捭阖的军事谋虑:

过生日为何要吹蜡烛?为何是"吹牛皮"而不是"吹羊皮"?"宦官"和"太监"是否一回事?"大战三百回合"是战了多久?为何购物叫"买东西",不叫"买南北"?中国古代有没有"公费医疗"?中国古代也有试婚制度吗?哪个皇帝险些被宫女勒死……

通过这些一个个有趣的话题,您会发现:有多少您所耳熟能详的文化是不真实的?有多少您所崇拜的文化人物是虚构的?有多少您所根深蒂固的观念是歪曲的……

本书试图通过不为人知的宫廷秘闻、流传千年的礼仪习俗、百味杂陈的婚丧嫁娶、亘古不变的神话·宗教、纷繁复杂的称谓·指代、丰富多彩的俗语·典故、规范完备的典章制度、残酷严厉的刑罚、独具特色的教育·科举、纵横捭阖的军事·谋虑、等级森严的宫殿·王府·民居、别具风味的美食·特产、异彩纷呈的民族服饰、弥足珍贵的考古·文物、领先世界的天文·历法、传诵至今的名家·典籍、趣味横生的人名·地名、极具价值的书画·曲艺、极具休闲的体育·娱乐、陶冶情操的音乐·舞蹈、独领风骚的医药·科技等部分,为您打开已尘封千年的文化门窗,发现文化长河中的跌宕与传奇;为您从众多正史典籍、稗官野史以及民间传说中,钩沉文化的细节,搜寻文化深处的蛛丝马迹,重新揭秘那些被误传已久的经典定论;为您披露惊心动魄的文化真相,还原中华文化的本来面目。

本书内容浅显易懂,向您介绍的各种文化真相和文化之谜有着特殊的吸引力。我们尽量选取那些最具代表性、最容易引起人们兴趣的趣闻逸事,选取那些课堂上老师不会讲的文化故事、专家有意回避或语焉不详的文化尘封、丰富典故,逐一呈现给渴求精神财富的您。这些内容不但是您茶余饭后消遣的谈资,更是您了解中国文化文化的绝佳窗口。另外,书中还精心挑选了弥足珍贵的近600张精美图片,让您在趣味阅读中充分感受到中国文化的底蕴。

斯人已去,时光如水;千年往事,转眼成空,历史终究已成为历史……让我们一起去发掘文化碎片,重温那些或精彩、或血腥、或平淡、或曲折的文化画面,聆听那一曲曲壮丽无比的文化叹歌吧!

《文化真相》编辑部

总目录

第一篇　不为人知的宫廷秘闻……………………1
第二篇　流传千年的礼仪习俗……………………21
第三篇　百味杂陈的婚丧嫁娶……………………55
第四篇　亘古不变的神话·宗教……………………93
第五篇　纷繁复杂的称谓·指代……………………123
第六篇　丰富多彩的俗语·典故……………………159
第七篇　规范完备的典章制度……………………221
第八篇　残酷严厉的刑罚……………………245
第九篇　独具特色的教育·科举……………………261
第十篇　纵横捭阖的军事·谋虑……………………285
第十一篇　等级森严的宫殿·王府·民居…………309
第十二篇　别具风味的美食·特产…………………331
第十三篇　异彩纷呈的民族服饰……………………353
第十四篇　弥足珍贵的考古·文物…………………383
第十五篇　领先世界的天文·历法…………………401
第十六篇　传诵至今的名家·典籍…………………421
第十七篇　趣味横生的人名·地名…………………445
第十八篇　极具价值的书画·曲艺…………………467
第十九篇　极具休闲的体育·娱乐…………………493
第二十篇　陶冶情操的音乐·舞蹈…………………509
第二十一篇　独领风骚的医药·科技………………527

目 录

第一篇　不为人知的宫廷秘闻

古代皇帝真有"三宫六院七十二妃"吗	2
女主"临朝称制"是从谁开始的	3
为何称唐玄宗为"明皇"，杨贵妃为"太真"	3
明朝永乐帝为何要迁都北京	4
明十三陵是如何选址的	5
明朝16位皇帝，为什么北京只有"明十三陵"呢	5
何谓"金凤颁诏"、"金殿传胪"	6
东宫之主究竟是娘娘还是太子	7
明武宗为何禁止养猪	8
雍正帝为何不葬在钦定的皇陵	9
乾隆皇后为何死后"寄人篱下"	10
西宫娘娘为何葬在东边	11
清孝陵为何没被盗	13
哪个皇帝险些被宫女勒死	13
清朝皇子皇女为何多早夭折	15
古代皇帝如何给妃子发"工资"	16
光绪为何叫慈禧太后"亲爸爸"	17
慈禧为何被称为"老佛爷"	18
北京李莲英墓地有何独特之处	18
皇太极为何将国号改为"清"	19

第二篇　流传千年的礼仪习俗

古代女人为何要缠足	22
古人为何不能穿鞋子上殿	23
"拱手"与"作揖"有何区别	24
本命年扎红腰带有何由来	25
小孩满一周岁时为何要抓周	26
小孩为何要戴长命锁	27
为何要珍藏剃下的婴儿胎毛	28
"福"字为何要倒着贴	29
"男左女右"的习惯是如何形成的	30
"温锅"的习俗有何来历	30

过年为何要给"压岁钱"	31
除夕夜为何要吃饺子	32
春节为何要贴对联	33
春节为何要燃放鞭炮	34
除夕为何要"守岁"	35
古人是怎样拜年的	35
元旦的日期是怎样确定下来的	36
元旦饮"屠苏酒"的习俗如何	37
年初一为何"不吃稀"	37
正月十五"燃灯"、"赏灯"的习俗有何来历	38
吃元宵与东方朔有关系吗	39
为何"正月不剃头"	40
"二月二,龙抬头"有何由来	41
清明踏青扫墓的习俗是怎么来的	42
"寒食节"为何不允许生火做饭	43
端午节只是为了纪念屈原吗	44
七夕"乞巧"有何来历	44
中元节为何被称为"鬼节"	46
重阳节为何要登高饮酒,插茱萸辟邪	46
冬至节不吃水饺,真会冻掉耳朵吗	47
腊八节为何要喝"腊八粥"	48
中国人为何酷爱红色	49
黄色为何被皇家垄断	50
药罐子为何只能借,不能还	51
过生日为何要吹蜡烛	52
古人送别时为何要折柳枝	52
古人祝寿时为何要送寿桃	53

第三篇　百味杂陈的婚丧嫁娶

大红"囍"字有何来历	56
古时政府为何鼓励早婚	57
男女婚配为何要"合八字"	57
古时没有出嫁的女子为何被称为"黄花闺女"	58
"千里姻缘一线牵"中"牵线的人"指谁	59
"小丈夫大媳妇"——童养媳风俗从何而来	60
关中为何把媳妇叫"屋里人"	61
为什么结婚又被称为"入洞房"	61
古时待嫁女孩为何又被称作"待字闺中"	62
古时为何把未婚女子称为千金	63
古时新娘成亲为何要蒙上红盖头	64
"闹洞房"的习俗有何来历	65
夫妻为何又称"两口子"	66
中国古代也有试婚制度吗	67
古人离婚后有无"离婚证"	68
"东床快婿"有何来历	70
女婿为何又叫"乘龙快婿"	70
岳父、岳母为何又称"泰山"、"泰水"	71
"糟糠之妻"的说法有何由来	72
新娘出嫁为何要自动敲掉牙	73

"三皇五帝"知多少	97
"夸父追日"有何传说	98
共工为何发怒撞倒不周山	100
大禹是如何治水的	101
后羿射日有何传说	101
玉皇大帝是谁	103
王母娘娘是如何与玉皇大帝结为夫妻的	104
观音菩萨最初的形象是男还是女	105
为何有男戴观音女戴佛的传说	106
"雷公"和"电母"有何来历	107
吴刚伐桂的传说知多少	108

"婚姻"二字有何来历	74
婚纱为何多是白色	75
为何再婚所带的孩子被称为"拖油瓶"	76
清代八旗女子为何不允许自己擅自婚配	77
光绪皇帝是如何为自己选秀女的	78
古代女子是如何入宫的	78
原配夫妻为何又被称作"结发夫妻"	79
"喝交杯酒"仪式有何来历	80
"度蜜月"有何来历	80
神秘的摩梭人走婚习俗知多少	81
姑娘"哭嫁"的习俗知多少	82
古人对"死"有哪些称谓	83
古代特别的下葬方式知多少	84
老人死后,亲人为何要披麻戴孝	85
"阴婚"的习俗有何来历	87
"招魂"、"送魂"有哪些仪式	87
"守灵"仪式知多少	88
"入殓"仪式有哪些习俗	89
祭祖先为何要"烧包袱"	90
"接三"仪式知多少	91

"二郎神"是谁	109
关羽是如何变为"关帝爷"的	110
古人为何经常到"龙王庙"求雨	111
"八仙过海"的传说有何来历	112
猪八戒为何又称"八戒"	113
佛教为何偏爱莲花	114
"和尚"有何由来	115
和尚为何要敲木鱼	116
和尚为何自称"老衲"	116
和尚为何要烧戒疤	117
"阿弥陀佛"有何寓意	118
为何称佛祖为"如来"	118
为何出家的僧人、道士被称为"方外人士"	119
为何出家要"剃度"	119
"阿门"一词有何来历	120
"大千世界"、"西方极乐世界"各有何意	120
过小年祭灶神时为何献"灶糖"	122

第四篇 亘古不变的神话·宗教

盘古是如何开天辟地的	94
女娲是怎样捏土造人的	95
汉字真是仓颉创造的吗	96

第五篇　纷繁复杂的称谓·指代

中国人为什么自称"炎黄子孙"　124
"皇帝"的称号是怎么来的　124
皇帝何时被称为"万岁"　125
皇帝为何自称"寡人"、"朕"、"孤"　127
皇帝为何被大臣称为"陛下"　127
皇帝为何称皇后为"梓童"　128
皇帝的坟墓为何称为"陵"　129
为何太后自称"哀家"　130
公主的丈夫为何称"驸马"　131
两姊妹的丈夫为何被称"连襟"　132
两兄弟的妻子为何被称"妯娌"　132
为何女英雄被叫作"巾帼英雄"　133
"河东狮吼"为何是凶悍老婆的代名词　134
为何知识分子被称为"老九"　135
为何古人称公婆为"舅姑"　136
为何古人称妻子为"拙荆"、"贱内"　137
为何古人称学生为"桃李"　137
为何把容易犯傻的人称为"二百五"　139
怀孕为何称"身怀六甲"　140
媒婆为何称"红娘"　140
接生婆为何又叫"稳婆"　141
"哥哥"最早是称呼谁的　142
"姐姐"最初是母亲的别称吗　143
"老公"、"老婆"的称呼起于何时　143

"先生"、"太太"的叫法有何来历　144
人有"三急"指哪"三急"　145
单身汉为何被称为"王老五"　146
古代平民为何被称为"匹夫"　147
"同志"一词有何来历　148
"领袖"一说有何由来　149
"主席"一词与坐席有关吗　150
"两面派"一词有何来历　151
为何把接待或宴客的主人称"东道主"　151
为何小气的人被讽为"吝啬"　152
"下榻"一词有何来历　153
为何把夫妻失散或决裂后重新团聚与
　和好叫"破镜重圆"　154
为何上厕所又叫"出恭"　155
名人为何常被称为"大腕"　155
"马大哈"的说法有何由来　156
小偷为何被称为"三只手"　157
为何海外华侨被称为"海外赤子"　158

第六篇　丰富多彩的俗语·典故

"一不做二不休"有何来历　160
"一朝被蛇咬,十年怕井绳"有何典故　162
"一寸光阴一寸金",为何用"寸"
　形容光阴　162
"一人得道,鸡犬升天"出自哪里　163
"一问三不知"有哪"三不知"　164
"做一天和尚撞一天钟"为何成了
　"得过且过,混日子"的代名词　165

"剃头刀子一头热"原指何意	166
"三句话不离本行"有何故事	167
"三个臭皮匠",真能"顶个诸葛亮"吗	168
为何说"无事不登三宝殿"	169
为何把不务正业的人称为"不三不四"	170
"不管三七二十一"有何由来	170
"新官上任三把火"指哪"三把火"	171
"三寸不烂之舌"有何典故	172
为何做事技艺不精被称为"三脚猫"	173
"四面楚歌"有何来历	174
"八字没一撇"出自哪里	175
"半斤"、"八两"为何会"差不多"	176
"不是冤家不聚头"出自何处	177
"不见棺材不落泪"出自哪里	178
为何说"寡妇门前是非多"	178
"成也萧何,败也萧何"有何来历	179
"临时抱佛脚"有何来历	180
"敲竹杠"何意,有何来历	181
为何是"吹牛皮"而不是"吹羊皮"	182
"拍马屁"有何典故	183
"六亲不认"指哪"六亲"	184
女人的细腰为何被称为"小蛮腰"	185
为何将消极怠工称为"磨洋工"	186
"杀鸡给猴看"有何来历	186
为何将占女孩便宜称为"吃豆腐"	188
"半路上杀出个程咬金"有何来历	189

为何说"不是一家人,不进一家门"	189
"上有天堂,下有苏杭"出自何处	190
为何说"不撞南墙不回头"	191
为何说"狗嘴里吐不出象牙来"	192
"黄粱一梦"究竟是什么梦	193
"南柯一梦"有何来历	194
"大水冲了龙王庙,一家人不认一家人"有何来历	195
"天衣"是否真"无缝"	196
"破天荒"有何寓意	196
"穿小鞋"有何来历	197
"宰相肚里"真能"撑船"吗	197
"不入虎穴,焉得虎子"指的是谁	199
"替罪羊"有何来历	200
第一个被看成"眼中钉"的人是谁	201
"千夫所指"的"千夫"指何人	202
"看破红尘"的"红尘"是什么	203
"哪壶不开提哪壶"有何寓意	204
为何是"才高八斗"而不是"才高九斗"	205
"百闻不如一见"有何由来	205
"好事不出门,恶事传千里"有何典故	206
为何说"儿大不由爷,女大不由娘"	207
为何把辞退、解雇称"炒鱿鱼"	208
"树倒猢狲散"出自何处	209
"死马当做活马医"有何典故	210
"阳关道"、"独木桥"各指什么	211
"上梁不正下梁歪"有何来历	212
为何将年纪大尚有风韵的妇女称"半老徐娘"	213

"福无双至,祸不单行"有何由来	214
"说风凉话"有何典故	214
"耳旁风"是什么"风"	215
"闭门羹"是什么"羹"	216
"快刀斩乱麻"有何典故	217
"逐客令"源于何事	218
"坐山观虎斗"有何典故	219
为何是"红得发紫"而不是"发黑"	220

第七篇　规范完备的典章制度

古代朝堂上为何文官站右,武官站左	222
古代官府为何叫衙门	222
古代县官为何被称为"知县"、"父母官"	223
衙门的公堂上为何要挂"明镜高悬"大匾	224
宦官制度是否为中国独有	225
太监主要来源有哪些	226
"宦官"和"太监"是否一回事	228
古代宫廷太医当差有多难	228
"九品中正制"最早是由谁创立的	229
古人告状击鼓鸣冤何有典故	231
翰林是何官衔,翰林院是做什么的	232
古代官员是如何"上班"的	233
古代的"国之大典"指哪一项典礼	234
古代官员如何休假	235
古代官员能退休吗	236
"太子洗马"真的和太子有关系吗	237
"知府"与"知州",究竟谁官职更大	238

"巾帼第一首相"是谁,有何传奇	239
究竟何人才能乘坐"八抬大轿"	240
清代的"贝勒"是官吗	241
大学士为何称"中堂"	241
"宰相"和"丞相"是一回事吗	243
"秘密建储"制度有何来历	244

第八篇　残酷严厉的刑罚

"推出午门斩首"是真的吗	246
古代犯人为何一般都在秋后处决	246
"监狱"和"班房"有何区别	246
"三堂会审"指哪"三堂"	248
古代执行死刑为何选在午时三刻	249
"王子犯法"真的"与庶民同罪"吗	249
"刑不上大夫"真的得到贯彻执行了吗	251
一般说"诛九族",有"诛十族"的刑罚吗	252
砍头为何被称为"枭首"	253
"凌迟"之刑如何残忍	254
"七出"之罪指哪"七出"	255
宋代的"刺配"属什么刑罚	256
"廷杖"是何刑罚	257
古代都有哪些刑具	258
为何要给犯人剃光头	259
清代处决犯人为何要到菜市口	260

第九篇　独具特色的教育·科举

中国最早的学校叫什么	262

第十篇　纵横捭阖的军事·谋虑

古代投降为何举白旗	286
"三军未动,粮草先行"中的"三军"指什么	287
我国古代有海军吗	288
参军为何也叫"入伍"	289
苏秦和张仪,谁的舌头更厉害	290
刘备为何不重用赵云	291
刘备是否真"皇叔"	292
刘关张真的"桃园结义"了吗	293
关羽真的"斩颜良、诛文丑"了吗	294
关羽"华容道义释曹操"是真的吗	295
"草船借箭"的真正主人公是谁	296
诸葛亮真的用过"空城计"吗	297
诸葛亮的"木牛流马"知多少	298
赤壁之战曹操真是败于火攻吗	299
"大战三百回合"中的回合是怎么计算的	300
"八百里加急"究竟有多急	301
宋朝宦官童贯为何能成为最高统帅	302
八十万禁军教头究竟是多大的官	303
杨家将中确有佘太君、穆桂英其人吗	304
宋高宗为什么连下十二道金牌召岳飞回来	306
清代八旗有哪"八旗"	307
总督、都督、提督的职责各有何区别	308

科举制度是怎样形成的	262
中国历史上第一个、最后一个状元是谁	263
中国历史上最老的状元、最年轻的状元是谁	265
为何科举考试中的第三名称为"探花"	266
为何取得科举第一名被称为"独占鳌头"	267
何谓"连中三元"	267
科举制度中出现过女状元吗	268
历代各出现过多少状元	269
什么叫"五行状元"	271
我国大陆现存唯一的状元试卷是谁的	271
历代进士人数知多少	272
参加科考的考生都用什么方法作弊	273
清代乡试是怎样防止考试作弊的	275
清代科举考试中的童试要经过哪几次考试	277
清代哪些人可以进入国子监学习	277
清代乡试何时何地举行	278
什么叫公车赴试	279
会试主考官是怎么选定的	279
清代殿试是怎样进行的	280
清末发生过哪几次科场大案	281
"师范"一词有何来历	284

第十一篇　等级森严的宫殿·王府·民居

古代有钱人为何也住不上豪宅　310
皇家建筑为何多用黄色和红色　311
古代建筑的屋脊上为何会装饰一些
　走兽　312
"胡同"名称有何由来　313
"八大胡同"为何成了老北京烟花
　柳巷的代名词　314
上海的弄堂和北京的胡同有何不同　314
四合院是如何设计与布局的　315
紫禁城的房屋真有九千九百九十九
　间半吗　316
故宫前三殿为什么不种树　316
紫禁城过去为什么不设厕所　317
昔日紫禁城如何取暖、消暑　317
昔日紫禁城如何照明、排水　318
天安门城楼的设计者是谁　319
天坛因何而建　319
为何说"天坛走一走,到处都是九"　320
中国现存最完整的清代王府是哪一座　321
清初八大"铁帽子王"及王府知多少　321
清朝最后两位皇帝为何均出生于
　醇王府　322

张氏帅府的"小青楼"因何得名　323
清朝为何要修建承德避暑山庄　324
为何将城楼上的墙垛称为"女墙"　324
乔家大院在乱世中是怎样保存完好的　325
修筑长城究竟征发了多少劳力　326
福建客家土楼是如何闻名的　327
吊脚楼有何特色　327
摩梭人的木楞子房有何结构　328
陕北的窑洞是如何修建的,有何特色　329

第十二篇　别具风味的美食·特产

"筷子"真是大禹发明的吗　332
"狗不理"包子何以闻名　333
究竟是宫保鸡丁还是宫爆鸡丁　333
东北人为何称葵花子为"毛嗑"　334
究竟是"买单"还是"埋单"　335
"元宵"和"汤圆"是一种东西吗　335
油条的来历与秦桧有关吗　336
"馒头"有何来历　337
京菜为何进不了八大菜系　339
"满汉全席"有多大规模　340
"一日三餐"的说法有何来历　340
臭豆腐为何还有个雅名——"青方"　341
"驴打滚"和香妃有关系吗　342
"涮羊肉"是怎样来的　343
"老婆饼"有何来历　344

"东坡肘子"由何而来	345
"夫妻肺片"因何得名	345
"佛跳墙"有何来历	346
"叫花鸡"真的和"叫花子"有关吗	347
景泰蓝因何得名	347
"泥人张"为何被称为"天津一绝"	348
陕北剪纸为何能让老外垂青	349
为何购物叫"买东西",不叫"买南北"	350
"唐三彩"是三种颜色吗	350
中国"四大名绣"有哪些	351
"云锦"和云有关吗	352

第十三篇　异彩纷呈的民族服饰

我们祖先是从何时开始穿衣服的	354
"衣"和"裳"有何区别	354
"冠冕堂皇"由何而来	355
秦朝穿衣以什么颜色最尊贵	356
为何皇帝的龙袍上要绣九条龙	356
中国是从哪一个皇帝开始穿黄袍的	357
哪几类人可以穿黄色马褂	358
"乌纱帽"为何成为官宦的代名词	359
为何宋朝官帽上有两根长翅	359
"留仙裙"有何来历	360
"背心"有何由来	361
女孩前额的头发为什么叫"刘海"	362
女子为何喜欢"戴耳环"、"戴耳坠"	363
唐代女子服饰有什么特点	364
唐装与"马褂"有什么关系	365
旧时女子出嫁为什么穿凤冠霞帔	366
明代皇帝的龙袍为何以红色为尊	367
"旗袍"有何来历	367
"一幅壮锦"有何传奇故事	369
苗服为何被称为"无字史书"	370
苗族人为何如此酷爱银饰	371
德昂族的姑娘为何要佩戴"腰箍"	372
彝族姑娘为何戴"花包头"	372
彝族女子为何喜欢戴护心帕	373

白族姑娘为何喜欢戴凤凰帽	374
白裤瑶服装中的白裤有什么来历	376
仫佬族的"麦秆帽"知多少	376
京族的传统服饰为什么是越南的国服	377
独龙族女子独特的身体毁饰——	
"文面"知多少	378
回族人为什么喜欢戴无檐小白帽	379
清代官员为何要戴顶戴、花翎	379
瓜皮帽是怎样流行起来的	381
世界上第一套中山装是由谁设计裁制的	382

第十四篇　弥足珍贵的考古·文物

甲骨文为何被称为"汉字之祖"	384
钟鼎文为何又叫金文	385
被誉为世界上唯一活着的古文字是	
哪种文字	386
秦代的钱币为何是"天圆地方"的	387
"元宝"与"通宝"有何区别	388
司母戊鼎为何更名为"后母戊鼎"	389
三星堆文化遗址为什么被誉为"长江	
文明之源"	390
武侯祠的"三绝碑"有何由来	390
"鸳鸯七志斋"有何由来	391
定陵出土的帝后尸骨现存何处	391
乾隆皇帝为什么要把玉玺定为25颗	392
紫禁城的"大禹治水玉山"有何传奇	392
世界上最大的石刻佛像是哪一尊	393

十二生肖中为何无猫，为何以鼠为首	412
中国为何把一周称为"星期"	413
是谁最早发现了木星的卫星	414
"算圣"指何人	415
"老黄历"与"老皇历"有何区别	416
"七月流火"是说七月天气很热吗	416
为何说"十五的月亮十六圆"	417
"魁星"有何传说	418
日晷究竟如何计时	419

第十六篇　传诵至今的名家·典籍

历史上第一部字典是什么	422
孔子为何被称为"圣人"	422
孔子、老子见过面吗	423
孟子为何被称为"亚圣"	424
吕不韦为何被秦王称为"仲父"	425
"竹林七贤"指哪"七贤"	426
"大李杜"和"小李杜"各指谁	427
初唐四杰指哪"四杰"	429
李白为何被称为"诗仙"	430
王维为何被称为"诗佛"	431
杜甫为何被称为"诗圣"	431
白居易为何被称为"诗魔"	432
李贺为何被称为"诗鬼"	432
"三曹"和"三苏"都是一家人吗	433
辛弃疾是文武全才吗	434
《百家姓》是如何排序的	435

敦煌莫高窟为什么被称为"东方艺术明珠"	393
"马踏飞燕"是在何地出土的	394
天下第一壶指的是什么	394
我国最古老的吹奏乐器是什么	395
端砚为什么被称为"天下第一砚"	395
宣纸为什么被称为"千年寿纸"	396
中国最早的钱币是什么	396
中国现存唯一的古代金简是什么	397
被誉为"青铜之冠"的是什么	398
中国使用时间最短的钱币是什么	399
毛公鼎有何传奇	399
金缕玉衣的主人是谁	400

第十五篇　领先世界的天文·历法

世界上最早测量地球的人是谁	402
天为何叫"九天"	402
"北斗"的名称有何来历	403
"黄道吉日"中的"黄道"是怎么来的	404
阴历和阳历有何由来	405
万年历有何来历	407
"黑洞"是怎样形成的	407
"白虹贯日"是一种什么天象	409
"天狗食月"是什么自然现象	410
"彗星袭月"是何现象	411
中国现在保存完好的最早的天文台在何处	411

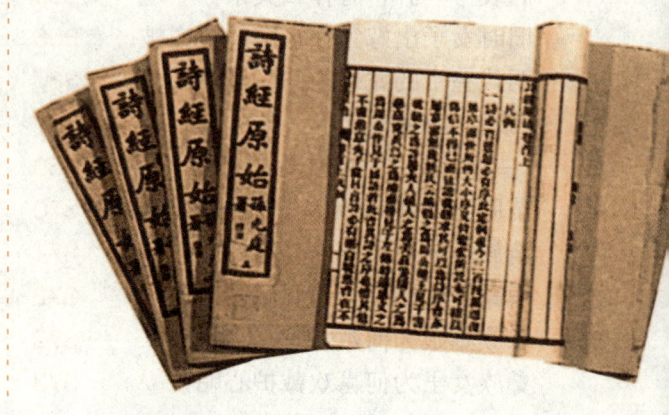

"三通"、"四史"指哪些书	435
四大奇书指哪"四奇"	437
"六书"指的是六本书吗	438
《诗经》是孔子删减编纂的吗	440
《左传》是出自左丘明之手吗	441
《楚辞》是屈原一个人写的吗	442
《金瓶梅》的作者兰陵笑笑生究竟是谁	442
《红楼梦》的名字有何来历	443
蒲松龄为何要写《聊斋志异》	444

第十七篇　趣味横生的人名·地名

古人为何给孩子取"狗剩"之类的贱名	446
孔子的名字有何来历	446
"鸱夷子皮"是谁的名字	447
"鬼谷子"的名字有何由来	448
荆轲的名字有何来历	448
屈原的名字有何寓意	449
曹操为什么又被称作曹阿瞒	450
关羽姓关吗	451
李白的名字有何来历	452
欧阳修为何自称"醉翁"与"六一居士"	452
苏轼为何又被称为"东坡居士"	453
陆游的名字、别号有何来历	454
成吉思汗的名、号是如何来的	454
施耐庵的名字有何来历	455
朱元璋的名字有何来历	456
徐渭为什么改字"文长"	457
曹雪芹的名字有何来历	457
李时珍的名字有何传说	458
林则徐的名字有何由来	459
孙文为何又被称作"孙中山"	459
"冯玉祥"之名及称号有何由来	460
"鲁迅"是真实人名吗	461
香港的名字有何来历	461
秦皇岛地名有何传说	462
南京为何又被称作"金陵"	463
罗布泊的名字有何由来	463
桂林的名字有何来历	464
长沙的名字是怎样来的	465
成都因何得名	466

第十八篇　极具价值的书画·曲艺

"三希堂法帖"知多少	468
"石鼓文"是何文字	469
"草圣"是何许人	471
王羲之为何被称为"书圣"	472
为何将吴道子称为"画圣"	473
什么作品被誉为"天下第一行书"	474
"铁门限"一词有何来历	475
为何绘画又叫"丹青"	476
"颜筋柳骨"是什么意思	477
为何将宋徽宗书法称为"瘦金书"	478
为何将郑板桥的书法称为 　"六分半书"	478
为何将苏轼的书法称为"石压蛤蟆"	479
何时将笔墨纸砚称为"文房四宝"	480
古代壁画主要绘制在哪些场所	481
扬州八怪指哪"八怪"	482
哪一剧种被称为"百戏之祖"	484
京剧是怎样形成的	485
川剧是如何形成的	486
四大徽班指哪四个戏班	487
"压轴戏"是最后一出戏吗	488
"花架子"指什么，有何来历	489
戏曲艺人为何又称"梨园弟子"	490

"票友"有何来历	491
干杂活为何叫"跑龙套"	492

第十九篇　极具休闲的体育·娱乐

五子棋是怎样起源的	494
围棋源于何时	494
围棋为何黑子先行	495
象棋是怎样起源的	496
象棋上的"楚河汉界"是怎样来的	497
斗鸡的游戏源于何时	498
斗蟋蟀源于何时	499
究竟是"荡秋千"还是"荡千秋"	500
纸牌起源于什么娱乐活动	501
古人如何行酒令	501
古人如何踢"足球"	502
古人如何打马球	503
古人如何拔河	504
古人如何跳绳	505
"五禽戏"由谁所编创	506
"太极拳"和张三丰有关吗	507
"南拳北腿"中的"南拳"出自何处	508

第二十篇　陶冶情操的音乐·舞蹈

编钟是一种什么乐器	510
"磬"是一种什么乐器	511
中国最早的弦乐器是什么	512
"知音"的说法源于何处	513
"木鱼"是乐器吗	515
"山歌"是一种什么歌	515
"靡靡之音"是一种什么音乐	516
让孔子"三月不知肉味"的是什么音乐	518
春秋时期没有长眼睛的乐师是谁	520
陕北民歌"信天游"有何特色	521
"琴仙"为何人	522
"古琴"和"古筝"有何区别	523

"霓裳羽衣曲"的作曲是唐明皇吗	524
"六代乐舞"指的是什么	525

第二十一篇　独领风骚的医药·科技

《黄帝内经》真是黄帝所作吗	528
医生称"大夫"始于何时	529
中国古代有没有女医生	530
中国古代有没有"公费医疗"	532
"太医"和"御医"是否一回事	533
"悬丝诊脉"真的可以判断病情吗	535
记载"天花"的第一人是谁	537
谁被称为"外科鼻祖"	538
中医为何被称为"岐黄之术"	539
行医为何又称作"悬壶济世"	541
"杏林"为何成为医药界的代名词	542
到药店买药为何称"抓药"	542
中药店为何多称"堂",有何典故	543
"蒙汗药"和"麻沸散"究竟谁更厉害	544
中国最早的太医署有何用途	545
经络学是如何形成的	546
"拔火罐"的疗法始于何时	547
"刮痧疗法"始于何时	548
为何将走访医生称为"铃医"	548
清代宫廷如何治病用药	551
造纸术真是蔡伦发明的吗	551
指南针为何指北却叫"指南针"	553

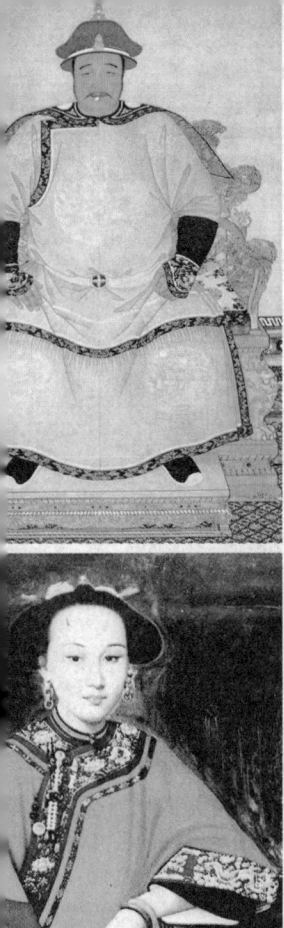

第一篇
不为人知的宫廷秘闻

皇帝到底应该有多少妃嫔,在清代以前并没有明确的规定。

古代皇帝真有"三宫六院七十二妃"吗

中国古代民间流传着皇帝有"三宫六院七十二妃"的说法,这是真的吗?其实,这种说法并不确切。"三宫六院"倒是有的,"三宫"指乾清宫、交泰殿、坤宁宫等后三宫;六院指东西六宫,但"七十二妃"却是一个模糊的数字。皇帝到底应该有多少妃嫔,在清代以前并没有明确的规定。

夏商时期,后妃等级的区分比较模糊,统治者的配偶都统一称为"妃"。周朝时,后妃制度就初具规模了。《周礼》规定:天子立一后,三夫人,九嫔,二十七世妇,八十一御妻。共121人。此后历朝历代后宫的人数、皇妃的称谓等虽有了改变,但等级框架大体依此为基础。

秦朝开创了"皇后"这一称谓的先河。汉代对于皇帝祖母的太皇太后称号、皇帝母亲的太后称号做出了明确规定。从此,"母后"这一称号就世代相传下来。另外,汉代还开创了嫔御制度,使昭仪、婕妤、美人、良人等后妃称号出现。曹魏时期的后妃共有十二个等级,且其称号极具浪漫的文学气息,如:贵嫔、夫人、淑妃、淑媛、昭仪、昭华、修容、修仪、婕妤、容华、美人、良人等。隋唐时期的后宫等级趋于完善,后宫人数有了明显增加。元明清时期后妃的等级又趋向简略,如元代只设有皇后和妃两个等级,而且皇后的人数不仅局限为一人;明代设皇后、皇贵妃、贵妃、妃、嫔五级;清初皇太极仿效元朝,设后宫五妃。以后各朝又规定后宫十四个"主位":皇后一人、皇贵妃一人、贵妃二人、妃四人、嫔六人。除此之外,还有没有确定数额的答应、常在等。

乾隆香妃

光绪珍妃

尽管有以上规定，但具体到每位皇帝，后妃数目还是不一样的。在清朝的十位皇帝中，康熙皇帝的后妃最多，共有五十五位；光绪皇帝的后妃最少，只有三位，就是我们多次提到的隆裕皇后、珍妃、瑾妃。

> 在清朝的十位皇帝中，康熙皇帝的后妃最多，共有五十五位；光绪皇帝的后妃最少，只有三位……

女主"临朝称制"是从谁开始的

封建时代，在嗣君年幼，无法亲自听政的时候，往往由皇后、皇太后或太皇太后等女性统治者临朝听政，代理皇帝权力，称为"临朝称制"。中国历史上最早"临朝称制"的女主是战国时期的秦国的宣太后芈八子。宋代陈师道《后山集》（卷二二）云："母后临政，自秦宣太后始也。"

芈八子（？—前265）是来自楚国的姬妾，芈是楚国的国姓，而八子是她的封号。她是秦惠文王的妃子、嬴稷（秦昭王）的母亲。在秦惠文王逝后，由惠文王后所生的嬴荡（秦武王）即位。芈八子和儿子嬴稷在王后和新君秦武王的合谋下，被送去燕国当人质。武王在位三年，意外薨逝。芈八子在燕国的支持下，果断地联络了自己的异父长弟魏冉，拥立嬴稷。历经了三年的"季君之乱"后，嬴稷终于登上了王位的宝座，史称秦昭襄王。芈八子因此成为王太后，从此开始了长达四十一年的临朝称制。在其执政期间，秦国政局较为稳定，国力大大增强。

第一个正式临朝称制的吕雉

中国封建王朝第一个正式临朝称制的女性是西汉高祖刘邦的皇后吕雉。汉高祖刘邦死后，太子刘盈继位，是为惠帝。刘盈自元年起即因"人彘"事件生病，不再理政，在位七年而崩。班固的《汉书·高后纪》记载："（汉）惠帝崩，太子立为皇帝，年幼，太后（吕雉）临朝称制，大赦天下。"吕后执政期间，继续奉行汉高祖以来"休养生息"的政策，政治局面基本稳定，经济得到发展，为其后的"文景之治"奠下基础。

为何称唐玄宗为"明皇"，杨贵妃为"太真"

唐玄宗李隆基是唐太宗李世民的曾孙，唐高宗李治和武则天的嫡孙，唐睿宗李旦的第三子，母窦德妃，生于垂拱元年（685年），公元712年至756年在位。他在位期间，开创了唐朝乃至中国历史上最为鼎盛

> 杨贵妃原名杨玉环。相传她有"闭月羞花之貌，沉鱼落雁之容"，与西施、王昭君、貂蝉并称为中国古代四大美女。

《华清出浴图》中的杨贵妃

的时期，史称"开元盛世"。但他在位后期（天宝十四年），爆发了安史之乱，使得唐朝国势逐渐走向衰落。宝应元年（762年）驾崩。

对古代皇帝的称法有以谥号称的，有以庙号称的，亦有以年号称的。唐以前多以谥号称，宋以后多以庙号称，明清以降，一般一个皇帝只有一个年号，往往用年号称呼他们。李隆基驾崩后，庙号玄宗，谥号为"至道大圣大明孝皇帝"。因此后人也简称他为明皇、唐明皇。

杨贵妃原名杨玉环。相传她有"闭月羞花之貌，沉鱼落雁之容"，与西施、王昭君、貂蝉并称为中国古代四大美女。杨玉环出身于宦门世家，天生丽质，精通音律，擅长歌舞，并善弹琵琶。开元二十二年（734年），他成为唐玄宗十八子寿王李瑁之妃。开元二十八年（740年）十月，宦官高力士把杨玉环带入温泉宫。玄宗见之，对她一见钟情。但因份属翁媳，为掩人耳目，玄宗以为自己的母亲窦德妃荐福为由，令杨玉环出家为道姑。《旧唐书·后妃传上·玄宗杨贵妃》云："时妃衣道士服，号曰'太真'"。天宝四年，杨氏正式被玄宗册封为贵妃，并得到唐明皇的重宠。其父兄均因此而得以势倾天下。人们便用她的道号称其为杨太真。

明朝永乐帝为何要迁都北京

> 为维护北部边疆的稳定，造福子孙后代，永乐朱棣决定迁都北京。

明朝建立后，最初定都南京。1406年，永乐朱棣下令营建北京。1421年，紫禁城建成后，永乐朱棣决定把都城迁往北京。那么，朱棣为什么迁都北京呢？其原因主要有以下几点：

（1）元朝灭亡后，其后裔经常骚扰北方，为维护北部边疆的稳定，造福子孙后代，永乐朱棣决定迁都北京。

（2）北京是燕王朱棣的发迹之地，其起事时的宿将谋臣，功成之后难免有恋乡之情；另一方面，其"靖难之举"，

明成祖朱棣

虽"义正词严",难免有失忠、恕、仁、义之嫌,他始终有一种不安的心理。因此离开南京,将京师建在自己熟悉的北京,心理上亦得到某种平衡。

（3）北京地处联系中原、西北、东北的枢纽要地,战略地位重要。

> 因永乐皇帝朱棣笃信风水,所以明十三陵光选址就历时两年之久。

明十三陵是如何选址的

因永乐皇帝朱棣笃信风水,所以明十三陵光选址就历时两年之久。相传当时选了很多地方,最后因种种原因没有被选用。据说当年一代风水大师廖均卿,最先找到的是一个叫屠家营的地方。但因皇帝姓朱,朱和猪同音。朱棣认为猪一旦进了屠户的家,除伸长了脖子挨宰,还能有什么好事,立马否决。后来选定了京西的潭柘寺。但因那里的群山狭窄幽深,不利于子孙万代的发展,所以没被采用。又一处选在怀柔的羊山脚下,羊和猪总可以相安无事了吧,可山后却偏偏有个村子叫"狼儿峪"。猪的旁边有狼盯着梢,能不危险？也未被采用。再一处是门头沟区的"燕家台","燕家"谐音皇帝死称"晏驾",太不吉利,又遭到否定。最后选定了昌平县的黄土山。朱棣亲往视察时,看见山前有座叫康家坟的村子,西边有个橡子岭山,而东面的河套叫做汧水河。便认为猪到了这里,有糠（康）、橡子吃,还有汧（干）水喝,这可是朱家万世发展的吉地,遂被认定为陵址。于是当即下旨,定黄土山为"万年吉壤"。恰好这一年是明成祖五十大寿之年,遂封其山为"天寿山"。

朱棣选址十三陵蜡像

明朝16位皇帝,为什么北京只有"明十三陵"呢

这是因为永乐皇帝朱棣兴建陵墓,是从迁都北京后才开始的。所以,他前边的两个皇帝,当然没葬在北京明十三陵。开国皇帝明太祖朱元璋死的时候葬于南京,其陵寝就是南京明孝陵。建文帝朱允炆做皇帝不久,其四叔燕王朱棣经"靖难之役"夺得皇位。朱允炆有说从皇城的角门逃之夭夭,有说被烧死,下落不明。他不仅在北京没有陵墓,即便在南京也没有陵墓。

公元1449年,蒙古瓦剌首领进犯,明英宗朱祁镇亲征,大败,成了

> 就这样明朝16帝有两位葬在别处,一位下落不明,只有13位葬在天寿山,所以称"明十三陵"。

明景帝朱祁钰

蒙古人的俘虏。因宫中无主，朱祁镇的弟弟朱祁钰在太后的旨意和大臣的支持下即了帝位，史称明景帝。后明英宗被放回，在心腹党羽的策划下，经"夺门之变"，其复辟又做了皇帝，遂把景帝废为郕王。景帝丢失了皇位，死后也就不能按皇帝的身份葬入皇家的明十三陵，而是葬在了京郊的西山。就这样明朝16帝有两位葬在别处，一位下落不明，只有13位葬在天寿山，所以称"明十三陵"。

何谓"金凤颁诏"、"金殿传胪"

"金凤颁诏"：是指明清时期重大庆典时皇帝颁发诏书举行的颁诏仪式。明朝颁诏时，用一根龙头竿系彩绳顺墙而下。到了清代，颁诏仪式更加复杂。工部预先在天安门正中垛口设置备有黄案的宣诏台。宣诏后，百官行三跪九叩大礼。之后由奉诏官把诏书卷好，衔放在木雕金凤口中，用黄丝绳悬吊"金凤"从垛口正中徐徐放下。城楼下有礼部官员双手捧"朵云盘"等候。这样，"金凤"嘴中的诏书就落在"云盘"中了，称为"云盘接诏"。接诏后，诏书再放回天安门前的龙亭内。然后由黄盖（黄色伞盖）、仪仗、鼓乐为前导，浩浩荡荡抬出大清门。由礼部将诏书印好分送各地，再颁行天下。整个过程十分隆重。

天安门最后一次举行"金凤颁诏"是在清宣统三年（1911年）12月25日。隆裕太后以宣统帝名义颁布了溥仪退位诏书。这份诏书是用墨笔在普通纸上书写而成，长53厘米，宽21.5厘米，仍按以前"金凤颁诏"的程序进行颁布，但再也没有以前的排场了。它和封建君主专制制度一起，正式退出了中国历史舞台。

"金殿传胪"：明清

最后颁诏的隆裕太后

清殿试册

时期科举有乡试、会试、殿试三种。殿试又称御试、廷试,是由皇帝亲自主持的最高一级的国家考试,每三年进行一次,时间一般在农历三月份。明初殿试曾在金水桥畔设案考试,后来移至太和殿,清代又改在保和殿。清代进京应考的举人首先要在大清门东侧千步廊朝房内经礼部会试,考中贡士后才能进宫参加殿试。殿试由皇帝亲自出题,考中的被赐予进士。当时,人们把考中进士比作"鲤鱼跳龙门",把天安门前的长安左门称作"龙门"。殿试两天后,皇帝一般要召见新考中的进士。考中进士者身着公服,头戴三枝九叶冠,在天安门前听候传唤。然后与百官一起进太和殿分列左右,恭听考取进士的姓名、名次。列第一甲第一名者为"状元",第二名称为"榜眼",第三名称为"探花"。这就是"金殿传胪"。"胪"有陈列的意思,"传胪"就是依次唱名传呼,晋见皇帝。

> 当时,人们把考中进士比作"鲤鱼跳龙门",把天安门前的长安左门称作"龙门"。

东宫之主究竟是娘娘还是太子

在影视剧中,我们常会听到有"东宫娘娘"、"西宫娘娘"的称呼,有时也会听到"东宫太子"的说法。那么,东宫之主到底是娘娘还是太子呢?

据历代正史资料记载,"东宫"指的是太子居住的地方,后来便以"东宫"指代太子。《诗·卫风·硕人》中记载:"东宫之妹,邢侯之姨。"对此,汉代毛亨注(注:对经书字句的注解):"东宫,齐太子也。"唐代孔颖达疏(疏:对注的注解):"太子居东宫,因以东宫表太子。"

汉代时因太后所居的长乐宫在未央宫东,因此汉代东宫也曾指太后。《史记·魏其武安侯列传》中有"及建元二年,御史大夫赵绾请无奏事东宫。窦太后大怒,乃罢逐赵绾、王臧等"的记载。《汉书·刘向传》中也有"大将军秉事用权……依东宫之尊,

太子视事之所:文华殿

假甥舅之亲,以为威重"的文字记载。对此,唐初的颜师古注曰:"东宫,太后所居也。"

其实,正史中的"东宫"通常指太子,而东太后、西太后的叫法则源于清末。1861年,清咸丰帝病死于承德避暑山庄烟波致爽殿,皇太子载淳继位,即同治帝。第二天同治帝颁发圣谕,尊皇后钮祜禄氏为母后皇太后,徽号慈安,搬入烟波致爽殿东暖阁;懿贵妃叶赫那拉氏为圣母皇太后,徽号慈禧,搬入烟波致爽殿西暖阁。此后,宫内便有东太后、西太后的叫法。

明武宗为何禁止养猪

> 明武宗之所以发布如此荒唐的命令,与他自身的昏庸和当时的政局有关。

明武宗朱厚照曾于正德十四年(1519年)十二月下旬,在南巡的路上,发布了一道圣旨,禁止百姓养猪,史称"禁猪令"。圣旨规定,不准养猪,宰杀或买卖,如有违者,全家赶往边疆充军。

关于禁猪的原因,史书是这样记载的:"照得养豕宰猪,固寻常通事。但当爵本命,又姓字异音同。况食之随生疮疾,深为未便。"可见朱厚照禁止养猪的原因有二:其一,"猪"与皇帝姓氏"朱"虽不同字,却是同音,要避讳;其二,朱厚照生于辛亥年,这年恰是猪年。因此养猪、杀猪便被认为把矛头指向皇帝,犯了大逆不道之罪。为此,明武宗还列出了吃猪肉会生疮,会对健康不利的荒诞理由。

明武宗之所以发布如此荒唐的命令,与他自身的昏庸和当时的政局有关。明武宗继位后,不理朝政,荒淫无度,致使政局混乱,宦官专权,吏治败坏,土地兼并严重,国家极度动荡,各地武装起义频发;明武宗始终没有子嗣,各地藩王为了争权,也都蠢蠢欲动;同时,明武宗身边的近臣也纷纷在背后谋划另觅新主。这一系列因素使得明武宗心理逐渐失衡,深感众叛亲离,皇位岌岌可危,心理负担越来越重。即使是在南巡寻欢作乐的途中,仍然缺乏安全感。他看到人们宰食猪肉,便会心生别扭,仿佛看到自己任人宰割的情境。禁猪令的颁发,可让他在某种程度上得到一定的慰藉。

禁令一出,百姓只好将自养的猪宰杀、贱卖。受影响最大的是江北地区,后来一直蔓延到京师,几乎使全国的猪断种。不仅活人吃不到鲜美的猪肉,就连祭祀仪式上也只好改用腥膻的羊肉替代。次年清明节时,要用猪来祭祀,一时竟无法找到。后来,由

明武宗朱厚照

于大臣们的劝谏,明武宗不得不废除这道禁令。

雍正帝为何不葬在钦定的皇陵

位于河北省唐山市遵化市的清东陵作为清顺治帝钦定的皇家陵墓,共葬着五位皇帝、14位皇后和136位妃嫔。其中五座皇陵分别是:顺治帝的孝陵、康熙帝的景陵、乾隆帝的裕陵、咸丰帝的定陵和同治帝的惠陵。东太后慈安、西太后慈禧也埋葬于此。按照常理,清东陵既为钦定的皇家陵园,那么这里的陵墓便可以一座接一座地建下去。然而奇怪的是,到了雍正帝时,他却将自己的万年吉地建在离清东陵数百里之遥的河北易县城西15公里处的永宁山下,史称清西陵。这是为什么呢?雍正帝为何不葬在钦定的皇陵中?

雍正的陵址原本选在清东陵九凤朝阳山,但后来他以这里"规模虽大而形局未全,穴中之土又带砂石,实不可用"为借口将原址废掉,命人另选"万年吉地"。负责选址的人称易县永宁山下是"乾坤聚秀之区,阴阳汇合之所,龙穴砂水,无美不收。形势理气,诸吉咸备"。雍正帝看过奏章之后很高兴,便将自己的泰陵修建于此,此后清代的皇帝便间隔分别葬于遵化市和易县两个陵园中。

雍正帝之所以另建陵园,他自己的理由是清东陵"规模虽大而形局未全,穴中之土又带砂石,实不可用"。而历史上关于雍正帝为何不葬在钦定的皇陵中,却历来说法不一。有研究者称,雍正帝在位时勤政节俭,永宁山下不仅风水好,而且离京也近,尤其是距离出产石料的曲阳县非常近(明清两代修建皇宫和陵墓所用的汉白玉石料都产自曲阳太行山区),因此他决定把自己的陵墓建在易县永宁山下,这样便可以节省许多人力、物力和财力。

也有学者称,雍正帝另选陵址主要是出于战略防御的考虑,是为了加强北京西南地区的军事防御。原来清西陵西边有中国九大名关之一的紫荆关。历史上紫荆关是一个很重要的军事重镇,是中原与北方少数民族的分界线,也是华北平原通往山西宣化、大同、张家口等地的唯一一条通道。

还有一种说法是,雍正帝作为一代英主,向来野心勃勃,不甘居于人后。清东陵虽幅员辽阔,但他的陵墓自然不能超过祖辈顺治帝和康熙帝的陵墓规格。而他若另择新址便可以按照自己的想法来建陵墓,不必受约束。持此观点的人指出,这在雍正帝的泰陵上便可体现出来。他的泰陵建在永宁山主峰之下,位于西陵的中心。而且,他的泰陵像祖父顺治

雍正是篡改了他父亲的传位诏书,且残酷镇压与他争权夺位的同胞兄弟才当上皇上的,死后自然不敢去见他父亲,这才另择陵址。

雍正

清西陵行宫大门

帝的孝陵、父亲康熙帝的景陵一样，也修建了大红门、更衣殿、七孔桥等。更重要的是，在大红门之外还建了三座石牌坊，比清开国皇帝顺治帝的孝陵还多了两座，这正是他不甘示弱的政治野心在修建陵墓上的体现。这样，便有了易县的清西陵。

对此，也有人持不同的看法，他们指出官方记载势必要站在统治者的角度上来写，把一切都说得冠冕堂皇。他们认为，雍正是篡改了他父亲的传位诏书，且残酷镇压与他争权夺位的同胞兄弟才当上皇上的，死后自然不敢去见他父亲，这才另择陵址。

目前，这几种说法都各有千秋，但同时又均没有足够的证据来证明。因此，关于"雍正帝为何不葬在钦定的皇陵中"，就成了一段扑朔迷离的清宫秘史，等待着更多的人来探秘。

乾隆皇后为何死后"寄人篱下"

> 乌拉那拉氏贵为皇后，在偌大的皇陵之中竟无立锥之地，只能落个"寄人篱下"的境况。这是为何？据说这是因为她生前擅自剪发，触恼了乾隆所导致。

乾隆皇帝生前有三个皇后。第二个皇后乌拉那拉氏并未按当时的制度葬入裕陵，而是葬在纯慧皇贵妃地宫里边，棺木位于贵妃棺椁之侧。乌拉那拉氏贵为皇后，在偌大的皇陵之中竟无立锥之地，只能落个"寄人篱下"的境况。这是为何？据说这是因为她生前擅自剪发，触恼了乾隆所导致。

乌拉那拉氏为佐领那尔布之女。乾隆做皇子时，乌拉那拉氏被册为侧福晋。她不仅深得皇帝宠爱，且颇讨皇太后喜欢。乾隆登基后，乾隆十年（1745年）正月二十三日她晋娴贵妃。皇后富察氏死后，乾隆十三年（1748年）七月初一，她由贵妃晋为皇贵妃，统摄六宫事。乾隆十五年（1750年）八月初二，被册为皇后。

《清史稿·后妃传》记载："（乾隆）三十年（1765年），从上南巡，至杭州，忤上旨，后剪发。上益不怿，令后先还京师。三十一年七月甲午，崩。"当年乾隆下江南，带母亲皇太后、皇后乌拉那拉氏一同前往。在途中，乌拉那拉氏触怒皇帝，甚而

乾隆孝继纯皇后：乌拉那拉氏

自断头发。满洲有个习俗,亲人故去才"断发成服",因此,皇后剪发是犯了极大的忌讳。乌拉那拉氏随即被人送回北京,自此被打入冷宫。若不是众位大臣苦劝,乾隆皇帝恐要废掉这位皇后。至于触怒皇帝的原因,有说法是因为她对太后不孝;有说是因为皇帝在江南的风流丑事,引起皇后的气愤。

> 皇后病逝的噩耗传到承德时,乾隆并无什么哀痛的表示,亦未回京筹办皇后丧事。

乾隆皇帝对皇后的愤怒到其死时都没有平息。乌拉那拉氏被打入冷宫第二年,即乾隆三十一年(1766年)七月十四日,终于在冷宫中结束了49岁的人生。此时乾隆皇帝正率领众妃嫔嫱、皇子皇孙及王公大臣等在承德木兰围场游猎。皇后病逝的噩耗传到承德时,乾隆并无什么哀痛的表示,亦未回京筹办皇后丧事。不仅如此,他还命令对皇后以贵妃礼安葬。把她葬入到纯慧皇贵妃地宫里边,不许她永远拥有单独的地宫。无碑记勒石,每年的祭辰及清明、中元、冬至、岁暮这些重大的祭日均不享祭,更不要说配享宗庙了。就这样,乌拉那拉氏以皇后身份,死后被"寄人篱下"地葬入"纯惠皇贵妃"园寝。

西宫娘娘为何葬在东边

清朝皇帝的陵墓分东陵和西陵。在今河北遵化附近的东陵,葬着顺治、康熙、乾隆、咸丰、同治及他们的后妃;在今河北易县的西陵,葬着雍正、嘉庆、道光、光绪和他们的后妃。其中规模最大、随葬品最多的陵墓,要属清东陵了。咸丰皇帝有两位随葬后妃——慈禧太后和慈安太后。她们分别是西太后和东太后。她们的陵寝都在咸丰陵的东边,形制、规格都是完全一样的,分置马槽沟的东西两侧。然而,西太后慈禧葬在了东边的陵寝里;东太后慈安,却葬在了西边的陵寝中。这是怎么回事呢?

慈安皇太后(1837—1881年),钮祜禄氏,名杏贞,满洲镶黄旗人,广西右江道三等承恩公穆扬阿之女。于咸丰二年(1852年)被选秀入宫,封贞嫔,五月晋贞贵妃,六月奉旨立为皇后,时年16岁。慈禧太后(1835—1908年),姓叶赫那拉,满洲镶蓝旗人,后抬旗入镶黄旗。她于咸丰二年(1852年)被选秀入宫,赐号兰贵人,后册封懿嫔。咸丰六年(1856年)三月,生下咸丰帝

西太后慈禧

东太后慈安

唯一的皇子载淳,诏晋封懿妃。次年又晋封懿贵妃。1861年8月咸丰帝在热河去世,由只有6岁的皇子载淳(即同治帝)即位。在咸丰帝生前慈禧最高是贵妃衔,位在慈安皇后之下。

载淳即位后,年号"祺祥",尊其生母为圣母皇太后,号为慈禧太后;尊钮祜禄氏为母后皇太后,上徽号曰慈安皇太后,两宫并尊。在为咸丰帝治丧期间,因慈安太后与慈禧太后分住烟波致爽殿东西暖阁,故慈安太后又被称为东太后,慈禧太后又被称为西太后。一说是慈安太后住在东六宫之一的钟粹宫,故称东太后;慈禧太后住西六宫之一的长春宫,故称西太后。

由于顾命八大臣权力很大,使慈禧非常不满,于是她联合在京主持和谈的咸丰帝的弟弟恭亲王奕䜣,利用帝后和咸丰帝的梓宫回京的机会发动政变,设计逮捕了八大臣,判处怡亲王载垣、郑亲王端华自裁,肃顺斩立决,其他人革职,粉碎了八大臣势力。奕䜣被封为议政王。1861年12月2日,两宫太后御养心殿,垂帘听政,并改年号为"同治"。慈安太后训政20年,曾两度垂帘。同治十四年十一月初十(1874年12月18日),因同治帝生病,复训政。十二月初五同治崩,光绪帝承大统,复听政。光绪七年辛巳三月壬申初九(1881年4月7日)偶染微疴,却于初十病重,戌时即薨,寿45岁。五月,上尊谥曰孝贞慈安裕庆和敬仪天祚圣显皇后。九月十七(11月8日)卯时葬定陵东普祥峪,曰定东陵。

由于慈安太后平日身体一直很好,偶染微疴而薨,寿仅45岁,便有人猜测是慈禧下毒毒死了她。由于慈安太后是正宫太后,为咸丰帝所封,有咸丰帝的临终辅政赐命,名义上权力要比慈禧高。而慈禧只是凭其子为皇帝才当上太后的。由于名不正,言不顺,慈禧时常受到慈安的制约。

有传说慈安薨后,本应葬在东边,但是慈禧想获得东边的陵寝位置,强令把慈安下葬在西边。朝中虽然有人谏诤,却根本无济于事。就这样她硬是把东边的陵寝抢了过来。慈禧在慈安生前没有得到正宫的地位,一定要在其死后得到正宫的地位,身为西太后而获得东边陵寝位置。

但也有说由于慈安太后是正宫太后,故她葬在离咸丰陵近处。而慈禧原仅是贵妃身份,故葬处要离咸丰陵远些,位置在慈安太后的陵墓东边。这样东太后就葬在了西边,西太后就葬在了东边,并没有慈禧夺陵墓位置之说。

> 也有说由于慈安太后是正宫太后,故她葬在离咸丰陵近处。而慈禧原仅是贵妃身份,故葬处要离咸丰陵远些,位置在慈安太后的陵墓东边。

清孝陵为何没被盗

清孝陵是顺治皇帝的陵墓,在河北省遵化市马兰峪昌瑞山的主峰下,是清东陵的主体建筑。陵园前矗立着一座石牌坊,全部是由汉白玉制成的。紧靠石牌坊是大红门。大红门是孝陵也是整个清东陵的门户,红墙迤逦,肃穆典雅。门前有"官员人等到此下马"

清东陵孝陵石牌坊

的石碑。与顺治皇帝合葬的还有孝康章皇后佟佳氏(康熙生母)和孝献端静皇后董鄂氏。

顺治皇帝是满清入关后的第一个皇帝,他生前特别信奉佛教,常常把和尚召进皇宫,研讨佛门理论。他相信佛教的灵魂升天说,生前多次指示死后必须实行火葬。顺治十八年(1661年)正月初二日,顺治帝染上天花。初七日夜病死于养心殿。顺治帝死后尸体在一百天后火化,骨灰盛于坛内,称为宝宫,于康熙二年葬入孝陵地宫。与顺治一同入葬的还有孝康、孝献两位皇后的骨灰坛。

清朝灭亡后,清东陵的所有陵寝几乎都被盗贼光顾过,包括那些王爷、公主、保姆的墓都无一幸免,但顺治帝的孝陵没有被盗。这应该感谢民间传说顺治并没有葬入地宫,地宫是空的,没有什么宝藏。因此,一些盗贼对它失去了兴趣。而且,孝陵的功德碑上的的确确写着"皇考遗命,山陵不崇饰,不藏金玉宝器"。不管是不是真的,盗贼是不肯白费气力去盗空墓的。另外,传说顺治帝是染天花死的,天花是烈性传染病,令盗贼们闻而生畏,对孝陵失去了兴趣。尽管如此,也仍有盗贼抱着试试看的侥幸心理几次偷挖孝陵。但当时已经是新中国成立的前后,东陵各村的民兵都加强了戒备,盗匪没能得手,只留下一个不足两米深的盗洞。

哪个皇帝险些被宫女勒死

历代后宫对于宫女的管理可谓是非常严格。宫女们要各司其职,未经特别允许是不可以在宫中穿行的。出于保密的原因,一般宫女很少有与亲人相见的机会。"宫门一入深似海",这是对宫女们最好的描述。因为一进皇宫就意味着青春、自由、爱情,乃至生命的丧失。一般来说,常见史书记载皇帝处死宫女,却鲜闻宫女欲处死皇帝的,但在大明朝,却出现了一宗皇帝险些被宫女勒死的案子,史称"壬寅宫变"。

> 常见史书记载皇帝处死宫女,却鲜闻宫女欲处死皇帝的……

窥探文化真相

> 16个手无缚鸡之力的弱女子敢于以身犯险，谋杀皇帝，明显是与朱厚熜荒唐的做法有关。她们青春年少而终，实在令人惋惜。

明朝嘉靖年间，明世宗朱厚熜爱好方术，听信方士之言，采选数百名幼女、少女入宫，利用她们每月的经血配制所谓的"长生药"。这些宫女们虽然身处以奢华著称的皇宫，可是她们却过着卑贱辛酸的生活。为保持宫女经血的洁净，宫女们不得进食，而只能吃桑、饮露水。为了采得足够的炼丹原料，宫女们还被迫服食催经下血的药物，轻则损伤宫女身心，重则造成失血过多甚至血崩，许多人因此丧命。宫女自知早晚会被折磨死，于是决定拼死一搏。

嘉靖二十一年十月二十一日（1542年11月17日）晚，嘉靖帝召幸曹端妃。凌晨，端妃外出，嘉靖帝一个人在睡。以杨金英、邢翠莲为首的16位宫女趁机潜入朱厚熜寝宫，用从仪仗上取下来的丝花绳搓成的绳子准备勒死他。邢翠莲把黄绫抹布递给姚淑皋，姚淑皋蒙住朱厚熜的脸，紧紧地掐住他的脖子。邢翠莲按住他的前胸，王槐香按住他的上身，苏川药和关梅秀分把左右手。刘妙莲、陈菊花分别按着两腿。待杨金英拴上绳套，姚淑皋和关梅秀两人便用力去拉绳套，朱厚熜被勒昏死。但绳套却被杨金英拴成了死结，怎么都勒不紧，始终不能把他勒死。宫女张金莲见势不妙，连忙跑出去报告方皇后。前来解救的方皇后也被姚淑皋打了一拳。王秀兰叫陈菊花吹灭灯，后来又被总牌陈芙蓉点上了，徐秋花、郑金香又把灯扑灭。这时管事的被陈芙蓉叫来了，这些宫女才被拿下。

方皇后召集御医会诊急救。御医们面面相觑，不敢下手。方皇后命御医许绅务必设法救活皇帝。许绅只好开了一服猛烈的药方，使人将汤药灌到朱厚熜口中服下。朱厚熜终于坐了起来，但仍然说不出话来。

事后，司礼监对这些宫女们进行严刑审问，最终得出："杨金英等同谋弑逆。张金莲、徐秋花等将灯扑灭，都参与其中，一并处罚。"朱厚熜后来下了道旨："这群逆婢，并曹氏、王氏合谋弑于卧所，凶恶悖乱，

明朝宫女图

罪及当死，你们既已打问明白，不分首从，都依律凌迟处死。其族属，如参与其中，逐一查出，着锦衣卫拿送法司，依律处决，没收其财产，收入国库。陈芙蓉虽系逆婢，阻拦免究。钦此钦遵。"刑部等衙门领旨执行。据《万历野获编》记载，16名宫女杨金英、杨莲香、苏川药、姚淑皋、邢翠莲、刘妙莲、关梅秀、黄秀莲、黄玉莲、尹翠香、王槐香、张金莲、徐秋花、张春景、郑金香、陈菊花在西安门外四牌坊的西市被凌迟处死，尸枭首示众。而据传是主谋的曹氏曹端妃、王氏王宁嫔在皇宫内一个僻静角落被处死。执行回执记："臣等奉了圣旨，随即会同锦衣卫掌卫事、左都督陈寅等，捆绑案犯赴市曹，依律将其一一凌迟处死，尸枭首示众，并将黄花绳黄绫抹布封收官库。然后继续捉拿各犯亲属，到时均依法处决。"

明世宗朱厚熜

许绅救活了一个该死的人，连惊带吓后，时隔不久就得了病。临死之前对家人说："我不行了。上次宫变，我若是救不活皇帝就会惹来杀身之祸，因此惊悸得病。这病是不会好的。"没几天他就病死了。

世宗病痊后，忆起和端妃的恩爱，对人说："端妃，我所爱，应该没有害我之心。"但端妃已被方皇后下令处死，从此迁怒记恨方皇后。清人对此咏道："无端事变起宫闱，全仗长秋息祸根。岂料顿忘宗社恨，翻然病已忆端妃。"

在"壬寅宫变"后不久，30多岁的朱厚熜住进了西苑（中南海）的永寿宫，再也没有回到紫禁城内居住。嘉靖二十六年，方皇后寝宫失火，朱厚熜却不让人去救火，方皇后被烧成重伤而死。

"深闺燕闲，不过衔昭阳日影之怨"，是明末历史学家谈迁对此案的看法。但16个手无缚鸡之力的弱女子敢于以身犯险，谋杀皇帝，明显是与朱厚熜荒唐的做法有关。她们青春年少而终，实在令人惋惜。

清朝皇子皇女为何多早夭折

清王朝时，皇子皇女夭折现象较普遍。据统计，清代9个皇帝共有子女146个，15岁以前夭逝者共74人，殇亡数是出生人数的一半，其中皇女60人中竟夭37人，夭亡率高达61.7%。其中同治帝、光绪帝、宣统帝的孩子全部夭折，没有留下一男半女。这一现象的原因

皇帝成年之后，虽身体发育成熟了，但妃嫔众多，房事难以节制，男精质量差，所生育的子女也不健壮，故死亡率高。

窥探文化真相

因染天花自愈而继位的康熙

何在呢？

清朝皇帝的头几胎子女多是短命。顺治帝的长子、长女都夭折，康熙帝的前6个子女都在4岁以前夭折。雍正帝的大女儿和前3个儿子也都夭折。乾隆帝的长女活了2岁夭折，次女活了1岁，次子活了9岁。嘉庆帝的长子和长女、次女均于4岁以前夭折。道光帝的头6个子女没有一个人能够活到成年。咸丰帝的长子亦是幼殇。这一现象跟清王朝早婚有关。

顺治帝15岁生其长女。康熙帝14岁生子，其头6个孩子全是在18岁所生。雍正帝17岁生长子、长女。乾隆帝18岁生长女。这里说的皇帝生育年龄都是虚龄，按周岁还要减去1岁。他们始生育时发育还不成熟，以至于生育的子女先天缺陷甚多，不能久留于人世。皇帝成年之后，虽身体发育成熟了，但妃嫔众多，房事难以节制，男精质量差，所生育的子女也不健壮，故死亡率高。

另外，清朝时传染病天花流行，使不少王室后代染病而死。满清刚入关时，似乎对天花病束手无策，不会人豆接种。从史料中看，当时天花病确实是清王室所面临的一个难题。康熙帝在年幼时就曾染了天花，但自愈了，脸上落下了麻子。由于染天花自愈后就不会再得天花，生命有了保障，这也是他能被选为皇帝的原因之一。

古代皇帝如何给妃子发"工资"

> 伴随着社会经济的发展，唐朝以后，尤其是进入明、清时期，皇帝多以货币形式为妃子们发放工资。

古代的皇帝一般是嫔妃众多，少的有数人，多的有数十人。这些妃子们日常生活也是有开支的，需要宫中按制度发给月俸或年俸。那么皇帝是如何给妃子们发工资的呢？

秦汉时，皇帝给后妃们发放的"工资"是以发放谷物和生活用品为主，称月俸为多石（dàn）。一石为十斗。伴随着社会经济的发展，唐朝以后，尤其是进入明、清时期，皇帝多以货币形式为妃子们发放工资。不同等级的妃子所领到的年俸差别较大。据乾隆七年（1742年）编纂的《国朝宫史》记载，后宫之中后妃的年俸就分为九等。皇太后的年俸最高，每年黄金20两、银2000两；皇后，银1000两；皇贵妃，800两；贵妃，银600两；妃，银300两；嫔，200两；贵人，100两；常在，50两；答应，30两。但除了银子以外，还有衣料。以"妃"为例，每年可得衣料：蟒缎1匹、织金1匹、妆缎1匹、倭缎2匹、闪缎1匹、金字缎1匹、云

定陵出土的孝靖皇后的随葬品：金锭

定陵出土的花丝镂空金盒玉盂

缎 4 匹、衣素缎 2 匹、蓝素缎 1 匹、帽缎 1 匹、彭缎 3 匹、宫 1 匹、潞 2 匹、纱 4 匹、裹纱 5 匹、绫 5 匹、纺丝 5 匹、杭细 5 匹、棉纳 5 匹、高丽布 5 匹、三线布 2 匹、毛青布 10 匹、深蓝布 10 匹、粗布 3 匹、金线 10 络、绒 5 斤、棉线 3 斤、木棉 20 斤、裹貂皮 10、乌拉貂皮 20。

此外，逢年过节或在产子、祭祀、后妃生日、孩子过满月等特殊日子，妃子们还能收到"红包"或赏赐。如在清朝时，后妃生辰之日都会收到不同的礼物。例如皇后的生日，皇帝会献金 90 两、银 900 两、上用缎纱等 45 匹、蟒缎 9 匹、缎 9 匹、宁绸 9 匹、宫绸 9 匹、纱 9 匹、春绸 9 匹、绫 9 匹。另外，这些得宠的妃子还会获得额外的赏赐。

不过，由于妃子众多，整日钩心斗角，生活也比较累，有很多不尽如人意的地方。在明中后期和清朝时，一任皇帝死后，他的妃子依然养在宫中，也领取月俸，只是没有做妃子的时候富裕。

光绪为何叫慈禧太后"亲爸爸"

据说，光绪皇帝无论在何地拜见慈禧，都称她为"亲爸爸"。乍见这种称呼，不禁让人匪夷所思，可能有人认为这只是满族人的旧有风俗，其实不然。这个别出心裁的称呼是慈禧为自己量身定做的，因为慈禧是咸丰皇帝的贵妃，光绪的父亲是咸丰的弟弟，光绪的母亲则是慈禧的亲妹妹，故光绪既是慈禧的亲侄子，也是她的亲外甥。慈禧太后曾对人说："光绪皇帝是我妹妹的儿子，我妹妹的儿子就和我亲生的一样。"慈禧的亲生儿子同治死后，由于没有后代，由其堂兄弟光绪继位也符合礼法。慈禧在同治、光绪两朝垂帘听政，是清朝事实上的最高统治者，相当于太上皇的地

光绪帝载湉

位。所以慈禧喜欢光绪用代表男性的字眼"爸爸"来称呼她,前面加上一个"亲"字,就显得他们之间关系的亲近了。

慈禧为何被称为"老佛爷"

慈禧太后

在很多人的印象中,"老佛爷"这个称号是慈禧太后的代名词。其实,"老佛爷"这个称号由来已久,是清朝历代皇帝的专用称呼,来自于女真族首领称呼"满柱"的汉语译音,是"吉祥"的意思。慈禧太后之所以被人们尊称为"老佛爷",还有一个故事。

光绪初年,刚满40岁的慈禧太后,为了达到她二度垂帘的目的,用尽了心机,耍尽了手段,但无奈阻碍重重,整日愁眉不展。心腹太监李莲英深知慈禧心事,为了讨好慈禧,便命人在万寿寺大雄宝典的后面,依照慈禧的模样身形建了一座观音像。建成后,李莲英立即跑到慈禧跟前,对她说:"在万寿寺大雄宝殿常有双佛显光,实乃大吉大利之兆,奴才想请太后前去观看。"慈禧听后,也感到很奇怪,便赶到了万寿寺,直奔大雄宝殿,可是见到的仍是原来供奉的一尊三世佛,不觉勃然大怒,呵斥李莲英:"明明与先前无异,何来双佛显光?"李莲英不慌不忙地对慈禧说:"太后息怒,请到后殿御览。"慈禧慢慢踱步至后殿,果然在三世佛的身后看见一尊慈眉善目的观世音端坐在殿中央,而且细看后感觉跟自己还有几分相似。正当慈禧疑惑之时,李莲英喊道:"老佛爷驾到。"寺院的住持和在场的文武大臣急忙跪伏高呼:"恭迎老佛爷!"

慈禧心中顿时明白了一半,但仍故作不解地问道:"你们迎接的是哪位老佛爷?"李莲英众人答道:"就是您这位太后老佛爷呀!您就是当今救苦救难的观世音菩萨啊!如今新皇尚幼,国不可一日无君,还望老佛爷能够垂帘听政,救大清臣民于水火之中啊!"这一席话,让慈禧心花怒放。自此,"老佛爷"这个称呼就传遍京城。慈禧顶着"老佛爷"的称号,心安理得地垂帘听政了。

北京李莲英墓地有何独特之处

海淀区西八里庄以西的恩济庄是清代太监的墓地。在这片陵园中最独特、最能够引起人们注意的莫过于清末大太监李莲英的墓地了。

其实,"老佛爷"这个称号由来已久,是清朝历代皇帝的专用称呼,来自于女真族首领称呼"满柱"的汉语译音,是"吉祥"的意思。

其一，李莲英的墓地规模最大。民间传说，李莲英的这处墓地是强迫太监小德张与之交换的。为了营造自己的墓地，李莲英不惜耗用巨资，动用数千工人。

其二，李莲英的坟茔是用鸡蛋清拌石灰修建而成的。虽然李莲英被慈禧破格封为宫内二品，但是大清朝从康熙年间就定下规矩了，内监职衔最高不能超过六品。所以，李莲英的坟墓不能超过二品的规制，故不能用砖垒砌。为了使坟茔坚固，李莲英派人从周围百里外村庄购买了大量鸡蛋，要蛋清不要蛋黄，用蛋清拌石灰，江米粥灌浆，修筑整个坟茔。所以，人们戏称李莲英的坟茔是一座"鸡蛋坟"。

其三，李莲英下葬规格极高，陪葬品价值连城。1966年，李莲英墓被砸开后，发现其下葬规格是"金井玉葬"。这是清代极高的下葬规格。在李莲英的随葬品中，有许多都是价值连城的宝物。其中的一颗钻石帽饰，比英国女王伊丽莎白戴的那颗还大。另外还有三件宝物：汉朝的青玉土浸剑、满黄浸玉镯、宋代的青玉褐浸环，都堪称无价之宝。

李莲英

其四，李莲英尸体"有头无身"，隐藏巨大疑团。在李莲英的棺椁中，只有一颗腐烂干净的骷髅头，头部以下的被子里空空荡荡，连一截小骨头也没有！于是就有了李莲英死亡之谜这一至今仍未解开的千古疑团。

李莲英虽然为人不善，遭到后人的唾弃，但是他的坟墓作为清史研究的重要实物，却有着极为重要的历史和文化价值。

皇太极为何将国号改为"清"

满族的祖先原为金代的女真部族。努尔哈赤（清太祖）统一女真各部以后，即定国号为"金"或"大金"。为区别于历史上的金代，史称"后金"。其子皇太极继位后，于天聪十年（1636年）改国号为"清"。关于为何以"清"作为国号，清史学界对此一直持有争论。

比较广泛的说法认为改名是出于政治原因。后金经过长期征战和建设后逐渐强大，皇太极考虑到要征服中原，而"金"则会让人联想到南宋和岳飞，容易引起汉人的抵触。为减少阻力，皇太极改国号为清。另外，在满语中"清"即"金"的谐音，汉语的"清"即满语的"金"，"金"改为"清"，其语音语意在满族语中并没有什么变化。"清"暗含这个民族的渊源，容易被满族人接受。

> 比较广泛的说法认为改名是出于政治原因，有说皇太极改名与五行数理有关。

窥探文化真相

皇太极

有说皇太极改名与五行数理有关。明朝的"明"字左边是个日字，含火义，而清字以水为偏旁，水能克火。他改金为清，意思是清必将战胜大明朝而取代之。

还有一说，在改"后金"为"清"的前一年，皇太极已废除"女真"之名，改为"满洲"。"满洲"在满语中音近佛名"曼殊"，意为"清之帝王"，佛的化身。与此同时，皇太极还为推翻和取代明王朝制造舆论。"惟有德者乃可称天子"、"有德者受命，无德者废弃"是他的治国思想。所谓"有德"，便含"清"的意思，恰与"满洲"语意相合，所以就用"清"作为国号。

还流传着一个故事，努尔哈赤（清太祖）逃难时骑了一匹大青马，由于跑得太急，马被累死，他却因此逃脱大难。努尔哈赤对此马有很深的感情，便对马说：大青啊，大青啊，你是为我累死的，将来我得了天下，我这个国号就叫大青。"清"跟"青"是同音，后来皇太极在盛京称帝后便以"清"作为国号。当然，这只是一个传说。

第二篇 流传千年的礼仪习俗

窥探文化真相

> 关于缠足的起源，说法不一。有说始于隋朝，有说始于唐朝，还有说始于五代。

古代女人为何要缠足

元明清时期，中国汉族妇女盛行缠足。尤其是明清时期，妇女们从很小便开始缠足，使足骨变形，足形尖小，行路只能以足跟勉强行走，最终把足缠成了三寸金莲状。"裹小脚一双，流眼泪一缸"。这无疑是一种对自己肢体的摧残。但为什么元明清时期的女人们还是要缠足呢？

关于缠足的起源，说法不一。有说始于隋朝，有说始于唐朝，还有说始于五代。相传隋炀帝东游江都时，征选百名美女为其拉纤。一个名叫吴月娘的女子被选中。她痛恨炀帝暴虐，便让铁匠打制了一把长三寸、宽一寸的莲瓣小刀，并用长布把刀裹在脚底下。她又在鞋底上刻了一朵莲花。这样每走一步就能印出一朵漂亮的莲花。隋炀帝见后，想玩赏她的小脚，便召她近身。吴月娘慢慢地解开裹脚布，突然抽出莲瓣刀向隋炀帝刺去。隋炀帝连忙闪过，但手臂已被刺伤。吴月娘见行刺不成，便投河自尽了。事后，隋炀帝下旨，日后选美，无论女子如何美丽，"裹足女子一律不选"。但民间女子不想入宫的，便纷纷裹起脚来。从此女子裹脚之风开始盛行。

另有传说，南唐李后主的嫔妃窅娘，美丽多才，能歌善舞。李后主为她专门制作了高六尺的金莲，用珠宝绸带璎珞装饰，命窅娘以帛缠足，使脚纤小屈上作新月状，再让其穿上素袜在莲花台上翩翩起舞，从而使舞姿更加优美。然而这只是传说罢了，不会是女子缠脚的主因。

据研究，北宋时上层社会的妇女有缠足的，但为数不多。当时只是把足缠得细长好看。到了元朝时，蒙古人统治中国，社会黑暗腐败，妇女缠足开始盛行。缠足之后，妇女行动不便，就会少出门。少出门便会减少与坏人相遇的几率。于是，注重门风的汉族家庭，

20世纪妇女穿的裹足绣花鞋

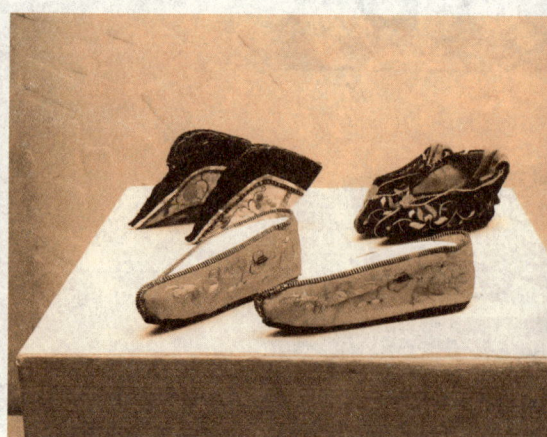

三寸金莲鞋

便让家中女子缠足。缠足女子往往是贞洁的,在订婚时会被优先考虑。所以在女子当中逐渐形成了缠足的风气。但当时的缠足没有达到后来的普遍程度。明朝早期,燕王朱棣篡位后,对女子的迫害有加无减,并影响了整个明朝中后期。1644年清军入关后,满族人开始统治全国。面对异族统治,汉族妇女再次盛行缠足,而且达到了摧残的程度。后来就连满族官员也赞成缠足,因为一个官员往往娶好几个妻妾,缠足的妻妾不乱跑,好管理,令人放心。当时,西方人见到汉族妇女普遍缠足,而满族妇女多不缠足时,便惊呼"民族压迫"。此论虽遭中国人反对,但汉族妇女缠足确实主要源于民族压迫。

辛亥革命后,汉人推翻了清朝的统治,便下令禁止妇女缠足,以让广大妇女的脚获得自然解放。

> 辛亥革命后,汉人推翻了清朝的统治,便下令禁止妇女缠足,以让广大妇女的脚获得自然解放。

古人为何不能穿鞋子上殿

据《吕氏春秋》记载,战国时期宋国名医文挚有一次提着鞋子去拜见君王,结果君王连理都没理他。另外,在古装电视剧中,我们常看到古时大臣们上殿觐见皇上时是不能穿鞋子的。那么,古人为什么不能穿鞋子上殿呢?

原来,在古代时,还没有桌椅板凳、沙发条几等现代家具设施。古人只能在室内铺上"筵"和"席",席地而坐。"筵"是席的一种,通常铺在最下面,"席"铺于"筵"之上。一般正堂内都铺有"筵",客人要进入屋内,要经过"筵",然后才能落座于"席"上。因此,为了不把主人家的"筵席"弄脏,进屋前一般要把鞋子脱掉,放在门前的台阶下,并且不影响人进出。后来,这种习俗从最初的出于卫生需要逐渐发展成为一种礼仪,以示对主人的尊重。因此,古代时,出于卫生和礼仪的双重需要,无论是帝王将相还是普通百姓,都是要脱鞋才能进屋的。

普通百姓家对此可能还不是很讲究,但在帝王面前就要谨小慎微了。否则,轻者罢官,重者被关进大牢。因为大臣穿着鞋子上殿是大不敬之罪。《礼记》中对此也有记载:"侍坐于长者,履不上于堂。解履不敢当阶,就履,跪而举之,屏于侧。"

"席"地而坐的古人

窥探文化真相

> "拱手"和"作揖"都是我国古代的一种常用礼节,只是起源、动作和所表示的意义等都有所不同。

"拱手"与"作揖"有何区别

在日常生活中,常有人把"拱手"和"作揖"相混淆,那么"拱手"和"作揖"有什么区别吗?

"拱手"和"作揖"都是我国古代的一种常用礼节,只是起源、动作和所表示的意义等都有所不同。

相传,"拱手"礼在上古时期就已产生,做法是双手抱拳前举,手势近似于古时戴手枷的奴隶。最初所要表达的意义是愿做对方的奴仆,以示尊敬。一般不拘于关系辈分,多在打招呼时使用。而"作揖"的起源也很早,相传在夏代时就已出现,西周时期就已很流行了。与"拱手"仅仅是双手抱拳前举不同的是,"作揖"时手往往还要前后摆动,且正式的作揖还要鞠躬,鞠躬时腰一定要弯90度,不到90度往往被视为很失礼。《周礼》记载,根据双方的地位和关系,"作揖"又有土揖、时揖、天揖、特揖、旅揖、旁三揖之分。"土揖"是拱手前伸而稍向下;"时揖"是拱手向前平伸;"天揖"是拱手前伸而稍上举;"特揖"是一个一个地作揖;"旅揖"是按等级分别作揖;"旁三揖"是对众人一次作揖三下。此外,还有对人表示特别敬意的长揖,即双手拱手高举,自上而下向人行礼。向人作揖是一种恭敬的体现,但有时却有不敬之意。如《汉书·高帝纪》中就有"郦生不拜,长揖"的文字记载,说的就是狂徒郦生对刘邦只作揖而不拜的不服气心理。同时"作揖"还有"吉拜"和"凶拜"之分,"吉拜"即右手呈拳状,左手呈掌状,并盖住右手行礼;"凶拜"则是动作相反,即左手呈拳状,右手呈掌状,并盖住左手行礼,"凶拜"多用于丧礼等场合。据说之所以有"吉拜"和"凶拜"之分,是因为人们在攻击他人时多用右手,而"吉拜"则是用左手在外,右手在里,以示对人的友好。

现代人们见面打招呼时多用西方的握手礼,而"拱手"礼和"作揖"礼则不常用,这不能不说是国人的一个遗憾,也是我国传统文化传承的遗失。

见面作揖的老北京人

本命年扎红腰带有何由来

"本命年"是人们的属相年份,十二年遇一次。在一些地方,每到本命年时,不论大人小孩都要买红腰带系上,俗称"扎红";小孩还要穿红背心、红裤衩。这是为什么呢,有什么依据吗?

过"本命年"不是汉民族所独有的习俗,在我国一些少数民族中也有。按藏族旧的说法,每人的生辰按藏历经历一个地支十二年后,在第二个地支开始时是一个坎,宜多念经,多布施,方能避免灾难降临。在辽代的契丹族已经用十二生肖纪年,契丹人把过"本命年"称"再生礼"或"复诞礼",要举行仪式纪念自己的始生,报答母亲的养育之恩。

本命年辟邪的红腰带

在传统习俗中,很多人认为,在本命年中,本人会不大顺利。"本命年"也被称作"槛儿年",是说度过本命年如同迈进一道槛儿一样。传说因为每年值岁的生肖元神都要上天找玉皇大帝汇报工作,所以其对当年生肖属相的人的保护会削弱。有民谣云:"本命年犯太岁,太岁当头坐,无喜必有祸。"也有人认为"本命年顺着一顺百顺,鸿运当头,势不可当;背者到处是关口,满眼皆门槛,霉运到家"。于是,人们常用一些方法来破解本命年可能不顺的问题。"扎红"、"穿红"便是破解方法之一。有些人简单扎一条红布,有的则是上山向道士求取红绳子或腰带,有的让家人在红衣服或腰带上面绣上本命年属相,以及"吉祥平安"、"万事如意"等字样。另外,有一些地方,还加有驱邪的仪式。

中国人对于红色的喜爱由来已久。在原始社会,人们便开始崇拜红色,用红色的铁矿石粉来代表鲜血,撒在墓中,表示祝愿和吉祥。另外,火的颜色、太阳的颜色,都是红色,是大光明,可以辟邪。还有朱砂是红色的,多用来避邪、镇静安神。故人们认为红色可辟邪,红色吉祥,把红色当做喜庆、成功的标志。新年时贴红对联、放红爆竹,嫁娶时用红衣裳、红盖头、红灯笼、红蜡烛。说生活美好是"红红火火",说好运时是"红星高照"。所以,在本命年时,人们便系红色的腰带、穿红衣服,来祝愿好运和辟邪。

小孩满一周岁时为何要抓周

> 抓周又称拭儿、试晬、拈周、试周,是一种预测小孩的前途和性情,并庆祝其第一个周岁生日的仪式。

在中国很多地方,小孩满周岁时有抓周仪式。抓周又称拭儿、试晬、拈周、试周,是一种预测小孩的前途和性情,并庆祝其第一个周岁生日的仪式。这种习俗,在民间流传已久。

南北朝时期,北齐颜之推《颜氏家训》记载:"江南风俗,儿生一期(一周岁),为制新衣,盥浴装饰。男则用弓、矢、纸、笔,女则用刀、尺、针、缕,并加饮食之物及珍宝服玩,置之儿前,观其发意所取,以验贪廉愚智,名之为拭儿。"当时抓周已普遍流行于江南地区。

抓周场景

唐宋时期,抓周风俗已在全国各地逐渐盛行开来,谓之"试晬"或"周晬"。宋代孟元老《东京梦华录》记载,民间生子后,"至来岁生日,罗列盘盏于地,盛大果木、饮食、官诰、笔砚、算秤、经卷、针线应用之物,观其所先拈者,以为征兆,谓之'试晬',此小儿之盛礼也。"这是中原开封的抓周习俗。

元代和明代,此习俗更加盛行,被称之为"期扬"。到了清代才有"抓周"、"试周"之名称。清代满族文学家文康所著《儿女英雄传》第十九回就记载了一则抓周趣事:"这年正是你的周岁,我去给你父母道喜。那日你家父母在炕上摆了许多的针线刀尺、脂粉钗环、笔墨书籍、戥子算盘,以至金银钱物之类,又在庙上买了许多耍货,邀我进去,一同看你抓周儿。"清末民初,北京民间仍然盛行这种"抓周儿"礼。

> 小儿周岁时,凡近亲们都循例往贺,聚会一番。一般是给小孩买些糕点食物或玩具当礼物。

小儿周岁时,凡近亲们都循例往贺,聚会一番。一般是给小孩买些糕点食物或玩具当礼物。"抓周儿"的仪式一般都在吃中午那顿"长寿面"之前进行。讲究一些的大户都要在堂中或床前陈设大案,上摆:印章、儒释道三教的经书、笔、墨、纸、砚、算盘、钱币、账册、首饰、花朵、胭脂、吃食、玩具,如是女孩"抓周儿"还要加摆:锅铲子、锅勺、剪子、布尺、绣线、绣花样子等。一般人家,用一铜茶盘,内放《三字

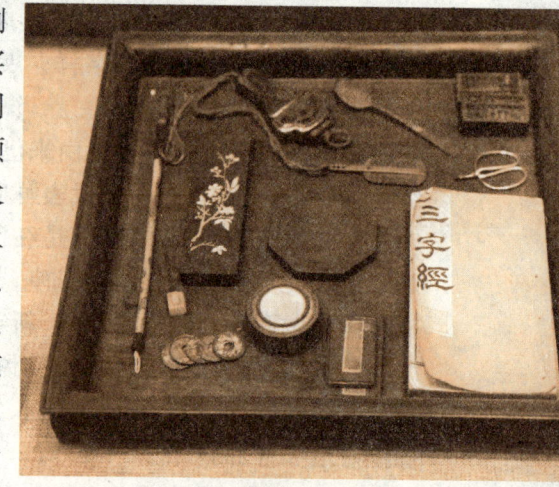

首都博物馆馆藏抓周盘

经》或《千字文》一本，毛笔一支，算盘一个，烧饼油果一套。女孩加摆：铲子、剪子、尺子各一把。由大人将小孩抱来，令其端坐，不予任何诱导，任其挑选，视其先抓何物，后抓何物。以此来测卜其志趣、前途和将要从事的职业。

如果小孩先抓了印章，则谓长大以后，必乘天恩祖德，官运亨通。如果先抓了文具，则谓长大以后好学，必有一笔锦绣文章，终能三元及第。如是小孩先抓算盘，则谓将来长大善于理财，必成陶朱事业。如是女孩先抓剪尺之类的缝纫用具或铲子、勺子之类的炊事用具，则谓长大善于料理家务。若小孩先抓了吃食、玩具，也不能当场就斥之为"好吃"、"贪玩"，要美化说成"孩子长大后必有口道福儿，善于及时行乐"。之后视小孩的表现和才能加以引导教育。

现在人们很重视教育，抓周这种习俗，被越来越多的家庭所重视。许多地方都行抓周礼，也算是为孩子今后的教育方向找点思路。

> 如果小孩先抓了印章，则谓长大以后，必乘天恩祖德，官运亨通。

小孩为何要戴长命锁

在我国，小孩满百日或周岁时便会挂上长命锁。家长们希望它能保佑婴儿健康成长，辟邪去灾。这一习俗在汉族中广为流传。

长命锁又称长生缕、续命缕、延年缕、五色缕、辟兵缯、朱索、百索等。银锁有圆形的，也有椭圆形的，一般10~14厘米长，6~8厘米宽。用项链或丝编带穿入锁档中，形成一个圈，挂在幼儿脖子上，锁垂在项下胸前。银锁正反面有文字与图案，具有增强保护力的作用。文字多出现在正面，一般为"长命百岁"、"长命富贵"、"长发其祥"、"后生可畏"等字样；图案则多刻在反面，多为麒麟、龙、虎等吉祥动物，都表达了人们对于幼儿生命长久、幸福吉祥的美好祝愿。

戴长命锁的习俗源自夏代太康失国时期夏少康王幼年的故事。夏王相的妃子在战乱中生下少康。为了保护这个弱小的生命，王妃打制了一把"长命锁"，正面镌刻了"长命百岁"四个大字，戴到少康的脖子上，片刻不让离身。后来果有贵人相助少康，使他躲过了种种劫难，并依靠夏墟纶邑做根据地，最终复了国，重返故都。从此，挂长命锁的习俗便流传了下来。

到了魏晋南北朝时，妇女和儿童开始把它当做饰物，不仅用于端午，还用于夏至。在当时，由于战争频繁，加之瘟疫横行，灾荒不断，广大人民渴望平安，所以用五色彩丝编成绳

彝族银饰品：长命锁

窥探文化真相

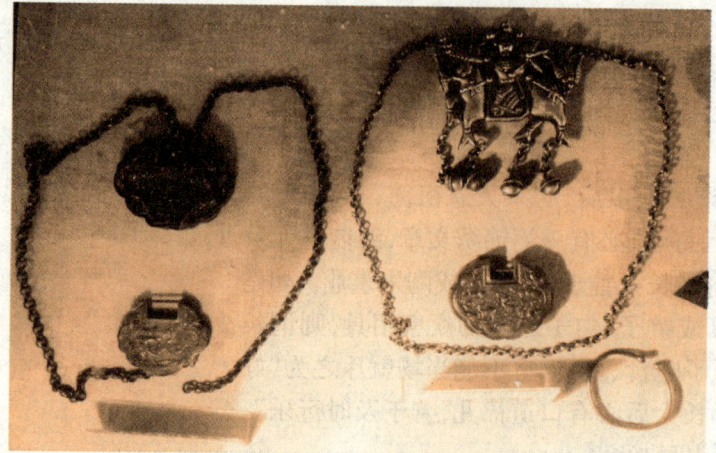

长命锁

索，缠绕于妇女和儿童手臂，以祈求辟邪去灾，祛病延年。《荆楚岁时记》中写道："五月五日，以五彩丝系臂，名长命缕。"到了宋代，这种风俗继续存在。不仅流行在民间，还传入宫廷。除妇女儿童之外，男子也可佩之。每到端午节前，皇帝还在长春殿亲自将续命缕赏赐给近臣百官，以便他们在节日佩戴。宋代称这种五彩丝绳编结物为"珠儿结"、"彩线结"。除丝绳、彩线外，还穿有珍珠等物。在当时京都等地的街市上还有不少店铺和市贩，专门以销售这种饰物为生。到了明代，风俗变迁，成年男女使用者日少，通常只用于儿童，并成为一种儿童颈饰。

锁是一种起封闭作用的器具。门、箱等一旦上锁，就只有钥匙才能打开。按照民俗的说法，只要挂上这种长命锁，就能"锁"住生命，辟灾去邪。所以许多儿童从出生不久起，就挂上了这种饰物，一直挂到成年。

在江南地区，外婆要给刚出生的外孙送银制的锁。也有干爹干妈（又称干达）出钱为新生婴儿打制银锁和项链圈的，戴在婴儿颈上。等到孩子长到12岁，便被认为已经过了危险期，要取掉银锁、项圈，称之为开关。江苏地区送给小孩的长命锁不是戴在脖子上，而是挂在小孩的卧室中。还有以寺庙的名义挂长命锁的，也有认和尚或道士为"干达"以借道教或佛教神灵的力量保住小孩的命，避免受邪魔伤害的。其做法是，给寺院或道观一些财物，在僧或道面前，让小孩"寄名"为弟子，再以锁形饰物挂在项间，这种锁称"寄名锁"。《红楼梦》一书就记有这种习俗。薛宝钗的父母就曾让她认一个癞头和尚做干达。癞头和尚给薛宝钗一把小金锁，其上镌有"不弃不离、芳龄永继"八字祥语。长命锁还有以百家的名义购买或是打造的，意义是集百家之力，帮助小孩渡过各种难关。

"剃满月头"是民间婴儿满月时的一项重要的仪式，一般在男婴出生24天，女婴出生20天时或者都到满月时剃掉头发，也称"落胎毛"。

 ## 为何要珍藏剃下的婴儿胎毛

在我国，婴儿出生一个月也即满月时会有多种多样隆重的庆贺仪式，除了为人所熟知的"喝满月酒"外，"剃满月头"也是其中重要的一项活动。

"剃满月头"是民间婴儿满月时的一项重要的仪式，一般在男婴出生24天，女婴出生20天时或者都到满月时剃掉头发，也称"落胎毛"。对于"落胎毛"，不同的地方有不同的说法和习俗。但有一点相同的是胎毛不能剃完，要在头顶心或近脑门的地方留下一撮，即俗称的"桃子头"、"桶盖头"、"米屯头"等。因"落胎毛"是婴儿离开娘胎后在一生中第一次剪下的头发，一般人们认为其具有先天的灵气，非常珍贵，而且富有珍藏价值。因此，民间素

"剃满月头"雕塑

来有珍藏婴儿胎毛的习俗。有的用婴儿胎毛制作胎毛笔，并在上面刻上婴儿的姓名、出生年月以及对孩子的爱和期望等，不仅可以用来祈福、辟邪，而且还有收藏、纪念等意义，也可作为日后父母送给孩子的珍贵礼物。有的地方是将胎毛搓成球状将其挂在床檐正中，意为孩子长大离开家后依然受母亲的庇佑。有的地方是将胎毛用绳子系起来挂在窗前，取孩子能够承受住风吹雨打之意。有的地方是将婴儿的胎毛用红布包起来，缝进小孩儿的衣物中，以促进孩子的健康成长。

珍藏婴儿胎毛的习俗自古便有，至今民间仍保留着这项风俗，多用其制作胎毛笔、胎毛章、胎毛画、胎毛绣等婴儿纪念品。

"福"字为何要倒着贴

新春之时，倒贴"福"字已成为家家户户不可缺少的习俗。倒"福"慢慢变成其谐音"到福"，即"福到"之意。据说，这一习俗与朱元璋的马皇后有关。

朱元璋做皇帝时，曾经规定，在即将被杀害的人家的门上贴上"福"字。马皇后知道后，不忍看到杀戮之乱，便命令京城家家户户在第二天早上之前都要贴上"福"字。其中，有一户人家主人不识字，竟把"福"字贴倒了。第二天，负责执行任务的士兵发现全城人家的大门上都贴了福字，还有一个人家把"福"字贴倒了，便不知该如何是好。

朱元璋闻此情况后龙颜大怒，命人把贴倒"福"字的那户人家满门抄斩。在一旁

倒"福"

新春之时，倒贴"福"字已成为家家户户不可缺少的习俗。据说，这一习俗与朱元璋的马皇后有关。

> 另外，"男左女右"的习俗还和古代人的哲学观关系非常紧密。

的马皇后心生一计，立马对皇上说："那户人家知道您今日会派人到，就故意把福字贴倒，这不就是'福'到的意思嘛！"朱元璋一听有道理，便收回了之前的成命。此后，人们便在新年贴倒"福"，纪念马皇后的恩德，并表达求福的愿望。

春节的习俗可谓千姿百态、妙趣横生。也正是因为这些有趣的习俗，才会使我们的春节过得有滋有味。

"男左女右"的习惯是如何形成的

传说中华民族的始祖盘古氏化仙之后，他的身体器官化为日月星辰、四极五岳、江河湖泊及万物生灵。《五运历年记》认为：中华民族的日月二神是盘古氏双眼所化，日神是盘古氏的左眼所化，月神是盘古氏的右眼所化。民间流传的"男左女右"习俗，就是由此而来。

那么中华民族的日月二神是谁呢？日神就是伏羲，月神即是女娲，均是传说中的上古之神。根据中国古代男左女右的礼俗，伏羲在左，左手执矩，女娲在右，右手执规，人首蛇身，蛇尾交缠；头上绘日，尾间绘月，周围绘满星辰。

伏羲、女娲都是我国古代传说中的天神和人类的祖先。据说伏羲曾教导人们从事农、牧、渔业生产，女娲曾教导人们婚姻嫁娶的人伦礼法。他们手中拿的规和矩，既是生产工具，又是社会秩序的象征。

另外，"男左女右"的习俗还和古代人的哲学观关系非常紧密。我国古代哲学家认为，宇宙中通贯事物和人事的两个对立面就是阴阳。自然界的事物有大小、长短、上下、左右等。

"男左女右"在中医应用上也有实际的科学意义。"男左女右"在医学上是表示男女生理上的差异。中医诊脉，男子取气分脉于左手，女子取血分脉于右手。即使小儿患病观察，手纹也取"男左女右"的习惯。这就是"男左女右"的由来。这一沿袭至今的习俗，早在2000多年前战国时期就已经有了。当然，至于"男左女右"是否真能表示男女生理上的差异，则是另一个问题了。

伏羲女娲交尾图

"温锅"的习俗有何来历

> "温锅"是我国民间广为流传的一项古老的习俗，在我国山东地区尤为盛行。

"温锅"是我国民间广为流传的一项古老的习俗，在我国山东地区尤为盛行。指的是在新房落成时或迁入新居之时，亲朋好友带着礼品前来庆贺，主人设宴款待的习俗，又称"温居"、"暖房"、"烧炕"、"添囤"等。

"温锅"聚会场景

新房建成，乔迁新居，一大帮亲朋好友带着礼品前来欢聚。这样，第一，众亲友可以认识新家的门，方便以后来往走动。第二，包含着众人添柴火焰高的互助传统。第三，旧时普通人家大多并不富裕，盖完房子后可能就花完了所有的积蓄，更有甚者已债台高筑，经济状况拮据，街坊邻居、亲朋好友等带着家庭用具、食物、礼品等来"温锅"，可以帮助主人暂缓生活困难问题。第四，"温锅"这一习俗还可以增进亲戚朋友间的感情与联系，促进与街坊邻居间的和睦相处，主人也可尽快适应新居的环境。

"温锅"是一种风俗，也是一种仪式。"温锅"结束以后，就表示这里已不再只是一栋冰冷的建筑物，而是一个内容齐全、充满生活气息的家，主人要在这里开始全新的生活。

过年为何要给"压岁钱"

我国春节过年时，长辈喜欢给小孩压岁钱，而孩子们也高兴，用以买鞭炮零食或课本，或用于完成他们的某个梦想。过年给压岁钱，为节日增添了不少喜庆气氛。那么，压岁钱是怎么来的呢？

传说古代有一个叫"祟(suì)"的小妖，黑身白手，每年除夕夜里会出来，专门摸熟睡的小孩子的脑门。小孩被摸过后就会发烧、说梦话，退烧后就会变得痴傻。人们生怕"祟"来伤害自己的孩子，便在除夕整夜亮着灯不睡，称为"守祟"。

有一户姓管的人家，夫妻老年得子，非常珍爱这个孩子。在年三十晚上，为了防止"祟"来侵扰，他们用红纸包了几枚铜钱，在小孩睡着时，把包好的几枚铜钱放在孩子的枕边。在四更天的时候他们也睡去。可他们刚一睡着，黑矮的小妖就进了屋。然而，就在他要用手摸小孩的头时，枕边发出一道

压岁钱

"压岁钱"寄托了长辈们的殷切希望和祝福，也是孩子们成长中的美好回忆。

窥探文化真相

过年收压岁钱场景

金光,"祟"尖叫着逃跑了。

这件事儿传开后,人们认为在大年夜里用红纸包上钱给孩子,"祟"就不敢再来侵扰了,于是便纷纷效仿,在孩子们枕旁放些铜钱,并把这叫作"压祟钱"。因为"祟"与"岁"发音相同,时间久了,"压祟钱"就被称为"压岁钱"了。

但这种说法只是传说,故事不可考。其实从史书看,压岁钱最早出现在我国汉代。那时有些以圆形圆孔和圆形方孔的铜钱正面有吉祥文字,如"去殃除凶"、"福山寿海"、"长命富贵"、"强身健体"等。还有的正面为钱文,背面为祥瑞图案,如"北斗七星"、"龟蛇"、"生肖"等纹饰。这些铜钱有祝愿和避邪的作用。

在唐朝时期,宫廷里盛行春节散钱。在唐法门寺地宫中,则是金钱铺地。这是一种宗教行为,也是为了祝愿吉祥和祈福。宋元以后,春节散钱的习俗演变为长者给晚辈压岁钱。到了明清时期,长者用红绳串联着压岁钱送给晚辈。民国时期基本取消了方孔圆钱,人们便用红纸包一百文新大铜钱作为压岁钱,其寓意为"长命百岁"。当货币改为纸币后,人们选用连号的新纸钞赐予晚辈,意为"连连好运、连连高升"。这种习惯一直延续至今。

另有研究者认为,"压岁"有"压惊"之意。南宋岳珂所著的《桯史》记载,北宋神宗时,枢密副使王韶的幼子南陔在元宵节观灯之时被坏人掠走,有路上巧遇皇家的车子经过。南陔大声呼救,被众人救下,并得以随车入宫。宋神宗赐予他"压惊"金犀钱。这事儿很快流传到民间。于是人们就在过年之时,除了给孩子们爆竹、食品之外,还多给一项用来"压惊"的"压岁钱"。

无论起源于哪个缘由,给"压岁钱"这一习俗已经成为我们春节必不可少的一项内容。正如清人吴曼云《压岁钱》诗中云:"百十钱穿彩线长,分来再枕自收藏,商量爆竹谈箫价,添得娇儿一夜忙。""压岁钱"寄托了长辈们的殷切希望和祝福,也是孩子们成长中的美好回忆。

所以说,饺子不仅代表着富贵、吉祥,还代表着幸福、美满与和谐。

 除夕夜为何要吃饺子

"饺子"一词产生于宋代,是宋代支票"交子"的谐音。在中国人眼里,除夕夜是一定要吃饺子的。否则,就不算过年,不算长了一岁。那么,人们为什么要包饺子吃?

说法一:纪念盘古。南北朝时人们管饺子叫"馄饨"。据说是为了纪念盘古氏开天辟地,结束混浊状态。其另有谐音"粮食满囤"的意思,因此更受世人推崇。

说法二:纪念张仲景。东汉时期张仲景任长沙太守期间见白河两岸百姓饥寒交迫、骨瘦如柴,便命人用面皮包了羊肉、辣椒和一些驱寒药材给人们食用,救活了许多百姓。于是,经过1700年的世代传承,人们每年冬至包饺子以纪念张仲景恩师。

除夕之夜包饺子

说法三:纪念女娲。据说,女娲造人时,由于天寒地冻的原因,黄土人的耳朵很容易冻掉。于是女娲在人的耳朵上扎一个小眼,并用细线把耳朵拴住,线的另一端放在黄土人的嘴里咬着,这样才把耳朵固定好。老百姓为了纪念女娲的功绩就包起饺子来,用面捏成耳朵的形状,肉中有馅(线),用嘴咬着吃。

另外,除夕夜吃饺子还有一个用意。饺子是煮出来的,不用蒸,代表着"不争";也不用炒,代表"不吵"。饺子形如元宝,此时吃饺子有"招财进宝"之意。等锅里的饺子煮好了,大家分了吃,就叫"幸福齐分享";在锅里煮破了也不怕,这叫"粮食撑破了肚"。

所以说,饺子不仅代表着富贵、吉祥,还代表着幸福、美满与和谐。在合家团圆的除夕之夜,吃上一碗寓意如此美好的饺子,一定会给喜气洋洋的春节增加一份福气和运道。

春节为何要贴对联

春节是中国人民最隆重的传统节日。每逢春节,无论城市还是农村,家家户户都要精选一副大红对联贴于门上,为节日增加喜庆气氛。而说起这一习俗,则要追溯到遥远的古代了。

关于对联的来历,《山海经》里还记载了这样一个神话。相传有一个鬼域,当中有座山,山上有一棵覆盖三千里的桃树,桃树上有一只金鸡,每到天快亮时就会报晓。这时夜晚出去游荡的鬼魂就回到鬼域。鬼域的大门坐落在桃树的东北,门边站着两个神人,分别叫神荼和郁垒。这两个人把着鬼门关,专门惩治犯恶的鬼魂。鬼魂都畏惧他们。古人认为人间的疾病灾害很多是鬼魅造成的,而桃木则具有避邪的作用。因此,过年期间,便用桃木板挂在家门旁,在板上分别写上神荼、郁垒的

可以说,在对联的发展史上,朱元璋帝功不可没,故他被称为"对联天子"。

虎年对联

名字，或画上他们的图像，或是题上一些压邪话和符咒，以辟邪防害。比如"姜太公在此"或"有令在此，诸恶远避"等。这两个桃木板被称为"桃符"。在秦汉以前，人们每逢过年，便在大门的左右悬挂桃符。

使用桃符驱鬼压邪的习俗一直延续了一千多年。直到五代十国时，后蜀皇帝孟昶才在桃木剑上题写了"新年纳馀庆，嘉节号长春"的句子。后来，历史上认为这是我国最早的对联。

其实，"对联"名称真正出现是在明朝。明朝开国初年，朱元璋在年三十那天下了一道圣旨："公卿士庶门上，须加春联一副。"一夜之间，由宫廷豪门到普通百姓家，都贴上了春联。自此，春节贴春联成了习俗。可以说，在对联的发展史上，朱元璋帝功不可没，故他被称为"对联天子"。

清朝乾隆、嘉庆、道光年间，对联艺术日臻完美，出现了不少脍炙人口的名联佳对。时至今日，对联仍很流行，并作为一种独特的艺术形式，焕发着艺术的魅力，受到人们的喜爱。只是春联内容随着时代的变化而有所不同。由于中国文化的向外传播，对联传入越南、朝鲜、日本、新加坡等国。这些国家至今还保留着贴对联的风俗。

春节为何要燃放鞭炮

由此，人们才知道年兽最怕红色、火光和炸响。

相传古时候有一个叫"年"的怪兽，每到除夕就会从海底爬上岸来吞食牲畜、伤害人命。有一年，一个白发老人在村庄里燃响爆竹，吓走了年兽。由此，人们才知道年兽最怕红色、火光和炸响。从此，每年的除夕，家家都贴红对联，燃放爆竹，户户灯火通明，守更待岁。

《神异经》记载，古时候，

剪纸：春节放鞭炮

人们途经深山露宿，晚上要点篝火，一为煮食取暖，二为防止野兽侵袭。然山中有一种动物既不怕人又不怕火，经常趁人不备偷食东西。人们为了对付它，就想起在火中燃爆竹，用竹子的爆裂声使其远遁的办法。这样的说法，比带有迷信色彩的年兽更易让人相信。

春年的叫法不知道与年兽有没有关系，这已无法考证。但是春节象征团圆、喜庆、兴旺，却是自古中国人就认同的。这份认同感足以抵消名称来历的不可考，只享受春节带来的幸福与满足即可。

> 春年的叫法不知道与年兽有没有关系，这已无法考证。

除夕为何要"守岁"

农历一年最后一天的晚上称为除夕。除夕守岁一般从吃年夜饭开始，人们往往在这天晚上通宵不睡觉，熬夜迎接新的一年的到来。

除夕"守岁"除了有依依惜别过去的一年，对新的一年寄予美好希望的寓意外，还流传着这样一个有趣的故事。相传在远古时期，有一种叫"年"的怪兽，每年总要从海里爬出来伤害人畜，毁坏田园。

除夕守岁

后来人们算准了"年"出没的规律，它一般是每隔365天出来一次，且每次都是在天黑以后才出没，天亮之前就又返回海里了。于是，人们便将"年"到来的这一天当做关口来过，称为"年关"，并想出了度过"年关"的办法。那就是，每到这一晚，人们都早早地吃完"年夜饭"，把牲畜关好，然后全家人躲在屋里整晚不睡觉，以观察房外的动静。由于吃完这顿"年夜饭"后，吉凶未卜，因此，"年夜饭"一般都是全家人聚在一起且很丰盛，并且要祭奉祖先，祈祷祖先的庇佑，以平安地度过这一晚。所以，除夕"守岁"又俗称"熬年"。

"一夜连双岁，五更分二年"，除夕"守岁"更多的也许是人们希望见证新旧年交替的这一刻，表达对逝去的一年的留恋与怀念以及对新的一年的美好憧憬。

古人是怎样拜年的

宋人孟元老在《东京梦华录》中曾描述过北宋汴京人是如何拜年的，虽寥寥几笔，却透露出宋人的拜年流程。

> 古人拜年与今人拜年一样，都有辞旧迎新，相互表达美好祝愿之意。

古人拜年与今人拜年一样，都有辞旧迎新，相互表达美好祝愿之意。古时"拜年"一词原意是为长者拜贺新年，包括向长者叩头施礼、祝贺新年如意、问候生活安好等内容。清人顾铁卿在《清嘉录》中描写："男女以次拜家长毕，主者率卑幼，出谒邻族戚友，或止遣子弟代贺，谓之'拜年'……"这大概的意思是晚辈有次序地向长辈拜年，然后长辈率领晚辈再到邻居好友家恭贺，也有只是让晚辈代贺的。压岁钱和吉祥话是现在按原意传承下来的。

古时，上层士大夫间拜年时还有互赠贺年卡的习俗。贺年卡用于联络感情和互致问候，既方便又实用，直至今日仍盛行不衰。不管是拜年还是贺年卡，都是我们祖先传承下来的心意，这不仅仅是一个节日，更是我们中华民族文化的传承。

老北京人拜年

元旦的日期是怎样确定下来的

元有"初始"之意，旦是"白天"、"日子"的意思，元旦就是"开始的一天"、"初始的日子"，是一年中的第一天。今天所说的元旦是在公元纪年的一月一日这一天。其实，在中国的历史上，元旦的日期并不统一。那么，元旦的日期有着怎样的变化？元旦最终又是怎样被确定下来呢？

中国的元旦据说起源于三皇五帝之一的颛顼时期，已有上千年的历史。但是，几千年的历史更迭中，元旦的日期一直变幻不定。夏朝的夏历（即阴历或农历）以孟喜月（元月）为正月，商朝的殷历以腊月（十二月）为正月，周朝的周历以冬月（十一月）为正月，秦始皇统一中国后，又以阳春月（十月）为正月。由此，我们可以看出，汉朝之前，中国的元旦日期并不统一。直到汉武帝时，才正式统一以夏历孟喜月（元月）的第一天为元旦，一直沿用到清末。

1911年，孙中山领导的辛亥革命结束了中国长达两千多年的封建统治，建立了中华民国。根据"行夏正，所以顺农时；从西历，所

> 汉朝之前，中国的元旦日期并不统一。直到汉武帝时，才正式统一以夏历孟喜月（元月）的第一天为元旦，一直沿用到清末。

元旦贺卡

以便统计"的原则,民国政府决定使用公元纪年,并规定农历一月一日为"春节",阳历(公历)一月一日为"新年"。1949年9月27日,中国人民政治协商会议第一届全体会议决定:"中华人民共和国纪年采用公元年法。"由此,元旦的日期公历一月一日就通过法律的形式正式确定下来了。

元旦饮"屠苏酒"的习俗如何

"爆竹声声一岁除,春风送暖入屠苏。"这是王安石《元日》中的诗句,描写了元日那天千家万户放爆竹除岁,喝屠苏酒的情景。屠苏酒之得名,一说屠苏是一种药草,可入酒,另一说屠苏是古代的一种房屋,因是在这种房子里酿的酒,所以名为屠苏酒。

据说该酒是汉末名医华佗创制而成的。明代李时珍的《本草纲目》记载:"屠苏酒,陈延之《小品方》云:'此华佗方也。'"其配方为大黄、白术、桂枝、防风、花椒、乌头、附子等中药入酒中浸制而成。此药具有益气温阳、祛风散寒、避除瘟疫之邪的功效。传说在元日早上喝此酒,可以预防疾病,全年健康。后来在唐代名医孙思邈那里流传开来。而后,经过历代相传,饮屠苏酒成为过年的风俗之一。

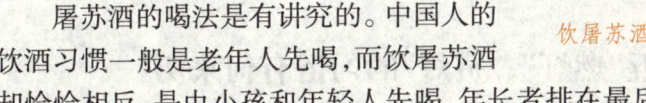

饮屠苏酒用的金瓯永固杯

屠苏酒的喝法是有讲究的。中国人的饮酒习惯一般是老年人先喝,而饮屠苏酒却恰恰相反,是由小孩和年轻人先喝,年长者排在最后,正所谓"岁饮屠苏,先幼后长,为幼者贺岁,长者祝寿"。全家人围坐在一起喝屠苏酒,祝愿在新的一年里,健健康康,老年人延年益寿。

喝屠苏酒的习俗东渡日本后,经过改良,流传至今。元旦早晨日本人全家会一起喝屠苏酒,以祈祷平安。而在我们中国,喝屠苏酒的习俗却没有很好地传承下来。很少有人知道在元日喝屠苏酒可以预防疾病,保护身体健康。这一悠久的文化传统,还需我们好好地继承,并传承下去。

年初一为何"不吃稀"

"年初一,不吃稀"是我国春节的重要禁忌之一,说的是大年初一这天,一天三顿饭不可吃稀饭,否则会影响这一年全家的运程。综合起来看,"年初一,不吃稀"的原因主要有以下几个方面。

窥探文化真相

稀饭:年初一禁吃

首先,若大年初一这天吃稀饭,则家人会在这一年中每逢外出时都会遇到下雨天。这当然是大家所不希望的,在交通不便的古代更是如此。因此,很多人在大年初一吃饭时都颇为注意,宁可信其有,不可信其无嘛。

其次,稀饭在有些地方被称为"粥"或"糊涂",这个名字很容易让人联想起"迷糊"、"不清醒"等含义。这是无论干什么都最避讳的。若大年初一这天吃了稀饭,人们便会混混沌沌,大人事业没有发展,日子过不好,对于小孩子来说,则会脑子犯迷糊,影响读书上学。还有的说是若小孩儿大年初一吃了稀饭,长大后会忘记母家的亲戚。

最后,稀饭的"稀"字有"稀薄"之意。新年的第一天就吃稀饭,则意味着过去的一年收成、收入不好,也预示着新的一年会生活得不好。而"年初一,不吃稀"则象征着过去和将来的一年里丰衣足食,生活富足。

"年初一,不吃稀"是古人在科学技术不发达的古代过年时对新年的期冀及对美好生活向往,并无科学依据。而且,粥作为养胃食物,从饮食结构上看,春节期间多食高蛋白、高脂肪的肉类食物,适当喝一点儿粥也可调节一下。

正月十五"燃灯"、"赏灯"的习俗有何来历

按照中国民间的习俗,在元宵节皓月高悬的夜晚,要燃起彩灯万盏,举行赏灯活动。

在人们的观念中,正月十五元宵节过后,春节才算真正地过完。按照中国民间的习俗,在元宵节皓月高悬的夜晚,要燃起彩灯万盏,举行赏灯活动。那么,这一习俗是怎样形成的呢?

道教"三元说"。在道教流行的"三元说"中,农历一月十五为"上元节",农历七月十五为"中元节",农历十月十五为"下元节"。而主管上、中、下三元的分别就是天、地、人三官。因天官喜乐,故上元节要燃灯。

纪念天帝小女儿说。据

正月十五闹花灯

传在很久以前，人间野兽猛禽四处横行，伤人性命。于是，人们经常组织起来去捕捉它们。某日，一只神鸟因为迷路而降临人间，竟被不明真相的猎人射杀了。天帝知道后十分震怒，欲命天兵在正月十五这天到人间放火，烧死人畜，以示惩戒。天帝善良的小女儿知道这一消息后，不忍看见人间生灵涂炭，便冒着触犯天条的危险把这一消息告诉了人们。众人一听，不知如何是好。这时，有位老人想出了一个办法：在正月十四、十五和十六这三天晚上，家家户户张灯结彩，燃放烟火。果然，到了正月十五这天，天帝见人间一片火光，便以为起了大火，心中不觉解恨。就这样，人们靠着灯火保住了生命财产。后来人们为纪念天帝女儿，就把这一习俗流传了下来。

纪念"平吕"之役说。 在刘邦死后，懦弱的刘盈即位，即汉惠帝。母凭子贵，刘盈的母亲吕后逐渐掌握了朝政大权，并一再排斥甚至残害刘氏宗亲，大力提携吕氏宗族。吕后病死后，失去靠山的吕氏宗亲惶恐不安，意图作乱。后来，在齐王刘囊、老臣周勃、陈平等人的筹划下，最终平定了"诸吕之乱"。后来，刘恒在众人的拥立下登基为帝，是为汉文帝。为了让人们在太平盛世中铭记"平吕"之役，汉文帝就把"平吕"之日——正月十五定为与民同乐的庆祝节日。这一天，京城家家户户张灯结彩，共同庆贺。从此，正月十五燃灯、赏灯的习俗就流传下来了。

吃元宵与东方朔有关系吗

元宵又名汤圆，是正月十五元宵佳节的必备美食。据说，之所以流传下来元宵节吃元宵的习俗，还是西汉时期传奇人物东方朔的功劳！

相传，东方朔甚得汉武帝宠信。一次大雪后，他来到后花园为武帝折梅花，见到一个泪流满面想要投井自杀的宫女，就询问她自杀的原因。

原来，这名宫女名叫元宵，已进宫多年，自进宫后就没有见过父母亲人。因无法忍受思亲之苦，所以想一死了之。东方朔听后，很同情其遭遇，向她保证，一定在正月十五上元节这天让她与家人团聚。

不久，东方朔就在长安城的大街上摆了一个占卜的地摊。长安城的百姓听说是东方朔给人们占卜，便纷纷前来求签问卦。但是，人们求得的签上都是"正月十六火焚身"的签

东方朔

> 汉武帝便下令每年正月十五家家户户做汤圆供奉火神君。慢慢地，人们也就把汤圆叫作元宵了。

语。一时间，长安城出现了恐慌。而且，这个可怕的流言很快就传到了汉武帝的耳朵里。

皇上马上找来东方朔，向他寻求签语的破解之法。东方朔就对汉武帝说："正月十五晚上，火神君会派一位赤衣仙女下界访查。这就是来火烧长安的使者。要想躲过赤衣仙女的烈火，就要让宫人们抓紧制作宫灯，并让她们在正月十五晚上将其挂满长安城的大街小巷。与此同时，要命长安城外的百姓在当天晚上进城赏灯。另外，还要让元宵姑娘在那晚给您做好汤圆，您亲自以汤圆祭拜火神君。这样，就可以制造长安城满城烟火的假象，瞒过赤衣仙女了！"

汉武帝立即命人照做。于是，正月十五这天晚上，出宫挂宫灯的元宵就与来长安城赏灯的父母相聚了。

如此，热闹了一晚上的长安城不仅平安无事，还让百姓感受到了皇恩浩荡。汉武帝便下令每年正月十五家家户户做汤圆供奉火神君。又因为长安城就属元宵姑娘的汤圆做得最好，所以，慢慢地，人们也就把汤圆叫作元宵了。

为何"正月不剃头"

"正月里，不剃头，正月里剃头死舅舅。"这句民谣在中华大地上已经流传了360多年。直到今天，还有很多地方的人们保持着正月里不剪头发的习俗。那么，这个习俗究竟是由何而来呢？

其实，这句民谣并不是人们对于正月剃头会死舅舅之忧的预言，而是清初百姓们对于清朝政府蛮横无理的"剃发令"的无奈反抗。

清顺治二年（1645年），清兵势如破竹般地击溃了李自成，消灭了明王朝在江南残喘的主要抵抗力量。为了巩固"削平四周，留守中原"的治国主张，清朝政府决定在全国推行满族发式。于是，在这一年，由皇叔父摄政王多尔衮代七岁的顺治小皇帝颁布了《剃发诏书》，下令全国的汉人必须剃成满族发式。而且，清朝政府还将全国的剃头匠们都召集起来，每人发了一个持有圣旨的"吊投旗杆"。随后，这些剃头匠们便走街串巷，把人们的头发一一拿下。

汉族人对于头发的珍视由来已久，认为"身体发肤，受之父

老北京街头剃头摊

母"。汉族男儿从小就蓄发,将对头发的损伤、妄动,看成是对性命和人格的侮辱和蔑视。所以,清朝政府这"留头不留发,留发不留头"的血淋淋的剃发口号,引来了无数汉人的极大抵制,甚至还有人喊出了"宁为束发鬼,不为剃头人"的反抗呼声。当反抗成为徒劳,剃发成为不可能改变的事实后,为了追忆明朝留全发的传统,一些人就私下号召:正月里不剃头。

但是随着满人入主中原的深入,"满汉共天下"的局面日渐稳定,汉人对于"满清"的正统地位逐渐接受,剃发也渐渐成了习惯。这样,"正月里不剃头——思旧"就逐渐讹传成了"正月里剃头——死舅"。从此,舅舅的生命安危就和外甥的头顶之发有了莫大的关系。为了舅舅的生命安危,正月里人们都不会轻易剪头发了。

"二月二,龙抬头"有何由来

"二月二,龙抬头"象征着春回大地,万物复苏。为什么会有这种说法呢?

在我国北方地区,流传着许多关于"二月二,龙抬头"的传说。

传说一: 古时候关中地区久旱不雨,玉皇大帝命令东海小龙前去播雨。贪玩的小龙,一头钻进河里便不再出来了。为了能使小龙播雨,关中地区的一个小伙子在农历二月二日这一天,历经千辛万苦到悬崖上采来了"降龙水",搅浑河水,迫使小龙露出了头与小伙子较量。最后,小龙被打败,被迫降雨,使得关中地区久旱逢甘霖。于是,就流传起了"二月二,龙抬头"的说法。

传说二: 很久很久以前,已经有了三个龙子的东海龙王很渴望再得到一个女儿。王母知道龙王的想法后,便给了龙母一颗仙丹。果然,龙母不久后就怀孕了,并且在第二年的农历二月二生下了一个白白胖胖的龙女。小公主虽一天天长大,却早已厌倦龙宫的生活,一心想要到人间寻找真正的幸福。爱女心切的龙母悄悄把她送出了龙宫。在人间,公主遇到了一个憨厚朴实的青年,与他一见倾心,并永远地留在了这里。龙母天天想念女儿,在每年女儿的生日农历二月初二这一天就会浮出海面,抬头向女儿离开的方向痛哭一场。于是,农历二月二日就成了龙抬头日。

传说三: 武则天成了唐朝的女皇帝后,玉帝便向玉龙下令三年不许向人间下雨,以示惩戒。玉龙眼见百姓因干旱而挨饿,于心不忍,便偷偷向人间施了

民间"龙"的形象

窥探文化真相

一场雨。玉帝得知后，将玉龙打下天宫，压在了一座大山之下，并规定只有在金豆开花的时候，玉龙才能重返天宫。为了救玉龙一命，人们便四处寻找开花的金豆。最终，人们发现爆开的玉米花与金豆极其相像，便家家户户供起了爆玉米花或炒豆子，最终解救了玉龙。

> 中国汉族传统的清明节大约始于周代，距今已有2500多年的历史。

清明踏青扫墓的习俗是怎么来的

清明是二十四节气之一，在仲春与暮春之交，冬至后的108天，公历的4月5日前后。中国汉族传统的清明节大约始于周代，距今已有2500多年的历史。《历书》云："春分后十五日，斗指丁，为清明，时万物皆洁齐而清明，盖时当气清景明，万物皆显，因此得名。"在清明节前二三日为寒食节，亦称"禁烟节"、"冷节"、"百五节"，为冬至后的105天，公历的4月2日左右。在这一日，禁烟火，只吃冷食，所以叫作"寒食节"。

春秋时期晋国发生内乱，公子重耳等人逃出晋国，流亡在外19年。其臣子中有一个叫介子推的很忠诚，在重耳饿晕时割下自己大腿上的肉煮熟供重耳充饥。后来，重耳重回晋国并成为国君，史称晋文公。但在分封功臣时他却唯独忘记了介子推。贪利之人都争着报功，介子推却背着老母亲到绵山隐居。当晋文公意识到错误后，便亲自带领臣属到绵山恭请介子推。但已无法动摇介子推隐居的决心，拒不出山。有人出主意说介子推是大孝之人，如果放火烧山，他一定会背着老母出来。晋文公便命人放火烧山，希望以此逼出介子推母子。可结果介子推母子仍然未出。后来进山寻找，发现他们母子二人抱着一棵大柳树被烧死了。这令晋文公悲伤而后悔。为了纪念这位忠臣义士，晋文公下令把绵山改为"介山"，在介子推死难之日不准生火做饭，要吃冷食。这一天被称为寒食节。第二年，晋文公重回绵山祭拜介子推时，看到介子推和母亲被烧死时抱着的那棵被烧焦的柳树又发出了新芽，不禁感慨万分，当即下令把那棵柳树命名为"清明柳"。

由于寒食节与清明节紧邻，到了唐代，寒食节逐渐式微，逐渐地与清明节合在了一起。因为寒食节只允许食用冷食，所以，到了清明节前后，人们便外出踏青，参加一些户外活动，以减少寒食对身体的危害。清明节慢慢成为扫墓、祭祖，外出

清明节祭扫烈士陵园场景

踏青、秋千、蹴鞠活动的日子。在唐代,寒食节、清明节成为重要的法定节日,放假四五日。不少文人墨客都写过关于寒食清时的诗文。

杜牧《清明》绝句云:"清明时节雨纷纷,路上行人欲断魂。借问酒家何处有,牧童遥指杏花村。"清明祭祖时已使人哀痛,清时的阴雨又给人们增加了愁思,且清明节期很长,故清明节被称为民间第一大祭日。明朝刘侗、于奕正撰《帝京景物略》载:"三月清明日,男女扫墓,担提尊櫑,轿马后挂楮锭,粲粲然满道也。拜者、酹者、哭者、为墓除草添土者,焚楮锭次,以纸钱置坟头。望中无纸钱,则孤坟矣。哭罢,不归也,趋芳树,择园圃,列坐尽醉。"这描写的就是清明祭祖的情形,有多少哀痛在其中。

> 清明祭祖时已使人哀痛,清时的阴雨又给人们增加了愁思,且清明节期很长,故清明节被称为民间第一大祭日。

"寒食节"为何不允许生火做饭

中国祭祀天、地、神仙、祖先等的习俗由来已久。在农历四月,有一个祭祀节日,曾被称为"民间第一大祭日",这就是寒食节。

在寒食节这一天,家家户户禁烟火,只食用冷食。因此寒食节也被称为"禁烟节"或"冷节"。这是为何呢?

介子推母子

远古时期人们的火崇拜是寒食节形成的源头。古人的生活离不开火,但火有时又会给人们带来重大的灾害。因此,人们对于火是既敬又怕,便形成了对火的祭祀习俗。这一习俗,逐渐演变成了禁火节。

春秋时期,禁火节演变成了寒食节。相传,此时晋国发生内乱,公子重耳被赶出国门,流亡在外。晋国大臣介子推忠心耿耿,跟随重耳在外逃亡19年。在重耳流亡卫国、饥不果腹时,他甚至割下自己大腿上的肉供重耳充饥。后来,重耳重回晋国,成了晋文公,分封功臣时却唯独忘记了介子推。闻此消息的介子推不动神色地带着老母亲隐居于绵山,从此不问世事。当晋文公意识到错误后,便亲自到绵山恭请介子推,但已无法动摇其隐居的决心。晋文公便命人放火烧山,希望以此逼出介子推母子。可结果,却把母子二人烧死于绵山之上。为了纪念这位忠臣义士,晋文公规定在介子推死难之日不准生火做饭,要吃冷食,称为寒食节。

之后,随着历史的变迁,寒食节推而广之,扩展到全国各地。

> 为了纪念这位忠臣义士,晋文公规定在介子推死难之日不准生火做饭,要吃冷食,称为寒食节。

窥探文化真相

伍子胥

端午节只是为了纪念屈原吗

农历五月初五的端午节是国家四个法定节假日之一。在人们的传统观念中，端午节吃粽子、赛龙舟等活动是为了纪念伟大的爱国主义诗人屈原而流传下来的习俗。其实，端午节历史悠久，意义丰富，不单单只是为了纪念屈原的节日。历史上，还有两种传说。

传说一，是为纪念吴国忠臣伍子胥的节日。 伍子胥原为楚国人，出身于楚国的名望之家，后由于父兄皆为楚王所杀，故投奔吴国，帮助吴国公子光夺得吴国王位，是为吴王阖闾。伍子胥凭借他的卓越才能与耿耿忠心受到了阖闾的信任，并帮助吴国达到了全盛。阖闾去世后，伍子胥继续辅佐夫差。后来，在吴越之战中，因为伍子胥力主夫差灭掉越国而惹怒了夫差，被赐死。在农历五月初五这天，夫差命人将伍子胥的尸体装入皮革投入大江。三年后，吴国被越国所灭，夫差掩面自杀。吴国百姓更加怀念吴国的柱石之臣伍子胥。于是，就流传着伍子胥死后忠魂不灭化为"涛神"的传说。因此，伍子胥尸体沉江的端午节就成为纪念伍子胥的日子了。

传说二，是为纪念渔女曹娥的日子。 据东汉《曹娥碑》记载，上虞古舜江西岸的凤凰山下的一个小渔村里，有一个姓曹的渔夫。他有一个女儿，名为曹娥，以美丽和孝顺远近闻名。在曹娥14岁那年夏天，天降暴雨，舜江两岸洪水暴涨。曹娥的父亲外出捕鱼，不幸溺于水中，数日不见尸体。曹娥昼夜沿江哭号，并于17天后的农历五月初五投江。五天后，她竟抱着父亲的尸体走出舜江，一时间传为神话。人们有感于曹娥的孝心，便将农历五月五日定为纪念曹娥的日子。

屈原选择在端午这日投江殉国，为历史悠久的端午节更增添了一份爱国的人文精神。

七夕"乞巧"有何来历

七夕节在每年农历七月初七，是我国汉族传统的妇女节，因为此日活动的主要参与者是妇女，而节日活动的内容又是以乞巧为主，故而又称"乞巧节"或"少女节"、"女儿节"。东晋葛洪的《西京杂记》记载："汉彩女常以七月七日穿七孔针于开襟楼，人俱习之。"七夕节是古时女子们最为重视的日子。在这一天晚上，妇女们穿针乞巧，陈列花果、

> 七夕节是古时女子们最为重视的日子。在这一天晚上，妇女们穿针乞巧，陈列花果、女红，祈祷福禄寿。

女红,祈祷福禄寿。传说这天还是牛郎织女鹊桥相会的日子。

传说很久以前,在南阳城西牛家庄有一个勤劳、善良的小伙子。他父母早亡,只能跟着成了亲的兄长过日子。可是,嫂子马氏为人狠毒,经常刁难他,逼着他做很多活。他跟自己家的老牛为伴,悉心照料着老牛,还经常跟牛说话,唱歌哼曲。故人们都称他牛郎。有一天牛郎听到有人在叫他:"牛郎。"他仔细察看,原来是老牛在跟他说话,非常惊奇。老牛说:"你到山上天池,看见有一群天上的仙女在洗澡,你可拿走岸边粉红色的衣裳,穿那件衣裳的女子便是你的妻子。"牛郎便上山到天池,果然看见有一群仙女在洗澡,衣服放在崖边。他便偷偷拿走了其中的粉红色衣裳,藏在山后。众仙女们洗完澡后,开始穿衣服。有一女子却发现找不到自己的衣服了。其他仙女们只好先飞走了,只留下那个女子。牛郎便拿出衣服,跟她说明原委,恳求她做自己的妻子。这个女子名叫织女。她很喜欢憨厚的牛郎,便同意了。从此,二人过上了男耕女织的幸福生活,还生了两个孩子。可是,王母娘娘很快知道了这件事情,便亲自下界带走了织女。

牛郎上天无路,独自流泪。这时老牛却说话了,说它死后,用它的皮做成鞋,穿上就可以上天了。说完,老牛就死了。牛郎用牛皮做成鞋,挑着两个孩子,就上天去追织女了。眼看就要追到了,王母娘娘却拔下头上的发簪一划,牛郎和织女之间就出现了一道波涛汹涌的天河,难以逾越。牛郎织女隔岸相对,泪眼婆娑。天上的喜鹊被他们的忠贞爱情所打动,于七月七日纷纷衔树枝飞来搭成桥,让二人走上去相会。王母娘娘对此很无奈,只好规定牛郎织女在每年七月七日于鹊桥相会。

在晴朗的夏秋之夜,遥望满天繁星,会看到像天桥一样横贯南北的白茫茫的银河。在河的东西两岸,有两颗遥遥相对的闪亮星星,这就是牵牛星和织女星。每年农历的七月初七,喜鹊很少见,传说都去搭桥了。据说此日夜里在葡萄树下,还能听到牛郎织女的私语。

唐玄宗时,玄宗宠爱杨贵妃。在七月七日这天晚上拜祭时,二人立誓不为同年同月同日生,但愿同年同月同日死,在天愿为比翼鸟,在地愿为连理枝,以证明他们相爱。但不久之后,杨贵妃便独自先走,香消玉殒了。美好的誓言成了一句空话。现在很多人把七夕节当成"中国的情人节",实在不合适,因为"中国的情人节"是二月节,七夕节只是女子的乞巧节。

现在很多人把七夕节当成"中国的情人节",实在不合适,因为"中国的情人节"是二月节,七夕节只是女子的乞巧节。

乞巧节"乞巧"

中元节烧香焚纸

中元节为何被称为"鬼节"

在民间流行有"阳间有元宵节，阴间过鬼节"的俗语。其实，老百姓口中的"鬼节"就是每年农历七月十五日的中元节。在这一天，活着的人们纷纷以祭祀、参佛、敬墓等方式表达对死去亲人的哀思和祝福。那么，中元节为何会被称为"鬼节"呢？

在道教的"三元说"中，农历七月十五是中元节，是地官诞辰，正值地官校籍赦罪之时。这一天，地官会拿出地府所藏花名册，根据神仙、凡人、鬼魂和动物们的表现进行评判，赦罪免刑。

同时，农历七月十五日还是佛教的盂兰盆节。传说中，佛祖释迦牟尼有一个名叫目连的弟子。目连的母亲虽貌美却吝啬贪财，而且尤其仇视僧人，故其死后被列入恶鬼行列。目连请求佛祖超度其母。后在佛祖的指引下，他于农历七月十五这一天，准备了各种用具和百味五果，装入盆中，供养十方僧众，最终使母亲脱离了恶鬼行列。佛祖以目连救母的事迹为典范，要求佛门子弟都要孝敬父母，在每年农历七月十五日做盂兰盆，报答父母恩情。后来，这一习俗逐渐流入到民间，使农历七月十五成为民间祭祀已逝父母和先人的日子。

另据民间流传，每年农历七月一日起，阎王都会把地狱之门打开，让那些在地府受难的冤魂厉鬼得以享受短暂的人间烟火。于是，人们就会在七月十五晚上祭祀祖先，顺便准备菜肴酒饭到路口祭祀鬼魂。

由此可见，中元节是一个佛道俗三流合一的节日。无论哪种传说，都与祭祀鬼魂有关，因此中元节也就有了"鬼节"之称。

重阳节为何要登高饮酒，插茱萸辟邪

在这一天，人们有登高饮酒，插茱萸辟邪的习俗。那么，关于其来历，有何传说呢？

农历九月九日重阳节，是古时文人墨客吟咏最多的传统节日之一。在这一天，人们有登高饮酒，插茱萸辟邪的习俗。那么，关于其来历，有何传说呢？

据说，很久以前，汝南县有个名叫恒景的青年。他和父母、妻子守着几亩薄田，安安稳稳、幸幸福福地过着日子。可是，天有不测风云，本来平安无事的汝河两岸竟流行起瘟疫来，而且瘟疫每年都会发生一次，每次都会夺走不少人的性命。恒景的双亲也在某一年的一次瘟疫中丧命。

原来这是因为汝河里来了个瘟魔,每年都要出来散播瘟疫,危害人间。

恒景决定为民除害,便辞别妻子和父老乡亲,去寻访仙人。后来,他了解到在东南山住着一位法力无边的神仙,名叫费长房。只有他的法术才可以消灭瘟神。恒景翻越了千山万水,但还是找不到仙人的足迹。有一天,恒景突然看到前方站着一只雪白的鸽子在不断地向自己点头,便好奇地向鸽子走去。待走近时,鸽子却又故意飞远,然后落下,继续向恒景点头。就这样,恒景跟着白鸽,终于找到了费长房的仙居。

恒景在费长房仙居前跪了整整两天,终于打动了仙人,做了他的弟子。费长房给了恒景一把降妖青龙剑,教他练习降妖的法门。在农历九月初,费长房突然找到在苦练仙术的恒景,对他说:"瘟神在农历九月九这天又要出来害人了,你赶紧回乡。我给你一包茱萸叶子,一瓶菊花酒,让你家乡父老登高避祸。"说完,就用手招来一只仙鹤,把恒景载回汝南去了。

重阳节登高习俗

恒景回到家乡后,按照费长房的指点,在农历九月九日这一天,把乡亲们带到了附近最高的山上,分给每人一片茱萸叶和一盅菊花酒,做好了降服瘟神的准备。不一会儿,汝河波浪滔天,瘟魔张着血盆大口咆哮而来。但当它闻到茱萸和菊花酒的酒气时,脸色大变,法力减了不少。恒景趁机冲下山来,用那把宝剑将瘟魔刺死。最终汝河两岸的人们又恢复了平静的生活。

虽然瘟魔被消灭了,但农历九月九日重阳节登高喝菊花酒和插茱萸辟邪的习俗却一年年地流传了下来。

冬至节不吃水饺,真会冻掉耳朵吗

很多人在小的时候都听说过"冬至不吃饺子会冻掉耳朵"的说法。那么,冬至节不吃水饺,真的会冻掉耳朵吗?

饺子是我国民间的传统食品,深受民众的喜爱,在过去生活水平不高时,一般逢年过节都会吃顿饺子,一为改善生活,二为庆贺。清人顾禄撰写的《清嘉录》中有"冬至大如年"的说法。谚语也说:"十月一,冬至到,家家户户吃水饺。"因此,在我国北方地区,每逢农历冬至这天,无论贫富,饺子是必不可少的饭食。

相传,冬至节吃饺子的习俗是为纪念"医圣"张仲景而流传下来的。"冬至节不吃水饺会冻掉耳朵"的说法,也源于东汉张仲景冬至时

相传,冬至节吃饺子的习俗是为纪念"医圣"张仲景而流传下来的。

窥探文化真相

张仲景

施的药"祛寒娇耳汤"。据说东汉末年，各地灾害不断，瘟疫横行。告老还乡的张仲景回到家乡南阳时正值冬天，他看到白河两岸的父老乡亲都面黄肌瘦，加上饥寒交迫，很多人的耳朵都冻烂了。更有甚者，有的人因挨不过这种饥寒交迫的状况而丧命。张仲景看在眼里，痛在心里，便研制出了一种名叫"祛寒娇耳汤"的方剂，在村口支起一口大锅，将一些祛寒的草药和暖身排毒的辣椒粉放入锅中煎熬。为增加营养，还放入了羊肉加以熬煮。之后命人将这些煮熟的食材捞出切碎，用面皮把它们包成耳朵状的"娇耳"，煮熟后便分给百姓吃，一人再喝一碗肉汤。这样，人们吃了"娇耳"，喝了"祛寒汤"后，果然浑身暖和，两耳发热，冻伤的耳朵也逐渐结痂好转。

此后，人们为不忘张仲景的"祛寒娇耳汤"之恩，便于冬至这天模仿其"娇耳"的样子，包成食物，又称"饺子"或"扁食"，以此御寒取暖。接下来，民间便逐渐有了冬至节不吃饺子会冻掉耳朵的说法。至今在河南南阳地区还流传着"冬至不端饺子碗，冻掉耳朵没人管"的民谣。

据医学专家介绍，耳朵和鼻子、手、脚等都处于神经末梢，血流量少，在冬天格外怕冷，其抗冻能力也很差，且耳朵除了耳垂部分有脂肪组织保护外，其余部分都只有一层较薄的皮肤包着软骨，所以它是五官中最怕冷的器官。吃上一碗热气腾腾的饺子，的确可以祛寒保暖。

 腊八节为何要喝"腊八粥"

> 中国喝腊八粥的风俗，在宋代已很风行。

腊八粥又称七宝粥、五味粥，是腊月初八用几种杂粮和干果熬成的粥，用于上供给佛菩萨和僧人，也有僧人向信众发放的。吃腊八粥的习俗起源很早。

腊月初八简称腊八。腊月古时候也称"蜡月"。所谓"腊"，本为岁终的祭名。汉应劭《风俗通义》云："夏曰嘉平，殷曰清祀，周用大蜡，汉改为腊。腊者，猎也，言田猎取禽兽，以祭祀其先祖也。"或曰："腊者，接也，新故交接，故大祭以报功也。"所以腊月就是腊祭之月的意思。相传释迦牟尼在雪山苦行六年，一天食一麻一麦，身体羸弱，但仍未悟彻真理，于是出了苦行，到尼连禅河洗净了身体。沐浴后，有牧女向他献乳粥。释迦牟尼吃了牧女所献的乳粥后恢复了体力。之后他渡过尼连禅河，来到伽耶城外的菩提树下，沉思默想七天七夜，终于腊月初八天快亮时目睹启明星而悟彻大道而成佛。因此腊月初八被佛教定为佛祖成道日。信众们于此日仿牧女献乳粥,用多种食物做成腊八粥,献给佛菩萨。人吃了腊八粥后可以增加智慧。后演为民俗。

中国喝腊八粥的风俗,在宋代已很风行。每逢腊八这一天,不论是朝廷、官府、寺院还是黎民百姓家,都要做腊八粥。南宋吴自牧撰《梦粱录》卷六载:"八日,寺院谓之'腊八'。大刹寺等俱设五味粥,名曰'腊八粥'。"到了清朝,喝腊八粥的风俗盛行。在清宫廷,皇帝、皇后、皇子等都要向文武大臣、侍从宫女赐腊八粥,并向各个寺院发放米、果等,供僧侣食用。

腊八粥的材料

记清朝北京民俗的《燕京岁时记》云:"腊八粥者,用黄米、白米、江米、小米、菱角米、栗子、红豇豆、去皮枣泥等,合水煮熟,外用染红桃仁、杏仁、瓜子、花生、榛穰、松子及白糖、红糖、葡萄,以作点染。"清雍正三年(1725年),原雍王府改为雍和宫,行藏传佛教。《光绪顺天府志》云:"每岁腊月八日,雍和宫熬粥,定制,派大臣监视,盖供上膳焉。"起初雍和宫熬制的腊八粥主要施给清皇室,后来也施给普通民众。多数普通民众则是自己熬制,供家人食用。

腊月是一年之岁尾,正值寒冬。民谚云:"腊七、腊八,冻掉下巴。"言是正冷之时,因此要注意防寒保暖。童谣云:"腊八、祭灶,年节来到。"吃过腊八粥后,就开始准备过年了。

中国人为何酷爱红色

中国人对于红色的喜爱由来已久。在原始社会,人们便开始崇拜红色,用红色的铁矿石粉来代表鲜血,撒在墓中,表示祝愿和吉祥。另外火的颜色、太阳的颜色,都是红色,是大光明,可以避邪。还有,人们常用的朱砂是红色的,多用来避邪,镇静安神。在周代可见的金文中,"赤"字出现的频率非常高。《说文解字》中说:"赤,南方色也,从大从火。"《释名·释采帛》中也提到:"赤,太阳之色也。"南方是阳光充足的地方,南方色也可以理解为"阳色"。所以,红色

> 在原始社会,人们便开始崇拜红色,用红色的铁矿石粉来代表鲜血,撒在墓中,表示祝愿和吉祥。

紫禁城的红墙

> 新年时人们常贴红对联、放红爆竹，嫁娶时常用红衣裳、红盖头、红灯笼、红蜡烛，以求生活"红红火火"、"红星高照"。

可以代表旺盛的生命力、阳光、火光、温暖和力量。加之中国处于温带，日光照射适中，适合人类生活和庄稼生长；不像非洲一样阳光太强，让人难以忍受；也不像北欧或北亚阳光较弱。故中国人盛行太阳崇拜，对太阳和火红色特别偏爱。

另外，中国人自古以来就认为活人生活的空间为"阳间"、"阳世"，而人死后的灵魂会进入另一个世界，也就是常说的"阴曹地府"、"阴间"。到太阳落山以后，阳间晚上的阴暗就和阴间的情景非常相像，阴间的孤魂野鬼会来阳间作祟。如果阳世间的人不小心遇到了，会招来灾难和麻烦。但鬼非常怕阳光，如果遇到了和阳光一样会发光的火，就会狼狈而逃。红色的服饰最接近"太阳"和"红火"，穿在人身上，鬼怪见到了，就像看到了阳光或者火焰，会非常畏惧和害怕，不敢靠近。所以红衣裳有辟邪、驱魔的作用。小孩子系红色兜肚，年轻女性穿红衣，也可以避免被鬼骚扰。人的本命年会多灾多难，要在腰间、手腕、脚腕处系上红色带子，穿着红色衣饰，就可以安心度过此段。新年时人们常贴红对联、放红爆竹，嫁娶时常用红衣裳、红盖头、红灯笼、红蜡烛，以求生活"红红火火"、"红星高照"。

黄色为何被皇家垄断

> 黄色成为皇帝和皇家的专用色是在大唐武德年间。

春秋时期，各诸侯国纷争，其国君的朝服颜色更加难以统一，各有各的爱好。从战国到秦汉魏晋时期，"水火木金土五行终始说"非常盛行。这种学说也称为"五德终始说"，认为朝代的更替就像五行更替一样。在五行终始学说中，水、火、木、金、土分别与黑、白、青、赤、黄五色相配。这直接影响到了各朝代对吉庆颜色的选择。如秦朝以为自己具有水德，故尚黑色。衣服、旌旗等都以黑色为主。秦始皇也穿着黑色的"皇袍"。晋代实行的是金德制度，故尚赤色。晋代皇帝的"皇袍"均为红色。之后随着社会的发展，"五德"之说受到了挑战。一些皇帝也不再以"五德"之说作为行事准则。于是，皇帝"皇袍"的颜色也失去了可以参考的定制。

黄色在"五行"学说里代表中央方位，中央属土，土为黄色。加上与金色相类，因此黄色自古以来被认为是尊贵的颜色。于是到了隋朝，隋文帝开始着黄袍，但他并未禁止其他人穿黄色的衣服。

黄色成为皇帝和皇家的专用色是在大唐武德年间。唐高祖李渊规定只有皇帝才能服黄，其他人禁穿黄色衣服。如果大臣和民间有人穿黄色的衣

清朝皇帝的黄色朝服

服，便有谋反篡位的嫌疑了。公元960年，后周大将赵匡胤带兵在外，诸将乘机把黄袍加在他的身上，拥他为帝。他就成了北宋的第一任皇帝。从宋代开始，皇宫开始采用黄色琉璃瓦，以后便按此规定沿袭下来。只有皇室才能用黄衣服和黄旗帜。黄色琉璃瓦除了皇室可用外，一些寺院也可以使用。

明成祖永乐四年（1406年），朱棣下令仿照南京皇宫营建北京宫殿，动用工匠23万、民夫百万，至明永乐十八年（1420年）落成。紫禁城的建筑采用黄色琉璃瓦顶，红色墙壁，造成鲜明和富丽堂皇的色彩效果，体现出帝王的权势和威严。

> 从宋代开始，皇宫开始采用黄色琉璃瓦，以后便按此规定沿袭下来。

药罐子为何只能借，不能还

俗话说，"有借有还，再借不难"，但药罐子却是个例外。在我国山西晋南一带，流传着这样一种说法，"药罐子只能借，不能还"，且即使主人明明知道药罐子会有借无还，还是会很乐意地借出去。这是什么原因呢？

用药罐子煎药是有讲究的。通常，熬过药的药渣要倒出门外，一为把病"倒"出去，二为药渣倒在门外，供众人踩踏，也有把病压下去、消除病患之意。且一般人家是不置办药罐的，只有久病的人家不得已才会购买。若偶尔生病需用药罐，则会向有药罐的人家借。用完之后，除非主人家来拿，否则是绝对不可以还回去的。因为，把药罐还回去则意味着把病也送给主人家；而借药罐则不同，借药罐意味着送病出门，主人的病快好了，所以主人家一般很乐意将药罐借出去。另外，如若主人家来索回药罐，则借药罐之人一般要在药罐中放一些钱财，以压一压病气。且主人拿回药罐途中，是不可以在别人家停留的，不然会将病患带到所到人家。

还有些地方干脆不借，而是流行着"偷药罐"的风俗。因为他们认为，借药罐就把病也借来了，且用完后也不可以还回去，而偷药罐则可用完再悄悄放回去。这样，既可以熬药解除病患，又可以解决"招病"的麻烦。而主人家往往看到药罐被偷走会很高兴，意味着自己的病快好了。若药罐又还回来，反而会觉得不愉快。

其实，药罐在哪儿并不能

清御药房的各种药罐

窥探文化真相

> 蜡烛固然有它美好的寓意：燃尽过去，重获新生，开启美好未来。但这只是人们的美好祈愿。

决定病的去留，"药罐只能借，不能还"也只是人们怀抱没病没灾等美好愿望的一种说法。值得庆幸的是，现在的药店、医院等地方都设有专门煎药的地方。这不仅解除了人们借药罐的心理之患，也大大方便了患者。

过生日为何要吹蜡烛

吹蜡烛，许愿，吃蛋糕，似乎已成为现在人们过生日时的必经程序。那么，过生日时为什么要吹蜡烛呢？

生日蜡烛

据说这一习俗起源于古希腊。在当地，人们都信奉月亮女神阿耳特弥斯。每年在她的生日庆典上，人们都会在祭坛上供放很多蜂蜜饼，并点亮蜡烛，将蜡烛发出的光比喻成月亮的清辉，从而也营造一种神圣的氛围，以表示对月亮女神的崇敬之情。后来，古希腊人在庆祝孩子的生日时，也会在餐桌上摆上糕饼等食品，并点上蜡烛，以示对孩子的疼爱，并且还增加了吹蜡烛的环节。因为他们认为燃着的蜡烛具有神秘的力量，这时让孩子许愿，就一定会实现。此后，吹蜡烛便成为无论是孩子、成年人还是老人生日宴会上的一项非常有意义的活动。且这项活动的影响范围也在不断扩大，在很多国家都流传开来。

还有另外一种说法是，在生日蛋糕上要点上与岁数相同的蜡烛，然后再由寿星一口气吹灭。据说，这是因为古时的欧洲人相信烟是能够升入天堂的，许愿后一口气吹灭蜡烛，那么自己的愿望就会随着烟一同升到天堂，这样愿望便可实现。

蜡烛固然有它美好的寓意：燃尽过去，重获新生，开启美好未来。但这只是人们的美好祈愿，愿望若要实现，还要靠人们自己的努力。

古人送别时为何要折柳枝

唐代诗人刘禹锡的《杨柳枝词》云："城外春风吹酒旗，行人挥袂日西时。长安陌上无穷树，惟有垂杨管别离。"古人送别时常折柳枝相送，但可选的植物有千百种，为何唯独选取它呢？

柳的本义在东汉刘熙的《释名·释丧制》解释为："柳，聚也。"因"柳"与"留"谐音，折柳以赠行人，借此表达依依不舍的留恋之情。另外，柳条细长，送柳含蓄、委婉地表达了长相思之意。

> 因"柳"与"留"谐音，折柳以赠行人，借此表达依依不舍的留恋之情。

古人还有"桃精柳鬼"的说法,认为柳树可以避邪驱鬼。柳枝柳叶还有清热祛毒的药用,可使人远离某些瘟疫。送别赠柳是祈愿远行的人旅途安全,不生病。

柳树生命力强,有水土的地方即可生根生长,长成大树,好比人在他乡可随遇而安,不为困难所阻。对此清代学者褚人获在《坚瓠广集》里解释:"送行之人岂无他枝可折,而必于柳者,非谓津亭所便,亦以人之去乡如木之离土,望其随之皆安,一如柳之随地可活,为之祝福耳。"

那么送的是哪种柳的枝条呢?明代的李时珍《本草纲目》云:"杨枝硬而扬起,故谓之杨;柳枝弱而垂流,故谓之柳,盖一类二种也。"李时珍讲的是杨柳和垂柳两种柳树。因垂柳枝条细长,弱而垂流,故入诗的、折柳相送的大都是垂柳,或枝条长的旱柳枝。

古人送别折柳图

一般来说,并不是任何人都送柳枝,主要是有文化的相恋男女送别时赠柳。有成语"章台折柳",就是指情人间折柳送别。汉时长安城有章台街,是妓院和乐坊很集中的地方。后人以章台柳代指风情女子。如盛唐诗人崔辅国的诗《少年行》云:"遗却珊瑚鞭,白马骄不行。章台折杨柳,春日路旁情。"韩翃(hóng)的《章台柳》词云:"章台柳,章台柳!昔日青青今在否?纵使长条似旧垂,也应攀折他人手。"花街相别,难免使人恋恋依依。顺手折却路旁柳,含情赠与临行郎,心领神会,尽表风情。

古人祝寿时为何要送寿桃

古时为老年人祝寿时喜欢送几个大桃,或用面粉做成的"桃",或者送一幅寿星托一大仙桃的画,以祝愿老年人福寿无边。但瓜果有很多种,为什么独选桃作为祝寿的吉祥物呢?

这跟王母娘娘的蟠桃有关。传说王母娘娘是神仙界最厉害的女神,为众女神之首。她有一蟠桃园,园中结有很多蟠桃。她定期设蟠桃会款待群仙众神。如果凡人吃了一颗蟠桃,就会长生不老。据《汉武帝内传》讲,西王母率五十余仙下降汉宫,汉武帝盛服跪拜。西王母"又命侍女更索桃果。须臾,以玉盘盛仙桃七颗,大如鸭卵,形圆青色,以呈王母。母以四颗与帝,三颗自食。桃味甘美,口有盈味。帝食辄收其核,母问帝,帝曰:'欲种之。'母曰:'此桃三千年一生实,中夏地薄,种之不生。'帝乃止。"《汉武帝外传》讲,巨灵神指着汉武帝跟东方朔说:"王母

为什么独选桃作为祝寿的吉祥物呢?这跟王母娘娘的蟠桃有关。

寿桃

种桃,三千年一作子。此儿不良,已三过偷之,失王母意,故被谪来此。"说武帝刘彻本是看蟠桃园的童子,因偷了三回桃,被贬下界。《外传》为《内传》之续说。旧说《汉武帝外传》作于东汉,明清时人考证作于魏晋时。西王母的蟠桃能使人长生不老之说在中国广为人知,谁都想弄一个尝尝。于是,明朝吴承恩写的《西游记》中大讲孙悟空如何吃蟠桃,又将很多蟠桃带下界让猴儿们吃,令读者听者大流口水。

从桃本身来说,果甜、鲜、纤维素含量高,富含有维生素 E,可抗氧化、抗衰老。民间早有"桃养人,桃管饱"之说。桃有滋补强身的作用。其中的纤维素对老年人的常见病如动脉硬化、便秘都很有好处。《神农本草》上有"玉桃服之,长生不死"的文字。《神异经》说:"东方树名曰桃,令人益寿。"这些书也是根据民间的共识而总结出来的。《王祯农书》认为桃为"五木之精",可驱邪扶正。所以用桃祝寿,不仅有祝颂的意思,还有补身的目的。

还传说,孙膑 18 岁时,离开家乡到千里之外的云蒙山拜鬼谷子为师,学习兵法。他刻苦学习,废寝忘食,一学就是十二年,甚至从来没回过一次家。第十二年的一天,孙膑突然想起来,此日是母亲的生日,不知母亲身体如何。于是他向师傅请假回家看望母亲。鬼谷子摘下一个桃送给孙膑,说:"我送给你一个桃,带回去给令堂上寿。"孙膑回家见到母亲后,赶忙从怀里捧出鲜桃献上,说:"师傅送一个桃给您。"孙膑的母亲吃了桃以后,变得年轻了许多。于是众人纷纷效仿孙膑,在祝寿时也送桃。但是鲜桃成熟是有时令季节的,于是人们在没有鲜桃的季节里就用面粉做成寿桃,给父母祝寿。

第三篇

百味杂陈的婚丧嫁娶

大红"囍"字有何来历

看到喜气生辉的大红"囍"字，就知道一定有人家在娶亲或嫁女了。那么，您知道这洋溢着幸福欢乐的"囍"字是怎样来的吗？

相传，从前有一个名叫有喜的读书人，寒窗十年，苦读诗书，只为一朝金榜题名，光宗耀祖。可是，上天似乎总跟他过不去，一连考了两次都是名落孙山。但他仍然不放弃，于是，在赶考时节，第三次进京赴试。

有喜进京途中，路过一个小村，看见一户人家门前贴着一副奇怪的对联。这副对联只有上联没有下联。那上联写道：走马灯，灯马走，灯灭马停蹄。望着下联处空空的一张红纸，有喜十分好奇。但是赶考在即，他并没有多想，就匆匆上路了。

待有喜考完试，忽而想起那副奇怪的对联，便向主考官提及此事。主考官听后，哈哈大笑，说道："那是龙员外家小姐的求婚对联。龙小姐才貌双全，特立独行，出此对联。如果谁能对上，便可成为龙家的上门女婿。你既有缘得见，何不对出下联一试。说不定能够结成这门亲事呢！"有喜听罢，心想："倘若此次还不能高中，不如结了这门亲事，此后生活也可无忧啊。"

在有喜回去的路上，看见龙员外门前对联的下联处还是空的，于是，提笔一写："飞虎旗，旗虎飞，旗卷虎藏身。"

这时龙员外正好出门，看见了有喜和他写出的下联，心中十分高兴。原来，这对联是女儿龙喜凤18岁时所贴出的，已经贴出一年多了，仍无人能对。龙员外看下联对得缜密，看有喜相貌堂堂，便知他是个饱读诗书的才学之士，所以，立即派人将有喜请进家中。

不几日，有喜和龙小姐的婚事就热热闹闹地举办了。就在二人拜堂成亲时，听见龙员外门外响起震天的锣鼓声。原来，有喜此次考试，高中状元。主考官亲自来迎接有喜进京。主考官一看有喜正拜堂成亲，夸赞道："人生两大喜事凑到一起，真是双喜临门。"龙员外一听，连忙命人在自家门头上写了两个大红喜字。主考官说："这两件喜事紧挨着，所以这两个喜字也应该紧挨着。"

> 龙员外将两个喜字紧挨在了一起。于是，沿用至今的喜气洋洋的大红"囍"字便诞生了。

"囍"字

喜出望外的龙员外觉得很有道理,便将两个喜字紧挨在了一起。于是,沿用至今的喜气洋洋的大红"囍"字便诞生了。

古时政府为何鼓励早婚

在中国历史上,随着朝代的更迭和社会经济发展水平的变化,政府对结婚年龄的要求也是不同的。但是,其也有共同之处:法定结婚年龄偏小,鼓励早婚。如西汉惠帝规定女子在15~30岁必须出嫁,否则就要对其家人多征税;南北朝时期的北齐,规定女子在14~20岁必须出阁;北周武帝建德年间,更是强迫男子15岁以上,女子13岁以上必须成亲;唐太宗贞观元年(627年)颁布法令,强制男子20岁,女子15岁以上者成婚;清政府把法定的结婚年龄规定为男子16岁,女子14岁。而大清帝国的皇帝们更是身体力行,鼓励早婚:顺治帝14岁完婚,康熙帝12岁完成结婚大典,雍正帝娶了13岁的孝圣皇后,乾隆帝17岁立了中宫皇后。

乾隆帝17岁立的孝贤纯皇后富察氏

为何中国古代政府对早婚如此鼓励甚至是强迫呢?其实,从古时相对落后的生产水平和接连不断的战争中,我们不难猜测,政府之所以鼓励早婚,其实是借此鼓励人口增殖,从而达到增加劳动力和补充兵源的目的。

男女婚配为何要"合八字"

在影视剧中,我们常常看到古代人们在订婚前要问对方的"生辰八字",然后拿给算命先生推算。若合"八字"则往下继续,若双方"八字"相冲,则两家便不再联姻。那么男女婚配为什么要"合八字"?

所谓"八字"是指一个人出生时的年、月、日、时,因我国古代是用10天干和12地支纪年,所以表示出来便是"年干,年支"、"月干,月支"、"日干,日支"、"时干,时支",共八个干支(八个字),称为"八字",又称"生辰八字"。"八字"记录了人在出生时那一刻五行之气的状态,而五行之气则是一种万物皆有的无形的气场。每个人阴阳五行之气的强弱、均衡程度都不同。长期生活在一起的人气场会发生相互作用,或有益,或有损。气场改变,各自的命运也便会随之发生或吉或凶的改变。

因此古人一般遇到大事,都要推算生辰八字。婚配"合八字"便是

> 因"八字合婚"讲的是天干合地支合,即"天合地合",所以古人婚配时很信奉"合八字"。

古代婚姻"六礼"(纳彩、问名、纳吉、纳币、请期、亲迎)中的第二项程序——"问名"。如在属相方面，有这样的俗语："白马怕青牛，羊鼠一旦休，蛇虎如刀错，龙兔泪交流，金鸡怕玉犬，猪猴不到头。"这是十二生肖相克的属相，若在一起，则可能会不太和谐。而相宜的婚配属相有："鼠配牛，虎配猪。兔配狗，龙配鸡。马配羊，蛇配猴。"若两人的属相相生，则婚姻可能会长久美满幸福。因"八字合婚"讲的是天干合地支合，即"天合地合"，所以古人婚配时很信奉"合八字"。

当然，"合八字"也只是一个参考，"信则有，不信则无"，不可不信，也不可全信。关键是双方要对自己的情感和婚姻有信心、有责任心，用真心去经营，这样婚姻才会长久、美满幸福。

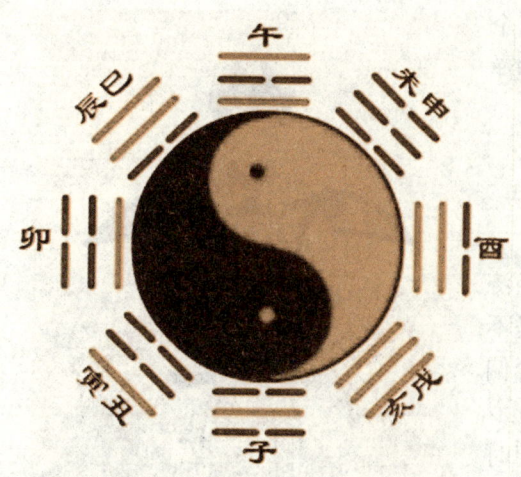

合八字之十二时辰

附：
10天干：甲、乙、丙、丁、戊、己、庚、辛、壬、癸；
12地支：子、丑、寅、卯、辰、巳、午、未、申、酉、戌、亥。

古时没有出嫁的女子为何被称为"黄花闺女"

所以在"闺女"前加上"黄花"也可以形容未出嫁的女孩子清清白白，守得住贞节。

古时，未出嫁的女子被人们称为"黄花闺女"。这有何来历呢？

相传，在南北朝刘宋时期，宋武帝的女儿寿阳公主长得娇俏美丽，很受宠爱。寿阳公主经常在宫中嬉戏玩耍。有一次，她玩累了，就躺卧在含章殿檐下休息。此时，正是梅花盛开的时节。一阵风吹过，梅花片片飘落，正好有几瓣落在了公主的额头上。梅花渍染，拂之不去，在公主的头上留下了梅花花痕。宫女们见到后，

古代黄花闺女

都惊呼公主更加娇柔妩媚。此后,爱美的寿阳公主便经常将梅花贴在前额。不久,宫人们也纷纷效仿,就形成了流传后世的"梅花妆"。

"梅花妆"又传到了宫外,许多大户人家的千金小姐也开始使用这种妆术。但梅花却不是任何时节都有的。因为梅花粉的颜色是黄色的,所以爱美的女孩们便设法采集其他节气的黄色花朵研磨成粉加以涂抹。这种粉料,便被称为"花黄"或"额花"。

由于使用这种装束的都是未出嫁的女孩子,而"黄花"又可指傲寒守洁的菊花,所以在"闺女"前加上"黄花"也可以形容未出嫁的女孩子清清白白,守得住贞节。

因此,久而久之,"黄花闺女"就成了未出嫁女子的代名词了。

"千里姻缘一线牵"中"牵线的人"指谁

"千里姻缘一线牵",这牵线的媒人就是传说中的"月下老人"。据说"月下老人""一手挽红丝,一手携杖悬婚姻簿,童颜鹤发,奔驰在非烟非雾中"。如此神秘的"月下老人"为我们留下了许多"牵线定姻缘"的故事。其中最著名的当属唐代韦固的传奇姻缘典故。

一次,韦固夜经宋城,看见斜月下一个老人倚着布袋坐在阶梯上借着月光看书,很是奇怪,便上前搭讪,问道:"老人家看的是什么书?"老人回答道:"这书是记载天下有缘男女的婚书,而这布袋里是红线,系住将来会结为夫妻的有缘男女的脚。即使此时二人是远隔千里或有宿仇,只要用这根绳子系上,那二人的婚姻便是注定的了。"韦固很是好奇,便询问老人是否知道自己的妻子会是谁。老人告诉韦固,韦妻是市场买菜盲妇怀里的三岁小女孩。韦固听了很生气,认为卖菜盲妇的女儿根本配不上自己,便派人去刺杀小女孩。谁知,刺客没能杀掉小女孩,而是一时失手只在小女孩的眉心划了一刀便落荒而逃。转眼14年过去了,韦固成了相州军队中的一员大将。相州刺史王泰很欣赏其才华,便把自己的女儿许配给了他。

新婚夜里,韦固看到自己的妻子,容貌俏丽,身段窈窕,不免心生欢喜。可是,时间久了,韦固也发现一个问题。妻子的眉心常贴着一片花子,即使沐浴时也不摘掉,便询问缘由。韦妻说道:"三岁时,保姆带我去市场,遇到刺客的刺杀,在眉心留下了刀痕。"韦固骤然想起14年前的往事,又问道:"那妇人是不是失明了?"韦妻答说:"是啊!"韦固惊讶不已,想起当年月下老人的话,深觉男女姻缘果然是

> "千里姻缘一线牵",这牵线的媒人就是传说中的"月下老人"。

月老

窥探文化真相

上天注定，无人能变。

由此，人们对于月下老人更是多了一份坚信与崇敬。

"小丈夫大媳妇"——童养媳风俗从何而来

> 上至宫廷贵族，下至平民百姓，都普遍存在童养媳的现象。

童养媳是我国古代一种很普遍的婚姻习俗，就是把自家的女儿卖到或送到别家由别家抚养成人，并同收养一方的儿子结婚的习俗。因为收养的女孩一般会比与之成亲的男孩年长，所以就形成了"小丈夫大媳妇"的现象。童养媳在我国古代甚为流行。上至宫廷贵族，下至平民百姓，都普遍存在童养媳的现象。那么，童养媳这一风俗为何会在中国古代如此盛行呢？

古代生产力水平低下，可以担负沉重劳动负担的是男子。而且，男子还要为家族担负起传宗接代的责任。而女子不仅劳动能力有限，而且迟早都要嫁人。所以古人觉得生养女儿就好像是为别家养媳妇，待女儿出嫁时，还要忍受一番离别之苦。因此，很多人家干脆就把自家女儿送到别人家代养。同时，古代一夫多妻制的规定，成为长大成人的童养媳不会干预丈夫纳妾的保障。所以，童养媳的风俗就成了古代社会的常态。

很多富裕人家只要有女儿出生，就开始为其寻找合适的人家，或交换、或送出、或买卖，与别人家的儿子指腹为婚，着手为孩子做成亲的安排。而自家也会收养、买进别人家的女子并将其当做儿媳妇看待、抚养。

童养媳及丈夫

一些贫困的家庭无力抚养女儿，便把女儿卖到有儿子的富裕家庭做童养媳；同时，为了节省将来儿子娶亲的费用开支，在儿子年幼的时候就跑到外地抱养一个女孩做自家的童养媳。

即使有的家庭没有儿子，也会想尽办法收养一个童养媳，因为他们希望通过收养童养媳来为自己带来儿子，延续香火。这样的童养媳叫做"等郎妹"。

待童养媳长到十四五岁时，婆家便开始准备婚事。这样的结婚礼仪很简单，让童养媳和儿子换上一身新衣服，办几桌简单的酒菜应酬完亲朋好友后，就可以让新人圆房了。

关中为何把媳妇叫"屋里人"

在我国陕西中部的关中地区，常把媳妇称为"屋里人"，这是为什么呢？

原来这是关中地区的方言，又称关中话，是我国西北地区最具代表性的方言之一。在关中话中把已婚妇女称为"屋里人"的渊源已无从考证，但据推测，这应和我国古代社会"男耕女织"的家庭自然分工有关。在封建社会小农经济体制下，一家一户自主经营，一般男的在外耕地种田，女的在家纺花织布，分工鲜明，各司其职。久而久之，"外头人"便成了关中地区男的代名词，而把女的称为"屋里人"。

关中八百里秦川

在书中也可见其踪迹，姚雪垠在《差半车麦秸》中便使用了"屋里人"一词："没有听队长说俺的屋里人跟小孩子到哪儿啦？"在古代书籍中也有"屋里人"一词，用法相同，含义稍有不同，指"妻或妾"。《红楼梦》第十六回中有："（香菱）竟给薛大傻子作了屋里人。"第九十回中薛蝌想："……然而到底是哥哥的屋里人。"第一百二十回中，袭人想："……其实我究竟没有在老爷太太跟前回明就算了你的屋里人。"

为什么结婚又被称为"入洞房"

时至今日，人们还是会把结婚戏称为"入洞房"。其实，把结婚称作"入洞房"是来源于一个美丽的传说。

> 其实，把结婚称作"入洞房"是来源于一个美丽的传说。

三皇五帝时期，黄帝战败了蚩尤，平息了战争，建立起部落联盟。从此，人类结束了野蛮年代，进入了文明时代。为了适应时代的需求，黄帝决定改变群婚，建立文明的一夫一妻制度。

在 5000 多年前，这无疑是一场伟大的革命。人们习惯了群婚，一下子改成一夫一妻制，确实存在着很大的困难。为此，黄

北京故宫坤宁宫光绪皇帝大婚的洞房

窥探文化真相

> 人们纷纷为自己即将结婚的孩子挖洞穴、筑高墙，待孩子举行完部落的结婚仪式后，就把他们送入洞房。

帝愁眉不展，尽管日思夜想，就是想不出使人们尽快适应一夫一妻制的办法。

一天，黄帝同大臣们一同去考查群民居住的洞穴是否安全，忽然发现有一家三口人住着三个洞穴，而且每个洞穴的洞口只能容一人进出，待询问过后方知原来是为了防御猛兽的侵袭。黄帝顿时灵光一闪，当晚就召集群臣商议说："我找到了一个制止群婚，使人们适应一夫一妻制的方法。我们可以为今后配成夫妻的一男一女举行隆重的仪式，使部落的人都来参加。这夫妻二人上拜天地，下拜父母，相互对拜，然后喝酒吃肉，载歌载舞。让人们都知道他们已经正式结为夫妻。然后，把这夫妻二人送进一个洞穴，在洞穴门口垒起高墙，只留下一人进出的空间。吃饭饮水由男女双方家长负责，使他们二人在这洞穴内待上一个多月。当他们建立起夫妻感情，学会了烧火做饭、打理家务后就放出来。今后，凡是在部落人们的庆祝下被送入洞房的男女，就是正式的夫妻，再也不允许任何人来干扰他们的私生活。正式成婚的女子要改变发型把头上绾个结，以与未婚的女子作区别。"

黄帝的想法一经说出，就得到了群臣的赞同，于是很快便实行了。人们纷纷为自己即将结婚的孩子挖洞穴、筑高墙，待孩子举行完部落的结婚仪式后，就把他们送入洞房。久而久之，群婚、抢婚的野蛮行为就逐渐消失了。

而"入洞房"从此也就成为结婚的标志和代名词了。

 古时待嫁女孩为何又被称作"待字闺中"

> 一个女子有了"字"后就表示已经许配人家。所以，"字"就有了"出嫁"的意思。

当听从了"父母之命，媒妁之言"后，未出嫁的姑娘就成了待嫁的新娘。在古时，人们会把姑娘可以出嫁而尚未出嫁的称为"待字闺中"。这是从何而来呢？

在古时，一个人的名与字是分开的。人们对于取名和字是十分慎重的。一般来说，幼儿出生满三个月后，要由父亲为其取名，作为幼年时对孩子的称呼。只有一个人行成年礼后，才能取"字"。"字"比"名"更重要、更庄重。

古时，男子20岁举行结发加冠仪式后，就代表已经成年，便会有一个"字"作为别名。女子15岁举行笄礼，又叫上头、上头礼，即改变幼年的发式，把头发盘起来，插上簪子，

古代闺房

从此代表成年，可以出嫁了。等到出嫁的时候，由丈夫为其取一个"字"。

一个女子有了"字"后就表示已经许配人家。所以，"字"就有了"出嫁"的意思。那么，女孩到了出嫁的年龄而还未出嫁时就叫做"待字闺中"了。

古时为何把未婚女子称为千金

"千金"一词由来已久，在两千多年前的秦朝时，以一镒为一金（"镒"是古代重要单位，一镒为二十两或二十四两），汉代时以一斤金子为一金。虽然秦汉时期的"金"多指黄铜，但此时铜较贵重，因此人们常用"千金"来比喻贵重，"一诺千金"、"一字千金"等均有此意。

而用"千金"来指代女子则最早见于元代小说家张国宾所著的杂剧《薛仁贵荣归故里》中："小姐也，我则是个庶民百姓之女，你乃是官宦人家的千金小姐，请自稳便。"明、清以后的话本小说中则常称女孩子为"千金"。显然，此时民间已经知道"千金"一词的含义，张国宾只是最早把它写进书中。事实上，把女子称为"千金"的说法，相传来源于春秋末期的伍子胥。公元前522年，伍子胥的父兄被楚平王杀害。伍子胥在逃离楚国途中，见到一位浣纱女子的竹筐里有饭，便上前去行乞。姑娘生了恻隐之心，便让伍子胥把饭吃了。伍子胥饱餐一顿后，让这位女子为他的行踪保密。这位女子顿时想起男女授受不亲，觉得自己的这种行为是不为礼教和舆论所容的，随即抱起一块石头投河而死。伍子胥见状，感伤不已，当即咬破手指，在石头上写下"尔浣纱，我行乞；我腹饱，尔身溺。十年之后，千金报德"的血书。后来，伍子胥在吴国当了国相，在其"掘楚平王墓，其尸鞭之三百"；报了大仇之后，又想到要报当初浣纱女子救命之恩，但苦于不知道女子的详细情况，为兑现诺言，便投千金于当初女子投河的地方。此后，民间便有了"千金小姐"的说法。

而古代的"千金"之称多指大户人家的姑娘，含有尊贵之意，并非人人都可称为"千金"的。今天，我们依然称未婚女子为"千金"，只是已无身份贵贱之别。

> 而古代的"千金"之称多指大户人家的姑娘，含有尊贵之意，并非人人都可称为"千金"的。

千金小姐古装

古时新娘成亲为何要蒙上红盖头

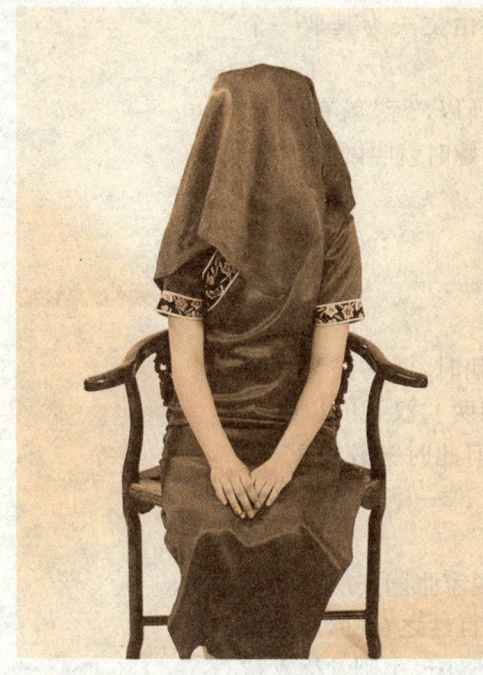

蒙红盖头的新娘

"掀起了你的盖头来,让我来看看你的眉……"听着这熟悉欢快的歌谣,您的眼前是否会浮现出一个盖着红盖头羞答答的美娇娘?众所周知,在我国古代成亲时,新娘在出嫁上轿前要在头上盖上一块精致的大红盖头,到了夫家入洞房时,才会由夫君掀开。这时,新娘的容貌才会呈现在夫君的面前。那么,这样的习俗是怎样形成的呢?

民间关于新娘盖红盖头的传说有好多版本。其中与女娲及姜子牙有关的两个版本流传最广。

相传,宇宙初开之时,天地间只有女娲和伏羲兄妹二人。他们为了繁衍人类,决定行夫妻之礼,可是又觉得十分害羞,于是,来到山上对着天空祈祷:"若是上天同意我们二人结为夫妻,就让空中的云团聚在一起;若是不同意,就请云团散得远一些吧!"话音刚落,天上的几片云团便合在了一起。于是,兄妹俩便成亲了。女娲当了新娘,难掩娇羞,就结草为扇遮挡面庞。人类繁衍壮大以后,为了纪念女娲,便形成了成亲时以草扇遮新娘面容的习俗。后来,人们逐渐用柔软、美观的丝织物代替草扇,并逐渐演变成盖盖头。而代表吉祥喜庆的红色自然成为盖头颜色的首选。

另一个传说与姜子牙有关。话说,姜子牙辅佐武王姬发消灭了昏庸的商纣王,便着手封神之事。他将商纣王封为专管人间婚姻的"喜神"。人间结婚时,都要请喜神送喜。可是商纣王改不了好色的毛病,每当送喜时看到漂亮的新娘子就把她抢到天上给自己做小老婆。百姓们虽气愤,但也无奈。因为,结婚时不能没有喜神啊!于是,便找姜子牙解决这件事。姜子牙想到,在伐纣时周军打着红旗进军,并且纣王死后脑袋也被挂在了红旗上,而两军交战之处,自己还用神鞭打过纣王。所以,他知道纣王十分害怕红色和鞭响,就给百姓们出了一个主意:成亲时为新娘头上蒙上红布,迎亲时放一挂红红的鞭炮。这样,就能吓走纣王了。所以,红盖头就逐渐成为保护新娘平安的护身符了。

这就是新娘为什么要盖红盖头的传说。

"闹洞房"的习俗有何来历

"闹洞房"是任何婚礼都不可缺少的内容，也是婚礼中最热闹最有趣的环节。新婚之夜，众亲友涌进新房对新娘和新郎百般戏谑嬉闹，让新郎新娘当众表演，以逗笑取乐，营造热闹高兴的气氛。俗话说"三日没大小"，闹洞房时，除父母外，其他不管是平辈的、晚辈的、亲戚朋友、同学同事都可以加入"闹"的行列。一般分为文闹和武闹两种。文闹是以较为文雅的方式，让新娘讲述恋爱经历，或者是出谜语、对对子等，故意"为难"新娘，若新娘答不上来，则大家借机取乐，要求新娘表演节目等。武闹则是用较为粗野的方式，不仅口出秽言，而且还对新娘动手动脚，颇有恶作剧之嫌。但不管如何嬉闹，新娘是不能生气的，若气走了闹洞房的人，则新娘会被视为太任性，人缘也会不好，以后的日子也会不太好过。由于多是在新房里以新娘为逗趣对象，所以一般称为"闹新房"、"闹洞房"、"闹新娘"、"耍新娘"等。

传统洞房花烛夜

"闹洞房"是对新婚夫妻的一种祝贺方式。这一习俗可以上溯之汉代。《汉书》中记载："燕地嫁娶之夕，男女无别，仅以为荣。"最初时是"听房"，即亲朋好友躲在窗外窃听洞房内的言语和动静，后逐渐演变成戏弄新娘的"闹洞房"。

民间关于这一习俗的来历，一般有三种说法。一种说法是"闹洞房"可以驱邪避灾。相传洞房中常会有鬼怪作祟，且民间俗语中有"人不闹鬼闹"之说，于是，为了增加人气驱魔辟邪，便有了"闹洞房"这一习俗。有学者研究称，最初的"听房"习俗，实质上也是防止鬼怪进入洞房的一种保护措施。闹过洞房后，邪气还有可能存在，一般新人会在房内点上红烛，"洞房花烛夜"也就来源于此。实际上，闹洞房在某种意义上也是对新婚夫妻机智与耐心的一种考验，只是在现代社会，"闹"得有点越来越过火。另一种说法是"闹洞房"是我国传统包办婚姻的产物。在传统婚姻中，儿女婚姻听从"父母之命，媒妁之言"，新结婚的两个人在新婚前可

"儿童闹洞房"泥塑

"闹洞房"是对新婚夫妻的一种祝贺方式。这一习俗可以上溯之汉代。

能是不认识的,而新郎也只能在新婚典礼之后才能揭开新娘的红盖头。这样两人初次见面难免会有所尴尬,而"闹洞房"这一习俗便可给对方一个时间缓冲,缓解两人之间的紧张气氛,增进对彼此的了解,且亲朋好友的"刁难"又可使两人"同仇敌忾"、"团结互助",从而融洽两人之间的感情。第三种说法是,热闹才能营造喜庆的气氛。"闹洞房"闹的是一种氛围,一种心情。另外,"闹洞房"还可以显示家庭高朋满座,人缘兴旺,且能够让亲朋好友尽快熟悉起来,拉近距离,增进沟通与感情。

> "闹洞房"不管是来源于驱邪避魔,还是封建婚姻制度的产物抑或是营造热闹喜庆的气氛,它都是我国民俗文化的重要组成部分。

"闹洞房"不管是来源于驱邪避魔,还是封建婚姻制度的产物抑或是营造热闹喜庆的气氛,它都是我国民俗文化的重要组成部分。我们应有保留地传承、发扬。因为,一方面,结婚对每一个人来说都是终生难忘的大事,热闹喜庆的氛围可以留下美好的记忆;另一方面,在现代快节奏的生活压力下,亲朋好友很少有机会坐在一起聚一聚,正好趁参加婚礼之机,增加交流与沟通,再适当地闹一闹,从而拉近距离,增进感情。

夫妻为何又称"两口子"

日常生活中,我们常听到用"某某两口子"来指代夫妻两人,亲昵、幸福之感溢于言表。那么为什么要称夫妻为"两口子"呢?

有人可能会想当然地认为这不就是因为"两张口要在一个锅里吃饭嘛"。其实,在这字面意思的背后,民间还流传着不同版本的故事呢。

据说在明朝洪武年间,一日南方某地的书生高文敬外出偶遇落水女子卢春华,便出手相助救其上岸,谁知两人竟一见钟情,相见恨晚,于是便私订终身。不料半路杀出个程咬金,卢春花被恶贯满盈的罗大公子抢走,纳为小妾。后在贴身丫鬟的帮助下,卢春花和高文敬二人连夜出逃。很不幸的是,他们途中被罗大公子追上,撕扯中,罗坠入山崖身亡。高、卢两人遂被判处死罪打入大牢等候问斩。洪武帝朱元璋无意中闻知此事后,便亲自审问,终于真相大白,但死罪可免,活罪难逃,高、卢两人分别被发配至湖北的桃园口和安徽的金山口。虽相隔千里,但两人仍互通书信,恋情依旧。人们为他们的真情所感动,都很敬重他们,称他们为"两口子"。

> 人们为他们的真情所感动,都很敬重他们,称他们为"两口子"。

民间流传的另外一个版本是在清乾隆年间,山东才子张继贤偶识恶少石万仓的妻子曾素箴。两人一见钟情,后便经常私下往来。石万仓嗜酒成性,一次因饮酒过多而死亡。石家人便认定是曾素箴的奸情被石万

夫妻塑像

发现，其遂杀人灭口，于是二人双双被判处死罪打入监牢。乾隆帝在翻阅案宗时，看到张继贤写的供状文笔不凡，便不忍杀他。于是乾隆皇帝下令将他们分别发配至微山湖的卧虎口和黑风口。由于卧虎口和黑风口相距不远，张、曾二人便经常往返于两口之间看望彼此，渐渐地他们两人就被人们称为"两口子"。

后来人们便用"两口子"指代夫妻，并且也在不断地发展中，有些地方演变为"两口儿"，如新婚夫妻一般称为"小两口儿"，老年夫妻则称为"老两口儿"。从中我们可以品到些许甜蜜、伉俪情深的味道。

中国古代也有试婚制度吗

"试婚"在当下可是一个相当时髦的词。但殊不知，几千年前，中国古代就存在试婚这一制度。而且到了大清朝，试婚还被当做一项重要的典章制度写进了律令。现代社会的"试婚"主要是思想开放的年轻人为了追求将来能够拥有幸福家庭生活的婚姻演习。那么，古代试婚的目的是什么呢？

在封建社会，历朝历代的皇室对于皇家子嗣的延续是非常重视的，所以，皇室男子结婚的年龄大都很小，一般不会超过18岁。而清朝的规定更加严格，要求皇子15岁必须成婚。

对于这些小皇子来说，其生理、心理年龄与所肩负的延续皇室香火的重任有着很大的矛盾。因此为了使皇子们及早地明白男女之事，清朝就有了这样一条明文规定：在皇帝大婚之前，在众宫女中精心挑选出年龄稍长、容貌端庄的八名宫女，陪皇帝侍寝。当然，这八名为皇帝知晓男女之事做"实验品"的宫女也不会是白白牺牲的。她们不仅会被冠以"司仪、司门、司寝、司帐"的女官名，每月可拿俸禄，还会被与其他宫女区分，不再从事一般宫女所做的辛苦差事。因此，这份做"实验品"的差事是众多宫女们梦寐以求的，很多宫女希望借此差事脱离苦海。除了这八名宫女，还会另外选择出16名侍女，来照顾皇帝的饮食起居。这16名侍女，除了照顾皇帝外，有时也会被皇帝临幸。

皇帝如此，太子亦是如此。清朝被确定为皇储的太子，在正式选立太子妃前一年，宗人府要先为太子挑选一位比其长一岁的适宜宫女，前往太子的东宫侍寝，教太子学

清朝的试婚制度

会怎么做丈夫。如果太子同意，皇帝与皇后也不反对，这位宫女便可被立为太子妃。

因此，我们不难对古代的"试婚"下定论：让小皇帝、小太子在婚前就懂得男女房事，以便在正式大婚后不至于窘迫慌乱，而是能够从容不迫地应对。

 古人离婚后有无"离婚证"

> 而作为离婚的证据，则是由男方出具的文字材料，也就是"休书"，相当于现代的"离婚证"。

在我国古代，离婚一般是由男方提出的，而且还有"出妻"和"休妻"之别。一般情况下，"出妻"是女方触犯了"七出之条"，有大过错，所以男方要"离婚"。而"休妻"则一般是女方并无大的过错，由于其他原因男方要"休妻"。而作为离婚的证据，则是由男方出具的文字材料，也就是"休书"，相当于现代的"离婚证"。

"七出之条"与"三不去"是我国古代解除婚姻的条件，在西周时期确立，正式归入律法则是在唐朝时。其中，"七出"是解除婚姻的具体条件，"三不去"则是对"七出"的限制。《礼记》中记载"七出"分别是：一是无子，二是淫，三是不顺父母，四是口多言，五是盗窃，六是妒忌，七是有恶疾。需要强调的是，"无子"是指妻子50岁以后也就是过了生育期还没有孩子的；"口多言"则是指爱搬弄是非，离间亲属；"妒忌"更多的是指妻子反对丈夫纳妾从而有损于家族绵延子嗣；"恶疾"是指患有耳聋、眼瞎、腿残疾等严重的疾病。"三不去"是指在下列三种情况下丈夫是不能够休妻的："有所取无所归"、"与更三年丧"、"前贫贱后富贵"。"有所取无所归"是指在结婚时女方父母尚健在，休妻时父母已去世，若休妻，则女方无家可归。"与更三年丧"是指妻子和丈夫一起为父母守丧三年的不能被休掉。"前贫贱后富贵"则是指结婚时丈夫贫穷，休妻时富贵的也不能休妻。但妻子若犯了"七出"中的"有恶疾"和"淫"两项，则不在"三不去"的保障范围之内。

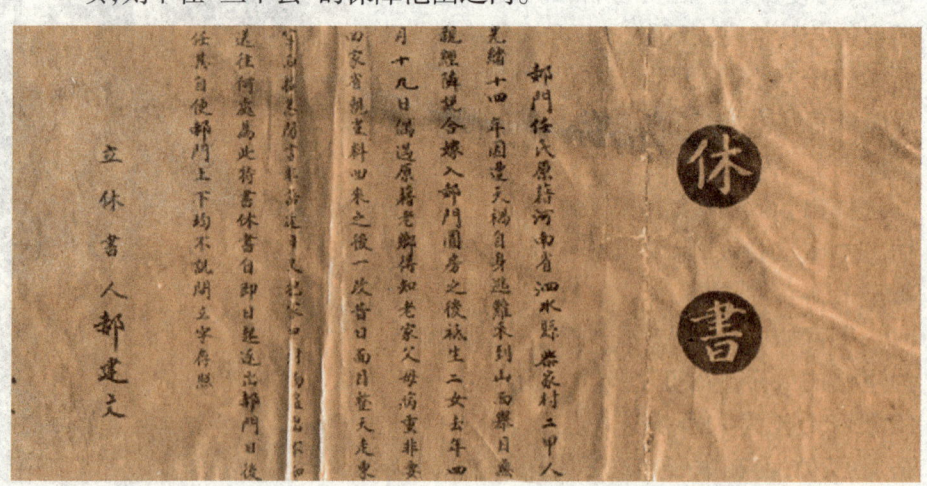

光绪年间的"休书"

在我国古代，离婚是丈夫的特权，汉代的妇女虽有离婚的自由，但同时却给予丈夫更大的休妻特权，不必有任何法律程序，丈夫只要写一纸"休书"就可以责令妻子离开夫家，从此解除婚姻关系。"七出之条"便是男性专权离婚的典型例证，"七出"的规定对女性极其不合理，尤其是其中的"无子"和"有恶疾"两条，丝毫无关乎女性的道德品质问题。

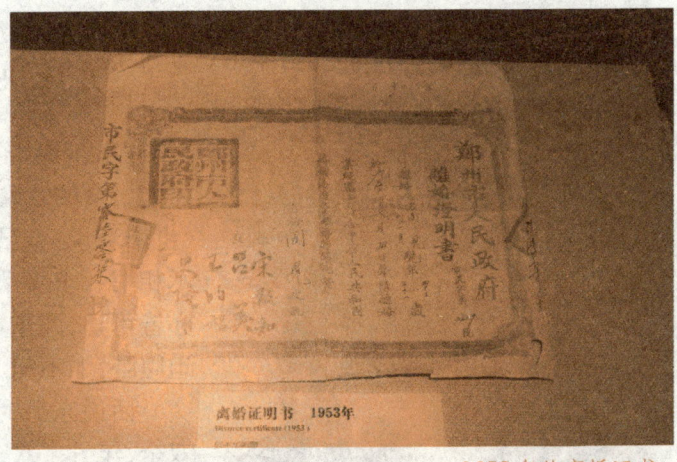

1953年的离婚证书

且"七出"作为古代可以离婚的条件，却没有一条是夫妻二人感情不好可以离婚的，完全忽略了当事人的感受，因此古代社会有"嫁鸡随鸡，嫁狗随狗，嫁个木头抱着走"的说法。唐朝时的离婚制度在"七出"的基础上又增加了官府强制离婚（"义绝"）与双方协议离婚（"和离"）两种。至宋，宋朝继承了前代的离婚制度，并又有所发展，规定丈夫外出三年不归，六年不通问，允许妻子改嫁。我国四大名著之一的《水浒传》第七回中便记载了这样一个事例。林冲遭人陷害，被发配至沧州，上路前，林冲找来岳父说："自蒙泰山错爱，将令爱嫁于小人，已经三载，未曾面红耳赤，半点相争。今小人遭这点横事，配去沧州，生死存亡未保。娘子在家，小人去心不稳，今就众高邻在此，明白立纸休书，任从改嫁，并无争执。"随后林冲当场写了休书，"押个花字，打个手模，付与泰山收讫"。需要指出的是休书上的手模要用左手，且是全手都沾上黑墨再印在休书上，并不像现在按手印只需指印。

到了清代时，离婚文约中女方只能按脚印，更是男女不平等的表现，是对女性的极大不尊重。研究者在一份道光年间一个叫王德胜的男子立出的"甘愿休妻改嫁"的文约中发现，休妻的原因是他穷得养不活老婆。更令人吃惊的是，在这份离婚文约上，除了有一个手掌印外，还有一个脚印。研究者经过对比研究发现，有脚印的必有手掌印，而有手掌印的却不一定有脚印。这表明，离婚是由手掌印一方说了算，而脚印一方是否同意却无关紧要。而古代社会是男尊女卑。据此，研究者推测，手掌印应是男方的，脚印是女方的。

古时离婚属个人行为，无须经过法律程序，丈夫只需一纸休书就可以把做了多年夫妻的妻子赶出家门。从此夫妻婚姻关系便宣告结束。在婚姻关系中，完全无视女性的权益和尊严，古代女子总是处于被动地位中，这是时代的悲剧。随着社会的发展，婚姻体制逐步完善，男女双方的婚姻关系也逐渐规范化。

> 古时离婚属个人行为，无须经过法律程序，丈夫只需一纸休书就可以把做了多年夫妻的妻子赶出家门。

"东床快婿"之祖王羲之

"东床快婿"有何来历

"东床快婿"是女婿的美称,意指为人豁达、才能出众的女婿。这一成语出自南朝宋刘义庆的《世语新说·雅量》:"郗太傅在京品,遣门生与王丞相书,求女婿……门生归白郗曰:'王家诸郎,亦皆可嘉,闻来觅婿,咸自矜持,唯有一郎在床上坦腹卧,如不闻。'"

话说东晋时武官太尉郗鉴的女儿郗璇才貌双全,年方二八,到了要谈婚论嫁的时候。郗鉴便留意要为女儿找一个好女婿。郗鉴与丞相王导同在朝廷为官,私下交情也不错,听说他家子弟多且个个英俊潇洒,于是决定先在王家子弟中看一看。郗鉴便写信给王导说了自己的想法,王丞相对此倒也十分乐意,回话说:"那好啊,我家里子弟很多,就由您到家里任意挑选吧,凡你相中的,不管是谁,我都同意。"于是郗鉴命心腹管家备厚礼来到王丞相家,王家子弟听说太尉派人来选女婿,个个都精心装扮一番,希望自己能被选中。唯独王羲之刚欣赏完东汉著名书法家蔡邕的古碑,府中又热,便脱了衣服袒胸露腹躺在床上回味蔡邕的书法,貌似对此事无动于衷。郗府管家回去后,便向郗太尉回禀了自己的见闻:"王府的子弟,个个青年才俊,风流倜傥,听到来选女婿,表现都很好,只有一位公子躺在东床上,袒胸露腹,对此无动于衷。"郗鉴听了暗自大喜道:"真是一个率性而为、胸襟豁达的人,这就是我要找的女婿。"打听以后知此人是王羲之。后郗鉴亲自前往王府,见到王羲之本人既文雅又豁达,堪称才貌双全,于是当场下了聘礼,择为快婿。"东床快婿"一词便由此而生。

"东床快婿"一词最初是指王羲之,后意义逐渐泛化,通指为人豁达、才能出众的女婿,是女婿的一种美称。而这"东床快婿"之祖王羲之后来则成了成就斐然的书法家,被后人誉为"书圣"。

"乘龙快婿"一词常用来指才貌双全的女婿,也常用来称赞别人的女婿。

 ## 女婿为何又叫"乘龙快婿"

"乘龙"意为好比乘坐于龙上得道成仙,"快婿"则是指称心如意的女婿,因此"乘龙快婿"一词常用来指才貌双全的女婿,也常用来称赞别人的女婿。在这个成语背后还有一个美好的故事。

"乘龙快婿"这一成语典出自《列仙传》:"箫史者,秦穆公时人也。善吹箫,能致孔雀白鹤于庭。穆公有女,字弄玉,好之,公遂以女妻焉。

日教弄玉作凤鸣,居数年,吹似凤声,凤凰来止其屋。公为作凤台,夫妇止其上,不下数年。一旦,皆随凤凰飞去。故秦人为作凤女祠于雍宫中,时有箫声而已。"

相传春秋时期,秦穆公的小女儿弄玉天资美貌聪颖,通音律,善吹笙。一日弄玉公主正倚着栏杆吹笙赏月,隐隐约约中似乎听到有箫声和着自己吹的笙,默契程度似乎像配合多年的老搭档,且一连几天都是如此。于是弄玉借闲谈的机会和秦穆公说起了此事。穆公便派大将按公主所说的方向去寻找此吹箫人。原来此人是隐居于华山的隐士,名箫史,善吹箫。使者将箫史接回宫中以后,秦穆公一看此人羽冠鹤衣,生得玉貌丹唇,飘飘然有超凡脱俗之姿,吹起箫来更是曲调优美,如醉如痴,引得殿上的金龙、彩凤都好像在翩翩起舞。秦穆公大喜,于是便将女儿弄玉许配于他。婚后夫妻二人志趣相投,生活幸福美满。箫史教弄玉学吹凤的鸣声,一段时间以后,弄玉吹出的箫声就和真凤凰的叫声一样,引得天上的凤凰都落下来停在他们家的屋檐上。一日,夫妻二人笙箫合奏完后,箫史对弄玉说:"我很怀念华山幽静的生活。"公主也说:"我也不喜欢这宫中生活,愿和你一起同享山野宁静。"遂有一条金龙和一只紫色玉凤飞落楼台上。于是,箫史乘着金龙,弄玉驾着玉凤,龙凤齐飞,夫妻双双升空而去。此后人们便把箫史称为"乘龙快婿"。

随着代代流传,人们便用"乘龙快婿"代指才貌双全、称心如意的女婿。

"乘龙快婿"雕塑

岳父、岳母为何又称"泰山"、"泰水"

现代社会中,男性常称自己妻子的父母为岳父、岳母,而在我国古代,尤其是在一些古典戏剧中,我们常会看到男性称妻子的父母为"泰山"、"泰水"。那么,"泰山"、"泰水"之说从何而来,为什么要称岳父、岳母为"泰山"、"泰水"呢?

据说这和唐朝时的泰山"封禅"有关。唐代段成式在《酉阳杂俎》中记述了一个很有意思的故事:"(唐)明皇封禅泰山,张说为封禅使。说女婿郑镒,本九品官。旧例,封禅后自三公以下皆迁转一级,惟郑镒因说骤迁五品,兼赐绯服。因大酺次,玄宗见镒官位腾跃,怪而问之,镒无词以对。黄幡绰曰:'此泰山之力也。'"说的是唐玄宗李隆基于开元十

由于"泰山"之称来历并不十分光彩且含有讽刺揶揄的意思,人们便逐渐弃之不用。

泰山丈人峰

四年(726年)到泰山封禅,由丞相张说担任封禅使。按照惯例,随皇帝参加封禅后,丞相以下的官吏都可以官升一级。而只有张说的女婿郑镒在封禅后由九品官一下子升为五品官,连升了四级。唐玄宗在宴会上看到郑镒的官服颜色突然变为绯色,觉得很奇怪,问其原因,郑镒支支吾吾无言以对。这时旁边的黄幡绰一语双关地说道:"此泰山之力也!"唐玄宗一听便知是张说在徇私,不久便把郑镒降回原九品。后人因此便称妻父为"泰山",妻母自然就称为"泰水"了。

又因泰山为"五岳之首",所以又称妻父为"岳父",同时,称妻母为"岳母"。而由于"泰山"之称来历并不十分光彩且含有讽刺揶揄的意思,人们便逐渐弃之不用。据文献记载,至宋代时,人们便用"岳父"、"岳母"来代替"泰山"、"泰水"的称谓。时下另一种叫法是统称夫妻双方父母为"爸爸"、"妈妈"。

"糟糠之妻"的说法有何由来

后来,人们便把生死相伴、相濡以沫的妻子称为"糟糠"了。

"贫贱之交不可忘,糟糠之妻不下堂"的俗语大家都很熟悉。在这句话中,将妻子称作"糟糠",形容丈夫对妻子不离不弃。那么,"糟糠之妻"的说法由何而来?有着怎样的典故?

东汉光武帝年间,大司空宋弘为人正直、做官清廉。朝廷上许多贤能之士甚至官至宰相的官员都是经过宋弘举荐选拔的。因此,宋弘深受光武帝刘秀和朝野上下的尊敬和爱戴。

这一年,光武帝的姐姐湖阳公主死了丈夫,光武帝为了宽慰姐姐,经常请其入宫见面、聊天,并筹划着再为她找一个好丈夫。一日,光武帝和湖阳公主谈论起朝中大臣,光武帝便顺便问起姐姐:"在我这朝臣之中,谁是姐姐眼中的贤士?"湖阳公主回答说:"在我看来,宋弘有才能、有威望、有道德,这朝野之人没有人能与他相比。"光武帝于是便明白了姐姐心中的想法。

但是,光武帝想,宋弘刚直不阿,若是直

湖阳公主

接前去为姐姐提亲遭拒,那公主、皇家颜面何存。于是,光武帝便找了个机会召见宋弘,让湖阳公主在屏风后面听他们的谈话。光武帝问宋弘:"一个人若是当了高官,他过去的朋友便要被换掉,不再来往;而一个人若是发了大财,他的妻子就要被抛弃,再迎娶门当户对的新人。你认为是这样吗?"宋弘听了,知道皇上话里有话,便正色直言道:"臣闻贫贱之知不可忘,糟糠之妻不下堂(意思是我所知道的人之常情是,人贵了不可以忘记之前结交的知己,人富了不可以抛弃贫贱时同甘共苦的妻子)。"光武帝听后,明白了宋弘的意思,便回过头对屏风后的湖阳公主说:"这件事不成了。"

后来,人们便把生死相伴、相濡以沫的妻子称为"糟糠"了。

新娘出嫁为何要自动敲掉牙

新娘出嫁时要自动打掉上颚 1~2 颗大齿,是真的吗?没错,这是我国贵州最古老的民族之一仡佬族的婚俗特色之一。

据说,在仡佬族,夫家视处女为一种可畏的东西,怕女人伤害夫家,所以要女方打掉牙后才敢与之成婚。

除此之外,在仡佬族,还保留着很多原始的婚俗。比如订婚时的"鸡卦酒",出嫁前的"追姑娘",出嫁时的"把门枋"和进夫家时的"打湿亲"等。

仡佬族婚俗:新娘敲掉牙

"鸡卦酒" 最初是杀鸡后根据鸡股骨的纹样研究是吉是凶。"鸡卦"谐音为"吉利的卦",以此占卜,以求吉利。而现在则不仅仅是占卜求吉利,人们把订婚时吃的酒统称为"吃鸡(吉)卦酒"。吃"鸡卦酒"的活动是在女方家举行的。未来的女婿来女方家认岳父母时,第一碗"鸡卦酒"必须先献给岳母。岳父在吃"鸡卦酒"时还要再恭维老伴一番,诸如"娃娃是她养大的,要由他娘做主"之类。此举颇有母权制的遗风。

"追姑娘" 姑娘在出嫁前要放声号哭,唱"哭嫁歌",还要趁人不备"逃跑",以示不想离开娘家出嫁,再由娘家嫂子、姊娘等女性亲属把她找回来。

"把门枋" 新娘在离开娘家前要紧紧抓住门枋表示自己不忍离去,媒人在此时要强行把新娘拉开,牵着新娘离开娘家。

"打湿亲" 在新娘步入夫家后,要用夫家事先准备好的水酒向接亲的人,据说这样可以用清水淋去邪魔求吉利。

窥探文化真相

> 这种"男以昏时迎女,女因男而来"的习俗便是"婚姻"二字的最早来源。

"十里不同风,百里不同俗",仡佬族保留的这些古老的婚俗便是其独具特色的证明。

"婚姻"二字有何来历

"婚姻"在我国古代又称"昏姻"或"昏因"。关于"婚姻"二字的来历,一般有以下几种说法:

"婚姻"指的是男娶女嫁的过程。古时男方家去女方家迎亲时,一般在黄昏时分。《仪礼·士昏礼》中记载:"昏礼下达。"东汉末年的经学大师郑玄注释说:"士娶妻之礼,以昏为期,因而名焉。阳往而阴来,日入三商为昏。"也就是说我国古时的婚礼是男方于黄昏时来迎娶,女方随男方出门。这种"男以昏时迎女,女因男而来"的习俗便是"婚姻"二字的最早来源。也即"婚姻"意为男娶女嫁的过程。

"婚姻"意为夫妻关系。郑玄还说,因新郎是在黄昏时迎娶,所以称其为"昏",新娘随着新郎的到来而行,故称其为"因"。"昏因"指的便是新郎新娘二人的关系,也即夫妻关系。这种说法看似和第一种说法相似,但虽解释相同,理解角度却不同,指代的意义自然也不同。

"婚姻"指的是两家的姻亲关系。《尔雅》中对婚姻一词的解释是这样的:"婿之父为姻,妇之父为婚……妇之父母、婿之父母相谓为婚姻。"这种说法理解起来较为复杂,说的是男方的父亲称为"姻",女方的父亲称为"婚",女方父母和男方父母合在一起称为"婚姻"。从中,我们可以理解到这里的"婚姻"指的是男女双方家庭组成的姻亲关系。

老北京的婚礼

时至今日,我们似乎很难判断出"婚姻"二字究竟是来源于哪种说法,但站在现代的角度看,我们今天的婚姻似乎涵盖了上述几种说法,以婚礼的形式对外宣告两人夫妻关系的确立。夫妻关系一旦确立,两个家族自然成为姻亲,互称"亲家"。同时现代婚姻还要与相关国家法律制度和社会习俗相一致。

附:

唐代段成式在《酉阳杂俎》中记载:"礼,婚礼必用昏,以其阳往而阴来也。今行礼于晓。""晓"即拂晓。

自唐代开始,将迎亲的时间改为早晨,一直沿袭至今。

婚纱为何多是白色

每个女孩都有一个关于婚纱的公主梦，却披着洁白的婚纱是她们向往的神圣时刻。不过，对于国人来说，婚纱却是一件不折不扣的舶来品，且只有短短不到200年的历史。然而，正是这只有短短不到200年历史的婚纱颠覆了国人几千年来以喜庆的红色为主色调的婚宴思想。那么，婚纱为什么多是白色呢？

既是舶来品，便是受西方某些风俗影响的结果。欧洲天主教崇尚白色，白色纱质礼服是天主教徒的典礼服。古时欧洲的一些国家国体为政教合一，人们结婚必须到教堂接受神父或牧师的祈祷和祝福，这样才能算正式的合法婚姻。因此，新娘会按照天主教的要求，穿上白色的典礼服以示真诚与纯洁。但19世纪以前，少女们出嫁时所穿的衣服并没有统一的颜色标准，多是按照自己喜好去穿：蓝色代表坚贞，绿色代表青春，红色则没有特定的含义，黄色因代表嫉妒而成为婚礼中的禁忌……而贫困的新娘则通常会穿一袭简单的白袍，以示她没有为婚姻带来任何资产，而她的新郎也不必为她婚前的债务负责。

世界上第一个穿白色礼服和披纱结婚的女性是英国的维多利亚女王。1840年维多利亚女王结婚时，穿了一袭由漂亮的中国锦缎制作而成的白色礼服，拖尾长达18英尺，再配上白色头纱后，从头到脚全纯白色，惊艳了全场。维多利亚女王此举，不仅开创了第一，也引领了以后西方婚纱的潮流。在此之后，白色也不再是贫穷的代表，转而成为纯洁的化身，社会地位的象征，成为西方婚礼的不二选择。

而在我国婚纱的流行则是受了1927年12月1日蒋介石和宋美龄在上海举行的婚礼的影响。在蒋宋婚礼上，宋美龄身着白色长裙礼服，身后拖着银线绣花的白色长纱，手捧一束康乃馨，蒋介石则上穿白色衬衣，黑色燕尾服，下穿条纹西裤，打着银色领带，戴着雪白的手套。二人的新婚照片一经刊出，令无数女子羡慕不已，尤其是照片中的宋美龄身着白色婚纱，优雅而光彩照人。此后，婚纱在我国便逐渐流行开来。每个即将结婚的新娘都会为自己选一套美丽的婚纱，让画面定格在自己最美丽的时刻。

如今，婚纱的种类、款式越

> 而在我国婚纱的流行则是受了1927年12月1日蒋介石和宋美龄在上海举行的婚礼的影响。

白色婚纱

越来越多。一些不懂婚纱来历的人别出心裁地将其婚纱做成了粉红色或浅蓝色,以丰富单调的白色色调。殊不知,在西方的风俗中,粉红色或湖蓝色的婚纱只有再婚的妇女才可以穿,以示与初次结婚的区别。因此,广大爱美的女同胞们,婚纱虽美丽,选择需慎重!

为何再婚所带的孩子被称为"拖油瓶"

"拖油瓶"一词是古时对改嫁妇女所携带的前夫子女的一种歧视性称呼。最早见于明朝凌蒙初《初刻拍案惊奇》卷三十三:"天祥没有儿女,杨氏是个二婚头,初嫁时带个女儿来,俗名叫做'拖油瓶'。"那么,为什么会有这样一个称呼呢?

据说民间最初叫"拖有病"而不是"拖油瓶"。传说这源于古时的社会现状。古时天灾人祸频发,且妇女再嫁的人家一般家境不是很好,若女方带来的孩子在家里出现个三长两短,就会遭到来自前夫家的责难。为了避免这种纠纷,一般人们娶带有孩子的再嫁妇人时都会请人立一份字据,说明孩子来时就有病,若日后孩子有什么不测与后夫无关。久而久之,人们便把再嫁妇女所携带的前夫的孩子称为"拖有病"。经流传,以讹传讹,便传成了与之谐音相近的"拖油瓶"。

而1935年6月出版的《上海俗语图说》一书中则持另外一种观点,认为"拖油瓶"一说和我国的农村生活有关。在当时的农村,还没有玻璃瓶,人们都用竹筒做油瓶装油。因农村还不发达,每逢有人进城时,左邻右舍的人总会让他代买东西,代买最多的是生活用品即做饭用的油和点灯用的洋油。而一个人一次是拿不了那么多油瓶的,便用一根绳子把油瓶绑在一起拖在身后走。这样虽省了些事,但这些拖着的油瓶终究都是别人家的东西,因此会有拖泥带水之感,而且特别累赘。而再嫁妇女携带的前夫家的孩子,也正如这拖着的油瓶,姓着前夫的姓,自己帮忙养着,日后认祖归宗也没自己的份。于是人们便用"拖油瓶"指代再嫁妇女所带的前夫家的孩子,不乏戏谑、嘲讽之情。

还有一种说法是"拖油瓶"是"拖有柄"的谐音。"柄"指代孩子,意为娶再婚妇女的男人毫不费力地捡了个孩子,颇有贪小便宜之意,含有挖苦人的意思。

不管"拖油瓶"一词来源于哪种说法,都含有嘲讽、取笑之意,这不是我们这个社会应当有的,应当予以杜绝,平等地看待每个人。而在现代社会

> 不管"拖油瓶"一词来源于哪种说法,都含有嘲讽、取笑之意。

旧社会母子

中,不解"拖油瓶"之意的人还常常会误用该词,将其理解为"拖累"、"跟随"等,如《工人日报》2008年1月22日第一版刊登的《原是家里顶梁柱,现在成了"拖油瓶"》,便将"拖油瓶"理解成了"拖累"的意思。这些用法都是错误的。因为,在收录该词的所有工具书中,都只有一种解释,那就是"再嫁妇女携带到夫家的孩子"。

清代八旗女子为何不允许自己擅自婚配

清乾隆六年(1741年),闽浙总督德沛给乾隆皇帝上了一道奏折,请求乾隆皇帝允许自己年过17岁的儿子恒志与两广总督马尔泰的女儿完婚。乾隆皇帝阅完此奏折后,脸色大变,当即就命德沛赶赴京城,对其大为训斥一番。按理说,两家大臣的儿女婚事根本就用不着惊动皇帝,即使是被皇帝知道了,也不用对此大动干戈、大为动怒吧。原来,这与马尔泰家千金的身份有关系:八旗女子,尚未参选秀女。那么,为何尚未参选秀女的八旗女子不允许擅自婚配呢?

清朝从顺治年间就规定,凡满族八旗人家年满13至16岁的女子,必须参加每三年一次的皇帝选秀女仪式。选中者,留在宫里或随侍皇帝成为妃嫔,或被赐给皇室子孙做福晋;未经参加选秀女者,不得嫁人。在清朝的后宫中,上至皇后,下至宫女,都是通过选秀女而产生的。

应选的秀女们在神武门集中,由太监引入皇宫,在御花园、体元殿、静怡轩等处参加皇帝或太后的阅选。阅选时,或五六人一排,或三四人一排,有时也许一个人一排。若是被选中,就会留下她的名牌,这叫留牌子,其余没有被选中的,就被撂牌子。被留牌子的秀女再经过数次的阅选,才会等到最终的命运:或被遣返回家,或被赐予皇室王公或宗室之家,或留于皇宫之中,随侍皇帝左右,成为后妃的候选人。

八旗制度和秀女选妃制度均为清朝独有。所以说,清代的八旗女子,有参选秀女资格者,若未参选,不能随便嫁人。

> 在清朝的后宫中,上至皇后,下至宫女,都是通过选秀女而产生的。

清代备选秀女

光绪瑾妃

光绪皇帝是如何为自己选秀女的

"秀女"二字，虽然靓丽，但是秀女们却不一定有着沉鱼落雁、闭月羞花的容颜。光绪年间，在民间流传甚广的那次选拔秀女的闹剧就足以证明：容貌并不是在众多秀女中脱颖而出的主要标准。

清光绪十四年（1888年），北京城守卫森严的重重皇宫里，正进行着当年秀女选拔的最后一次阅选。慈禧太后亲自坐镇，18岁的光绪皇帝则站立在放有一柄如意和两对绣花包的小桌后面。按照选拔秀女的规定，当选皇后者会被授予如意，当选妃子的则被授予绣花包。

经过层层筛选，进入到最后一轮阅选的分别是：慈禧太后的亲侄女，江西巡抚德馨的一对女儿，礼部左侍郎长叙的一对女儿。

阅选开始时，慈禧故作矜持，坚持让光绪自己选。于是，光绪拿起如意，慢慢走向德馨家的二女儿，正要把如意交到她手中时，却听得慈禧大叫一声："皇帝！"光绪回头看着慈禧，只见她用嘴暗示着自己要把如意交到站在第一位的那位秀女手上。

光绪十分不情愿地走到那位秀女面前，把如意递给了她。

慈禧也看到了，光绪看中的是德馨家的女儿。于是，想到德馨家的女儿若是当选，必与未来皇后争宠，便急忙命站在身旁的荣禄的女儿荣寿固伦公主把绣花包交到长叙的两个女儿的手中。被无视的光绪皇帝也只能顺从。

就这样，这场选秀闹剧草草收场。那位被慈禧选中的皇后就是慈禧亲弟桂祥之女——未来的隆裕皇后叶赫那拉氏，而那两位被授予绣花包的秀女就是后来的瑾妃和珍妃。

> 总体而言，古代女子入宫有三个相似的基本途径：礼聘、采选和进献。

古代女子是如何入宫的

几乎历朝历代的皇帝后宫中，都充斥着大量的绝色女子。她们作为皇帝和皇宫的附庸品为皇家提供着各种各样的服务。在这些佳丽中，有的是出身高贵的名媛淑女，有的是身怀绝技的歌舞名伶，还有的是倾国倾城的绝色佳人。那么，这些女子是怎样入宫的呢？

虽然历朝历代对于女子入宫的具体制度和规定不同，但总体而言，古代女子入宫有三个相似的基本途径：礼聘、采选和进献。

礼聘。通过皇家礼聘而入宫的女子大多出身高贵、气度非凡、才德兼备、容颜甚佳。这些女子大多来自于皇亲国戚、权门贵族。她们一入宫就会受到皇室的特殊礼遇，受到册封，成为有名位和身份的妃嫔和女官。而且，未来的皇后一般也会来自于这些通过皇家礼聘入宫的女子中。

采选。 顾名思义，就是朝廷到民间挑选良家女子入宫。这些女子大多出身于平民之家，作为充实皇帝后宫、太子东宫和诸王王府之用。从民间入宫的这些良家女子，虽然没有皇室给予的特殊礼遇，但只要容貌出众、才能卓越，就会有被封妃甚至封后的机会。

进献。 这些女子大多是被当做礼物送进皇宫的。一些一心想要加官晋爵的官吏，往往会把自己容貌出众、德行优良的女儿或者管辖范围内的才色俱佳的女子送入后宫，充当自己青云直上的工具。还有一些甘愿臣服于中原王朝的外邦藩族，也会选拔一些本族的绝色女子，敬献给中原皇帝，以这种方式来表示对中原王朝的诚意，换来本族的和平与安定。

古代宫女图

这些美丽的女子在后宫这一方独特的天地中，演绎了许许多多的悲欢离合，为神秘的后宫增添了一分迷离而炫目的色彩。

原配夫妻为何又被称作"结发夫妻"

男女青年行过夫妻之礼，入过洞房后，就是名正言顺的夫妻了。人们往往会把第一次成亲的原配夫妻称为"结发夫妻"，这是为什么呢？

中国古代的男女都要蓄发。男子在20岁举行"冠礼"后，就要把头发盘成发髻（叫做"结发"），再戴上帽子，以示成年；女子在15岁时举行笄礼，就是要把头发盘成发髻，再插上簪子，表示已长大成人。无论男女，只要举办过成人礼，就表示可以谈婚论嫁了。可见，"结发"最初是男女成年的意思，也与成婚有着很大的关系。

到了汉代，"结发"成为男女成婚时的仪式之一。夫妻二人在饮交杯酒之前，须各自剪下自己的一缕头发，绾在一起表示同心。因而"结发"自然有了成婚的意思，而首次结婚的夫妻就是"结发夫妻"了。

古人行冠礼

窥探文化真相

"喝交杯酒"仪式有何来历

朝鲜合卺酒杯

喝交杯酒是中国古代婚礼的重头戏。夫妻二人喝完交杯酒后，就象征着二人从此合二为一、永结同心、同甘共苦了。那么，喝交杯酒这一习俗是怎样发展演变的呢？

交杯酒又称"合卺"。"卺"是瓢的意思。古人习惯把一个葫芦切成两个瓢，将两瓢的柄相连，内乘酒，夫妻要在洞房之内共饮两瓢酒，完成"合卺"之礼。

相传这一习俗起源于先秦，到了唐代，夫妻二人行合卺之礼时，除了用瓢作为酒器外，还会用杯子。这一习俗发展到宋代，就成了夫妻二人用酒杯先各自饮一半，再互相交换饮毕，而后，将酒杯一正一反掷于床下，以示婚后百年好合。清代以后，喝交杯酒的仪式发展成为"合卺"、"交杯"、"攥金钱"三个部分。其中的"交杯"即是夫妻二人手执酒杯手臂相交各饮一口。

时至今日，喝交杯酒这一仪式也是至关重要的。虽然没有了古代那些烦琐的步骤和礼节，也不一定是在洞房之内才饮，但是其象征夫妻二人永不分离、白头偕老的寓意是始终如一的。

"度蜜月"有何来历

度蜜月可以考验夫妻二人的默契程度，增进夫妻之间的感情。

对于新婚燕尔的小两口，婚后的蜜月之旅是必不可少和终生难忘的。度蜜月可以考验夫妻二人的默契程度，增进夫妻之间的感情。可是，您知道度蜜月的来历吗？

黄帝废除群婚制后，用"入洞房"的方式来稳定一夫一妻制。可是，对于有些人来说，群婚根深蒂固，习以为常，"入洞房"后整天面对着同一个男人或女人过日子实在是了无生趣。石墩和木苗夫妻俩就有这样的想法。

石墩和木苗都是狩猎能手。他们通过家长的说和，举行了结婚庆典，被双双送入

三亚海边度蜜月的夫妻

洞房。可是生活了十几天后，便厌倦了，都产生了逃离一夫一妻制生活的念头。于是，在一个深夜，两人双双越墙，各自逃跑了。二人逃跑后，都进了大森林里。由于逃跑时匆忙，二人都没有带狩猎的工具。在了无人烟的大森林，野兽时刻威胁着他们的生命。天亮后，担惊受怕了一晚的石墩和木苗竟不知不觉地走到了一起。为了保存性命，两人不得不相依为命，共同对抗饥饿和野兽的威胁。

有一天，又饥又渴又累的石墩和木苗在一棵大树下休息，遇到了蜂群的"进攻"。石墩用树枝驱赶蜂群，却被蜜蜂蜇了个满头包。木苗拾得干柴，燃起一堆大火，抽出火棍，赶走了蜂群。火焰从树缝伸进，烧毁了蜂巢。蜂蜜便从树缝流了出来。开始，石墩和木苗不知道这流出的液体是何物。但是这东西闻上去芳香沁人，石墩便用手指蘸着舔了一点，感觉非常香甜。于是，木苗也大胆地尝了一口。二人喜出望外，在确定液体没有毒后，就用树皮把流出的蜂蜜全部接住储存了起来。此后，两人便靠着这蜂蜜和采集到的野果度过了在森林中担惊受怕的日子，直到被上山打猎的于则——黄帝手下的狩猎能手发现并救回。

> 回到部落后，石墩和木苗每每想起和对方共同度过的那些提心吊胆的日子，便觉得彼此再也难以割舍了。

回到部落后，石墩和木苗每每想起和对方共同度过的那些提心吊胆的日子，便觉得彼此再也难以割舍了。于是，二人从此过上了幸福美满的家庭生活。而婚后"度蜜月"的习俗也一直流传至今。

神秘的摩梭人走婚习俗知多少

摩梭人的叫法是来源于他们的民风。据说摩梭人以前实际叫"摸索人"或"摸缩人"，后来才写成"摩梭人"。

摩梭人有走婚习俗。男子和女子均不结婚，除非是家族需要女子继后才会娶妻，需要男的劳动力才招婿。青年男女具有感情基础后，二人均同意，可以进行"走婚"。走婚男人的三件宝是松果、短刀和帽子。青涩的没有炸开的松果要和猪膘肉一起煮。晚上男方跳入女方家院子后的第一道关就是看门狗，可把煮好的松果扔给它。因为松果还没炸开，所以狗很难咬开，又舍不得丢掉，一夜都要为食而忙。走婚时，男女有联络暗号。男方不能于正门进入花楼，而要偷偷从窗户爬进院子或花楼，摩梭人称之为"摩入"。然后，还要把帽子之类的物品挂在门外，表示两人正在约会，叫其他人不要打扰。在天不亮的时候就必须离开。这时

泸沽湖摩梭人的走婚桥

> 爬房子也有规矩，有血缘关系的男女，绝对禁止走婚。

可由正门离开，称之为"梭出"。若于天亮或女方家长起床后才离开，会被视为无礼。男子称女情人为"阿夏"，女子称男情人为"阿注"。时间长了，他们就会结下百年之好，从此便公开关系，不再偷偷摸摸地"走"了。二人走婚生下的子女由女家抚养，男方不需负担，但父亲和子女都知道彼此的亲子关系。

爬房子也有规矩，有血缘关系的男女，绝对禁止走婚。若是某个男子"爬房子"事前未获得女方准许，或爬错了房子，则将遭到族人的羞辱或严惩。若是遇到两边感情不和，或因其他原因造成走婚关系不能维持，则以男子不再爬房子或女方拒不开窗而宣布解除，不存在资产牵连和怨言、嫉恨。走婚的男女分手后，仍可以自由地与其他人重新进行走婚。

有些摩梭人会与伴侣以正式的婚礼结合，摩梭人称之为"一妻一夫"，与父系社会的一夫一妻有所不同。正式结婚的夫妻大部分为招婿入赘，少数是女方外嫁。丈夫称为"汗处巴"，妻子称为"处咪"。这种夫妻关系大部分没有登记注册，若双方感情转淡，或娶媳招婿的家族已有继承人和足够劳动力，只要经过家族同意就可解除婚姻关系。男入赘所生子女归女家，女子嫁人所生子女归男家。亦有视实际情况协商的。婚姻解除后，双方可各自与他人走婚，人们亦不会歧视他们。

姑娘"哭嫁"的习俗知多少

> 如果出现嫁而不哭的姑娘，会被邻里看做没有教养，传为笑柄。

哭嫁的习俗，在春秋战国时就有了，作为婚礼的一部分而传承至今。在少数民族农村中，直至清末和民国时这一习俗还很盛行。如果出现嫁而不哭的姑娘，会被邻里看做没有教养，传为笑柄。相传有出嫁姑娘不哭而遭母亲责打而泣的事。这位母亲算是平时教女无方，又临时教女了。

土家族哭嫁习俗

哭嫁时将嫁女子先哭，接着母亲感女子将离，亦落泪；然后妹妹、嫂子、闺中密友哭；接着祖母垂泪。另有中年女子相劝莫哭。最后女子哭哭啼啼地被扶上花轿。《礼记·曾子问》中孔子云："嫁女之家，三夜不息烛，思相离也；取妇之家，三日不举乐，思嗣亲也。"这都是人之常情，正派人家的礼仪。

哭嫁是有歌词的。旧时故事中,有花轿临门,哭诉《迎风骂媒歌》的。有的是出于母女将要别离,动情而哭的。有的是出于孝道礼仪,按风俗规矩而哭,以表悲喜的。还有的因为婚姻是包办的,是真哭真骂,骂媒人为了小财而坑人,哭父母见财礼富门而弃女。种种哭相皆有歌词。

清代成都人吉道人周际唐的《味蔗轩随笔》记有四川嫁女哭诉之事,其《坐堂词》云:"婚姻之礼,各省风俗不同。然酌礼准情,各省亦大同小异。凡男家娶妇先赋之诗,谓之'催妆';女家亲串颂女之词,谓之'坐堂'。坐堂者,女当喜期将近之先数夕,其诸姑伯姊,置酒为女祖饯,各述吉祥之词,以为颂美,女则申己之意以答。女左右更有少女,则随而娴习者也。其词要多鄙俚,然有音韵凄清,风格遒劲,如古歌古谣者。罗江明府蔡,微服巡查乡里,一日行至某处,值有女子归,诸娣姒咸以谀词颂女,女申意以答。忽风吹句入耳,词曰:'凤凰落在桌子上,哪个女儿肯离娘。'一字一转,音韵凄其,谁谓天籁之鸣,不在愚夫愚妇耶!"旧时坊间丛刻中有《训女哭嫁》,目录有《闺声哭》《娘训女》《嫂哭妹》《哭爹妈》《哭哥嫂》《花轿到屋哭》《哭叔爷》《哭兄弟》《哭外公外婆》《哭舅爷》《拜香火哭》等,唱词皆出自民间写手,类似古代的《诗经》中的《风》。

现在大都是自由婚姻,又兴洋式礼仪,传统的哭嫁礼已经不多见了。在汉中、川南、重庆等一些地区,还保留有哭嫁礼。

如今,在汉中、川南、重庆等一些地区,还保留有哭嫁礼。

古人对"死"有哪些称谓

在等级森严的中国封建社会,对于死的称呼,可用一句话来形容:有一千种身份,就有一千种称呼。那么,具体的称呼是怎样的呢?随着

重庆大足石刻宝顶山上的"释迦涅槃圣迹图"

窥探文化真相

> 清朝时，除皇帝死用"崩"外，皇太后、皇后死也用这一称号。皇贵妃以下到嫔、王、公、侯、伯的死都称为"薨"。

时代的发展，"死"的称呼又有哪些变化呢？

据《礼记·曲礼》记载："天子死曰崩，诸侯死曰薨，大夫死曰卒，士曰不禄，庶人曰死。"君王至高无上，"死"也有专称，除"崩"外，还有"山陵崩"、"驾崩"、"晏驾"、"千秋"、"百岁"等。诸侯"死"则用"薨"。大夫及一般的高级官员死则用"卒"。大夫往下一级就是"士"。春秋时期，"士"一般是用来称呼诸侯或大夫的门客的。他们死叫做"不禄"。庶人就是无官无禄的平民百姓，他们死亡的称呼才是"死"。

后来，随着时代的发展，对于"死"的称呼限制也就没有那样严格了。唐代时，二品以上官员死称"薨"，五品以上官员死称"卒"，六品至平民百姓都称为"死"。清朝时，除皇帝死用"崩"外，皇太后、皇后死也用这一称号。皇贵妃以下到嫔、王、公、侯、伯的死都称为"薨"。到了现代，对"死"的讳称更是五花八门，如"安息"、"长眠"、"逝世"、"长逝"、"谢世"、"离世"、"亡故"、"永别"等。

另外，"死"还有很多特定意义上的讳称。佛道徒之死，可以用"涅槃"、"圆寂"、"坐化"、"羽化"、"示寂"、"仙游"、"登仙"、"升天"、"仙逝"等。为正义事业而死叫"就义"。为国家和人民而死叫"献身"、"牺牲"、"捐躯"、"殉国"、"殉职"等。死于意外事故叫"遇难"。年幼而亡叫"夭折"。生病而死叫"病故"。年老在家安然而故叫"寿终正寝"。称尊敬的人死去叫"与世长辞"、"心脏停止了跳动"、"停止了呼吸"，马列主义者去世叫"去见马克思"……

总之，对于人"死"的称呼，也因时代、阶层、地位等的不同而变换着。

岩葬之一的悬棺葬

古代特别的下葬方式知多少

下葬仪式是葬礼的最后一个环节。汉族地区比较普遍的下葬方式是土葬。其实，在中国很多地区，特别是少数民族地区，流传有很多别具一格的下葬仪式。

岩葬：即把尸体葬在悬崖峭壁上或洞穴岩腹中，使山岩成为死者的最终归宿。其主要有崖葬（又称悬棺葬）、崖墓葬和洞穴葬三种类型，主要流行在彝族、壮族等少数民族地区。

风葬：又称"露天葬"，是一种风化的丧葬习俗，包括树葬、崖葬、洞

葬、悬棺葬等。做法是将死者遗体裸露于树木之上、荒野之中、树洞之内,甚至直接挂于墙壁之上,用风的力量处理尸体。风葬主要流行在中国东北部的鄂温克、鄂伦春、赫哲族以及西南地区的珞巴族一带。

天葬：就是将死者的尸体喂食野兽的一种丧葬习俗,在我国藏族、蒙古族中间流传甚广。藏族认为依靠鹫鹰的力量,可使死者顺利升天。藏族有专门的天葬场和天葬师来举行天葬仪式。蒙古族的天葬相对简单。仪式举行时,亲属会使死者面孔朝天,盖上一块写有经咒的布,并将尸体放到荒郊野外,任狐狸、野狼等野兽吞食。只有死者的尸体被野兽吞噬殆尽,亲属才会觉得对死者尽到了心意。

水葬：即将死者尸体投于江河湖海的丧葬习俗,是世界上比较古老的葬法,有漂尸式、投河式、撒灰式三种方式。中国有水葬习俗的民族是藏族和门巴族。

虽然各民族、各地区的下葬习俗不同,但都表达着生者对死者的寄托以及对未来美好生活的向往。

老人死后,亲人为何要披麻戴孝

在我国民间的丧葬文化中,老人死后,亲人要披麻戴孝以表孝心。通常儿子头戴麻布帽,扎长长的白色头巾,身穿白衣,脚穿白鞋;孙子、孙女也是相同的装束;第四代的小孩则要戴红色的帽子;第五代的小孩戴的则是黄色的帽子,且在帽子前面正中位置点上一个红点。这样,白色、红色、黄色帽子全有,显示老人家族人丁兴旺,子孙满堂,福气好。与老人血缘关系越近,丧服服制就越重,关系越远,丧服服制就相对较轻。戴孝则是在衣袖上端戴上孝布。若死者是男性,则戴在左袖上;若死者是女性,则戴在右袖上。那么,这样的丧服礼制是从何而来呢?

相传,在古时候,一位老婆婆虽有两个儿子,但都不孝顺,却整天嚷嚷着其死后要为其办最隆重的葬礼。老婆婆知道他们说的都是假话,有心教育他们一番。一次,在两个儿子

披麻戴孝场景

窥探文化真相

以"仁"为本的孔子

白为素，素为净，净为纯，纯为真。孔子披麻戴孝是为了表达自己对母亲的纯真孝心……

再次提起老人死后葬礼的问题时，老婆婆便对他们说："我死后不花你们一分钱，不过你们要从现在开始每天去屋后面看看槐树上的乌鸦和猫头鹰是怎么生活的，一直到我死为止。"两个儿子一听不用花钱，心里乐开了花，连忙答应。此后，两个儿子每天都会不约而同地去观察槐树上的乌鸦和猫头鹰。他们看到，老乌鸦和猫头鹰每天都在喂养自己的孩子。后来，老乌鸦飞不动了，小乌鸦便出去觅食，把食物衔在嘴里飞回来喂老乌鸦。这种乌鸦反哺之情，代代相传。而猫头鹰却是另一番景象，当老猫头鹰飞不动时，小猫头鹰就把老猫头鹰给吃了。这种景象也是代代相传，令人寒心。兄弟俩看到这里，不禁恍然大悟，悔不当初，觉得这么对生自己养自己的母亲实属不孝；且现在自己怎么对母亲，以后孩子也会怎么对自己。于是他们便开始真心孝敬母亲。可是，"树欲静而风不止，子欲养而亲不待"，没多久，老人就去世了。兄弟俩都十分懊悔，为铭记这份教训，便模仿乌鸦羽毛的颜色和猫头鹰的毛色，在母亲下葬那天，穿黑色的衣服，披一件麻衣，为母亲送葬。而有些地方比较穷，就改为在袖子上戴黑色孝布。这样，为老人尽最后孝道的披麻戴孝之风便逐渐流传下来。

而另外一种说法则是来源于儒家的创始人孔子。众所周知，提倡以"仁"为本的孔子是孝子。一天他正在给弟子上课时，传来消息说其母亲病故去世了。听到这个消息，犹如晴天霹雳，孔子当场便昏过去了。醒来后，孔子抓起白色麻布当头巾，穿了件白袍当外套，又随手拿起一条捆书用的麻绳束在腰里当腰带，同时又叮嘱了弟子们几句，便连忙赶车回家。到家后，孔子跪在母亲的床边号啕大哭，不吃不喝，一连几天都是如此。到了下葬那天，孔子不仅嗓子已经哭哑了，而且虚弱得腰都直不起来了，亲友们便给他找了根柳棍当拐杖拄着，并由一人搀扶着。孔子向来学问渊博，众人看他如此装束为母送葬，便问身边老人有何缘故。一位老人思考了一下后便说："白为素，素为净，净为纯，纯为真。孔子披麻戴孝是为了表达自己对母亲的纯真孝心，他拄的柳木棍叫哭丧棍，表示母亲去世后，自己失去了依靠，只能拄棍子了。"人们向来敬重孔子，听老人这么一说，又觉得很有道理，此后便纷纷效仿。老人去世时，都披麻戴孝，拄柳木棍。一直流传至今。

葬礼是一个人一生中的最后一项仪式，亲人们为悼念逝去的人，便有了各种各样的礼仪规制，以作纪念。其实，其核心是重人伦、重孝道的一种丧礼精神，所以才会一直流传至今。

"阴婚"的习俗有何来历

"阴婚"是为死去的人找配偶的习俗,也叫"冥婚"。有的未婚男女在没有成婚前早夭。老人们认为,如果不替他(她)们完婚,他(她)们的鬼魂会怪罪家人,而使家宅不宁。因此,便为死去的未婚男女进行婚配,举行"阴婚"仪式,最终把他们的尸骨埋在一起,让他们做"鬼夫妻"。

阴婚的习俗可以上溯到周代,后由于其浪费物力、财力,便被统治者明令禁止。但此习俗一直流传下来,并在东汉时期得到了统治者的肯定和提倡。曹操就曾为最心爱的小儿子——13岁死去的曹冲下聘,迎娶未婚而死的甄氏小姐为"妻",使他们合葬。

阴婚习俗

宋元时期,阴婚的习俗很流行。据史料记载,这一时期,只要有未婚男女死亡,其父母必托"鬼媒人"说亲,然后进行占卜,举行合魂祭。到了清朝,阴婚的习俗仍然流行。直至晚清,随着西方精神文明在中国的传播,阴婚的旧俗受到冲击,才逐渐消失。

古时的阴婚,有时也并不是死去的未婚男女成亲,还有女子嫁给死去的未婚夫,或干脆为未婚夫殉葬的。历代不少女子,深受传统贞洁观的影响,在未婚夫猝死后,便抱着"姻缘天定"、"好女不侍二夫"的想法心甘情愿地与未婚夫的牌位成亲,并在婚后守着牌位过一辈子,不再改嫁,悉心侍奉公婆和"丈夫"。还有的女子在未婚夫死后,甘愿为其殉葬,自尽后与未婚夫葬在一起。

至今,我国仍有部分地区有阴婚风俗的残余。

"招魂"、"送魂"有哪些仪式

当确定弥留之际的亲人已经离开人世,亲属们就要为死者举行"招魂"和"送魂"仪式了。这是召唤和送别死者灵魂的仪式,真心地希望死去的亲人"一路走好"。

依据旧时习俗,人们认为客死在异乡的人,无论他的肉身是葬在他乡还是回到了故乡,他的魂魄却会在外漂泊,无法享受香烟的祭祀、食物的供养和经文的超度，受着无尽的饥饿和飘零之苦，最后也没有投胎转世的希望。要结束客死异乡之人的魂魄所受的这种无穷的凄苦，就需要其家人将他的灵魂召回家乡。于是，就有了为死者"招魂"的仪式。

打引魂幡的出殡队伍

招魂仪式的举行，需要选定一个适当的日子。在那一天，由死者亲属在门前竖起招魂幡，或挂上魂帛。有的地方，还会由亲属登上屋顶为死者招魂喊魄。到了近代，招魂的工具演变成了大幡。三四丈高的幡旗，立于二门之外，迎风飘起，召唤着寻找家乡的魂魄。

当亲人的魂魄被亲属召回家中，或死于家中之人的魂魄刚刚离开肉体时，"它们"便会飘向阴间。但是，茫茫阴间，魂魄该往哪里走呢？这就需要亲属们为其"送魂"指路了。所以，"送魂"其实就是由活着的人为亲人的魂魄指引一条通往阴间的道路。古时的送魂仪式一般是由巫师来主持的。这一天，亲属们会杀若干牛、猪、鸡等做祭品，由巫师手持长刀、长矛或长棍等担任送魂队伍的先锋，后面的死者亲属会抬着一种人工搭成的"尸架"，以示将死者的灵魂送或抬走了。

人们认为"招魂"、"送魂"仪式过后，死者就真正离开人世间了。因此，这项仪式是很隆重的。

"守灵"仪式知多少

古人认为，人死后三天要回家探望，因此死者至亲便会守在灵堂内的灵柩旁，等待死者灵魂的归来，直到大殓。作为怀念的一种方式，守灵表达着对逝者恋恋的不舍与深深的哀思。不同的地区和民族，守灵的方式也是不同的，有些具有明显的地方特色。

> 不同的地区和民族，守灵的方式也是不同的，有些具有明显的地方特色。

四川一带的习俗是，当亲属为死者做完小殓后，便会在死者的灵床下点亮一盏灯。传说，去往阴间之路是黑茫茫的一片，这盏灯可以照亮死者灵魂的地府之路。特别是当灵魂过奈何桥时，有了这盏灯，便不会跌入血河池中。因此这盏灯叫做"过桥灯"。同样是点灯，湖南一带的习俗又有所不同。死者的亲属往往会请道士来主持这项仪式。首先，道士要给死者的孝子们每人发一个盘子；然后在盘子内放上装满青油的杯子，再在杯子中放上灯草；最后，由道士边念咒语边点燃灯草。这时，手持点燃之灯的孝子们会依次把它们放到棺盖上，直到放满九盏。接下来，再由孝子们在棺前的桌子上铺上香纸、香米，烧上炷香，点灯仪式就此结束。这种仪式叫做"端灯解结"。

少数民族中，纳西族的守灵仪式与汉族地区的比较相似。有意思的是，苗族人守灵时不要男子，只要中年妇女。而且，他们特别忌讳守灵期间家猫越过死者的遗体。据说，倘若真有此事发生，尸体就会爬起来。

瑾妃为妹妹珍妃守灵的怀远堂内景

守灵仪式后，人们就会把遗体定棺入殓了。

"入殓"仪式有哪些习俗

"入殓"仪式是为死者穿衣、定棺的仪式。其中，为死者穿衣的仪式称为"小殓"，为死者定棺的仪式称为"大殓"。在传统的仪式中，无论"小殓"还是"大殓"，都有很多习俗和讲究。

"小殓"是在人死去的第二天早上举行的。为死者穿衣之前，要把殓衣陈列在房内，铺好殓床后，才开始为死者穿衣。这时，在场的主人头上不能戴任何饰品，女子要把头发盘束在头上，男子要露臂。与此同时，在场的人都要号啕大哭。为死者穿好殓衣后，亲属们要用被子把尸体裹上，用绞带将尸体捆紧。按照民间习俗，死者无论尊卑贵贱都要穿19层的新衣。殓衣和裹尸的被子都忌用"缎子"当布料。因为"缎子"谐音"断子"，是不好的预兆。珍贵的"兽皮"也是不能穿在或裹在死者身上的。有人认为，死者如果带着兽皮转世，那么一定会投胎到动物的身上；还有人认为，如果死者裹着兽皮入殓，人尸与兽革混杂一处，很难留着全尸到阴间。另外，还忌讳用带"洋"字的布料。"洋"与"阳"谐音，会给阴间的死者带来不幸。人们一般的做法是用"绸子"来做布料。"绸子"谐音"稠子"，有多子多福的寓意，既庇佑了子孙，又安慰了逝者。

"大殓"是在人死后第三天举行的收尸入棺的仪式。自此，就意味着死者与生者阴阳相隔。届时，死者的亲朋好友都会来"送别"。所以，"大殓"仪式异常隆重，其准备工作也相当烦琐。首先，要请阴阳先生看棺材摆放的位置、方向，以确定入殓吉时。其次，由茶房向死者亲朋好友发出邀请参加大殓的帖子。最后，整理死者面容，重新装饰成殓的棺

> "大殓"是在人死后第三天举行的收尸入棺的仪式。自此，就意味着死者与生者阴阳相隔。

棺材

材。整理死者面容时，由死者长女一手拿盛丝帛、清水或酒精的碟子，一手拿竹签，请阴阳先生为死者擦拭面容，谓之"开光"。整理完死者面容后，拿一面小镜子为死者照一照，后把镜子摔碎。人们认为这样可以使死者在阴间"眼光明亮、吃八方、听八方、闻八方"。入殓时，来参加仪式的人都要哭别死者。特别是死者的子女，定是捶胸顿足、号啕大哭。合棺之前，还要往棺材内放些葬物和死者生前的常用物品。

尸体和殉葬物放好后，就要钉棺盖了，也就是民间俗称的"镇钉"。钉棺盖要用七根钉子，据说这样可以佑及子孙。因此，这七根钉子也叫做"子孙钉"。

入殓仪式结束后，要停棺于灵堂，直至出殡。

祭祖先为何要"烧包袱"

> 烧包袱也叫烧包裹。包袱象征着阴间的钱包、衣包，通常只用纸做一个大口袋。

"烧包袱"的习俗源于寒衣节"烧寒衣"。农历十月初一是祭祀祖先的节日，这一天人们要为先亡之人"送"寒衣。然而，有些人因为各种原因无法给亡者上坟，就以"烧包袱"代之，将寒衣通过包袱从阳世寄往阴间。以后，逢清明节、中元节，人们也常通过烧包袱来代替上坟，包袱内的物品也不再限于寒衣。

旧时烧包袱主要因为几种原因：一是家贫无固定家族坟地；二是外地人来京工作无法脱身；三是遇到战事郊区坟地土匪猖獗；四是看坟人代替主人家上坟。北京是多朝古都，从外地来京当值的官员、做生意的商人和讨生活的艺人不少。这些外乡人往往长居北京，多年无法返乡。因此，烧包袱在老北京尤为常见。

烧包袱也叫烧包裹。包袱象征着阴间的钱包、衣包，通常只用纸做一个大口袋。祭祖用的包裹主要有两种，以表皮的颜色区分。一种是素包袱，用于不满三年的新丧。明代《帝京景物略》载："新丧，白纸为之，曰新鬼不敢衣彩也。"素包袱表皮是全白的，中间贴一蓝签，上书亡者名讳。另一种是花包袱，用于三年以上的老丧。花包袱上印有墨线花纹，四周有黑框，正面印一莲座牌位，又书梵文音译的《往生咒》。有的包袱还要印上"冥国邮政"字样的邮票。另外，还有一种红色的包袱，称

"喜包袱"。这种包袱是办喜事时烧给已故的祖宗亲人报喜用的。

包袱里常装的有寒衣纸和冥钞两种，也有装金银箔制成的元宝、锞子和黄色纸制成的往生钱的。寒衣纸是用各种颜色的蜡花纸裁成条状以象征布料，上面印有花朵、蝴蝶等图案。讲究的人家还会将花纸剪成衣、裤的形状。富贵人家则会请冥衣铺的裱糊匠制作整套的寒衣，有皮袍、皮褂、皮裤、风帽、绣花鞋、棉袜等。

烧包袱

包袱不仅是烧给祖宗的祭品，也可用来当做祖宗的牌位。包袱未焚化前，常由长辈带领全家按长幼次序对其进行叩拜，谓之"供包袱"。包袱周围还要摆上茶水、炒菜、鲜果、糕点等供品。叩拜结束就要将包袱送出大门外至十字路口进行焚化。给男子烧包袱要在地上画十字，寓意将包袱送至九方；给女子烧包袱则在地上画圆，在西南方向留缺口，寓意将包袱送至幽关之内。

"接三"仪式知多少

古人生下来的第三天要"洗三"，去世后的第三天则要"接三"。"洗三"和"接三"被老北京人看做是人活一世必须操办的两件大事。

接三也叫"迎三"、"送三"。古人认为人死后第三天灵魂就要离开人世，或登极乐，或去地府。人们都希望死去的亲人能够被接到西方极乐世界去，而"接三"就是要为"西方接引"做准备。

接三这天晚上，人们要请僧人来诵经，替亡者忏悔免罪。诵经结束之后，还要向孤魂施食以积累功德。和尚用丧家买来的馒头掰碎撒在地上，喇嘛则用白米。亡者的晚辈要为其准备纸糊的车马、箱子等物，并请人吹奏鼓乐。鼓乐分官鼓大乐和花吹，俗称"官吹"、"怯吹"。官吹的曲目都是固定的丧葬哀乐，怯吹则多奏民间小曲。吹奏鼓乐的人走在接三的队伍的最前面，其后是各种纸活冥器，然后是各方亲友，最后面跟着僧人。队伍要走到住宅西边的广场或城墙根，将车头对着家坟，伴着鼓乐焚烧纸车、纸箱、纸钱。丧家对着火堆三叩首之后，鼓乐停止，接三仪式就完成了。

接三主要是为了送亡者上路，因而通常用纸车、纸马作为祭品。贵

> 人们都希望死去的亲人能够被接到西方极乐世界去，而"接三"就是要为"西方接引"做准备。

接三仪式

道士羽化则糊一只仙鹤，取"驾鹤仙去"之意。

族多用纸糊大鞍车、官轿和金鞍宝马。民国以后还有用纸糊洋车、三轮车、自行车的。僧人和道士也借用俗家的接三仪式来办丧事，但不用纸车马。僧人圆寂通常要糊一座"九品莲台"，上面再放一座写着大师名号的纸牌位，取"坐化成佛"之意。道士羽化则糊一只仙鹤，取"驾鹤仙去"之意。未出嫁的年轻女子则又有不同。一般用粉红的纸轿子代替车马，灵前还要摆一朵大红的牡丹花，伴奏的曲目也选结婚时用的曲子。

第四篇
亘古不变的神话·宗教

窥探文化真相

> 在遥远的太古时代，天和地还没有分开。整个宇宙就像是一个浑浊的大鸡蛋，漆黑一片。

 盘古是如何开天辟地的

在遥远的太古时代，天和地还没有分开。整个宇宙就像是一个浑浊的大鸡蛋，漆黑一片。在这个鸡蛋中，就孕育着开天辟地的大英雄——盘古。

盘古在这个浑沌的大鸡蛋中足足孕育了一万八千年，才终于从沉睡中醒过来。可是当他睁开眼睛后，发现眼前一片漆黑，浑身酷热难当，甚至无法喘息。他想起身，可是鸡蛋壳紧紧地包裹住他的身体，根本动弹不得。已经一万八千年没有动弹过的盘古，不能忍受在这样令人窒息的环境中生存下去，顿时火冒三丈，勃然大怒，于是拔下一颗自己的牙齿，把它变成威力巨大的神斧，用力挥舞着向四周劈砍下去。只听得"哗啦哗啦……"的一声巨响，大鸡蛋骤然破裂，鸡蛋中轻而清的东西不断向上飘升，到了高处变成了天空；另外一些重而浊的东西不断下沉，沉到低处变成了大地。于是，浑浊不分的宇宙就被盘古分开，变成了高远的天空和辽阔的大地。

盘古顿时感觉神清气爽，看到被自己骤然分开的天地，高兴极了。但是，他并没有被胜利冲昏头脑。他担心天和地会重新合拢到一起，就用头顶着天，脚踏着地，并且施展法术，使自己的身体一日九变。每当盘古的身体增高一丈，天也随之升高一丈，地也随之增厚一丈。就这样，又过了一万八千年，盘古俨然已成为顶天立地的巨人，身子足足有九万里长。可是，盘古还是担心天地会合拢，于是继续头顶天脚踏地地站着，并不断施展着法术。就这样，又不知过了多少年，天地终于稳定住了。但是，这位开天辟地的英雄已精疲力竭，再也没有力气去支撑自己了，顿时轰然倒地。

盘古

盘古开天雕塑

盘古临死时，身体竟然发生了巨大的变化：左眼变成鲜红的太阳，右眼变成银色的月亮，呼出的最后一口气变为风和云雾，最后发出的声音变为雷鸣，头发和胡须则成为漫天的星辰，头和手足变为大地的四极和高山，血液变成江河湖泊，筋脉化成道路，肌肉化成肥沃的土地，肌肤和汗毛化为花草树木，牙齿骨头化作金银铜铁、玉石宝藏，汗滴变成雨水和甘露。

盘古用自己的生命为人类开辟了一个美好的世界。

> 盘古临死时，身体竟然发生了巨大的变化……盘古用自己的生命为人类开辟了一个美好的世界。

女娲是怎样捏土造人的

盘古虽然创造了一个崭新的世界，这个世界也逐渐有了花草虫鱼、飞禽走兽。但是，缺少了人类，这个世界仍然显得没有生气、荒凉寂寞。

不知何时，这个世界来了一位游历于天地间的女神，名为女娲。有一天，女娲走在辽阔的大地上，放眼望去，一片寂寥。她觉得，应该给这个世界添一些更有生气和智慧的生灵。当她走到河边时，看着水中自己美丽的倒影，顿时来了灵感。她想依照自己的模样创造一种生物。于是，她用手在池边挖了些泥土，和上水，捏成了一些小小的泥人。这些小泥人五脏俱全，有手有脚，跟女娲的样子十分相近。接着，女娲对着这些小泥人吹了口气，这些小泥人顿时就有了生气，在地上活蹦乱跳。她高兴极了，给这世界上的新生物命名为"人"。她不断地捏泥人，吹气，可是，这样速度还是很慢。于是，女娲拿起身边的一条枯藤，放进泥潭里搅动着，接着向土地上用力一挥，掉落的泥点就变成了一个个叫着跳着的小人。女娲就这样造就了人类。在这些人中，那些被女娲亲手捏成的，成为这个世界上高贵的奴隶主，代表女娲管理这个世界。而那些用枯藤甩出的泥人则是身份低下的奴隶，协助主人管理世界上的事务。

人类造出来后，等级分工也明确了。可是，女娲想到，人总是会死去的，自己不可能永远都这样造人，怎样使人类自己繁衍后代呢？女娲想到了一个办法。她在其中一些人身上注入了阳气——一种自然界好斗的雄性要素，使他们成为男人，又在另一些人身上注入了阴气——自然界一种柔顺的雌性要素，使她们成为女人。为了使人类一代代地繁衍，女娲把男人和女人配对，又使女人具备了生殖的能力。就这样，人类就绵延下来并在这个世界逐渐地增加着。

> 女娲觉得，应该给这个世界添一些更有生气和智慧的生灵。当她走到河边时，看着水中自己美丽的倒影，顿时来了灵感。她想依照自己的模样创造一种生物。

女娲

窥探文化真相

> 汉字不可能是由一个人在一个时期独立创造出来的,而应是在社会的逐步发展中,根据需要表达的内容而创造出来的。

汉字真是仓颉创造的吗

说起造字,我们都会不由自主地想起"仓颉造字"的美丽传说,那么,汉字真的如传说的那样是仓颉创造的吗?

话说在没有文字的远古时期,黄帝统一华夏后,作为黄帝史官的仓颉,已深感再用结绳、刻木、画图等方式把事情记录下来的方法已经远远满足不了记录的需要,便思考着如何能够改进。仓颉日思夜想,始终没能想出更好的解决方法。一日,多日苦思冥想无果的仓颉外出散心,走到一个三岔路口时,看到几个上山打猎的老人在为该往哪个方向走而争吵。仔细一听,原来一个老人坚持应往东走,说东边有羚羊,一个老人坚持应往北走,因为北边有鹿群,而另外一个老人则坚持往西走,因为西边有两只老虎,若不及时打死,就错过了好时机。三人都坚持己见,各不相让。仓颉十分好奇他们为什么都如此肯定,一问,原来他们都是根据看到的路上的脚印判断的。听罢,仓颉不由得心中一喜:他们可以根据脚印断定是哪一种野兽,也就是说万物都有自己的特征,如果能抓住这些特征,画出相符的图像,那么既方便大家辨认又利于记录,岂不是一举两得?仓颉遂扭头就往回走,潜心观察日月星辰、江河湖海、鸟兽虫鱼等世间万事万物的特征,并根据各自的特征用相应的符号来表示,果然万事万物记录起来方便多了。仓颉把这种记录方法献给黄帝后,黄帝对其大加赞赏,传令在大范围内推广开来,这便是最初的象形文字。

事实上,关于"仓颉造字"的传说,民间流传着各种版本,但汉字究竟是不是仓颉造的还存在着争议。因为,这位传说中的史前人物在我国战国以前的书籍中都没有提及。历史上最早提到仓颉的是战国末期的荀子,《荀子·解蔽》中记载:"好书者众矣,而仓颉独传者、壹也。"说的是在仓颉以前,有各种类似文字的符号、图画出现,但唯独仓颉青史留名,是因为他把各种不统一的符号、图画进行了归纳整理,并统一起来,致使在全国通行。秦国丞相吕不韦主编的《吕氏春秋》中也有记载:"奚仲作车,仓颉作书。"东汉许慎的《说文解字·叙》中记载:"神农氏结绳为治而统其事,庶业其繁,饰伪萌生。黄帝之史仓颉,见鸟兽蹄迒之迹,知分理之可相别异也,初造书契。"汉朝后,仓颉开始神化。西汉的《淮南子》和东汉的《论衡》中,仓颉已从"仓颉造字"发展成为"仓颉四目",后又演变成为是黄帝的史官等,神化色彩逐步加浓。

仓颉

历史上究竟有没有仓颉这个人,历史学家曾考证过,但由于缺乏确凿的史料,因此很难得出确切的结论。但通常人们认为,汉字的出现与仓颉有关。至少在汉字由原始散乱的文字过渡到较为统一、规范的文字过程中,肯定存在这样的一个人,对文字加以整理、统一,推行全国。

根据相关考古专家的论证,"仓颉造字"只能成为一个美丽的传说,因为汉字不可能是由一个人在一个时期独立创造出来的,而应是在社会的逐步发展中,根据需要表达的内容而创造出来的。因此,在汉字历经甲骨文、金文、隶书、楷书几千年的演变过程,有很多的"仓颉"在创造着汉字的文明,但仓颉"汉字的鼻祖"的地位在我们心中不会动摇。一个个小小的方块字,四平八稳的方块字,承载着中华文明的过去、现在和将来。作为炎黄子孙,每一个中国人都有责任、有义务去做现在和将来的"仓颉",传承汉字文化,并将其发扬光大。

仓颉所造之字

"三皇五帝"知多少

三皇五帝时期是距现代久远的中国上古年代。其中三皇时代距今约6000年到4000年,是中华文明的萌芽发展期。五帝时期约在4000多年前,是中华文明进一步发展和中华民族形成时期。

因为年代久远,所以对于三皇五帝是哪几位人物有许多不同的说法。依据今日流行较广的说法,三皇是指伏羲氏、神农氏、轩辕氏这三位中国最古的帝王,五帝是指少昊、颛顼、帝喾、尧、舜这五位中国帝王。

伏羲氏是传说中网、弓箭、陷阱、原始的烹调和八卦的发明者。相传,其母华胥生活在花胥水边,因好奇而踩了雷神的大脚印而怀胎12年才生下了他。

神农氏是传说中我国农业和医

神农氏

依据今日流行较广的说法,三皇是指伏羲氏、神农氏、轩辕氏这三位中国最古的帝王,五帝是指少昊、颛顼、帝喾、尧、舜这五位中国帝王。

舜

药的发明者。他不顾生命危险,遍尝百草,教人医疗与农耕。最终,他因为尝了太多的毒草,积毒太深,毒发而亡。

轩辕氏即我国古代神话传说中最重要的人物黄帝。他姓公孙,因生于轩辕之丘,故号轩辕氏,是有名的部落联盟首领。他通过打败蚩尤和收服炎帝部落,树立起在部落中的威望。相传尧、舜、禹、汤均是他的后裔,所以,轩辕氏黄帝被奉为中华民族的共同祖先。因此中华儿女也被称为炎黄子孙。

少昊是传说中华夏部落联盟的首领和东夷族的首领,黄帝之子。相传他的国度在东海之滨的日照。少昊是中国的嬴、秦、徐、黄、江、李、尹等几百个姓氏的祖先。

颛顼是传说中的水德之帝——玄帝,是黄帝的孙子,少昊的侄子。相传他生于若水之滨,十几岁就来到"少昊之国",帮助叔父治理国家。黄帝死后,颛顼被封为高阳之帝,故又称高阳氏。

帝喾是传说中的木德之帝,是黄帝的曾孙。他的儿子后稷、契,分别是周朝、商朝的始祖,另外两个儿子挚和放勋先后继承了他的帝位。帝喾前承炎黄,后启尧舜,是中华民族和中华文明重要的奠基者。

尧即帝喾的儿子放勋。他起初被封于陶,后被封于唐,故又被称为陶唐氏。尧因聪慧过人,在13岁即受命辅佐兄长帝挚,后又因才干卓越、深得民心,而使帝挚禅位于他。尧在位70年,90岁时禅位于舜,118岁去世。

舜是帝颛顼的七世孙,但却是由平民出身成长起来的部落联盟首领。传说中,舜的父亲是个盲人,但是,舜生下后,却是双瞳仁,故名重华。舜自幼丧母,从小就养成了坚毅的性格,20岁以孝道闻名天下,最终成为天下认可的舜帝。

三皇五帝的传说充满了传奇的色彩。他们对中华民族和中华文明的发源起了重要的作用。

"夸父追日"有何传说

很多人在中小学写"毅力"、"恒心"、"坚持"等类似题目的作文时,都引用过"夸父追日"的故事,可是,大多数人对这个故事并不是很了解,只是从别处根据语境,知道其大概意思是说做事要有毅力、有恒

> 夸父追日讲的是一个神话故事,远古时期,在我国北方雄壮巍峨的成都载天山上,生活着巨人氏族——夸父族……

心，或者是说要有远大的志向。那么，"夸父追日"到底说的是一个什么样的故事呢？

先秦古籍《山海经》记载："大荒之中，有山名成都载天。有人珥两黄蛇，把两黄蛇，名曰夸父。夸父与日逐走，入日；渴，欲得饮，饮于河、渭；河、渭不足，将走大泽，未至，道渴望而死。弃其杖，尸膏肉所浸，生桃林，桃林弥广数千里焉。"

"夸父追日"图

夸父追日讲的是一个神话故事，远古时期，在我国北方雄壮巍峨的成都载天山上，生活着巨人氏族——夸父族。因自然生存条件恶劣，他们常常要与洪水猛兽搏斗。他们的首领夸父身材高大，常常将捉到的凶恶的黄蛇挂在自己的耳朵上，手里也拿着抓到的黄蛇，并以此为荣。北方天气寒冷，冬季漫长，每天的光照时间很短，夏天虽相对好一点，但每天山上的雪还没融化，太阳就又下山了，人们对此十分苦恼。夸父也将此看在眼里，便想着若能把太阳搬到地上来，人们便可以不分白天黑夜都能晒到太阳，得到阳光，那该多好啊。夸父说干就干，开始了追日行动。夸父迈开步伐，风驰电掣般向太阳的方向追去。走啊走，饿了，他就摘野果充饥；渴了，就喝河水。就这样他一直追到禺谷，也就是太阳落山的地方。那轮红彤彤的太阳近在眼前，于是夸父加快脚步朝太阳扑过去。可是，火辣辣的太阳像个大火球，烤得夸父口干舌燥，似乎身上的水分都快被蒸发完了。于是他跑到黄河边去喝水，谁知，没喝几口，黄河的水竟被他喝完了，但还是渴。夸父就又跑到渭河去喝水，没几口，渭河的水也被喝完了，但依旧没有解渴。夸父想到北方的大泽里有水，但在他还没有到大泽时，又渴又累的夸父再也支持不下去了，就这样死在了半路。夸父死后，他的身体变成了一座山，人们将其命名为"夸父山"。他手里的手杖掉在地上，不一会便生根发芽，长成了一棵桃树。后来，长出的桃树越来越多，成了一片桃林，而且结出的桃子又大又甜，来来往往的人们渴了便可以摘几个桃子解渴。人们都说，这些桃树是夸父留给他的后代的。

夸父虽然没有追到太阳，也不可能追到太阳，但"夸父追日"的故事一直被后世传为佳话，因为他的毅力、他的精神一直激励着人们不断进取。

> 夸父虽然没有追到太阳，也不可能追到太阳，但"夸父追日"的故事一直被后世传为佳话。

窥探文化真相

> 不周山离中原很远，山很大很高。如此大的山非一人力所能触倒。那事实是怎么一回事呢……

共工为何发怒撞倒不周山

不周山是中国上古时代重要名山，四方天柱之一，其山形周而不周合，位于中国之西北，大地之边缘。上古颛顼帝时，共工与颛顼争帝，不胜，怒触不周山，造成天塌地陷的大灾难。这是自三皇以来，中国最大的灾难，没有什么灾难比这个更悲惨，比这个更巨大，故而深深地埋藏在中华民族的心里。事件在史籍中明确地记录着，故事在中国人中一代又一代地流传。

根据史籍的记载，可探寻共工怒解不周山的史实。战国时《列子·汤问》曰："昔者女娲氏炼五色石以补其阙，断鳌之足以立四极。其后共工氏与颛顼争为帝，怒而触不周之山，折天柱，绝地维，故天倾西北，日月星辰就焉；地不满东南，故百川水潦归焉。"晋代张湛注曰："不周山在西北之极。"《楚辞·天问》曰："康回冯怒，地何故以东南倾。"王逸注："康回共工名也。"共工为炎帝之后，姜姓。共工为官职名，世袭。《淮南子·兵略训》曰："共工为水害，故颛顼诛之。"《淮南子·天文篇》曰："昔者共工与颛顼争帝，怒而触不周之山，天维绝，地柱折。天倾西北，故日月星辰移焉；地不满东南，故水潦尘埃归焉。"

《山海经·大荒西经》记："西北海之外，大荒之隅，有山而不合，名曰不周，负子，有两黄兽守之。有水曰寒暑之水。水西有湿山，水东有幕山。有禹攻共工国山。有国名曰淑士，颛顼之子。"郭璞注："昔者共工与颛顼争帝，怒而触不周之山，天维绝，地柱折。故今此山缺坏不周帀也。"郭璞注："言攻其国，杀其臣相柳于此山。"《尚史·地理志》记："史记邹衍云……八纮之外乃有八极……西北方曰不周之山，曰幽都之门。"这里邹衍明确指出，西北极名曰不周之山，又名曰幽都之门。《淮南子·墬形训》亦引邹衍所述："西方曰西极之山，曰阊阖之门，西北方曰不周之山，曰幽都之门。"

由以上的记载可以看出，不周山离中原很远，山很大很高。如此大的山非人力所能触倒。那事实是怎么一回事呢？据学者研究，在4200多年前的颛顼帝时代，不知何种原因，天下的气候出现了巨变，北风大起，出现长期的寒冷，原来温暖平稳的气候不复存在。后来的人们就认

共工怒触不周山

为是共工把天柱撞折了，才引起了气候巨变。

大禹是如何治水的

远古时期，人们抵御自然灾害的能力低下。尧在位的时候，黄河决堤，黄河流域发生了大规模的水灾。人们的房屋、庄稼、财产被淹，苦不堪言。

舜继承帝位后，天下间还是面临着洪水的灾难。舜慧眼独具，命令夏部落首领禹去治水。禹欣然领命，他认真总结前人治水的失败教训，然后带上身边的得力助手，跋山涉水，到灾情严重的地方实地勘察。

由于治水，禹经常出门在外、风餐露宿，所以到了 30 多岁，还没有成亲。一次，禹遇见了一个名叫女娇的姑娘。两人一见倾心，互生爱慕之情，没过多久就成亲了。可是，在新婚四天后禹就离开了妻子，继续四处奔波的治水生活。而且，他三次经过家门都没有进去。第一次，妻子生病，禹没有探望；第二次，得知妻子怀孕，禹也没有进家门；第三次，妻子生下儿子启，虽听见孩子的哭声，但禹也狠下心没有进家门。足见其治水用心之程度。

皇天不负有心人，禹大胆采用疏导和堰塞的方法，大规模地整修河道，把洪水引入其中，汇入大海，终于制伏了洪水。

从禹开始接受治水的任务到降服住洪水，历经 13 年之久。大禹治水，是我们祖先战胜自然灾害，勇于向困难艰险挑战的生动案例。

大禹治水图

> 禹大胆采用疏导和堰塞的方法，大规模地整修河道，把洪水引入其中，汇入大海，终于制伏了洪水。

后羿射日有何传说

相传，后羿是夏王朝东夷族有穷部的首领，善于射箭。相传他曾射下 9 个太阳，拯救了百姓。天空为何会出现这么多太阳？后羿又是如何射下 9 个太阳的呢？

到了夏王朝的第二个君主启的年代，天空还是非常年轻的。东方天帝和妻子共养育了 10 个太阳儿子。它们给人间带去光明和温暖。每

> 天空为何会出现这么多太阳？后羿又是如何射下 9 个太阳的呢？

后羿射日图

天,这10个太阳在最东边的东海洗完澡后,都会像鸟儿一样栖息在一棵大树上。它们其中的9个在较矮的树枝上停留,另一个则在较高的树梢上休息。就这样,每夜一换。世界沉浸在太阳带来的温暖和祥和中。

可是,有一天,调皮的太阳兄弟们商量着,如果它们一起周游天空一定很有意思。于是,便携手踏上了遨游天际的旅途。可是,这给人间带来了灾难。10个太阳放出的热量实在是太强大了,烧死了不少人类和动物,而且还烤干了河流,烤焦了土地,烧着了树木森林。人类的生存面临着极大的威胁,整个世界陷入了一片恐慌。

神箭手后羿不忍看到人们生活在苦难中,便决心射下这些太阳,为人间除害。他翻越99座大山,跨越99条大河,穿越99个峡谷,终于来到了东海边。他登上一座大山,拉开万斤力弓弩,搭上千斤重利箭,瞄准天上的一个太阳就放箭出去。就这样,天上的一个太阳被射落了。后羿又连发8箭,无一虚发,共射下9个太阳。当他发第十支箭时,最后剩下的一个太阳害怕极了,于是,就摇摇晃晃地躲到了海里。

此时,天空没有了太阳,一片漆黑,万物得不到阳光的哺育,无法生长。人们得不到太阳的照射,生活无法进行下去。所以,人们就请求天帝唤第十个太阳出来。于是,第二天早上,这个太阳终于升上了天空,并且此后谨遵天帝的命令,每天按时升起落下。人间又呈现一片祥和美满气氛。

后羿也因为射杀太阳,拯救了万物苍生而功劳盖世,被上帝封为天将,并与仙女嫦娥喜结良缘,生活幸福美满。

> 后羿也因为射杀太阳,拯救了万物苍生而功劳盖世,被上帝封为天将,并与仙女嫦娥喜结良缘,生活幸福美满。

玉皇大帝是谁

玉皇大帝是中国道教儒教中的天上之主，众神之王，统领九天，管理天地众生，居住在天上玉清宫，全称"昊天金阙无上至尊自然妙有弥罗至真玉皇上帝"，又称上帝、天帝、玉帝、玉皇、玉皇上帝、昊天上帝、昊天通明宫玉皇大帝、玄穹高上玉皇大帝。民间俗称之"天"、"天公"、"上天"、"苍天"、"老天"、"老天爷"等。

据《玉帝圣号同异考》说："玉帝圣号，崇自牿劫前，中古复尊上，重称赞耳。世主好道，感玄恩，各就所见闻，所皈重，随其彰着，敬上诸神之号，以定称谓。历史上帝王对于诸神所上尊号中，涉及玉帝的有四：一太微玉帝，汉武帝上太微垣星主号也；二梵天玉帝，汉宣帝上天市垣帝主号也；三焰华少微玉帝，汉哀帝上先天定位号也；四紫微玉帝，汉光帝上后乾号也。皆非此玉帝。此玉帝号昊天金阙无上至尊自然妙有弥罗至真玉皇上帝，又曰玄穹高上玉皇大帝，是帝宰诸天，永不毁沦。"西周以后又称"皇天"、"昊天"、"天帝"等。南朝时陶弘景《真灵位业图》中已有"玉皇道君"、"高上玉帝"的称呼。隋唐时，"玉皇"信仰普遍盛行。白居易的《梦仙》诗中就有"仰谒玉皇帝，稽首前至诚"的诗句。宋真宗大中祥符八年（1015年），尊玉皇上帝圣号为"太上开天执符御历含真体道玉皇大天帝"。宋徽宗政和六年（1116年），又尊玉皇尊号为"太上开天执符御历含真体道昊天玉皇上帝"。

约出于隋唐年间的《玉皇本行集》记载，光明妙乐国王子舍弃王位，在晋明香严山中修道，辅国救民，度化众生，历亿万劫，终为玉皇大帝。玉皇大帝是天上最大权力者。中国自远古时期就信仰老天爷（上帝、天帝）。在商朝时，问庄稼收成，下不下雨，灾祸等，都要通过占卜问问上帝，然后再按指示出对策。对老天爷的信仰一直到现在也很普遍。据传说，玉皇大帝的生日是农历正月初九。

在佛教中，玉帝称为帝释天、帝释，密宗咒语名为因陀罗耶，是九层天（三十三天）的天主，掌管欲界天，居于第二层天。佛经里把九层天称为欲界天，就是中国通常所说的天。佛经里讲，欲界天分为九层，第二层单独称为一天，名忉利天，是帝释（玉皇大帝）所居，其他八层天的东南西北各分为一天，

玉皇大帝和众神仙画像

> 玉皇大帝是中国道教儒教中的天上之主，众神之王，统领九天，管理天地众生，居住在天上玉清宫。

每层四天，共三十二天，加第二层天，共三十三天，就是佛经里常讲的"三十三天"。四大天王居于第一层天，分占东南西北各一天，分管四大部洲。弥勒菩萨和太上老君居住在第四层天。佛经里讲的九天和中国本土讲的九天是一样的，只是分得更细，分九层天为三十三天。

王母娘娘是如何与玉皇大帝结为夫妻的

王母娘娘，又称瑶池金母、西王母、金母、金母元君、九灵大妙龟山金母，简称王母，是中国道教中的女仙首领。《山海经·西次三经》记载，西王母居住在玉山之山，"其状如人，豹尾虎齿而善啸，蓬发戴胜，是司天之厉及五残。"《庄子·大宗师》说："西王母得之，坐乎少广，莫知其始，莫知其终。"西王母信仰在汉代及汉代以前很广泛，几乎汉人皆信西王母。当时西王母是西方之神，属金；东王公是东方之神，属木。《吴越春秋·勾践阴谋外传》云："立东郊以祭阳，名曰东皇公；立西郊以祭阴，名曰西王母。"纪年为汉元兴元年（105年）的环状乳神人神兽镜铭文曰："元兴元年五月丙午日天大赦，广汉造作尚方竟（镜），湅（炼）三商周得无口，世传光明长乐未央，富且昌，宜侯王，师命长生如石，位至三公，寿如东王公、西王母，仙人子立至公侯。"

人们对西王母印象最深的是她有不死药和蟠桃，人吃了可以长生不老。据《汉武帝内传》讲，西王母率五十余仙下降汉宫，汉武帝盛服跪拜。西王母"又命侍女更索桃果。须臾，以玉盘盛仙桃七颗，大如鸭卵，形圆青色，以呈王母。母以四颗与帝，三颗自食。桃味甘美，口有盈味。帝食辄收其核，王母问帝，帝曰：'欲种之。'母曰：'此桃三千年一生实，中夏地薄，种之不生。'帝乃止。"

> 西王母与玉皇大帝没有关系。任何道教典籍都未有记载两者是夫妻关系。

王母娘娘

《道藏道迹经》云："王母上殿东西坐,着黄金褡褥,文采鲜明,光仪淑穆,带灵飞大绶,腰佩分景之剑,头上太华,戴太真晨缨之冠,履玄凤文之,观之,年方三十许,修短得中,天姿,灵颜绝世,真灵人也。"《道藏三洞经》云："西王母者,太阴之元气也,姓自然,字君思,下治昆仑,上治北斗。"《博物志》说天上天下、三界十方,但凡女子得道登仙者,都隶属西王母管辖。相传每年的三月初三是王母娘娘的诞辰,道教在此日会举行隆重盛会。西王母与玉皇大帝没有关系。任何道教典籍都未有记载两者是夫妻关系。

据佛经记载,九层天的天主帝释(玉皇大帝)的夫人是天上修罗王的女儿。修罗即战神,为人好战,做事过头,虽居天上,但不是天人。修罗男子奇丑,女子貌美。帝释见了修罗王的女儿后心动,便娶其为妻。修罗王的女儿绝非西王母,西王母也绝不是玉皇大帝的夫人。

将西王母与玉皇大帝拉上关系的应该是元明的剧作家和小说家。元朝钟嗣成和明朝朱有炖都编有《蟠桃会》杂剧,情节是西王母召东华、南极、八仙等开蟠桃大会。但还未说西王母是玉皇大帝的夫人。小说中涉及西王母的也很多。明代杰出小说家吴承恩的《西游记》所写孙悟空大闹蟠桃会的故事,就是对上述剧本的进一步演绎,而且把西王母从西方昆仑山迁到了天上,并给玉皇大帝做了皇后。另外还有《宝莲灯》和《天仙配》,皆说西王母是玉皇大帝的皇后。这些小说和戏剧误导了太多的中国民众,搅乱了中国人的信仰,可以判为邪说。

> 据佛经记载,九层天的天主帝释(玉皇大帝)的夫人是天上修罗王的女儿。修罗王的女儿绝非西王母,西王母也绝不是玉皇大帝的夫人。

观音菩萨最初的形象是男还是女

观音菩萨,又被世人称为观世音菩萨(观世音是梵文的意译,又译作"光世音"、"观自在"等)。唐朝时因避唐太宗李世民的讳,略去"世"字,简称观音。其从字面解释就是"观察(世间民众疾苦)声音"的菩萨,是四大菩萨之一。

观世音的形象最初为男身,在古印度佛教雕塑以及我国早期观音造像中,人们都是以男身来为其塑像的,并且在有些作品中还可以看到他嘴唇上长着两撇漂亮的小胡子。

《华严经》中这样写道,一日善财童子到普陀山参拜观音时,"见岩谷林中金刚石上,

南海观音

窥探文化真相

观世音的形象最初为男身，在古印度佛教雕塑以及我国早期观音造像中，人们都是以男身来为其塑像的。

有勇猛丈夫"。这句话即暗示观音是男身。《悲华经》上又说："有转轮圣王，名无诤念。王有四子，第一太子名不眴，即观世音菩萨；第二王子名尼摩，即大势至菩萨；第三王子名王象，即文殊菩萨；第四子名泯图，即普贤菩萨。"王子，自然是古代人们对男性的称谓。由此可知，观音最初的性别应该是男性。

到了南北朝后期，我国才出现了女性观音像。《北齐书·徐之才传》中记载道："武成酒色过度，恍惚不恒，曾病发，自云初见空中有五色物，稍近，变成一美妇人，去地数丈，亭亭而立，食顷，变为观世音。"可见，拥有姣好面庞的观音在那个时候已经是女身了。

为何有男戴观音女戴佛的传说

玉石的佩戴习惯一般都是"男戴观音女戴佛"。这主要是有协调阴阳平衡的意思，同时也是民间一种良好的祈愿和风俗。

玉石的佩戴习惯一般都是"男戴观音女戴佛"。这主要是有协调阴阳平衡的意思，同时也是民间一种良好的祈愿和风俗。

"男戴观音"，有其特殊的历史渊源。在过去，出外做生意、进京赶考的多是男士。他们中有些人有时比较暴躁，容易激动闹事。汉传佛教的观音菩萨南北朝后都是女身，是慈悲柔和的象征。其心性柔和，仪态大方、端庄，由男士来佩戴，可以达到消除暴戾、少惹是非、出入平安、消灾解难的目的。另外观音菩萨还可以解救世上一切痛苦和灾难，能急人所急，难人所难，随时解救有困难的人。家人为男子戴观音，主要是希望其出门在外，能够在观音菩萨的保佑下与人和睦相处，办完事情后可以平安归家。

"女戴佛"的"佛"指的并不是佛陀释迦牟尼，而是弥勒菩萨，并且是民间常见的大肚弥勒菩萨像。身为女子，经常会被生活中的日常琐事缠身，难免愁肠百结。佛的宽容和大度可化解女子心中种种愁绪。还有就是古人认为女人比较小肚鸡肠，而大肚弥勒菩萨的造型为笑脸大肚，寓意宽宏大量。因此"女戴佛"寓意女人要平心静气地对待一切事物，拥有一个豁达的心胸。

民间还有一种说法就是，观音和官印是谐音，给男子戴观音，其长大后可以做高官。这也算是古时父母对孩子的一种期望。而佛则有福的意味，给女子戴佛，可保佑女孩子一辈子都生活得很快乐、幸福。

弥勒佛

"雷公"和"电母"有何来历

从小，我们对下雨时的"电闪雷鸣"充满了敬畏之感，同时"电闪雷鸣"过后又会忍不住抬头去望那悠远深邃的天空，脑海中打出无数个问号来："雷公"、"电母"到底长什么样？他们为什么会被称为"雷公"、"电母"呢？

"雷公"和"电母"是神话传说中的一对天神，专门掌管天庭雷电。因雷公是司雷之神，属阳，故称为"公"，又称为雷师、雷神。关于其形象，也经历了一个半人半兽形到逐步拟人化的过程。《山海经》中记载其"龙身而人头，鼓其腹则雷也"，《山海经·大荒东经》则记述其"状如牛，苍身而无角，一足……其声如雷"。到了东汉时，雷公的形象已开始逐步拟人化了，王充《论衡》中记述："又图一人，若力士之容，谓之雷公。使之左手引连鼓，右手推椎，若击之状。"传说中"雷公"专门霹打诸如不孝之人和不法商人之类的坏人，因此，民间对"雷公"一般是既存敬畏之感又对其寄予主持正义的愿望。

电母是专司闪电之神，属阴，故称为"母"，又称金光圣母、闪电娘娘。《元史》中记载元代军中有电母旗，其形象为"女人形，衣朱裳白裤，两手运光"。《封神演义》中称其为金光圣母，明代余象斗《北游记》称雷神曾给予她两面雷电镜，为雷神打人时照明，所以清人将其塑造为一个容貌端庄的女子，两手各执一镜。

据记载，电母是从雷神中分化出来的，早期雷神兼管闪电，汉代时有"电父"之说，到唐宋时期才出现"电母"之称。相传，"电母"的来历还有一段曲折离奇的故事呢。在还没有"电母"时，"雷公"打雷时是没有闪电的，猛地一击，就把人击死了。一次，雷公又霹死了一位所谓"不孝"的寡妇。后来发现，霹错了。实际上这位寡妇是一位很有孝心的人，丈夫早逝，膝下无子，夫家还很贫困，但她坚持不改嫁服侍婆婆。一次，婆婆生病了，说想吃肉，但生活窘迫的她们是没有钱去买肉的。一筹莫展之时，她想到古时"割腕供姑"的故事，于是忍着疼痛毅然割下手腕上的肉，煮熟给婆婆吃。谁知，这手腕上的肉很是坚韧，婆婆咬不动，便冲媳妇骂了起来，说她不孝，把买来的好肉自己吃了，却给她吃这些咬不动的肉，嚷求雷公霹死这位不孝的媳妇。没想到雷公真的应验了，一

> "雷公"和"电母"是神话传说中的一对天神，专门掌管天庭雷电。

"雷公"和"电母"塑像

> 电母是从雷神中分化出来的，早期雷神兼管闪电，汉代时有"电父"之说，到唐宋时期才出现"电母"之称。

声巨响便把这位媳妇给霹死了。安葬时婆婆才在媳妇的手腕上发现了血淋淋的伤口，顿时幡然悔悟，但已无回天之力。于是婆婆便再次嚷求雷公超度她的媳妇，雷公也十分懊悔不经调查便霹死了这么一位孝顺的媳妇。雷公便奏明玉帝，请求赐这位寡妇为"电母"，在他再打雷时，可以照亮，以免再霹错好人。于是便有今天的"电闪雷鸣"。据说，除了例行职务外，"雷公"和"电母"吵架时也会出现雷电交加的场景。

吴刚伐桂的传说知多少

> 传说，在月亮之上的广寒宫前，有一棵枝繁叶茂的桂树，树下有一人在不断地挥斧砍树。

传说，在月亮之上的广寒宫前，有一棵枝繁叶茂的桂树，树下有一人在不断地挥斧砍树。这个人就是吴刚。民间流传着很多关于吴刚伐桂的传说。

传说一：吴刚是汉朝人，本是一名樵夫，但他不安守本分，沉醉于仙道。天帝知道后，十分震怒，便把他羁留在月宫，指着广寒宫前的一棵桂树说："只要你砍一下这棵树，就会获得一分法力，树砍倒了，你也就成仙了。"可谁知，吴刚每砍一次，树皮上的伤口就会很快愈合。日复一日，年复一年，吴刚不停地做着无用功，却始终无法完成自己的心愿。

传说二：吴刚本名吴权，汉朝西河人，为学仙术，离家三年。其间，吴刚的妻子却与太阳神炎帝的孙子伯陵私通，并生下了三个儿子。吴刚回家后，闻知此事，火冒三丈，一气之下杀死了伯陵。炎帝知道自己的孙子惨死在吴刚手上，怒气冲天，便把吴刚发配到月宫，命令他砍伐广寒宫前的那棵五百丈高的不死桂树，以示惩罚。吴刚的妻子闻之非常内疚，便命她的三个儿子飞上月亮去陪伴吴刚。这三个孩子到了月宫，一个变成蟾蜍，一个变成玉兔，一个变成蛇，日夜为母亲赎罪。

传说三：吴刚本是南天门守将，私下里与嫦娥相交，并因为只想着和嫦娥约会而疏于职守。玉皇大帝知道后，一气之下，就把吴刚发配到广寒宫前砍伐桂树去了。吴刚既不能砍倒桂树，也不能和近在咫尺的嫦娥约会，真是得到了严酷的惩罚。但是，在每年农历中秋节的第二天，总会有一片桂树叶从月宫掉落人间。据说，谁要是捡到了这片月桂树叶，就会得到永远也用不完的金银珠宝。

吴刚伐桂图

"二郎神"是谁

为防淫祀泛滥,历代朝廷都要对一些神灵细查出身,澄清是谁。但二郎神是谁,现有几种说法,有战国李冰次子李二郎说,隋朝赵昱说,甚至明清小说中还有宋人杨戬说。经分析对比,二郎神庙以灌江口为正宗,二郎神即李冰次子李二郎。

二郎神的形象是青年武官,三只眼,手执一把三尖两刃刀,皂靴前还有一条神犬。另外家灌江口这一点,几种说法都一样。灌江口在都江堰岷江东岸,有二郎庙(又称二王庙),祀李冰父子,二郎神(李二郎)供在庙中主殿。历代民众和文人墨客都把李冰之次子李二郎当做二郎神。四川民间对二郎神崇拜也最为兴盛,凡驱傩逐疫、降妖镇宅、整治水患、节令赛会等各种民俗行为,莫不搬请二郎。传说农历六月廿四日、六月廿六日分别是二郎和李冰的生日,这天川西民众从各地蜂拥而至,赶到二王庙烧香祭祀。官方的祭祀活动很隆重。在宋开宝七年(974年),初定为每年祭祀一次,后改为每年春秋祭祀二次。现在有"清明放水节"的官祭。

北宋时期,二郎神信仰开始向全国蔓延。据《宋史》记载:"(宋徽宗)政和七年(1117年)诏修神保观,俗所云二郎神者。京师人素畏之,自春及夏,倾城男女负土以献,揭榜通衢,云某人献土;又有饰形作鬼使,巡门催纳土者。或以为不祥,禁绝之。后金人斡离不围京师,其国谓之'二郎君'云。"可见北宋时中原京都的一般人对二郎神惧怕且不了解。宋代高承《事物纪原》卷七载:(宋神宗元丰年间)"国城之西,民立灌口二郎神祠,云神永康导江县广济王子。王即秦李冰子。"《宋会要·郎君神祠》记载:"仁宗嘉祐八年(1063年)八月,诏永康军广济王庙郎君神,特封惠灵侯,差官祭告。神即李冰次子,川人号护国灵应王,开宝七年命去王号,至是军民上言,神尝赞助其父除水患,故有是命。政和八年八月改封昭惠显灵真人。"南宋范成大曾任四川制置使,其《吴船录》称:"崇德庙在(永康)军(今灌口镇)城西门外山上,秦太守李冰父子庙食处也。"《通俗编》引《朱子语录》进一步点明:"蜀中灌口二郎庙,当时是李冰因开离堆有功立庙。今来许多灵怪,乃是他第二儿子。"

元杂剧《二郎神醉射锁魔镜》和明初杂剧《灌口二郎斩健蛟》都有赵昱封为"清源妙道

> 二郎神是谁,现有几种说法,有战国李冰次子李二郎说,隋朝赵昱说,甚至明清小说中还有宋人杨戬说……

二郎神

二郎真君"。此当是讹传,将李二郎传为赵昱。明清小说《西游记》《封神榜》和戏剧《宝莲灯》等中,说二郎神是玉帝的外甥,私生子,或指明宋人杨戬即二郎神。这简直是对二郎神李二郎的侮辱,有意败坏二郎神的名声。第一,宋时已有二郎神;第二,小说中杨戬还捉过假二郎神,使二郎神形象受损。据说在明清时,信道教的人编《西游记》来混乱佛教,搬弄是非;信佛教的人又编《封神榜》来混乱道教,其中把二郎神说成杨戬,以示讥讽。从此有些地方,二郎神就成了杨戬了。

从全国的二郎神庙的分布和历史早晚来看,以四川都江堰岷江东岸灌江口二郎庙最早,最有历史根据,且这一带的民众普遍信仰二郎神,为他地所没有。而小说戏曲中的二郎神多为讹传和戏说,不可信。

关羽是如何变为"关帝爷"的

关羽是清朝以来在中国有祠庙最多的一位神明,不仅受到儒家的崇祀,同时又受到道家、佛家的供奉,是儒、道、佛三大中国教派共尊的神祇。其受祀程度超过了文圣孔夫子。这一现象是怎么形成的呢?

清乾隆末,史学家赵翼就对满清极盛的关羽崇拜有所察觉,云:"凡人之殁而为神,大概初殁之数百年,则灵著显赫,久则渐替。独关(羽)壮缪在三国,六朝唐宋皆未有禋祀……本朝顺治二年(1645年)加封忠义神武关圣大帝。今且南极岭表,北极塞垣,凡儿童妇女,无有不震其威灵者,香火之盛,将与天地同不朽。何其寂寥于前,而显烁于后,岂鬼神之衰旺亦有数耶?"

中国古代祭祀的战神本是"兵主"蚩尤。唐代的武庙主祀的是周朝名将姜子牙。宋徽宗崇宁元年(1102年)追封关羽为忠惠公,大观二年(1108年)加封武安王。南宋、蒙元都封关羽为王,立庙。元朝初年,郝经撰《汉义勇武安王庙碑》云:"王讳羽,字云长,解梁人。起义于涿郡,争战于徐、兖,奔走于冀、豫,立功于江、淮,而殁于荆、楚。其英灵义烈遍天下,故所在庙祀,福善祸恶,神威赫然,人咸畏而敬之。而燕、赵、荆、楚为尤笃,郡国州县、乡邑间井皆有庙。夏五月十三日(关羽诞日),秋九月十有三日,则大为祈赛,整仗盛仪,旌甲旗鼓,长刀赤骥,俨如王生。千载之下,仰慕而犹若是,况汉季之遗民乎?"在元朝初年,燕、赵、荆、楚诸郡州县乡邑间井多有关羽庙,因为这些地方有不少关羽的事迹,人们崇敬关羽的仁义忠勇。明万历二十二年(1594年)"晋爵为帝",万历

> 从全国的二郎神庙的分布和历史早晚来看,以四川都江堰岷江东岸灌江口二郎庙最早,最有历史根据,且这一带的民众普遍信仰二郎神,为他地所没有。

> 关羽不仅受到儒家的崇祀,同时又受到道家、佛家的供奉,是儒、道、佛三大中国教派共尊的神祇。

关羽

三十三年（1605年）封三界伏魔大帝神威远震天尊关圣帝君。明思宗崇祯三年（1630年）加封真元显应昭明翼汉天尊。宋末元初和明朝后期，由于抵抗北方外族的需要，汉人将关羽当成战神也情有可原。但关羽崇拜远未达到全国奉行的地步。

关羽崇拜向全国推广跟清朝统治中国有关。清朝兴起于东北地区，满人文化不高，爱听通俗评书《三国演义》，特别推崇关公。入关以后有意在全国提倡关公信仰。清顺治九年（1652年）加封关羽为忠义神武关圣大帝。清康熙五年（1666年）敕封为忠义神武灵佑仁勇威显关圣大帝。乾隆元年（1736年）封山西关夫子。道光八年（1828年）封忠义神武灵佑仁勇威显关圣大帝。清廷不仅在北京修建关帝庙，还通令全国普建关羽庙，按时奉祀香火。仅北京一地，关羽庙就有116座。他地的官府和商帮亦多筹资建立关帝庙。使关羽庙不仅遍布中国内地，且延伸至蒙古、西藏、朝鲜半岛乃至海外。

在佛教里，关羽被封为伽蓝菩萨或伽蓝神。伽蓝，指僧众所居之园林，然一般用以称僧侣所居之寺院、堂舍。伽蓝菩萨就是佛寺的护法神。相传隋代天台宗的创始者智者大师在荆州玉泉山入定时，见关羽前来，便点化他醒悟。关羽当下向智者大师求授三皈五戒，成为正式的佛教弟子，并且誓愿作为佛教的护法。从此以后，关羽就成了佛寺的护法神。

关羽是一个世间比较有正气的人，是忠义勇武的化身。他当将军时杀的人非常多，可是杀的都是坏人，故死后做了伽蓝菩萨。商家看中这一点，便把关羽当做武财神，一是使之保护自己的生命财产，二是以关公的忠义为榜样。

> 商家把关羽当做武财神，一是使之保护自己的生命财产，二是以关公的忠义为榜样。

古人为何经常到"龙王庙"求雨

在我国古代的神话传说中，龙是一种神异的动物，能大能小，能隐能升，大则兴云吐雾，小则隐介藏形，隐则潜伏于波涛之内，升则飞腾于宇宙之间。春分登天，秋分潜渊，呼风唤雨，无所不能，专司雨水及江河湖海。

龙为我国古代神话四灵（道教四灵：青龙、白虎、朱雀、玄武；民间四灵：龟、麟、凤、龙）之一，中华民族作为龙的传人，自古对龙有着异样的感情。在科技还不发达的古代，干旱洪

北京延庆龙王庙

> 雨水对民众有着非同一般的意义。而在天灾人祸不断的古代,无所依托的古人只能寄希望于龙王,所以古人经常到"龙王庙"求雨。

涝等自然灾害不断,龙王治水是民间普遍的信仰。汉代时,民间始建龙王庙为求雨所用,唐玄宗时以祭雨师之仪祭龙王,宋太祖沿用唐代祭五龙的仪制。宋神宗期间,连年干旱,民不聊生,信州地区传出有座龙王庙屡求屡应,宋神宗便御笔亲书加以封赏,宋徽宗时更是封天下五龙皆为王爵。

此后,民间对龙王庙的依赖与信仰程度有过之而无不及,各地的龙王庙也越建越多,几乎与城隍庙、土地庙等一样普遍。每逢风雨失调,或干旱,或洪涝时,民众都会到龙王庙烧香,祈祷龙王出来或降雨水或治理雨水,以使风调雨顺,五谷丰登。

"国以民为本,民以食为天",在以农业为主的古代社会,雨水对民众有着非同一般的意义。而在天灾人祸不断的古代,无所依托的古人只能寄希望于龙王,所以古人经常到"龙王庙"求雨。

"八仙过海"的传说有何来历

> "八仙过海,各显神通"的故事在我国家喻户晓,耳熟能详。但直到《东游记》和《邯郸梦》问世后,"八仙"人物才在流传中稳定下来。

"八仙过海,各显神通"的故事在我国家喻户晓,耳熟能详。但直到明代吴元泰的演绎小说《东游记》和汤显祖的《邯郸梦》问世后,"八仙"人物才在流传中稳定下来,依次为:铁拐李、钟离权(汉钟离)、张果老、吕洞宾、何仙姑、蓝采和、韩湘子、曹国舅。而关于"八仙过海"的故事则是说法众多,版本不一。

传说,"八仙"受邀参加一位神仙举行的宴会,返回蓬莱仙岛途经东海,看到海面上波涛汹涌,于是吕洞宾提议,大家都不要坐船,看看各自是怎么过海的,众仙点头表示同意。只见铁拐李拿出葫芦,钟离权拿出芭蕉扇,张果老拿出渔鼓,何仙姑拿出荷花,蓝采和拿出花篮,吕洞宾拿出宝剑,韩湘子拿出笛子,曹国舅拿出玉板往波涛汹涌的海里一扔,各自纵身站在自己的宝贝上,一时间,百舸争流,八仙各显神通,悠然地邀游在东海之中,场面颇为壮观。葫芦(铁拐李)、芭蕉扇(钟离权)、渔鼓(张果老)、荷花(何仙姑)、花篮(蓝采和)、剑(吕洞宾)、笛子(韩湘子)、玉板(曹国舅)作为他们各自的宝物,通常被称为"暗八仙"或"八宝"。此后,"八仙"依靠自己的本领渡过东海的故事便成为后世口中的"八仙过海,各显神通"的道教神话故事。

另一种说法是,沙门岛是北宋建隆年间朝廷囚禁犯人的地方,凡军人犯罪,都被发配到沙门岛,而朝

"八仙过海"图

廷每年只发给全岛300人的口粮。随着岛上犯人的增多，口粮明显不够。于是，沙门岛的看守头目李庆便想了一个狠毒的主意：当犯人超过300人时，就将平时不听话的犯人捆住手脚扔到海里去。一次，当50多名犯人得知自己要被扔到海里的消息，便避开看守，抱着木头等轻浮物体跳入大海，连夜往蓬莱山方向游去。从沙门岛到蓬莱山有30多里地，途中多人体力不支而不幸命丧大海，最终只有八人游到了蓬莱山岸边，并躲在了蓬莱北丹岩山下的狮子洞中。当渔民发现他们并得知他们是从沙门岛游过来时，一个个都十分惊讶，认为他们是神人。一传十，十传百，后来此事在民间广为流传，并且越传越神乎。人们又将他们与民间流传的"八仙"联系起来，便逐渐演变成今天"八仙过海"的故事。

"八仙过海"是我国民间广为流传的道教神话故事，现常用来比喻做某一件事时每个人都充分发挥自己的专长，施展自己的才能，互相竞赛，不甘落后的积极向上的场景。

> "八仙过海"现常用来比喻做某一件事时每个人都充分发挥自己的专长，施展自己的才能，互相竞赛，不甘落后的积极向上的场景。

猪八戒为何又称"八戒"

《西游记》中的猪八戒原是天上的天蓬元帅，因调戏嫦娥不成而被逐出天界，贬到凡间，又投错了胎，生得嘴脸与猪相似。他能腾云驾雾，会使用变身术，使用的兵器是九齿钉耙。在高老庄时被唐僧收为徒弟，同孙悟空一起保护唐僧西天取经。他好吃懒做，好色，爱占小便宜，但性格温和，力气大，嘴巴甜，对师傅忠心耿耿，对师兄孙悟空的话也是言听计从，其憨态可掬的形象深受广大观众的喜爱。众所周知，其法号为悟能，那么唐僧为什么给他起个"八戒"的别名呢？

其实，《西游记》第十九回中已经给出了答案："悟能道：'师父，我受了菩萨戒行，断了五荤三厌，在我丈人家持斋把素，更不曾动荤。今日见了师父，我开了斋罢。'三藏道：'不可！不可！你既是不吃五荤三厌，我再与你起个别名，唤为八戒。'"于是便有了"八戒"这个名字。

那么，何为"五荤三厌"？"五荤三厌"属宗教戒条，是信徒不能食用的八种食物。"五荤"并不是指五种荤菜，而是"五辛"，即大蒜、小蒜、葱、韭菜、兴蕖（形似萝卜，味如蒜）。"三厌"中的"厌"是不忍吃之意，这是道教的说法。道教中把

> 然而，不管是混合了佛、道两教戒条的"五荤三厌"还是佛教的"八戒"，猪悟能显然都没有完全做到，尤其是好色一戒。

高老庄猪八戒雕塑

雁、狗、乌龟列为不能吃的三种动物,因《涌幢小品》中记载"雁有夫妇之伦,狗有恋主之谊,乌龟有君臣忠敬之心,故不忍食"。

"五荤三厌"的说法实际上是综合了佛教、道教的说法,是二者的混合物。佛教戒条中的"八戒"又称"八斋戒",分别为:一戒杀生、二戒偷盗、三戒淫、四戒妄语、五戒饮酒、六戒着香华、七戒坐卧高广大床、八戒非时食(正午过后不食)。

然而,不管是混合了佛、道两教戒条的"五荤三厌"还是佛教的"八戒",猪悟能显然都没有完全做到,尤其是好色一戒,"八戒"常常被妖怪的美色迷倒,难分敌我。但在师傅唐僧的带领下,在师兄弟们监督督促下,"八戒"终于修成正果,被如来佛封为"净坛使者"。

佛教为何偏爱莲花

在佛教圣地,我们常可以看到莲花的形象:佛祖释迦牟尼端坐在莲花宝座上,慈眉善目,莲眼低垂,观世音菩萨也是坐在莲花宝座之上,其他的菩萨有的是手持莲花,有的是脚踏莲花,有的做莲花手势,且寺庙的很多建筑元素中如寺庙墙壁、栏杆、香袋、拜垫等都可见莲花图案。给人以"莲即是佛,佛即是莲"的感觉。有人不禁要问:世间万物,佛教为什么会如此偏爱莲花呢?

一方面,这与莲花出淤泥而不染的自然属性和佛教净土教义相契合有很大关系。佛教将人生视作苦海,着重远离尘世的喧嚣,潜心修身悟道,从而获得永世的幸福。从尘世到净界,从凡俗到超脱,这与莲花生长在污泥浊水之中却能超凡脱俗的"出淤泥而不染"的品格很相似。于是,人们常常以莲喻佛。

另一方面,佛教的发源地印度气候炎热,而莲花盛开于夏季,给人们带来凉爽和美的享受,民众大都十分喜爱莲花。在文学作品中,莲花也都是美好、善良、圣洁、宽容的象征。释迦牟尼创立佛教之初,为了宣传佛教教义,让更多的民众接受佛教,便迎合民众爱莲的心理,以莲喻佛。此后莲花与佛教的关系便越来越密切,并逐渐流传了下来。

"莲之出淤泥而不染",的确,将莲性比喻佛性很贴切。无怪乎人说"人有了莲的心境,就出现了佛性"。

> 释迦牟尼创立佛教之初,为了宣传佛教教义,让更多的民众接受佛教,便迎合民众爱莲的心理,以莲喻佛。

坐在莲花上的释迦牟尼

"和尚"有何由来

"和尚"一词本是对高僧的尊称,只有道行高深的僧人才能被称为"和尚"。这一词最早出于五胡乱华时期的北方羯族语,后赵王石勒崇信高僧佛图澄,称其为"大和尚"。

据《晋书·佛图澄传》记载:"佛图澄,天竺人也。本姓帛氏。少学道,妙通玄术。永嘉四年(310年)来适洛阳,自云百有余岁,常服气自养,能积日不食。善诵神咒,能役使鬼神。腹旁有一孔,常以絮塞之,每夜读书,则拔絮,孔中出光,照于一室。又尝斋时,平旦至流水侧,从腹旁孔中引出五脏六腑洗之,讫,还内腹中。又能听铃音以言吉凶,莫不悬验。"佛图澄有很多神异之处。经郭黑略将军推荐,石勒召佛图澄,试以道术。澄即取钵盛水,烧香咒之,须臾钵中生青莲花,光色曜日。石勒由此信之。

《佛图澄传》记载:"(石)勒僭称赵天王,行皇帝事,敬澄弥笃。时石葱将叛,澄诫勒曰:载:'今年葱中有虫,食必害人,可令百姓无食葱也。'勒班告境内,慎无食葱。俄而石葱果走。(石)勒益重之,事必谘而后行,号曰大和尚。""大和尚"是石勒对佛图澄的敬称。当时的人也用"和尚"代称佛图澄。"(佛图)澄时止邺城寺中,弟子遍于郡国。尝遣弟子法常北至襄国,弟子法佐从襄国还,相遇于梁基城下,对车夜谈,言及和尚(指佛图澄),比旦各去。佐始入,澄逆笑曰:'昨夜尔与法常交车共说汝师邪?'佐愕然愧忏。于是国人每相语:'莫起恶心,和尚(指佛图澄)知汝。'及(佛图)澄之所在,无敢向其方面涕唾者"。

"和尚"一词是北方羯族语词的汉译,看不出字表面意思。羯族语类于匈奴语,语音虽与汉语有异,但同属一个语系,有不少字词可与汉语对译。"和尚"正确读音为[huó shàng],本字应为"活圣"或"活上",是一个很尊敬的称呼,意为活圣人或活上人,类似于现在所说的"活佛"。由于从字面上看不出意思,元明清时期,民众分不清沙弥、比丘、长老、法师等称谓,便把"和尚"这个词当成对出家人的通称,如老和尚、小和尚。其实这是不恰当的,而且现代汉语中都错读做[hé shàng 河上]了,有失此词本意。

但也有人认为"和尚"一词来源于梵语。梵语佛经中剃度师及传戒师邬波驮

> "和尚"一词最早出于五胡乱华时期的北方羯族语,后赵王石勒崇信高僧佛图澄,称其为"大和尚"。

第一位和尚:佛图澄法师

和尚敲木鱼，一为用木鱼精神警示众人不要昏沉懈怠，要昼夜长醒，专心学佛；二为调节诵经节奏，有助于诵经人抛除杂念，沉浸其中；三为僧众进斋饭的信号。

耶（梵语 upa^dhya^ya，巴利语 upajjha^ya）被译为"和沙"，后来讹误"和尚"。但"和沙"一词晚出，故"和尚"一词来源于梵语邬波驮耶之说不妥。

和尚为何要敲木鱼

在影视剧作品中，我们常看到"和尚敲木鱼"的场景，不由得心生疑问：和尚为什么要敲木鱼呢？

木鱼起源于印度，是一种用硬木制成的扁平而中空的鱼形佛教法器，一般有圆鱼形和直鱼形两种。最常见的是圆鱼形的木鱼，大小规格不一，大的可置于佛殿，小的可放于佛案，和尚一般边诵经边用木槌敲击它，以掌握诵经节奏和调整音节。直鱼形的木鱼又称"梆"，常悬挂在寺院斋堂附近，敲击时声音清脆响亮，是僧众进斋饭的信号。

嵩山少林寺的木鱼

唐末五代王定保编撰的笔记小说集《唐摭言》中记载："鱼昼夜未尝合目，亦欲修行者昼夜忘寐，以至于道。"这就是说，鱼是昼夜都不闭眼睛的，潜心修行的人要像鱼那样昼夜长醒，专心修道，敲木鱼便起警示作用。

由此，我们可知和尚敲木鱼，一为用木鱼精神警示众人不要昏沉懈怠，要昼夜长醒，专心学佛；二为调节诵经节奏，有助于诵经人抛除杂念，沉浸其中；三为僧众进斋饭的信号。

"老衲"一是人们对老和尚或老道士的敬称，一是老和尚或老道士自己的谦称。

和尚为何自称"老衲"

"老衲"一词在古代文籍中常见，指老僧人或老道士。唐朝戴叔伦《题横山寺》诗云："老衲供茶盌，斜阳送客舟。"明朝陈汝元《金莲记·郊遇》云："长公绣口锦心，不日连枝奋北；老衲

一百二十岁时穿百衲衣修持的虚云老和尚

萍踪浪迹,来朝一苇度西。"清朝黄遵宪的《石川鸿斋偕僧来谒》诗云:"先生昨者杖策至,两三老衲共联袂。"清蒲松龄《聊斋志异·种梨》云:"道士曰:'一车数百颗,老衲止丐其一。'"

"老衲"一是人们对老和尚或老道士的敬称,一是老和尚或老道士自己的谦称。衲是指一种僧衣(或道衣),由布片缝补而成,又称百衲衣。其含有两层意思,一是僧人或道士的衣食是由信众供奉的,一件僧衣往往包含了很多个信徒供奉,故这种僧衣称百衲衣;二是僧人行头陀行,即苦行,食常人所不食,穿常人所不穿,衣服是由破布片缝补而成,故称百衲衣。穿衲衣的僧人往往很有德行,故人们敬称老僧为老衲,或老僧自己谦称老衲。而有时老尼姑也自称老衲。僧人又别称衲僧。

穿衲衣的僧人往往很有德行,故人们敬称老僧为老衲,或老僧自己谦称老衲。

和尚为何要烧戒疤

在和尚的光头上用香火烧灼出几个疤痕,这在佛教中称为烧戒,疤痕称为戒疤。戒疤的数目一般有一、二、三、六、九、十二个等几种,戒疤越多,表明受的戒就越多,相对而言资格就较老,十二点表示是受的戒律中最高的"菩萨戒"。戒疤俨然已成为世俗人眼中和尚的标志之一。

然而,在佛教戒律中,并没有在受戒人头顶上烧戒疤的规定。戒疤是在佛教于西汉末年传入我国后的很长一段时间后才兴起的。佛教刚传入我国时,凡是想要出家的人,只需剃掉头发,披上类似袈裟的粗布就是和尚了。据说在元代初年,一位志德和尚受到元世祖忽必烈的尊崇,他在天禧寺主持传戒时,便规定必须用香火灼烧受戒的人头顶和手指,以显示其虔诚信佛的决心。这便是我国汉地僧人受戒烧戒疤的开始。另一种说法是,元代统治者为了防止抗拒法令的民众逃到僧众里面去而特意出此方法以辨别真假和尚。但不管是哪一种原因,世界各国的佛教徒和我国少数民族的佛教徒是没有戒疤的,而且在我国元代以前的汉族佛教徒头上也是看不到戒疤的。

1983年12月我国佛教协会出台的《关于汉族佛教寺庙剃度传戒问题的决议》中规定,在受戒人头上烧戒疤的做法"并非佛教原有的仪制,因有损身体健康,今后一律废止"。至此,即使是新受戒的汉族僧人,头顶也不会出现戒疤了。

在佛教戒律中,并没有在受戒人头顶上烧戒疤的规定。戒疤是在佛教于西汉末年传入我国后的很长一段时间后才兴起的。

头上烧戒疤的和尚

明景泰元年的阿弥陀佛

"阿弥陀佛"有何寓意

佛教中,阿弥陀佛与观世音菩萨、大势至菩萨合称为"西方三圣"。其中,观音菩萨是大慈大悲的形象,大势至菩萨代表喜舍,而阿弥陀佛则是无量的光明,无量的寿命,无量的功德的化身。

阿弥陀佛,又简称"阿弥陀"、"阿弥"或"如来佛",也即"释迦牟尼"。生活中我们常会听人说道"南无阿弥陀佛",不太熟悉佛教的人可能会听得一头雾水,其实,"南无"是"归向于、礼敬于……"的意思。因此,"南无阿弥陀佛"便是"向阿弥陀佛致敬(向如来佛致敬)"之意,更广义上来理解是"向一切有觉悟的人致敬"的意思。

为何称佛祖为"如来"

《西游记》中神圣的"如来佛祖"深入每个观众的内心,俨然成了释迦牟尼的代号。众所周知,释迦牟尼为佛教的创始人,民间信佛的人习惯上称其为"佛祖"或"如来佛"。但事实上,"如来佛"这种叫法是错误的,因为,"如来"和"佛"是同义词,都是对佛陀尊敬的称呼,是一切佛的通称。

"如来"一词是从梵语中译出来的,佛经中对"如来"的解释是"乘真如之道而来",又说"如实而来"。即"如"意为"真如",指一切法(事物)的真实状况,是绝对真理。同时,"如"又有"如实"的意思。由此我们可知,"如来"一词意指佛是掌握着绝对真理来到世上说法以普度众生的圣者。

因此,"如来"和"佛"是同义词,"如来"是佛的另一种说法,是佛的通称。严格意义上来说,我们可以称"释迦牟尼如来"、"释迦牟尼佛",也可以称"如来"或"如来佛祖",但若称"如来佛"就错了。

元朝如来佛

"如来"一词意指佛是掌握着绝对真理来到世上说法以普度众生的圣者。

为何出家的僧人、道士被称为"方外人士"

追求"跳出三界外,不在红尘中"的僧人、道士常自称为"方外人士",那么为什么会有这样的称呼呢?

"方"为"道"的意思,指世俗秩序或邦国律法。因平常百姓都在世俗秩序和邦国法令的约束之下,故称为"方内之人"。而僧人、道士游离于这些世俗规范与价值体系之外,故其自称为"方外人士"。"方内"、"方外"的划分是依儒家思想为标准的,儒家思想之外的思想均称为"方外之学"。佛教为外来之教,故称佛教为"方外之教",僧侣为"方外之侣"。道教虽为我国土生土长的宗教,但其不受世俗价值规范体系的约束,道士生活于浮土之外,超越世俗的世界。因此,道士也被称为"方外人士"。

表演中的武当道士

> 僧人、道士游离于这些世俗规范与价值体系之外,故其自称为"方外人士"。

为何出家要"剃度"

"剃度"一词为佛教用语,即出家当和尚的人要剃光头发。这一仪式来源于佛教发源地——古老的印度。

约公元前5世纪,古印度迦毗罗卫国太子乔达摩·悉达多放弃尊贵的太子身份和王宫的安逸生活,开始离家寻道,经过6年的艰苦修行与探索,终于大彻大悟,领悟到解脱生死之道,入道成佛,成佛后被称为释迦牟尼。佛祖释迦牟尼在恒河流域布教传道,并广收门徒。释迦牟尼最初对迦叶等5人传教时,亲手为他们剃去了头发,表示接受他们为自己的弟子。

"正在受剃度的小和尚"雕塑

> "剃度"一词为佛教用语,即出家当和尚的人要剃光头发。这一仪式来源于佛教发源地——古老的印度。

> 头发有"万千烦恼丝"之称,剃去了头发,也便了却了这人世间的许多烦恼与痛苦。

一般认为,出家当和尚剃发有三重含义:首先,佛教认为世界是虚幻的,且人生苦短,只有断除一切人世间烦恼静心修行才能成佛,这样才可获得永世的幸福。而头发代表着人世间的万千烦恼,有"万千烦恼丝"之称,剃去了头发,也便了却了这人世间的许多烦恼与痛苦。其次,"身体发肤,受之父母",古人把头发看得很重,若头发有损,则是对父母的不敬。而剃去头发,也就了却了这些亲情的牵挂,可以一心一意潜心修行。再次,出家"剃度"是为了与当时印度其他的教派相区别,"剃度"者即为佛教徒。之后,"剃度"就成了加入佛门的一种仪式。

"阿门"一词有何来历

> "阿门"一词为犹太教、基督教和伊斯兰教宗教用语,常用在礼拜和祷告中,表示同意或肯定的意思。

"奉耶稣的名,阿门!"我们常常会听到基督教徒说"阿门",那么"阿门"一词到底是什么意思,又有什么来历呢?

"阿门"一词为犹太教、基督教和伊斯兰教宗教用语,常用在礼拜和祷告中,表示同意或肯定的意思。

"阿门"是希伯来语(āmēn)的音译词,意为"真诚"、"但愿如此,实实在在的",且在世界各个语言版本的说法中,均保留了这一译音。因此,"阿门"和另一词"哈利路亚"一起成为世界不同语言犹太教徒、基督教徒和伊斯兰教徒的通用词。

"阿门"一词最初用于犹太教,后基督教和伊斯兰教也采纳该词,可见于《圣经》和《古兰经》。基督教常常是在祷告或赞美时,用"阿门"作总结或肯定,而伊斯兰教则是在每次念诵《古兰经》的第一章之后用"阿门"作为结束语,在其他地方则不常用该词。

犹太教宗教活动

"大千世界"、"西方极乐世界"各有何意

> 一个大千世界才是一佛土,有一佛在教化此世界的众生。而宇宙中有无数佛土,即有无数大千世界。

"大千世界"是佛教对宇宙的空间分属的描述。《楞严经》云:"世为迁流,界为方位。"又云"东西南北四维上下名界。过去未来现在名世。"我们地球所处的日月空间为一国土,以须弥山为中心有四大部洲。《起世因本经》云:"四洲地心,即须弥山。此山有八山绕外。有大铁围山,周回围绕。并一日月昼夜回转照四天下。名一国土。积一千国土,名小千世界。积千个小界,名中千世界。积一千中千界,名大千界。以三积千故,名三千大千世界。"

从《起世因本经》的记载来看，我们处的太阳系为一国土，一千个太阳系为一个小千世界。一百万个太阳系为中千世界，十亿个太阳系为一个大千世界，差不多就是一个银河系了。银河系包括一千二百亿颗恒星和大量的星团、星云，还有各种类型的星际气体和星际尘埃，直径约为 100 000 多光年（年光程），中心厚度约为 12 000 光年，总质量是太阳质量的 1400 亿倍。银河系是一个旋涡星系，具有旋涡结构，有一个心和四个旋臂，旋臂相距 4500 光年。太阳位于银河一个支臂猎户臂上，至银河中心的距离大约是 26 000 光年。

天官极乐世界仙境

一个大千世界才是一佛土，有一佛在教化此世界的众生。而宇宙中有无数佛土，即有无数大千世界。《起世因本经》云："此三千大千世界，同时成立，同时成已，而复散坏。同时坏已而复还立，同时立已而得安住。如是世界，周遍烧已，名为散坏。周遍起已，名为成立。周遍住已，名为安住。是为无畏一佛刹土众生所居。"我们地球人类所居的这个大千世界名为娑婆世界，是一佛土。此界众生安于十恶，堪于忍受诸苦恼而不肯出离，为三恶五趣杂烩之所。其他佛土的众生善多恶少，娑婆世界的众生善少恶多。

西方三圣之一的大势至菩萨

在宇宙十方中有无量佛土，如东方药师佛琉璃世界，西方极乐世界，南方无垢世界。西方极乐世界是无量佛土之一，位在西方，距我们所在的娑婆世界有十万亿佛土之遥，是阿弥陀佛所发之四十八大愿所化之庄严、清净、平等之世界。《佛说阿弥陀经》记："佛告长老舍利佛：'从是西方，过十万亿佛土有世界名曰极乐，其土有佛，号阿弥陀，今现在说法。'""彼土何故名为极乐？其国众生，无有众苦，但受诸乐，故名极乐。""极乐国土，七重栏楯，七重罗网，七重行树，皆是四宝，周匝围绕，

在宇宙十方中有无量佛土，如东方药师佛琉璃世界，西方极乐世界，南方无垢世界。

> 由于生于此佛土之人修行佛法，永不退传，直至成佛，故佛祖释迦牟尼提倡学佛之人发愿生于此西方极乐世界。

是故彼国名为极乐。""极乐国土，有七宝池，八功德水，充满其中，池底纯以金沙布地。四边阶道，金银、琉璃、玻璃合成。上有楼阁，亦以金银、琉璃、玻璃、砗磲、赤珠、玛瑙而严饰之。池中莲花大如车轮，青色、青光、黄色、黄光、赤色、赤光、白色、白光，微妙香洁。"此世界人民皆是于七宝池中莲花化生。此世界有阿弥陀佛、观音菩萨、大势至菩萨，为西方三圣。发愿往生西方极乐世界的人，可得阿弥陀佛与诸圣众的接引，一弹指即达。由于生于此佛土之人修行佛法，永不退传，直至成佛，故佛祖释迦牟尼提倡学佛之人发愿生于此西方极乐世界。

过小年祭灶神时为何献"灶糖"

> 祭灶献灶糖这一习俗反映了我国古代劳动人民单纯而美好的渴望幸福美满生活的愿望。

灶糖是一种黏性很大的麦芽糖，有长条形的"关东糖"和扁圆形的"糖瓜"两种，吃起来又黏嘴又黏牙。民间又"二十三，糖瓜黏"的说法，说的是每年的农历腊月廿三也即"小年"要吃灶糖，以灶糖供奉"灶王爷"。那么，民间在祭灶神时为什么要献灶糖呢？

"灶王爷"，我国古代神话传说中司饮食之神，传说他是玉皇大帝封的"九天东厨司命灶王府君"，负责管理各家的灶火，被视为一家的保护神而受到人们的尊敬。供奉的神像中间为"灶王爷"，有的神像则是男女两人，女的被称为"灶王奶奶"，神像最上方一般印有"东厨司命主"、"人间监察神"、"一家之主"等字样，接着是这一年的日历，神像两旁贴着"上天言好事，下界保平安"的对联，是普通百姓真诚而美好的愿望。传说中每年的农历腊月廿三也即"小年"是"灶王爷上天"述职之日。述职时灶王爷要向玉皇大帝汇报每一家的善恶，然后玉皇大帝根据灶王爷的汇报来决定来年这一家的吉凶祸福。因此，灶王爷的汇报关系着一家人来年的福运。聪明的古人便想出了为灶王爷献灶糖，让灶王爷嘴甜一点，多在玉帝面前说好话。有的地方还将糖涂在灶王爷的嘴上，且边涂边说"好话多说，不好话别说"，这样用糖塞住灶王爷的嘴，让他在玉帝面前进好言，别说坏话，以求得来年的好运。

"小年"送灶，大年三十的晚上则要接灶，就是接灶王爷回人间过年，这样灶王爷会从除夕一直待到来年的"小年"，以保护和监察每一家。

祭灶献灶糖这一习俗反映了我国古代劳动人民单纯而美好的渴望幸福美满生活的愿望，因此，这一习俗自夏朝开始一直延续至今。

灶神

第五篇

纷繁复杂的称谓·指代

窥探文化真相

> 黄帝与炎帝也都被看做是华夏民族的始祖，故中国人开始自称是"炎黄子孙"。

 中国人为什么自称"炎黄子孙"

中国人自古以来就有自称为"炎黄子孙"的习俗，为什么会这样呢？这还得走进中国西北部（现今的陕西省）4000多年前那段尘封的历史，找寻中华民族两位始祖炎帝和黄帝留下的遗迹。

相传在4000多年前，中国的黄河流域和长江流域散居着许多人群，根据亲属关系他们组成了许多氏族，氏族经过进一步发展演变成了部落，其中最为著名的就是炎帝部落、黄帝部落、蚩尤部落。在原始社会生产力水平十分低下的条件下，为了占据一片适合生存的水沃土肥之地，这三个部落发生了无数次的战争。当时炎帝部落从渭河流域进入黄河中游与蚩尤部落发生了激烈的冲突，最终被蚩尤打败，便前去投奔黄帝部落。后来，在炎、黄两个部落联合下，蚩尤战败。打败蚩尤之后，炎帝部落野心日益膨胀，势与黄帝部落争做霸主，不幸的是经过多次激战，最终还是不敌，归服了黄帝部落。他们联合在一起组成了炎黄部落联盟，黄帝则成为这个联盟的领袖。黄帝在位期间，社会稳定，人民安居乐业，还出现了一些发明和制作，如文字、音乐、历数、宫室、舟车、衣裳和指南车等。相传尧、舜、禹、汤等均是他的后裔。在历史传说中，炎帝同样也是一位对中华民族影响颇深的人物，是他开发了华夏的原始农业，作为农耕文化的创始人，炎帝也受到历朝历代人民的尊敬和祭祀。

郑州炎黄二帝塑像

后来，他们的后裔从河北一带向南发展，进入黄河流域，定居在中原。在漫长的历史长河进程中，他们共同生活，共同繁衍，互相融合，共同组成了中国中原地区的远古居民，华夏族的历史就此拉开了帷幕，黄帝与炎帝也都被看做是华夏民族的始祖，故中国人开始自称是"炎黄子孙"。

> 自秦始皇开始，"皇帝"一词就成为历代君王的称号，象征他们至高无上的权力。

 "皇帝"的称号是怎么来的

人们考量上古时的贤君，根据他们各自的功绩，将能够配得上皇、帝之称的八人合称为"三皇五帝"。但此时皇、帝还分别为两个称号，不同时用于一人身上。

商周时期，最高统治者都称"王"。"王"是小国之主，如商纣王、周文王、周武王等。春秋战国时期，周王室衰微，诸侯称霸，一些国力强大的诸侯国的国君也自称为王，如楚庄王、齐威王、赵武灵王等。

公元前221年，秦王嬴政灭掉六国，平定天下。他自认为"德兼三皇，功过五帝"，如果不改变"王"的称号，"无以称成功，传后世"，于是令群臣商议名号。李斯等人提出"古有天皇、地皇、泰皇，以泰皇最贵"，应上尊号"泰皇"。嬴政听了并不以此满足，决定从"三皇"中取一"皇"字，又取上古"五帝"中的"帝"字，合成"皇帝"，以显示自己的尊贵。他宣布："朕为始皇帝，后世以计数二世，三世至于万世，传之无穷。"后世俗称"秦始皇"。

始皇帝秦王嬴政

其实"皇"、"帝"等称号，在甲骨文、金文和上古典籍中，已经屡见不鲜。东汉时期，许慎的《说文解字》中记载："皇者，大也，言其煌煌盛美。帝者，德象天地，言其能行天道，举措审谛。"《风俗通义》说："皇者，中也，光也。"因而"皇"是至高无上、光明无比的神圣称号。"帝"，据其甲骨文字形，近人王国维说它是花蒂的全形，上面像花的子房，外面像花萼（花瓣外面的绿片），下面下垂的像雌雄花蕊。《说文解字》："帝，谛也，王天下之号也。"起于商代末期，商王生称王，死称帝。所以"帝"作"帝王"用，是它的假借义，由于"帝"被假借用作"天帝"或"帝王"，于是后来又造了一个从"艹"（草）"帝"声的形声字"蒂"来代替它，"帝"本义是"花蒂"。由于"帝"（花蒂）能生花结果，故古人将主观想象中能生育万物的"天神"称为"帝"。后亦用指人君、帝王。《白虎通义》称"得合天地者称帝"，也就是说，帝是统御万众，象征人间权力的称号。

所以，自秦始皇开始，"皇帝"一词就成为历代君王的称号，象征他们至高无上的权力。

皇帝何时被称为"万岁"

在电视上经常看见大臣称颂皇帝时大叫"万岁"，但是"万岁"一词本来不是皇帝专用的。很久以前，"万岁"只是表示人们内心喜悦和庆贺的欢呼语，那皇帝何时被称为"万岁"呢？

在西周、春秋时，"万年无疆"、"眉寿无疆"等是人们常用的颂词和祝福语。《诗经·豳风·七月》有"跻彼公堂，称彼兕觥，万寿无疆"之句，

> 很久以前，"万岁"只是表示人们内心喜悦和庆贺的欢呼语，那皇帝何时被称为"万岁"呢？

窥探文化真相

千秋万岁宫钱

它描写人们经过一年的辛勤劳作后，举行欢庆仪式的场面。这里的"万寿无疆"，是人们举杯痛饮时发出的欢呼语。西周金文中也有很多这类文字，它并不是对天子的赞颂，而是一种行文款式，凡铸鼎者皆可用。如"唯黄孙子系君叔单自作鼎，其万年无疆，子孙永宝享"。表示的只是传之子孙后代，永远私有之意。而"万岁"一词，是这些颂词、祝福语的发展和简化。

从战国到汉武帝之前，"万岁"的字眼尽管也常常在帝王和臣民的口中出现，但其用意，可分为两类，大体上仍与古法相同。

其一，是说死期。例如，楚王游云梦，仰天而笑曰："寡人万岁千秋后，谁与乐此矣？"安陵君泣数行而进曰："大王万岁千秋后，臣愿以身抵黄泉驱蝼蚁。"这就清楚地表明，不管是楚王的仰天大笑说"万岁千秋"也好，还是安陵君拍马有术所说的"大王万岁千秋后"也好，都表明"万岁"是说死期。

其二，是表示欢呼。例如，蔺相如手捧稀世珍宝和氏璧奉秦王，"秦王大喜，传以示美人及左右，左右皆呼万岁"。又如，汉高祖五年（前198年），未央宫建成，刘邦"大朝诸侯群臣，置酒未央前殿。高祖奉玉卮，起为太上皇寿曰：'始大人常以臣无赖，不能置产业，不如仲力。今某之业所就，孰与仲多？'殿上群臣，皆呼万岁，大笑为乐。"凡此皆充分表明，从战国到汉初，人们虽常呼"万岁"，却并非专对帝王而呼，但有开心事，即作此欢呼。

秦汉以后，臣子朝见国君时常呼"万岁"，但这个词仍不是皇帝唯一专擅的称呼。至汉武帝时，汉武帝独尊儒术，而"万岁"也被儒家定于皇帝一人。稽诸史籍，《汉书·武帝纪》载，元封元年春正月，武帝行幸缑氏，诏曰："朕用事华山，至于中岳……翌日亲登嵩高，御史乘属，在庙旁吏卒咸闻呼万岁者三，登礼罔不答。"呼万岁者三，是谁呼的？荀悦注曰："万岁，山神称之也。"15年后，即大始三年二月，汉武帝又称自己"幸琅邪，礼日成山。登之罘浮大海山，称万

> 秦汉以后，臣子朝见国君时常呼"万岁"，但这个词仍不是皇帝唯一专擅的称呼。至汉武帝时，汉武帝独尊儒术，而"万岁"也被儒家定于皇帝一人。

景山（万岁山）万春亭

岁"。

自此,"万岁"成为皇帝的专用称呼。除皇帝外,任何人都不得自称"万岁"。如果他人用之,就是僭越、谋逆、大不敬。

皇帝为何自称"寡人"、"朕"、"孤"

寡人意为"寡德之人"。一是古代君主的谦称。《孟子·梁惠王上》梁惠王云:"寡人之于国也,尽心焉耳矣。"这里的"寡人"是梁惠王的自称。二是诸侯夫人的自称。《诗·邶风·燕燕》曰:"先君之思,以勗寡人。"到了秦始皇时期,亦沿袭了诸侯寡人的谦称。魏晋南北朝时,晋朝士大夫有时亦用寡人为自称。《世说新语·文学》:"君辈勿尔,将受困寡人女婿。"李详云:"晋世寡人,上下通称,不以为过。孙过庭《书谱》述王羲之语:'假令寡人耽之若此,未必谢之。'可为此条确证。"到唐朝以后,就只准皇帝用寡人作谦称。

皇帝自称"寡人"、"朕"、"孤"是要表示皇帝是天下独一无二的人,天下只能有一个皇帝的意思,从某种意义上来说也是一种权谋之术。

康德皇帝(溥仪)诏书

在先秦时期,"朕"是第一人称,不分尊卑贵贱,人人都可以自称"朕"。我国最早的一部解释词义的专著《尔雅·释诂》说:"朕,身也。""朕"自秦始皇开始为皇帝的专用词,据司马迁《史记·秦始皇本纪》记载:秦嬴政统一天下后,规定:"天子自称曰朕。"从此,一般人不能自称"朕"。

孤,也是古代诸侯、君王的自称谦词。春秋时,诸侯平常自称"寡人",有凶事则称"孤",后来逐渐演变为无区别。秦汉时君王称孤者较少。东汉末年,天下大乱,群雄并起,有些割据一方的首领,也自称为孤。唐以后只有皇帝可以称寡人、孤家,是一种君主的谦称,无非是为了笼络人心,巩固江山一统。

所以,皇帝自称"寡人"、"朕"、"孤"是要表示皇帝是天下独一无二的人,天下只能有一个皇帝的意思,从某种意义上来说也是一种权谋之术。

皇帝为何被大臣称为"陛下"

无论我们看历史电视剧或电影,只要剧中有皇帝出现,就会听到群臣们左一个"陛下",右一个"陛下",称呼皇帝。为什么称皇帝为"陛下"呢?

"陛下"的"陛",是指帝王宫殿的台阶。《说文》:"升高阶也。从阜,

"陛下"就是臣子对帝王的尊称,用"陛下"称呼帝王的现象其实早在战国时期就已经出现。

高斌进献乾隆的假传国玉玺

埤声。"本义是台阶,特指皇宫的台阶。《荆轲刺秦王》:"秦武阳奉地图匣,以此进至陛下。"古时帝王的卫士就在陛下两侧进行戒备。蔡邕《独断》卷上:"谓之陛下者,群臣与天子言,不敢指斥天子,故呼在陛下者而告之,因卑达尊之意也。"意思就是说,皇帝至高无上,大臣们不敢直接与皇帝交谈,而是通过皇帝的近臣代为转告。所以,当时的"陛下"叫的不是皇帝,而是叫站在陛下的人转告皇帝,后来,"陛下"就成为对帝王的敬辞。

秦朝时,"陛下"又引申出"陛见"一词,意为臣下见皇帝。《史记·秦始皇本纪》:"今陛下兴义兵,诛残贼,平定天下,海内为郡县,法令由一统。自古以来未尝有,五帝所不及。"《后汉书·戴封传》:"公车征,陛见,对策第一。"

由此来看,"陛下"就是臣子对帝王的尊称,用"陛下"称呼帝王的现象其实早在战国时期就已经出现。当时称呼君主也可用"足下",在《战国策·秦策三》中就有"望见足下而入之",南宋鲍彪注曰:"不斥王,故指其足下之人,犹陛下也。"后来"陛下"也就成了对帝王的称呼,而"足下"之称用于同辈。

皇帝为何称皇后为"梓童"

"梓童"原写做"子童",是由"小童"一词衍化而来。"小童"是春秋战国时期的诸侯正配夫人的谦称

"梓(zǐ)童"原写做"子童",是由"小童"一词衍化而来。"小童"是春秋战国时期的诸侯正配夫人的谦称。《论语·季氏》记:"君称之曰夫人,夫人自称曰小童。邦人称之曰君夫人,称诸异邦曰寡小君。"君夫人是诸侯正配夫人,其自称小童一是说自己学识不够,二是说自己还在学习。这跟春秋时代人们重视学问,往往自称学生有关。

元朝时人们大都没什么文化,故杂居和平话盛行,很多知识不准确。"小童"一词在元朝平话中变成"子童",指小童、道童、仙童或王后。《全相平话五种》中的《武王伐纣平话》写有:"妲己乃问天子曰:'大王前者行文字天下人进宝,近日进得何宝?将来与子童随喜看之。'"其中的《前汉书平话》有:"吕后:'子童领旨,九月二十一日未央宫下,斩讫韩信也'。"其中的《三国志平话》有:"高祖圣旨言:'寡人去游云梦,交子童权为皇帝,把三人赚入宫中,害其性命。'"另剧本《金安寿》写有:

"子童乃九灵大妙金母是也"。《误入桃源》写有："子童二人,乃上界紫霄玉女。"

明代小说中,"子童"逐被"梓童"代替,是国王对王后的称呼。如《西游记》八十四回："那国王急睁眼睛,见皇后的头光,他连忙爬来道:'梓童,你如何这等。'"明朝时小说中把王后称梓童跟明朝皇帝崇信道术有关。明朝的几个皇帝都很崇尚道术,影响了当时的社会风气和戏曲、小说。

汉武帝皇后卫子夫

另一种说法是梓童源自于《汉武故事》,其中曾讲到卫子夫入宫后,岁余不得见武帝,涕泣请出。武帝则因夜梦"梓树"而幸卫子夫,从而得子,并立子夫为皇后。梓为木中之贵者,为有子的象征。或许因此皇帝称皇后为"梓童"。但此推测不很确切,无其他凭证。

还有一种说法是皇后的印章以梓木雕成,因此皇帝以"梓童"来称呼皇后。《尚书大传》引商子曰:"梓者,子道也。"《诗·鄘风·定之方中》:"椅桐梓漆。"陆机云:"梓者,楸之疏理白色而生子者为梓。"《正字通》云:"梓,百木之长,一名木王。"

皇帝的坟墓为何称为"陵"

"陵"原指大土山,并无墓地之意,那么后来皇帝的坟墓为何又被称为"陵"呢?

最早君主的墓地都只称"墓",不称"陵"。如《周礼·春官·冢人》说:"掌公墓之地,辨其兆域而为之图,先王之葬居中,以昭穆为左右……"意思是说冢人职责是掌管王、侯、卿大夫的墓,弄清方位并画出图来。君王的棺椁葬在中间,以父为昭、子为穆,分为左右次序,各诸侯的墓就在君王左右的前面……墓大夫的职责就是专门掌管国家墓地的。由此可见,周代君王的墓地称"墓"。

春秋以后,许多诸侯的坟墓都葬在山丘中,所以将"墓"称为"丘",并且冠上名号。如楚昭王的墓称为"昭丘",赵武灵王的墓称为"灵丘",吴王阖闾的墓称为"虎丘"。

约从战国中期以后,帝王的坟墓开始称为"陵",首先出现于赵、楚、秦等国。《史记·赵世家》载:"赵肃侯十五年经营寿陵。"《秦始皇本纪》载:"秦惠文王葬公陵,悼武王葬永陵,孝文王葬寿陵。"由此可见,这是君王墓称"陵"之始。因为当时封建王权不断增强,为表现最高统

汉朝以后,几乎所有皇帝的坟墓都称"陵"了,而且每个陵都有名号。

西夏王陵

治者至高无上的地位，其坟墓不仅占地广阔，而且封土之高如同山陵，因此帝王的坟墓就称为"陵"。依规定皇帝的墓可建九丈高，但一般皇帝陵总是超过这个高度。至于老百姓的坟墓，不但要称为"坟"，还受限在三尺以下，否则就是违法，要接受处罚的。其他大臣们的坟墓也有规格限制，不能随便超越。

汉朝以后，几乎所有皇帝的坟墓都称"陵"了，而且每个陵都有名号。有的自己没做成皇帝，但因子孙做了皇帝，就被追尊为帝，所以他的坟墓也称为"陵"。如曹操活着的时候没有称帝，后来他儿子曹丕做了皇帝，追谥他为武帝，立庙号称太祖，他的坟墓就称为高陵。唐高祖李渊做皇帝后，追谥他的父亲李昺为元帝，庙号称世祖，坟墓称兴宁陵。此外，有些妃嫔生前地位不高，死后因为儿子做了皇帝，而被追尊为皇太后，于是她的墓地也称陵。如宋文帝的婕妤沈氏死后，她的儿子刘彧即位，就是宋明帝，于是追尊沈氏为皇太后，墓地称为崇宁陵。

中国历代王朝提倡"厚葬以明孝"、"事死如事生"，所以每每皇帝逝世，就不惜花费大量的人力、财力为其建造巨大的陵墓。但随着岁月的流逝，在沧桑多变的历史长河中，昔日帝王的尊贵荣耀已是过眼云烟，所留下的只是这些仍巍峨耸立的陵墓，向后人诉说着它们曾经写下的辉煌史迹，诉说着历代衣冠文物曾经有过的千古璀璨。

为何太后自称"哀家"

> 只有在丈夫去世以后，皇后成为皇太后，才可以自称"哀家"。其含义是可怜之人，无夫之哀。

哀家是清朝时的戏曲或小说中，死了丈夫的皇后的自称。只有在丈夫去世以后，皇后成为皇太后，才可以自称"哀家"。其含义是可怜之人，无夫之哀。而还有皇帝的皇后和妃子绝不会自称哀家。

例如清朝石玉昆《三侠五义》第十五回："只听（李）娘娘说道：'大人吩咐左右回避，我有话说。'包公闻听，便叫左右暂且退出。坐上方说道：'左右无人，有什么冤枉，诉将上来。'（李）娘娘不觉失声道：'哎哟！包卿！苦煞哀家了！'只这一句，包公座上不胜惊讶。包兴在旁，急冷冷打了个冷战。登时包公黑脸也黄了。包兴暗说：'我……我的妈呀！闹呵，审出哀家来了！我看这事怎么好呢？'"第十六回："且说包公见贫婆口呼包卿，自称哀家。平人如何有这样口气。只见娘娘眼中流泪，便将已往之事，滔滔不断，述说一番……入了座位，包公秉正参拜。娘娘吩咐：'卿家平身。哀家的冤枉，全仗卿家了。'包公奏道：'娘娘但请放心。臣敢不尽心竭力以报君乎？'"李娘娘是宋真宗的妃子，且宋真宗已过世，李娘娘又是新皇帝的生母，是真正的太后，故可自称哀家。但实际上，宋朝时的太后未必自称哀家。

隆裕太后与太临旧照

公主的丈夫为何称"驸马"

在古代，公主的丈夫称为"驸马"。据考证，"驸马"一词系由"驸马都尉"演化而来。驸马都尉一作副马都尉，是掌皇帝副车马的一种官职。副车是指古代帝王外出时的从车。《史记·留侯世家》记载，张良为给韩国报仇，不惜重金收买了一个壮士，命他用大铁锤"击秦始皇博浪沙中，误中副车"。皇帝的副车不止一辆，主要起隐藏主车的作用，其数量有数辆或数十辆。《史记》索引认为有三十六乘。

秦始皇以后的历代皇帝出行时，都设副车，以保证主车的安全。汉武帝时始置驸（副）马都尉一职，掌副车之马。在两汉的公主夫君中，几无人任此职位。可见在西汉东汉时，驸马不过是一种官职，与帝婿无关。到三国时期，魏国的何晏以帝婿

西晋征南大将军、驸马都尉、当阳县侯杜预

魏晋以后，帝婿照例都加驸马都尉称号，简称驸马，非实官。以后驸马即用以称帝婿。满清称驸马为额驸。

的身份授官驸马都尉。以后又有晋代杜预娶晋宣帝之女安陆公主，王济娶司马昭（文帝）之女常山公主，都授驸马都尉。魏晋以后，帝婿照例都加驸马都尉称号，简称驸马，非实官。以后驸马即用以称帝婿。满清称驸马为额驸。

两姊妹的丈夫为何被称"连襟"

在我国民间，人们把姊妹们的丈夫俗称为"一担挑"，而书面语则雅称为"连襟"，这由何而来呢？

"连襟"这一称谓最早见于唐代，大诗人杜甫晚年寓居川东，与一位当地的李姓老翁很合得来，经常互邀小聚，谈天说地，煞有趣味。如果有几天未见面，还要互致书信，以慰思念之情。后来细细序论，两家还是拐弯抹角的亲戚，自然更添几分亲切。过了一段时间，杜甫要出峡东下湖湘，临别之际，杜甫忆起两人在一起度过的岁月和笃厚的友情，许多感慨涌上笔端，写了一首诗《送李十五丈别》，里面有几句是这样写道："孤陋忝未亲，等级敢比肩，人生意气合，相与襟袂连。"襟是衣襟，袂是衣袖，形容彼此关系像衣服的襟跟袖一样密切。

北宋末年大诗人洪迈，把"连襟"一词移用到姊妹丈夫间的称谓上。洪迈有个堂兄在泉州做幕宾，不很得意，其妻的姐夫在江淮一带做节度使，得知此事后，便写了一封荐书，推荐洪迈的堂兄去京城供职。事成之后，洪迈的堂兄甚为感激，托洪迈替写了一份谢启，寄于妻子的姐夫，里面有这样几句话："连襟相连，凤愧末亲之孤陋；云泥悬望，分无通贵之哀怜。"这里的"连襟相连"，就是用来形容姊妹丈夫之间的密切关系。后来，人们又将"连襟相连"简化为"连襟"，成为姊妹丈夫间专用的称谓了。而比洪迈还早一些的马永卿，在所著《懒真子》里提及：江北人呼友婿为"连袂"，也呼"连襟"。由此可见，宋朝时流行的称呼已经具有今天的意义。

孙、周互为"连襟"的孙策

孙、周互为"连襟"的周瑜

两兄弟的妻子为何被称"妯娌"

看看"妯娌"这两个字，就能领略汉字的妙不可言。同是女字旁，右边框架的组成部分也相似，但彼此又是对着干的，一个朝上，一个朝下。朝上的"妯"，身段稳重，神态像是鼻孔冲天，得理不饶人；朝下的

从古至今，妯娌之间向来风波不断，除了妯娌们自己沟通外，这也需要兄弟间的调和，所以妯娌关系也是兄弟关系的一个延伸。

"娌"则显得小而娇气,恃宠而娇,有小狐狸的媚相。

如果一家有两个儿子,两儿媳就互为妯娌。妯娌这一称呼在民间由来已久,追溯它的来源,有这样一种说法。据说妯娌一词源自长江一带的方言。在古代,人们将比较小的居室叫"小筑"。而民间,这样成排成栋的小居室很多,于是人们便把这些小居室称为"筑里"。古时,传统的家庭主妇都要讲究三从四德。女人嫁进丈夫家,主要的工作就是操持家务,所以在筑里停留时间最长的就是媳妇们。

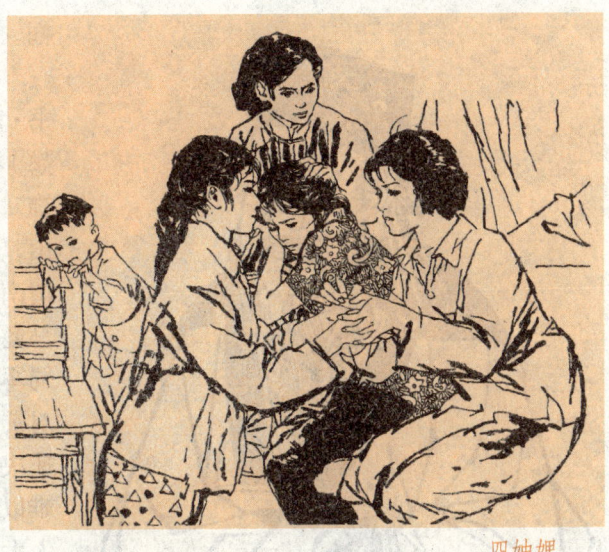

四妯娌

逐渐人们将一家兄弟俩的媳妇称作"筑里"。随着人们叫法的改变,"筑里"一词也被改成了有女子含义的"妯娌",这就是妯娌的来源。因为"妯"有双、俩的意思,所以在使用的过程中,"妯娌"便被视为两兄弟妻子的合称。

从古至今,妯娌之间向来风波不断,除了妯娌们自己沟通外,这也需要兄弟间的调和,所以妯娌关系也是兄弟关系的一个延伸。《尔雅·释亲》云:"长妇谓稚妇为娣妇,娣妇谓长妇为姒妇。"晋郭璞注:"今相呼先后,或云妯娌。"《北史·崔休传》说:"家道多由妇人,欲令姊妹为妯娌。"元代杨允的《孙烈妇歌》:"屈己接妯娌,尽心奉舅姑。"此外,"妯娌"这一称呼除了外人用来指称两兄弟的妻子,兄弟妻子之间也可以互称"妯娌"。

为何女英雄被叫作"巾帼英雄"

巾帼是古人使用的一种首饰,宽大似冠,高耸显眼,内衬金属丝套或用削薄的竹木片扎成,外紧裹一层彩色长巾而成,有多种式样。这种冠饰戴在头上,罩住前额,围在发际,两侧垂带结在项中,勒于后脑。而且可以随时取下(如脱帽),也可随时戴上(只需系紧侧带)。这既不同于假发,也不同于裹巾。先秦时期,男女都能戴帼,用作首饰。到了汉代,巾帼才成为妇女专用,上面缀着一些金珠玉翠等。

巾帼的种类及颜色有多种,如用细长的马尾制作的叫"剪氂帼";用黑中透红颜色制作的叫"绀缯帼"。因巾帼这类物品是古代妇女的高贵装饰,人们便把"巾帼"作为妇女的尊称,称女中豪杰为"巾帼英雄"。明朝沈璟《义侠记·征途》云:"须髯辈,巾帼情,人间羞杀丈夫称。"清朝蒲松龄《聊斋志异·二班》云:"媪亦以陶椀自酌,谈饮俱豪,不类巾

> 因巾帼这类物品是古代妇女的高贵装饰,人们便把"巾帼"作为妇女的尊称,称女中豪杰为"巾帼英雄"。

窥探文化真相

司马懿

帼。"这些都是用巾帼代指女子。

"巾帼"一词,现存文献中最早出于《晋书·宣帝纪》:"(诸葛)亮数挑战,帝(司马懿)不出,因遗帝(司马懿)巾帼,妇人之饰。"在三国时,蜀国丞相诸葛亮率军出祁山,攻打魏国。魏军统领司马懿与诸葛亮在渭南对峙。诸葛亮远道而来,倾于急战。司马懿采取了战略相持的拖延战术,以消耗蜀军的战斗力。诸葛亮深知,这样僵持下去对蜀军是极为不利的,必须找到机会,速战速决。但魏军凭深沟高垒,拒不出战,蜀军难以找到进攻突破处。诸葛亮心生一计,派人大张旗鼓地前往魏营给司马懿送了一些妇女用的头巾、发饰和衣裳,及胭脂类的东西。另附上一封信说,司马懿作为魏国的大将,掌握那么多兵将,竟然不敢出战,简直是太胆小了。如果不敢出战,一味躲着,和妇女又有何区别?干脆就把妇女的头巾包在头上,再用脂粉抹脸化妆,证明自己是妇女算了。司马懿看了"礼物",又读了书信,气得火冒三丈,欲领兵与诸葛亮决一死战。幸亏当时有魏王所派的人从旁制止,才使得司马懿没有上当。

"河东狮吼"为何是凶悍老婆的代名词

"河东狮吼"这个成语出自宋代洪迈的《容斋随笔·卷三·陈季常》,"忽闻河东狮子吼,拄杖落手心茫然。"那为何后来又成了凶悍老婆的代名词呢?

说起这个,有个典故。北宋的时候,有一太常少卿、工部尚书陈希亮,亮有一儿子叫陈慥,此人狂放不羁,傲视世间,视荣华富贵为粪土。尽管是官宦之后,陈慥不坐车,不戴官帽,和那些爱摆架子的人很不一样。后来陈慥隐居在龙丘,当地人不知道他的来历,就叫他"方山子"。元丰三年(1080年),苏东坡因"乌台诗案"被贬到黄州任团练副使,不期遇上陈慥,两人成为好友。陈慥在龙丘的房子叫濯锦池,宽敞华丽,家里养着一群歌伎,每有客来访,就以歌舞宴客。而陈慥的妻子柳氏,性情暴躁凶妒,每当陈慥欢歌宴舞之时,就醋性大发,拿着木杖大喊大叫,用力捶打墙壁,弄得陈慥很是尴尬。为

苏东坡

此,苏东坡就写了一首诗取笑陈慥,诗云:"龙丘居士亦可怜,谈空说有夜不眠。忽闻河东狮子吼,拄杖落手心茫然。"河东是柳氏的郡望,暗指柳氏。"狮子吼"一语来源于佛教,是佛教中的护法神,象征威严,可见苏轼赋诗时并非全是贬义。

后来这个故事被南宋的洪迈写进《容斋随笔》中,广为流传,河东狮吼的典故也从此确立。至今仍然是悍妻的代名词,借以讥讽惧内的人。

为何知识分子被称为"老九"

中国古代的知识分子可称为文人或名士,而现在知识分子更是被认为是有较高文化水平的脑力劳动者,为何知识分子不是"老大"而被人称为"老九"呢?

把知识分子称为"老九",虽说是"文化大革命"的产物,但追溯起来却是来源于元朝时期。忽必烈统一北方,建立元朝后,把帝国臣民分为四等。第一等是蒙古人,第二等是色目人,第三等是"汉人",第四等是"南人"。郑思肖的《心史》中提到,根据职业的性质,忽必烈把帝国臣民更细致地划分为十级。一是官(政府官员),二是吏(不能擢升为官员的政府雇员),三是僧(佛教僧侣),四是道(道教道士),五是医(医生),六是工(高级工程技术人员),七是匠(低级手工技术人员),八是娼(妓女),九是儒(知识分子),十是丐(乞丐)。一向在中国传统社会最受尊敬的儒家知识分子,竟然被划分到社会的最底层,比儒家所最卑视的娼妓都不如,仅稍稍胜过乞丐。

20世纪六七十年代,"文化大革命"以阶级斗争为纲,斗争的对象是地、富、反、坏、右、叛徒、特务、走资派,还有知识分子。知识分子遭受了非常的整治和摧残,被冠上"臭老九"的头衔,成为社会最卑贱的阶层。当时知识分子要接受工农兵的再教育,进行脱胎换骨的改造,所以排在斗争和改造对象的第九位。第一位是地主,第二位是富农。老九的地位如此卑贱低下,因而在老九的前面往往冠有"臭"字,呼作"臭老九"。

当时又盛行样板戏,其中有一出戏叫《智取威虎山》。戏中的主人公是解放军侦察英雄杨子荣,他巧扮土匪,顶替

> 把知识分子称为"老九",虽说是"文化大革命"的产物,但追溯起来却是来源于元朝时期。

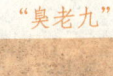
"臭老九"

> "老九不能走"也在社会上风行起来,成为社会需要知识分子和挽留使用知识分子的一句诙谐话。

胡彪,打入匪巢,被威虎山匪首座山雕封为上校副团长。因为座山雕手下已有八大金刚为副手,所以假胡彪被称为老九。戏中假胡彪曾被座山雕等怀疑为共军,于是脱下值日标带,甩手要走,座山雕唯恐闹僵,急呼:"老九不能走。"这句台词曾被毛泽东主席戏用,于是一时间"老九不能走"也在社会上风行起来,成为社会需要知识分子和挽留使用知识分子的一句诙谐话。

改革开放以后,随着社会主义市场经济的发展,"老九"的地位有了很大改善。尤其是进入新世纪后,知识分子已经逐步成为社会精英的主体。

为何古人称公婆为"舅姑"

在现代汉语中,"舅"、"姑"分别表示"我母亲的兄弟"和"我父亲的姐妹"两种亲属关系。然而,在古汉语里,"舅姑"一词往往与现在人们所说的"公婆"同义。为何古人要把公婆称为"舅姑"呢?

唐朝朱庆馀的《近试上张水部》诗云:"洞房昨夜停红烛,待晓堂前拜舅姑。妆罢低声问夫婿,画眉深浅入时无?"还有一首是王建的《新嫁娘》:"三日入厨下,洗手作羹汤。未谙姑食性,先遣小姑尝。"朱诗中的"舅姑"指的是公婆,王诗中的前一个"姑"也是婆婆的意思。但是在古代公婆为何被称为舅姑呢?这就需从我国古代的婚姻制度及其演变谈起了。

> 在古代公婆为何被称为舅姑呢?这就需从我国古代的婚姻制度及其演变谈起了。

在原始社会,实行的是群婚制。随着人类的进步,部落的形成,婚姻制度便从原始群婚制发展到族外婚制。以最古老的两个姓氏姜姓和姬姓为例,姜姓部落的女子嫁到姬姓部落,生下一男一女,女子又嫁回姜姓部落,男子又娶了姜姓部落的女子。按照这种族外婚制延续下去,可以知道姜姓部落的女子出嫁后,她的婆婆就是她的姑姑,而公公也正是她的舅舅。

古代汉语中把公婆称为"舅姑",正是这种婚姻制度在语言上的反映。《尔雅·释亲》说:"妇称夫之父曰舅,称夫之母曰姑。"这里所载的实际就是姑舅表婚亲属制的残余,公婆之称为"舅姑",其源盖出于此。这种称谓习惯一直延续到唐宋时期。

族外婚制后来发展成了对偶婚,一直延续到现在。而公婆的称谓也逐渐地固定下来了,不再被称为

失礼于公婆("舅姑")被判刑的人

"舅姑"了。而至今仍在农村流行的婚谚"姨娘亲不是亲,姑舅亲辈辈亲",所说的并不是今天意义上的姑姑和舅舅的子女可以成婚,而是古代"姑舅"称谓的误传。这就是为何古人称公婆为"姑舅"的缘故。

为何古人称妻子为"拙荆"、"贱内"

"拙荆"、"贱内",从表意上来看,似乎含有贬义。常常被认为是蔑视妇女的卑称,为何古人要这样称呼自己的妻子呢?

荆现名牡荆,是马鞭草科的一种落叶灌木,古代又名楚,可用来做刑杖,鞭打犯人。"受楚"是件痛苦的事,所以"楚"字又引申有"痛苦"的意思,如痛楚、苦楚。荆在古代还用来制作妇女的发钗,称为"荆钗"。如《太平御览》中记载,东汉隐士梁鸿的妻子孟光生活俭朴,以荆枝作钗,粗布为裙。"拙"是无才的意思,古人云:"女子无才便是德。"在古代,人们将"德"看得比"才"更加重要,与人称自己的妻子"拙"(无才),其伏笔正是隐说自己妻子是有德之人。所以,后来古人就以"拙荆"谦称自己的妻子。

贱内是古代的丈夫在别人面前对妻子的一种谦称,"贱内"之"贱",并非人格之"贱"。古人言"贵贱",多指地位的高低,富贵与贫穷。这里的"贱"字,并非指妻子,而是对自己的谦称。"贱内"即

> 无论是"拙荆"还是"贱内",皆乃大丈夫谦饰之辞,而非不礼之称。

被称为"拙荆"的古代妇女们

"我的妻子",至于"内"字,不过是"女主内"之"内",是"家"的意思,引申为"女主人"即妻子,也不含任何贬义。

无论是"拙荆"还是"贱内",皆乃大丈夫谦饰之辞,而非不礼之称。

为何古人称学生为"桃李"

我们常常赞美某位老师培育了众多学生,会说到"桃李满天下"、"桃李满门"等溢美之词,这几句贺词中的"桃李",指的就是学生。古籍中也有很多这样的记载,如唐朝刘禹锡《宣上人远寄和礼部王侍郎放榜后诗因而继和》诗:"一日声名遍天下,满城桃李属春官。"及唐朝白居易《奉和令公绿野堂种花》诗:"令公桃李满天下,何用堂前更种花。"原来,"桃李"一词典出《韩诗外·传卷七》:"夫春树桃李,夏得阴其下,秋得食其实。"那么,为什么古人用"桃李"来代称学生呢?

> 后来,人们就把"桃李"用来比喻老师所培植的优秀人才,并逐渐也把所栽培的后辈、门生都称为"桃李",最后"桃李"也就成为学生的代称。

窥探文化真相

同济大学的"桃李"们

"桃李"一词的由来同春秋时的魏国大臣子质有关，但却有两种不同的说法。据汉朝《韩诗外传》记载，春秋时，魏国有个臣子叫子质，因为得罪魏文侯，丢官只身逃到了北方。在北方，他结识了一个叫简主的人，并向简主说："从今以后，我不再栽培人才了。"简主问他："这是为什么呢？"质子说："大堂上有半数的士人是我栽培的，朝廷上有半数的大夫是我栽培的，边境的士卒军官有半数也是我栽培的。现在大堂上的人在国君面前说我的坏话，朝廷上的大夫用法律来恐吓我，边境上的人也拿着兵器抢劫我，所以我再也不栽培人才了。"简主说："唉！你的话错了。如果春天种的是桃树、李树，夏天就可以在树荫下乘凉，秋天就可以采食它们的果实。但如果春天种的是蒺藜，夏天不但不能采它的叶子，到秋天还会长出刺来。从种树来看，问题出在你所栽培的人身上。现在你所栽培的人，都不是正直的人。所以，君子要先有选择，然后再栽培他们。"后来，人们就把"桃李"用来比喻老师所培植的优秀人才，并逐渐也把所栽培的后辈、门生都称为"桃李"，最后"桃李"也就成为学生的代称。

还有一种说法，说的也是大臣子质，他学富五车，知识广博。他因为得罪了魏文侯，就跑到北方一旧相识家里躲避。这位朋友的家境并不富裕，子质不愿给朋友加重生活负担，便想开个学馆，收一些学生教读，借以糊口。朋友很支持他，就腾出两间空房作为教室，子质所收的学生不分贫富，只要愿学的都可以拜他为师，一视同仁。这个学馆里有一棵桃树，一棵李子树。凡是来上学的学生都跪在桃李树下认先生。子质指着已结果的两棵树教导学生们说："你们都要刻苦学习，要像这两棵树一样开花结果。只有学问高，才能为国家做出一番大事业。"为了把学生教育成有用人才，子质认真教学。在他的严格管教下，学生们都发奋读书，学到了不少真本领。后来，这些学生先后成才，成了国家的栋梁。他们为了感念子质先生的教诲，都在自己住处亲手栽种桃树和李子树。子质到各国游历时，碰到了在各国当官的学生，并看到了学生栽的这两种树，便自豪地说："我的学生真是桃李满天下啊！一个个都很有作为！"从此，当先生（老师）的就以"桃李"代指学生，并把学生多称作"桃李满天下"了。

从此，当先生（老师）的就以"桃李"代指学生，并把学生多称作"桃李满天下"了。

为何把容易犯傻的人称为"二百五"

"二百五"就是用来指那些傻头傻脑,不很懂事而又倔强莽撞的人。

我们在跟熟悉的朋友聊天时,偶尔会顺口说一句,你这人怎么这么"二百五"啊;或者是日常生活经常听到人们把那些说话做事不经大脑,容易犯傻的人称为"二百五",这"二百五"的由来是出自哪里,你知道吗?

一查资料才知道,这"二百五"的由来有很多。最早的一说是,战国时有一说客,名叫苏秦,身佩六国相印,很是威风,但也因此遭到齐国大夫的嫉妒。齐国大夫便派人刺杀苏秦。结果刺客没有把苏秦刺死,只是将其砍成重伤就跑了。苏秦临死之前跟齐王说,他死了之后,让齐王把他的头砍下来悬挂在城门外,并用鞭子抽打他的尸体,然后张贴黄榜,上面写着:"苏秦是个大内奸,死有余辜。今幸有义士为民除害,大快人心。齐王重赏黄金千两,请义士前来领赏。"齐王依计行事,榜文一贴出,就有四个人声称是自己杀了苏秦。齐王见到他们就煞有介事地问:"这一千两黄金,你们四个人怎么个分法?"这四人不知中计,高兴地立即回答道:"每人二百五。"齐王拍案大怒道:"来人,把这四个'二百五'推出去斩了!"从此,"二百五"一词就这样流传下来。

另一种说法是,唐朝的长安"市长"京兆尹权势很大,出巡时有庞大的仪仗队伍。在最前开路的小吏官名叫"喝道伍佰",他手拿一根长竿赶开路人。后来,喝道伍佰增为二人,但长安群众并没有以两个伍佰称他们,反而说他们是共称伍佰,于是每人就被称为二百五,又因为他们每人手中持一长竿,所以又称他们为二杆子。这说明长安群众对作威作福的官吏的反感。流传至今,二百五与二杆子都成了莽撞、无礼、粗鲁之人的代名词。

再有民间流传的说法是,从前有一个秀才,为了考取功名废寝忘食、发奋苦读,可是终其一生都不曾中举,连儿子都没有生。到了晚年,老秀才终于心灰意冷淡泊名利了,反而喜得贵子,添得双丁。秀才回想一生成败,不由得感慨万千,于是给两个儿子起名:一个叫作成事,一个叫作败事。从此秀才在家闭门教子,日子过得其乐融融。一天,秀才吩咐妻子道:"我要去集市上逛逛,你在家督促二子写字,大儿子写三百,小儿子写二百。"秀才赶集回来之后询问二子在家用功如何,老妻回答道:"写是写了,不过成事不足,败事有余,两个都是二百五!"

此外,关于二百五还有很多说法,比如跟推牌九有关,源于街机游戏等。"二百五"不是一个很古老的词,

苏秦

不用说《尔雅》《说文》《康熙字典》不载，即便《辞源》《辞海》也不见踪迹，只有《现代汉语词典》收有词条，却也未标明出处。

从以上资料来看，"二百五"就是用来指那些傻头傻脑，不很懂事而又倔强莽撞的人。

怀孕为何称"身怀六甲"

明末小说家冯梦龙的白话小说《东周列国志》第二回云："褒姒曰：'太子为母报怨，其意不杀妾不止。妾一身死不足惜，但自蒙爱幸，身怀六甲，已两月矣。妾之一命，即二命也。求王放妾出宫，保全母子二命。'"其中的"身怀六甲"是怀孕的意思。而"身怀六甲"中的"六甲"究竟意指什么则有很多争议。

最普遍的说法是把六甲当成六个甲日，即甲子、甲寅、甲辰、甲午、甲申、甲戌，这六个甲日是妇女最易受孕的日子。《隋书·经籍志三》著录有《六甲贯胎书》，故人们用身怀六甲暗指女子怀孕。

民间有人认为"甲"为神将，"六甲"指的是六个神将，而"身怀六甲"是指怀了有出息的孩子。当然这种说法不够准确，只能说反映了人们希望自己的孩子长大后能够有所作为的愿望。

中国科学技术馆母体怀孕模型

> 以六甲指甲子、甲寅、甲辰、甲午、甲申、甲戌六个甲日最为可信。但不管是哪一种说法，都是一种赞美的说法，有保佑安胎和希望孩子成器的意思。

也有人认为六甲是指六十年一甲子。古人记载年份是用天干与地支相配合来记录的，六十年是一个循环。六甲也可泛指老年人，即六十岁的人。据传说玉女怀李耳（老子）80多年，生下来时，小孩即一头白发，故取名老子。或因这个典故，人们才把怀孕称为身怀六甲。但这只不过是附会的传说罢了，不能信以为真。

从这几种说法来看，以六甲指甲子、甲寅、甲辰、甲午、甲申、甲戌六个甲日最为可信。但不管是哪一种说法，都是一种赞美的说法，有保佑安胎和希望孩子成器的意思。

媒婆为何称"红娘"

> 唐代元稹著有传奇《莺莺传》，所述为张生与崔莺莺的爱情故事。从中牵线传书的是崔莺莺的侍女红娘。此后，"红娘"便成了文化人对媒人的别称。

结婚嫁娶是人生中的大事，男男女女都希望在茫茫人海里找到属于自己的另一半。但多数人不能通过自由恋爱找到意中人。在男男女女之间按各自标准牵线搭桥的便是媒神和媒人。古有"天上无云不下雨,地上无媒不成婚"之说。

主管婚姻的神为媒神。周朝以前,华人以始祖母女娲娘娘为媒神。《礼记·月令》云:"(仲春之月)是月也,玄鸟至。至之日,以大牢祠于高禖。"高禖,即媒神。周朝时,有的周人以周武王之妻邑姜为媒神。

中国古代有官媒、私媒之分。朝廷设官媒,来管理百姓的婚姻。主要职责是记录新生婴儿的出生年月和姓名;通令成年男子要按时结婚,不可逾期;每年二月祭祀媒神,督促适龄青年男女及时结婚;主管婚姻诉讼案,惩罚那些违法者。私媒是民间的媒人,大多是业余的,也有专业的媒婆。他们对"婚姻六礼"纳采、问名、纳吉、纳征、请期、迎亲的程序很熟悉,能够主持婚姻的各种仪式。私媒通过平时的观察,了解各家情况,哪家有嫁女娶媳的需要,以及某男与某女是否般配,他们都了如指掌,所以做媒极为方便。专业的媒婆则大都是精明的中老年妇女,能说会道,通情世故,以从一桩桩婚姻中取得一定利益为生。做媒婆很重要的一点就是口碑信誉要好,不能只为取利而说谎骗婚。

红娘和崔莺莺

把媒人称为"红娘"出现较晚,大约出现在唐朝以后,而且是在文人当中才有的现象。唐代元稹著有传奇《莺莺传》,所述为张生与崔莺莺的爱情故事。从中牵线传书的是崔莺莺的侍女红娘。此后,"红娘"便成了文化人对媒人的别称。"红娘"一词在一般民众当中并不使用,甚至很多人不知道什么是红娘,还以为是穿红衣裳的娘子呢。

接生婆为何又叫"稳婆"

接生婆是无医师资格而帮助其他妇女分娩的女人。因历史时期和南北地域及民族文化的不同,期间有多种称呼,那接生婆又是因何被称为"稳婆"呢?

"稳"是安稳、稳当、安全的意思,"稳婆"就是旧时民间替产妇接生为业的人(《妇人大全良方》卷十七),意欲母子稳当平安。据史料记载,稳婆作为一种专门的职业,最初应形成于东汉时期。唐宋时期,稳婆作为一种职业已非常盛行。稳婆除了给私人接生外,还为官府服役,平时也常被叫为老娘。按照明代蒋一葵先生所著的《长安客话》的说法,宫廷所需稳婆,都是在民间收生婆里预选,然后把预选出来的稳婆名字登记在册,以备需要时选用。被选进内廷的稳婆除了接生,以及选奶口(乳娘)时看看"乳汁厚薄,隐疾有无"之外,她们还在宫廷选美活动时

> "稳"是安稳、稳当、安全的意思,"稳婆"就是旧时民间替产妇接生为业的人,意欲母子稳当平安。

接生婆

起着重要的作用,不仅在辨别妍蚩时有她们的份,并在裸衣检查体格、皮肤、乳房、阴部等时,更是非她们莫属。

明清时期,永安稳婆这一行已相当普遍。她们一般在自家门口悬有招牌,上书"祖传某奶收生在此"的字样。小小燕城,稳婆多达十余人,十里八乡稳婆数量则更多。闽地稳婆都非常崇信观音,视临水夫人陈靖姑为行业保护神。在长期社会的发展中,稳婆这一行也逐渐形成了自己的行话。如她们称孕妇为"锁母",胞浆(羊水)外溢为"报喜",腹疼即将分娩为"挂喜",分娩为"才喜"等。

随着法制的不断健全,无证行医已属非法,稳婆这一延续数千年的古老职业,最终被接生员、助产士、产科医生所取代。但是,我们从旧稳婆身上看到的是那种敬业的精神,那种虽然是原始、落后却曾经照耀过人类繁衍漫长历程的光辉。

"哥哥"最早是称呼谁的

我们经常把比自己年长几岁的同辈男子称为"哥哥",但它最早不是用来称呼兄长的,这一情况估计很少有人知道。

"哥"字最初其实是"歌"的本字,就是我们所说的通假字,多出现在晋代以前的文献中。如晋傅玄《节赋》中就有"黄钟唱哥,九绍兴舞"的句子,清代段玉裁也说:"《汉书》多哥为歌。"从中可见,"哥"的词义与兄长的意义完全大相径庭。

那么,我们今天称呼兄长时所用的这个"哥哥"又是从哪儿来的呢?有关汉语专家指出,"哥哥"一词可能是外来语。据学者研究,"哥哥"的来历恐怕与胡语有关。古代鲜卑族把兄长

小哥俩

> "哥"字最初其实是"歌"的本字,就是我们所说的通假字,多出现在晋代以前的文献中。

唤做"阿干",这个称呼在西北地区还可以寻觅到痕迹。随着鲜卑族西迁与汉族互相融合,鲜卑语中的"阿干"一词被汉语谐音借用,逐渐演变成"阿哥",并最终定格为"哥哥"。

"姐姐"最初是母亲的别称吗

在日常生活中,我们经常把比自己年长几岁的同辈女子称为"姐姐"。其实"姐姐"一词的最初含义并非跟今天一样。

塔吉克族姐妹俩

古代的蜀人把母亲叫作姐,《说文解字》中:"姐,蜀谓母曰姐。"但也有人说,"姐"是古代方言的一个字。《汉语方言大词典》:"媖馳",是对祖母或老年妇女的尊称。"媖馳"又名"媖姐","馳"与"姐"属于同源。"馳"实际上是个会意字,即"母也"。"姐"是个形声字,是对祖母、外祖母或老年妇女的尊称。"媖馳"使用的地域范围主要在湘方言地区,而"姐"使用的地域范围主要是在客家地区。所以,"姐姐"这一称呼并不一定是指母亲。

到了宋朝时,人们才把年龄比自己大的同辈女子唤作"姐"。在"姐姐"的意思逐渐固定的过程中,它一直具有多重含义,有时甚至是婢女、妓女的代称,有时候也用于称呼自己的妻子。

随着时代的变迁,"姐姐"一词发展到现在已经成为对同辈女性的固定称呼。

"老公"、"老婆"的称呼起于何时

现在生活中的夫妻,彼此之间经常互称"老公"、"老婆"。这是怎么来的呢?

相传此称呼最早出现于唐代,至今已有1000多年了。唐朝时,有一位名叫麦爱新的读书人,他考中功名后,觉得自己的妻子年老色衰,便产生了嫌弃老妻,再纳新欢的想法。于是,写了一副上联放在案头:"荷败莲残,落叶归根成老藕。"恰巧,对联被他的妻子看到了。妻子从联意中觉察到丈夫有了弃老纳新的念头,便提笔续写了下联:"禾黄稻熟,吹糠见米现新粮。"以"禾稻"对"荷莲",以"新粮"对"老藕",不仅对得十分工整贴切,新颖通俗,而且"新粮"与"新娘"谐音,饶有风趣。麦

现在人们口中的"老公"、"老婆"是说夫妻两个人要一起生活到老,无论发生什么都不离不弃,是彼此一起相爱到老的愿望。

夫妻之间

爱新读了妻子的下联,被妻子的才思敏捷和拳拳爱心所打动,便放弃了弃旧纳新的念头。妻子见丈夫回心转意,不忘旧情,乃挥笔写道:"老公十分公道。"麦爱新也挥笔续写了下联:"老婆一片婆心。"这个带有教育意义的故事很快流传开来,被世代传为佳话。但也有人说"老公"这个词最早出现在清朝,是用来当做骂人的话。因为在宫里,有些太监残留花心,喜欢逛妓院,钱虽也花了,却没办法圆满。于是他们就折磨妓女,以解心头之痒。京城妓女最怕碰到这种客人,私下里叫他们"老公",其实就是对太监的一种蔑视辱骂。

传说也仅仅是传说,不足为证。在我国大多数地方,把年老的妇女称为"老婆婆",岁数大的老翁称为"老公公"。它同时也是老年夫妻之间的一种戏称,后来慢慢简化成"老公""老婆"。在小说或者电视剧中,经常会出现这两个字眼。现在人们口中的"老公"、"老婆"是说夫妻两个人要一起生活到老,无论发生什么都不离不弃,是彼此一起相爱到老的愿望。"老公""老婆",在字面上解释是对爱人的称呼,它不像情人那般显得如此轻浮,它是作为一种责任来理解的。这称呼虽然看似平凡简单,喊起来却是甜在嘴上,暖在心里。

"先生"、"太太"的叫法有何来历

"先生"这个称呼由来已久。不过历史上各个时期,对"先生"这个称呼是针对不同对象的。

"先生"这个称呼由来已久。不过历史上各个时期,对"先生"这个称呼是针对不同对象的。《论语·为政》:"有酒食,先生馔。"注解说:"先生,父兄也。"意思是有酒肴,就孝敬了父兄。《孟子》:"先生何为出此言也。"这一"先生"是指长辈而有学问的人。到了战国时代,《国策》:"先生坐,何至于此。"均是称呼有德行的长辈。汉代的时候,"先生"前面常常要加一个"老"字。清初,称相国为老先生。乾隆时官场上已少用"老先生"这个词了。辛亥革命后,这个词又盛行起来,交际场上,彼此见面,对老成的人一律称老先生。

其实在古代,"先生"一词是对有学问者的尊称,并非所有人都可称为先生。据有关资料证明,第一个用"先生"称呼老师的,始见于《曲礼》:"从于先生,不越礼而与人言。"注:"先生,老人教学者。"当然,以前的老师也就是"先生"大部分为男性,渐渐地就变成了对知识分子和有一定身份的成年男子的尊称。明黄道周《节寰袁公传》:"董先生(董其昌)曰:'公(袁可立)才兼数器,心运四虑。'"按明代的董其昌和本文的作者黄道周的先师主考官袁可立是同年,这里的"先生"仍有传统称呼的意义。其实这个词也不一定指男士,对德高望重的女士也称先生,如"宋庆龄先生"。"先生"这一词,还有很多外延含义,对从事不同职业的人都有这样的尊称。如在古代或者民国时,生病了都说去看"先生",就是指医生。除此之外,还有账房先生、风水先生、说书先生等,都是一种尊称。现在,妻子多称自己丈夫为"先生",对其他妇女的丈夫也称"先生"。

宋庆龄"先生"

我们中国人称妻子为"太太","太太"这个称呼从哪儿来的? 太太这个称呼,是来自周朝开国的三位妇女,因为她们的名字,都有一个"太"字。"太太"的意思是圣人的母亲。周文王的母亲叫太妊,文王的祖母叫太姜,文王自己的夫人叫太姒。这三个妇女都是圣贤人,她们教出来的孩子,周公、文王、武王都是圣人。

还有一种说法是,汉哀帝时,"太太"原为尊称老一辈的王室夫人。到后来,汉室又称皇太后为皇太太后。太太的称谓,汉代在贵族妇女中逐渐推广起来。明代时称太太要具备这样的条件:"凡士大夫妻,年来三十即呼太太。"即司眷属,中丞以上的官职才配称太太。清朝的人,则喜欢叫家庭主妇为太太,不过都以婢仆呼女主人的居多。北洋政府和民国时期,太太的称呼开始泛滥,从大帅到芝麻绿豆官,其眷属都可相称太太,官太太、经理太太、校长教授太太,到处都是,不过无形中多少还有些限制。

随着港澳台和外籍华裔、侨胞的归乡入里,"太太"的称谓同小姐、先生一样又时髦起来,成为人们对朋友间已婚女子的敬称,而且从广泛性来说似乎已更少含有什么官职的味道,变得更平民化了。

 人有"三急"指哪"三急"

俗话说:"人有三急。"意思是说,人们碰到某些特殊情况时,谁也没法子不急。生活中,人们常用它泛指饮食或排泄等刻不容缓的问题。这三急究竟都具体指哪"三急"呢?

有说法称,所谓的"三急",其实是指上厕所、入洞房和妻子生产这三种特殊情况。就拿上厕所来说,每个人都得吃喝拉撒,就是贵为天子,仆从无数,也得亲自上厕所。明人冯梦龙编撰的《古今笑》里就有个

有说法称,所谓的"三急",其实是指上厕所、入洞房和妻子生产这三种特殊情况。

窥探文化真相

三急之一的生子习俗

有趣的故事,宋真宗时的宰相毕士安有个不长进的女婿皇甫泌,毕士安数次想向真宗皇帝说明他骄纵而屡教不改的情况。一次,他刚开口说了一句"臣婿皇甫泌",就赶上边事紧急,被岔开了。隔了几天,他又向真宗禀报此事,刚好赶上真宗皇帝急着要上厕所,就对他说:"卿累言,朕已知之矣。"隔日就降旨给皇甫泌越级升了官儿,毕士安也不好再说什么了。看来遇上这一急,真是谁也耐不下性子啊!再说入洞房,那可是春宵一刻值千金,急迫的心情自然在情理之中。妻子生产令人着急也好理解。古时医疗水平低,产子是人生的一大考验,贵为皇后妃子而死于难产的例子也不在少数。母子在产房里的情况未知,丈夫待在屋外当然只能干着急。人们把这三种情况并称为"三急",还真是贴切。

还有一种说法认为"三急"是指"尿急,屎急,性急"。话虽然粗俗,可也自有道理,排泄问题那是谁都憋不住的,正如有副关于厕所的对联说得好:"天下英雄豪杰到此俯首称臣,世间贞烈女子进来宽衣解裙。"性急则纯是个性所致了。

而有史可查的真正说法是"人有三疾",不是"三急",这三疾分别为"狂"(狂妄)、"矜"(矜持)和"愚"(愚昧),出自于《论语·阳货》:"子曰:古者民有三疾,今也或是之亡也。古之狂也肆,今之狂也荡;古之矜也廉,今之矜也忿戾;古之愚也直,今之愚也诈而已矣。"这句话是孔子对上古淳厚人心的赞颂,也是对于当时"世风日下,人心不古"的社会状况发出的感叹。

单身汉为何被称为"王老五"

《汉语方言大词典》和《港台语词词典》等辞书都认为,"王老五"是粤方言,意思为光棍、单身汉。

时下,"钻石王老五"的说法随处可见,意为"值得追求的单身男人"。"钻石"比喻富有、有魅力,这好理解,那么,"王老五"为什么是指单身汉呢?

探究起来,原来"王老五"是一个方言俗语,而且由来已久。《汉语方言大词典》和《港台语词词典》等辞书都认为,"王老五"是粤方言,意思为光棍、单身汉。广东的民间曾经流传着这样一种说法,王老五本来实有其人,是一个王姓穷人,在家里排行老五。他平时老实巴交,因为贫困,一辈子没有娶妻。后来当地人就用"王老五"来戏称大龄单身男子。

"王老五"一词在人们口中被广泛传开,应该和20世纪30年代上映的一部黑白故事片《王老五》有关。该片表现的是下层人民在抗战时期的艰辛生活。导演兼编剧为祖籍广东潮汕的蔡楚生,"王老五"是其家乡方言。电影的主角是当时上海黄浦滩码头的一个脚夫,蔡楚生为他取名"王老五"。他家境贫寒,35岁仍未娶妻成家,一直单恋着泼辣的邻家穷姑娘。后因他仗义助人的举动感动了姑娘,两人结为连理。

从词义的角度来看,"王老五"包括"贫穷、大龄、未婚、男性"等语义要素。今天的大龄单身男性越来越多,他们的单身往往并非经济的原因。"王老五"这一词语的内涵也随之发生了变化,"贫穷"这层意思逐渐脱落,只剩下了"大龄"、"未婚"、"男性"三个意思,词语的诙谐色彩也更加明显,有时甚至还被人们用来自嘲。

人们常常把单身的百万富翁、千万富翁,甚至亿万富翁称为"钻石王老五"。现在,"王老五"的使用范围进一步扩大,加一个"女"字,就可以用来指称女性大龄未婚者。离婚者也可以重新站到"王老五"的行列中。可见,"王老五"一词的包容性越来越大,对财富状况、性别、婚史都没有特别要求,只剩下了"单身"这一语义要素了。

王老五泥塑

古代平民为何被称为"匹夫"

平民本义是指平善之人。《书·吕刑》:"蚩尤惟始作乱,延及于平民。"孔传曰:"延及于平善之人。"后来泛指老百姓。那在古代平民又为何被称为"匹夫"呢?

"匹夫"的"匹",原指数量单位,古代四丈为一匹。又言二丈为一端,二端为两;每两成一匹,长四丈。两而成匹,有相合之意。按照该意义,夫指男子,妇指女子,两者亦相合,故称匹夫、匹妇。后来,匹夫和匹妇就成为平民、普通平常人的代称。再演变下去,匹妇被淘汰,匹夫也不光是指男子,而是泛指普通平常之人了。《左传·昭公六年》曰:"匹夫为善,民犹则之,况国君乎?"《吕氏春秋》:"上为天子而不骄,下

顾炎武

> 后来,匹夫和匹妇就成为平民、普通平常人的代称。再演变下去,匹妇被淘汰,匹夫也不光是指男子,而是泛指普通平常之人了。

> 除此之外,"匹夫"还有独夫的意思,多指有勇无谋的人,含有轻蔑意味。

为匹夫而不惛,此之谓全德之人。"张溥《五人墓碑记》:"亦以明死生之大,匹夫之有重于社稷也。"《韩非子·有度》:"刑过不避大臣,赏善不遗匹夫。"汉代班固的《白虎通·爵》:"庶人称匹夫者,匹,偶也,与其妻为偶,阴阳相成之义也。"唐朝刘德仁《长门怨》诗:"早知雨露翻相误,只插荆钗嫁匹夫。"这些资料里的"匹夫"都是指老百姓、平常之人。

明末清初学者顾炎武的名言:"天下兴亡,匹夫有责。"是说国家的兴盛与灭亡,每个平常普通人都有义不容辞的责任。康有为《大同书》丙部:"欧洲中世有大僧、贵族、平民、奴隶之异,压制既甚,故以欧人之慧,千年黑暗,不能进化。"可见,"匹夫"一词已经成为平民的代名词。

除此之外,"匹夫"还有独夫的意思,多指有勇无谋的人,含有轻蔑意味。如《孟子·梁惠王下》:"夫抚剑疾视曰:'彼恶敢当我哉!'此匹夫之勇,敌一人者也。"苏轼《留侯论》:"匹夫见辱,拔剑而起,挺身而斗,此不足为勇也。""匹夫之勇"一词一直流传至今,还保留着原来的意义。

"同志"一词有何来历

> "同志"原指志同道合的人。在我国古代,"同志"与"先生、长者、君"等词的涵义一样,都是朋友之间的称呼。

"同志"原指志同道合的人。在我国古代,"同志"与"先生、长者、君"等词的涵义一样,都是朋友之间的称呼。春秋时期,左丘明在《国语·晋语四》中对"同志"一词作了解释:"同德则同心,同心则同志。"

据说最早盛行叫"同志"是在魏晋时期,《后汉书·刘陶传》中曰:"所与交友,必也同志。"那个时期很多学士郁郁不得志,对外戚宦官专权极其愤慨,所以他们结交仁人志士,著书立论或者冒死进谏,这些人就被通称为"同志"。

到了现代,"同志"成了政党内部成员之间的称呼。在中国资产阶级民主革命时期,革命党人内部就互称同志。1921年中国共产党成立,在"一大"党纲中规定:"凡承认本党党纲和政策,并愿意成为忠实的党员收为党员,成为我们的同志。"这就是我党在正式文件中最早使用"同志"一词。并对"同志"一词赋予崭新的含义,表明党员之间在为共产主义而奋斗的大目标下的一种新型关系。

近年来,"同志"发生了词义降格,获得了"同性恋"的新义。1989年,香港人林奕华将自己筹划的首届同性恋电影节命名为《香港同志电影节》,这可能是这层意义的开端。从此开始,在中国大陆之外的中文地区,如我国台湾、香港地区,以及新加坡、马来西亚等地,"同志"一词逐渐演变成对同性恋者的另一个称呼。尽管这一层新的含义在

雷锋同志邮票

大陆地区也被越来越多的人所知晓并使用,不过中华人民共和国官方媒体和文件对这一外延含义基本不予采纳。

"同志"一词作为一种传统称谓仍在一定的范围内使用。事实上,在公民(尤其是年长者)之间,"同志"仍然被用作称谓语。比如在公交车上,年轻人称呼司机一般为"大叔"、"师傅"等,而年长者,特别是20世纪20年代的老年人,他们很自然地称呼司机为"同志"。更为重要的是,在严肃的政治场合,"同志"是其他称谓语所不可替代的。现代汉语书面语中,"同志"一词作为传统意义上的称谓仍有相当高的出现率。

"领袖"一说有何由来

"领袖"原指衣服的领口和袖口,后来一些有影响力和组织力的最高领导人被称为"领袖",到底"领袖"一说出自何处呢?

"领"的本义是"脖子"。如《诗经·卫风·硕人》:"领如蝤蛴,齿如瓠犀。"《毛传》:"领,颈也。"所以衣服挨近脖子的部分也可称为"领",即"衣领"。再如晋陶潜《闲情赋》:"愿在衣而为领,承华首余芳。""袖"在上古时期被称为"袂"。"袖"只是指局部,不能指全部的袖子,而"袂"为衣袖的总称。《战国策·燕策三》和《史记·刺客列传》都有关于"荆轲刺秦王"的记载,"左手把秦王之袖,而右手持匕首揕之。未至身,秦王惊,自引而起,袖绝。"此句中"袖"即指袂之长于手的部分,因为是接上去的,就被拽断了。汉代以后,"袂"字逐渐消失,衣袖统称为"袖"。古代汉族人的衣袖都比较宽大,加上接上的一部分,一般也比较长,既可御寒,也可藏物。

由于"领"和"袖"在衣服上有重要作用,古人穿衣服很讲究衣领和袖口。古人在制作衣服时,领口和袖口都是单独用料的,并镶以金边,穿戴后给人一种堂堂正正的印象。由于其突出醒目、庄重严谨的特点,因此,在古人眼中具有表率的作用,从而产生了"领袖"一词。

"领袖"一词最早见于《晋书·魏舒传》,魏舒为国家鞠躬尽瘁,深受晋文帝器重,文帝每次朝会坐罢,目送之曰:"魏舒堂堂,人之领袖也。"我们现在用的"领袖",是指称"国家、政治团体、群众组织的最高领导人",如"伟大领袖毛泽东"、"革命领袖孙中山"等。

> 由于领袖突出醒目、庄重严谨的特点,因此,在古人眼中具有表率的作用,从而产生了"领袖"一词。

革命领袖孙中山

"主席"一词与坐席有关吗

> 在古代,"主席"一词与现在的"主席"意思不一样,词源也不一样。

中国古代宋朝以前,人们席地而坐,在房间铺上席子叫"筵",在筵上铺的用于坐的席子叫"席"。《周礼·春官·序官》云:"司几筵下士二人。"郑玄注:"铺陈曰筵,藉之曰席。"孙诒让正义:"筵长席短,筵铺陈于下,席在上,为人所坐藉。"古人进屋先脱鞋,再走过筵,坐在席上,叫"入席"。入席时,客人有客座,主人中的长辈独自坐在正位或主家席位,叫作主席。如今亚洲地区的日本、尼泊尔、泰国、韩国、朝鲜等国的人基本上都是席地坐,其形式与中国古代的席地而坐基本相同。

在古埃及,王室的人坐椅子,一般官吏和平民也是席地而坐。在距今2000年左右,椅子传入欧洲,欧洲人也开始坐椅子了。椅子在汉朝时就传入了中国,但一直到唐朝都没有大规模流行。当时椅子称为胡床等。五代至宋朝,高型坐具开始普及,其中椅子的形式也多了起来,出现靠背椅、扶手椅、圈椅等。同时根据尊卑等级,椅子的形制、质料和功能也有所不同。

在古代,"主席"一词与现在的"主席"意思不一样,词源也不一样。如《新唐书·韩偓传》:"主席者固请,乃坐。"宋朝彭乘的《续墨客挥犀·上元夜张燕》:"使人谕孙元规,令暂主席行酒。"明朝叶盛《水东日记·乡饮酒礼》:"有粮长者,粮长为主席,无粮长者,里长为主席。"这里都是指主持筵席者。《警世通言·俞伯牙摔琴谢知音》:"伯牙推子期坐于客位,自己主席相陪。"《孽海花》第八回:"次芳挨雯青坐下,山芝坐了主席。"这里都是指筵席中的主人席位。《金史·食货志一》:"寺观主席亦量其货而鬻(yù)之。"明朝高启《送示上人序》:"其主席若无言宣,白云聚,又皆贤而与余善。"这里都是指寺观的住持。

皇宫用的象牙席

现代汉语中的主席来源于外国,是个外来词,英语为chairman,意为坐在主持座位椅子上的人,指主持会议的人、委员会的委员长、公司等的董事长。在清末民国初,留学生和政客把chairman翻译到中国,译成"主席"。后来在共产党统治区,"主席"代指党政领导人。

"两面派"一词有何来历

"两面派"大多是指口是心非善于伪装的人，关于这个词有何来历呢？

相传元朝末年，元军和朱元璋的起义军在黄河北岸展开拉锯战。老百姓苦不堪言，谁来了都得欢迎，并且要在门板上贴上红红绿绿的欢迎标语。由于两方军队来得频繁，所以老百姓的标语也得随时更换。豫北怀庆府的人生活节俭，于是想出一个一劳永逸的办法。用一块薄薄的木板，一面写着欢迎元军的"保境安民"，另一面写着"驱除鞑虏，恢复中华"。一次，朱元璋的大将常遇春率领军队进驻怀庆府，见家家门口五颜六色的木牌上满是欢迎标语，心里高兴。可是突然一阵狂风刮来，木牌刮翻，反面全是欢迎元军的标语。于是，常遇春下令，凡是挂两面牌的人家都满门抄斩。经过一场屠杀，怀庆府的人口大减。现在常说的"两面派"就是由怀庆府"两面牌"演变而来的。

常遇春

为何把接待或宴客的主人称"东道主"

东道主指接待或宴客的主人，或指请客的人。

在日常生活中，我们常常能听到"东道主"、"做东"这样的说法。"做东"是"东道主"一词的通俗说法。东道主指接待或宴客的主人，或指请客的人。那么，"东道主"一词具体是从何而来的呢？

东道主一词出自《左传·僖公三十年》，烛之武跟秦国君说："若舍郑以为东道主，行李之往来，共其乏困，君亦无所害。"在这里的"东道主"意为东方道路上的主人。公元前630年，秦、晋两国合攻郑国，大军兵临城下，郑国危在旦夕。郑国的烛之武深知晋国和秦国之间本不和谐，常常明争暗斗，就悄悄到秦军营中见秦穆公，说："从地理位置来讲，秦国和郑国之间隔着一个晋国，贵国要是越过晋国来控制郑国，恐怕很难做到。灭了郑国之后，到头来得到好处的还是晋国。他们的实力加一分，

烛之武退秦师

窥探文化真相

> 如今东道主一词还在广泛使用。请客的一方，或各种会议的主办方往往自称"东道主"。

就等于秦国削弱一分。不如保存郑国，而郑国也对秦国心存感激。如果秦国要出使东方各国而路经郑国，郑国也可以做东道主为秦国安排驻行。"秦穆公觉得很有理，就和郑国达成协定，单方面退兵了。晋文公见秦军不管晋军单独撤去，不宜强撑，也只好退兵。郑国在东，秦国在西，郑国对秦国来说可自称"东道主"。

由于这个故事，后来便用东道主代指"接待或宴客的主人"，并一直沿袭到现在。如今东道主一词还在广泛使用。请客的一方，或各种会议的主办方往往自称"东道主"。

为何小气的人被讽为"吝啬"

> 吝啬被人们普遍视为人性的缺点，这就是为何小气的人被讽为"吝啬"的原因。

我们平常生活中总把一些小气的人称为"吝啬鬼"，但"吝啬"这一词是从何而来的，相信大多数人都不甚了解。

吝啬意为"小气"。《三国志·魏书·曹洪传》云："初，洪家富而吝啬。"又作"遴啬"。关于这个词的来历，民间有一段趣闻：传说很久以前，有两位先生，一个名吝先生，一个叫啬先生。吝先生有一回到城里办事，在半路上碰到了啬先生。两人一路上有说有笑，谈得十分投机，于是便结为朋友。分手时，他们相约中秋节到乌有山子虚亭饮酒赏月，定好了由吝先生携酒，啬先生备菜。但两人都很小气，不肯轻易花一分钱。中秋节到了，两人如约来到子虚亭所在的乌有山，但见彼此都是一双空手而来，他们大眼瞪小眼地互相对视了一会儿，忍不住哈哈大笑。两人谦让一番在亭子里坐下之后，吝先生首先站起来打破僵局。只见他一只手弯曲着佯装举杯状，另一只手遥指高空，朗声说道："月光如水水如酒，请啬先生开怀畅饮。"啬先生也不甘示弱，随即伸出两个手指做筷子，指着荷塘深情地说："池中游鱼鱼是菜，请吝仁兄大饱口福。"两人觥筹交错，互敬互让，好不高兴。吝先生脖子一仰，嘴里咂得嗞嗞作响，连声称道："好酒，好酒，杜康也要逊色三分！"啬先生也把手指送入口中，连声称道："好菜，好菜，山珍海味也无与伦比！"过往的行人看到这两个人如痴如呆的举动，无不捧腹大笑。其中一位过客认识吝、啬二人，便走上前打趣道："今天两位仁兄赏月，喝的是吝啬酒，吃的是吝啬菜，活着是吝啬人，死了是吝啬鬼。"从此，"吝啬"一词便逐渐传扬开来，用于形容极其小气的人。

无论是生活中，还是小说中，吝啬的人一

巴尔扎克笔下的葛朗台

般都是反面角色，巴尔扎克笔下的葛朗台应该可以当选吝啬鬼的代表。吝啬被人们普遍视为人性的缺点，这就是为何小气的人被讽为"吝啬"的原因。

"下榻"一词有何来历

"下榻"一词，现在的使用频率颇高，成了招待宾客常用的礼仪用语。如贵宾住进饭店，这句话中"住进"应改写为"下榻"。但经常使用它的人，却未必知道它的来历。

说起下榻，有两段典故。据《后汉书·卷六十六·陈蕃传》记载，东汉末年大臣陈蕃，为人正直，疾恶如仇，在郡里出仕，被推举为孝廉，授郎中。郡人周璆，洁身自爱，前后郡守招请，均不肯去，只有陈蕃能够招他去。陈蕃称呼他不直接叫名字，只称他的字，非常尊敬周璆。每次他来拜访，陈蕃都特意为他安一张床，周璆走后，再把床悬起来。

另外，在《后汉书·卷六十六·徐稺传》也有记载。当时南昌有个人叫徐稺，字孺子，家里虽清贫，但他从不羡慕富贵。由于他品德好，学问深，所以很有名望，地方上也多次向官府举荐他。尽管这样，徐稺仍安于清苦的生活，官府召他任职，他也总是坚辞不就，当地一些人称他为"南州高士"。陈蕃听说徐稺的情况后，十分重视，诚恳地请他相见。徐稺来时，陈蕃热情相待，并在家里专门为徐稺设了一张榻。徐稺一来，他就把榻放下来，让徐稺住宿，以便作长夜之谈。徐稺一走，这张榻就被悬挂起来。

因为这两个典故，人们就把陈蕃的这一做法称为"下榻"。后人就把留客住宿叫作"下榻"。从此，"下榻"一词从尊称演变为"寄宿"的意思。如《桃花扇·闹榭》："我二人不回寓，就下榻此间了。"

现在"下榻"这个词已经用得很普遍了。"下榻"原意是放下床，表示对客人的尊重，现在的意思是客人住宿，多用于外交往来，只适用于书面不适用于口语。如：贵宾下榻某某饭店或客人在某某宾馆下榻等。

> "下榻"原义是放下床，表示对客人的尊重，现在的意思是客人住宿，多用于外交往来，只适用于书面不适用于口语。

下榻云南迪庆谷神养生大酒店的前台

为何把夫妻失散或决裂后重新团聚与和好叫"破镜重圆"

> 破镜重圆，顾名思义，就是把破了的镜子又修补成了原来的圆形。这个成语源于一个让人不胜感慨的故事……

破镜重圆，顾名思义，就是把破了的镜子又修补成了原来的圆形。"重圆"有重新修补好，使之圆满之意。这个词往往特指比喻夫妻失散或决裂后，又重新团聚或和好。这个成语源于一个让人不胜感慨的故事。

"破镜重圆"出自唐朝孟棨的《本事诗·情感》篇。南北朝时，陈朝太子舍人徐德言娶的是陈后主叔宝的妹妹乐昌公主。乐昌公主才貌俱佳，夫妻二人的感情很好。但不幸的是国运将终，美满之家将被拆散。隋开皇八年（588年）十二月，隋军大举进攻陈国。徐德言担心陈国亡后，他们夫妻将会失散，凭公主的才貌和身份，一定会被掳入权贵豪门。倘若情缘未断，还望有相见之日，应该有信物为凭。于是公主便拿出一面铜镜，徐德言把它破为两半，一人一半，作为信物。约定若日后失散，便于第二年的正月十五元宵节在街市卖破镜，希望能有见面的机会。

次年二月，陈都城破，陈后主叔宝被俘，陈国亡。乐昌公主亦在被俘者之列。隋还军后，隋主将杨素因功大被封郢国公，邑三千户，真食长寿县千户，"赐物万段，粟万石，加以金宝，又赐陈主妹（乐昌公主）及女妓十四人"。乐昌公主身在杨素家，心在徐德言处。元宵节那天，公主托一个老苍头到市场去卖那半块铜镜。行人见一老苍头卖半块镜子都很奇怪，便问要价几何。谁知苍头要价甚高，众人就不再过问。

徐德言依期到达京城，于正月十五这天到市场上寻找，看见一老苍头在卖半块镜子，便拿出自己的那半块一对，两块镜片合二为一。问知苍头原委后，便在镜面上题了一首诗："镜与人俱去，镜归人不归。无复嫦娥影，空留明日辉。"让苍头带镜回后交给公主。公主看到破镜重圆，心知夫君来了，读了这首诗后，顿时泪如泉涌，痛不欲生。杨素见状，问知内情，感其二人的真情，决定成人之美，把乐昌公主送还徐德言，并赠资让他们回归故里。于是徐德言夫妻二人终于得以团聚。

这段破镜重圆的佳话流传千古，不知激励了多少对夫妇珍惜他们的爱情。有人为了那个失散的人等到头发白，有人等到入了土；今生不见黄泉见，黄泉不见来生见，实在令人感动。

西安破镜重圆雕塑

为何上厕所又叫"出恭"

"出恭"是指越出常规,超出范围,与众不同,原无方便之意。为何要把上厕所称为"出恭"呢?

关于上厕所被叫成"出恭",《辞海》中是这样解释的,明朝科举考试盛行,当时的考试相当严格,监考是朝中的大臣,皇帝也会亲自巡视考场。科举考场中设有"出恭入敬"牌,以防士子擅离座位。士子如厕须先领此牌,托于胸前,到指定地点去解决,在迅速交牌回位后,后一个学生才能接着上厕所。因此,俗称如厕为出恭,并谓大便为出大恭,小便为出小恭。

《凌霄一士随笔》中有一笑话,也是跟出恭有关系的。话说有三个人以"出恭"为题,各作诗一联。一人曰"大风吹屁股,冷气入膀胱";一人曰"板侧尿流急,坑深粪落迟";又一人曰"七条严妇戒,四品受夫封"。"七条严妇戒",是指古人休妻有七"出"之说。而"四品受夫封",是说清朝四品官员的正房可受封为"恭"人。如此一来,便扣住了"出恭"之诗题,完全符合要求。

此外,还有一些学者考证,称上厕所为出恭是另有来历的。《刘安别传》说:"安既上天,坐起不恭,仙伯主者,奏安不敬,谪守都厕三年。"刘安因不恭而被罚守厕,"不恭"又被讹为"出恭",因此,"出恭"又相当于上厕所,这种说法有点牵强附会。

如此看来,还是《辞海》中的说法更有说服力,更有可信度。

> "出恭"是指越出常规,超出范围,与众不同,原无方便之意。为何要把上厕所称为"出恭"呢?

慈禧太后用的便盆

名人为何常被称为"大腕"

在眼下的娱乐圈里,很多有一定知名度的艺人常被称为"大腕儿"。那"大腕儿"一词是怎么来的呢,为何把名人称为"大腕儿"呢?

追根溯源,"大腕儿"一词来源于旧时的江湖隐语。旧时走江湖的人初次会面,为了知晓对方身份,就用隐语让对方通报姓名,说"赐个万儿"或"亮个蔓儿"。例如单田芳《童林传》第一七一回中,黄面鬼眨巴眨巴小眼睛,仔细打量着主仆说:"那你就道个蔓儿吧!你是哪个溜子上的?"有时写做"万儿",有时写做"蔓儿"。走江湖的人都希望自己名气大点,能在江湖上有个名声。那些名气大的江湖客便被称为"大万儿"、"大蔓儿"。其实"万儿"、"蔓儿"也未必是这个词的真实本字,

> "大腕儿"这个词起源于清朝至民国初期,而且出身不好,不是正规的汉语词汇,因此在正式场合不见使用。

窥探文化真相

民国"大腕"杜月笙

只是隐语这样写罢了。由于"腕儿"与"万儿"、"蔓儿"同音，后来"大万儿"、"大蔓儿"二词便写成了"大腕儿"。

另有说法是"大万儿"一词来源于清朝时的天地会。天地会以反清复明为根本宗旨，有共同的政治目标，共以"万"为姓。"万"有众多、光大的意思。"大万儿"指会里的大人物。但这种说法比较牵强。

还有一种说法是在梨园界，成功的"名角"称"万儿"或"蔓儿"。每出戏都以"角儿"为中心，其他演员都是依靠"角儿"而存在，称为"傍角儿"或"傍蔓儿"。演员们在相互询问时，往往会说："您现在傍谁呢？"意思是你在跟哪个名角儿混啊？对方答："我过去傍马某，现在改傍梅某了。"对方肯定说："嗯，您傍对了。"刚入道的演员起初就得靠"蔓"爬到架上去，假如日后能够成名自立，那就是"立蔓"了，称为"扬名立腕"或"扬名立万"。名气大的就称为"大万儿"或"大蔓儿"，后来写成"大腕儿"。

这样看来，"大腕儿"这个词起源于清朝至民国初期，而且出身不好，不是正规的汉语词汇，因此在正式场合不见使用。

"马大哈"的说法有何由来

> 平常我们口中的"马大哈"也不尽含贬义，也有戏称、亲昵的说法，不过这要视情况跟对象而言。

现实生活中，我们经常把办事丢三落四，而又懒于认真检讨自己，哈哈一笑了之的人称为"马大哈"。但"马大哈"这一说法有何由来，你知道吗？

"马大哈"作为一个新词，它是20世纪50年代，由天津市的相声泰斗马三立创造的趣语。那段相声名字为《买猴子》，50年代曾风靡全国。故事是这样的，有一位干部叫"马大哈"，以不负责任、马虎而出名。他写了个公告，本来要通知"到（天津市）东北角，买猴牌肥皂五十箱"。可是飞笔疾书，马虎草率，错写成"到东北买猴儿五十只"了。结果，马大哈的领导们也是

相声泰斗——马三立

官僚主义，看也不看内容便挥笔批准。而马大哈的同事和下属又习惯盲从作风，问也不问纷纷出差执行任务，闹出了令人捧腹不已的一大堆笑话。比如，跑遍了大半个中国去采购猴子；各地虽惊奇天津采购员的离奇"购货单"，仍到处捉拿猴子交货；猴子运回之际，群猴出笼大闹百货公司……随后，"马大哈"一词迅速传遍全国。

平常我们口中的"马大哈"也不尽含贬义，也有戏称、亲昵的说法，不过这要视情况跟对象而言。古往今来，文字组成词语，像孩子玩的万花筒似的，变换无穷，古文古语有很多现已淘汰不用了，又不断有新词涌现出来，丰富文字词语典籍。"马大哈"作为新词，就是其中一例。

小偷为何被称为"三只手"

人们习惯称小偷为"三只手"，但是你知道这一说法的来历吗？

一般观点认为"三只手"这个词是舶来品，最早见于古罗马剧作家普劳图斯的著名喜剧《一坛黄金》。在该剧第四幕第四场中，吝啬鬼尤克里奥丢失了一坛金子，他要求奴才们伸出手来，让他检查。他看了奴才的第一只，又看第二只，但是仍没有查到小偷。最后尤克里奥气急败坏，竟要奴才们伸出莫须有的"第三只手"来给他看。从此，"三只手"便成了小偷或有偷窃行为者的一个代名词。

实际上，在中国早就存在"三只手"的说法了。民间流传着一个"三只手"与范仲淹的故事。北宋天圣年间，东京黑道上有个赫赫有名的神偷。按照江湖规矩，不兴打听真实姓名，不准寻根问底，他的真名实姓至今是个谜。当时的小偷，都是把一枚铜钱，磨得锐利无比，用以割人腰包，俗称"跑明钱的"。而这个神偷很独特，不用任何工具，只要擦身而过便手到擒来。有次他为同行献技，双手高举，一挨身就把银子掏出来了，好像身上还长着一只手。众人对他佩服得五体投地，所以送他绰号"三只手"。但这个神偷却很讲道义，他给自己的门徒规定了"三不偷"的规矩：一不偷忠臣义士；二不偷贫寒人家；三不偷良家妇女。偶尔偷钱，必定加倍奉还。门徒必遵"三不偷"的"祖训"，否则被视为不肖子孙，逐出"山门"。一次，"三只手"的门徒错偷了大忠臣范仲淹的银子，事后不仅加倍奉还，还在银子里夹上一张纸条："不知是范忠臣的银子，今加倍奉还，望乞恕罪。"落款"三只手"。范仲淹很佩服"三只手"的江湖道义，由此想到朝廷昏庸，官场黑暗，达官贵人，明抢暗

"三只手"这一词的来历有着不同的说法，但不管来源何处，它都是小偷的代名词，这个无可厚非。

被"三只手"还过银子的范仲淹

夺，竟还不如一个小偷！遂提笔在手，写一打油诗："世人都恨盗，岂知盗亦道；若然都有义，怎会世颠倒！"写毕，掷笔于案，喟然长叹。

还有一种说法，"三只手"的来历最早起源于明朝晚期，当时战乱不断，老百姓贫困潦倒，世风日下，偷盗猖獗，大部分小偷的上衣有一只袖子是不穿上的，而用没穿衣袖的那一只手行窃，人们忌讳提小偷一词，就将小偷形象地称为"三只手"，用以相互提醒，久而久之，"三只手"就成了小偷的代名词。

"三只手"这一词的来历有着不同的说法，但不管来源何处，它都是小偷的代名词，这个无可厚非。

为何海外华侨被称为"海外赤子"

> "海外赤子"一词由"海内赤子"转换而得，而"海内赤子"的典故则出自唐代。

"赤子"一词本指婴儿。孔颖达疏："子生赤色，故言赤子。"这是在辞书上查到的说法。最早见于《汉书·龚遂传》："故使陛下赤子，盗弄陛下之兵于潢池中耳。"后来"赤子"这个词便引申为指代忠于国君的子民百姓。那为何要将海外华侨称为"海外赤子"呢？

"海外赤子"一词由"海内赤子"转换而得，而"海内赤子"的典故则出自唐代。有一次，唐太宗李世民在殿前观看射箭比赛，由于人多事杂，为防不测，大臣们便建议皇上离赛场远些，以免万一有刺客，会被弓箭所伤。不料，一向亲民爱民的唐太宗不仅没有听从建议，反而讲了这样一番话："王者视四海为一家，封域之内，皆朕赤子，朕一一推心置其腹中，奈何宿卫之士亦可加猜忌乎？"意思是说既然我把四海之内的子民百姓都看成是自己可以推心置其腹中的赤诚之子，怎么还会对身边负责值宿的卫士加以怀疑呢？

那么"海内赤子"是什么时候转换为"海外赤子"的？20世纪80年代初，反映归侨参加祖国建设的电影《海外赤子》曾轰动一时，该片的主题歌《我爱你，中国》，更是广为流传。此后，冠以"海外赤子"之名的图书陆续问世，例如《海外赤子——中华》《海外赤子情》《海外赤子眼中的新中国》等。据推测，很可能是这个时候"海内赤子"换为"海外赤子"。因为在此之前，《辞海》等工具书中，还未见到这个词的出现。

"海外赤子"一词所表达的是一片赤诚，用这个词来比喻华侨对祖国的热情、关心和支持，是再合适不过的了，因为祖国是他们的根之所在。所以，海外华侨又被称为"海外赤子"。

海外华侨陈嘉庚雕像

第六篇 丰富多彩的俗语·典故

窥探文化真相

> 这句话原本出自唐朝赵元一《奉天录》卷四："光晟临死言曰：'传语后人，第一莫作，第二莫休。'"

"一不做二不休"有何来历

一不做二不休，这个俗语大家都很熟悉，至于它的来历恐怕不是所有人都知道的。这句话原本出自唐朝赵元一《奉天录》卷四："光晟临死言曰：'传语后人，第一莫作，第二莫休。'"

张光晟是唐朝中期北方的军人。唐天宝十五年（756年）六月，潼关守将哥舒翰受玄宗皇帝严令出关迎战杀敌，误入埋伏，"哀哉桃林战，百万化为鱼"，近20万军人几乎全部阵亡。逃出生天的只有8000人。兵荒马乱中，担任先锋的步兵统领王思礼的战马中流矢而毙。恰巧有一名骑兵看见，把自己的战马送给了王思礼，自己走入了逃亡的军队之中。这个骑兵就是张光晟。三年后，安史之乱还没有平定的迹象。玄宗被儿子赶下台，安禄山被儿子杀死。而昔日的潼关败将王思礼却官至司空兼河东节度使。

代州刺史辛云京受同僚中伤，新上任的顶头上司王思礼十分震怒，辛云京心急若焚。此时，张光晟正在辛云京手下当差，就对辛云京说："我曾救过王思礼的命，过去不说是因为我不愿意以此受赏。现在，我去见王思礼把事情说了，以解君忧。"

当王思礼看到辛云京的使者张光晟时，满面肃杀化作了春风拂面，激动地拉着张光晟的手，泪流不止："吾有今日，子之力也。求子颇久，竟此相遇，何慰如之？"王思礼不但赦免了辛云京的罪过，而且与张光晟结为异姓兄弟，"即日擢光晟为兵马使，累奏特进，试太常少卿，委以心腹。"

一年之后，王思礼病逝。辛云京继任为河东节度使，他也知恩图报，立刻表奏张光晟为代州刺史。

大历十三年（778年），回纥入侵中原。《旧唐书·代宗本纪》载："春戊辰，回纥寇太原，鲍防与之战，我师不利……二月庚辰，代州都督张光晟击回纥，战于羊武谷，破之。"《回纥列传》记载："十三年正月，回纥寇太原，过榆次、太谷，河东节度留后、太原尹、兼御史大夫鲍防与回纥战于阳曲，我师败绩，死者千余人。代州都督张光晟与回纥战于羊武谷，破之，回纥引退。先是，辛云京守太原，回纥惧云京，不敢窥并、代，知鲍防无武略，乃敢凌逼，赖光

安史之乱

晟邀战胜之，北人乃安。"

在大唐王朝风雨飘摇的时代，这次胜利大大地为唐室增光，张光晟也因此走上了他人生的顶峰——升任单于都护，兼御史中丞、振武军使。唐代宗对他委以重任，"北蕃纵横日久，当思所御之计。"张光晟不孚重望，"至镇，威令甚行。"

安史之乱使唐王朝面临倒闭的危机。为了平叛，唐王朝不得不借助回纥的力量，双方的关系随之逆转。张光晟在平定回纥时立下了大功，但是后来在对待回纥态度问题上，张光晟犯了一个很严重的错误。因而被留守京城，做个有名无权的官，"负才怏怏不得志"。

建中四年（783年）十月二日，一支军队在路经长安的时候哗变，叛军攻入长安。皇帝等人仓皇逃跑。张光晟念及朱泚，希望他能平息事端。朱泚颇有威望，又"尝为泾帅"。张光晟去劝朱泚的时候，被其挽留在府中。源休曾出使回纥，为朝廷作出了很大的贡献，而没有得到封赏，心怀怨恨。于是就去拜见朱泚，希望能找个出路。"入见，屏入密语移时，为陈成败，引符命，劝之僭逆……（朱泚）喜，然犹未决……"源休就陈之厉害。最后"检校司空、同平章事李忠臣久失兵柄，太仆卿张光晟自负其才，皆郁郁不得志，悉起而用之。工部侍郎蒋镇出亡，坠马伤足，为所得。先是休以才能，光晟以节义，镇以清素，都官员外郎彭偃以文学，太常卿敬钅厘以勇略，皆为时人所重，至是皆为泚用。"其后，朱泚自称大秦皇帝，年号应天，"伪署姚令言为侍中，李忠臣为司空、兼侍中，源休为中书侍郎、平章事、判度支，蒋镇为吏部侍郎，樊系为礼部侍郎、礼仪使，许季常为京兆尹，洪经纶为太常少卿，彭偃为中书舍人，裴揆、崔幼贞为给事中，崔莫为御史中丞，张光晟、仇敬忠、敬钅厘、张宝、何望之、段诚谏、张庭芝、杜如江为节度使……"

此后，张光晟就又卷入一个谋逆事件。《旧唐书·柳晟传》记载："朱泚反，（柳晟）从帝至奉天，自请入京师说贼党以携沮之，帝壮其志，得遣。泚将右将军郭常、左将军张光晟皆晟雅故，晟出密诏，陈祸福逆顺，常奉诏受命，约自拔归。要籍朱既昌告其谋，泚捕系晟及常外狱，晟夜半坎垣毁械而亡，断发为浮屠，间归奉天，帝见，为流涕。"

其后，李晟率军平叛。"时

> 张光晟在平定回纥时立下了大功，但是后来在对待回纥态度问题上，张光晟犯了一个很严重的错误。因而被留守京城，做个有名无权的官，"负才怏怏不得志"。

唐代藩镇分布图

伪门下平章事张光晟，恃内应之功，辞公先往迎驾，拟立功于众臣之上。"《唐国史补》记载："李令军逼神鹿仓，贼张光晟内应，晟乃得入，先斩光晟。又与骆元光争功，置毒以待。元光方食而觉，走归营，不复更出。然晟功戢兵最大也。"

其后张光晟被李晟作为垫脚石杀掉了。在临死前，张光晟说："传语后人，第一莫作，第二莫休。"传到后来，就变成了"一不做二不休"。

"一朝被蛇咬，十年怕井绳"有何典故

> "一朝被蛇咬，十年怕井绳"比喻吃过一次亏以后，便长时间地疑神疑鬼。

一朝被蛇咬，十年怕井绳的事情，我们几乎都经历过，也经常用到这个词语。那么，"一朝被蛇咬，十年怕井绳"有什么典故呢？

佛家有蛇绳的比喻。宋朝人子璿是著名的佛学大师，在《禅宗灯录》中，子璿被称为"南岳第十一世琅琊广照慧觉禅师法嗣"。在其所写的《起信论疏笔削记》中曰："知法如幻，故无所怖。绳蛇非毒、杌鬼无心，何所怖耶？"佛家认为如果误认幻象为实物，就会心生胆怯，即"遍计所执"。在《续传灯录》中言："一度著蛇咬，怕见断井索。"其在《五灯会元·龙门远禅师法嗣》中是这样记述的："问：'狗子还有佛性也无？'赵州道：'无，意旨如何？'师曰：'一度著蛇咬，怕见断井索。'"意思是问："狗有没有佛性呢？"答："没有，你为什么要这么问呢？"禅师回答："狗曾被蛇咬过一次，就是见到井绳也会害怕。（因而，狗有佛性。）"之后，这句话渐渐被人们熟知，就成了一句俗语。《初刻拍案惊奇》卷一："一年被蛇咬，三年怕草索。说到货物，我就没胆气了。"越传越广，后来就变成了"一朝被蛇咬，十年怕井绳"。比喻吃过一次亏以后，便长时间地疑神疑鬼。

《初刻拍案惊奇》

"一寸光阴一寸金"，为何用"寸"形容光阴

> "寸阴"，即阴影缩短或延长一寸的距离。寸阴的时间极为短暂，如白驹过隙。古人常以寸阴形容时间过得很快，这在今天仍然有着积极的意义。

"一寸光阴一寸金，寸金难买寸光阴"，被人们熟知。小时候，浪费时间，不好好学习，就会被大人们用这句话来教导说，时间可贵，不能浪费。那么，人们为什么要用寸来形容光阴呢？

元代同恕《送陈嘉会》诗："尽欢菽水晨昏事，一寸光阴一寸金。"《淮南子·原道训》："故圣人不贵尺之璧而重寸之阴，时难得而易失也。"唐·王贞白《白鹿洞二首》："读书不觉已春深，一寸光阴一寸金。"人们用寸来形容光阴，主要与古人的计时方式有关。

古时候，人们没有手表，一般采用晷计时。晷，又称为日晷。日晷，即是在圆形板上刻上表明时间的度数，圆中心立一小棍，由日出到日落，小棍的阴影由长而短，又由短而长地映在度数上，即表示着时间。其原理就是利用太阳投射的影子来测定并划分时刻。日晷通常由铜制的指针和石制的圆盘组成。石质的晷盘四周刻有子、丑、寅、卯、辰、巳、午、未、申、酉、戌、亥等十二个度，用来表示时辰。这个小棍通常就是铜制造的。但是在阴天下雨时，日晷就不好用了。即使这样，日晷的发明在天文学上也有重大的意义。此外，古代人们还利用沙漏、香计时。自古就有"一炷香的时间"的说法。

"寸阴"，即阴影缩短或延长一寸的距离。寸阴的时间极为短暂，如白驹过隙。古人常以寸阴形容时间过得很快，这在今天仍然有着积极的意义。

故宫太和殿殿前日晷

"一人得道，鸡犬升天"出自哪里

"一人得道，鸡犬升天"，常被用来讽刺那些依附权势而升官发财的人。这一句话大有来历。

在《汉中碑石》上记载了这样一个故事：汉居摄二年（公元7年），今城固县许家庙有一个名叫唐公房的人，在今安康做官。有一天他在城固县老家遇见一个修仙炼道的真人，就拜他为师，并常常送给他鲜美的甜瓜品尝。真人被唐公房的诚心感动，决定赠给他仙丹服用。唐公房服用了仙丹之后，能辨兽言识鸟语，而且健步如飞。数百里的路程，转眼就到。百姓都很惊奇。当时的郡守大人知道了，就决定跟唐公房学习修仙炼道，始终不能像唐公房那样懂鸟兽的语言，行走如飞。郡守大人以为唐公房藏私，就想要加害唐公房一家老小。唐公房知道后，就告诉了他的师傅。他师傅告诉他不必惊慌，他自有办法。真人给了唐公房一些丹药，告诉他只要服用了就会白日飞升。唐妻留恋房舍及禽畜，仙人又给房舍涂上仙药。这样，全家人和禽畜都服了仙药，"须臾，有大风玄云来迎公房妻子，房屋、六畜，

淮南王刘安

倏然与俱去……鸡鸣天空，狗吠云中。"

当地老百姓就建造了一座"灵寿宫"，纪念唐公房一家人得道飞升。后来，改名为"唐仙观"。据明嘉靖四十五年（1566年）《城固县志》记载："唐仙观，（县城）西北二十五里。汉居摄二年名曰'灵寿宫'，因唐公房升仙改今名。"

还有一个传说和这个类似。淮南王刘安笃信修道炼丹。有一次他遇见了仙人，就拜他为师，学习修道炼丹之术。大功告成之时，汉武帝派人来捉刘安，刘安情急之下吃了炼制的丹药，飞升成仙。他的亲朋好友也吃了丹药，就连他家的鸡鸭鹅犬都吃了炼丹炉里的丹药。因而都飞升成仙了。

后来故事流传下来，越传越离奇，便有了现在的各种版本。"一人得道，鸡犬升天"的成语沿用下来，流传到现在，成为人们所熟知的成语故事。

"一问三不知"有哪"三不知"

"一问三不知"出自《左传》。"三不知"在当时的意思是指不知道事情的起因、经过和结果。

"一问三不知"现在指怎么问都说不知道，有装糊涂，假装不知道的意思，也有明哲保身的意味。这句话出自《左传》。"三不知"在当时的意思是指不知道事情的起因、经过和结果。

公元前468年，晋国的荀瑶率兵攻打郑国，齐国为防止晋国强大，就派陈成子带兵增援郑国。有人就告诉陈成子："有一个从晋军跑出来的人告诉我，晋军要派一千辆战车攻打我们，势必要把我们消灭。"陈成子听了，就骂他，"出发前，国君就告诉我，说：'不要追赶零星的士卒，不要害怕大批的人马。'晋军即使出动一千辆战车也不能害怕。你刚才居然讲出灭自己士气，长敌人威风的话来。回国之后，我要禀明国君，治你的罪。此人自知失言，便说：'君子之谋也，始衷（通"中"）终皆举之，而后入焉。今我三不知而入之，不亦难乎！'这句话是说：聪明人谋划一件事情，对事情的开始、发展、结果这三方面都要考虑到之后，再向上报告。现在我对这三方面都不知道就向上报告，不是让自己为难吗？"

邓拓在他的《变三不知为三知》一文中，对"始、中、终"做了很详细的阐述："'始'，就是事物的起源、开端或创始阶段，它包括了事物发展的历史背景和萌芽状态的

《春秋左传》

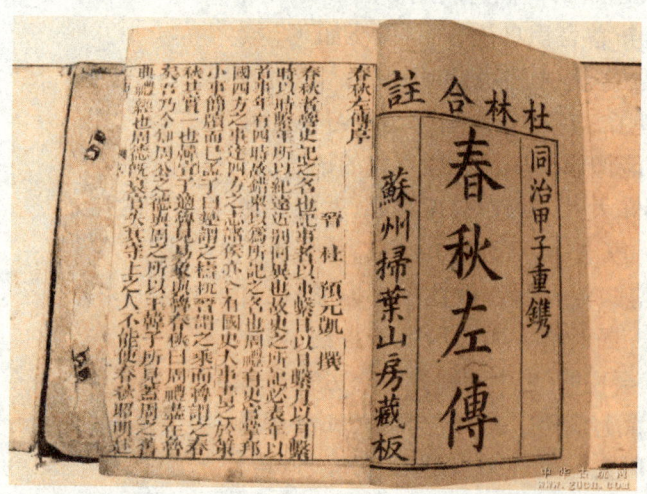

种种情况在内。'中',就是事物在发展中间的全部过程情形,它包括了事物在不断上升或逐步下降的期间各种复杂变化过程在内。'终',这就是事物发展变化的结果,是一个过程的终了,当然它同时也可以说是另一个新过程的开始。"

"三不知"从最初不知道事情的起因、经过、结果逐渐演变为对事情内情毫不知情,或者假装糊涂的意思。在后来的明清小说中,三不知还表示匆匆忙忙、冒冒失失的意思,如《二刻拍案惊奇》卷三说道:"桂娘一定在里头,只作三不知,闯将进去,见他时再作道理。"另外还有突然的意思。

"做一天和尚撞一天钟"为何成了"得过且过,混日子"的代名词

"做一天和尚撞一天钟",在现代汉语里有混日子、消磨时光,遇事敷衍,得过且过,过一天算一天的意思。那么,这一用语有无出处呢?

在佛教寺院里有专司撞钟之事的和尚。古时先是按晨鼓暮钟,钟声属于金声,有停止行动的意思。暮钟一响,意为该休息了。后改为晨钟暮鼓,以晨钟催人猛醒。也有晨暮皆撞钟的。"做一天和尚撞一天钟",按职行事,其实是没有错的。因为钟声会上通天堂,下彻地府,钟是不能随意撞的。撞钟有一套严格的规矩。撞钟前,和尚必须默诵佛经,诵毕方能执槌撞钟。

在撞钟时要撞出轻重分明、缓急有致的节奏。钟声要抑扬顿挫,传之既远,且又回荡不息。紧七下,缓八下,平平 20 下,是为一通。三通共击 105 下,然后再撞三下,前后总共撞钟 108 下。紧七下,口诵"大方广佛化严经"七字。缓八下,口诵"唵伽罗帝耶娑婆诃"八字破地狱真言。平平 20 下者,口诵"若人欲了知,三世一切佛,应观法界性,一切唯心造"20 字,这是蒙山施食仪经文。三下者,口诵"唵哑吽"三字,梵语意为祈愿死者往生极乐世界。

做一个合格的撞钟和尚殊为不易,不仅要要精通经文,还要能吃苦,比别人起得早,另外还要会撞。这不是一般人能做

和尚撞钟图

窥探文化真相

> 做一个合格的撞钟和尚殊为不易,不仅要要精通经文,还要能吃苦,比别人起得早,另外还要会撞。这不是一般人能做到的。

到的。著名"姑苏城外寒山寺"的钟声必须在 20 分钟之内敲完 108 下,而且最后一下敲在子夜 12 点整,差一秒不行,过一秒也不行。如此分秒不差的撞钟,实在是一件很难的事情。

但无奈俗人不知撞钟的难处,从旁观瞧,还以为和尚撞钟是稀松平常之事,到时辰就撞它几下,很容易就混过一天了。甚至有的无识之人还认为撞钟的和尚是为了混饭吃。如明朝兰陵笑笑生《金瓶梅词话》中就这么说。其第二十六回中劝惠莲说:"常言道,做了一天和尚撞了一天钟,往后贞节轮不到你身上了。"这无疑是小丑类人物对和尚撞钟的滥用。

清朝李宝嘉《文明小史》第四十四回:"我们做一天和尚撞一天钟,只要不像从前那位老中堂,摆在面上被人家骂什么 卖国贼,我就得了。""做一天和尚撞一天钟"的意思已与今天无异,比喻遇事敷衍,得过且过,过一天算一天,凑合着混日子,有无可奈何,勉强从事的意思。这种俗语都是小说里的戏言,不符合佛教和尚修持的事实,现实中不可乱用。

"剃头挑子一头热"原指何意

剃头挑子一头热,现在通常比喻一件事情,只有一方同意,一厢情愿,另一方不同意。比如,男女谈恋爱,男方同意,女方不同意,就是剃头挑子一头热。那么,剃头挑子一头热原来指什么呢?

在古代,古人讲究留发蓄须。剃头发的事情还是在清朝时期强制实行的。在民国时期,经常会有一个理发师傅担着一个挑子的情形。挑子的一头是"板凳"。这个板凳是特制的。这个板凳用木板拼凑而成,里面有抽屉,可以放钱、剃头发用的工具。另一头也是特制的,一般是铁架子,上面放着一个水盆,下面是火炉。理发师傅走街串巷,有生意的时候,就把挑子放下,让客人坐在"板凳"上面。因为火炉的存在,所以水盆里的水一般都是热的,客人可以直接用来洗头。在这副挑子的一头就是热的。于是就有剃头挑子一头热的说法。后来流传开来,人们就给它赋予了新的意思。现在用它的时候,一般是使用喻义。

剃头挑子一头热,所以有些事情就不要去强求了,顺其自然就好,这样也许会收到好的结果。

古代理发场景图

"三句话不离本行"有何故事

一行人讲一行话,不同的人物有不同的语言,一个人所说的话,所做的事,与其本人的年龄、性格、职业和爱好都多多少少有一些关系。这就是"三句话不离本行"。那么,它有什么来历呢?

清人李伯元所著的《官场现形记》第三十四回:"每到一处,开口三句话不离本行,立刻从怀里掏出捐册来送给人看。"《黄绣球》第十回:"我是业医的,你们不要笑我三句不离本行。"

关于三句话不离本行的小故事有很多。有一户人家闹分家,请四个人去调解。由于这个事情不好办,大家就到厨师家去碰头商量办法。厨师先发言说:"咱们要快刀斩乱麻才行,别锅啊碗啊分不清。"裁缝说:"办事不能太偏,我们得针过去,线过去才行。"车把式接着说道:"其实也不难,前有车,后有辙,别出大格就行了。"船把式早就听得不耐烦了,说:"咱也别啰啰唆唆了,到那儿再见风使舵吧!"厨师的媳妇听完乐了:"你们几个真是三句话不离本行,卖什么吆喝什么。"她的话刚说完,厨师、裁缝、车把式、船把式也都大笑起来。原来,厨师媳妇自己是做小买卖的。

古代的时候,有一个深夜出访的郎中看见巡街的县官乘轿迎面而来。他怕冲撞了县官,就慌忙避入旁边的小巷里。不料,县官发现了他,怀疑他是坏人,便命人把他带上前来问话。县官问他是什么人,做何营生。郎中心想,"万般皆下品,唯有读书高",何不冒充一下读书人呢。于是就回答说:"生员本是个去赶考的考生,因怕冲撞了老爷这才避入小巷。"县官喝道:"好,你既然是个考生,定当会吟诗作对。本县出上联,你且对出下联。"县官手指轿前伞疤说:"黑柄双翎伞。"郎中对答:"红丸八宝丹。"县官又指指临街的绸缎店铺招牌说:"三尺天表缎。"郎中随口就说:"六味地黄丸。"县官见他对答如流,心想此人才学倒不错,正巧看见远处一家高楼中似乎有个姑娘在灯下做针线,便又出一联:"小女子头发光灿,必有三从四德。"语音刚落,郎中就接口说:"大老爷面肤黄瘦,定是五痨七伤。"县官一听大怒,大声喝道:"胡说!"郎中说:"胡说是热症,宜服清凉降火剂。"一个差役骂他:"放屁!"郎中说:"放屁是下虚,要吃十全大补汤。"另一个差役骂他:"要死!"郎中一听转身就走:"老爷要死,快另请高明吧!"说完,一溜烟跑得无影无踪了。此时,县官才恍然大悟,"原来他是个郎中,怪不得三句话不离本行。"

古郎中

一行人讲一行话,不同的人物有不同的语言,一个人所说的话,所做的事,与其本人的年龄、性格、职业和爱好都多多少少有一些关系。

窥探文化真相

除以上两个小故事之外，还有其他版本的故事，都是说明了一行有一行的行话。通过他说的行话，我们可以知道他的行业。这样有助于了解一个人，对自己的工作或者交际也有所帮助。

"三个臭皮匠"，真能"顶个诸葛亮"吗

> 三个应是虚指，意思是说很多，或者大量。很多人的集思广益也可以想出诸葛亮的办法来。所谓智者千虑必有一失，愚者千虑必有一得。

人们常说"三个臭皮匠顶个诸葛亮"。诸葛亮是蜀汉的丞相，一生鞠躬尽瘁死而后已，其智慧谋略可谓是人上之人。皮匠一般是指用皮革制作物件的工人或者修理、制作皮鞋或其他皮货者。臭形容技术不好。那么，"三个臭皮匠"真能"顶个诸葛亮"吗？

话说有一天诸葛亮到东吴做客，为孙权设计了一座塔，用来掂量东吴的实力，也是对东吴的刁难：塔顶上的铜葫芦，要有五丈高，4000多斤重。东吴无人能做。只好张榜寻能人异士。有三个皮匠看到了，就用自己的皮匠技术缝制了一个铜葫芦的形状。埋在沙土之中，然后浇筑铜汁。于是这个宝葫芦就做成了。后来就有了"三个臭皮匠顶个诸葛亮"的说法。

《三国演义》第四十三回："诸葛亮舌战群儒。"在当时，东吴孙权手下，高朋满座，谋人智士无数。诸葛亮一人单凭三寸不烂之舌，辩得对方哑口无言，大获全胜。如此大智大慧的人，是三个皮匠能比肩的吗？更何况是三个臭皮匠呢？

"三个臭皮匠顶个诸葛亮"中的皮匠应该为裨将。裨将在古代是副将。原来的意思是指三个副将的智慧加在一起可以和诸葛亮并驾齐驱。如果细细想来，诸葛亮是军事家，擅长行军打仗。皮匠根本就不懂军事，即使再多加在一起也不可能抵过一个诸葛亮。那么这句话是怎么来的呢？

《三国演义》草船借箭时，诸葛亮命三个手下按计策做了准备。布置完成之后，这三个手下去报告诸葛亮，认为用草靶子当人，有可能被曹操识破。就在船上竖立两三个稻草人，套上皮衣、皮帽，看起来就像真人一样。后来，曹操果然中计。

其实从时间上考虑，三个裨将不能顶个诸葛亮。首先，诸葛亮是军事家，他有更丰富的作战经验。三个裨将虽然也处于前线，也有丰富的战斗经验。但是，在智慧上讲，他们中每一个人的智慧都不会比诸葛亮高。诸葛亮可以在短时期内想出一个合理的办法或者计策，他们三个人要花很长的时间想出方法，还要在一起反复讨论论证。等到最后决定的时候，恐怕时机早就错过了。在战争上是

诸葛亮

分秒必争的事情，时机稍纵即逝，一般不会容得三个裨将在那慢慢思考的。

如果三个裨将真能顶个诸葛亮，当年刘备也不需要去三顾茅庐，只需要贴一张告示，来的就不仅是三个裨将了。我想这句话的意思应当这样理解：三个应是虚指，意思是说很多，或者大量。很多人的集思广益也可以想出诸葛亮的办法来。所谓智者千虑必有一失，愚者千虑必有一得。很多人同时去想一件事情，他们职业身份不同，出发点和个人素质也不同，那么他们一个人考虑事情或许是片面的，但是很多人的片面组合在一起，去其芜杂，存其精华，那么就会得到一个甚至可能比诸葛亮还要好的办法来。

为何说"无事不登三宝殿"

佛、法、僧号称佛门三宝。佛指大知大觉之人；法即是佛所说的教义；僧指继承和宣扬教义之人。三宝所在之殿，也就是三宝殿。佛所在宝殿是大雄宝殿；法所在宝殿是藏经阁；僧所在宝殿是禅房。这三处地方，无事不能随意乱闯。后人用"无事不登三宝殿"表示没有事情不会去登门拜访。

原本人们去大雄宝殿总是有求而来，或是祈愿或是还愿，一般无事的时候不会登殿。藏经阁是佛法所在之处，里面藏有大量经文，一般人也是不能进入的。对于禅房，虽然是和尚的休憩之所，但是也是修禅之所，也不能随意出入。"三宝殿"是庄严的地方，僧众们是不得随意进入的。到后来，佛教发扬光大的时候，这条规矩也为人们熟知。也就产生了"无事不登三宝殿"这句俗语。

其实三宝殿中的"宝"是比喻的用法。正如金银珠宝等物质财富能使人生活快乐一样，佛法僧三宝也能使人在灵魂上得到满足，使人们的灵魂得到快乐。比之有限的生命，无限的灵魂得到快乐才是最重要的。皈依三宝，就能洗涤我们的心灵，使灵魂得到升华。

在明代小说《金瓶梅词话》中，说："小媳妇无事不登三宝殿，奉本县正宅衙内分付，敬来说咱宅上有一位奶奶要嫁人，讲说亲事。"在此时三宝殿是虚指，表示到访人家的府邸。

"无事不登三宝殿"对现代人来说不陌生，但是三宝具

北京潭柘寺大雄宝殿

> 如果三个裨将真能顶个诸葛亮，当年刘备也不需要去三顾茅庐，只需要贴一张告示，来的就不仅是三个裨将了。

> "三宝殿"是庄严的地方，僧众们是不得随意进入的。到后来，佛教发扬光大的时候，这条规矩也为人们熟知。也就产生了"无事不登三宝殿"这句俗语。

> 三和四集结了古代人的智慧，寄托了人们对美好事物的向往、追求、礼赞。而那些不务正业的人，就被人们斥之为"不三不四"。

体是指什么，恐怕知道的人就不太多了。

为何把不务正业的人称为"不三不四"

《易经》在我国古代是一部很重要的经典。《易经》的每个卦，分为六个爻，即六爻卦。而第三爻和第四爻在卦中间的位置，在易经中象征正道和大道。不三不四说明一个人或一件事物不在正道或大道上。后来把不务正业的人称为"不三不四"。

《水浒传》第七回："这伙人不三不四，又不肯近前来，莫不要攧洒家。"《东周列国志》第五十三回："陈灵公口中还在那里不三不四，耍笑弄酒。"《儒林外史》第三回："也该撒泡尿自己照照！你这样子不三不四，也想天鹅肉！"可见在古代这个词语很是常用，而且基本都是用来形容人不务正业的。

在古人眼里，天为一，地为二，天地相加为三，即三不仅是一个数，还表示天和地结合在一起，也就是整个事物的象征。所以在古今中外有很多三部曲、三进、三让、三顾等。另外在中国的汉字上，还有三人成众，三木成森等字。还有一些世人熟知的话，如"三人行必有我师"、"三思而后行"等。三在古代具有很重要的意义。

四在古代也有特别的意义。唐宋诗歌中的绝句都是四句五言，或者四句七言。《西游记》中有四大金刚，文房四宝，初唐四杰等。"事事如意"读起来像"四四如意"。

三和四集结了古代人的智慧，寄托了人们对美好事物的向往、追求、礼赞。而那些不务正业的人，就被人们斥之为"不三不四"。

《水浒传》

> 现在，"不管三七二十一"有时是表示不分青红皂白，有时表示不怕艰难困苦。

"不管三七二十一"有何由来

明朝冯梦龙《警世通言》卷三十二："若三日没有银时，老身也不管三七二十一，公子不公子，一顿孤拐，打那光棍出去。"不管三七二十一，有不计后果，不问青红皂白，还有不怕艰难危险等的意思。本来三七二十一只是算术用语，是算法口诀的一小部分。加上"不管"二字，其意思丰富起来。

战国时期，七国争雄。当时最强大的国家是秦国，其次是齐国。合纵连横之术在当时很流行。各国之间互相利用或者攻打。苏秦主张用合纵之术去抗秦，于是周游六国。在齐国，他对齐宣王进行了游说。齐宣王说齐国兵力不足。苏秦反驳:"我看齐国都城临淄有七万户,每户人家出三个男子服兵役,那么就有二十一万大军,抗秦的兵源仅临淄一城就足够了,何况还有其他城镇。"其实在当时,临淄一户人家不说有没有三个男子,就算有,都去出征打仗,那么耕作之事何人负责呢?苏秦的如意算盘打得好,只是纸上谈兵而已。

从前有一个大户人家,户主叫李元。他雇用了一个五大三粗的汉子在家里做长工。长工刚到之时,李元对他老婆说:"为了防止他借故上厕所,每天给他三顿干饭吧。"李元的老婆照做了。那个长工每天吃三顿干饭,吃得饱,干活有力气,一个顶两个用。旬日之后,李元对老婆说:"他虽然干活很卖力气,但是他吃得也多。这样吧,你每天给他三顿稀饭。"李元的老婆照做了。长工每顿虽然能吃七碗饭,但都是稀饭,不管用。干活时有气无力,还不如一个女人。田里杂草丛生,再不抓紧除草,粮食就要减产了。李元干着急,想再招一个短工,但又怕花钱,就训斥长工,说:"你一天吃我三七二十一碗饭,为什么干活不像个爷们?"长工瓮声瓮气地说:"干干干,一天九碗饭,浑身是力气;稀稀稀,三七二十一,撒尿如下雨。"李元叹了口气,对他老婆说:"以后不管三七二十一,每天给他三顿干饭。"这件事情流传开来,一时传为笑柄。

现在,"不管三七二十一"有时是表示不分青红皂白,有时表示不怕艰难困苦。随着时间的推移,原本的意思也渐渐地消失了。

《警世通言》

"新官上任三把火"指哪"三把火"

俗话说"新官上任三把火",是讲新上任的官员,开始的时候有些劲头,会做出一些有益于百姓的事情。暗含在之后能否再做出有益于百姓的事情就难说了。"三把火"是比喻新官上任之时,做出的有益于人民的好事像火光一样耀眼,轰轰烈烈,有声有色。那么,"新官上任三把火"究竟源于何处呢?"三把火"又是指的什么呢?

《三国演义》中,诸葛亮当上了刘备的军师,在短期内烧了三把火。第一把火烧博望坡。当时诸葛亮刚下山,刘备驻守新野。曹操命夏侯惇、于禁引兵十万,杀奔新野而来。孔明令曰:"博望之左有山,名曰豫山;右有林,名曰安林,可以埋伏军马。云长可引一千军往豫山埋伏,等彼军至,放过休敌;其辎重粮草,必在后面,但看南面火起,可纵兵出击,就焚其粮草。翼德可引一千军去安林背后山谷中埋伏,只看南面火起,便可出,向博望城旧屯粮草处纵火烧之。关平、刘封可引五百军,预

> "三把火"是比喻新官上任之时,做出的有益于人民的好事像火光一样耀眼,轰轰烈烈,有声有色。

《火烧赤壁》场景

备引火之物，于博望坡后两边等候，至初更兵到，便可放火矣。"又命："于樊城取回赵云，令为前部，不要赢，只要输，主公自引一军为后援。各须依计而行，勿使有失。"有诗曰："博望相持用火攻，指挥如意笑谈中。直须惊破曹公胆，初出茅庐第一功！"但是在《三国志》中，火烧博望坡之时，诸葛亮尚未下山。第二把火烧新野。火烧博望坡，曹操损失惨重，决定亲自讨伐刘备。"奸雄曹操守中原，九月南征到汉川。风伯怒临新野县，祝融飞下焰摩天。"这件事虽然在正史中没有记载，但在《三国演义》中，作者给我们描绘出比火烧博望坡更精彩的故事来。第三把火烧赤壁。当时曹操率号称百万的大军与孙刘联军对峙于赤壁。曹操误中计策，铁锁链环，被诸葛亮借来东风，火烧赤壁。这是诸葛亮上任以来的第三把火，此火奠定了三国鼎立的局面。至此之后，三国处于一段暂时和平的局面。

后来，新官上任也要烧三把火，在古代，一般是修缮破败的庙宇，祭拜孔庙、城隍庙等，或者是去拜访当地的达官贵人，还有点花名册等。新官会把其中两三件事做得有声有色，以博取当地人的好感。现在人们说"新官上任三把火"多有贬义。

"三寸不烂之舌"有何典故

现代人用"三寸不烂之舌"形容能说会道。这句话究竟有何典故呢？

《史记·平原君虞卿列传》："平原君已定从而归，归至于赵，曰：'胜不敢复相士。胜相士多者千人，寡者百数，自以为不失天下之士，今乃于毛先生而失之也。毛先生一至楚，而使赵重于九鼎大吕。毛先生以三寸之舌，强于百万之师。胜不敢复相士。'遂以为上客。"这就是著名的毛遂自荐成功归来后受到平原君称赞的场景。

《史记·张仪列传》：张仪被楚相"掠笞数百"，其妻曰："嘻！子毋读书游说，安得此辱乎？"张仪谓其妻曰："视吾舌尚在否？"其妻笑曰："舌在也。"仪曰："足矣。"张仪回答幽默风趣，寥寥数笔就刻画出张仪坚定不移的意志。同时也说明，只靠三寸不烂之舌去游说列国就足够了。

在《汉书》中，范阳辩士蒯通说信曰："将军受诏击齐，而汉独发间

> 张仪回答幽默风趣，寥寥数笔就刻画出张仪坚定不移的意志。同时也说明，只靠三寸不烂之舌去游说列国就足够了……

使下齐,宁有诏止将军乎?何以得毋行也!且郦生一士,伏轼,掉三寸之舌,下齐七十余城,将军将数万众,岁余乃下赵五十余,为将数岁,反不如一竖儒之功乎?"另外在《三国演义》中有"愿凭三寸不烂之舌,往江东说此人来降",《水浒传》第十五回"小生必须自去那里,凭三寸不烂之舌,说他们入伙"等句子。

烛之武是一个有勇有谋的爱国义士。他在说秦伯之前,只是郑国的一个小小的养马官。在郑国危难之际,他挺身而出,只身去说秦伯,足见其勇敢。说秦伯时,他只字不提郑国利益,而是站在秦国的立场上,分析亡郑对晋有利,而存郑对秦有利。他对秦伯晓之以理,动之以利,运用智慧最终化解了郑国的危难。后人有诗为证:危难之时挺身行,宝刀未老入敌营。但凭三寸不烂舌,说退秦师留美名。

张仪

为何做事技艺不精被称为"三脚猫"

"三脚猫"现在常被用来说某人技艺不精,略知皮毛。这个词语最早出现于元末明初的《南村辍耕集》:"张明善作北乐府《水仙子》讥时云……说英雄,谁英雄;五眼鸡,岐山鸣凤;两头蛇,南阳卧龙;三脚猫,渭水非(通'飞')熊。"文中讥讽三脚猫却被人当做飞熊。在其后的《七修类稿》中记载:"嘉靖间,南京神乐观有三脚猫一头,极善捕鼠,而走不成步。"所以"俗以事不尽善者,谓之三脚猫"。

在江浙地区流传着这样一个故事:相传在清代光绪年间,有一个武林高手在上海十六滩江边卖艺。十八般武器样样精通,这还不是令人惊奇的,最令人惊奇的是最后一招是提起江边的船锚当武器耍。武林高手走后,观赏的人就去提那个锚,当然是提不起来。于是人们便戏称某种技艺懂而不精的人为"三脚铁

《南村辍耕集》

> "三脚猫"现在常被用来说某人技艺不精,略知皮毛。这个词语最早出现于元末明初的《南村辍耕集》。

> 其实"三脚猫"的意思和北方人说的"半瓶子醋"差不多，都是用来形容做事技艺不精的人。

锚"，锚和猫同音。流传久了就变成了"三脚猫"。

在上海当地也流传着类似的一个传说。大概四五十年前，上海滩来了一艘走江湖的船。船上有一位白发苍苍的老拳师，当即就在江边卖起了武艺。他除了枪棒耍得好以外，还精通一项绝技，能将船上的两只船锚（每只重达50多斤）当武器来耍，挥舞自如，惊动了当时上海社会。很多人都争相去看这位白发拳师的"三脚锚"功夫（那艘船上的锚是三只脚）。白发拳师在上海逗留了年余，便离开了。此时"三脚锚"已经传遍上海。人们对懂一点功夫的人称他"懂得一点三脚锚"。到后来意思引申开来，变成了对学艺不精的人的讽刺。

还有人认为"三脚猫"是"三顾茅"的讹传。至于是怎么讹传的，笔者就不知道了。

其实"三脚猫"的意思和北方人说的"半瓶子醋"差不多，都是用来形容做事技艺不精的人。

"四面楚歌"有何来历

"四面楚歌"出自于《史记·项羽本纪》。比喻陷入困境，孤立无援。

楚汉之争，前期项羽有优势时没有除掉刘邦。鸿门宴之后，刘邦发展壮大起来。到了楚汉之争后期，项羽已经失去大片天下，大势已去。当时"项王军壁垓下，兵少食尽，汉军及诸侯兵围之数重。夜闻汉军四面皆楚歌，项王乃大惊，曰：'汉皆已得楚乎？是何楚人之多也。'项王则夜起，饮帐中。有美人名虞，常幸从；骏马名骓，常骑之。于是项王乃悲歌慷慨，自为诗曰：'力拔山兮气盖世，时不利兮骓不逝。骓不逝兮可奈何！虞兮虞兮奈若何！'歌数阕，美人和之。项王泣数行下。左右皆泣，莫能仰视。"

> "四面楚歌"出自于《史记·项羽本纪》。比喻陷入困境，孤立无援。

项羽的军队驻扎在垓下，士兵越来越少，粮食也吃没了。刘邦的汉军和韩信、彭越的军队把项羽军重重包围。夜晚，听到汉军在四周唱着楚地的歌谣，项羽大惊失色，说："汉军已经占领了楚地吗？为什么会有这么多的楚人在唱歌？"项羽就在夜里爬起来，到军帐中喝酒。美人虞姬，常常受到自己的宠幸；乌骓宝马，常常骑在胯下。于是项羽就慷慨悲歌，自己作诗道："力能拔山豪气盖世，时运不济乌骓不前。乌骓不前无可奈何，虞姬虞姬又当如何？"唱了一遍又一遍，虞

项羽

姬也同他一起唱。项羽泪流数行,身边的人也都哭了,没有谁能抬起头来看他。

当时唱的楚歌在后世流传下来,只是歌词,曲调已经失传。先摘录如下。版本一:九月秋凉兮,四野飞霜。日月征战兮,终归刘邦。白发老母兮,盼断肝肠。妻子何堪兮,独守空房。弟兄想见兮,跺足拭掌。姐妹思念兮,雨泪千行。故交好友兮,登门看望。窗兄窗弟兮,问短问长。一旦交兵兮,枪尖而亡。骨肉为泥兮,同战沙场。何不思故兮,各奔家乡。居家团圆兮,永得安康。

安徽宿州垓下遗址

版本二:九月深秋兮四野飞霜,天高水涸兮寒雁悲伤。最苦戍边兮日夜彷徨,披甲持戟兮孤立沙岗。离家十年兮父母生别,妻子何堪兮独宿空床。白发倚门兮望穿秋水,稚子忆念兮泪断肝肠。家有余田兮谁与之守,邻家酒熟兮孰与之尝。父母倚门兮望穿秋水,稚子忆念兮泪断肝肠。胡马嘶风兮尚知恋土,人生客久兮宁忘故乡。一旦交兵兮倒刃而死,骨肉为泥兮衰草濠梁。魂魄悠悠兮枉知所倚,壮志寥寥兮付之荒唐。当此永夜兮追思退省,及早散楚兮免死殊方。我歌岂诞兮天遣告汝,汝其知命兮勿谓渺茫。汉王有德兮降军不杀,哀告归寄兮放汝翱翔。勿守空营兮粮道已绝,指日擒羽兮玉石俱伤。楚之声兮散楚卒,我能吹兮协六律。我非胥兮品丹阳,我非邹兮歌燕室。仙音彻兮通九霄,秋风起兮楚亡日。楚既亡兮汝焉归,时不待兮如电疾。歌兮歌兮三百字,字字句句有深意。

垓下之战,刘邦最终获得了胜利。"四面楚歌"成了一个成语,在后世被广泛使用。

"八字没一撇"出自哪里

"八字没一撇"比喻事情还没有眉目,试想一下,"丿"都没写,八字如何能完成呢?《通俗常言疏证》卷三:"《通俗编》:'朱子《与刘子澄书》:圣贤已是八字打开了,人不自领会。'按今有'八字不见两撇'之谚,似又因于此。凡事无端绪者,谓之八字不曾见两撇。"在朱子,即宋代的大理学家朱熹写的《与刘子澄书》中说:"圣贤的大门已经像八字一样打开了,而世人却不去领会。"八字比作大门打开的样子,可谓形象至极。他说这句话是想让世人去追寻圣贤之道,恐怕他没想到,后人却会用"八字没一撇"来形容事情还没有眉目。

> 朱熹说这句话是想让世人去追寻圣贤之道,恐怕他没想到,后人却会用"八字没一撇"来形容事情还没有眉目。

"八字"在当时是形容门打开的样子。八字没一撇,则是说门还没有打开。借此引申出来的还有"没门儿"的说法。

"八字"一般也作"生辰八字"。在《易经》中,人的生辰是用天干、地支表示的。比如某人生辰甲子年、丙申月、辛丑日、壬寅时。甲子、丙申、辛丑、壬寅这八个字就是生辰八字。在古代,男女婚姻必须八字相配,门当户对,才能结合在一起。所以就有"八字没一撇"来形容男女婚姻还没有眉目。

在《续灯录》卷二九:"若问是何宗,八字不著丿。"在此是说还没有露出端倪。《儿女英雄传》第二九回:"不然,姐姐只想,也有个八字还没一撇儿,我就敢冒冒失失把姐姐合他画在一幅画儿上的理吗?"

"八字"合婚图

任何俗语的产生都有一定的社会背景。随着社会的发展,社会背景的改变,俗语的意思也会随之变化,以符合时代的需求。

"半斤"、"八两"为何会"差不多"

> 秦王朝建立之后,"衡"的单位一斤等于十六两,那么半斤就是八两。

人们一般用半斤八两来形容两个人实力不相上下,多为贬义。那么为什么"半斤"和"八两"会"差不多"呢?这要从古代的度量衡说起。

在秦朝一统天下之前,我国的度量衡没有统一的规定,各国的商贾之间交易很不方便。秦王朝建立之后,秦始皇实行改革,让李斯负责起草文件。在当时度量的标准已经确定了,唯独"衡"还没有主意。于是,李斯去请教秦始皇。秦始皇御笔一挥,写下"天下公平"四个大字。李斯看着这四个大字百思不得其解,最后恍然大悟,把四个字的笔画加在一起,就成了"衡"的单位,即一斤等于十六两。那么半斤就是八两。

汉代度量衡:铜砝码

现在看一下古代的杆秤,你会发现有好多星星。在古人眼里,北斗七星,南斗六星,福禄寿三星,总共十六星。十六星在杆秤上,就是一斤。也就是说,半斤是八星,也就是八两。宋代释惟白《建中靖国续灯录》:"踏着秤锤硬似铁,八两原来是半斤。"宋代释普济《五灯会元》卷十一:"问:'来时无物去时空,二路俱迷,如何得不迷去?'师曰:'秤头半斤,秤尾八两。'"

《水浒传》第一百零七回:"众将看他两个本事,都是半斤八两的,打扮也差不多。"此时半斤八两已经有贬义。

在我国长达2000多年的封建社会中,一斤等于十六两的衡制度一直使用。直到新中国成立后,由于十六两制在计算的时候有些不方便,才改成现在的一斤等于十两。

> 在我国长达2000多年的封建社会中,一斤等于十六两的衡制度一直使用。

"不是冤家不聚头"出自何处

"不是冤家不聚头",这一俗语常用来说明越是双方有矛盾和纠纷,越是容易碰到一起,从而引起新的矛盾。宋代《京本通俗小说·西山一窟鬼》:"这个不是冤家不聚会。好教官人得知,却有一头好亲在这里。"这大约就是"不是冤家不聚头"的出处了。

元代郑廷玉《楚昭公》第二折:"你每做的来不周,结下了父兄仇,抵多少不是冤家不聚头,今日在杀场上面争驰骤。"清代《红楼梦》第二十九回,贾母说:"我这老冤家是那世里的孽障,偏生遇见了这么两个不省事的小冤家,没有一天不叫我操心。真是俗语说的,'不是冤家不聚头'。"

为何"不是冤家不聚头",笔者认为,人们若想产生矛盾,做一对冤家,必然是需要先"聚头"。两人相聚之后,因某些原因才能成为冤家。古人言:"君子报仇,十年不晚。"于是,这两个冤家在后来必然要再次相聚。换个角度讲,不是"不是冤家不聚头",而是"不聚头不是冤家"。两人在生命中没有交集,那么很难成为冤家。只有交往了才有可能产生矛盾,才会成为冤家。

现在人们常用来比喻男女因为互相喜欢走到一起,而又经常吵闹的情况。指两人有情分,暗含夫妻之情的意思。

> 现在人们常用来比喻男女因为互相喜欢走到一起,而又经常吵闹的情况。指两人有情分,暗含夫妻之情的意思。

本俗语出处:《京本通俗小说》

"不见棺材不落泪"出自哪里

"不见棺材不落泪,不到黄河心不死"一般连在一起使用,用来表示不得到彻底的失败,人们都不会罢休。其实,"不见棺材不落泪"并不是见了什么棺材都落泪的。这个棺材必然要与见到的人有某些联系。棺材的主人或是见者的亲人,或者就是见者本人。有时"不见棺材不落泪"还表示见者死到临头了还不知悔改。

> 其实,"不见棺材不落泪"并不是见了什么棺材都落泪的。这个棺材必然要与见到的人有某些联系。有时"不见棺材不落泪"还表示见者死到临头了还不知悔改。

铜川耀州药王山发现的唐代石棺材

宋代有个叫安鸿渐的人,他是个"妻管严",十分害怕老婆。他岳父病故,夫妻二人前去吊唁。在去的路上,安鸿渐就号啕大哭。他老婆见他光有哭声却没有流泪,就问有什么原因。安鸿渐就回答说用手帕擦掉了。他老婆就吩咐他:"见了亲棺一定要落泪。"这大约就是"不见棺材不落泪"的原本了。明代兰陵笑笑生《金瓶梅词话》第九十八回:"常言说得好,恨小非君子,无毒不丈夫,咱如今将理和他不说,不见馆材不下泪,他必然不安。"这大概就是"不见棺材不下泪"最早的纪录了吧。

"不见棺材不落泪",见了亲棺才会落泪。这是它的本意。随着时间的流逝,这句谚语的本意已经面目全非了。现在就是用来形容不到彻底失败的时候不肯罢休。

为何说"寡妇门前是非多"

寡妇在封建社会是不幸运的一个人群,在寡妇的世界里,到处都是风言风语。年轻守寡,谓之克夫;中年丧偶,言其妨人;老年失伴,说你没福。在古人眼里,妇女要有三从四德。而一个完整的女人,在外有丈夫支撑着一片天,家里有公婆可以奉养,下有儿女承欢膝下。丈夫死后,一切都是由寡妇自己亲手打理。在古代,人们讲究"清白"和"节操"。而女人一般不能抛头露面。如是寡妇偶尔对人一笑,或善意地给赶路者递上一碗水,也会闹得满城风雨,成为长舌之人茶余饭后的谈资。

> 2000年来形成的封建余毒依然在当今社会中毒害着妇女。女人再婚本就是很难的事情,再加上人们的风言风语,寡妇的生活可想而知。

在封建社会,夫为妻纲,一旦丈夫死了,妻子就得守寡。但是妻子死了,丈夫却可以再娶。尤其在程朱理学的影响下,妻子就更要恪守妇道。天有不测风云,人有旦夕祸福。夫妻结合,自然其中一个会先死去。不管是留下谁,都是人生的一大不幸。然而寡妇在这个问题上还要再遭受别人的歧视。而且,不管寡妇如何循规蹈矩,都躲不掉别人的猜疑,躲不开受挑逗、受轻谩和受鄙视的境地。

在古代,人们认为红颜是祸水。寡居的女人如果姿色绝佳,更能招惹是非。在古代典籍里,不乏记载一些欺凌寡妇之人。

清人朱翊清写的《埋忧集》中有这样一个故事:李某家境贫寒,却娶得一个如花似玉的妻子杨氏。李某死后,杨氏无钱给李某买棺材,只能和婆婆以泪洗面。对杨氏一直垂涎的薛某,见此有机可乘,就借钱给杨氏,并让她的婆婆在字据上画押。葬礼结束之后,薛某就去催债,杨氏婆媳没有收入来源,自然还不起。最终,杨氏只有从了薛某,改嫁给他。如果薛某能够好好对待杨氏婆媳也算是功德一件了。

寡妇:祥林嫂形象

在古代,男性几乎都有侠义情结,都很乐意救助弱小。然而对于寡妇,很多"侠士"都望而却步,不是不想救助,实在是是非太多,拿捏不好分寸。"侠士"不好做,为非作歹的人却对寡妇胡作非为,往往结果是弄得寡妇不清不白,寡妇的反抗还常常酿成悲剧。《窦娥冤》就是典型的事例。

2000年的封建社会,囚禁了寡妇的人性,泯灭了社会的良知。寡妇是封建社会的牺牲品。虽然现代《婚姻法》有保护政策,但是2000年来形成的封建余毒依然在当今社会中毒害着妇女。女人再婚本就是很难的事情,再加上人们的风言风语,寡妇的生活可想而知。

"成也萧何,败也萧何"有何来历

"成也萧何,败也萧何"这个成语出自宋朝洪迈《容斋续笔·萧何给韩信》:"信之为大将军,实萧何所荐,今其死也,又出其谋。故俚语有'成也萧何,败也萧何'之语。"意思为韩信成事由于萧何,败事也由于萧何,比喻事情的成功和失败都是由这同一个人造成的。

楚汉时期,韩信起初在项羽手下当一个郎中小官,屡次向项羽献策,都未被采用,于是就从楚军逃亡至汉军,但也未被刘邦重用,只是"拜以为治粟都尉",主管粮草。萧何时任汉王刘邦的丞相。通过与韩信的几次接触,萧何看出韩信乃是军事上的全局之才。韩信看自己得不

> "成也萧何,败也萧何"这个成语出自宋朝洪迈《容斋续笔·萧何给韩信》,意思为韩信成事由于萧何,败事也由于萧何,比喻事情的成功和失败都是由这同一个人造成的。

窥探文化真相

萧何

到重用，一气之下便离开汉营。萧何听闻，立即去追，将其追回。刘邦不解地问："将士数十人都跑了，为何只追韩信？"萧何说韩信是一个将才，大将军非他莫属，劝刘邦选择吉日良辰，隆重拜韩信为大将。刘邦从之。一夜之间，韩信从一治粟都尉变为汉军大将军。这就是所谓的"成也萧何"。

韩信任大将军以后，多出奇谋，最终打败项羽的楚军，为刘邦建立汉王朝立下大功。韩信任齐王时，谋士蒯通就鼓动韩信造反，韩信不从。刘邦得天下后，对韩信不放心。有人告韩信谋反，刘邦就用计逮捕了他，削了他的兵权。韩信由此开始怨恨刘邦，常称病不朝。公元前197年，阳夏侯将陈豨造反，刘邦亲率兵前去平叛。韩信与陈豨事先商议，愿为内应。韩信秘密聚集一些亡命之徒欲袭击吕后和太子，但不幸事泄。吕后与萧何商量对策，萧何献计假称刘邦已平定陈豨，让群臣皆来拜贺。韩信上当入朝，一进宫便被武士捆绑。吕后命令将韩信斩首在长乐宫前。由于这也是萧何出的计谋，故云"败也萧何"。

"临时抱佛脚"，原意为年老信佛，以求保佑，有临渴掘井之意。后称平时无准备而事急时仓猝张罗为"临时抱佛脚"。

 "临时抱佛脚"有何来历

"垂老抱佛脚，教妻读黄经。"这是唐代著名诗人孟郊《读经》诗歌中的一句。"临时抱佛脚"，原意为年老信佛，以求保佑，有临渴掘井之意。后称平时无准备而事急时仓猝张罗为"临时抱佛脚"。

古时候，在云南的南面有一个外民族建立的小国家。这个国家的人，从平民到国王都崇信佛教，只有极少数人例外。有一次一个被判处死刑的罪犯挣脱了枷锁，逃出了监牢。第二天清晨，官府发现罪犯逃跑后，当即派兵丁差役四处追捕。那个罪犯逃了一天一夜后已经精疲力竭，眼看追兵已近，他自知难以逃脱，便一头撞进了一座古庙。这座庙宇里供着一座释迦牟尼的坐像，佛像高大无比。罪犯一见

重庆合川钓鱼城悬空卧佛佛脚

佛像，心里悔恨不已，抱着佛像的脚，号啕大哭起来，并不断用磕头表示忏悔。这个罪犯一边磕头，一边嘴里不停地说："佛祖慈悲为怀，我自知有罪，请求剃度为僧，从今往后，再也不敢为非作歹！"不一会儿，他的头也磕破了，弄得浑身上下都是鲜血。追捕他的衙役到了古庙，看到这种情况，被罪犯的虔诚信佛、真心悔改所感动，就去告诉官府，请求给予宽恕。官府听了之后，不敢擅自做主，就禀明了国王。国王笃信佛教，赦免了罪犯的死罪，并令他剃度出家，做了和尚。

后来，这个国家的人进入中国，去传播佛教的时候，把这则故事也告诉了中国人。于是"临时抱佛脚"也就成了中国人的俗语。

"敲竹杠"何意，有何来历

清代人李宝嘉的《官场现形记》第十七回："兄弟敲竹杠，也算会敲的了，难道这里头还有竹杠不成？"敲竹杠就是利用他人的弱点或找借口来索取财物或抬高价格，比喻利用别人的弱点或以某事为借口来讹诈。

关于敲竹杠的来历有好几种说法。

第一种说法，明朝末年，张献忠起兵攻入四川，对这里的贪官污吏大杀特杀，百姓们拍手称快。成都知府平日里贪赃枉法，聚敛了很多金银珠宝。如今，成都被占，自己的财物无法运出城去，心急如焚。恰巧看到了后花园中栽种的竹竿，心生一计。他命人把竹竿砍掉，把中间打空，将金银珠宝装进去。然后，将竹竿封装好，乔装成老百姓放在马车上准备运出城。

到了城门口，起义军拦下了车辆要进行检查。知府说："我们是做小本生意的，贩点竹子，准备运回乡去卖。这点小意思，请大家喝茶。"起义军随意看了一下发现确实都是竹竿。有一个老义军，感觉事有蹊跷："楠竹出产在乡间，做生意的人都是从乡下拉竹子进城卖，哪有从城里头拉竹子到乡下去卖的？"恰在此时，张献忠来巡城。老义军就告诉了这个情况。张献忠拔出刀敲了敲竹竿，然后一刀劈开，珠宝散落一地。流传到后世，就成了"敲竹杠"的故事。

第二种说法，清朝末年，一般的小买卖都是以铜钱作为交易单位，店家接钱后便丢在用竹杠做的钱筒里，晚上结账时再倒出来，谓之"盘钱"，又称之为"盘

> 敲竹杠就是利用他人的弱点或找借口来索取财物或抬高价格，比喻利用别人的弱点或以某事为借口来讹诈。

张献忠

用竹杠抬的慈禧太后的梓宫

点"。当时有家店铺的老板很不老实,陌生顾客进门,往往随意提价。每当伙计在接待顾客时,店主就敲一下竹杠,示意提价。

第三种说法,清朝末年,鸦片走私严重,走私贩子为躲避官府检查,费尽心机。水上走私鸦片的人,把鸦片装在竹制的船篙里。一天,一艘商船停在码头,接受官府的检查。查遍了整个船舱都没有发现鸦片。一个师爷吸着长烟筒,漫不经心地走到船艄,信手在撑船的竹篙上敲烟灰,敲得竹篙"嘟嘟"直响。此时,船主吓得面无人色,而别人却没有什么反应。船主知道师爷已经发现了猫腻,就慌忙把这位师爷请到后舱,掏出大把的银子悄悄塞给他,请他关照,不要再敲竹篙了。师爷得了贿赂自然不再敲竹杠了。

第四种说法,过去的运输工人用的都是竹杠,他们把血汗钱换来的银元、铜元放在手中的竹杠中,把头、恶霸来了,只要敲一下竹杠,便知道一天收入多少。

还有一种说法是,四川山区,有钱人进山烧香乘坐一种用竹竿做的简易轿子,由人抬着上山。抬到半山腰的时候,抬轿子的人就会敲竹杠,示意加钱,否则就不抬了。乘坐轿子的只好加钱。

 为何是"吹牛皮"而不是"吹羊皮"

"吹牛皮"是我国民间常用的一个俗语,意思是"说大话、夸口",那么为什么是"吹牛皮"而不是"吹羊皮"呢?在中国古代,牛皮是用来制作鼓的,所以牛皮是用来敲打的,而不是像竹制乐器等是用来吹的。所以"吹牛皮"的本义就是不搭调。

据一些专家学者考证,"吹牛皮"一词来源于黄河上游地区。黄河在流经青海、甘肃、宁夏、陕西等省(区)境内时,水流湍急,滩险浪恶,行舟艰难。在古代科学技术不发达,没法修筑跨越黄河的大桥,交通不方便,生活在黄河上游沿岸的人们为了解决渡河运输的难题,就想出一个办法——以皮筏代舟。在20世纪50年代之前,皮筏一直是黄河上游地区人们的一种重要的交通运输工具。这种皮筏子大多是用牛皮制成的。因为牛皮很坚韧,不易损坏。

"牛皮筏子"不是公用物,而是人们日常的家备交通工具。平时不

> 不管怎么样,最主要的原因还是牛皮不好吹。说自己能吹起来牛皮的人,大多都是"吹牛皮"的人。

用的时候,收放在家中;需用的时候,才往"牛皮筏子"里吹足气,使它能载人漂流于水面。"吹牛皮筏子"是一件很费劲的事,一般都得几个人通力合作才能吹胀一只牛皮筏子。所以,当时凡遇说大话的人,总有人以"好大的口气,简直可以吹胀一只牛皮筏子"来回敬。后来,"吹牛皮筏子"成了说大话的代名词。中国人喜欢语言简练。渐渐地,"吹牛皮"就代替了"吹牛皮筏子"。

兰州黄河上的牛皮筏

在杀猪宰羊时,血液放完之后,屠夫会在猪羊的腿上靠近蹄子处割开一个小口,用一根铁条插进去捅一捅,然后把嘴凑上去使劲往里吹气,直到猪羊全身都膨胀起来。这样做的目的是剥皮的时候方便。只要用刀轻轻一拉,皮就会自己裂开。这种做法就叫"吹猪"或者"吹羊"。

但是在宰牛的时候,屠夫很少用这种方法,一是牛的体型大,二是牛皮很坚韧,皮下脂肪少,把牛皮吹起来很难,非有极为强健的横膈肌和巨大的肺活量不可,断非常人所能为。若有人说自己能把牛皮吹起来,十有八九他就是在"吹牛皮"。

人们之所以把说大话叫作"吹牛皮"是有多方面的原因的。不管怎么样,最主要的原因还是牛皮不好吹。说自己能吹起来牛皮的人,大多都是"吹牛皮"的人。

"拍马屁"有何典故

蒙古人马上得天下,所以,战马对蒙古人来说是非常重要的伙伴。在元朝时期,蒙古人出行一般都是骑马。两人路上相见,也是拍拍马的屁股,摸摸马膘如何,并随口说上一两句恭维的话,"好马,好马",以博得马主人的欢心。起初,人们实事求是,好马就是好马,后来,有人不管马的好坏、强弱,只一味地说奉承话,把劣马也说成是好马。蒙古人是靠战马赢得了天下,所以很多官员都是武将出身。马也成了一种权力、身份、地位的象征。下级对上司最好的赞美,就是拍拍他的马、夸他的马好。于是,人们就把对上司的奉承称为"拍马"。

元朝建立后,蒙古人的文化也渐渐渗入到汉文化中。汉人很少骑马,对"拍马"是拍马屁股还是其他地方都不懂。就把"拍马"想象成了"拍马屁股",简称"拍马屁"。至于马屁股能不能拍,现在还没有定论。

> 汉人很少骑马,对"拍马"是拍马屁股还是其他地方都不懂。就把"拍马"想象成了"拍马屁股",简称"拍马屁"。

但是一定不能拍到马蹄子上去。

《官场现形记》第四五回:"账房师爷因为他时常进来拍马屁,彼此极熟,不好意思驳他。"现在人们用拍马屁比喻一个人经常阿谀奉承,为了讨好领导说很多过于夸张的褒奖言语。

关于拍马屁民间有一个趣闻。塞外有个土财主得了一匹宝马,就招来三个女婿一起饮酒祝贺。酒过三巡,土财主把宝马从马厩里牵出来,让三个女婿写诗赞美。

三个女婿为博得老丈人欢心,纷纷搜肠刮肚,寻觅佳句。大女婿首先开口:"水面置金针,丈人骑马到阴山。来去数百里,金针尚未沉。"土财主听了很高兴,连连夸赞。二女婿不急不忙,一字一句地念道:"火上放鹅毛,丈人骑马到余姚。来去数千里,鹅毛未被燎。"土财主听罢也很高兴。

这个时候轮到三女婿了,他天资愚钝,想不出好句子来,就一直拍着马屁股。宝马不耐烦,放了一个屁。三女婿灵机一动,说:"马儿放个屁,丈人骑马去会稽。来去数万里,屁门还未闭。"土财主听了之后,哭笑不得。

"拍马屁"漫画

"六亲不认"指哪"六亲"

> "六亲"历来说法不一,在现代通常是泛指亲属,其实在古代,"六亲"是特指一些亲属。

人们常说:"秉公断案,六亲不认。"那么"六亲不认"中的"六亲"指的是什么呢?

"六亲"历来说法不一,在现代通常是泛指亲属,其实在古代,"六亲"是特指一些亲属。代表性的说法有三种。第一种是据《左传·昭公二十五年》说,父子、兄弟、姑姐(父亲的姐妹)、甥舅、婚媾(妻的家属)及姻娅(夫的家属)为六亲。第二种是据《老子》说,父子、兄弟、夫妇为六亲。第三种是据《汉书》说,以父、母、兄、弟、妻、子为六亲。《汉书·贾谊传》:"建久安之势,成长治之业,以承祖庙,以奉六亲,至孝也。"唐颜师古注引应劭曰:"六亲,父母、兄弟、妻子也。"

另外,《后汉书·循吏传·秦彭》:"乃为人设四诫,以定六亲长幼之礼。"唐李贤注:"立亲,谓父子、兄弟、夫妇也。"《史记·管晏列传》:"上服度则六亲固。"唐

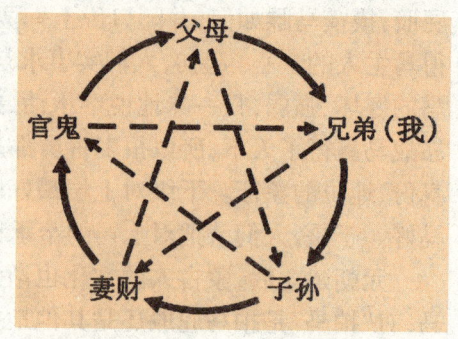

六亲生克全图

张守节正义:"六亲,谓外祖父母一,父母二,姊妹三,妻兄弟之子四,从母之子五,女之子六也。"亦泛指亲族、亲戚。《红楼梦》第一百零八回:"你说说,真正是六亲同运:薛家是这么着;二太太的娘家大舅太爷一死,凤丫头的哥哥也不成人……甄家自从抄家以后,别无信息。"此时就是泛指亲族、亲戚。

从血缘系统上看,父、母、兄、弟、妻、子这六亲的血缘关系是最近的。从婚姻关系上看,父、母、兄、弟、妻、子这六亲也是最近的。所以,这六亲也是最为后人接受的。

> 从血缘系统上看,父、母、兄、弟、妻、子这六亲的血缘关系是最近的。从婚姻关系上看,父、母、兄、弟、妻、子这六亲也是最近的。所以,这六亲也是最为后人接受的。

女人的细腰为何被称为"小蛮腰"

唐朝孟棨《本事诗·事感》:"白尚书(即白居易)姬人樊素善歌,妓人小蛮善舞,尝为诗曰:樱桃樊素口,杨柳小蛮腰。"美姬樊素的嘴小巧鲜艳,如同樱桃;小蛮的腰柔弱纤细,如同杨柳。

唐代刑部侍郎白居易,晚年退休的时候买了两个歌伎。一个善歌,一个善舞。于是白居易就写诗赞美她们"樱桃樊素口,杨柳小蛮腰"。白居易对这个小蛮腰的歌伎很是喜爱,常写诗歌赞美她。比如:"一树春风千万枝,嫩于金色软如丝。永丰西角荒园里,尽日无人属阿谁?"

自古以来小蛮腰就是女子追求的目标。古时有"楚王好细腰,宫中多饿死"的说法,可见纤腰如柳是多么的令人追捧。婀娜多姿、摇曳纤巧的杨柳腰的女子,为保持优美的身材,不得不少吃或不吃东西,甚至"三月不知肉味",自然身体羸弱,走路气喘吁吁,甚至还出现了饿死人的情况。不是吃不饱,而是根本不吃。

> 自古以来小蛮腰就是女子追求的目标。古时有"楚王好细腰,宫中多饿死"的说法,可见纤腰如柳是多么的令人追捧。

有人认为小蛮腰中的"蛮"字和"蛮夷"的"蛮"有关系。"好细腰"的楚王所在的楚国,在当时的地理位置上,被称为蛮夷之地。所以"细腰"被称为"蛮腰"或者"楚腰"。其实这种说法有点牵强附会。从历史上来看,春秋战国时期的楚国不仅不属于蛮夷之地,而且灿烂的楚文化不亚于中原地区。笔者认为,小蛮腰还是从白居易诗歌中得来的。

白居易是个大文豪,通音律,而且诗歌写得很好。但有一点,白居易喜欢女色。白居易官秩四品,按规制只能养三个女姬。不过他又养了数百专管管弦的女子。这些人精通音律、诗词歌赋,而且身材出众,白居易曾写诗歌赞美:"菱角执笙簧,谷儿抹琵琶。红绡信手舞,紫绡随意歌。"

其中一个女姬叫小蛮的,腰如柳,柔弱纤细。又

小蛮腰

因"樱桃樊素口,杨柳小蛮腰"这句诗,人们就把细腰称为"小蛮腰"。另外还延伸出了"小蛮靴"、"小满意"等东西。爱美之心人皆有之,但不可过了头,损害了身体健康,那可就得不偿失了。

为何将消极怠工称为"磨洋工"

> 磨砖对缝的工作量很庞大,磨工工序很浩繁。因此,在这项工程中磨砖对缝就被人们戏称为"磨洋工"。

在日常生活中,有些人不积极工作,消极怠工,偷奸耍滑,我们就会不满意他的行为,责备他:"你在磨洋工啊!"从这里我们知道,磨洋工是个贬义词,一般指工作时消极怠工,不好好工作,偷懒的行为。其实,磨工在开始的时候并不包含偷懒的意思。在中国古代建筑程序上有一道工序就叫磨工。中国古代建筑讲求美观,在细节上要求"磨砖对缝"。其中的磨工工序就是对墙砖的表面进行打磨,使之平整、光滑、好看。相当于现在的勾缝、打磨石类的装修工作。

1917年至1921年,美国用清政府的庚子赔款在北京兴建协和医院和协和医学院。这项工程耗资500万美元,占地面积达22公顷,建筑质量要求很高。这项工程虽然是由外国人出资、设计、监工,处处带有洋人的味道,但是外观上是采用中国传统建筑的磨砖对缝,琉璃瓦顶的建筑样式。协和医院

北京协和医院旧部

有14座主楼,而且都是高层楼房,磨砖对缝的工作量很庞大,磨工工序很浩繁。因此,在这项工程中磨砖对缝就被人们戏称为"磨洋工"。到了现代,磨砖对缝的工序很少见了,但是"磨洋工"这个词语却流传了下来。

至于后来为什么会把消极怠工称为"磨洋工",可能是因为中国人民对帝国主义侵略者的憎恶吧,是对他们侵略行径的一种不满和发泄。随着时间的推移,"磨洋工"失去了本意,只是表示拖延工作,消极怠工的意思了。这种词语随着时间而变化的例子在历史上很多,不足为奇。

> "杀鸡给猴看"其实和成语"杀鸡儆猴"是一个意思。在书面上用语是"杀鸡儆猴",在百姓口中就成了"杀鸡给猴看"。

"杀鸡给猴看"有何来历

"杀鸡给猴看"其实和成语"杀鸡儆猴"是一个意思。在书面上用语是"杀鸡儆猴",在百姓口中就成了"杀鸡给猴看"。因为一般的老百姓

文化水平有限,"杀鸡给猴看"更容易被老百姓记住和理解。那么知道"杀鸡儆猴"的来历,也就知道了"杀鸡给猴看"的来历了。

古时候有一个故事,有一个人在山上捉了一只野猴子,想让猴子帮自己看家,就把它锁在自家门口。一天,这个人去上山砍柴,回来后发现自家的鸡被偷了,很心痛,就去教训猴子。可是猴子却幸灾乐祸,在那里叫个不停。这个人很生气,却无可奈何。第二次还是这样,这个人就把猴子打了一顿,却无济于事。第三次鸡还是被偷走了。这个人眼看着鸡快被偷完了。心想与其被偷,不如自己杀了吃。于是他就在门口把鸡杀了,准备吃掉。这一幕被猴子看见了,猴子吓得赶紧闭上眼睛。这个人发现了,心想:"猴子不怕打,就怕杀鸡。"于是,他就杀鸡给猴子看,猴子之后就老实了。

杀鸡儆猴

《官场现形记》:"俗语说得好,叫作'杀鸡骇猴',拿鸡子宰了,那猴儿自然害怕。"

在古代,有耍猴的人。耍猴人为了驯服猴子,就会在它面前杀鸡。这样猴子就会软化下来,任由耍猴人摆弄了。在古人眼里,雄鸡是阳气最足的动物,猴子是灵性最高的动物。鸡在猴子面前死去,猴子能够感受到鸡身上的阳气一下子就消失了。生命消失,猴子自然就害怕了,自然俯首帖耳。

关于杀鸡儆猴的典故有很多。武王伐纣,建立西周之后,姜太公要网罗一批人才为周室效力。有一位贤人狂橘被姜太公"三顾茅庐"都没有请下山,就被杀了。姜太公说:"四海之内,莫非王土,率土之滨,莫非王臣。在天下大定之时,人人应为国家出力。以狂橘这种不合作态度,如果人人都学他样,那还有什么可用之民,可纳之饷呢?所以把他杀了,目的在于以儆效尤!"

杀鸡给猴看,万一猴子不看呢?或者说猴子看多了,知道只会杀鸡而不会杀猴呢?万事都有一个度,猴子看多了鸡死,就会明白只会杀鸡。法律面前人人平等,若是猴子犯错,只杀鸡,恐怕也不会得到震慑猴子的效果。反而会使猴子心存侥幸,继而作奸犯科。

> 万事都有一个度,猴子看多了鸡死,就会明白只会杀鸡。法律面前人人平等,若是猴子犯错,只杀鸡,恐怕也不会得到震慑猴子的效果。反而会使猴子心存侥幸,继而作奸犯科。

为何将占女孩便宜称为"吃豆腐"

豆腐传说是淮南王刘安发明的。淮南王刘安,笃信炼丹之术,一日他用黄豆、盐卤等物炼制出一种"白如纯玉,细若凝脂"的丹药,即豆腐。史书记载:"豆腐之法,始于淮南刘安。"据五代谢绰《宋拾遗录》载:"豆腐之术,三代前后未闻。此物至汉淮南王亦始传其术于世。"明代李时珍的《本草纲目》、叶子奇的《草目子》、罗颀的《物原》等著作,都把豆腐的发明归功于西汉淮南王刘安。至于为何将占女孩子便宜称为"吃豆腐"还有一番来历。

麻婆豆腐

刘安发明豆腐之后,这种食物很快风靡长安。当时长安街上有个夫妻开的豆腐店。妻子非常美貌,风情万种,肌肤就如豆腐一般,又白又嫩,被称为"豆腐西施"。很多顾客以吃豆腐为名到店里对老板娘调情,甚至动手动脚,比如趁付铜板时摸摸老板娘的纤手等。顾客回家,其妻子就打翻了醋坛子,埋怨丈夫去"吃豆腐"。

还有一种说法,旧时丧俗有"吃豆腐饭"的习惯。丧家准备饭菜请帮忙料理丧事的村人吃,其中以豆腐为主菜。因为豆腐是白色的,丧事以白色为主基调。丧家会把做好的饭菜放在门外的桌子上,请大家来吃。有些没帮忙的人也会去吃。丧家也不好意思去撵走他们。古人忌讳丧事,所以去帮忙丧事就说是去吃豆腐饭。而没帮忙的人吃了丧家准备的饭菜,也说是吃豆腐饭。后人就把吃豆腐作为占别人便宜的俗语了。

在旧上海,男子调戏女子,有时动手动脚占点便宜,就被斥责为"吃豆腐"。豆腐色白、面细、质嫩、性软,很像年轻女子肌肤白皙细嫩而性情软弱。所以"吃豆腐"也就有了占女子便宜的意思。

男女朋友若是恋人关系,做一些肢体上的接触情有可原,也能促进感情交流。但是若女方没有身体接触的意愿,男子去纠缠从而"吃豆腐"就不应该了。男女交往要有礼貌,尊重对方,才能获得比较愉快的感觉。所以,豆腐可以吃,但不可以乱吃。

"半路上杀出个程咬金"有何来历

在历史上,程咬金叫作程知节,是凌烟阁二十四功臣之一。在小说中,称为程咬金。隋末唐初,他率领农民起义,先后投奔瓦岗寨、王世充、李世民,在李世民手下立下很多汗马功劳。其擅长使用斧头,却只会三招,有"程咬金三板斧"、"半路上杀出个程咬金"等谚语。

程咬金雕塑

《说唐全传》记载:隋朝末年,政治腐败,天下大乱。有一个强盗叫尤俊达,他想抢劫皇纲,就在全国物色胆略过人、武艺高强的人物做自己手下。他相中了一个人,这个人就是程咬金。当时程咬金家境贫寒,老母亲体弱多病,全靠程咬金在市集上卖些竹笆子维持生活。尤俊达就把程母接到自己庄子上,自己和程咬金一起去劫皇纲。

隋炀帝的皇纲有三次都是在押解途中被他们抢劫一光。不管有多少人,不管押解皇纲的军官武艺多么高强,程咬金总是在半路上跳出来,手挥三板斧,把押解人员全部打跑。每次都是满载而归。程咬金从此声名大振。

后来,人们就把发生了原本没有预料到的事情称为"半路上杀出个程咬金",比喻突如其来,措手不及。

为何说"不是一家人,不进一家门"

"不是一家人,不进一家门",意思是说有夫妻相的人,才会结合在一起成为一家人。那么为什么具有夫妻相才能"进一家门"呢?是不是所有具有夫妻相的人都能"进一家门"呢?为何没有夫妻相,"不是一家人,不进一家门"?

夫妻相的大抵意思是因为常常接触,心灵相倾,习惯趋同,相互影响,以致到了面容相像。其实"夫妻相"只是人类视觉上的误差和心理作用。在外国人看来,中国人几乎长得都一样。比如我们看麻雀,几乎见到的麻雀都一样。其实,不论男女,相貌的一个个"零件",比如鼻子、眼睛等,都有一定的一致性,特别是同种族、同一种肤色、同一地域间的人,更是在身材、面相上有更多的相似处。就算不是夫妻,相貌上相似的地方也不会少。如果相貌上相似,再加上我们先入为主,认为是夫妻就应该相像。那么,他们的夫妻相就更明显了。事实

> "不是一家人,不进一家门"。夫妻相貌相像,走到了一起,固然可喜可贺;夫妻相貌不同,走到了一起,一样值得相依相守。

窥探文化真相

傍晚金色池塘边的老年夫妇

上,在不知情的情况下,误认一男一女为夫妻的也很多。

事实上,夫妻相并不能说明什么,夫妻间包括相貌上的差异是绝对的。有"夫妻相"的男女不一定就能是夫妻。找对象时人们大多要考虑相貌,但绝少有以自己的模样为标准找相貌相似的另一半的。即便容貌相像,夫妻两人也未必就是模范夫妻。生活中的夫妻不是图画上的夫妻,最实际的夫妻应该是性格的相容,心灵的相慰,生活的相互关心,困难时的相互支撑,富有时的相互珍惜和提醒。生活中的夫妻面貌相异,性格大多也有急有缓,生活中有磕磕碰碰的语言行为也极为正常。只要相互宽容,相互谅解,互相扶持,那么幸福触手可及。

"不是一家人,不进一家门"。夫妻相貌相像,走到了一起,固然可喜可贺;夫妻相貌不同,走到了一起,一样值得相依相守。人们之所以说"不是一家人,不进一家门",除了生活在一起之后容貌会相似之外,更重要的是要提醒夫妻,要以家人之间的爱去相互关怀,共同维护夫妻间的爱情。

"上有天堂,下有苏杭"出自何处

在中国的古谚语中,"上有天堂,下有苏杭"算得上是流传最广的一个了。

"上有天堂,下有苏杭",是指天上有天堂,人间有苏杭,形容苏州、杭州的美丽、繁荣与富庶。宋代范成大《吴郡志》:"谚曰:'天上天堂,地下苏杭。'"《双调蟾宫曲·咏西湖》:"春暖花香,岁稔时康。真乃上有天堂,下有苏杭。"

在中国的古谚语中,"上有天堂,下有苏杭"算得上是流传最广的一个了。唐代诗人白居易写过《忆江南》:"江南好,风景旧曾谙。日出江花红胜火,春来江水绿如蓝。能不忆江南?江南忆,最忆是杭州。山寺月中寻桂子,郡亭枕上看潮头。何日更重游?江南忆,其次忆吴宫。吴酒一杯春竹叶,吴娃双舞醉芙蓉。早晚复相逢?"诗歌描绘出一幅幅江南美景。诗中直接提到了

杭州西湖夕照

杭州和吴宫，因为古时的吴宫就在现在的苏州，因此白居易忆江南其实就是忆苏州、杭州。唐诗人任华在《怀素上人草书歌》咏颂："人谓尔从江南来，我谓尔从天上来！"可见在唐代时期，江南已经有天上来的美誉。这句诗歌可以当做"上有天堂，下有苏杭"的起源。

"上有天堂，下有苏杭"的谚语由来已久，现代人大多只能举证近代的书证，比如元曲《蟾宫曲·咏西湖》："西湖烟水茫茫，百顷风潭，十里荷香。宜雨宜晴，宜西施淡抹浓妆。尾尾相衔画舫，尽欢声无日不笙簧。春暖花香，岁稔时康。真乃上有天堂，下有苏杭。"再者就是明代的《七修类稿》和《古今小说》中的引用。

"上有天堂，下有苏杭"这句话在宋代已经有了。也许在更早之前也出现了，只是还没有在史籍上看到。"人人尽说江南好，游人只合江南老。春水碧于天，画船听雨眠。"这实在是令人心驰神往的地方。

> "上有天堂，下有苏杭"这句话在宋代已经有了。也许在更早之前也出现了，只是还没有在史籍上看到。

为何说"不撞南墙不回头"

南墙又称影壁墙。中国的房屋建筑一般是门朝南。古时候，有钱有势人家的大门外都有影壁墙。所以出了大门就要左拐或者右拐，否则就会撞到影壁墙。南墙俗话叫作"照壁"。所谓"照壁"就是不能让人在大门外面直接看见院子里的东西。在古代，人们喜欢含蓄地表达东西，这样才显得有内涵、有修养。照壁也是人们含蓄思想的一种表现形式。通过"照壁"才能进入内院。"照壁"正建在大门外正中，所以进"照壁"必须向右走。出门时正好相反。

其实"不撞南墙不回头"在常人眼里是比喻某人的行为固执，听不进不同意见。在某些时候，尤其是年轻人，他们虽然没有走对路，但是他们有一股韧劲，一股敢作敢为的精神。"不撞南墙不回头"，并不可怕，可怕的是"撞了南墙都不回头"。鲁迅很赞美第一个吃螃蟹的人，因为他敢为人先，有大无畏的精神。敢于向着一个方向走的人，我们不能说他是错的，等到他撞了南墙时，我们也不能说他是错的。只有当他撞墙之后不回头时，我们才能说他是错的。这个时候，我们再去劝说他，我想他大概就会认真接受了。

"不撞南墙不回头"，这个比喻很形象，经常和"不到黄河心不死"、"不见棺材不落泪"等连在一起使用，用以形容这人很固执，不听劝告，意

> "不撞南墙不回头"，这个比喻很形象，经常和"不到黄河心不死"、"不见棺材不落泪"等连在一起使用，用以形容这人很固执，不听劝告，意思和"一条道走到黑"差不多。

北海铁影壁

思和"一条道走到黑"差不多。

为何说"狗嘴里吐不出象牙来"

"狗嘴里吐不出象牙"这句话听着颇为费解。为什么狗嘴里要吐出象牙来？狗嘴里当然吐不出象牙来！那么这句俗语是如何产生的呢？

象牙在狭义上讲指雄象的獠牙。象牙可以被加工成珠宝、首饰、雕刻品等，是一种非常昂贵的原材料。狗牙狭义上讲，是狗的牙齿，很常见，一点都不稀奇，也不珍贵。狗嘴里只能长狗牙这是天经地义的，也是自然规律。狗嘴里不会长出象牙，这是必然的。所以，狗嘴里吐也只能吐出狗牙来，吐不出珍贵的象牙。有时人们称他"狗嘴里吐不出象牙来"，意思是说他说的话一点都不珍贵，一点用没有。有时他说谎话，说脏话，说的话不是好话，人们也会称他"狗嘴里吐不出象牙来"。为什么不是"羊嘴里"或者"马嘴里""吐不出象牙来呢"？这个与文化传统有关。人们骂人经常用"狗"。比如"狗腿子"、"狗仗人势"、

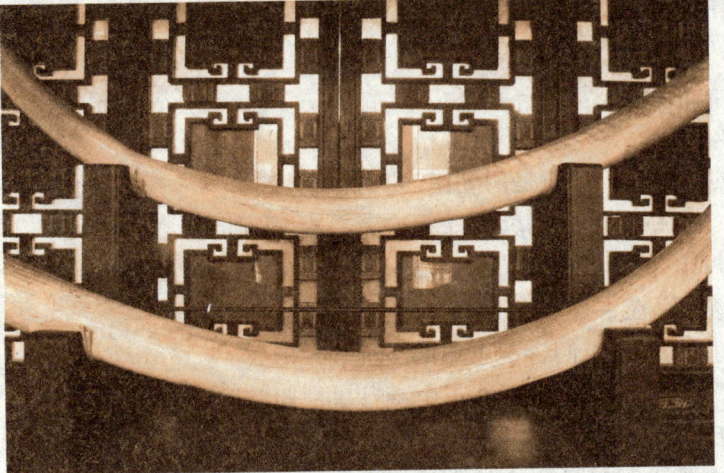

北京故宫乐寿堂所藏象牙

"狗眼看人低"、"虎落平阳被犬欺"等。所以，人们骂人就说他是"狗什么什么"。有个词语叫"吐字清晰"，说话就是"吐字"。"金口玉言"比喻说话算数，不可更改。其本意是说他的话是"玉"。玉是很珍贵的东西，象牙也是很珍贵的东西。在"狗嘴里吐不出象牙来"这句话中，象牙是用来比喻人说的话。为什么用象牙而不用玉作比喻呢？因为狗嘴里只能长牙不会长玉。而名贵的牙齿，只有象牙。从比喻意上理解，狗嘴是比喻人嘴，吐是指说，象牙比喻珍贵的话、有用的话。连起来，本意就是人的嘴里说不出有用的话来。说白了，"狗嘴里吐不出象牙来"就是骂人的话，把人比喻成狗。人们骂人说不出好话来，就用"狗嘴里吐不出象牙来"。这大概就是为什么说"狗嘴里吐不出象牙"的缘由了。

中国文化博大精深，一些俗语的产生必然有一定的文化根源、社会渊源。理解了俗语产生的原因，那么俗语的意思也就自然而然明白了。

> 说白了，"狗嘴里吐不出象牙来"就是骂人的话，把人比喻成狗。人们骂人说不出好话来，就用"狗嘴里吐不出象牙来"。

"黄粱一梦"究竟是什么梦

《世说新语》一书是中国南朝宋时期(420—581)产生的一部主要记述魏晋人物言谈逸事的笔记小说。黄粱一梦这个成语就是出自《世说新语》。

《枕中记》记载:"开成七年,有卢生名英,字萃之。于邯郸逆旅,遇道者吕翁,生言下甚自叹困穷,翁乃取囊中枕授之。曰:'子枕吾此枕,当令子荣显适意!'时主人方蒸黍,生俛首就之,梦入枕中,遂至其家,数月,娶清河崔氏女为妻,女容甚丽,生资愈厚,生大悦!于是旋举进士,累官舍人,迁节度使,大破戎房,为相十余年,子五人皆仕宦,孙十余人,其姻媾皆天下望族,年逾八十而卒。及醒,蒸黍尚未熟。怪曰:'岂其梦耶?'翁笑曰:'人生之适,亦如是耳!'生抚然良久,稽首拜谢而去。经此黄粱一梦,卢生大彻大悟,不思上京赴考,反入山修道去也。"有个叫卢生的人在邯郸途中遇见了一个吕翁。在吕翁的枕头上睡了一觉,梦见荣华富贵的一生。卢生醒来,吕翁煮的饭尚未熟。经吕翁点化,卢生大彻大悟,入山修道去了。

黄粱一梦还有一个版本:吕洞宾名岩,字洞宾,道号"纯阳子"。据说,吕洞宾出生之时,天降祥瑞,一只白鹤自天而下,飞入他母亲的帐中就消失了。生下的吕洞宾果然与众不同,天资聪颖,日记万言,出口成章。后来吕洞宾遇见了火龙真人,习得天遁剑法。64岁游历长安时,吕洞宾在酒肆中遇见一位羽士。羽士对吕洞宾说:"我居住在终南山,你愿意同我一起去吗?"吕洞宾没有当即答应,只因凡心未尽。

当晚,在酒肆之中,羽士给吕洞宾煮饭。吕洞宾却睡着了,做了一个梦。他梦见自己状元及第,官场得意,娇妻如花,子孙满堂,享尽荣华;忽然获重罪,家产被没收,妻离子散。到老后,孑然一身,穷苦潦倒。忽而梦醒,饭还没有煮熟。羽士笑着说:"黄粱犹未熟,一梦到华胥。"吕洞宾惊讶,说:"先生知道我做了什么梦?"羽士回答:"人生富贵荣华,五十年弹指即过,恍如梦一场,得到的不必欢喜,失去了不必伤心。"吕洞宾恍然大悟,跟着羽士入山修道去了。这个羽士就是钟离权。

> 黄粱一梦的版本很多,但是所梦见的内容无非先前荣华富贵,最后梦醒后什么都没有。

邯郸吕仙祠的"黄粱一梦"

淳于棼恍然大悟，人生荣华富贵莫不如"南柯一梦"，到头来都是虚空。

黄粱一梦的版本很多，但是所梦见的内容无非先前荣华富贵，最后梦醒后什么都没有。用以比喻荣华富贵如梦一场，短促而虚幻。所以人生在世，不必斤斤计较得失成败，活得自在如意，便是幸福。

"南柯一梦"有何来历

唐代李公佐作《南柯太守传》，记述了这样一个故事：在东平有个叫淳于棼的人，喜欢喝酒。在他的院子里有一棵大槐树。有一次淳于棼过生日，广宴宾客，在大槐树下畅饮。淳于棼喝醉了。他的两个朋友就扶着他躺在床上休息。刚睡下没多久，淳于棼就做了一个梦，梦见两个紫衣使者邀请自己到大槐安国去。淳于棼不自觉地跟着他们走了。

到了大槐安国，淳于棼被国王赐婚，封为驸马。淳于棼的妻子叫"金枝公主"，"年可十四五，严若神仙"。自此之后，淳于棼日渐富贵，地位越来越高，"出入车服，游宴宾御，次于王者"。

一天，金枝公主对淳于棼说："你想参与政事吗？"淳于棼说："我不善于从政。"金枝公主说："你想做的话，我就给你求个职位。"于是金枝公主就向国王禀明了情况。国王就任命淳于棼为南柯郡太守，又令周、田二人辅助。于是淳于棼就奉命前往南柯郡。"自守郡二十载，风化广被，百姓歌谣，建功德碑，立生祠宇。"国王大喜，赐给淳于棼很多财物。当年，檀萝国攻打南柯郡。国王命令淳于棼训练军队抗击。淳于棼上表奏请一员大将率兵3万去征讨檀萝国。但此大将"刚勇轻敌"，大败而归。淳于棼把这个败将囚禁起来，并向国王请罪。"王并舍之。"在这个月里，金枝公主也生病了，不过10天就死了。淳于棼请求国王罢免其太守之职，护丧归国。国王和王后见了灵柩，大哭，赐公主号"顺仪公主"，并葬于盘龙岗。淳于棼罢了太守之职之后，经常出游，交结宾客，威望日益崇高。国王就开始忌惮他了。又有人上书说："天降异象，国家恐怕有大灾难，国家危亡，宗庙不保，和他族发生战争，都是祸起萧墙啊。"于是，国王就对淳于棼实行了禁足。之后，国王又令淳于棼归家。

淳于棼在紫衣使者的带领下回来了。恍然醒来，淳于棼发现自己还是躺在床上，就把梦中所遇见的事情告诉了照顾他的两个朋友。他的两个朋友和他一起去寻找梦中所

"南柯一梦"古槐树

去的地方。在大槐树下,找到了一处洞穴。友人怕是妖狐作祟,就命人寻根究底,刨开土壤,发现了两处蚁穴,宛然如同宫殿。一处有数十只大蚂蚁围着一只特殊的蚂蚁,其他的蚂蚁不敢近前,这个大约就是梦境中的槐安国国都。后来,又在树梢上找到了南柯郡。

淳于棼恍然大悟,人生荣华富贵莫不如"南柯一梦",到头来都是虚空。这个就是"南柯一梦"的来历了。

"大水冲了龙王庙,一家人不认一家人"有何来历

清代文康《儿女英雄传》第七回:"大水冲了龙王庙,一家人不认识一家人咧!"比喻本是自己人,因不相识而相互发生了误会、冲突、争端。

> "大水冲了龙王庙,一家人不认识一家人咧!"比喻本是自己人,因不相识而相互发生了误会、冲突、争端。

在很久以前,东海岸边有座龙王庙。龙王庙旁边有块菜地,菜地里有口井。龙王庙里的老和尚和菜农是好朋友,经常在一起下棋聊天。有一天闲聊时,菜农神秘地对老和尚说,"昨天发生了一件怪事。菜园子一般都是我自己打水浇灌的,可是昨天却有人给我浇好了。今天也是这样,我却没看见是谁帮我浇的菜地。"和尚听了也觉得很奇怪,就决定去弄个明白。当晚,和尚就藏在了水井不远处看着,整整盯了一夜,毫无动静。天快亮时,忽然从井中飞出一只怪物。那只怪物像一只鹅。只见它的翅膀扇了几下,井水就从井里溢出来了。眨眼间,那只怪物又飞回了井里。和尚跑过去看,只见菜地已经浇好了,而井里依然平静。一连几天都是这种情况。老和尚为弄清情况,决定晚上带一把剑把怪物留下来,看个究竟。天亮时,那个怪物又飞了出来,和尚一剑刺过去,怪物受惊,一下子就掉进了井中。忽然,只听一声巨响,井水从井中涌了出来,把井口都冲开了好大的口子。眨眼间,四周成了一片汪洋大海,连龙王庙都被水淹没了。

龙王是专门管水的。只见大水淹了自己的庙宇,当然生气,就率领手下和那怪物鏖战。那怪物寡不敌众,败下阵来。最后显出原形,竟然是龙王的三太子。三太子因犯了天条,受罚三年。在被罚期间,三太子想在凡间做一些好事。却不想被和尚刺了一剑,大怒之下,才出现现在的状况。因犯天条,三太子不敢禀明真实身份,这才闹出了误会。

后来,人们在议论这件事的时候,就说:"大水冲了龙王庙,一家人不认一家人。"

龙王庙壁画

窥探文化真相

> 现在人们用"天衣无缝"来比喻事物完美自然，浑然一体，没有破绽。

 ## "天衣"是否真"无缝"

天衣无缝原指神话中仙女穿的衣服，不用针线缝制，所以没有缝儿。

穿"天衣"的仙女
（王建峰绘）

古时候有个叫郭翰的人，他善于写诗作画，性格诙谐幽默，喜欢开玩笑。盛夏的一个晚上，他在树下乘凉。忽然在他面前出现了一个白衣女子。郭翰很惊奇，就问她是谁，从哪里来。女子回答自己是仙女，从天上来。郭翰就说，你既然从天上来，可有什么证据吗？女子让郭翰看自己身上穿的衣服。郭翰看完，大惊，果然是仙女，天衣无缝啊。

关于"天衣无缝"，还有一种说法。古印度被称为天竺。在印度炎热的地区，人们一年四季只穿一件衣服，那就是在身上裹一块布就行了。这种"衣服"现在在泰国边境还能看到。人们把天竺人穿的衣服叫作"天衣"，因为只是一块布，没有用针线缝制，所以"无缝"。

现在人们用"天衣无缝"来比喻事物完美自然，浑然一体，没有破绽。

 ## "破天荒"有何寓意

"破天荒"原本是指从来没有出现过的事，旧时文人常用"破天荒"来表示突然得志扬名。宋代孙光宪《北梦琐言》卷四："唐荆州衣冠薮泽，每岁解送举人，多不成名，号曰'天荒解'。刘蜕舍人以荆解及第，号为'破天荒'。"

天荒本是指混沌未开的原始状态。在"破天荒"中，是指荒凉而落后的地区。唐朝实行科举制度，荆南地区四五十年竟没有一个考中举人。于是，人们便称荆南地区为"天荒"，把那里的考生称做"天荒解"。唐宣宗大中四年（850年），终于有一个叫刘锐的考中了举人，总算破了"天荒"。当时镇守荆南地区的魏国公崔弦得知刘锐考中举人，便写信表示祝贺，并赠

> 后来，古代文人就用"破天荒"来表示突然得志扬名。现在指从未有过或第一次出现的新鲜事。

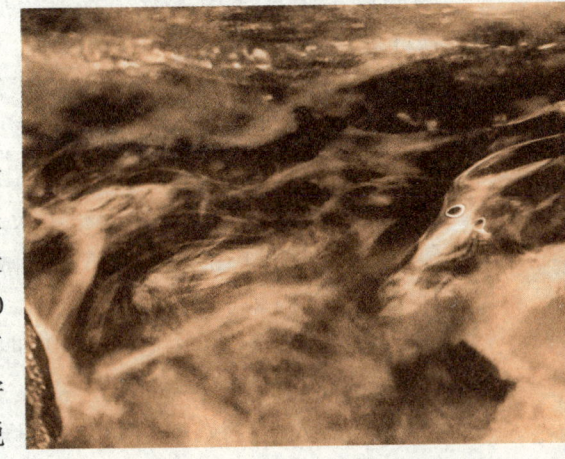

天荒：混沌的世界

他70万"破天荒"钱。刘锐不肯接受,写信拒绝,道:"五十年来,自是人废;一千里外,岂曰天荒。"

后来,古代文人就用"破天荒"来表示突然得志扬名。现在指从未有过或第一次出现的新鲜事。

"穿小鞋"有何来历

所谓的"小鞋"不是指小孩子穿的鞋子。旧时,妇女流行裹足,足被裹得又细又小,所以穿的鞋子也就很小。一千年前,南唐后主李煜得到一个美人,她的脚很小,号称"三寸金莲"。后来就兴起了裹足之风。至于裹足之风是不是因李煜而产生的暂且不论。裹足之风盛行之后,妇女忍受痛苦,把自己的足裹成"三寸金莲"。所以鞋子自然也不会比"三寸"大多少,穿的鞋子自然就很小了。

相传北宋时期有一个美丽的姑娘叫巧玉,她的后娘要把她嫁给一个又聋又哑的有钱人,巧玉自然不同意。虽说父母之命,媒妁之言。但是巧玉誓死不从。她的后娘也没有办法,便想方设法去整治巧玉。一日,一个媒婆把巧玉说给一个秀才。巧玉很高兴,就同意了。她的后娘也没有反对,双方定下了出嫁的日子。古代男女结婚之前不能见面,为了防止受骗,就只有留下一双鞋子,在新娘出嫁的时候穿。若是合脚自然就是真新娘。巧玉的后娘就在这双鞋子上打了主意。她把这双鞋子做得很小,让媒婆带给男方。出嫁的那一天,媒婆把鞋子交给巧玉穿。巧玉怎么穿都穿不上,穿不了鞋子,自然不能上花轿。巧玉又急,又气,又恼,最后竟悬梁自尽了。人们非常惋惜。流传到后来,人们就把背后使坏,或利用某种职权寻机置人于困境的行为称为"给人穿小鞋"。再到后来,凡是上级对下级或人与人之间进行打击报复的行为,都称为"穿小鞋"。

三寸金莲小脚鞋

> 凡是上级对下级或人与人之间进行打击报复的行为,都称为"穿小鞋"。

"宰相肚里"真能"撑船"吗

"宰相肚里能撑船"一般用来形容一个人宽宏大量,不斤斤计较,并不是说宰相肚子很大,真能"撑船"。关于这个俗语还有一些典故。比较著名的就是王安石的故事。

王安石是宋朝宰相,中年丧妻之后,他又娶了叫娇娘的小妾。这个

> "宰相肚里能撑船"一般用来形容一个人宽宏大量,不斤斤计较,并不是说宰相肚子很大,真能"撑船"。

窥探文化真相

宋朝宰相王安石

叫娇娘的小妾，年方十八，生的是花容月貌，又懂琴棋书画。婚后，王安石身为宰相，每天忙忙碌碌，自然没有时间去照顾娇娘。娇娘每日独守空房，又值妙龄，自然寂寞难耐，便与府中的年轻仆人私通。这件事传到了王安石的耳中。一日，王安石谎称上朝，却悄然藏匿在家中监视娇娘。果然，一名年轻的仆人进入娇娘的房中。王安石听到房中调情的声音，顿时火冒三丈，就要闯入房中去捉奸。忽然，他冷静下来，忍了下来。自己身为堂堂宰相，怎么能像平民百姓那样？王安石抬头看到树上有一窝老鸹，灵机一动，抄起一根竹竿，捅了老鸹窝。老鸹受惊，自然飞扑鸣叫。屋里的仆人听到老鸹叫声，就跳窗逃跑了。王安石摇头一笑，装作若无其事。

到了中秋节，王安石邀娇娘一起赏月。酒过三巡，王安石诗兴大发，当即赋诗一首："日出东来还转东，乌鸦不叫竹竿捅。鲜花搂着棉蚕睡，撇下干姜门外听。"娇娘懂得诗词，自然明白其中的含义，知道了自己和仆人偷情的事情被其知道了，便和了一首诗："日出东来转正南，你说这话够一年，大人莫见小人怪，宰相肚里能撑船。"王安石一想自己已过中年，又每日上朝忙碌不断，自然无法满足娇娘，索性给娇娘一些钱，让她远走高飞，也免得败坏门声。

后来这件事就传了出去，人们都称赞王安石宽宏大量，大肚能容，说他"宰相肚里能撑船"。

还有一则故事，这个故事和王安石的差不多。话说古代有个宰相，年近古稀，又娶了个二八芳华的小妾。这个小妾名叫彩玉，长得是闭月羞花。自从嫁给这个老宰相之后，自然享不尽的荣华富贵。可她却整日闷闷不乐。一日，她在后花园散步的时候，遇见了府中的厨师助理。这个姓赵的厨师助理做的一手祖传圣旨骨酥鱼，人又长得阳光帅气，自然吸引了彩玉。从此之后，彩玉经常和赵厨师助理在后花园私会。

老宰相养了一只朝鸟。这只鸟每天五更就会鸣叫喊老宰相上朝。彩玉和赵厨师助理在后花园私会，总感觉时间太短，就想了一个主意，在四更的时候用竹竿捅朝鸟，这样朝鸟就会提前一更鸣叫。老宰相听到叫声自然就会提前出家门。这天，老宰相听到朝鸟的鸣叫，就起身上朝。等到了皇宫门外，却不见上朝的百

> 王安石一想自己已过中年，又每日上朝忙碌不断，自然无法满足娇娘，索性给娇娘一些钱，让她远走高飞，也免得败坏门声。

三国丞相蒋琬

官。老宰相心中倍感奇怪。第二日也是如此。他就回到家中,发现了真相。但他没有声张,便去上早朝了。

也是到了中秋,老宰相喊来彩玉和赵厨师助理,作诗一首:"中秋之夜月当空,朝鸟不叫竹竿捅,花枝落到粉团上,老姜躲在门外听。"赵厨师助理一听,自知事情败露,慌忙跪下,"八月中秋月儿圆,小厨知罪跪桌前,大人不把小人怪,宰相肚里能撑船。"彩玉见事情都已经挑明,也和了一首诗:"中秋良宵月偏西,十八妙龄伴古稀,相爷若肯抬贵手,粉团刚好配花枝。"老宰相哈哈一笑:"花枝粉团既相宜,远离相府成夫妻,两情若是久长时,莫忘圣旨骨酥鱼。"后来,宰相肚里能撑船这个典故和圣旨骨酥鱼慢慢在民间开始流传。

三国时期,蜀国后期,蒋琬任丞相,他有个属下叫杨戏,性格孤僻,不善言辞。有人就在蒋琬告状,说:"杨戏目中无人,对您太不恭敬了。"蒋琬哈哈一笑,"人都有自己的脾气,杨戏在人面前夸奖我,不是他的本性;在人面前说我的不是,又怕我下不了台。所以,他只好不作声。这也是他为人的可贵之处。"于是,有人就称赞蒋琬"宰相肚里能撑船"。

一个人能否成功,能否做成大事,不仅仅是因为他的智慧,还有他的度量。度量越大,自然越能容忍,自然朋友就比敌人多,自然成功的道路就容易走了。

> 一个人能否成功,能否做成大事,不仅仅是因为他的智慧,还有他的度量。度量越大,自然越能容忍,自然朋友就比敌人多,自然成功的道路就容易走了。

"不入虎穴,焉得虎子"指的是谁

"不入虎穴,焉得虎子"比喻不冒危险,就不能成事。现在也用来比喻不经历最艰苦的实践,就不能取得真知。语出《后汉书·班超传》:"超曰:'不入虎穴,不得虎子。'"

永平十六年(73年),班超被任命为司马,出使西域鄯善国。初到西域鄯善国,鄯善王广对班超礼敬有加,后来渐渐对他不再礼遇,冷淡起来。班超就召集属下,问:"宁觉广礼意薄乎?此必有北虏使来……"北虏即是指匈奴。班超发现鄯善王礼遇不周是因为匈奴有使者来到了鄯善国。为了验证自己的看法,班超用诈,从侍者口中得知了真相,正如自己所想。班超出使鄯善国的目的是为了两国修好,现在匈奴从中作梗,必须想办法解决,如何解决呢?班超就把手下召集在一起喝酒,酒酣,班超说:"卿曹与我俱在绝域,欲立大功以求富贵。今虏使到裁数日,而王广礼敬即废,如今鄯善收吾属送匈奴,骸骨长为豺狼食矣。为

班超

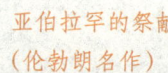

班超是那段历史的一个缩影，他的丰功伟绩在史书上永存。伴随着他的还有那句名言："不入虎穴，焉得虎子。"

之奈何！"属下皆说："我们现在处于生死存亡的关头，一切都听司马大人的吩咐。"班超说："不入虎穴，不得虎子。当今之计，独有因夜以火攻房使，彼不知我多少，必大震怖，可殄尽也。灭此房则鄯善破胆，功成事立矣。"定下计策之后，众人想找从事商议，班超说："吉凶决于今日。从事文俗吏，闻此必恐而谋泄，死无所名，非壮士也。"众人一想也是，就依计行事。

当夜，班超率人进去匈奴的营地。当时正起大风，正是放火的好机会。班超和众人约定，看见火起，就敲鼓。班超顺风纵火，其属下就大力摇鼓。匈奴受惊，四处逃窜。班超手刃三人，其属下又杀30多人，其余的全被火烧死。第二天，班超就把昨晚的事情告诉了鄯善王，并把匈奴使者的头颅给鄯善王看。鄯善举国震惊。班超好言安慰鄯善王，鄯善王同意两国结好，并把自己的儿子作为人质。班超班师回朝，皇帝大悦，下诏书，"今以超为军司马，令遂前功。"

在此之后，班超又出使于阗、龟兹等西域国家，为这些国家和汉室结好立下了汗马功劳。其后，他又平定西域叛乱，维护了国家的统一。班超是那段历史的一个缩影，他的丰功伟绩在史书上永存。伴随着他的还有那句名言："不入虎穴，焉得虎子。"

"替罪羊"有何来历

"替罪羊"比喻代人受过。羊本来是用于祭祀，在《圣经》中记载，古犹太人有一个"赎罪日"。在这一天，会举行祭祀。准备两只公羊，一只用来祭祀，另一只由大祭司将双手按在羊头上宣称，犹太民族在一年中所犯下的罪过，已经转嫁到这只羊身上了。然后把这只公羊放逐到荒无人烟的地方。

在《圣经》中还记载了这样一个故事：上帝为了考验亚伯拉罕的忠诚，就降下旨意，要亚伯拉罕带着自己的独生子到上帝指定的地方，并要亚伯拉罕在那个指定的地方把他的独生子当做祭品祭献给上帝。亚伯拉罕按照指示到了指定的地点，就要杀死自己独生子的时候，上帝的使者出现了。他告诉亚伯拉罕，上帝已经知道亚伯拉罕对上帝的忠诚了，所以不需要再把独生子杀掉了。在不远处的密林里有一只羊，可以用它来祭献上帝。于是亚伯拉罕就把那只羊杀掉，祭献给上帝。

在《新约》中，耶稣为了替世人赎罪，把自己

亚伯拉罕的祭献
（伦勃朗名作）

钉死在十字架上。后人在向上帝请求赎罪的时候,就杀一只羊来代替自己。这只羊就是赎罪羔羊。

在《孟子·梁惠王上》记载:"王坐于堂上,有牵牛而过堂下者。王见之,曰:'牛何之?'对曰:'将以衅钟(注:新钟铸成,宰杀牲畜,取血涂钟的仪式)。'王曰:'舍之!吾不忍其觳觫,若无罪而就死地。'对曰:'然则废衅钟欤?'曰:'何可废也,以羊易之。'"梁惠王心疼牛,不忍心看着它无罪受死,就命人用羊代替。羊何尝不是无罪的呢?

> 替罪羊的形成,大概还与羊本身温顺的个性有关吧。

替罪羊的形成,大概还与羊本身温顺的个性有关吧。有句话说:落后就要挨打。羊,本性善良,与世无争,就因此而成为替罪的牺牲品。好人总被恶人欺。温顺可爱的小羊,也只能成为替罪的羔羊了。羊本无罪,成为受罪之羊,真是可悲。

第一个被看成"眼中钉"的人是谁

"眼中钉"常被人用来比喻心中最厌恶、最痛恨的人。清代李宝嘉《官场现形记》第二十二回:"我们娘儿俩今儿一齐死给他看,替他拔去眼中钉,肉中刺,好等他们来过现成日子。"其实眼中钉的来历并不是出自这本书。目前最早出现这个词的书是《新五代史·赵在礼传》。

> 能成为老百姓的眼中钉、肉中刺真不是一件容易的事情。赵在礼一生所作所为,在百姓看来就如"眼中钉"、肉中刺,拔之而后快。

据《新五代史·赵在礼传》记载,赵在礼在战乱中被迫推为首领,造反之后,率军攻打魏国,"纵军大掠"。明宗即位,封赵在礼为节度使,赵在礼不接受,又封为鄴都留守、兴唐尹。后来赵在礼又在泰宁、匡国、天平、忠武、武宁、归德、晋昌等地任职,在位期间搜刮民财,累资过万。"在礼在宋州,人尤苦之;已而罢去,宋人喜而相谓曰:'眼中拔钉,岂不乐哉!'既而复受诏居职,乃籍管内,口率钱一千,自号'拔钉钱'。"最后,赵在礼"解衣带就马枥自经而卒"。

传说在宋朝真宗年间(997—1022年),宰相丁谓和太监狼狈为奸。丁谓利用职权,在皇帝面前诋毁当时名相寇仲。寇仲被排挤出朝。丁谓的作为被百姓看得清清楚楚。当时流传一首歌谣:"欲得天下宁,须拔眼中丁;欲得天下好,莫如召寇老。"歌谣中的丁指丁谓,寇老就是指寇仲。后来"眼中丁"就成为"眼中钉"。这大概还是源自《新五代史·赵在礼传》吧。

眼中长钉自然不舒服,肉中有刺自然难以忍受,拔去眼中钉,剔除肉中刺,是每个人都想做到的。但是能成为

宰相丁谓

老百姓的眼中钉、肉中刺真不是一件容易的事情。赵在礼一生所作所为，在百姓看来就如"眼中钉"、肉中刺，拔之而后快。

"千夫所指,无疾而终",形容一个人品行恶劣,触犯众怒。

"千夫所指"的"千夫"指何人

"千夫所指，无疾而终"，形容一个人品行恶劣，触犯众怒。千夫，又作千人，虚指很多人；指，指责的意思。无疾而终，就是没有生病就死了。无疾而终，在平常有寿终正寝的意思。在这里是指死于非命，不得善终。那么"千夫所指"的第一人是谁呢？在史书记载中，《汉书·王嘉传》："千人所指，无病而死。"王嘉指责的人，就是董贤，"断袖之好"的男主角之一。

故事发生在汉哀帝时期，汉哀帝未登基前和董贤交好。登基后，在偶然的机会下见到了董贤，就把他召入宫中，宠爱非常。所谓"一人得道鸡犬升天"，董贤的妹子因此成为汉哀帝的妃子，董贤的父亲也被封官晋爵，同时还赐给董贤一所豪宅。尽管如此，汉哀帝对董贤还感觉不够宠爱，打算封董贤为侯。

汉哀帝无子，又体弱多病。有人举报东平王和其王后串通起来搞迷信活动，诅咒汉哀帝。东平王畏罪自杀，王后被处死。汉哀帝就把这件揭穿大逆不道的功劳归到董贤和举报的人身上。论功行赏，汉哀帝把董贤和举报的人一起封侯。诏书下达之后，丞相王嘉加以反对，建议汉哀帝命百官在朝堂上讨论董贤是否有功，是否应当封侯。汉哀帝心虚，此事搁置不提。

公元前2年，汉哀帝的祖母傅太后去世，汉哀帝就以太后遗诏为

汉哀帝和董贤

名,加封董贤二千户。王嘉接到诏书,把他封起来后退还给汉哀帝,同时劝谏汉哀帝:"臣闻爵禄土地,天之有也。《书》云:'天命有德,五服五章哉!'王者代天爵人,尤宜慎之。裂地而封,不得其宜,则众庶不服,感动阴阳,其害疾自深。今圣体久不平,此臣嘉所内惧也。高安侯贤,佞幸之臣,陛下倾爵位以贵之,单货财以富之,损至尊以宠之,主威已黜,府藏已竭,唯恐不足。财皆民力所为,孝文皇帝欲起露台,重百金之费,克己不作。今贤散公赋以施私惠,一家至受千金,往古以来贵臣未尝有此,流闻四方,皆同怨之。里谚曰:'千人所指,无病而死。'臣常为之寒心。今太皇太后以永信太后遗诏,诏丞相御史益贤户,赐三侯国,臣嘉窃惑。山崩地动,日食于三朝,皆阴侵阳之戒也。前贤已再封,晏、商再易邑,业缘私横求,恩已过厚,求索自恣,不知厌足,甚伤尊尊之义,不可以示天下,为害痛矣!臣骄侵罔,阴阳失节,气感相动,害及身体。陛下寝疾久不平,继嗣未立,宜思正万事,顺天人之心,以求福佑,奈何轻身肆意,不念高祖之勤苦垂立制度,欲传之于无穷哉!《孝经》曰:'天子有争臣七人,虽无道,不失其天下。'臣谨封上诏书,不敢露见,非爱死而不自法,恐天下闻之,故不敢自效。愚戆数犯忌讳,唯陛下省察。"

谏书中说圣贤之君裂地封侯没有正当的缘由,百姓也不会服气,又说汉哀帝身体欠佳,不思立嗣却以太后遗诏妄加宠幸董贤,大肆奖赏董贤金钱,实为不智,并暗指董贤已经"千人所指",将会"无病而死"。王嘉的谏书大大地触怒了汉哀帝,汉哀帝派人命王嘉服毒自杀。王嘉严词拒绝,最后在狱中绝食而亡。王嘉死后,更无人敢于直谏汉哀帝。董贤更是被封为大司马。其后汉哀帝于公元前1年死去,董贤被王太后罢官。在罢官的当天,董贤和妻子畏罪自杀。官府查抄董贤家产达43万钱。

董贤被千夫所指,后人却不以之为鉴,民国时期的袁世凯倒行逆施,天怒人怨,最终称帝不过半年就一命呜呼。

"千夫所指"的第一人是谁呢?在史书记载中,《汉书·王嘉传》:"千人所指,无病而死。"王嘉指责的人,就是董贤,"断袖之好"的男主角之一。

 "看破红尘"的"红尘"是什么

"红尘"一词最早出自东汉文学家班固的《西都赋》:"阗城溢郭,旁流百尘,红尘四合,烟云相连。"这里的"红尘"指都市红色的烟霞和扬尘。后来,"红尘"演变指代"繁闹尘世"或"人世间"。在与佛教道教有关的小说中"红尘"一词多指凡俗尘世。《红楼梦》开篇阐述石头的来源时说:"原来是无才补天,幻形入世,被那茫茫大士、渺渺真人携入红尘,引登彼岸的一块顽石。"

人们说某人厌世出家修行时,总是说其"看破红尘"。

"红尘"的出处:《西都赋》

"看破红尘"的真正意义是明了、体悟了世间的实相,不再留恋俗世。佛教认为我们娑婆世界是不圆满,是苦的,一切都是无常的,靠不住的,世人终逃不掉生老病死、成住坏空的命运,无常乃是一切万物的实相;人在世间追求,如在生死大海,无有出期,所以不应该贪恋世间的事物,要力求解脱。

"哪壶不开提哪壶"有何寓意

张三和王五走在一起闲聊,王五问张三:"听说你昨天和媳妇闹别扭,是怎么回事?"张三说:"唉,别提了,真是哪壶不开提哪壶。"哪壶不开提哪壶的意思就是问了不该问的问题。这句话产生于一个有趣的小故事。

从前有一对父子开了一间茶馆。茶馆面积虽小,但是服务周到,店主人诚恳热情,而且水沸茶好,干净卫生。这家茶馆开摊早,收摊晚,生意很兴隆。知县白老爷是个贪官污吏,爱吃白食。在酒足饭饱之后,白老爷听说这家茶馆生意不错,就过来喝茶。他一个人占着一张桌子,而且行为乖张,骂骂咧咧,还要一些花生米、豆腐干等零食。茶喝够了就扬长而去,自然不付钱——

陕西老茶馆的茶壶

白喝。次数多了,茶馆本是小本生意当然入不敷出。茶馆老掌柜虽然受不了,但是也惹不起,对此无可奈何,抑郁成病,卧床不起,便让儿子掌壶,去打理生意。这天,白老爷像往常一样过来喝茶。他刚端起茶杯喝了一口,就龇牙咧嘴,说:"这水也没开,茶也没味啊。"小掌柜就说:"水还是刚开的沸水,茶还是老爷您以往喝的上好龙井。怎么会没味呢?"之后,白老爷就来得少了。再过些日子,白老爷干脆就不来了,茶馆生意又兴隆起来。老掌柜病好了,就问儿子白老爷怎么不来喝茶了。小掌柜嘿嘿一笑,回答:"我给他沏茶,哪壶不开提哪壶。"从此之后,这句话就流传开了。

哪壶不开提哪壶,原本是指给人喝不是开水泡的茶,后来引申为说话不得体,说一些不该说的话,做一些不该做的事。有时还有跟别人过不去、故意找碴儿的意思。

为何是"才高八斗"而不是"才高九斗"

在古代"斗"是粮食的计量单位,"石"是一种容量单位,一石等于十斗。人们喜用才高八斗和学富五车来形容一个人有才华。人的才华怎么用斗来计量呢?这里有个鲜为人知的故事。

谢灵运是南朝的大诗人,才华横溢,善于描写自然景物,开创了文学史上的山水诗一派。李白有诗云:"脚着谢公屐,身登青云梯。半壁见海日,空中闻天鸡。"诗中的"谢公"就是指谢灵运。在一次宴会上谢灵运夸奖曹子建道:"魏晋以来,天下的文学之才共有一石,其中曹子建独占八斗,我得一斗,天下其他的人共分一斗。"

从这段话看来,谢灵运对曹子建之才很敬佩,没有把天下的其他文人放在眼里。曹子建也就是曹植,是曹操的儿子,曹丕的弟弟。曹植是建安文学的集大成者,其文学造诣有目共睹,他的《洛神赋》和《白马篇》都是千年名作。而其七步诗:"煮豆持作羹,漉豉以为汁,萁在釜下燃,豆在釜中泣。本是同根生,相煎何太急",更是家喻户晓。清初杰出诗人、文学家王士禛尝论汉魏以来 2000 年间的诗家中堪称"仙才"的,唯有曹植、李白、苏轼三人耳。也难怪谢灵运夸奖曹植之才有"八斗"了。由此,后世便习惯称才学出众者为"才高八斗"、"八斗之才",而不能说"才高九斗"或是"才高十斗"。

"才高八斗"的曹植

"百闻不如一见"有何由来

在《汉书·赵充国传》中,汉宣帝问赵充国需要多少人马去平定羌人。赵充国回答:"百闻不如一见,兵难遥度,臣愿驰至金城,图上方略。"意思是说,听了一百次别人的诉说不如自己去亲自看一次。

汉武帝后期,聚居在现今青海省内的羌族经常侵略汉朝边境。与此同时,匈奴也想联合羌族共同入侵大汉领地。面对这种形势,汉武帝提出斩断匈奴右臂的策略。但是派去平定羌族的军队都被打败,羌人更加肆无忌惮,开始向湟水以北移动,寻找弃耕地去放牧。同时,羌族内部各部落开始联合。

汉宣帝期间,光禄大夫义渠安国出使羌族。羌先零部落酋长向他表示羌族要向湟水北部移动,在弃耕地上放牧。义渠安国向朝廷报告这个情况,赵充国就弹劾他奉使失职。之后,羌族擅自渡过湟水,当地的汉朝官员不能禁止。元康三年(公元前 63 年),羌族各部落酋长 200 余人"解仇交质",订立盟约,打算共同入侵大汉地区。神爵元年(公元

耳听为虚,眼见为实。百闻不如一见,听得再多,不如亲自去看一看,凡事只有调查研究之后,才能得出准确的结论。

赵充国塑像

前61年），义渠安国再次出使羌族。他不懂策略，一到羌族，就杀了先零部落的头领三十多人，并调兵镇压其族民。于是羌族各部落惶恐，纷纷离开其地，犯汗边境，攻打城邑。义渠安国率三千骑兵守备羌人，被击败。义渠安国就向皇帝报告情况。

面对气势汹汹的羌人，汉宣帝打算起用赵充国去平定。其时，赵充国已经70多岁。汉宣帝就派人问赵充国谁可以为将。赵充国毛遂自荐，甘愿前往。又问需要多少人马，赵充国回答，百闻不如一见，待我到金城查看敌情之后才能做出准确的判断。

同年四月，汉宣帝正式遣后将军赵充国率骑兵万余人前往镇压。赵充国到达金城后，西渡黄河，乘夜挺进落都，其后又西至都尉府，修筑壁垒，安营扎寨，抵御羌人。羌军多次挑衅，赵充国拒不应战。其后，赵充国采用恩威并施，分化离间的策略，招降罕、开羌及其他被先零胁迫的羌人种落，瓦解羌军。七月，赵充国率军进入先零地区，大败羌人。十二月，汉宣帝又遣破羌将军辛武贤、强弩将军许延寿协助赵充国平定羌患。最后，羌族反叛者五万众，先后被斩杀7600人，战争中渡水溺死者达五六千人，投降者3万余人，只剩下4000多人逃跑。一年后，逃脱的羌人也归降。至此，大汉设置金城属国。

耳听为虚，眼见为实。百闻不如一见，听得再多，不如亲自去看一看，凡事只有调查研究之后，才能得出准确的结论。

"好事不出门，恶事传千里"有何典故

中国人自古就有一句俗语："好事不出门，恶事传千里。"这句话原本是什么意思呢？中国人自古做好事都推崇不留名，所以好事不容易"出门"。古人云："前车不忘，后事之师。""恶事"传得越远，警示作用就越大。待流传到后世，人们养成一种习惯，即比上不足，比下有余。别人做了好事不去流传，而做了坏事就去宣扬，在心理上得到慰藉。似乎人们还有一个习惯，就是喜欢谈论八卦新闻。而八卦新闻几乎都是些不好的事情。就这样，这些八卦新闻流传很广，"恶事"自然"传千里"。《水浒传》第二十三回："自古道：'好事不出门，恶事传千里。'不到半月之间，街坊邻舍，都知得了，只瞒着武大一个不知。"这似乎就是人们对街头巷尾八卦新闻爱好的写照吧。

> 《水浒传》第二十三回："自古道：'好事不出门，恶事传千里。'不到半月之间，街坊邻舍，都知得了，只瞒着武大一个不知。"

潘金莲是《水浒传》着力描绘的淫妇形象之一。当初潘金莲被迫嫁给武大郎，跟着武大郎在清河县过日子。有一帮流氓无赖前来捣乱，武大郎没法才搬到阳谷县居住。武大郎"身不满五尺，面目丑陋，头脑可笑；清河县人见他生得短矮，起他一个诨名，叫作三寸丁谷树皮"。潘金莲听了自然不喜欢。后来武松来到阳谷县遇见了哥哥武大郎，便到其家中歇息。潘金莲见武松身材魁梧，有英雄气概，心中暗暗欢喜，

《水浒传》中的王氏茶坊：西门庆、潘金莲的幽会之处

于是勾引武松，遭到拒绝后，心中闷闷不乐。在机缘巧合之下，由王婆搭线，潘攀上了西门庆。自此两人在武大郎出门卖炊饼的时候偷偷幽会。这件事情渐渐地被街坊邻居知道了，唯独武大郎一人不知。其后，武大郎在一个叫郓哥的人的告密下才知道潘金莲偷汉子的事情。两人便用计捉奸。可武大郎捉奸不成反挨了西门庆一记窝心脚，从此卧病在床。最后被潘金莲下毒害死。这件事情很快就流传出去。出门办事的武松听说后就回到阳谷县，手刃西门庆，之后投案自首，被刺配孟州牢城。

鲁迅说过，中国人有一个劣根性就是喜欢凑热闹、看热闹。但凡"恶事"几乎都有热闹可凑、有热闹可看。人们喜欢谈论这些"恶事"。"他们这个好笑的话柄，一人传十，十人传百"，渐渐地就越传越远，成为茶余饭后的谈资。

为何说"儿大不由爷，女大不由娘"

孩子长大了，自然就有了个性，尤其是处于青春期的孩子，反抗父母的个性很明显。在这个时候，孩子有自己的独立性，开始形成自己的人生价值观。在青春叛逆期，孩子自然由不得父母为自己做主，开始独立地支配自己的生活。除了物质上的依赖外，孩子在心理上开始摆脱对父母的依赖，会去寻找生命中的另一半，即常言说的："儿大不由爷，女大不由娘。"

清代《醒世姻缘传》："别说我是他妗子，我就是他娘，他'儿大不由娘'，我也管不的他。"古人婚姻讲究父母之命，媒妁之言。所以古人对自己孩子的婚姻把握得很严。即便如此，孩子长大了也不一定就由得父母来做主。尤其是近现代，讲求婚姻自由，孩子长大了，自然由不得

> "人之初，性本善"。虽然"儿大不由爷，女大不由娘"，但是父母正确的引导，能帮孩子少走一些弯路。

深圳海滩边的母女

父母做主了。

在小时候，孩子对你言听计从，是因为他还分辨不出是非曲直。等他长大的时候，他有自己的价值观、认知观，难免两辈人之间产生不同的意见和看法。这也就是所谓的隔阂。如果对孩子能够加以正确的引导，但不去左右孩子的行为，这种隔阂就会慢慢消失。孩子初入社会，对什么都会感到好奇，等好奇过后，也就慢慢长大了。这个时期的孩子虽然也由不得父母做主，但是，父母正确的引导能帮孩子树立良好的人生价值观。

"人之初，性本善"。虽然"儿大不由爷，女大不由娘"，但是父母正确的引导，能帮孩子少走一些弯路。不需要强制性地去左右孩子的行为，在孩子迷茫的时候，给他指引方向就够了。现今社会，讲求婚姻自由，做父母的也不必过多地干预他们的婚姻幸福了。

为何把辞退、解雇称"炒鱿鱼"

广东有一道菜叫"炒鱿鱼"。这道菜炒熟的时候，鱿鱼就会像铺盖一样卷成一圈，就像员工被解雇时，卷铺盖的样子。

"炒鱿鱼"原本是一道菜，到后来发展成为"辞退"、"解雇"的意思还有一段来历。在旧社会，工人被老板解雇是不需要理由的。被解雇的工人也没有地方去申诉。那个时候，工人的铺盖全部由自己提供。当听到解雇的消息时，工人就会卷铺盖走人。在朝不保夕的旧社会里，工人对解雇一词很敏感，就用"卷铺盖"表示解雇的意思。

在以前的广东、香港一带，工人的食宿由老板提供。这些打工仔背着包袱到那里去打工。一般情况下，包袱里装着一条棉被和一张竹席，携带起来很方便。那个时候，店铺一般分为两部分，前半部分是营业场所，后半部分是员工的宿舍。在员工被解雇时，就把铺盖卷起来走人，广东人称为"执包袱"或"炒鱿鱼"。执

此语本意为一道菜：炒鱿鱼

包袱好理解,炒鱿鱼就有点费解了。广东有一道菜叫"炒鱿鱼"。这道菜炒熟的时候,鱿鱼就会像铺盖一样卷成一圈,就像员工被解雇时,卷铺盖的样子。因此,有人就用"炒鱿鱼"来比喻解雇。那时,员工被解雇,就说"你被炒鱿鱼了"或者"你执包袱吧"。在英语中,包袱为"sack",做动词使用时就是解雇的意思。这结合"执包袱"来看,确实很有趣。

现在"炒鱿鱼"多是解雇、开除的意思。在当今社会,员工的利益得到保障,老板不能随意炒员工的鱿鱼。而且在现代社会,员工甚至可以炒老板的鱿鱼。

> 现在"炒鱿鱼"多是解雇、开除的意思。在当今社会,员工的利益得到保障,老板不能随意炒员工的鱿鱼。而且在现代社会,员工甚至可以炒老板的鱿鱼。

"树倒猢狲散"出自何处

大树底下好乘凉,一旦大树倒了,猢狲就会跑得无影无踪。宋朝人庞元英在《谈薮·曹咏妻》中说:"宋曹咏依附秦桧,官至侍郎,显赫一时……咏百端威胁,德斯卒不屈。及秦桧死,德斯遣人致书于曹咏,启封,乃《树倒猢狲散》赋一篇。"

宋高宗年间(1127—1162)有个侍郎叫曹咏,他善于溜须拍马,深得秦桧的喜欢。虽然曹咏没有什么真才实学,却在秦桧的庇佑下,官运亨通,连升三级,成为朝廷中的一名大员。曹咏当了大官,春风得意,好多亲戚朋友都过来巴结他,或送礼,或说一些赞美的话。曹咏得意非常,唯一美中不足的是他的内兄,即他的大舅子厉德新从不向他送礼或者说好话。曹咏对此很生气,想方设法,百般刁难厉德新。厉德新为人耿直,头脑清醒,他知道曹咏官运亨通不是因为他的能力有多强,而是受秦桧的荫庇。他料定,只要秦桧一倒台,曹咏肯定也会跟着倒霉,断然不会有好下场。所以他不像其他人那么样去阿谀奉承曹咏,也不愿意和他同流合污。厉德新洁身自好,曹咏也一时找不到借口,只是在秦桧面前说厉德新的坏话。

后来秦桧死了,树倒猢狲散,依附秦桧的人也纷纷倒台。曹咏也不例外,被贬官,远离京都。厉德新得到曹咏被贬的消息后,就写了一篇《树倒猢狲散》赋,遣人送给曹咏看。在文中,厉德新把秦桧比喻成一棵大树,曹咏等人是树上的猴子,嬉笑游戏。生动形象地描绘出曹咏等人利用秦桧作威作福、鱼肉百姓的丑恶嘴脸。如今大树已倒,猢狲四散,于国于家,真是可喜可贺。曹咏看到这篇文章后,气得火

> 很快《树倒猢狲散》这篇赋文在京都流传开来,一直到现在,人们还用"树倒猢狲散"来比喻一些有权势的人一旦倒台,依附他的人也会散去。

曹咏等人的大树:秦桧

> 死马当做活马医，一般比喻事情已经无可救药，但还是抱一丝希望，积极挽救，通常也泛指做最后的尝试。

冒三丈，但也无可奈何了。

很快这篇赋文在京都流传开来，一直到现在，人们还用"树倒猢狲散"来比喻一些有权势的人一旦倒台，依附他的人也会散去。

"死马当做活马医"有何典故

死马当做活马医，一般比喻事情已经无可救药，但还是抱一丝希望，积极挽救，通常也泛指做最后的尝试。在《宏智禅师广录》有"若恁么会去，许尔有安乐分，其或未然不免作死马医去也"的句子。关于"死马当做活马医"的故事，笔者也听闻了一些。

古时候，有一名将军，能征善战，为国家立下很多汗马功劳。他有一匹宝马，跟随他多年，出生入死。将军年老，他的坐骑也开始体弱多病。一日，将军的宝马一病不起，卧倒在马厩中。将军就去请郎中来医治。郎中请来了，一看如此，不知如何是好。将军发话，要求郎中必须把马医治好，否则军法处置。郎中本以为是给活马看病，他从没有给死马看过病，自然无从下手。怎么办呢？军命难违，不然小命不保。

郎中只好用手去把马腿，权当诊脉。郎中把了好长时间，也不知道个所以然来。如何做呢？郎中自言自语："差不多已经死了。但是不救它，自己也得死。救马等于救自己。唉，死马当做活马医！"活马如何医治呢？郎中想了想，就开了一服药方。将军派人取了药方去开药。

说来也怪，那匹马几乎就要死了，吃了药之后，居然活转过来。将军重重奖赏了那名郎中。郎中得了奖赏，赶紧离开了居所，去云游四方了。死马虽然已经医活，但是命并不能长久。所以还是溜之大吉。

笔者还听闻一个故事，讲的是一个富贵人家的老爷生病了，百般求医无果。街上来了一个走方郎中，专治奇症。老爷的家人立即把他请往家中。这名郎中看了看老爷的气色，说："贵老爷得病时日已久，观其面色，恐时日不多了。"他给老爷诊脉，又说，"庸医误诊，延误时日，这已经是死脉

云南迪庆普达措公园悠闲的马群

了。"老爷的家人就说不管花费多少都行,只要能救活老爷。郎中摇了摇头,"死脉权当活脉医。"郎中用针灸之术,给老爷诊治。大概是老爷命不该绝,也或许是郎中艺术高明,居然给救活了。

后来这件事情就流传出去。因为当地的口音关系,死脉说成了死马,活脉说成了活马。于是郎中的那句话就成了"死马当做活马医"。

现在,这句谚语已经和治病扯不上关系了。人们多是用来比喻事情几乎不可挽回,但还是要做最后的努力。

"阳关道"、"独木桥"各指什么

"你走你的阳关道,我过我的独木桥。"这就俗语流传很广,主要用来比喻大家各走各的路,互不相关,互不相扰。那么阳关道和独木桥各指什么呢?

阳关道本是古代的一个关隘,在玉门关之前,是通向西域的大道。在古丝绸之路上,阳关是必经之处。丝绸之路原本是一条贸易路线,各国商人在这条道路上往来做生意,因而是一条商业之路,也是一条富贵之路。今现存的阳关道宽达36

独木桥

丈,可见当时是多么的繁华和车水马龙。所以阳关道也代表着光明的道路,有前途的道路。

独木桥原本是架在悬崖等处的一根圆木做成的桥。独木桥不仅狭窄而且危险。这种独木桥常出现在乡下,制造简便,但是稍不小心就会掉下独木桥受伤,甚至丢掉性命。有时独木桥也用来比喻艰难危险的路程。

现在若有本来很好的一对恋人分手了,他们也许就会说:"你走你的阳关道,我过我的独木桥。"在这里,阳关道和独木桥其实都是指人生的道路。阳关道此时未必就是坦途大道,独木桥未必就是坎坷小道。阳关大道也好,独木小桥也罢,不管人生道路是宽敞还是狭窄,只要自己愿意走下去,坚持走完,就会发现不同的风景。阳关道上,可以欣赏大漠落日的宏伟景象;独木桥上,可以品味小桥流水的轻快风景。

"上梁不正下梁歪"有何来历

杨泉是三国时吴国人,在晋太康年间(280—289)著《物理论》一书,在书中,作者阐述了自己的思想。其中有一句"上不正,下参差",这应该是"上梁不正下梁歪"的由来。其实,在春秋战国时期,孔子就宣扬过这样的理论,"季康子问政于孔子。孔子对曰:'政者,正也。子帅以正,孰敢不正?'"意思说,季康子向孔子问怎么治理政事。孔子回答:"政,就是正的意思。领导人能够做得正,那么还有谁敢不正呢?"也就是说:"上梁正,下梁也正。"

新房上梁仪式

梁本是古代房屋建造中用来支撑屋顶的柱子。上梁是建筑过程中的一个重大环节。中国是礼仪之邦,非常重视礼仪,所以上梁时有很多讲究,而且上梁也被赋予一种神圣的象征。现在人们用上梁比喻领导者,下梁比喻被领导者。有时上梁也指长辈,下梁也指晚辈。

古时候,有个县令被贿赂了一匹华美的布匹,于是找个裁缝帮他做衣服。他怕裁缝私留布匹,就躲在门外观看。果然,裁缝私藏了一段布匹。县令看见了赶紧进去,质问裁缝,裁缝回答如下:五尺绫罗怀中揣,哪个当官不发财;读书十年寒窗苦,学艺三年泪满腮;当官收礼非大节,做衣落布本应该;太岁头上敢动土,上梁不正下梁歪!嬉笑怒骂,闹了一出好戏。

《论语》是儒家经典,里面记录了很多孔子说的话,还有孔子重要的思想和政治主张。在这些重要的思想和政治主张中,就有谈论身为国君应当以身作则,端正行为的问题。孟子也说:自己不正直,也不能使别人正直。总的来说,古人所说的"上梁不正下梁歪,中梁不正垮下来"的话,和现代社会倡导廉政思想建设是一样的。

上梁正直,就会起到带头作用和引领作用,接下来的人就会看着上梁,马首是瞻,自然就端正了自己的行为。上梁正,则下梁正;上梁歪,则下梁也会歪。

上梁正直,就会起到带头作用和引领作用,接下来的人就会看着上梁,马首是瞻,自然就端正了自己的行为。上梁正,则下梁正;上梁歪,则下梁也会歪。

为何将年纪大尚有风韵的妇女称"半老徐娘"

"半老徐娘",也称"徐娘半老",多用来比喻年纪大而尚有风韵的妇女。据清代学者赵翼在《廿二史札记》卷十考证,这个典故出自唐朝李延寿所撰《南史·梁元徐妃传》。

《梁元徐妃传》记载,南朝梁元帝萧绎有个妃子叫徐昭佩,东海郯县(今山东省郯城北)人,前齐国太尉徐嗣之的孙女,梁朝侍中信武将军徐绲的女儿。517年十二月,被迎娶为湘东郡王萧绎的王妃。出嫁当时路经西州,狂风大作,房倒屋塌,之后又下暴风雪,把喜事的帷帘都覆盖成白色;等新娘到了夫家时,西州大雷狂作,把柱子都震碎了。这被认为是不祥的预兆。婚后,生世子萧方等、益昌公主萧含贞。

半老徐娘蜡像

徐昭佩年轻时是一个花容月貌、风华绝代的美女,但女过三十,人老珠黄,青春芳华将尽。眼看自己容颜衰老,又受皇帝的冷落,她对自己的婚姻生活大为不满,郁郁寡欢。梁元帝萧绎仅有一只眼可视,徐妃自恃出生名门贵族,又对萧绎的相貌心存不满,于是在萧绎面前只打扮半边脸,名曰"半边妆",并道"他一个眼睛只能看一边",以嘲讽萧绎独眼,求得心理平衡和安慰,但这却只能使萧绎更加疏远她。除此之外,她还嗜酒,常常喝得大醉,呕吐在萧绎的衣袍上,使萧绎彻底远离了她,移情于其他佳人。她独守空房,难耐寂寞,便开始偷偷找情夫。有一个情夫是朝中的美男子暨季江。此时她虽已是中年妇女,但在浓妆艳抹中还透着一股无尽的风情余韵。暨季江也忍不住赞叹道:"柏直狗虽老犹能猎,萧溧阳马虽老犹骏,徐娘虽老犹尚多情。"

徐妃沉浸在风花雪月里,不知自醒,又与当时美貌绝伦、风流倜傥的诗人贺徽有情诗来往。萧绎无法忍受她的风流淫荡。徐妃生性妒忌,对宫中失宠的姬嫔,徐妃视为知己,发现宫女受宠怀孕,则以刀杀之。公元549年,有一宠妃不明不白地死了,萧绎便以徐妃因妒毒死宠妃为借口,逼她自杀。她绝望之下只好投井而死,年43岁,葬于江陵瓦官寺。从此,"半老徐娘"的风流韵事尽人皆知,给萧绎脸上抹了一道黑。

> "半老徐娘",也称"徐娘半老",多用来比喻年纪大而尚有风韵的妇女。

窥探文化真相

王羲之

"福无双至,祸不单行"有何由来

明朝施耐庵的《水浒全传》第三十七回有："宋江听罢,扯定两个公人说道:'却是苦也! 正是福无双至,祸不单行。'""福无双至,祸不单行"这个成语常用来指幸运事不会连续到来,祸事却会接踵而至,提醒我们"祸兮福之所倚,福兮祸之所伏",应辩证地看待福与祸,从而以平常心来看待生活。据传说这一成语跟东晋大书法家王羲之有关。

王羲之书法造诣极高,隶、草、正、行各体皆精,被后世奉为"书圣"。传说有一年,他从山东老家移居浙江绍兴。时值年终岁尾,家家户户都忙着置办年货,其中桃符是必不可少的。所有人希望桃符能给家人带来财富、好运、幸福、健康等。而桃符上的对联不仅讲究意旨,更讲究字体。当时王羲之已是受人景仰的大书法家,人们都希望能得到他的墨宝。然而,王羲之名声太大,其墨宝价值连城,普通老百姓根本买不起。

"福无双至,祸不单行"这个成语传说跟东晋大书法家王羲之有关……

十二月二十八日,王羲之家大门旁贴了一副对联"春风春雨春色,新年新岁新景"。晚上,有人趁夜悄悄把对联揭走了。第二天家人发现对联被人偷走,王羲之提笔又写了一副"莺啼北里,燕语南郊",然后让家人贴了出去。谁知天明一看,又被人揭走了。可这天已是除夕,第二天就是大年初一了,眼看左邻右舍家家户户都贴上了对联,唯独自己家门前没有,急得王家人要王羲之想个应对之策。他想了想,微笑着提笔又写了一副,并让家人先将对联剪去一截,贴于门旁。夜间果然又有人来偷,不料借着火光一看,发现这副对联写的是"福无双至,祸不单行",很不吉利,寻思着不能把充满不吉利的东西带回家,于是只好溜走了。初一早上天刚亮,王羲之便亲自将昨天剪下的下半截分别贴好。此时已有不少人围观,大家一看,对联变成了"福无双至今朝至,祸不单行昨夜行"。众人看了,不由齐声喝彩,拍掌称妙。自此"福无双至,祸不单行"这句话广为流传。但这只是传说,未必全可信,因为据民俗学家研究,帖春联的习俗出现得比较晚,大约在宋元明时期。

"说风凉话"有何典故

现代人常把站在自己角度嘲笑别人而说的、打消别人积极性的话,叫作风凉话。

现代人常把站在自己角度嘲笑别人而说的、打消别人积极性的话,叫作风凉话。如《李自成》第二卷第五十章:"世上有些人喜欢锦上

唐文宗李昂娱乐图

添花或站在高枝上说风凉话,很难在别人犯了错误时多想想人家的长处。"

唐文宗开成三年(838年),盛夏,烈日如火,文宗和他的几个大臣在一所宫殿里乘凉消夏。君臣几个闲着无事,就吟诗唱和。文宗首先开口:"人皆苦炎热,我爱夏日长。"柳公权附和:"熏风自南来,殿阁生微凉。"文宗大喜,觉得柳公权的两句诗歌"辞清意足,不可多得"。后世之人对此多有评论。宋人苏轼认为柳公权的两句诗歌"美而无箴",并又续了四句:"一为居所移,苦乐永相忘。愿言均此施,清阴分四方。"其实,唐文宗说"我爱夏日长"时,能否想到农夫在田里忙碌的景象呢?人言酷热,他说风凉。这大概就是风凉话最早的典故了。

《孽海花》第十八回:"况且没有把柄的事儿,给一个低三下四的奴才含血喷人,自己倒站着听风凉话儿!"可见风凉话不是什么直接骂人的坏话,若是不站在听者的角度,也许风凉话就不是风凉话了。有时说者无心,听者有意,这样就成了风凉话。若是听者无心,即使说者有意,不也变成溢美之词了吗?

别人有困难,去伸手帮助,而不是在旁说风凉话,如此,这个世界就会美好起来。

风凉话不是什么直接骂人的坏话,若是不站在听者的角度,也许风凉话就不是风凉话了。

 "耳旁风"是什么"风"

耳旁风又称为耳边风,比喻事情不往心里去,对事情漠不关心。长辈批评晚辈,经常说:你就是不听,全当耳旁风。其实这句话是由成语"秋风过耳"演变过来的。在《吴越春秋·吴王寿梦传》中,季札说:"富贵之于我,如秋风之过耳。"

吴王寿梦生有四子,长子诸樊,次子余祭,三子余昧,四子季札。其中,季

清孔继尧绘季札像

> 耳旁风又称为耳边风，比喻事情不往心里去，对事情漠不关心。这句话是由成语"秋风过耳"演变过来的。

札的德行最好，又有才能，深得吴王寿梦的喜爱。吴王寿梦病重，临终前想要将王位传给季札。季札坚决不从，因为这犯了废长立幼的大忌。于是，寿梦对诸樊说："我欲传国及札，尔无忘寡人之言。"诸樊即位之后，办完丧事，对季札说："父王未死的时候，说要把王位传给你。虽然现在我是吴王，但是我已经答应父亲把王位给你。现在这个国家就是你的国家，你应该是国王，所以你不要推辞。"季札不受而耕于野。诸樊就轻慢鬼神，以求速死。果然，诸樊将死，就和弟弟余祭说："一定要把王位传给季札。"诸樊封季札为延陵季子。余祭即位，其后余昧即位。余昧临死，打算把王位传给季札，季札不受，说："吾不受位明矣。昔前君有命，已附子臧之义。洁身清行，仰高履尚，惟仁是处，富贵之于我，如秋风之过耳。"于是，季札就逃到延陵，隐居起来。

季札品行高尚，三让王位，被世人尊称为"至德第三人"。后来余昧的儿子，即吴王僚被诸樊的长子公子光刺杀。公子光假意请季札继承王位。季札不受，并痛骂了公子光一顿。公子光即位，季札再次隐居在延陵，直到死去。

季札一生谦逊，又有才能，极重情义。后人对他赞不绝口。元代诗人刘子寰说："有吴何代无陵墓，万世惟知季子坟。"

秋风过耳这个成语流传下来。到后来，演变成了耳旁风。《红楼梦》袭人说："姊妹们和气，也有个分寸礼节，也没个黑家白日闹的！凭人怎么劝，都是耳旁风。"到现在，耳旁风已经完全没有秋风过耳的意思了。

"闭门羹"是什么"羹"

> 以羹拒客，比直接拒客要婉转一些。到了现在，被人拒之门外，只能"闭门"而不能吃"羹"了。

现代人们常把拒之门外称为吃"闭门羹"。那么，"闭门羹"到底是什么羹呢？在《云仙杂记》中，记载了这样的一件事情。文中引用《常新录》的一段话："史凤，宣城妓也……下列不相见，以闭门羹待之。"

据说唐代宣城有个妓女叫史凤，长得是闭月羞花，风姿绰约，又能歌善舞，深得纨绔子弟的喜欢。一些浪荡公子和好色之徒纷纷登门拜访，一时间门庭若市。史凤把来访客人分为三六九等，以不同的方式待客。"甚异者，有迷香洞、神鸡枕、锁莲灯；次则交红被、传香枕、八分羹；下列不相见，以闭门羹待之。"所谓羹，是用蒸煮等方法做成的糊状、冻状食物。最初时系指肉类，只有统治阶级才能吃。后来，平民百姓以蔬菜为羹。史凤不愿意见客，就会派人把羹送到一间房子里，让客人自

"闭门羹"

已吃。以羹拒客，比直接拒客要婉转一些。客人看见羹来了，就知道主人不愿意见客。关于羹有很多种做法，比较出名的有银耳莲子羹、雪梨羹、水蛇羹、燕窝羹等。至于闭门羹中的羹，大约不是什么好羹吧。

到了现在，被人拒之门外，只能"闭门"而不能吃"羹"了。《清宫外史》记载："一次不见，第二次再去，谁知三番五次饱尝闭门羹。"此时，羹已经没有了，只是被主人拒之门外而已了。这样，闭门羹就成了拒绝的代名词，并没有什么"羹"可吃了。

"快刀斩乱麻"有何典故

快刀斩乱麻，一般是用来形容做事情果断，能够干净利落地解决复杂的问题。这句话出自《北齐书·文宣帝纪》："高祖尝试观诸子意识，各使治乱丝，帝独抽刀斩之，曰：'乱者须斩！'"

北齐文宣帝高洋还没做皇帝前，被别人认为是一个痴呆儿。据说高洋15岁的时候，还在流鼻涕。在古代15岁的人甚至已经结婚生子，建功立业了。虽然别人一直认为高洋是没有前途的人，但是，事实上高洋很聪明，从高欢对他儿子的考核中可以看出。那次，高欢拿出了几捆乱麻，让他的儿子们理清。其他的皇子在手忙脚乱地去抽丝麻的时候，高洋拔出腰间的佩刀，一刀斩断，很快就把丝麻理清了，说："乱麻一定要用快刀斩断。"

后来，高欢去世，高欢长子高澄即位。高澄被奴隶刺杀后，高洋处变不惊，指挥若定，最终登基称帝，时年20岁。高洋建立大齐，改元天保，史称北齐显祖文宣帝。在位初期，文宣帝励精图治，依法驭人，训练军队，加强兵防，使北齐迅速强大起来。有一次闹灾荒，高洋命李长林打开国库，赈济灾民。李长林私自克扣赈灾粮食，被高洋发现后，下令处死。因多人的劝解，李长林才免于死刑，被削为平民。他还改革吏治，使政治一片清明，百姓负担大大减少。他又修筑长城，大大稳定了边疆。北齐的农业、盐铁业等，在当时出于领先地位。其后，高洋昏乱，嗜酒成性，在位10年就死了。

从客观上讲，高洋为政前期的所作所为，在历史上很少有君王能够达到，在后期的所作所为简直和桀纣有得一比。高洋的功过是非，暂且不论，其快刀斩乱麻的故事，却广为流传。

快刀斩乱麻，一般是用来形容做事情果断，能够干净利落地解决复杂的问题。这句话出自《北齐书·文宣帝纪》。

北齐文宣帝高洋

"逐客令"源于何事

《谏逐客书》成为千古名篇,流传后世。"逐客令"一词也在民间广为人知,成为俗语,后来其意义渐渐演变为赶走客人的命令的意思。

清代李汝珍的小说《镜花缘》中第二回:"二位如再喧哗,不独耽误娇音妙舞,恐金母要下逐客令了。"在这里的"逐客令"一词中"客"是客人的意思,"逐客令"指的是赶走客人的命令。但"逐客令"最早来源于战国末期的一个秦国驱逐客卿的事件。"客"指的是在秦国做官的外国客卿。

秦王政元年(前246年),韩国派水利专家郑国到秦国游说修建水渠引泾水溉田。表面上看,兴修水利固然是好事,于是秦国便应允施行。秦王政十年(公元前237年),水利工程进行到第十年时,郑国修渠的动机被秦国人识破。实际上韩国是以兴修水利为名,派郑国来实施"疲秦计",借修筑巨大的水利工程来消耗和牵制秦国,使秦国无暇东征。秦王嬴政大怒。加上秦国人出身的大臣为争权夺利,趁此机会纷纷上书,劝说秦王驱逐所有外国客卿,以防别国的奸细混入秦国。于是秦王下令驱逐外国客卿。

当时客卿李斯也在被驱逐之列,但他不甘心自己在秦国打拼多年的努力前功尽弃,于是在离开咸阳的时候给秦王上奏了一篇《谏逐客书》。书中他言辞恳切,动之以情,晓之以理,透彻地分析了秦国当下的具体现状以及逐客将造成的危险后果。秦王看了奏折后不但没有大怒反而大加赞赏,采纳了李斯的建议,撤销了逐客令,并封李斯为廷尉。从此李斯的仕途坦荡无阻,最终当上了秦国的宰相,辅佐嬴政完成了统一六国的霸业。

李斯的《谏逐客书》之所以被采纳,还有另一个原因。当时秦国欲杀郑国。郑国坦诚相告:"始,臣为间,然渠成,亦秦之利也。"当时工程已接近尾声,若此时停止将前功尽弃。且渠成后,全长300公里,灌溉田地四万余顷,关中之地将成为沃野,亩收一钟(合今100余公斤),秦国实力将大大增强。考量再三,秦国再度委任郑国主持修建渠堰工程。

因为《谏逐客书》,李斯既保住了自己的仕途,也成就了秦国的未来。这篇《谏逐客书》也成为千古名篇,流传后世。"逐客令"一词也在民间广为人知,成为俗语,后来其意义渐渐演变为赶走客人的命令的意思。

李斯雕像

"坐山观虎斗"有何典故

坐山观虎斗,原意是坐在山上看两只老虎争斗。比喻对双方的斗争采取旁观的态度,等到两败俱伤的时候,再从中取利。《史记·张仪列传》:"(卞)庄子欲刺虎,馆竖子止之,曰:'两虎方且食牛,食甘必争,争则必斗,斗则大者伤,小者死,从伤而刺之,一举必有双虎之名。'"

春秋战国时期,韩国和魏国互相攻打,打得难解难分。秦惠王想要去援助,就问手下的谋士该如何办。有一些谋士认为援助好,另一部分人认为援助不好。秦惠王没有决断,不知如何是好。当时陈轸正好到秦国。秦惠王问他:"现在韩国和魏国相互攻打,有人说应该去援助,有人说不应该去。现在,我还没有决定,你认为我应该怎么做?"陈轸就回答说:"大王,你听说过卞庄子刺虎的故事吗?卞庄子想去刺虎,馆竖子制止了他,'两只老虎正在吃一头牛,当它们吃的时候一定会因为肉味甘美而互相打斗,那么打斗的结果是大虎受伤,小虎死亡。此时你再朝着受伤的老虎刺去,一下子必可得到杀死两只老虎的美名。'卞庄子听从了劝告就按他说的去做。过了一段时间,果然两虎相争,大的受伤,小的死亡。卞庄子就刺杀了那只受伤的大虎,得了一举刺杀两虎之功。现在韩国和魏国互相攻打,必有一国灭亡,一国实力大损,我们去攻打受损的大国,一举可得两国之功。这就和卞庄子刺虎一样。"秦惠王听从陈轸的意见。果然大国伤,小国亡,秦惠王兴兵攻打受伤的大国,一举成功。

两虎相争,必有一伤一亡,到时候再去刺杀受伤的老虎,既不太危险,而且还能事半功倍。坐山观虎斗,正如鹬蚌相争,渔翁得利。

> 两虎相争,必有一伤一亡,到时候再去刺杀受伤的老虎,既不太危险,而且还能事半功倍。坐山观虎斗,正如鹬蚌相争,渔翁得利。

坐山观虎斗

为何是"红得发紫"而不是"发黑"

我国封建社会等级制度森严,尤其是官场制度,更是不能随意越级。在官场,官员所穿衣服的颜色都有明确的规定。比如黄色是皇帝专用颜色,其他人,除了太监,一般情况下不能穿黄色的衣服。有时,皇帝高兴,会赐给官员黄马褂,这是至高的荣耀。这就是"品色衣"制度。

这种品色衣制度起源于北周,形成于唐朝,在后世多有沿用。就唐朝而言,一般情况下,官分九品,三品以上穿紫色,四品深红,五品浅红,六品深绿,七品浅绿,八品深青,九品浅青。凡是穿紫衣的官员则是权贵显耀之人。穿青衣的官员多是位卑职低之人。那些穿红着紫的官员可以经常出入宫廷,和皇帝见面,自然位高权重,官运亨通。于是一般情况下,人们就把红作为官运发达的标志,红得越紫,则官位越高。达到紫色的时候,就是一人之下万人之上了。在唐朝,三品以上的官员位高权重、职数有限,能够由红衣变成紫衣其实很难,故在官场混了几十年、致仕前终于当上了正三品的刑部尚书的大诗人白居易曾有诗云:"有何功德纡金紫,若比同年是幸人。"这句诗歌表现了白居易"红得发紫"的得意之情。所以人们就用"红得发紫"来表示某人官运亨通,仕途畅达。

随着时间的推移,这句话的意思也渐渐地扩大了,不仅是官运亨通的人可以用"红得发紫"来形容,有时还可以表示,某人极受信任、重视,有如日中天的意思。

> 一般情况下,人们就把红作为官运发达的标志,红得越紫,则官位越高。达到紫色的时候,就是一人之下万人之上了。

盛唐紫色服装

第七篇
规范完备的典章制度

窥探文化真相

> 既然，文官地位高于武官，左卑右尊，那么朝堂之上，当然是文右武左了。

古代朝堂上为何文官站右，武官站左

朝堂是历朝历代皇帝和大臣都极为重视的政治场合。在朝堂之上，重要的文武大臣齐聚一堂，共商国是。在礼制完备的古代，大臣们在朝堂上的站位也是非常有讲究的，即文官站右，武官站左。那么，形成这一规定的原因是什么？

改朝换代之时，大都是通过战争来赢取胜利。因此，建立新的国家之初，都是武官的地位高于文官。但是随着国家的安定，治理国家、安定社稷的重任往往还要落到文官身上。

中国历史上共存在有24个重要朝代。改朝换代固然是非常重要的历史大事，但"打江山容易，坐江山难"的说法却证明了治理好天下远比打下天下有难度。而且，老百姓渴望的也是太平盛世的安康，而不是朝代更迭的混乱。所以，在人们的心中，治理国家的文官地位远比舞刀弄枪的武官要高。

太和殿金銮宝座

在同一级别的官职中，文官的地位和受重视程度明显高于武官。根据古代的礼仪习俗，右为"上位"，"偏左不正"，因而在人们的心中就形成了左卑右尊的认识。

既然，文官地位高于武官，左卑右尊，那么朝堂之上，当然是文右武左了。

> 汉朝末年，牙门成为军旅营门的别称，后来移用于官府。后人因而讹传为衙门。

古代官府为何叫衙门

衙门是古代官吏办公的地方，《北齐书·宋世良传》："每日衙门虚寂，无复诉讼者。"史书记载："近俗尚武，是以通呼公府为'公牙'，府门为'牙门'，字稍讹变转而为'衙'也。"唐朝之后，衙门一词广为流传。到了北宋之后，人们似乎只知道衙门而不知牙门了。那么，古代官府为何叫衙门呢？

猛兽的牙齿象征武力，古人经常在军队中的锦旗上装饰兽牙。这种旗帜也叫牙旗，一般为大将或者天子立在军门前。兽牙一般采用大象的牙齿。大象在古代是勇猛的象征。《文选·张衡·东京赋》："戈矛若林，牙旗缤纷。"薛综，注："兵书曰，牙旗者，将军之旌。谓古者天子出，建大牙旗，竿上以象牙饰之，故云牙旗。"牙旗所在的军门，称为牙门。

《后汉书·袁绍传》:"曲义追至界桥,瓒敛兵还战,义复破之,遂到瓒营,拔其牙门。"牙门在军中是个重要的位置。李贤,注:"《真人水镜经》曰:'凡军始出,立牙竿必令完坚;若有折,将军不利。'牙门旗杆,军之精也。"可见牙旗的重要性。因而,牙旗所在的牙门也就很重要了。

平遥县衙仪门

牙旗是怎么形成的呢?王者打天下,守江山,完全凭借武力,因此特别器重军事将领。军事将领们以此为荣,往往将猛兽的爪、牙置于办公处。后来嫌麻烦,就在军营门外以木头刻画成大型兽牙作饰,营中还出现了旗杆端饰有兽牙、边缘剪裁成齿形的牙旗。汉朝末年,牙门成为军旅营门的别称,后来移用于官府。后人因而讹传为衙门。

衙门虽然只是一个办事机构,但它又是古代国家和社会生活的缩影,涉及的范围和内容非常广泛。仅仅从衙门审理案件的活动来看,就可以看出当时政治是否清明,官员是否贪污。在历代王朝中,衙门都是一个重要的办公场所,正如牙门在军营中占有重要的地位一样。

古代县官为何被称为"知县"、"父母官"

县作为行政区域始于春秋时期。秦始皇统一天下之后,将县制在全国推行。在唐代之前,县的长官称为县令或县长。唐称佐官代理县令为知县事。宋代常派遣朝官为县的长官,管理一县行政,称"知县事",简称知县。如果当地驻有戍兵,则知县还会兼兵马都监或监押,兼管军事。元代县的主官改称县尹,明、清以知县为一县的正式长官,正七品,俗称"七品芝麻官"。

在宋代,朝廷派遣官员"知某县事",简称知县,并设有县丞、主簿等知县的助手。县丞协助知县管理县政,主簿管理全县的粮税、户籍等。这个制度在明清沿用下来,故有此一说。

召信臣是汉代的一名官员,他在任职期间,"好为民兴利,务在富之"。他经常深入乡村,鼓励农民发展生产。他还巡视各处水泉,组织开挖水渠,兴建了几十处水门堤堰,灌溉面积逐年增加,最后多达3万顷。百姓因而富足,生活安居乐业。他还大力提倡勤俭办理婚丧嫁娶,明禁铺张。对于游手好闲的人,严加约束,使当地形成了极好的社会风

"父母官"必须清正廉明,对当地百姓有贡献,为人民谋福利。"父母官"的说法源于南阳,后来人们把对当地有贡献的县官都称为"父母官"。

明朝县官和将军蜡像

气。在他任职的地方，百姓生活富足，盗窃案绝迹，诉讼案也几乎没有。当地百姓对其感恩戴德，尊称其为"召父"。后来，召信臣升迁，官至少府，位列九卿。

杜诗是河南汲县（今卫辉）人，建武七年（31年），任南阳太守。"性节俭而政治清平，以诛暴立威，善于计略，省爱民役。造作水排，铸为农器，用力少，见功多，百姓便之。又修治陂池，广拓土田，郡内比室殷足。时人方于召信臣，故南阳为之语曰：'前有召父，后有杜母。'"

秦汉时期，河南南阳地区灌溉特别发达，南阳太守召信臣对此地的水利和农业生产有特殊贡献，因而受到当地百姓的拥戴，被誉为"召父"。东汉时期，南阳水利事业进一步兴盛，杜诗在这方面也作出了很大成绩，促进了当地农业生产的发展，被称为"杜母"。

召信臣和杜诗，就被人合称为"父母官"。也就是说，在当时，并不是任何县官都可以做"父母官"的。"父母官"必须清正廉明，对当地百姓有贡献，为人民谋福利。"父母官"的说法源于南阳，后来人们把对当地有贡献的县官都称为"父母官"。再到清朝，"父母官"已经成为县官的别称了。这就是为什么古代县官被称为"知县"、"父母官"的原因。

衙门的公堂上为何要挂"明镜高悬"大匾

> 明镜高悬比喻官员判案公正廉明，执法严明，判案公正，办事公正无私。也比喻目光敏锐，识见高明，能洞察一切。

明镜高悬比喻官员判案公正廉明，执法严明，判案公正，办事公正无私。也比喻目光敏锐，识见高明，能洞察一切。衙门的公堂上挂的"明镜高悬"大匾源于一个历史典故。

《西京杂记》记载刘邦攻入秦都咸阳，在巡查秦朝宝库时发现了一块奇怪的镜子。这块镜子正反两面都能照人。当心术不正的女子被照之时，就会发现她的胆特别大，心跳也异于常人。据说，秦始皇就以此镜照人，发现谁的胆特别大，谁的心脏跳得不正常就杀掉谁。因此镜有神奇功能，人们就以"秦镜高悬"比喻当官的能洞察是非、秉公断案。唐代诗人刘长卿有"何辞向物开

高挂"明镜高悬"大匾的平遥县衙大堂

秦镜,却使他人得楚弓"的诗句。

传说包拯能夜断阴,日断阳,是因为他得到了一块阴阳镜。包公临死时怕后任贪赃枉法、残害良民,就命人把阴阳镜挂在开封府的正堂之上。后来有一个叫钱如命的人通过贿赂谋得开封知府的官职,打算在任上大捞一笔。上任之初,就有俩兄弟因分家产的问题前来诉讼。钱如命大喜,不问青红皂白,一拍惊堂木,怒斥道:"为了蝇头小利,忘却手足之情,来人呀,各打二十大板!"两兄弟苦苦求饶。钱如命道:"看你们怪可怜的。二十大板暂且记下,给你们一个改过自新的机会,就看你们谁能通情达理了!"言罢,退堂。两兄弟就回家了。哥哥思考了钱如命的话,觉得话中有话,悟出了其中玄机。当夜,从后门潜入府衙,去贿赂钱如命。第二天,刚一升堂,钱如命就对弟弟呵斥:"你目无尊长,理当该打。"弟弟吓得仰躺在地上,忽然发现大堂上悬挂的镜子把哥哥贿赂钱如命的过程一一呈现出来,就大喊冤枉,请求给一个改过自新的机会。是夜,弟弟就贿赂了钱如命更多的钱。第三天升堂,钱如命要打哥哥。哥哥知道缘由,就要求改过自新的机会。如此,两人轮流贿赂钱如命。

钱如命看钱财诈得差不多了,决定结案。全城的百姓都来观看。钱如命道:"兄弟之间理当以情义为重。房产一人一半,安居乐业,勿再滋事。本府宽厚为怀,不再追究,你们下堂去吧!"两兄弟闹得倾家荡产,恍然大悟,才明白上当了,就要求钱如命退还贿赂的钱财。钱如命当然不肯承认。两兄弟指着大堂上的明镜,"明镜高悬,铁证如山。"众人看去,只见明镜中显现出两兄弟贿赂钱如命的情形来。钱如命下堂去看,被吓得面如死灰,一病不起,此后,不管见任何人都跪地求饶:"包大人,饶了我吧……"最后在衙门前披头散发,惊吓而死。

后来各个衙门的大堂上高挂明镜高悬的牌匾,以示官员判案公正廉明,执法严明,判案公正,办事公正无私。

宦官制度是否为中国独有

宦官即太监,是中国古代的一个特殊群体。其主要职责是维护皇家后宫事务的正常运作。自这一制度产生起,就根深蒂固地在封建中

河南开封府"包公断案"场景

在世界上拥有宦官制度的所有国家中,中国的宦官制度之严密、数量之庞大、左右政治之能力、影响之范围、持续时间之久远,恐怕在世界上是绝无仅有的。

国存在着。那么，宦官制度是否只存在于中国的历史？世界其他国家是否也有同一制度存在？

中国的宦官制度，产生于先秦时代，与世界其他国家产生宦官制度的时间大致相同。

但世界上宦官的起源并不在中国，而是在古西亚的亚述帝国。在亚述帝国的西密拉米斯时期，一位美丽的贤妃开创了宦官制度的先河。随后，波斯人将这一制度推向世界。在稍后的古罗马帝国王宫中，宦官变得非常常见。

古朝鲜、古越南、古巴比伦、古印度、古土耳其等亚洲国家，古埃及、古苏丹等非洲国家都存在过宦官制度。

可见，宦官制度并非中国所特有，但是在世界上拥有宦官制度的所有国家中，中国的宦官制度之严密、数量之庞大、左右政治之能力、影响之范围、持续时间之久远，恐怕在世界上是绝无仅有的。

秦朝宦官赵高

先秦时期，中国就有了宦官制度，《诗经》《周礼》《礼记》中都有关于宦官的记载。秦汉之后，宦官制度才逐渐完善。

太监主要来源有哪些

太监又称宦官，通常是指中国古代被阉割后失去性能力而成为不男不女的中性人。太监原本是一种官职。唐高宗时，改殿中省为中御府，以宦官充任太监、少监。到了明朝，宦官权力日益增大，人们就把所有宦官都尊称为"太监"。在漫长的封建历史中，太监不仅涉足王公贵族、高官显爵的生活，而且还涉足于复杂的政治斗争中。那么太监主要的来源有哪些呢？

先秦时期，中国就有了宦官制度，《诗经》《周礼》《礼记》中都有关于宦官的记载。宦官一般是由身份卑贱的人担任，其主要来源是被施以宫刑的犯人，从民间百姓的年幼子弟中挑选。这个时期的宦官，并不完全都是阉人。到东汉时期，宦官才全部由阉人担任。《后汉书·宦者列传序》记载："宦官悉用阉人，不复杂调他士。"秦汉之后，宦官制度才逐渐完善。

太监腰牌

清朝太监

　　第一个主要来源是贪图富贵的人。宦官虽然生理有缺陷,但是他们服侍的是拥有生杀大权的帝王。人们虽然鄙视宦官,但是人们也发现,宦官拥有令人目眩的权势和吃用不尽的财富。所以有些人就对宦官的态度由鄙视而钦羡,由钦羡而效仿。所以一些穷困潦倒而又无法改变命运的人,一些天性懒惰不安本分的人,一些无缘科举又想出人头地的人,纷纷自宫加入宦官的队伍来。还有一类贫困的平民,出身于社会下层,衣食没有着落,为了求生存不能传宗接代也无所谓了。净身入宫,虽然进宫之前要忍受极大的痛苦,进宫之后可能还要忍受折磨,但是最起码可以衣食无忧,不会忍饥挨饿。

　　第二个主要的来源就是宦官收养的义子。古代历朝大致上都不反对宦官养子,甚至宦官还可以娶妻妾。不反对宦官养子的原因,一方面是宦官无法生育子女但是也有养老送终的需求,另一方面宦官在后来的地位日渐尊贵,也有组建家庭的心理需求。宦官所娶的妻妾有时还是出于名门之后。娶妻养子,对于有权势的宦官来说并不是不可能的事情。宦官的养子有可能在很小的时候就被施用一种手法,使之阻碍生殖器官的发育,年长一些时就会被切割掉生殖器官而送入宫中。

　　总的来说,太监主要来自于无以为生不得不入宫谋求生路的人、打算入宫谋求财富的人、科考失意打算走捷径获得权势的人、从小就被培养进宫的人(如宦官的养子)。清末民初的时候,宦官制度就被废除了,随着最后一批宦官的死亡,太监就从历史上消失了。

> 太监主要来自于无以为生不得不入宫谋求生路的人、打算入宫谋求财富的人、科考失意打算走捷径获得权势的人、从小就被培养进宫的人(如宦官的养子)。

窥探文化真相

> 可以说"太监"是宦官们的领导,享有品级和俸禄。因此,明朝时"太监"必须由阉人宦官来担任,但阉人却不一定是"太监"。

"宦官"和"太监"是否一回事

宦官、太监是中国封建社会宫廷制度的特殊产物,在人们印象里太监和宦官好像是一回事。其实宦官并不等同于太监,甚至二者之间有着严格的区别。

"宦"原是星座之名,宦官是在皇宫里为皇帝及其至亲服务的官员的总称。东汉以前,充当宦官的并不都是阉割之人。到东汉时期,宦官才全部由阉人担任。《后汉书·宦者列传序》记载:"宦官悉用阉人,不复杂调他士。"

太监形象

"太监"一词最早出现在辽代。据《辽史·百官志》记载,"监"是辽代一个政权机构的名字,有"太监"一官,但在具体称呼上,仅称"监",如太府监。元代的太府和各监,也有"太监"一官,如仪文监、典牧监、典室监、太府监等均设太监。此时太监和宦官还是完全不同的两个称谓,指的是两种完全不同的人,没有任何联系。

明太祖朱元璋称帝后,为巩固其政权,在全国范围内设置二十四衙门,由十二监、四司、八局组成。其中十二监的提领者被称为"掌印太监"。这些"太监"均由宦官来担任。官阶高的称为"太监",官阶低的称之为"少监"或"中监"。可以说"太监"是宦官们的领导,享有品级和俸禄。因此,明朝时"太监"必须由阉人宦官来担任,但阉人却不一定是"太监"。值得注意的是,"太监"和"宦官"也是在此时才变为专门为皇室服务的群体。时至清朝,侍奉皇帝和皇族的阉人宦官都被予以"太监"之称。因此"太监"这一称谓逐渐取代了"阉人宦官"。

> 与其说太医院的医生们是饱读医书的医师圣手,还不如说他们是官场上善于演戏的表演高手。而且,万一戏演得不好,就会招来灭门之祸。

古代宫廷太医当差有多难

世人常说:"翰林院的文章,太医院的药方。"太医在封建社会专门为皇族和上层社会提供医疗服务,可以说是一个头上顶着光环、被世人尊重的职业。但是,由于封建社会皇权至上的独特性和男女有别的传统观念,太医在为皇家服务时,是有着种种制度和规范来束缚的,稍有不慎,就有危及性命的

故宫太医院

危险。那么，古代的太医们是怎样为皇帝和后妃们治病的呢？

自清代道光皇帝起，就有明确的规定：给皇帝看病禁止用针灸。其原因是龙体外露有失尊严。而且，太医们在给皇帝看病时，要平跪着，不仅不敢抬头仰视龙体，也不敢让皇帝伸出舌头，看看皇帝的舌苔，更不敢问皇帝大小便情况。所以说，"望"、"闻"、"问"这三个重要的中医诊治方法都被切断了，得知皇帝病情的途径全靠"切"脉。而且，太医们虽然切脉经验丰富，但慑于皇帝的龙威，那曾经从容不迫地搭过无数病人的切脉手指，一旦碰触到皇帝的龙体，自己的手指不颤抖就非常不容易了，更别提再从皇帝的脉象中得知病情了。所以，为皇帝看病的太医们都是战战兢兢、谨言慎行的。

为皇帝看病还可以切脉，为后宫的女眷们看病，切脉也是不被允许的。太医们为后妃看病的情形同神话故事里的"悬丝诊脉"极为相像：首先，由太监把一根丝线透过帷帐系到妃子们的手腕上，另一头留在太医的手里。而且，还有不少负气的妃子会把丝线系到桌子或椅子腿上，来试探太医的医术。其实，丝线系不系在手腕上对于太医来说都是一样的。因为，再高明的医生也无法通过一根丝线来诊治出病人的病况。太医们的通常做法都是通过事先贿赂后妃们的贴身太监以知晓病情，悬丝诊脉只不过是一个形式而已。

隋朝太医巢元方

与其说太医院的医生们是饱读医书的医师圣手，还不如说他们是官场上善于演戏的表演高手。而且，万一戏演得不好，就会招来灭门之祸。所以说，古代的太医当差难啊。

"九品中正制"最早是由谁创立的

九品中正制又称九品官人法，是魏晋南北朝时期重要的选官制度。它上承两汉察举制，下启隋唐之科举，在中国古代政治制度史上占有十分重要的地位，乃中国封建社会三大选官制度之一。

关于九品中正制的建立时间大体上有四种观点。一是延康元年（220年）陈群始建说。《三国志·魏志·陈群传》记载："文帝在东宫，深敬器焉……及即王位，封群昌武亭侯，徙为尚书。制九品官人之法，群所建也。"《晋书·李重传》所载李重语和沈约的《宋书·恩幸传序》将时间提早到曹操时，可能是出于误会。二是建安年间（196—220年）曹操始建说。韩国磐依据前引《宋书·恩幸传序》沈约所述和《晋书·卫瓘传》《通典·选举典》等有关记载，认为九品中正制始于曹操，而且是戎马倥

> 九品中正制又称九品官人法，是魏晋南北朝时期重要的选官制度。它上承两汉察举制，下启隋唐之科举，在中国古代政治制度史上占有十分重要的地位，乃中国封建社会三大选官制度之一。

> 目前史学界更加倾向于九品中正制是在曹操时期萌芽,在曹丕时期由陈群制定的。

俶时所创。这在人民出版社1983年版的《魏晋南北朝史纲》中有详细的说明,在此就不再多提。三是魏武萌芽说。九品中正制的关键特征就在于中正的设置。《太平御览》记载:"魏司空陈群,始立九品之制,郡置中正,评次人才之高下,各为辈目,州置都而总其议。"也就是说,中正的设立是由陈群制定的。在其他史籍里也可看到,中正是在曹丕即位之后设置的。既然此制的重要人物在曹操时尚未出现,那么,九品中正制作为一种正式的选官制度及其实施,也就不可能创始于曹操之时。如果武断地把《晋书·李重传》和《宋书·恩幸传序》所载作为无稽之谈也是不可取的。事实上,在建安末年,曹操确已用品第之法来选拔官吏。如《后汉书·刘表传》:"及曹操到襄阳,(刘)琮举州请降……乃释(韩)嵩之囚,以其名重,甚加礼待。使条品州人优劣,皆擢而用之。"《三国志·吴志·鲁肃传》更能佐证:"今肃迎操,操当以肃还付乡党,品其名位,犹不失下曹从事。乘犊车,从吏卒,累官故不失州郡也。将军迎操,欲安所归。"因此,将九品中正制始行于曹操时的说法,改为曹操统治时业已有此制萌芽的出现,即改魏武始建说为魏武萌芽说。这样不仅更符合历史实际,而且还能将魏武萌芽说和陈群始建说有机统一起来。这在《关于曹魏九品中正制的几个问题》等文章中有更加精细的论述。四是始于寿张之战说。这种说法和始于曹操之说几乎是一样的。在此不做论述。

综上所述,目前史学界更加倾向于九品中正制是在曹操时期萌芽,在曹丕时期由陈群制定的。起初,这一制度是致力于解决朝廷选官和乡里清议的统一问题,是对汉代选官传统的延续,也是对曹操用人政策的继承。到后来,大小中正官均被各个州郡的"著姓士族"所垄断,导致"上品无寒门,下品无士族"的门阀士族垄断政权的局面。因此当士族没落以后,九品中正制也被彻底废除了。

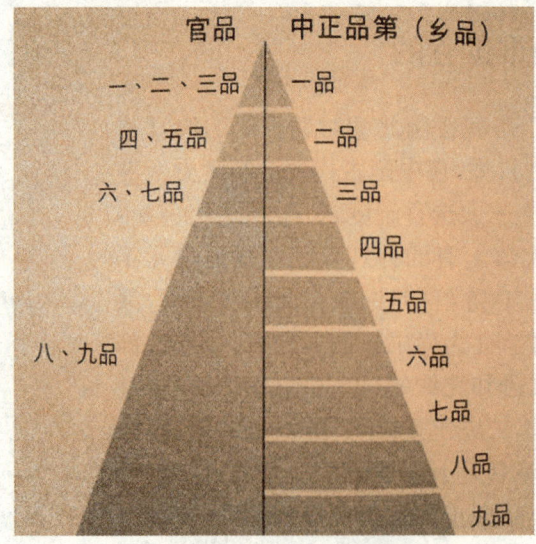

九品中正制等级图

曹操

古人告状击鼓鸣冤有何典故

古人告状要击鼓鸣冤来源于一个典故。相传，汉朝开国皇帝刘邦登基之后，他的一个侄子目无王法，横行霸道。一日，这个皇侄在街上游荡的时候，看见了一个叫苏小娥的美女。只见此女貌若桃花，身若垂柳，婀娜多姿。皇侄色心大起，上前去调戏。苏小娥看皇侄举止猥琐，行为乖张，自然不喜欢，对他不搭不理的。皇侄用手去抚摸苏小娥的脸庞，却被苏小娥扇了一巴掌。皇侄整天作威作福，哪受过这等鸟气，恼羞成怒，夺过随从手里的齐眉短棍就向苏小娥劈头盖脸地打去。

苏小娥吓呆了，没有闪躲。在短棍就要击中苏小娥额头之时，却被一个虬髯大汉抓住。皇侄的随从见此，纷纷拔剑去刺半路杀出来的虬髯大汉。虬髯大汉临危不惧，侧身躲过随从的剑锋。随从反应太慢，竟收不回剑招，一剑刺死了皇侄。众随从大惊，赶紧抬着皇侄的尸身回府，把杀人的罪名栽赃给虬髯大汉。汉高祖刘邦听说自己的侄子被杀，大怒，下令把虬髯大汉抓捕归案，关入大牢，准备处以极刑。

苏小娥得知救命恩人将要被处死，决定勇闯金銮殿，把事情的原委讲出来，为虬髯大汉鸣冤。似苏小娥这等平民是无法觐见皇帝刘邦的。聪明的苏小娥想出来一个办法。她和自己的姐妹就在宫殿外敲锣打鼓，大喊冤枉，惊动了刘邦。刘邦便让人把她们带进宫中，问其原因。苏小娥就把事情的经过一五一十地讲出来了。刘邦听清楚情况，放走了虬髯大汉，把那个刺死皇侄的随从杀了。百姓们无不称赞汉高祖刘邦英明。

受到苏小娥的启发，汉高祖刘邦就命人在衙门中设置喊冤鼓，方便百姓们告状。其实，《周礼·夏官·大仆》记载："建路鼓于大寝之门外而，掌其政，以待达穷者遽令。闻鼓声，则速逆御仆与御庶子。"说明在周朝时已经有了击鼓鸣冤的实例。这种击鼓鸣冤的制度一直流传到清末。在清朝之时，击鼓鸣冤有特别的规

重庆合川石照县衙的大门及鸣冤鼓

徐州圣旨博物馆"钦点翰林"碑

定。若不是有重大案情,击鼓鸣冤的人就会受到惩罚。甚至规定,击鼓鸣冤之后,要先打击鼓人二十杀威棒。随着清政府的灭亡,击鼓鸣冤也退出了历史舞台。

翰林是何官衔,翰林院是做什么的

翰林是我国古代的一个官职名称。翰林院的由来可以追溯到唐朝初期,起初是为供职具有艺能人士的机构。唐玄宗时,翰林院演变成专门起草机密诏制的重要机构。在翰林院中供职的人,称为翰林学士。

翰林的意思是文翰之林,就相当于文苑。在汉朝文学家扬雄的《长杨赋》中,首先出现了这个词。唐朝初期才用于官名。唐玄宗时,他选用一批善于辞令的朝臣进入翰林院,专门起草诏书。起草诏书本来是中书舍人的专职。但是有时起草密诏时却不能保密。唐玄宗一度选用一批信得过的朝臣在翰林院供职,专门起草诏书。这些人就称为待诏。开元二十六年(738 年),又另建翰林学士院,专供拟诏者居住,供职者称翰林学士,本身无秩品。初置时并无员额,后来依照中书舍人之例,置翰林学士六人,择其中资历深者一人为承旨。安史之乱时,翰林学士更加重要,不但起草诏书,而且还在政治上献计献策。唐玄宗之后,翰林院分为两种,一种是翰林院,里面供职的是翰林供奉,并无什么实权;一种是翰林学士院,里面供职的是翰林学士,主要负责起草诏书。后来,翰林学士院演变成了专门起草机密诏制的重要机构,有"天子私人"之称。唐宪宗后,翰林学士院与中书舍人院有明确分工。翰林学士所起草的是任免将相大臣、宣布大赦、号令征伐等有关军国大事的诏制,称为内制;中书舍人所起草的则是一般臣僚的任免以及例行的文告,称为外制。

在宋朝时,翰林院制度延续下来,称为翰林学士院或翰林院。翰林学士就相当于皇帝的顾问。有些宰相就是从翰林学士中选拔的。在宋神宗元丰改制后,翰林学士承旨和翰林学士成为正式官员,正三品,并且不任其他官职,专司草拟内制之职。在宋朝还有一个翰

> 在宋朝时,翰林院制度延续下来,称为翰林学士院或翰林院。翰林学士就相当于皇帝的顾问。有些宰相就是从翰林学士中选拔的。

徐州圣旨博物馆乾隆所赐"翰林"匾

林院,专掌艺学供奉之事,和学士院的翰林院不同。

在元朝时,设翰林兼国史院及蒙古翰林院,掌制诰文字、纂修国史及译写文字。明朝时,翰林学士院正式定名为翰林院,掌制诰、史册、文翰之事,考议制度,详正文书,备皇帝顾问,主官为翰林学士,下有侍读学士、侍讲学士、修撰、编修、检讨等官,另有作为翰林官预备资格的庶吉士。明朝时,翰林院虽是五品衙门,但却是清贵之地。翰林若是能入职文渊阁参与机密,则位极人臣。

清朝沿袭明朝的翰林院制度,置掌院学士两人,满、汉各一人,官秩从二品。掌院学士和唐宋时期的翰林学士承旨有所不同,清代的只是名义上的长官。

翰林院的设置和科举制度相结合,是文人向往的供职之所。随着封建制度的垮台,翰林院和翰林也在历史中消失了。

> 翰林院的设置和科举制度相结合,是文人向往的供职之所。

古代官员是如何"上班"的

现在都市白领大多过着"朝九晚五"的生活。其实,古代"上班一族"们的上班生活与现代人相比,轻松不了多少。那么,古代官员们是怎样上班的?他们有着怎样的工作制度?

古代官员们上班时间和现代相似,但比现代的朝九晚五要提前。他们一般按照农业社会的作息习惯来安排自己的上班时间。公鸡一打鸣,官老爷夫人们就要开始催自己的丈夫起床了。无论是在京为官者还是在地方为吏者,都要遵守"鸡鸣即起"的规定。

洗漱完毕后,各位在京为官的官老爷必须参加由君主亲自主持的最高国务会议,通称朝会。但是对于官员们上朝议政,有一个规定:除一二品年事已高的大员被特批可以骑马或坐轿外,其余官员一律步行,而且不准带随从。所以,为了赶早朝,不少官员都要走一段时间的黑暗路程。

> 古代官员们上班时间和现代相似,但比现代的朝九晚五要提前。他们一般按照农业社会的作息习惯来安排自己的上班时间。

为了防止官员们在黎明到来之前的黑暗里有意外发生,清朝政府派出专人在官员们上朝集中的路段打灯照明。官员们大多在打灯人来到规定路口前就开始等候。在路口等候的官员们看到灯火远远地过来,便会蜂拥上前。若是有的官员没有赶上这班打灯的,就只好等候下一趟打灯的过来,再赶路去

太和门:康熙皇帝和文武大臣上早朝的地方

> 古代对于官员有"清、慎、勤"的要求，而对于"勤"来说，最重要的要求就是上下班要按时。

上朝。这颇有些现代上班族们等公交车的影子。

官员们参加完朝会后，就去"公厨"吃"工作餐"。然后，再去点名签到。

古代对于官员有"清、慎、勤"的要求，而对于"勤"来说，最重要的要求就是上下班要按时。所以，朝廷有严格的内外官吏点名检查实到人数的规定。若是点名时未到，那么就会有"打板子"的惩罚。

可见，对于古代"上班一族"们来说，安分守己、勤勤恳恳、遵规守纪同样是必不可少的职业精神。

古代的"国之大典"指哪一项典礼

> 祭孔大典形式上是为尊崇和纪念先师孔子而举行的隆重祭祀典礼，实际上表现出了古代对于传统文化和礼仪的重视。

在中国，有这样一项典礼，延续2000多年从未间断，被称作世界祭祀史和人类文化史上的一个奇迹，这就是被称为"国之大典"的祭孔大典。

祭孔大典是中国古代社会的重要礼仪，是历代皇帝亲自主持的在孔庙举行的隆重祭祀典礼。春秋时期，鲁哀公在孔子死去的第二年，将孔子故居辟为寿堂祭祀孔子，使孔子故居成为世界上第一座孔庙。汉代刘邦路过鲁国故地，专门祭祀孔子，从此开创后代帝王祭孔之先河。唐开元二十七年（739年），唐玄宗追封孔子为"文宣王"后，祭孔典礼的级别开始上升。至明代，祭孔典礼已成为帝王规格的活动。清代的祭孔活动为历朝祭孔之最，更加隆重盛大。民国时期，帝制虽然废除，但祭孔典礼却延续下来，且受到格外的重视，全国各地都有祭孔的活动。新中国成立后，祭孔典礼曾一度消沉，到了20世纪80年代，才又重新恢复了生气。

祭孔大典的礼仪章程由皇帝钦定，主要包括乐、歌、舞、礼四种形式。"三献礼"是整个典礼的高潮，即初献、亚献和终献。由主祭官即皇帝在大成殿前向孔子灵位分献帛爵、香和酒。按照祭孔的礼仪规定，只有皇帝才有资格进入大成殿亲祭孔子，亲王只能站在大成殿的月台上，而大臣就只能在台阶下遥拜了。

祭孔大典形式上是为尊崇和纪念先师孔子而举行的隆重祭祀典礼，实际上表现出了古代对于传统文化和礼仪的重视。现代的祭孔大典起到的多是凝聚全世界华夏儿女热爱祖国之心的重要作用。

曲阜孔庙祭孔大典

古代官员如何休假

劳逸结合，是自古就有的。在古代，官员休假有明确的规定。朝代不同，休假的长短也不同。那么古代官员是如何休假的呢？

《汉律》记载："吏员五日一休沐。"什么是休沐呢？按字面意思解释，休是休息，沐是沐浴，合起来就是休息沐浴。《汉书·霍光传》："光时休沐出，桀辄入，代光决事。"也就是说在西汉时就有明文规定官员的休假制度了。北魏杨炫之《洛阳伽蓝记·宝光寺》："京邑士子，至于良辰美日，休沐告归，征友命朋，来游此寺。"《初学记》卷二十："休假亦曰休沐。《汉律》：'吏五日得一下沐。'言休息以洗沐也。"宋范成大《次韵韩无咎右司上巳泛湖》："休沐辰良不待晴，径称闲客此闲行。"清钱谦益《南征吟小引》："已而，休沐里居，扞御孤城，捂挂强寇。"郑观应《议院》："惟礼拜日得告休沐，余日悉开院议事。"这些都说明了休沐自古就有的。

唐朝清明时节仕女荡秋千图

到东汉时期，"官员每五日洗沐归谒亲"。即官员不仅可以沐浴休息还可以回家省亲，夫妇团聚等。隋唐时期，朝廷采用旬假制度。也就是十天休息一天。这是常规休息。另外还有节庆时期的假日。比如清明、端午、重阳、冬至，还有皇帝的诞辰、孔子的诞辰、老子的诞辰等，都可以休假一到三天，有的甚至长达七天。在这些节庆假日，官员可以回家参与家族祭祀活动或其他各种各样的活动。唐朝节假日很多，据统计，在节假日多的时候可以长达100多天，占全年的三分之一。

在宋朝，《文昌杂录》载："官吏休假，元旦、寒食、冬至各七日；上元、中元、夏至各三日；立春、清明各一日，每月例假三日，岁共六十八日。"除此之外还有个特殊的规定，各级官员，每年的十二月二十日"封印"，停止一切公务，次年的正月二十日"开印"，照常办公。在

> 唐朝节假日很多，据统计，在节假日多的时候可以长达100多天，占全年的三分之一。

古代休闲活动：打马球

窥探文化真相

> 纵观历朝的休假制度,有的宽松,有的严谨,无不与当时的社会情况、统治者的出身、思想有关。劳逸结合,工作才有效率。

此期间,官员们可以回家夫妻团聚,也可以看望亲戚朋友。

元朝时期,什么"休沐"、"旬休"之类的全没有了。一年只有10多天的休息时间。明朝更绝。起初,朱元璋规定,只有过年、冬至、自己的寿诞三天休息。后来,在实行的过程中,出现了好多问题,于是又在每月增加三天的休息时间。

清朝的休假制度延续明朝。唯一有新意的就是鸦片战争之后,引来了外国的"礼拜天"休息制度。

在历代中,几乎都有一个长的假期,那就是为父母守孝。在唐代,文官守孝是三年的假期,武官守孝是100天的假期。当然朝代不同,守孝长短也有所差别,一般是三年守孝假期。纵观历朝的休假制度,有的宽松,有的严谨,无不与当时的社会情况、统治者的出身、思想有关。劳逸结合,工作才有效率。

古代官员能退休吗

> 古代人们把不再做官的人称为"致仕"。从周朝开始,就有官员退休的明确记载。

人年龄大了,干不动活了,自然就要退休,退休之后领一份养老金,在现代人看来这是天经地义的事情。在古代,官员能退休吗? 退休之后又如何生活呢?

关于古代退休的事情,在一些典籍中也有记载。《礼记·王制》记载:"五十不从力政,六十不与服戎,七十不与宾客之事,八十齐丧之事弗及也。"也就是说五十岁的时候不干体力活,六十岁的时候不服兵役,七十岁的时候不干招待宾客的事情,八十岁的时候连丧葬的事情也不用去参加了。孟子更进一步提出:"五十者可以衣帛,七十者可以食肉。"然而由于社会政治、经济、文化上的不同,历朝的官员退休制度也有所不同。

古代人们把不再做官的人称为"致仕"。从周朝开始,就有官员退休的明确记载。《周礼·曲礼》记载:"大夫七十而致仕。"也就是说,大夫到了七十岁就可以退休了。到了秦汉时期,这种退休制度有了发展和完善。西汉平帝曾下诏:"天下吏比二千石以上年老致仕者,三分故禄,以一与之,终其身。"即做官时俸禄达到二千石的官员,退休时可以获得三分之一俸禄的养老金,直到死去。西汉后期,政局混乱,这种制度自然大打折扣。

到了唐朝,退休制度进一步完善。虽然仍是"七十而致仕",但是待遇就好很多了。"大唐令,

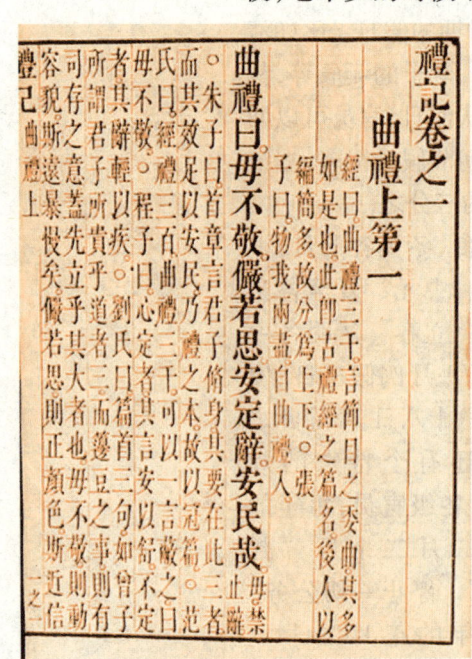

最早记载古代退休制度的《礼记》

诸事官年七十,五品以上致仕者各给半禄。"五品以上的退休官员可以获得原俸禄的一半。有些特别的官员甚至享用全额的"退休金",比如名相宋璟。六品以下的官员开始时退休金为原俸禄的一半,只给四年。到唐玄宗时期,才改为终身受禄。

在地位上,官员一旦退休,那么好多公权都不再享有。比如医疗费用。在古代,你做官时医疗费用国家完全给你垫付。一旦你离职退休,那么所有的费用都由自己支付。并称"郊寒岛瘦"的孟郊贾岛都是因为离休之后,无钱支付医疗费用,贫困交加而病死。初唐四杰的卢照邻,致仕之后在太白上的草屋中养病,全靠朝中任职的朋友不时送来药品衣物,才渡过难关。这些官员官职不太大。宋朝宰相王安石致仕之后,常骑驴游玩,周边的村民都称之为"相公"。一次在路途中,王安石远远看到地方官的车队走来,立即避往路边民家之中。屋内有个老婆婆患病。王安石身上正好带着治病的药,便给老婆婆服用。老婆婆坚持要回报一缕麻线,"相公可带回去给相婆派用场。"王安石笑而受之。可见,王安石致仕之后生活也很艰苦。

卢照邻

可见在古代做个清官确实很难。为官之时,还有俸禄,勉强糊口。若是离职退休,没有一技之长,甚至可能付不起医药费。

"太子洗马"真的和太子有关系吗

太子洗马按字面意思理解肯定和太子有关。其实,太子洗马是古代的一种官职。原本太子洗马叫作太子先马。《国语》曰:"勾践为夫差先马。"颜师古认为"先或作'洗'也"。"洗马"即在马前驰驱之意。太子洗马就是太子的侍从官。

秦汉时期,太子洗马为太子先马。在后世的官职中,都称为"太子洗马"。在汉朝时,太子洗马只作为太子出行时的先导,晋以后兼掌图籍。隋朝设立司经局洗马。其后的朝代都是沿用这种制度。

"景泰间,刘主静升洗马,兵部侍郎王伟戏曰:'先生一日洗几马?'刘应声答曰:'大司马业洗净,少司马尚洗,未净。'众闻之哗然。后谓主静曰:'众人皆是假庶子,先生真庶子。'盖主静庶出,闻之默然无以答。二公可谓善谑矣。"

太子洗马在创立之初,本是在太子出行之时做引导作用。后来,太子洗马变成了一种掌管图籍的官员。太子洗马官职不大,职责虽然也

> 在历史上,太子洗马并不是一直与太子有直接关系的。但从整体来看,太子洗马和太子还是有关系的。

魏徵

一直在变化，但是他"毕竟是太子的心腹，有时也可以在政局中起到一定作用"。比如，李渊建立唐朝之后，立李建成为太子，魏徵就是李建成的太子洗马。

《汉书·百官公卿表》说："太子太傅、少傅的属官有洗马之官。"也就是说，太子洗马从汉代已经和太子分不开关系了。

西晋李密上书《陈情表》言："诏书特下，拜臣郎中，寻蒙国恩，除臣洗马。"洗马即太子洗马。此时李密有辅政太子，教育太子政事、文理的职责。也就是说，太子洗马已经相当于太子的老师。在某些时候，太子洗马成为皇帝赐给有功大臣的荣誉头衔。这个时候的太子洗马和太子几乎就没有什么关系了。到了清朝末年，太子洗马就被废除了。

从太子洗马的兴起到废除，在历史上，太子洗马并不是一直与太子有直接关系的。虽然朝代不同，太子洗马的官职也有所不同，但从整体来看，太子洗马和太子还是有关系的。

"知府"与"知州"，究竟谁官职更大

> 到了宋代，知府才正式成为一个官职，主要掌管一个州府的军政事务，具体权力因不同的州府而稍有差异。

知府源于唐朝，当时称"知府事"或"权知府事"。但知府事不是正式的官名。到了宋代，知府才正式成为一个官职，主要掌管一个州府的军政事务，具体权力因不同的州府而稍有差异。

知府是由两个词"知"和"府"组成的。在魏晋时期，州刺史兼任将军之职。州刺史是文职，将军是武职。州有州的衙门和幕僚，将军另外有将军的衙门和幕僚。将军的衙门，就叫作"府"。唐朝时，中央政府在首都、陪都以及皇帝登基前任职的州设置府。府的长官，称为府尹。宋朝时在府、州、军、监设立地方长官，府的地方长官简称"知府"。明、清两朝，省、县之间的一级行政单位被称作"府"。除了首都、陪都所在地的府长官仍然称府尹外，一般的府长官，都称做"知府"。

宋太祖为了削弱节度使的

天下第一清官（扬州知府施世纶）匾额

权力,派遣京朝官(文臣)接替刺史管理州务。州军事的"州"代表民政,"军"代表军政。知州也就是管理民政和军政大权。元朝沿用宋朝制度,州的长官正式称为知州。明以知州为一州之长,辖县;清有直隶州、散州之别,前者直隶于省,可以辖县,后者隶属于府、道,不辖县,长官均称知州。

从官秩上看,在清朝知府属于从四品,知州是从五品。知府比知州大。从范围上看,一般情况下,府的区域会比州的区域大。也就是说,在一般情况下,知府要比知州官职大。某些地区知府和知州是一样大的,知府就是知州。

> 从官秩上看,在清朝知府属于从四品,知州是从五品。知府比知州大。

"巾帼第一首相"是谁,有何传奇

在男尊女卑的古代社会,女性参政的权力几乎被剥夺殆尽。"女人"和"官吏"也成了风马牛不相及的两个词语。但是,在开放的盛世大唐,女性的智慧并没有被湮没。一代女皇武则天执掌朝政后,在她身边也云集了众多德才兼备的女官。其中,最值得称道的就是"不是丞相却胜过丞相"的上官婉儿。

上官婉儿出身名门,但却一生坎坷。当婉儿尚在襁褓中时,其祖父上官仪就因忤逆武则天惨遭杀害,与母亲戴罪入宫,受尽了驱使和辛酸。婉儿从小就表现出极高的才气,跟随宫中女官熟文习字。14岁时,受到武则天的亲自召见,并凭借其卓越的文采受到武则天的连连赞赏,并从此留在了武则天身边,负责文书佐理,开始了其传奇的一生。

渐渐地,心思缜密、聪颖过人的婉儿担任起帮助武则天参决奏章的职责。只要是婉儿过目、拟签的奏章,武则天在上面批一个字就可颁行天下。婉儿的最高职位虽然只是昭容,而且不是在武则天时期获封的,但其所承担工作的分量,足以和丞相相抗衡。

自古红颜多薄命。婉儿纵然秀美轻盈、文采过人、气质非凡,但还是没有摆脱感情曲折的命运。武则天把婉儿许配给了自己风流成性的侄子武三思,而婉儿心中却深爱着雅王李逸,可李逸心中挂念着的唯有武则天义女武玄霜。婉儿得不到真爱,就把心思放在了兵部侍郎崔湜这个翩翩美男的

> 流水落花春归去,虽然伊人已逝,但上官婉儿杰出的政治才能和闪动出卓越文采的诗篇却彪炳史册。后人赞其为"巾帼第一首相"。

上官婉儿

身上，后来却由于太平公主的横刀夺爱而使自己陷入了一场政治灾难，最终落得个被诛杀的命运。

流水落花春归去，虽然伊人已逝，但上官婉儿杰出的政治才能和闪动出卓越文采的诗篇却彪炳史册。后人赞其为"巾帼第一首相"。

究竟何人才能乘坐"八抬大轿"

在古代森严的等级制度下，人和人是不平等的，这也就造成了乘坐"八抬大轿"需要一定的身份、社会地位。

轿子是我国古代的一种特殊的交通工具，也是身份的象征。它的来源很早，据说大禹治水时，"予乘四载，随山刊木"。"四载"不是指四年，而是指轿子。先秦到两晋时期，帝王主要是乘车外出。只有少数人才乘轿子出行，主要还是一小部分贵族使用。到了隋朝，《隋书·礼仪制》载："今辇制像轺车而不施轮，用人荷之。"这种没有轮子，用人"荷"的"车"就是轿子。在古代，乘坐轿子有严格的规定，并不是任何人都可以乘坐的。那么究竟何人才能乘坐"八抬大轿"呢？

轿子按形制一般分为两种。一种是凉轿，即没有帷子顶篷的轿子；一种是暖轿，有帷子顶篷的轿子。不同的官品，在轿子的形制类型、帷子的用料颜色等方面都有严格的区分。如明清时代的官轿，一般用蓝呢或绿呢作轿帷。

《明孝宗实录》记载："成国公朱仪，魏国公徐埔，武靖伯赵承庆……乘八人轿。"后被皇帝通报批评并下旨"不得再犯"。英宗年间，四品官员李杰因为乘八人大轿，结果被锦衣卫合法拘捕。也就是说，这些人在明朝乘坐八抬大轿都不够资格。《明史》载："弘治七年令，文武官例应乘轿者，以四人舁之。其五府管事，内外镇守，守备及公、伯、都督等，不问老少，皆不得乘轿，违例乘轿及擅用八人者奏闻。"隆庆二年，应城伯孙文栋违例乘轿被告发，立刻被罚停俸禄。

皇帝乘坐的轿子

在清朝，人们乘坐轿子有明文规定。《清史稿》记载："汉官三品以上、京堂舆顶用银，盖帏用皂。在京舆夫四人，出京八人。四品以下文职，舆夫二人，舆顶用锡。直省督、抚，舆夫八人。司道以下，教职以上，舆夫四人。杂职乘马……庶民车，黑油，齐头，平顶，皂幔。轿同车制。其用云头者禁止。"官员按例乘轿，百姓即使有钱也不能乘轿。在当今时代，对乘车也有类似的要求，只是对官不对民。

在古代森严的等级制度下，人和人是不平等的，这也就造成了乘坐"八抬大轿"需要一定的身份、社会地位。

清代的"贝勒"是官吗

贝勒全称"多罗贝勒",为贵族称号,相当于王或诸侯,地位次于亲王、郡王,是清代贵族的世袭封爵。

起初,贝勒是一个拥有实权的官职,地位仅次于"皇帝"。清太祖努尔哈赤就曾被称为"淑勒贝勒",意为"聪睿的贝勒"。努尔哈赤建立后金政权以后,他的次子代善、侄子阿敏、五子莽古尔泰、八子皇太极被封为大贝勒、二贝勒、三贝勒、四贝勒,号称"四大贝勒"。但是到了崇德元年(1636年),定宗室世爵为九等,第三等为多罗贝勒,简称贝勒。顺治六年(1649年)规定,亲王一子封亲王,余子封郡王。郡王一子封郡王,余子封贝勒。贝勒之子封贝子,贝子之子封镇国公,镇国公之子封辅国公,辅国公之子授三等镇国将军。其后又有所修改。乾隆十三年(1748年),又定宗室封爵为十四等,第五等为多罗贝勒,也以此爵位封蒙古人。

四大贝勒之首的代善

清朝前期,贝勒领兵出征,享有政治、经济特权,随着满汉的大融合,满族统治者学习汉文化,学习汉官制。到最后,贝勒只是一个虚名爵位,没有什么实际权力了。在清代初期,贝勒拥有实权,官秩相当于从一品。后来,贝勒的具体品级还要看个人的能力。在清朝,封王爵有两种封法,一种是军功封,一种是恩封。军功封的王爵世袭罔替,永不降封。而恩封的爵位通常是每一代降一等。比如,皇太极第五子硕塞便因系皇子而封郡王,后又以军功封为晋亲王。这些因系"天潢近支"而封世爵的皇子王孙,称为"恩封诸王"。

综上所述,清代的贝勒是世袭的爵位,也有因功而封的贝勒。到后期,是有名无权的爵位。

大学士为何称"中堂"

大学士,又称内阁大学士、殿阁大学士等,明清时被称为中堂。

唐朝景龙二年(708年),朝廷设置修文馆大学士。在至德二年(757年),朝廷设置集贤院大学士。元和年间(806—820)后,大学士由宰相兼领。宋朝时,沿袭唐朝旧制,宰相分兼昭文馆、集贤殿大学士,其后又置观文殿、贤政殿大学士,用以优礼前任宰执。到了明初,明太祖朱元璋大兴冤狱,先杀有功之臣,后又罢中书省,废除了沿袭2000多年的丞相制度,自己亲率六部。洪武二十八年(1395年)六月,太祖御奉天殿,敕谕文武群臣说:"自古三公论道,六卿分职。自秦始置丞相,

> 大学士,又称内阁大学士、殿阁大学士等,明清时被称为中堂。

窥探文化真相

> 到后来，凡是大学士、协办大学士，不论其管部与否，都被尊称为"中堂"。这样，中堂就成了大学士的美称。

不旋踵而亡。汉、唐、宋因之，虽有贤相，然其间所用者多有小人专权乱政。我朝罢相，设五府、六部、都察院、通政司、大理寺等衙门，分理天下事务，彼此颉颃，不敢相压，事皆朝廷总之，所以稳当。以后嗣君并不许立丞相，臣下敢有奏请设立者，文武群臣即时劾奏，处以重刑。"由于工作量太大，洪武十五年（1382年）不得不设殿阁大学士，为皇帝顾问。《明史·职官一》载："十五年，仿宋制，置华盖殿、武英殿、文渊阁、东阁诸大学士，又置文华殿大学士，以辅导太子，秩皆正五品……大学士特侍左右，备顾问而已。建文中，改大学士为学士。"明成祖时，设置内阁，有人渐升为大学士，但官秩只有五品。明仁宗增置谨身殿大学士。大学士常以三孤（少师、少傅、少保合称三孤）兼任尚书，地位尊崇，为皇帝起草诏令，批答奏章。虽无宰相之名，而有宰相实权，号称辅臣。大学士中居首者，号称首辅，其权最大，有票拟之权。

清朝初期沿袭明朝内阁制，但内阁受议政王大臣会议的限制，而且大学士不入阁办事。康熙时，议政王大臣会议的权力大部分被剥夺。雍正时期，设置"军机处"。军机大臣成了皇帝的左膀右臂，皇帝的诏令都由军机处发出。整个清朝，正式诏书等均以内阁名义拟出，臣下正式奏章也递交内阁，所以内阁仍是清朝名义上正式的宰相机构。

从品级上讲，大学士都一样，均为正一品。虽然如此，但是大学士的实际权力并没有那么大，为了满足大学士的权力欲望，调节统治阶级内部的关系，皇帝往往令其管一个部。当时各部的尚书一般满、汉族各一人，就座时，两个尚书分东西而坐，中间空着，如果有管这个部的大学士，便坐在中间，故称这个管部大学士为"中堂"。

到了后来，凡是大学士、协办大学士，不论其管部与否，都被尊称为"中堂"。这样，中堂就成了大学士的美称。

明朝首辅张居正　　　　　　　清朝保和殿大学士傅恒

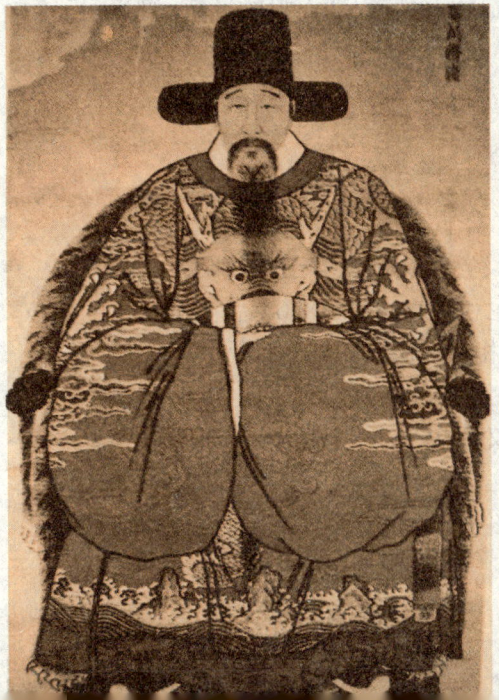

"宰相"和"丞相"是一回事吗

宰相是中国古代最高行政长官的通称。"宰"是主宰的意思，"相"是辅助的意思。历代只有辽以宰相为正式官名，其他朝代官名都不一样。例如丞相，就是宰相在其他朝代的一个官名。

商朝时为管理家务和奴隶之官；周朝有执掌国政的太宰，也有掌管贵族家务的家宰、掌管一邑的邑宰。宰相联称，始见于《韩非子·显学》，曰："明主之吏，宰相必起于州部，猛将必起于卒伍。"宰相是国君之下辅助国君处理政务的最高官职。夏商是巫史，西周春秋是公卿，战国以后是宰相。也就是说宰相是通称。宰相的正式官名随着朝代的更替，先后出现过：相国、丞相、大司徒、侍中、中书令、尚书令、同平章事、内阁大学士、军机大臣等多达几十种官名。如秦汉之丞相、相国、三公，唐宋之中书、门下、尚书三省长官及同平章事，明清之大学士等。清末梁启超在《谭嗣同传》中说："……实宰相之职也。"《史记》曰："宰相者，上佐天子理阴阳，顺四时，下遂万物之宜，外镇抚四夷诸侯，内亲附百姓，使卿大夫各得任其职也。"

宰相最早起源于春秋时期，管仲就是历史上第一位宰相。秦朝时，宰相的正式官名为丞相。有时分设左右，以右为上，称为"右丞相"、"左丞相"。由此可知宰相和丞相不是一回事。丞相是宰相在秦朝时的官名。

汉承秦制，设御史大夫为副职。汉成帝时，设置三公，分别称大司马、大司空、丞相，这三公就是名义上的宰相。三国时期，魏称相国，蜀称丞相，吴最初也是称丞相，后来设立左、右丞相。三国时期的宰相不光名称上有区别，权力上也有所不同。魏国的相国钟繇、华歆执政，不掌兵权，军权由大司马执掌。司马昭担任相国时封晋公，始执掌军权。蜀国仅诸葛亮担任过丞相，执掌军政大权，吴国的丞相开始也不掌军权，陆逊任丞相时执掌军政大权。

晋朝设立尚书省、门下省，执行多相制。南北朝时，宰相的官名很混乱。隋朝时，定三省制，三省长官内史省的内史令、门下省的纳言、尚书省的尚书令都是宰相。唐朝时宰相更多，只要是参议政事、参知政事、同知政事、同平章政事等加衔的官员都是宰相。五代沿袭唐时制度。各代也有自己的特色。宋朝以同平章事为宰相正式官名，以参知政事

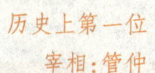

历史上第一位宰相：管仲

吴国丞相陆逊

宰相最早起源于春秋时期，管仲就是历史上第一位宰相。秦朝时，宰相的正式官名为丞相。丞相是宰相在秦朝时的官名。

> 丞相只是某个朝代一个官职，有的具有宰相的权力，但不是所有的丞相都能实行宰相的权力。宰相是中国古代最高行政长官的通称。宰相和丞相不是一回事。

为副。南宋初，左、右仆射加同平章事，为正宰相，不再兼任二省侍郎，二省侍郎改为参知政事。

辽时，正式设立宰相为官名。当时设立北、南两个官制，北面又分北、南两枢密院，北院掌军事，南院掌内政，北、南枢密院分别下设北、南宰相府和宰相。南面官多仿唐制，是国家用来养士的崇高机构，并无实权。

金朝以尚书令、左右丞相、平章政事、左右丞为宰相。明朝初亦设中书省，左右丞相。后设立内阁大学士。大学士成为事实上的宰相，称辅臣，居首者为首辅。清朝沿用明制，设内阁大学士，雍正时设军机处，内阁成为闲职，军机大臣成为事实上的宰相。明、清习惯上都称授大学士为拜相，但无正式宰相名分。

通过阅读历史，我们知道，丞相只是某个朝代一个官职，有的具有宰相的权力，但不是所有的丞相都能实行宰相的权力。宰相是中国古代最高行政长官的通称。宰相和丞相不是一回事。

"秘密建储"制度有何来历

> 雍正以后的乾隆、嘉庆、道光、咸丰，都是通过这种"秘密建储"的方式来继位的。

在紫禁城乾清宫的后墙上有一块大匾，上书"正大光明"四个字。这是清代第一个皇帝顺治帝的笔迹，康熙帝临摹后悬挂在这里。"正大光明"和清代一项非常重要的制度——"秘密建储"制度有关。这种制度是雍正帝设立的，他继位以后，吸取了古代皇子为争夺皇位经常发生流血冲突的教训，把未来继承帝位皇子的姓名先写在两封密诏上，分藏在两个鐍盒中。一个随身密藏，另一个放在"正大光明"匾的后面，等皇帝驾崩以后，由朝廷重臣和王公贵族把这两张纸取出来，只要上面的名字是一致的，那么是谁的名字，就由谁登基称帝，这在一定程度上减少了皇子之间的争斗。雍正以后的乾隆、嘉庆、道光、咸丰，都是通过这种"秘密建储"的方式来继位的。咸丰只有一个儿子，同治、光绪都没有儿子，所以这一制度到清代后期，就自行废止了。

乾清宫正大光明匾

第八篇

残酷严厉的刑罚

窥探文化真相

戊戌六君子

> 秋季以后，天气转凉，草木凋零，呈现一派肃杀之气，这个时候行刑，正是顺应天地肃杀之威。

> 秋冬季节是比较清闲的季节。中国人自古就喜欢热闹。在这个时候执行死刑，百姓就有时间去观看。

"推出午门斩首"是真的吗

或许你听说过"推出午门斩首"的说法，其实，这是不符合历史事实的。把如此重要的典礼场所作为杀人刑场，是绝对不可能的。中国古代的死囚犯，除非罪在立诛，一般要到秋季才能处决，称为"秋决"。另外，杀人的场所也大多设在闹市，所谓"斩市于曹"，目的是为了让人观看，杀一儆百。例如北京宣武区的菜市口就是清代有名的刑场，历史上有名的"戊戌六君子"就是在此遇难的。

古代犯人为何一般都在秋后处决

古代处决犯人时，一般是在秋后，所以古装电视剧中，官员判定犯人死刑之后，总会来一句"秋后问斩"。为什么古代处决犯人一定要选在秋后呢？

选择在秋后问斩，笔者以为有以下几个原因。

第一，封建迷信思想。儒学大师董仲舒继承儒家"天人合一"的思想，创造出一套"天人感应"的迷信学说。他认为："天有四时，王有四政，庆、赏、刑、罚与春、夏、秋、冬以类相应。"春季气候温和，草木萌生，夏季炎热，万物茂盛，最适宜奖赏之类的活动；而秋季以后，天气转凉，草木凋零，呈现一派肃杀之气，这个时候行刑，正是顺应天地肃杀之威。

第二，警示作用。北方的农作物每年只耕作一次，秋冬季节是比较清闲的季节。中国人自古就喜欢热闹。在这个时候执行死刑，百姓就有时间去观看。看着

古代秋后待问斩的犯人

犯人被执行死刑,能起到一定的警示和震慑作用。而且秋收之后,百姓就有了钱,就会把之前欠下的账清算。有秋后算账这么一说。选在秋后处决,似乎也有秋后算账的意思。

其实在历朝历代,处决犯人不一定都是在秋后。有些特殊罪行的犯人会随时执行死刑,比如谋逆大罪。秋后处决犯人的月份也不固定,一般情况下,是在秋分至冬至期间。古人不会在冬至执行死刑。西汉时规定在十月以后至腊月之前,一到立春就决不能再执行死刑。明代规定执行死刑在秋分以后,立春以前。嘉庆之后又曾改于随判随斩。

秋后问斩的地点一般也不一定选择在闹市,也有在荒郊野外的。现场还有监斩官。监斩官可以是原审此案官员,也可由上司委派别官,但都必须身着大红斗篷及红色专用服装以驱鬼避邪。在秋后问斩那天,监斩官在监狱中验明死刑犯的正身之后,从监狱中提出来,押往执行死刑的地点。

在刑场上,秋风瑟瑟,人群涌动。死刑犯被迫跪在地上,刽子手准备就绪。随着行刑时刻的到来,刽子手手起刀落,犯人人头落地。监斩官会和仵作,一起验明尸身。之后,才能回去。

古代犯人在秋后被处决,看着那萧条的景象,感受到瑟瑟的寒风,他会不会后悔呢?会不会反省自己呢?这些就无法知道了。

> 其实在历朝历代,处决犯人不一定都是在秋后。有些特殊罪行的犯人会随时执行死刑,比如谋逆大罪。

"监狱"和"班房"有何区别

现在,人们经常把罪犯被关入监狱戏称为"进班房"。其实,古时候,班房只是监狱的类型之一。那么,古代的监狱有哪些类型?班房的功能又是什么呢?

监狱,在古时被称作"囹圄",是专门囚禁犯人的场所。汉代的监狱名目、种类繁多,仅长安城就有20多种,如专门关押贵族的卢狱、左右都司空狱、居室狱,专门关押女性罪犯的掖庭狱,关押一般官员的上林狱、都船狱等。随着汉代统治的结束,错综复杂的监狱制度也告一段落,地方州县各置监狱,京城洛阳只设廷尉狱及洛阳狱二所的监狱体制逐渐流传下来。

班房相当于现代的拘留室,设在衙役们办公的地方,以方便衙役看押一些民事案件的当事人、轻罪犯人以及干连佐证等人,起到随传随到的

> 班房相当于现代的拘留室,设在衙役们办公的地方,以方便衙役看押一些民事案件的当事人、轻罪犯人以及干连佐证等人,起到随传随到的作用。

渣滓洞监狱审讯室

> 班房在各种监狱中流动量最大，给人们的印象也最深刻，所以，人们就慢慢习惯把监狱叫作班房了。

作用。虽然班房并不是严格意义上的监狱，但是被关进这里的人所遭受的欺压、凌辱一点都不比监狱中的犯人少。由于班房在衙役们办公的场所，所以，那些被关进班房的人都会受到衙役们的各种虐待、折磨和凌辱。当然，有钱人也会花钱来贿赂衙役们以减轻痛苦，比如，花五十吊钱让衙役们把自己关进有床铺的大班房；花三十吊钱让衙役们为自己去掉脚镣手铐；花二十吊钱买通衙役打个地铺等。总之，有钱就好办事。

班房在各种监狱中流动量最大，给人们的印象也最深刻，所以，人们就慢慢习惯把监狱叫作班房了。

"三堂会审"指哪"三堂"

> 习惯中称为"三堂会审"的"三堂"是指都察院（唐时称御史台）、刑部、大理寺。

三堂会审就是三个部门的最高长官同时、同地、同场合审理同一件案件。按照今天的部门就是公安、检察院、法院。一般为重大案件，或涉及敏感部门，如皇室内部案件。公元前221年，秦灭六国，建立起强大的秦王朝。秦始皇设立丞相、太尉、御史大夫三个重要的官职，即所谓的三公。丞相掌政务，太尉掌军务，御史大夫掌监察。这个制度，在后世被沿用下来。汉承秦制，监察机构称御史台，长官为御史大夫。唐代监察机构内部形成严密的三院制，其监察制度还有一个特点是御史参与司法审判，重大案件皇帝"则诏下刑部、御史台、大理寺同案之"，这种制度延续到明清，人称"三堂会审"。明改御史台为都察院，与刑部、大理寺合称"三法司"，为中央最高审判机关，凡"三法司"参与审判的称"三司会审"，习称"三堂会审"。也就是说，习惯中称为"三堂会审"的"三堂"是指都察院（唐时称御史台）、刑部、大理寺。

三堂会审在古代戏剧或小说中，经常会看到。一般情况下，首先会击鼓喊冤，这是告状的开场。在古代，民有冤情，写好状纸，到县衙击鼓告状。值班衙役就会把状纸呈递给县官看，然后由县官决定准诉日期。如果是命案、盗案等紧急案件，县官就会立即派人进行调查。若是因小事而擂鼓喊冤则会受到处罚。

在古代，诉讼过程是逐级进行的。不可越级上诉，否则就会受到处罚。在清代的衙门前大多立着两块石碑，上面书写着"诬告加三等"、"越诉笞五十"。案件皆由案发所在地的州县审判。如果牵连两个以上的州县，则按轻从重、少从多、后从先的原则确定一个州县去审理。

古代断案多采用纠问式，即重视被告的口供。然后利用人证、物证、书证、勘验等证据去

清代刑部尚书、一代诗宗王渔洋

寻找事情的真相。在案件的审理过程中，不能超过一定的时限。唐宋时期，规定大事40日、中事20日、小事10日；容易决案的不能超过3日。也就是说，在规定的时间内，必须结案。

其实，古代地方行政和司法是合在一起的，即地方行政长官也是司法长官，并不存在"三堂会审"的情况。我们通常说的三堂会审是指在刑部大堂设立三张案桌。刑部尚书为主审官，坐中间，大理寺和都察院长官协助审理，最后做出统一的审判结果。这种情况只会出现在审理重大案件或者特殊案件时。

古代执行死刑为何选在午时三刻

古代把一天分为十二个时辰。每个时辰相当于现代的两个小时。用于计时的漏壶刻度为100刻，代表一昼夜。即一昼夜24小时分为100刻。可见每刻相当于现在的14.4分钟。午时是当地时间中午的11点到下午1点之间。"午时三刻"相当于当地时间中午11时43.2分，接近正午。这个时间，阳气最盛，人的影子最短。午时三刻又名午初三刻，以区别于午后三刻。午后三刻是指正午之后三刻，应该是在当地时间12点43.2分。

古人一直认为杀人是"阴事"，无论被杀的人是否罪有应得，他的鬼魂都可能会来纠缠作出判决的法官、监斩的官员、行刑的刽子手等。古代的斩刑有轻重，行斩刑是分时辰开斩的，不一定都在正午。重犯或十恶不赦之犯，必选午时三刻阳气最盛的时候行刑。太阳强光会把阴气照散，使罪大恶极之犯连鬼都不得做。这应该是习惯上"午时三刻"行刑的最主要原因。所以在旧小说和戏文中才有"午时三刻"问斩之说。

> 午时三刻时的太阳强光会把阴气照散，使罪大恶极之犯连鬼都不得做。这应该是习惯上"午时三刻"行刑的最主要原因。
>
> 清朝时斩罪犯场景

"王子犯法"真的"与庶民同罪"吗

在《铡美案》中，我们经常看到这样一句话："王子犯法与庶民同罪。"这条谚语颇有"法律面前人人平等"的意味。不过，这条谚语在我

> 在古代的法律上，王子犯法不与庶民同罪。

窥探文化真相

《铡美案》场景

中国古代法律上不仅没有明文规定，而且和明文规定的法律还相抵触。也就是说，在古代的法律上，王子犯法不与庶民同罪。这是为什么呢？

从法律上来讲，据说西周时法律就有"八辟"制度。所谓"八辟"制度是指，有八种人犯了死罪不需要按照法律处罚，而应该由朝廷最高级大臣讨论后再上报皇帝定夺。这八种人中就有皇亲国戚。到后世，发展成为"八议"制度。在这种法律制度下，王子犯一般的罪过，罪减一等，犯死罪要经过朝廷最高级大臣的讨论，经皇帝的批准才可处罚。从法律上讲，古代是不认为"王子犯法与庶民同罪"的。

在古代谋逆是重罪，如果皇亲国戚胆敢谋反，几乎是必死无疑。比如周公的亲兄弟管叔、蔡叔造反，都被周公下令处死。历代法律都规定，如果是谋反大逆、图谋叛变之类的重罪，都不得享受"八议"特权。

在古代，即使主张"刑无等级"的法家，也只是提倡"自卿相以至大夫庶人"，犯罪都同样处罚。商鞅在主持秦国变法时，下令如果是太子犯法，则处罚的是太子的老师，刑罚为割鼻或者毁容。法家的集大成者韩非子也只是提出，"法不阿贵"，"刑过不避大臣"。但是都没有说王子也要受到处罚。

在古代，不管是多么激进的法家，都不会讨论王子犯法需要按法处罚的事情，更不敢指责皇帝要受法律的规范和制裁。历代法家，都把"刑无等级"控制在卿相大臣士大夫之下。

其实在历史上也有"王子犯法与庶民同罪"的记载。杨俊是隋文帝的第三个儿子，封为秦王，在并州任总管。他在任上大兴土木，骄奢淫逸，又放债取息，盘剥百

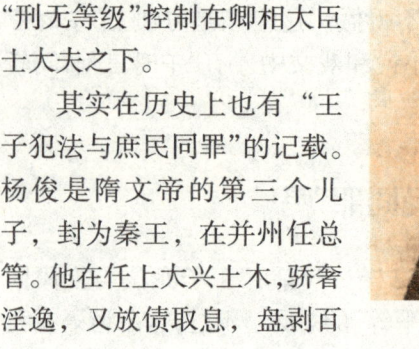

历代法家，都把"刑无等级"控制在卿相大臣士大夫之下。

严格执法的隋文帝杨坚

姓。隋文帝得知后,罢了他的官,召还京师居住。众大臣认为这种处罚太严厉了。隋文帝却说:既然制定了法律就应该遵守。我是天下百姓的皇帝,我的儿子犯法了,自然要受到处罚。照你们的说法,为什么不另外制定一套王子需要遵守的法律呢?周公那样伟大的人物还杀了造反的兄弟,我比周公差远了,怎么能够破坏法律呢?

那么,"王子犯法与庶民同罪"是无中生有的吗?其实这条谚语在明清以后的文艺作品中才比较常见。清朝讲宋太祖赵匡胤故事的《飞龙全传》第二回、讲元末轮回报应故事的《灯草和尚》第四回、清乾隆年间讲神魔故事的小说《绿野仙踪》第二十三回和第七十五回等,都引了这条俗谚。

清军入关后,"八议"制度已经被架空了,并没有执行。雍正皇帝还曾公开宣称:我朝律例虽然有"八议"之说,但实际上从来没有照此施行过。因为,设立刑法,是为了奉天罚罪,是天下最公平的事物,不可以人的意志来任意加减轻。即使如此,在明清的小说中,一般避免将这句俗谚写到自己的作品里去。《铡美案》给观众留下了深刻的印象,其实它是20世纪才出现的剧目,因20世纪近代法律思想的传播,而使"王子犯法与庶民同罪"得到广泛的传播。

> 那么,"王子犯法与庶民同罪"是无中生有的吗?其实这条谚语在明清以后的文艺作品中才比较常见。

"刑不上大夫"真的得到贯彻执行了吗

中国古代一向有"刑不上大夫,礼不下庶民"的说法。在一般人眼里,"刑不上大夫"是封建统治阶级的特权,是宗法等级在法律上的反映。那么,在古代"刑不上大夫"真的得到贯彻执行了吗?

"刑不上大夫",并不是说"大夫"就能超越法律,就能犯法不治罪。"刑"在《说文》中的解释为:"刑,罚辠(罪)也。从井,从刀。"也就是说,刑是用小刀在人体的显著部位割画出一井形标志。这个标志具有侮辱性质。"刑"的本义是:对犯罪者实施的一种留下某种标志的惩罚性行为。"刑不上大夫",只是为了保全"大夫"等官员的面子,但是不能逃脱罪行的处罚。一般会被秘密地处死,或者被责令自杀。

> "刑不上大夫",只是为了保全"大夫"等官员的面子,但是不能逃脱罪行的处罚。

在古代,对犯罪者的处理大体上有两种:一为死,一为刑。死,就是杀死。刑,就是侮辱性的惩罚措施。虽不会致命,但是会让犯罪者终身受辱。比如,髡、刖、刽、黥、宫等刑。司马迁受宫刑之时,几乎自杀;商鞅曾刑于公子虔,割去公子虔的鼻子。公子虔以刈鼻为奇耻大辱。

被执行过宫刑的司马迁

"刑不上大夫"的本意是：对士大夫，则不使用带侮辱性且有损其尊严的刑。

从古至今，不难发现没有执行"刑不上大夫"的案例。著名的案例有司马迁因为李陵辩护而遭受宫刑。天汉二年（前99年），李陵出击匈奴，兵败投降，汉武帝大怒。司马迁为李陵辩护，得罪了汉武帝，获罪被捕，被判宫刑。"人固有一死，或重于泰山，或轻于鸿毛，用之所趋异也。"为了完成父亲遗愿，完成《史记》，留与后人，司马迁"含垢忍辱忍受'腐刑（即宫刑）'"。如果算上历史中那些昏庸无能的帝王所为"刑上大夫"的事情，可谓是数不胜数了。

一般说"诛九族"，有"诛十族"的刑罚吗

"诛族"作为一种固定的刑名，始于商朝，后历秦朝、汉朝，发展为诛三族、五族、七族。"诛族"是封建统治者为了打击那些直接危害其统治秩序的行为而制定的一种残酷刑罚，一人犯罪不仅要杀死本人，还要杀死其家族成员及近亲，如诛三族、诛五族、诛七族。

"诛三族"又称"夷三族"，而对于三族的说法，亦有不同。一种说法为父母、兄弟、妻子是三族；另一种说法，则以父、母、妻为三族；还有以父、子、孙为三族的说法。秦朝末年，丞相李斯和宦官赵高，以及汉武帝的丞相主父偃，就是被处以诛三族的。

至隋朝，"诛族"被隋文帝杨坚废除，后被隋炀帝杨广复行并扩至诛九族。所谓的"诛九族"，也有两种说法。一种说法是指父族四、母族三、妻族二。父族四指自己一族、出嫁的姑母及其儿子、出嫁的姐妹及外甥、出嫁的女儿及外孙。母族三是指外祖父一家、外祖母的娘家、姨母及其儿子。妻族二是指岳父的一家、岳母的娘家。另一个说法就是由被处以极刑者上推四代至高祖，下推四代至玄孙；横推三至从兄弟。即上至高祖、曾祖、祖及父，下至玄孙、曾孙、孙及儿，旁则由兄弟、堂兄弟、再从兄弟、表兄弟乃至从族兄弟为止，通被诛连。被诛九族的人如明洪武帝时的宰相胡惟庸，株连达三万余人。

被朱棣灭十族的方孝孺

"诛十族"在中国历史上仅有一例,发生于明建文帝被燕王朱棣夺位之时。燕王朱棣占据南京后,欲登基,命方孝孺起草即位诏书。方孝孺宁死不从,于诏书上写上"燕贼篡位"。朱棣终以诛九族相要挟,方孝孺说:"即使诛我十族又怎样?"终是不从。朱棣大怒,把其门生朋友归入第十族,连同原来九族一并诛杀,共诛杀873人,因此事下狱及被流放充军者亦数以千计。

> "诛十族"在中国历史上仅有一例,发生于明建文帝被燕王朱棣夺位之时。

砍头为何被称为"枭首"

枭首是古代的一种刑罚。枭是一种动物,传说长得和猫头鹰极为相似,当枭的孩子出生后会把父母吃掉,剩下一个头颅挂在树枝上。这种把人头砍下挂在城门上示众的刑罚就被称为枭首。《辞源》解释枭首的意思是:"旧时酷刑,斩头而悬挂木上。"

枭首的历史可以追溯到黄帝大战蚩尤之时。据高承《事物纪原》云:"黄帝斩蚩尤,悬首军门,此枭首之起也。"在顾野王《玉篇》则云:"枭首,秦刑也。"在秦朝,法律明文规定的与砍头有关的刑罚有斩刑、磔刑、枭首、弃市等。到了汉代,刑罚精简,死刑主要有枭首、腰斩、弃市三种而已。隋唐以后,五刑才固定为笞、杖、徒、流、死,其中死刑又分为斩、绞、斩决枭首、凌迟等。后来人们把砍头称为枭首。

传说金圣叹临刑前曾边饮酒边大呼:"割头,痛事也;饮酒,快事也。割头而先饮酒,痛快痛快。"枭首是一种很残酷的刑罚,带有侮辱性质,直到清末才被废除。

> 把人头砍下挂在城门上示众的刑罚就被称为枭首。《辞源》解释枭首的意思是:"旧时酷刑,斩头而悬挂木上。"

近代砍头极刑图

"凌迟"之刑如何残忍

凌迟之刑是指处死人时将人身上的肉一刀刀割去,使受刑人痛苦地慢慢死去,故民间又称为"千刀万剐"。凌迟是一种具有北方少数民族刑罚性质的酷刑,最残忍的一种死刑之一,最早出现在五代时期,正式定为刑名是在辽,此后,金、元、明、清都规定为法定刑。

此刑在辽国有陵迟、凌持、凌迟等多种写法。宋朝时,凌迟也作陵迟。但在宋朝没有确切实行记载。元人编的《宋史·刑法志一》记:"凌迟者,先断其支体,乃抉其吭,当时之极法也。"可以推断,契丹原本有一种刑罚,发音类似于汉语中的"凌迟",于是这种刑罚就被写为"凌迟"了。换句话说,"凌迟"可能本是东北契丹等族的词语,后译为汉语。

到了元朝,这种刑罚只有"凌迟"这一种写法,而且得到蒙古人推广实行。这在元杂剧有所体现。关汉卿《窦娥冤》第四折:"张驴儿毒杀亲爷,奸占寡妇,合拟凌迟。押赴市曹中,钉上木驴,剐一百二十刀处死。"到明太祖朱元璋时,已在《大诰》中有凌迟之刑惩罚各种罪犯的记载。在明朝,及明朝之前,凌迟主要惩罚十恶不赦的罪犯,如谋反、大逆等罪。到了清朝乾隆时期,凌迟的适用范围越来越广,如杀害父母等触犯伦理道德的重罪,也会被施以凌迟之刑。及至清朝前中期,凡是反抗政府、抵抗纳税的农民等也会被凌迟处死。

残酷的凌迟之刑

凌迟的执行过程一般是将人身上的肉一块块地割下来。朝代不同,行刑方法也有所不同。一般情况下,切八刀,先切头面,然后是手足,再是胸腹,最后枭首。即使是同一个朝代,凌迟之时,所切刀数也不一定相同。清朝就有二十四刀、三十六刀、七十二刀和一百二十刀之分。然而明朝时期的凌迟却不仅仅是数刀,数十刀,有时是上千刀,数千刀。传言明朝作恶多端的太监刘瑾被判割三天。第一天割后,刘瑾不但没死,还喝了一点粥,第二天继续执行,刘瑾在痛苦中死去,共被割了四千七百刀。

不仅在中国有,在18世纪之前的欧洲,也有凌迟。只是中国把凌迟之刑发挥得淋漓尽致。直到1905年,凌迟之刑才正式被废除。

"七出"之罪指哪"七出"

七出也称为七去、七弃，是我国古代律法、礼制和习俗中规定男女离婚时应当具备的条件。妻子符合其中一个条件之时，丈夫或者其家族就可以休妻。七出是一种不公平的制度。从其内容来看，七出主要是站在丈夫及其家族的角度考量其利益的。在古代封建社会，男权在上。从另外一个角度来看，七出可以最低限度地保证妻子不会被丈夫随意抛弃。

在汉代，《大戴礼记》记录了七出的内容，曰："不顺父母，为其逆德也；无子，为其绝世也；淫，为其乱族也；妒，为其乱家也；有恶疾，为其不可与共粢盛也；口多言，为其离亲也；窃盗，为其反义也。"

孝自古就是我国的传统美德。女子出嫁后，如果不孝顺丈夫的父母就是逆德。在古代，女子丈夫的父母要重于女子自己的父母。因而违背孝道是很严重的事情。所以，不孝顺父母被列为第一出。

不孝有三，无后为大。妻子生不出儿子来，就会断绝丈夫家的香火。在古代，婚姻是为了传宗接代，因此妻子无法生出儿子来便使得这段婚姻失去意义。因无子而休妻的情形随着"一夫一妻多妾制"的逐渐形成而很少发生了。

第三出，淫即妻子与丈夫之外的男性发生性关系。古人认为，淫可乱族，即会造成妻所生之子女来路或辈分不明，造成家族血缘的混乱。

嫉妒就像是中了蛇毒，会啮噬人的心灵。因嫉妒而造成家庭不和，也是休妻的理由之一。嫉妒，导致家庭不和，会违反古代"夫为妻纲"的夫妻关系。更多的看法认为，妻子对丈夫纳妾的嫉妒有害于家族的延续。

第五出是指妻子有恶疾就无法参与祭祀。粢盛原是指古代盛在祭器内以供祭祀的谷物。在这里借指祭祀。祭祀祖先是每个家族成员重要的职责。妻子有恶疾，必然造成夫家的不便，虽然不一定是祭祀，但此仍为休妻的一个理由。

第六出言多必失。妻子多言是指太多话或说别人闲话。在中国古代，女性一般不具有发言权，身份地位低的更不能随便开口发言。妻子是"外来人员"，多话就被认为有离间家族和睦的可能。

第七出窃盗，是指妻子拥有自己的个人财产，即私房钱。在古代，妻子有私房钱是反义的，即不合乎规矩的。

其实，在汉代虽然已经形成了七出的说法，但是并不是强制性的规定。不按照七出原则离婚的例子仍经常出现。例如，军事

> 七出是一种不公平的制度。从其内容来看，七出主要是站在丈夫及其家族的角度考量其利益的。从另外一个角度来看，七出可以最低限度地保证妻子不会被丈夫随意抛弃。

> 其实，在汉代虽然已经形成了七出的说法，但是并不是强制性的规定。不按照七出原则离婚的例子仍经常出现。

目连塑像

因不孕而遭陆游休妻的唐琬

家班超因同僚说他沉迷于家室之乐，就愤而休妻。到了唐代，七出被列入法律《唐律》规定之中。规定，不符合七出而休妻的行为都会受到处罚。虽然如此，在民间如果离婚双方没有异议，只要不诉至公堂，那么法律也不会干涉。到了宋元之际，休妻的要求才渐渐严格起来。元朝规定，休妻必须在休书上注明原因，递交官府审查。这种制度延续到明清时期。

七出制度虽然表面上看来是对女性的压迫和歧视，但在男权社会，七出制度也能在某些时候维护妇女的权益。比如，丈夫虐待妻子，妻子想主动离婚。同情妇女的官员就会拿出七出制度，强制离婚，使妻子脱离丈夫的虐待。此外，七出制度也有限制。比如，唐律规定，在妻子曾经帮舅姑服丧、娶妻时穷现在富有，以及"有所受无所归"这三种之一的情况下，丈夫都不能实行七出制度而休妻。

宋代的"刺配"属什么刑罚

刺配是宋代的一种刑罚，即在犯人面部刺字，发配边远地区。《宋史·刑法志三》："刺配之法二百余条，其间情理轻者，亦可复古徒流移乡之法，俟其再犯，然后决刺充军。"鲁迅说过："酷刑的方法，却绝不是突然就会发明，一定都有它的师承或祖传。"刺配也是如此，它源于后晋，史书记载："后晋天福年中，始创刺面之法，遂为戢奸重典。"

"刺"源自商、周时期的五刑之一"墨刑"。秦汉时期称为"黥刑"，即在受刑者的面额上刺字，并染上黑色，以作标记。"配"是逐步从"迁"、"徙边"、"流"演变而来的。南北朝时期发展成为新五刑之一的"流刑"。后晋时，统治者把"刺"和"配"结合在一起，就成为"刺配"。《宋代刑法考》云："宋人承五代为刺配之法，既仗其背，又配其人，且刺其面。是一人之身、一事之犯而兼受三刑者。"

宋代的刺配按罪轻重的不同而不同，分为刺配本州、邻州、500里、1000里、2000里、3000里及沙门岛等

古代黥刑

> "刺"源自商、周时期的五刑之一"墨刑"。秦汉时期称为"黥刑"，即在受刑者的面额上刺字，并染上黑色，以作标记。"配"是逐步从"迁"、"徙边"、"流"演变而来的。

> 刺配能够在宋代产生并在后代传承下去，在当时自然有其合理的因素存在。直到清末，才被废除。

不同等级；刺面也分为"大刺"和"小刺"，而且根据不同的罪行，所刺的形状也不一样。后来又规定，"凡强盗抵死特贷命之人"，在额头上要刺强盗二字，余下的字分刺两颊。所刺内容除"选配某州（府）牢城"外，也有把其犯罪事由等刺于脸上的。

宋初，刺配只是作为对亡命军士至死者的一种"贷命"的惩罚方法。但在后来的实际执行中，范围日益扩大。"杖以上情重者有刺面不刺面配本州牢城，仍各分地里近远，五百里千里以上及广南福建荆湖之别，京城有配窑务、忠靖六军等，亦有自南配河北屯田者，如免死者，配沙门岛、琼、崖、儋、万州，又有遇赦不还者。"

那么刺配是如何执行的呢？《水浒传》虽然是小说，但经过考证后，林冲被刺配的过程和历史上执行刺配的过程几乎一样。第一步是杖脊，即官府断刑之后，首先用杖击打罪犯的背部。"常行官杖如周显德五年制，长三尺五寸，大头阔不过二寸，厚及小头径不过九分。"所击打次数一般在二十以下。后来将杖的重量统一规定为十五两，后又规定："笞杖不得留节目，亦不得钉饰及加筋胶类。"第二步是刺面。宋代刺面以"烧灸涂药"而成，并一改前代以刀刺刻的方式，改用金针刺之，故刺面被时人称为"打金印"。刺字有大小之分，但是多大多小没有明文规定。刺面的位置也有规定。有刺面、额角、耳后的位置。"犯盗刺环于耳后，徒流以方，杖以圆；三犯杖，移于面。径不得过五分。"这是史书关于北宋时期刺配最详细的规定了。刺面还分为刺字和刺图案两种。刺面的深度也有所规定。"诸军移配而名额不同，或降配者，所刺字不得过二分，逃亡及配本城四分，牢城五分，远恶及沙门岛七分。即旧字不明及出除遮改者官司验证添刺，不可添刺者别刺。"南宋时，刺字明显比北宋时加重了。第三步发配。杖脊、刺面之后，犯人就会被押送配所收管服役。"配送犯人，须分明置历管系，候到配处，画时具交割月日，回报元配之处。若经时未报，即移文根问，若在路走失者，随处根逐，元监送人紧行捕捉。"

刺配能够在宋代产生并在后代传承下去，在当时自然有其合理的因素存在。元朝建立后，不仅全面继承了刺配之刑，而且"发扬光大"。直到清末，才被废除。

被刺配的林冲

"廷杖"是何刑罚

明代有一种非常严厉的刑罚——"廷杖"。在明代，凡是触犯皇帝龙颜大怒的，都要遭受廷杖之罚。行刑时，由侍卫和太监将大臣绑赴午门外，先由军校杖打三下，作为开场。然后，分别进行"着实打"或"用心打"。杖打的时候，两边站立着百余名侍卫，喊声动地，令人毛骨悚然。

> 明代有一种非常严厉的刑罚——"廷杖"。在明代，凡是触犯皇帝龙颜大怒的，都要遭受廷杖之罚。

廷杖处罚图

打完以后，用厚布将人裹住，几个人一齐用力，将其抛起，再狠狠地摔在地上。被"着实打"的，一般非死即残，轻者也要半年才能伤愈；被"用心"打的，一般绝无生还之理。明代官员最头痛的就是这种刑罚，嘉靖帝曾在午门外对130多名大臣进行廷杖，当场打死17人，另有数十人被打入狱中，其余或伤或残，败下阵去。经此一场廷杖，大臣们再也不敢触犯皇帝龙颜了。

古代都有哪些刑具

为了防止被关押在监狱中的犯人逃跑、暴动或自杀，古人发明了各种各样的刑具，制定了各种刑具使用的对象等。那么，古代的刑具主要包括哪些？

枷：这是古代最常用的刑具。枷的形状大多为方形圆孔，使用时两半合拢套在囚犯的头上。枷的重量不尽相同，具体使用情况则要看犯人的罪行轻重。如死刑犯所戴之枷重达25斤，流放犯人的枷重20斤，犯其他罪行的犯人戴15斤的枷即可。除了一名犯人使用的单枷之外，还有将几名犯人夹在一起的连枷，押送囚犯时所使用的盘枷等。

镣铐：束缚犯人手足之用。铐在古代又被称作杻或子杻，俗称手铐，是一种长方形、中间带两孔用来铐住囚犯两手的刑具。镣是中间用铁链相连的两个铁质的环，戴在囚犯的双脚上，以限制其行走自由。镣、铐一般与枷一起使用，但仅限于犯了死刑的男犯。

锁：是差役抓捕逃犯时常用的刑具。俗话常说的"银铛入狱"中的"银铛"指的就是锁，也被称为镪、铁索。差役抓人时，常常是"一抖铁索，往脖子上一套，拉了就走"。

匣床：也称囚床，出现在宋朝。囚犯躺在匣床上时，四周被密密麻麻的木栏环绕，还有揪头

戴枷的死刑犯

> 为了防止被关押在监狱中的犯人逃跑、暴动或自杀，古人发明了各种各样的刑具，制定了各种刑具使用的对象等。

环固定其头部,夹项锁固定其颈部,拦胸铁索缠绕其胸部,压腹木梁拦压其腹部,双环铁扭固定其腕部,短索铁镣缠绕其胫部,匣栏上的两脚匣束缚其双脚,另外还有一块钉满密如刺猬、利如狼牙三寸长钉的号天板盖在身上,简直是生不如死,悲惨至极。

活刑具:不仅指的是监狱中的马牛、毒虫、虎豹,还有凶恶无比的牢头狱霸。这些活刑具比那些死刑具要厉害千万倍。虽然牢头狱吏没有很高的社会地位,但囚犯只要落到了他们的手里,就等于进了地狱。如果说牢头狱吏为地狱中的"催命判官",那么狱霸就是判官手下的牛鬼蛇神。这些在狱中待的时间很长的囚犯,凭借对监狱的熟悉以及与狱吏的特殊关系,经常欺辱新来的囚犯。

在人性极受压制的古代,本来法律就如同虚设,当这些形形色色的刑具再用在犯人的身上时,简直就是人间的惨剧。

> 在人性极受压制的古代,本来法律就如同虚设,当这些形形色色的刑具再用在犯人的身上时,简直就是人间的惨剧。

为何要给犯人剃光头

在古代,人们一直都蓄发留须。他们认为,身体发肤,受之父母,不敢毁伤。如果头发被人强行剃光就是对他极大的侮辱。周朝发明了一种刑罚,叫髡刑,即剃掉人的头发。髡刑成为古代五刑之一,是一种耻辱刑,主要流行于中国古代夏商周到东汉。

周王族中犯宫刑者,以髡代宫,即断长发为短发。到了秦朝时,髡刑失去了这一性质,成为一种剃除受刑者须发的刑罚。此类刑罚采取的是将罪犯的发须强行剃除,使罪犯处于一种明显的非正常状态,并因此感受到痛苦。

有一个故事,在一次行军的时候,曹操下令不准践踏麦田,否则军法处置。所以曹操的手下都下马,用手牵着前进。曹操的马受惊践踏了麦田。曹操问军法官,自己该当何罪。答曰,斩首。但是曹操是领袖,不能被斩首。怎么办呢?曹操拔出佩剑,斩下头发代替头颅。头发在古代很重要。比如满清入关,规定"留发不留头,留头不留发",对中原人民实行了一次全民族的髡刑。这个事件就是历史上著名的"剃发易服"事件。

为什么要给犯人剃光头,笔者认为,主要有以下几种原因。第一,在古代社会,这是一种侮辱性质的刑罚。第二,从监狱管理上考虑,剃光头可以便于管理。不仅可以防止虱子滋生,还可以节约用水,保护环境卫生。

> 髡刑成为古代五刑之一,是一种耻辱刑,主要流行于中国古代夏商周到东汉。

髡刑

假如罪犯逃跑，也便于分辨并捉获。第三，起警戒作用。穿着囚服，剃光头发，时刻警戒他们莫要忘记自己的所作所为，要认真劳改，重新做人。

古人以发为美，以发明志，甚至为了头发可以不要性命。法律虽然没有赋予监狱剃发的权利，但是在监狱中的犯人大多数都是光头。这其中到底有什么缘由令犯人全部剃光头发，就不得而知了。

清代处决犯人为何要到菜市口

北京的胡同儿很多，街口自然就多，而在这众多的街口中名气最大的当数宣武门外的菜市口。在很多影视剧作品中，我们常会听到"拉到菜市口斩首"的字眼，菜市口胡同也因此名声大振。那么，清代为什么要在菜市口处决犯人呢？

明清时期的菜市口一直很热闹，明代时是京城最大的蔬菜批发市场，沿街菜摊、菜店较多，京城很多人都来此买菜。而我国古代的刑场多设在繁华热闹的地带，元代的刑场在柴市（今交道口一带），明朝的刑场设在西市（今西四牌楼），清朝时将行刑的法场移至宣武门外的菜市口，正所谓"刑入于市，与众弃之"，说的便是菜市口人多热闹，可以起杀一儆百的作用。

根据古代"秋后问斩"的律法，每年秋后，被判处死刑的犯人都会被押解出狱，经宣武门到菜市口处决。有身份的犯人坐骡马拉的站笼刑车，没身份的则是戴枷上镣押着走，这临终过闹市是行刑前的必经之路。到了菜市口，犯人自东向西依次排好，刽子手也手执鬼头刀依次排好准备行刑。犯人的头被砍下来后，或挂在或插在街中的木桩上示众，以警示后人。而被杀的犯人尸体运走后，现场的血迹即被黄土盖上，此后就又有人在此卖菜，生意依然兴隆。

菜市口作为清代行刑的法场，有不少名人都命丧于此。咸丰末年（1861 年），辛酉事变后，"八大顾命大臣"之一的肃顺便被在菜市口斩首，在当时曾轰动全国，震惊京师。光绪二十四年（1898 年），历史上著名的"戊戌六君子"也是在菜市口被杀害的。1912 年，随着清王朝的灭亡，菜市口刑场也随即被转移，此后菜市口逐渐发展成为繁华的商业街和交通枢纽。

菜市口刑场

> 古人以发为美，以发明志，甚至为了头发可以不要性命。法律虽然没有赋予监狱剃发的权利，但是在监狱中的犯人大多数都是光头。

> 清朝时将行刑的法场移至宣武门外的菜市口，菜市口人多热闹，可以起杀一儆百的作用。

第九篇

独具特色的教育·科举

窥探文化真相

> 因这里有专门从事教和专门从事学的人,所以成均被认为是古代学校的萌芽。

中国最早的学校叫什么

我国教育历史悠久,早在原始社会末期就已出现了学校的萌芽。史书中有"成均,五帝之学"的记载,据考证,在部落联盟时期,凡宗教仪式和公众集会时,必有音乐,而且部落显贵重视音乐修养,他们的子弟均受乐教。乐师主管音乐事务,日常演奏歌唱之地,亦为实施乐教之地,这个场所称为成均。因这里有专门从事教和专门从事学的人,所以成均被认为是古代学校的萌芽。另外,《礼记·明堂位》中有"米廪,有虞氏之庠也"的记载,有学者称这里的"庠"是敬老养老的地方。在氏族公社时期,教育年轻一代的任务通常由具有丰富生活经验的老人承担,为了老年人的方便,教育活动便在"庠"进行,因此此时的"庠"兼具养老与教育的双重作用,且此时的教育重在德育。

至夏朝已有"庠"、"序"、"校"三种学校,"序"为设在国都的学校,但教育只是其职能之一,它还兼具议政、祭祀、养老等重要职能。"校"为设在地方的学校。"瞽宗"原是商代祭祀乐祖的宗庙,后发展成为商代贵族子弟学习唱歌、舞蹈的场所。

西周时学校教育形成了一套完整的"学在官府,官师合一"的官学体系,学校有国学和乡学之分。国学设在天子、诸侯所在的都城,分大学(天子设立)和小学(诸侯设立)两级。设在乡遂的学校称为乡学。无论是国学还是乡学均以"六艺"(礼、乐、射、御、书、数)为教育内容,其中"礼"为政治理论课,"乐"为综合艺术课,"射"和"御"为军事训练课,"书"和"数"为基础文化课。大学教学以礼乐为重,射御次之,小学教育则重在奴隶主贵族道德行为准则和社会生活知识技能的基本训练。此时的教师都由官吏兼任,官即是师,师即是官。

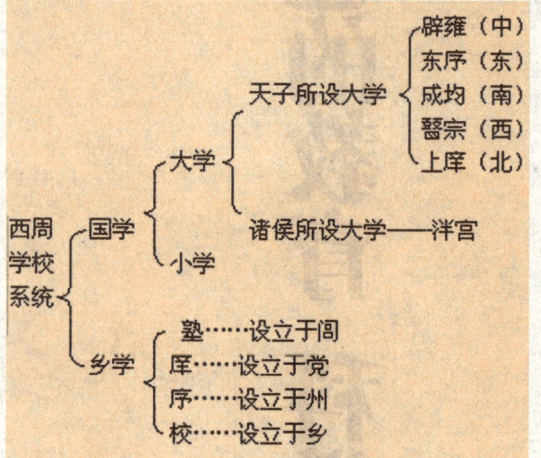

西周学校系统

科举制度是怎样形成的

> 隋朝建立后,在改朝换代中豪门士族的经济势力日趋衰落,隋朝统治者也着意收回旁落于地方长官的选士大权,便有心改革选士制度。

选拔治国安邦的人才,这是历朝历代的统治者都十分重视的问题。科举制度作为我国封建社会中持续时间最长、影响范围最广的人才选拔制度,自隋炀帝创始至清光绪三十一年(1905年)废除,在我国延续了近1300年。那么,科举制度最初是怎样形成的呢?

隋唐以前的选士制度以荐举为主,考试为辅。如两汉时期的察举制度以主管官员(地方长官和中央各部门长官)的推荐为前提,初期确实选拔出了不少济世之才。但要引起主管官员的注意,"声望"是很重要的,于是,士人便沽名钓誉,弄虚作假,或攀附权贵,或贿赂请托。一时间致使士风日下,察举不实,出现了"举秀才,不知书。察孝廉,父别居"的尴尬局面。魏晋以来的九品中正制度是由"中正"官负责考察人才,按九品定级,朝廷再按品授官。在设立之初起到了选拔人才的作用,但后期弊端丛生,选人的大权掌握在地方中正官手中,完全为豪门士族所垄断,形成了"上品无寒门,下品无世族"的局面。

隋朝建立后,在改朝换代中豪门士族的经济势力日趋衰落,隋朝统治者也着意收回旁落于地方长官的选士大权,便有心改革选士制度。隋炀帝大业三年(607年),设十科举人:孝悌有闻、德行敦厚、节义可称、操履清洁、强毅正直、执宪不挠、学业优敏、文才秀美、才堪将略和膂力骁壮。由于采用分科取士的办法,所以叫作科举。其中,十科举人中,文才秀美科就是进士科,进士科的设立标志着科举制度的正式产生。

清朝科举考试场景

唐承隋制,并逐步完善科举制度。如武则天首创武举和殿试,唐高宗调整了学校教育和科举制度的关系,使两者重新得到健康发展。至唐天宝年间,科举制中大部分考试科目已经形成,考试内容也已基本确立,科举制已经发展成为一种完备的选士制度。以后科举制度为历朝历代所沿用,并有所改革与创新,成为各朝代主要的选士制度。

依据考试成绩来选拔人才的科举制度,既不同于以德取人的两汉察举制,又不同于以门第取人的魏晋以来的九品中正制,使得选拔更为客观公正,并且首次将选士制度和学校育士制度结合起来,两者互相促进,又互相制约。有人称其为中国的第五大发明。当然,随着科举制度的发展,其弊端也逐渐暴露出来,这是后话。

中国历史上第一个、最后一个状元是谁

科举制度作为我国封建社会重要的选拔人才的制度,自隋朝时创立至清末(1905年)被废除,历经近1300年的历史。在这漫长的岁月中,朝代几经更迭,先后产生了500多名状元(武状元除外),那么谁是中国历史上第一个状元,谁又是中国历史上的最后一个状元呢?

进士科始设于隋炀帝,但其开科情况今已不详。在中国的科举史上,第一个有名可考的状元是孙伏伽,其参加了唐高祖武德五年(622年)12月举行的科举考试,并在30名参考举人中脱颖而出获得第一

> 在这漫长的岁月中,朝代几经更迭,先后产生了500多名状元(武状元除外)。

窥探文化真相

第一个状元：孙伏伽

名的好成绩，从而成为我国历史上的第一个状元。

孙伏伽，贝州武城（山东武城）人。其在隋朝末年便已涉足官场，从最初一名卑微的小吏一直做到了京畿万年县（今陕西西安）的法曹，能力可见一斑。李渊在长安称帝后，孙伏伽识时务地归顺了李唐王朝，并参加了于唐高祖武德五年（622年）12月举行的科举考试，从而成为我国历史上第一个有名可考的状元而青史留名。

那么谁又是这历史上的最后一个状元呢？

科举制度于清光绪三十一年（1905年）被废除，而在清光绪三十年（1904年）举行的科举恩科考试中中状元的刘春霖便成了我国历史上的最后一个状元。恩科是在正常的考试之外，每逢朝廷庆典或其他的重大事情而特别开科考试，始于宋，明、清沿用此制。若正科与恩科合并举行，则称恩正并科。光绪二十九年（1903年）为正科，而光绪三十年（1904年）逢慈禧太后七十大寿，便增加了恩科。恰逢这一年的恩科成为我国历史上的最后一届科举，中状元的刘春霖从而有幸成为我国历史上的最后一个状元。

话说这刘春霖成为我国历史上的最后一个状元不仅偶然，而且这背后还有一段颇为曲折的小故事呢。据说殿试过后，主考大臣便把试卷按名次排列，送交慈禧太后定夺。因为按照惯例前三甲是要由最高领导人来决定的。慈禧太后乍一翻被主考官列为头名的试卷，字很是漂亮，不禁点头赞许。但一看文章作者时，便立马火冒三丈。原来这是广东考生朱汝珍，"朱"为明朝皇家的姓，慈禧太后心中自是忌讳，"珍"字又让慈禧太后想起了最受光绪皇帝宠爱的珍妃，她曾支持光绪皇帝改革，试图从自己手中夺回政权，心中不满不免徒增了几分。再加上朱汝珍是广东人，广东历来"是非"多，洪秀全、康有为、梁启超、孙中山等这些让慈禧太后头疼不已的人都出自广东。怒火中天的慈禧太后便将朱汝珍的试卷弃之一旁，接着看第二份试卷，一看考生是直隶（今河北省）肃宁人刘春霖，不免转怒为喜。原

李渊在长安称帝后，孙伏伽识时务地归顺了李唐王朝，并参加了科举考试，成为我国历史上第一个有名可考的状元而青史留名。

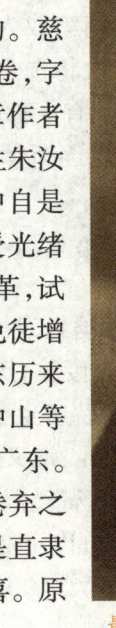

最后一个状元：刘春霖

来,这一年正逢天气大旱,急盼一场大雨,"春霖"二字便是极好的兆头。清朝末年外忧内患不断,慈禧太后自是希望清王朝能结束风雨飘摇的命运,恢复到肃静安宁的局面,"肃宁"便又是一个好征兆。于是,幸运之神便降临到了刘春霖身上,慈禧太后大笔一挥,刘春霖便由原来的第二名一跃成为头名状元。

> 于是,幸运之神便降临到了刘春霖身上,慈禧太后大笔一挥,刘春霖便由原来的第二名一跃成为头名状元。

"十年寒窗无人问,一举成名天下知",也许,我们在关注状元这一闪耀头衔的背后更应看到他们的博学多识以及他们为此付出的努力。

中国历史上最老的状元、最年轻的状元是谁

在"学而优则仕"的封建社会,参加科举考试摘取状元桂冠成为文人进入仕途的最好途径。因此很多文人佳士无不以此为终生奋斗的目标,年龄上自然也是千差万别。那么,中国历史上最老的状元和最年轻的状元分别是谁呢?

> 历代状元中,有史可查的最年老的状元是唐德宗年间的尹枢,中状元时已70多岁高龄。

历代状元中,有史可查的最年老的状元是唐德宗年间的尹枢,中状元时已70多岁高龄。据唐代笔记小说集《唐摭言》记载,杜黄裳任主考官,想公正地选出真正有才能的人。在第三场考试结束,杜黄裳便对众应试者说:"我受皇上之托选拔有才能的人,诸位都是当代才学之士,怎么就没有人帮我一把呢?"在场的500多名应试者面面相觑,不知如何是好。只见当时年已70多岁的尹枢独自走上前去说道:"不知您有什么盼咐?"杜黄裳说道:"没有人写榜。"尹枢道:"我愿效力。"杜黄裳便令人递过准备纸笔,尹枢便开始逐一题名,大声唱名,从头到尾,公正有序,全场肃穆以待。最后,只剩下状元一栏空缺,杜黄裳问道:"状元写谁是好?"尹枢当即回道:"状元非老夫不可!"听罢杜黄裳不由得暗自震惊,但细细想来,还真是当之无愧,状元非他莫属,于是便让他自己亲笔写了下来。于是,便有了历史上70多岁高龄的尹枢中状元的记载。另据《太平广记》记载:"贞元七年,杜黄裳知举,闻尹枢(注:原文误为尹极)时名籍籍,乃微服访之。问场中名士,枢唯唯。黄裳乃具告曰:'某乃今年主司也,受命久矣,唯得一人某,他不能尽知,敢以有请'。枢耸然谢曰:'既辱下问,敢有所隐?'即言子弟有崔元略、孤进有林藻、令狐楚数人。黄裳大喜。其年枢状头(即状元)及第。试《珠还合浦赋》。藻赋成,忽假寐,梦人告曰:何不叙来去之意。既寐,乃改数句。及谢恩,黄

最年老的状元:尹枢

最年轻的状元：莫宣卿

裳谓藻曰:叙珠来去有如神助。"这说的也是唐德宗贞元七年（791年）70多岁高龄的尹枢毛遂自荐中状元之事。

至于最年轻的状元则出在唐宣宗大中五年（851年），中状元的是年仅17岁的广东封开人莫宣卿，宣宗皇帝为此还特意赐诗曰："南方远地产奇才，突破天荒出草莱。神鲤跳翻三尺浪，皇都惊震一声雷。"另赐锦衣一件以示嘉奖。据说莫宣卿家境贫寒，自幼丧父，与母亲相依为命。但莫宣卿从小聪明勤奋，七岁时便以一首"我本南山凤，岂同凡鸟群。莫俊天下有，谁能佐圣君"的诗闻名乡里。12岁时即中秀才，被乡人誉为"神童"。唐宣宗大中五年（851年），17岁的莫宣卿高中状元，从而成为广东科考史上的第一个状元，也是中国历史上最年轻的状元。

无论是最老的状元还是最年轻的状元，抛开其他方面不说，其学习精神都是值得后人学习的，这也奠定了今天"终身学习"的理念基础。

为何科举考试中的第三名称为"探花"

我国科举考试为"三甲取士"，即三甲统称进士。一甲三名，赐"进士及第"的称号，第一名称"状元"，第二名称"榜眼"，第三名称"探花"；二甲若干名，赐"进士出身"称号；三甲若干名，赐"同进士出身"称号。其中一甲三名颇受人们关注，第一名、第二名的"状元"、"榜眼"都较好理解，"元"为首，"眼"在其下，那么，第三名的"探花"有何来历呢？

"探花"一词最早出现于唐代。唐代进士及第后会举行隆重的庆典活动，在杏花园举行探花宴便是其中之一，要事先在同榜进士中选择两名年轻英俊的作为"探花使"或"探花郎"，骑马游遍名园，采摘沿途鲜花，应了那句"春风得意马蹄疾，一日看尽长安花"。然后聚集在琼林苑内赋诗，并用采摘的鲜花

"探花及第"圣旨

我国科举考试为"三甲取士"，即三甲统称进士。一甲三名，赐"进士及第"的称号，第一名称"状元"，第二名称"榜眼"，第三名称"探花"。

"探花"一词最早出现于唐代。唐代进士及第后会举行隆重的庆典活动，在杏花园举行探花宴便是其中之一。

迎接头名状元。此时的"探花"是指庆典活动中的两名年轻的进士,并不是专指科举考试的第三名。

北宋时殿试成为定制,于是便在殿试后分"三甲",开始时一甲的三名都可以称为状元,后逐渐演变成第一名称"状元",第二、第三名称"榜眼"。因第一名位于榜首,第二、第三名分列左右,整体看进士榜时好似人双眼的位置,故称"榜眼"。南宋时,"探花"成为科举第三名的专指。此后,元、明、清三代沿袭了这种叫法。

> 南宋时,"探花"成为科举第三名的专指。此后,元、明、清三代沿袭了这种叫法。

为何取得科举第一名被称为"独占鳌头"

鳌是古代传说中的神异之物,人们常常视其为保护神。唐宋时期宫殿门前台阶上便刻有巨鳌的浮雕。科举考试中殿试过后,皇上一般会在太和殿召见新科进士。这一天,进士们身着崭新的公服,个个精神抖擞,分左右两班站在文武百官的后面,等候皇上的传召。一般由传胪官按榜依次唱名,即宣布考取进士者的姓名、名次和籍贯。新科进士听到传唱,都要走到中间的御道上站定,向皇帝叩拜谢恩,从此成为天子门生。传唱完毕,由传胪官引导一甲三名的"状元"、"榜眼"、"探花"走到天子座前迎接殿试榜。其中,"状元"居中,且稍前于"榜眼"、"探花"。而状元站的位置正是第一块御道石正中镌刻的巨鳌头部。此后,人们便形象地称科举考试的第一名为"独占鳌头"。

直至今天,我们仍保留着这一用法。

> 状元站的位置正是第一块御道石正中镌刻的巨鳌头部。此后,人们便形象地称科举考试的第一名为"独占鳌头"。

光绪年间"状元"匾

何谓"连中三元"

"太宗皇帝真长策,赚得英雄尽白头。"这是唐代诗人赵嘏对古代科举制度的描述。这两句诗可谓一语中的,形象地刻画出古代科举制度的地位。历史上曾有不少著名政治家、文人就是在科举考试中脱颖而出、名传千古的。状元是科举考试的极高荣誉,但是还有一个头衔是比状元更高的荣誉,就是"连中三元"。那么,何为"连中三元"?历史上都有哪些人曾得到过"连中三元"的荣誉?

科举制度起源于隋,完备于唐,至明代达到鼎盛,明代科举考试一般分为童生试(县试、府试、院试)、乡试、会试、殿试等四个等级。每年的二月,会由县令组织本地的童生参加县试,合格者即可继续参加由知府主持的府试,通过府试的童生们接下来就要参加由朝廷派遣的

> 所谓"连中三元"即在乡试、会试、殿试中都拔得头筹,取得三个第一名。

窥探文化真相

"连中三元"的明代商辂

"学政"主持的院试了。院试合格者就是大家所熟知的"秀才",可以参加每三年一次的乡试。通过了乡试的学子们被称作"举人",是可以做官的了。而有些志向远大的举人们,还会继续参加由礼部组织的会试。考得会试的人被称作"贡士",可以继续参加由皇帝亲自主持的殿试。参加完殿试的学子们就是"进士"。在殿试上,会由皇帝亲自划定前三甲:状元、榜眼和探花。

所谓"连中三元"即在乡试、会试、殿试中都拔得头筹,取得三个第一名。

当然,获得"连中三元"是一件非常光荣但却非常艰难的事情。历史上只有15个人获此殊荣,分别是:唐代的崔元翰、张又新;宋代的孙何、王曾、宋庠、杨置、王若叟、冯京;金代的孟宗献;元代的王宗哲;明代的黄观、商辂;清代的钱棨、陈继昌和戴衢亨。

科举制度存在的近1300多年来,为我国形成尚学、善学的风尚和传统文化的发展、传播作出了重要贡献。这15位"连中三元"者也在中国科举制度的历史上留下了浓墨重彩的一笔。

科举制度中出现过女状元吗

在太平天国时期出现了科举制度史中唯一一位女状元——傅善祥。

在"女子无才便是德"的封建社会,女子是没有机会参加科举考试的,自然也不会出现什么"女状元"。然而,在我国长达近1300年的科举制度史中诞生的数百名状元中却有一位女状元,这是怎么一回事呢?

原来,在太平天国时期出现了科举制度史中唯一一位女状元——傅善祥。

太平天国时期提倡男女平等,不仅设有女官统帅的女营,而且在太平天国定都天京后还设置了文职女官。为了选拔有才能的人任职,洪秀全在定都天京后便在科举考试中增加了女子可以参加科举考试的制度。咸丰三年(1853年),中国历史上第一次出现了"女子科考",主考官是洪秀全的妹妹、西王萧朝贵的妻子洪宣娇。傅善祥冲出世俗偏见,勇敢地报名参加考试,并同其

太平天国时唯一一位女状元:傅善祥

他200多名女子一起参加了这次的女子科考。结果,20岁的傅善祥考中了第一名,成为中国历史上第一个也是最后一个女状元。考中后的傅善祥在东王杨秀清的府里任职,曾参与了太平天国多篇文件的起草、修改工作,如"天朝田亩制度"、男女平等、禁食鸦片、禁女裹脚等。因其超强的能力、出色的文笔成为东王杨秀清、天王洪秀全政治、经济上的得力助手,颇得他们的赏识,致使太平天国有"武有洪宣娇,文有傅善祥"之说。1856年,"天京事变"时,傅善祥下落不明,有人推测她可能与东王府两万余人一同遇难。

> 傅善祥因其超强的能力、出色的文笔成为东王杨秀清、天王洪秀全政治、经济上的得力助手,致使太平天国有"武有洪宣娇,文有傅善祥"之说。

遗憾的是,轰轰烈烈的太平天国运动好景不长,所以这项制度也没有坚持下去,于是造就了傅善祥成为唯一一位女状元的历史。

历代各出现过多少状元

自隋炀帝大业三年(607年)始设进士科标志着科举制度的正式产生至清光绪三十一年(1905年)科举制度被废除,在这近1300年的科举制度史中共出现过多少个状元呢?

也许有人会说,这还不好统计,举行过多少次考试就有多少个状元。正常情况下是这样的,但具体考察起来却不那么简单。比如唐代时,有因泄题而考试作废的,有考试正常进行但没有产生状元的;元代时有一榜出两个状元的;金代时则是时而一榜有一个状元,时而一榜有两个状元,时而一榜有三个状元。所以要具体统计时还要分朝代计算。

> 加上其他短命政权选考的状元以及各代的武状元,中国历史上总计可考的文武状元为777人。

据考证,自唐高祖武德五年(622年)的第一位科举状元孙伏伽开始,到清光绪三十年(1904年)最后一位状元刘春霖止,在这1283年间,可考的榜数为745榜,共产生了592名状元(一说504人),加上其他短命政权选考的状元以及各代的武状元,中国历史上总计可考的文武状元为777人。

科举制虽创始于隋朝,但隋朝时每次开科取士的人数极少,且现存的史料记载中也没有相关的详细记录。

据《文献通考·选举考》和《登科记考》等书记载,唐代时共举行科举考试265场,其中,有一次因考试泄题而作废,有12次进士考试没有产生状元。因此唐朝时共产生状元252名,其中姓名可考者为155人(含一人只知其姓)。

据相关资料显示,五代时共产生状元

安徽休宁中国状元博物馆

窥探文化真相

安徽休宁中国状元博物馆状元袍

121名。其中，据《文献通考·选举考》和《记考》等资料记载，中原五朝共开进士科47次，产生状元47名；据《十国春秋》《马氏南唐书》《陆氏南唐书》《江南余载》等，南唐开进士科19次，产生状元19名；又据《十国春秋》等资料显示，可推估吴、前蜀、后蜀、南汉4国共产生状元55名。因此初步计算，五代时共产生状元121名。

《文献通考·选举考》《宋史》《续资治通鉴》及《续资治通鉴长编》等文献记载，宋代时共开进士科116次，加试两次，共产生状元118名。

据《辽史》《辽史纪事本末》及《续资治通鉴》等资料记载，辽代共开进士科57次，产生状元57人。

西夏虽也举行科举考试，但相关史料中并没有详细记载，据其首尾两次考试时间及宋、金考试情况推测，西夏共开进士科27次，目前仅知一位状元姓名。

据《金史》《金史纪事本末》《中州集》《归潜志》等史料记载，金代共开进士科43次。但因金代有时是分辞赋、经义两科考试，有时是分辞赋、经义、策论三科考试，且各自分别产生状元，因此金代时共产生状元74名（其中辞赋状元43名、经义状元13名、策论状元18名）。在此期间的国中之国伪齐政权也举行过两次科考，产生2名状元。

《元史》《续通鉴》等资料记载，元代的科举考试时开时停，共举行过16次，且每次都分"南北榜"，因此有状元32名。

据《明史》《明史纪事本末》及《明清进士提名碑录索引》等相关史料记载，明朝的科举考试基本上是三年考一次，其中有一年考了两次，称为"春夏榜"，合计考了89次，产生状元89名。

另明末张献忠的"大西政权"举行过6次考试，其中有2次以大屠杀告终，另4次产生状元4名。

《清史稿》《清史列传》及《明清进士题名碑录索引》等资料记载，清朝共开科112次，其中有两次分"满榜"和"汉榜"，因此共有状元114名。

另据《江南春梦庵笔记》《遁鼻随闻录》《贼情汇纂》《金陵癸甲纪事略》等资料记载，太平天国时期考试种目繁多，有天试、东试、北试、翼试等，共举行过21次，因有一次分男科、女科考试，因此此期间共产生男女状元22名。

因此，根据现有史料，初步统计我国历朝历代共产生状元约886名。

根据现有史料，初步统计我国历朝历代共产生状元约886名。

什么叫"五行状元"

大家都知道"五行"是指水、火、木、金、土。这是我国古代的一种物质观,五行学说认为大自然由这五种要素构成,随着这五种要素的盛衰强弱,不仅人的命运会发生变化,而且大自然也会随之产生变化。那么,"五行状元"又是怎么一回事?

"五行状元"是指清代时的五位状元,分别是:同治七年(1868年)戊辰科状元名洪钧(金);同治十年(1871年)辛未科状元梁耀枢(木);同治十三年(1874年)甲戌科状元陆润痒(水);光绪二年(1876年)丙子恩科状元曹鸿(火);光绪三年(1877年)丁丑科状元王仁堪(土)。

> "五行状元"是指清代时的五位状元,分别是:洪钧(金)、梁耀枢(木)、陆润痒(水)、曹鸿(火)、王仁堪(土)。

我国大陆现存唯一的状元试卷是谁的

在山东青州博物馆中保存着一份明万历二十六年(1598年)科考状元赵秉忠的一份殿试试卷,这也是我国大陆地区保存的唯一一份状元试卷(我国台北故宫博物院还收藏有几份清代状元试卷)。

这份试卷由封面、封底、19折册页构成,且封面、封底均为全绫装裱,每折册页高47.6厘米,宽14.1厘米。19折册页分三部分构成,第一部分为考生姓名、籍贯、年龄等,并上溯祖宗三代的基本情况,以证清白。第二部分为正文部分,共15折。正文卷首顶天为当时在位皇帝朱翊钧御笔亲书的"第一甲第一名"六字,下为朱翊钧御书下钤的"弥封关防"长印,占一折。接着为文章正文,为1厘米见方的工整小楷,共2460字。文章题目为《问帝王之政和帝王之心》,赵秉忠提出"实心先立"、"实政继举"才能使天下太平百姓安乐的主张,精辟地阐述了改善吏治、兴邦治国的对策,具有重要的历史和现实意义。第三部分也即在正文之后的最后3折列着少保兼太子太保吏部尚书武英殿大学士张位等9位阅卷官和1位印卷官的职衔与姓名。

近1300年的科举考试史,产生了数百位状元,但由于朝代更迭、战乱等原因,目前保存的仅有这一份状元试卷,是我国研究科举制度和明史的重要文献。

> 明万历二十六年(1598年)科考状元赵秉忠的一份殿试试卷,是我国大陆地区保存的唯一一份状元试卷。

状元赵秉忠

附:

殿试题目: 问帝王之政和帝王之心

赵秉忠状元卷全文:

臣对:

窥探文化真相

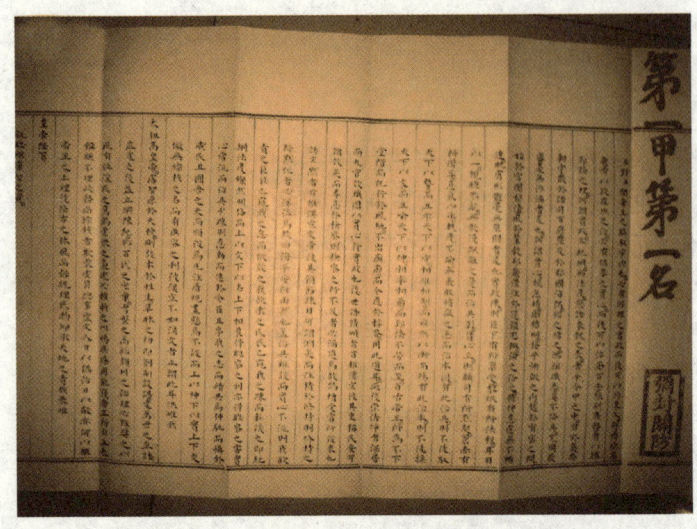

赵秉忠殿试状元卷

臣闻帝王之临驭宇内也，必有经理之实政，而后可以约束人群，错综万机，有以致雍熙之治；必有倡率之实心，而后可以淬励百工，振刷庶务，有以臻郅隆之理。

立纪纲，饬法度，悬诸象魏之表，着乎令甲之中，首于岩廊朝宁，散于诸司百府，暨及于郡国海隅，经之纬之，鸿巨纤悉，莫不备具，充周严密，毫无渗漏者是也。何谓实心？振怠惰，励精明，发乎渊微之内，起于宥密之间，始于宫闱穆清，风于辇毂邦畿，灌注于边疆遐陬，沦之洽之，精神意虑，无不畅达，肌肤形骸，毫无壅阏者是也。

……

历代进士人数知多少

中国古代科举制度中，科举最后一级殿试及第者称为进士。隋炀帝大业年间始置进士科目。唐亦设此科，凡应试者谓之举进士，中试者皆称进士。唐武则天长安二年（702年）始置武举制度。宋代大部分时间的科举内容与唐代分别不大。元代的科举不再分科，专以进士科取士，并指定教材，模式变得死板。明、清时，贡士经殿试后，及第者皆赐出身，称进士。且分为三甲：一甲3人，赐进士及第，分别称状元、榜眼、探花；二甲赐进士出身，三甲赐同进士出身。1901年清政府废武举制，1905年停止科举。到此，近1300年的科举制度宣告结束。自隋唐至清末，大约考取进士162 450人，武进士2万余人，状元近千人。其中，明清两代先后举行进士考试201科，取中进士51 624人。

自隋唐至清末，大约考取进士162 450人，武进士2万余人，状元近千人。

明经进士张必达夫妇

据有关学者统计，隋唐五代共录进士 6000 多人，宋约 50 000 多人，辽、西夏、金约 3000 多人，元朝共录取进士 1139 人，明朝约 24 595 人，清朝约录 26 849 人。

古代许多著名文学家都是进士出身，如唐代的贺知章、王勃、宋之问、王昌龄、王维、岑参、韩愈、刘禹锡、白居易、柳宗元、杜牧等，宋代的范仲淹、欧阳修、司马光、王安石、苏轼等。考中进士，一甲即授官职，其余二甲参加翰林院考试，学习三年再授官职。

状元是科举制度殿试第一名，又称殿元、鼎元，为科举中最高荣誉。历史上获状元称号的近 1000 人，但真正参加殿试被录取的有 750 名左右。唐代著名诗人贺知章、王维，宋代文天祥，明朝杨慎，都是经殿试而被赐状元称号的。

> 状元是科举制度殿试第一名，又称殿元、鼎元，为科举中最高荣誉。

参加科考的考生都用什么方法作弊

"十年寒窗苦，一卷定终身"，"学而优则仕"，为了能在科举考试中取得理想的成绩，从而跻身仕途，一些考生除了平时下工夫学习外，也会动动歪脑筋，在考试时想出一些歪门邪道来。综观历朝历代，古代参加科举考试时考生们一般会采用以下三种作弊方法。

贿赂： 贿赂分两种，一为考生贿赂主考官，二为主考官主动献媚，都可以直接获得好成绩。

贿赂主考官也就是花钱买通主考官，这是唐代科举考试中的最大弊病，贵族官僚家庭无不行贿请托。贿赂之风的盛行使得科举为贵族官僚子弟所垄断，选拔人才的科举考试有名无实。晚唐著名诗人杜荀鹤诗文很好，却屡试不中，曾写诗慨叹道："空有文章传海内，更无亲族在朝中。"但这种方法也存在风险。如在清光绪十九年（1893 年）八月的浙江乡试时，鲁迅的爷爷周福清因主考官是其同治十年时同为进士的同学殷如璋，便有心为儿子也就是鲁迅的父亲周用吉走个后门，便派家奴给殷如璋送密信，信中注明了要关照周用吉和另外几个考生的名字，并定下了在试卷上写"宸忠、茂育"四字为辨别标记，信中也说明了酬劳为洋银一万元。但不巧的是，这封密信惨遭败露，信中提到的鲁迅的父亲及另外几位考生均被取消了考试资格，周福清逃至上海，后周福清被朝廷通缉，于是周福清回乡自首，坐了八年的大牢，周家从此逐渐败落。

> 综观历朝历代，古代参加科举考试时考生们一般会采用以下三种作弊方法：贿赂、夹带、请人代考。

清代科举作弊书

窥探文化真相

古代科举考试中的作弊方式：夹带

据《新唐书·苗晋卿传》记载，在唐天宝二年的科举考试中就发生了主考官主动献媚的事。资料显示，唐天宝二年的科举考试主考官是吏部侍郎苗晋卿和宋遥，而这二人是权臣李林甫一手提拔任命的。在李林甫的授意下，参考的64名宦官子弟都中了进士，其中唐玄宗的宠臣张倚的智障儿子张奭竟然中了甲科第一。在唐玄宗亲自主持的复试中，64人无一人通过，张奭更是对着试卷一直发愣，一个字也没写出来。毫无疑问，此事败露了。唐玄宗大怒，严惩了相关人员。

夹带：有关系的可以走后门贿赂，没有关系的就另想他法了：夹带经文或文章进入考场内作弊。最常见的夹带形式是往衣服、鞋帽里面藏相关经文，也有的利用文房四宝夹藏抄录的答案或文章。相对应的市面上就出现了专供方便携带的微型书，在河南洛阳曾发现了一本《五经全注》，长约6.5厘米，宽约4.8厘米，厚约1.5厘米，全书共342页，约30万字，收录了《易经》《书经》《诗经》《礼经》《春秋》五经，并附有注释和序言，堪称世界微型书之最。在南京的江南贡院也有一本《五经全注》，长5厘米，宽4.3厘米，厚0.7厘米，书上的字与跳蚤大小不相上下，一粒米可盖住8个字，堪称我国尺寸最小、文字密度最大的作弊奇书。令人瞠目结舌的还有在今故宫博物院中保存着的一件写满密密麻麻文字的内衣。一种种作弊奇方，不得不令人慨叹果真是"上有政策，下有对策"。

还有更为巧妙的，在采用"夹带"作弊的考生中，唐代时已出现了利用"高科技"手段作弊。考生用墨鱼汁把内容写在衣服上，进入考场前在上面涂上泥巴，考试时，便把干了的泥巴搓掉，文字就显示出来了，而过了一段时间后，文字又会自行消退。

请人代考：请人代考也叫"请枪手"，这种方法历朝历代都有，而且古代也没有身份证或照片核对，所以"枪手"就可以很容易地进入考场。唐朝时的著名词人温庭筠和清朝末年的胡汉民便是有名的"枪手"。胡汉民青年才俊，一心想出国留学，但苦于家庭贫穷一直未能如愿。胡汉民便两次替人参加乡试，皆中举人，胡汉民也因此得到了六千大洋的酬劳，如愿东渡日本留学。

"万般皆下品，唯有读书高"，在科举是世人进入仕途的唯一途径时，考试作弊的出现似乎也就顺理成章了。这也是至今我国教育文化中仍然存在的异化现象,值得人们深思。

清代乡试是怎样防止考试作弊的

"魔高一尺,道高一丈",有作弊现象的出现,就有预防作弊的措施。

科举制度作为我国封建社会选拔人才的重要制度,历朝历代也都力求做到公平公正,选拔出真正有才能的人。针对出现的贿赂、夹带、请人代考的三种主要作弊方法,各朝代都有所侧重地制定了相应的措施。如唐代武则天时为了减轻"贿赂"造成的不公,便实施了"糊名"的办法,即把考生的姓名盖住,减少阅卷者徇私的机会。北宋完善了唐的"糊名"法,实行"弥封制",并增加了"誊录法",即不仅把考生的姓名、籍贯遮住,还由专人将所有考生的试卷重抄一次,这样阅卷者便无法从姓名、籍贯、字迹等方面进行辨别,减少了徇私舞弊的机会。北宋实行"锁院法",即在试题确定后,所有考官集中在试院,在考试与评卷定名次期间均锁院内,不能外出。"锁院"期限一般为30天左右,殿试时一般为三天。宋真宗时为防止徇私舞弊现象的发生,实行了"移试法",规定与考官有亲戚关系的考生移送其他地方参加考试,既公正避嫌,又防止考官的徇私舞弊。明朝时实行"锁阁制",即把参加考试的会场锁起来,切断与外界联系。

> 针对出现的贿赂、夹带、请人代考的三种主要作弊方法,各朝代都有所侧重地制定了相应的措施……

清代的科举考试分为四级:童试、乡试、会试、殿试。童试前称童生,童试过关后,称为秀才。然后可以到省城参加乡试,乡试考中后称举人,可进京参加全国性的会试,会试通过者称贡士。再经殿试,殿试通过者称为进士。晚清时期,举人和进士可以通过不同的程序进入仕途。因此,乡试是科考中很关键的一关,所以才会有范进中举后发疯的情况发生。那么,清代乡试是怎样防止考生作弊的呢?

据记载,为防止舞弊,清代的科举考试沿袭了前代的"糊名"、"誊录"、"锁院"等制度,并在此基础上又严格了很多。乾隆年间,朝廷严格规定了考生参加考试时所携带物品的大小规格、用料,甚至款式。如砚台、木炭、糕点的大小厚度,水壶、烛台等的用料,毛笔、篮子的款式等都作了规定。乡试以上的考试,考生进考场时要排队进入,以方便接受严格的全身搜身。帽子、

科举考试弥封所

窥探文化真相

枷号示众

衣服等都只能是单层的，以防止内有夹层。应试者要自己主动把衣服解开，露出身子接受检查，还要把头发放下来，看里边是否藏有夹带，更有甚者，鼻孔、耳朵都要检查。后有人提出，这样的检查有辱文人斯文，于是便进行了"改革"：洗澡裸检。考生在进入考场前，要到专门的地方去洗澡，换上官方准备的统一的服装，然后再进入考场参加考试。一旦进入，乡试的三场共计九日就不得再出来，吃喝拉撒睡全在号房进行。由于乡试一般是在夏季举行，酷暑难耐，气味极其难闻，考生忍受着精神、肉体的双重折磨，有"三场辛苦磨成鬼"之说，有些考生甚至熬不过这"磨成鬼"的三场考试。为防止请人代考，清代还出现了"准考证"的雏形："浮票"和"座位便览"，这上面详细记载着考生的身高、有无胡须、胎痣等体态特征，考生要凭借这两样证件才能进入考场，缺一不可。进入考场时，考官会详细核对相关信息是否相符，信息一致才准进入。同时，清代规定，报考时必须五个人一起报，若其中有一人作弊，则其他四人同样要受到牵连。

清代对于考试作弊者的惩罚是相当严厉的。一是枷号，二是斥革，三是刑责。对于搜身时发现携带"夹带"者要"先于场前枷号一个月，问罪发落"。"枷号"即戴枷示众。"斥革"即一旦违反考场纪律，"生员"资格即被取消，"生员"即秀才，是要经过童试才能获得。"刑责"是对舞弊情节严重者，要动用刑罚。请人代考的双方、相关涉案者一旦被发现，杖责不说，都要被发配边疆充军，脸上还要刺上"烟瘴改发"字样。处罚严厉程度与要犯相差无几。

防范科举考试作弊措施之严密，惩罚力度之大，显示了清代统治者对科举考试的重视，也为科举考试营造了一个相对公平、公正的环境。但即使这样，依然会有铤而走险者在科举考试中作弊。并且作弊现象繁衍至今，手段也越来越现代化、科技化，应了那句"有考试，就存在作弊"的论断。

或许，考试作弊和舞弊是人性中一个难以克服的弱点。但有一种说法是"在好的制度下，坏人也会有所收敛；在有缺陷的制度下，好人也可能会干坏事"。因此，要防止考试作弊的出现，我们一方面要加强相关的防范措施，另一方面又要对学生加强羞耻感教育，使其明辨是非，从内心认识到作弊行为的不可取。

> 防范科举考试作弊措施之严密，惩罚力度之大，显示了清代统治者对科举考试的重视，也为科举考试营造了一个相对公平、公正的环境。

清代科举考试中的童试要经过哪几次考试

清代的科举考试分为四级:童试、乡试、会试和殿试。清人为了取得参加科举考试的正式资格,必须首先参加童试,获得生员资格,俗称考秀才。童试为三年二考,分为三个阶段:县试、府试和院试。

县试考试分为四场或五场,第一场为正场,其余皆为复试,每场放榜一次,每次淘汰若干人,考中的参加府试。这仅是科举考试万里长征中迈出的第一步,却有成千上万的人难以过关。《清朝野史大观》中记载:县试"久试不第者尤甚。某叟年五十余,应县试考三十次,尚未冠。自题七绝云:县试归来日已西,老妻扶杖下楼梯。牵衣附耳高声问,未冠今朝出甚题"。

府试通常考一场,凡选中者,由府造具清册申送学政,参加院试。

院试是童试的最后一道关卡,也是童试成败攸关的一次考试,由学政主持。院试分为岁试和科试两种。岁试的作用在于督促生员的日常学业,顺治九年(1652年)实行"六等黜陟法",对生员实行动态管理,并根据岁试成绩实行相应的赏罚。科试是为选拔参加乡试者而进行的选拔性考试。科试大体上分为三等,列一、二等及三等前茅者(大省前10名,中小省前5名),即可取得参加乡试的资格。

通过了童试,便获得了秀才出身,童试第一名称为案首。一般只有获得秀才的资格才能参加乡试。

> 清代的科举考试分为四级:童试、乡试、会试和殿试。童试为三年二考,分为三个阶段:县试、府试和院试。

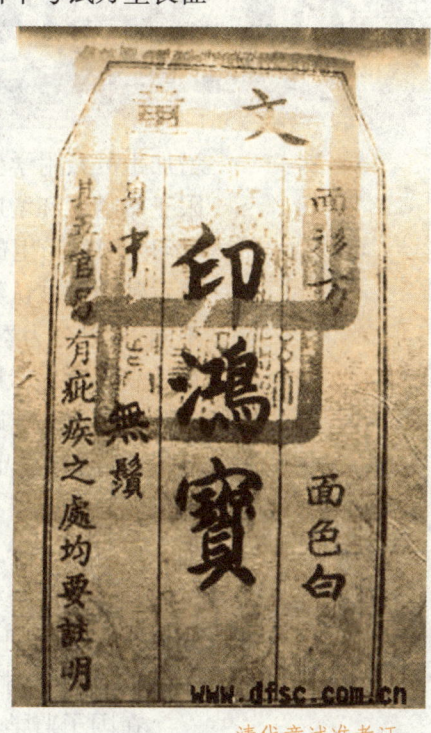

清代童试准考证

清代哪些人可以进入国子监学习

国子监是清朝时设立在京师的中央官学,亦称国学或太学,始设于顺治元年(1644年)。

国子监的学生通常称为监生,因其资格不同,又分为贡生和监生。"贡"者,贡于王庭之义;贡生即地方贡生员于朝廷。清代的贡生有六种:岁贡、恩贡、拔贡、优贡、副贡和例贡。岁贡为常贡,是各府、州、县学均根据定额,每年从府、州、县学中选送"食廪年深者,挨次升贡",也就是选送那些屡试不第的生员进入国子监学习。因为一般是按照年资顺序选送,所以又称为"挨贡"。但又因岁贡多为年老体弱的人,到京坐监有困难,实际上岁贡多不到京,常常就近安排。恩贡即凡遇国家庆典或新君即位,特别开恩选送生员入监,以当年正贡作恩贡,陪贡作岁贡。

> 国子监的学生通常称为监生,因其资格不同,又分为贡生和监生。

北京成贤街上的国子监牌楼

因岁贡实际上难以选出人才，便出现了拔贡。拔贡是在岁贡之外，另外"遴选文行兼优者"进入国子监，开始是不定期选拔，雍正五年（1727年）时定为每六年选拔一次，乾隆七年（1742年）时又改为每十二年选拔一次。优贡为每三年从地方官学中选送"文行兼优者"入监，初期廪膳生（原定生员，由国家供给膳食）、增广生（新增加生员）、附学生（新录取的生员）都有资格参加选送，雍正时规定仅限于廪膳生和增广生。副贡是选取乡试中列名副榜的生员进入国子监学习。例贡为生员通过捐纳资财进入国子监。其中，岁贡、恩贡、拔贡、优贡和副贡被认为是正途，区别于例贡，合称为"五贡"。监生因其来源不同，可以分为恩监、荫监、优监和例监四种。恩监为八旗汉文官学生、算学满汉学生考取国子监的，以及圣贤后裔考入国子监的。荫监有恩荫和难荫之分。顺治二年（1645年）规定文官京官四品以上、外任官三品以上、武官二品以上的，可以荫子一人入国子监读书，称为恩荫；凡任职三年期满，后死于职守的满汉文武官员（顺治九年规定三品以上），可以荫一子入监学习，称为难荫。荫监的设置，是封建官僚子弟享受教育特权的一种表现。优监指选拔优秀学生进入国子监学习。例监则是指没有任何功名的庶民通过捐纳资财的方式获得进入国子监学习的资格。与例贡一样，例监被认为是杂流。

在国子监学习的，还有外国留学生。如康熙二十七年（1688年），琉球国王开始派遣陪臣子弟梁成楫等随贡使至京师，进入国子监学习。雍正六年（1728年），俄罗斯派遣官生鲁喀等来中国留学，后来又有好几批。直到同治年间，仍有来自琉球的留学生在国子监学习。监生在国子监学习期间，由"户部岁发帑银，给膏火"。外国留学生也同样"月给银米器物"，学成则遣归。

国子监的教学内容，主要是《四书》《五经》《性理》《通鉴》等书，学生"兼通《十三经》《二十一史》，博极群书者，随资学所诣"。此外，国子监生还要学习清朝有关的诏、诰、表、策论、判，每日临摹晋、唐名帖数百字。

清代乡试何时何地举行

在清代童试、乡试、会试、殿试四级考试中，乡试为省级考试，每三年举行一次，逢子、午、卯、酉年的八月份举行，每次考三场，共计九日，

乡试为省级考试，每三年举行一次，逢子、午、卯、酉年的八月份举行，乡试的考场称为贡院，设在省城。

考中者称为举人，一旦成为举人就有了做官的资格。

乡试的考场称为贡院，设在省城。考生在经过严格的搜身检查、洗澡裸检后进入考场，期间不得再出去，直至三场考试全部结束。考生便在这一间间号房内进行作答，每排号房尾部都有厕所，临近厕所的号房称为"臭号"。而八月份正值天气炎热之时，加之有些考生贪图近便，大小解都不去号房，使得坐"臭号"的考生苦不堪言。《科场回忆录》中曾有记载，有考生"丁酉科（1897年）二场，坐臭号，天气郁蒸，竟至发病，曳白而出"。还有坐得离做饭近的称为"火号"，烟熏火炙，也是苦不堪言。因此乡试有"三场辛苦磨成鬼"之说。

南京江南贡院

清代的乡试始于顺治二年（1645年）的乙酉科，止于光绪二十九年（1903年）的癸卯科，共举行112科。其中，正科84科，加科2科，恩科26科。

什么叫公车赴试

"公车"是"公家马车"的简称，"公车赴试"即坐公家配备的马车参加考试。早在汉朝时，为表示对察举士人的礼遇，都是由公家配备的马车专门负责接送进京参加察举科考核的士人。《后汉书·光武帝纪下》记载："举贤良方正各一人，遣诣公车。"在后世的传承中，公车遂成为"举人进京赴试"的代称。历史上著名的"公车上书"即是指清光绪二十一年（1895年）康有为、梁启超等联合进京参加考试的数千名举人联名上书光绪帝，反对《马关条约》的签订。

> "公车"是"公家马车"的简称，"公车赴试"即坐公家配备的马车参加考试。

会试主考官是怎么选定的

会试是金、元、明、清四代科举考试的名目之一，是由礼部主持的全国性考试，参加会试的人必须是乡试中式的举人。会试一般在乡试的第二年举行，即逢丑、辰、未、戌年春季的二月在京师举行。因考试是在春季举行，所以会试又称"春试"或"春闱"。

会试的4名（明代为2名）主考官分别由进士出身的大学士、尚书以下副都御史以上的官员担任，主考官称为总裁。另有同考官18人（明初为8

> 会试的4名（明代为2名）主考官分别由进士出身的大学士、尚书以下副都御史以上的官员担任，主考官称为总裁。

清代两次担任全国会试的主考官戴联奎

人,后有所增加,多时曾达20人),多由翰林充当。

会试的考试内容和考试程序基本和乡试相仿,也分为三场,分别于初九、十二、十五日进行,每场考三日,每一场第一日点名入场,第三日交卷出场。会试中式者称为贡士,第一名称为会元,凡会试中选者即获得参加殿试的资格。

清代殿试是怎样进行的

殿试为科举考试中最高一级的考试,由皇帝亲自主持。源于西汉的"问贤良策",始于武则天天授二年于洛阳殿前亲自策试举人,但此时尚未形成定制,宋太祖天宝八年于讲武殿策试贡院合格举人,并排出名次,殿试自此成为定制。

清代在殿试前要先在紫禁城内保和殿举行复试,复试后,才能参加也是在保和殿举行的为期一天的殿试。应试者自黎明入,要经过点名、散卷、赞拜、行礼等礼节,然后才开始颁发试题册,进行考试。清代殿试仅考时务策一道,清初题目长约两三百字,康熙后变为约五六百字,有时题目还会达千字左右。乾隆二十六年(1761年),改为由阅卷大臣密议八条中圈出四道为题。策文的篇幅不限,一般在2000字左右,但文章起收要按一定的格式来写,而且字体书写很重要,必须用正体,字要方正、光圆、乌黑、体大,一定程度上书写比文章还要重要。至日暮时交卷,殿试结束。试卷要经受卷官、掌卷官、弥封官等官收存,等到阅卷日,分交给八名阅卷官审读,每人一桌,轮流传看,并各依据自己的评判加上"○"或"△"或"\"或"1"或"×"的五种记号,得"○"最多者为佳卷。并在最后从得"○"最多的卷中选出前10本送呈皇上,由皇上从中评判出一甲三名,即"状元"、"榜眼"、"探花"。最后由填榜官填

> 清代在殿试前要先在紫禁城内保和殿举行复试,复试后,才能参加也是在保和殿举行的为期一天的殿试。

北京故宫保和殿内景

写发榜昭告天下。

殿试没有黜落,参加殿试者统称为进士,只是通过考试将考生排出名次等甲,出榜分为三甲:一甲三名,分别为"状元"、"榜眼"、"探花",赐"进士及第"的称号。一甲三人立即授官,状元授翰林院编修;二甲若干名,占录取者的三分之一,赐"进士出身"称号,第一名称传胪;三甲若干名,占录取者的三分之二,赐"同进士出身"称号。二、三甲进士如欲授职入官,还要在保和殿再参加考试,综合前后考试成绩,择优入翰林院为庶吉士,即俗称的"点翰林",其余的人则分发各部任主事或赴外地任职。

> 殿试没有黜落,参加殿试者统称为进士,只是通过考试将考生排出名次等甲,出榜分为三甲:一甲三名,分别为"状元"、"榜眼"、"探花",赐"进士及第"的称号。

清末发生过哪几次科场大案

清入关后,为笼络、选拔人才,沿袭明制按期开科取士。但这小小的科场也不太平,曾多生了多次科场大案。

清初顺治十四年(1657年)就发生了著名的丁酉科场案,在这次科场案的处理中,顺治帝一改前朝杖责、贬官等较轻的处罚,而是严厉惩处,不但受贿的考官和行贿的考生立即被处死,而且还株连亲属,父母妻子全部被流放,酿成了科举史上空前的大惨案。顺天科场7人被处死,25人被流放。半年后的丁酉科江南乡试再次查出存有舞弊现象,结果2名主考官和18名同考官都被处死,妻子家产籍没入官。在由顺治帝亲自主持的复试时,二兵夹一考生监督考场。在这种环境下,江南名士吴兆骞竟然交了白卷,有人说是因"战栗不能握笔"而交白卷,有人说是因恃才傲物故意卖弄而交白卷,也有人说是他看到当时考场犹如刑场而把笔一扔感慨道:"焉有吴兆骞而以一举人行贿的吗?"不管是何原因,吴兆骞的这种行为触怒了顺治帝,被"责四十板,家产籍没入官,父母、兄弟、妻子并流徙宁古塔"。

> 但这小小的科场也不太平,曾多生了多次科场大案。

顺治丁酉科场案

> 康熙五十年（1711年）江南乡试也发生了科场大案，史称辛卯科场案。这年江南乡试九月发榜后，人们发现中举者除了苏州13人外，其他多位扬州盐商子弟，一时间舆论哗然。

康熙五十年（1711年）江南乡试也发生了科场大案，史称辛卯科场案。这年江南乡试九月发榜后，人们发现中举者除了苏州13人外，其他多位扬州盐商子弟，一时间舆论哗然，更有人在贡院大门上贴了一副对联"左丘明两眼无珠，赵子龙一身是胆"，借以讽刺正主考官左必蕃和副主考官赵晋。后经过一年多的审讯，查出副主考官赵晋与同考官王曰俞、方名三人私受贿赂，取中吴泌、程光奎等情况属实，被处斩立决，吴泌、程光奎等绞监候，主考官左必蕃因失察而被革职。

清咸丰八年（1858年），内外交困的清政府再次发生了被称为晚清科场第一大案的"戊午科场舞弊案"。在此次科场舞弊案中，先后惩处9人，斩决5人。其中被斩的主考官柏葰不仅是清代科场案中被杀的唯一一位一品大员，也是中国科举史中被杀的地位最高的人。

清咸丰八年（1858年）八月，又到了三年一度的乡试，各地乡试如期进行。63岁的军机大臣、协办大学士、户部尚书柏葰被咸丰帝钦点为顺天府乡试主考官，两位副主考官分别是兵部尚书朱凤标和都察院左副都御史、户部右侍郎程庭桂。直至九月十六日发榜，此次顺天府乡试和往常没什么两样，一切都按部就班地进行，各项活动也都井井有条，一切看似风平浪静。在数千人参加考试的考生中，最后录取300人。咸丰帝对此次科考没出什么纰漏很满意，认为主考官柏葰功不可没，便升其为大学士，也就是从一品官升为正一品大员。正当柏葰沉浸在喜悦中时，意外却发生了。原来士子们在看榜时发现身为戏子的满洲人平龄中了举人第七名。而在清朝戏子是不能参加科举考试的，而且其三代以内的子嗣也没有参加考试的资格。身为戏子平龄不仅参加了考试，竟然还考了第七名，一时使得士子们群情激愤，议论纷纷。

咸丰帝本想在内忧外患之际通过科举考试选拔出一些治国安邦的人才，在得知此事后自然十分动怒，下令彻查此事，任命两位亲王怡亲王载垣、郑亲王端华和兵部满、汉两位尚书全庆、陈孚恩组成会审团查明此事。调查首先从审问平龄开始，因清代对举人是不能用刑讯的，于是会审团便奏请咸丰帝剥去平龄举人的身份。不堪刑讯的平龄招出了一些纰漏，但坚持自己并非戏子，只是偶尔登台唱戏，也就是相当于今天的票友。如若这样，平龄的戏子身份就可以澄清了，也是可以参加科举考试的。但核对朱墨卷的官员发现，平

康熙辛卯科场案

龄的朱墨卷不符。朱墨卷是为防止科场舞弊而形成的一套制度，即考生考试时用墨笔来答题，考试结束后由专门的人员用红颜色的笔照原卷原封不动地再重抄一遍，于是便形成了墨卷和朱卷。阅卷官阅卷时只能看到考生的朱卷。审核平龄试卷的官员发现平龄的墨卷有很多错字，而在朱卷中都得到了改正。且依照清朝规定，每一次、每一场考试若考生错字太多，则考生面临着可能被停考几科的处罚。即使是已经考中举人的，一经发现，也要革除举人身份。平龄面对的便是这种处罚。

秦始皇收缴天下兵器铸造十二"金人"的目的就是为了安定政局，防止百姓造反，完全是出于政治上的考虑。

　　本以为案件到此已告一段落，但没想到这只是一个开始。在核对平龄的朱墨卷时，在300名中举的试卷中发现了50本试卷存在不同程度的问题，其中有38本错字、别字、谬误百出，有12本问题尤为严重，朱卷和墨卷有着天壤之别。这一发现让包括咸丰帝在内的所有人都目瞪口呆，咸丰帝更是痛下决心整治这种不正之风。随着调查的一步步深入，涉案的同考官越来越多，但都和主考官柏葰没有直接关系。直到在审查一个叫罗鸿绎的考生的试卷时，发现同考官浦安有舞弊行为，并由此牵出了主考官柏葰。原来罗鸿绎让在京城做官的同乡李鹤龄帮忙打点一下，李鹤龄原以为自己会被选为同考官，便同意了罗鸿绎的请求，不料最终却没有选中。于是，他便向与他是同年举人的同考官浦安求助，浦安也只好接过条子。浦安在阅卷时发现了罗鸿绎的试卷，便违心写了推荐语。即使这样，罗鸿绎的试卷依然没有被选中，被打入了副榜，就是正榜中有不合格的考生时，便由副榜中的考生来顶替，但这种机会一般很少。浦安见自己推荐的考生没被选中，感觉很没有面子，正当暗自郁闷之时，柏葰的贴身仆从靳祥奉主子之命来告知此事，于是，浦安便恳求靳祥在主子面前美言录取罗鸿绎。靳祥虽为仆从，但跟随柏葰多年，为人机敏，办事老练，深得柏葰赏识和信任。回去之后的靳祥便向柏葰说起此事，思虑再三的柏葰为不驳同僚的面子，就用罗鸿绎替换下了另一位进士。这样，罗鸿绎便中了第238名进士，相关人员也得到了相应的"报酬"。

　　案件进行到这一步，咸丰帝越来越愤怒，如此腐败的官员，如此乌烟瘴气的科场，置自己这个皇帝于何处？咸丰帝遂下令革去罗鸿绎举人身份，撤去李鹤龄兵部主事、浦安翰林院编修之职，并同柏葰、靳祥

咸丰戊午科场案

> "戊午科场舞弊案"因其持续时间长,牵涉人员多,落马官员级别高而成为晚清第一科场大案。

一起被关进大牢,靳祥在大牢的酷刑之下没几天便一命呜呼。争论点在对一品大员柏葰的处罚上,咸丰帝虽有整治的决心,但柏葰毕竟为一品大员,清朝时虽无宰相之位但柏葰已相当于宰相之职,如何处罚柏葰让咸丰帝斗争不已,于是便召来大臣商议。在大家都沉默不语时,肃顺站起来发表意见,主张处死柏葰以儆效尤。最终柏葰、浦安、李鹤龄、罗鸿绎四人在菜市口被处死。

谁都以为柏葰科场舞弊一案到此结束,但没想到,两年后此事再次被提起。1861年咸丰帝因病去世后不久,慈禧便发动了"辛酉政变",载垣、端华被赐自尽,肃顺被押往菜市口处死。为了进一步打压他们的势力,慈禧还对由他们承办的"戊午科场舞弊案"进行翻案,认为载垣、端华、肃顺等人因素日与柏葰有仇,便借机公报私仇,致使柏葰被斩,并赐柏葰儿子为四品官以作弥补。

至此,"戊午科场舞弊案"终于落下了帷幕,真正沉寂了下来。此案也因其持续时间长,牵涉人员多,落马官员级别高而成为晚清第一科场大案。在一段时间内也起到了严肃法纪的作用,但官场积弊已深,不是一次严打就可以解决问题的,因此也只能起一时之效。

"师范"一词有何来历

相信大家对"师范"一词并不陌生,因为现在有很多专门培养教师的师范学校。那么"师范"一词有何来历呢?

"师范"一词由"师"发展而来,"师"这一名称在夏、商、周时就已出现。甲骨文中有"文师"的字样,西汉董仲舒用到了"师"这一概念,司马迁用到了"师表"一词,他们的共同之处就是都取了"师的表率作用"之意。第一次将"师"、"范"二字连起来看的是西汉末年的扬雄,他在言论集《法言·字行》中说:"务学不如务求师。师者,人之模范也。"这便强调了教师在教育教学中的模范表率作用,至今为世人所沿用。而"师范"作为一个词组使用是在《后汉书》中:"君学成师范,缙绅归慕。"

> "师范"一词古今意义差别不大,都强调了教师本人的表率作用,有"堪为人师而模范之"之意,世人便把教师职业特征概括为"学高为人师,身正为人范"。

湖南第一师范学院

"师范"一词古今意义差别不大,都强调了教师本人的表率作用,有"堪为人师而模范之"之意,世人便把教师职业特征概括为"学高为人师,身正为人范"。而师范作为专门培养教师的教育机构则是源于17、18世纪的法国和德国。

第十篇

纵横捭阖的军事·谋虑

古代投降为何举白旗

> 随着历史的发展,人们约定俗成地把在战争中打出白旗认为是投降。此后,举白旗作为投降的标志沿用到今天。

举白旗源于古时候的战争,但并不表示"投降",而是停战谈判的意思。当相互交战的双方中,有一方举白旗了,另一方就要停止一切进攻活动。这时,持白旗的一方会派遣军使、号手、旗手和翻译到对方指挥部去说明条件或意图。在双方谈判期间,谁也不能向对方发动进攻。随着历史的发展,人们约定俗成地把在战争中打出白旗认为是投降。此后,举白旗作为投降的标志沿用到今天。

其实,在远古时期的中国和罗马,都有举白旗表示投降的历史记载。这最早源自东汉时期(25—220),甚至是更早的时候。罗马作家柯尼利厄斯·塔西佗曾在他的史学记录中提到过士兵如何表示投降。他描写了在克雷莫纳的第二次战役(69年)中,士兵们表示投降的方式是将自己的防护物举过头顶。显而易见,这个传统在东西方是各自独立发展起来的。至于为什么都要用白色而不是其他颜色作为"投降色",人们众说纷纭,莫衷一是,主要有以下几种不同的解释:

第一,**以白色为投降的标志起源于秦朝**。按照五行学说,水代表黑色。当时,秦人自认为五行属水,所以黑色是"国色",可以表示胜利。秦朝末年,刘邦进取关中,秦子婴投降,秦人以白色为服出降(因为白色是黑色的反色)。这就是中国"投降色"的起源。

第二,**在西方,人们把白色作为"投降色"的标志,可能是源于他们对白色的感性认识**。即白色表示"洁白"、"一无所有"和"彻底失败"的意思。

第三,这种起源只是一种文化的定型。在此之前,投降者只是漫无目地胡乱表示其以缴械等方式,而受降者也仅靠感性来理解区分投降者和顽抗者。

第四,人造颜色出现较晚,在古代,白色的布是最容易获得的。

第五,举白旗意味着对方可以在自己的旗上涂他们的颜色,因此代表投降。

1945年日本举白旗投降

"三军未动,粮草先行"中的"三军"指什么

假若一提起"三军",现代人普遍会认为这是指陆、海、空三军。其实,中国古代所说的"三军"最早起源于春秋时期,而且与现代的"三军"有着本质上的不同。俗话说,"三军未动,粮草先行",这里的"三军"是指前、中、后三军。

晋朝三军淝水之战图

春秋时,大国通常都设三军,但各国称谓有所区别。晋国称中军、上军、下军;楚国称中军、左军、右军;齐国、鲁国和吴国都称上军、中军、下军;魏国称前军、中军、后军。三军各设将、佐等军衔,而中军将则是三军统帅。随着时代演进,上、下、中军渐渐被前军、中军、后军所代替。到了唐宋以后,这样的编制已成为军队的固定建制。这时,三军的主要标志是担任不同作战任务的各种部队。前军是先锋部队;中军是主将统率的部队,也是主力;后军主要担任掩护和警戒任务。

在中国传统文化里,三军还有其他几种意思。

第一,三军是周制。 当时的诸侯大国一般都有三军,中军最尊,上军次之,下军又次之。一军有一万二千五百人,三军合三万七千五百人。据《周礼》载:"凡制军,万有二千五百人为军。王六军,大国三军,次国二军,小国一军。"

第二,三军是军队的通称。 比如,《论语》里说:"三军可夺帅也,匹夫不可夺志也。"

第三,三军是指步军、车军、骑军。《六韬》里这样写道:"步贵知变动,车贵知地形,骑贵知别径、奇道,三军同名而异用。"

第四,三军是"三围"。 陶鸿庆先生在《读诸子札记·管子二》中说:"'军'之本义为'围',后世遂为师旅之通名……'三军当一战'者,言三围当一战也。"

第五,"三"在古代为虚数,是"多"的意思,所以三军泛指数量大的军队。

此外,在中国现代历史上的长征时期,"三

红军会宁会师门

三军的主要标志是担任不同作战任务的各种部队。前军是先锋部队;中军是主将统率的部队,也是主力;后军主要担任掩护和警戒任务。

军"特指中国工农红军第一、第二、第四方面军,泛指整个红军。现在,三军是指陆、海、空三军。

我国古代有海军吗

中国是世界古代海军发源地之一。无论在舰船制造、舰队航海、海军武器还是海军军事思想等方面,古代中国均长期居于世界前列。远在2500多年以前的春秋末期,随着造船和航海技术的发展以及诸侯争霸战争的需要,中国古代海军便应运而生。中国古代海军的名称,自春秋至清朝,发生了不同变化,先后有"舟师"、"楼船"、"水军"、"水师"等称谓。

史学界普遍认为,我国有史料可查的海战,最早见于《左传》。《左传》里这样记载:"公会吴子、邾子、郯子伐齐南鄙,师于郎。齐人弑悼公,赴于师。吴子三日哭于军门之外。徐承帅舟师将自海入齐,齐人败之,吴师乃还。"以此而论,我国古代确有海军,并且出现时间很早。

春秋战国时期是中国古代海军的产生和初创阶段,那时候就已出现专门用于水战的兵器。当时,各诸侯国已正式编组舰队,舰队司令均系临时指派,尚无常设,既是陆上将领,也可充任水军将领。秦汉时期,中国已经出现帆、舵、锚等船具配置比较齐全的木帆船,并已开始使用铁钉连接船体结构,西方各国则到14世纪后才开始使用铁钉造船。

三国两晋南北朝时期,中国古代海军的舰船、武器、作战艺术在艰难中却仍不断演进,尤其是南方的吴国、东晋和南朝的海军建设持续发展,甚至涌现出不少新成果、新发明。三国时代,保障舰队指挥的通信设施已初具规模,出现了信号旗和灯号的雏形。英国海军到1340年才正式规定了2种信号旗,我国水军使用旗号要比西方早千年之久。这个时期海军活动最频繁的要算吴国了。208年的赤壁水战,孙刘联军周密策划,果断抓住战机,出敌不意采用火攻,全歼了曹水军,创造了中国古代水战史上最早的以少胜多的出色战例。

隋唐时期随着经济、科学技术的发展和国力的增强,海军武器装备水平不仅达到了冷兵器时代的顶峰,而且造船能力和造船技术也得到空前提高。隋唐战舰武器配置有矛、弩、抛石机、铁汁、火炬等。隋唐时的车船制造较前又有进步,隋炀帝时

鸦片战争军舰

宇文恺造出使用轮轴转动的巨型战舰。唐代海船，大者长达20丈，可载员六七百人，较东晋法显航海所乘载员200余人的海船更为宏大。当时中国帆船巨大，抗风能力远胜于其他各国船只。这个时期规模较大的海战水战，主要有隋灭陈水战和隋唐海陆协同远征高丽、百济的战争。

五代宋元时期，中国的造船技术和规模，尤其是战舰制造，均达到了又一高峰。宋代是我国古代造船业的辉煌时期，战舰种类愈益增多，分工日趋细密。金朝在与南宋的对抗中，也建立起一支具有一定规模的海军舰队。元朝大规模建设海军，还用于发动海外战争。

明清是中国古代海军从顶峰走向衰落的时期。明初，中国舰队的远航达到登峰造极的地步：巡航于印度洋海区，建立了马六甲等海外基地，掌握了从日本到非洲东南岸、从西太平洋到印度洋的控制权。但是，到了15世纪下半叶后，中国古代海军逐渐走向衰落。道光、咸丰年间，清军水师曾英勇抗击了英法侵略军的海上入侵，但由于双方武器装备的明显差距，清军水师始终未成功组织过一场真正的海上决战。

中国人民解放军海军于1949年4月正式成立，1950年4月正式成立了海军领导机关，并相继组建了北海、东海和南海三个舰队。它划分为水面舰艇、潜艇、航空兵、岸防兵以及陆战队等兵种和各种勤务保障部队。

江南制造局海军部旧址

参军为何也叫"入伍"

把参军叫作"入伍"，与我国古代的军队编制有关。据《周礼》记载，我国古代军队里"五人为伍，五伍为两，五两为卒，五卒为旅，五旅为师，五师为军"。从西周时期起，军队就是按伍、两、卒、旅、师、军编制的。

那时，社会基层单位叫"比"，一个村庄、一个部落住在一起，五户为一比。当兵时，五户各送一名男丁，一比共送五人，组成一个伍，不管干什么，五人总是在一起。历代军队编制虽然不断变化，但"伍"的叫法却一直流传至今。古代的"伍"相当于今天的"班"，它是当时军队最小的战术单位，因此军队中最小的官叫"伍长"。近代的班、排、连代替了古老的伍、两、卒，但人们仍习惯把参军叫"入伍"。"伍"字在部队广泛使用，如"队伍"、"缺一伍"、"满伍"、"入伍"、"退伍"等。

古时把军队又称之为"行伍"，所以就有行伍出身、行伍习气（也就

> 古时把军队又称之为"行伍"，所以就有行伍出身、行伍习气（也就是当兵习气）等说法。

小八路参军油画

是当兵习气)等说法。这是相对于《周礼》上的记载,我国的古代兵制又有了些变化,其中的"五人为伍,五伍为两"已变至为"五人为伍,五伍为行",因此行伍即指军队。

苏秦和张仪,谁的舌头更厉害

> 相比之下,苏秦的小聪明和舌头更厉害。他为人狡诈,不择手段亦很明显,也容易玩火烧身。

苏秦和张仪,同出鬼谷子门下,都是战国时期著名的谋略家和外交家。这两人可以说是半斤八两、不分伯仲。《东周列国志》记载,鬼谷子都很赏识苏秦和张仪这两个弟子,准备带他们一起去修真,哪知道这两人凡心未泯,只好作罢。他还代他们算命,苏秦的命是先好后坏,张仪的命是先坏后好。

苏秦素有大志,曾随鬼谷子学习纵横捭阖之术多年。他家庭贫苦,向秦国推销统一中国的策略,没有成功。等到盘缠花完了,衣服也破了,回到家里,妻子都不理他,向嫂子要口吃的,嫂子也看不起他。于是,他立志要做一番大事业,"锥刺股"的故事就是这么来的。后来他改变策略,游说六国合纵抗秦,身任六国宰相。衣锦还乡之时,他的嫂子和妻子跪在地上都不敢抬头看他。虽然苏秦凭借随身携带的一本破书和自己的三寸不烂之舌,身披六国相印,但是后来因淫乱宫闱,他渐渐走向了死亡的边缘。据说死前他还能留下一智计,悬赏抓到了谋害自己的人。

张仪作为中国纵横家的鼻祖,也曾师从于鬼谷子先生。他学习权谋纵横之术,饱读诗书,满腹韬略,连同学苏秦都自叹才能在张仪之下。张仪曾两次为秦相,前后共11年,亦曾两次为魏国国相,第一次4年,第二次仅1年多即卒于任上。张仪一开始因为和氏璧的问题晕头转向,被老朋友苏秦玩弄了一把,但他还是凭借自己的意志和不懈的斗争精神走向了荣耀之位。

相比之下,苏秦的小聪明和舌头更厉害。他为人狡诈,不择手段亦很明显,也容易玩火烧身。张仪则为人稳重,胆识亦不输苏秦,且在卓越的政治眼光下能够做好算计,钻其他君王的空子,分析局势他技高一筹,但急智就不如苏秦了。

苏秦和张仪

刘备为何不重用赵云

在《三国演义》里,赵云是文武双全儒将的代表。刘备对赵云也很信任,但一直没有重用他。赵云的官职军职一直不算高。刘备称帝时,群臣上贺表,列名在五十以后。由此可见,赵云在蜀汉政权中的地位并不高。

> 在《三国演义》里,赵云是文武双全儒将的代表。刘备对赵云也很信任,但一直没有重用他。

赵云,字子龙,常山真定人。在《三国演义》里,赵云初投公孙瓒。公孙瓒问:"常山人多投袁绍,你为何要来投我呢?"赵云说:"天下汹汹,未知孰是,民有倒悬之厄,鄙州论议,从仁政所在,不为忽袁公,私明将军也。"可见赵云很有政治眼光。后来赵云与刘备相遇,两相友好,"同床共眠"。之后赵云跟着刘备东奔西跑,直到荆州。赵云此时的职位是"主骑",不很大的军职。

赵云虽然武勇过人,是蜀所封的五虎将之一,但在大规模的战役中却缺乏大将之才。《三国志》里记载了赵云三次最重要的战斗:长坂坡救刘禅、助刘备入蜀、街亭之战。在荆州当阳附近的长坂坡战斗中,赵云充分发挥了自己的本领,怀抱小刘禅,在一片混乱之中,杀敌斩将,平安逃出战区,于是升了职,成为牙门将军。但也不是太高的军职。刘备入蜀时,赵云立了功,但功不及马超。在街亭之战,赵云以一军之力断后,使军资什物,略无所弃,兵将无缘相失。他将都受罚,唯有赵云得到了赏赐

> 赵云虽然武勇过人,是蜀所封的五虎将之一,但在大规模的战役中却缺乏大将之才。

赵云

窥探文化真相

表彰。但此时赵云已年老，不能有大的作为了。另外，在武艺和勇猛上，赵云不及其他四虎将。《三国演义》里讲，赵云与张飞战不到六十回合即败。这可能是刘备没有重用赵云的原因。

刘备是否真"皇叔"

刘备原先出生于一个平民家庭，家境贫寒，以贩履织席为业。《三国演义》第二十回中写道，刘备与汉献帝相见，"帝教取宗族世谱检看"，原来刘备竟是汉景帝第十八代玄孙，在族谱当中，除了其祖父刘雄、父亲刘弘之外，个个皆得封侯，而且刘备还要比献帝高一辈，"玄德乃帝之叔也"。从此，刘备就得了一个"刘皇叔"的美誉，并以汉室正统自居。

> 刘备真的是"皇叔"吗？查考正史，就会发现，这段关于"皇叔"的描写其实是《三国演义》的杜撰，为其"拥刘贬曹"增加分量而已。

刘备真的是"皇叔"吗？查考正史，就会发现，这段关于"皇叔"的描写其实是《三国演义》的杜撰，为其"拥刘贬曹"增加分量而已。

据《三国志·蜀书·先主传》记载，刘备确实为汉室宗嗣，"汉景帝子中山靖王胜之后也。胜子贞，元狩六年封涿县陆城亭侯。坐酎金失侯，因家焉。先主祖雄，父弘，世仕州郡。雄举孝廉，官至东郡范令"。由此来看，刘备乃是汉景帝庶子刘胜的后代。

刘胜（前165—前113），有子120多个，《汉书》有传。其中一子刘贞，封在涿县为陆城亭侯，因在缴纳用以祭祀的贡金时不合规定，被削去爵位，从此就定居落户在涿县，此时为汉武帝元朔二年（前127年）。刘备远祖刘贞沦落为平民后，家族谱系就已不可考，所以《三国志》述及刘备家世，就只能上溯到刘雄。从刘贞到刘雄，其间相距200多年，时间跨度如此之大，谱系当然晦而难明。因此，宋元之际的史学家胡三省在《资治通鉴·汉纪》里说："《蜀书》云：备，中山靖王胜之陆城亭侯之后，然自祖父以上，世系不可考。"

当刘备登基称帝之后，也不知道以谁为始祖设立亲庙，《先主传》注云："臣松之以为先主虽云出自孝景，而世数悠远，昭穆难明，既绍汉祚，不知以何帝为元祖以立亲庙。"因此，只好合祭从汉高祖刘邦以下的历代祖先。既然刘备的谱系都搞不清楚，说刘备是景帝的十八代玄孙，又为献帝之叔，自然都是穿凿妄谈了。

蜀主刘备

刘关张真的"桃园结义"了吗

小说《三国演义》中的"桃园结义"故事,是作者根据民间传说,配合小说情节内容所需而编造出来的。其实,在小说成书之前,刘、关、张"桃园结义"的故事在民间就已经流传很久了。虽然人们把刘、关、张视为义结金兰的榜样,但是历史的真相却是三人并没有结义。有两个理由可以充分说明这件事。

第一,《三国志》《资治通鉴》等正史中从未提及此事。《三国志·关羽传》记载,刘备在乡里聚合徒众时,关羽、张飞就已投其门下。刘备后为平原相,与关、张二人"寝则同床,恩若兄弟。而稠人广坐,侍立终日,随先主周旋,不避艰险"。关羽还说了一句话:"吾受刘将军厚恩,誓以共死。"从以上两句话中可以看出,刘、关、张三人关系密切,休戚与共,患难相携。关羽、张飞二人对刘备忠心耿耿,在人多的地方终日侍立在刘备左右,保驾护航,不避艰险。但此句只说三人"恩若兄弟",未见得是结拜兄弟的关系。关羽那句话进一步确定,三人未结拜,因为他称刘备为"刘将军"。《三国志·张飞传》也记载:张飞年轻时和关羽一起侍奉刘备,"羽年长数岁,飞兄事之"。这里只提到张飞把关羽当兄长一样看待,未提刘备。把比自己年长的人当做哥哥来看待,称呼某人为"哥哥"并不见得就是拜把子兄弟。《三国志·刘晔传》中记载,关羽大意失荆州,被东吴人杀害后,魏文帝曹丕问群臣:"刘备会不会出兵伐吴,为关羽报仇?"侍中刘晔回答说:"刘备和关羽'义为君臣,恩犹父子',关羽被杀害,如果刘备不能为他报仇,对关羽的恩义就不算全始全终了。"刘晔形容刘、关、张的私人关系为"恩犹父子",连"兄弟"二字都未用。根据以上史料,可以说明两个问题:其一,刘、关、张三人关系亲密,就像兄弟、父子一样;其二,没有其他史料证明三人曾经结拜兄弟。

广州市陈家祠"桃园结义"图

荆州关帝庙刘关张结义图

第二，三人年龄排序有误，如果结义，应是关、刘、张，而不是刘、关、张。《三国演义》第一回中写到，汉灵帝中平元年（184年），黄巾起义爆发，当时刘备"年已二十八岁矣"。随后，他在同一天先后认识了张飞、关羽两位豪杰，彼此都有相见恨晚之意，于是次日，三人便举行了"桃园结义"。《三国演义》中说刘备当时"年已二十八岁"似是有误。据《三国志·蜀书·先主传》，刘备卒于章武三年（223年）夏四月，"时年六十三"。由于古人计算年龄都算虚岁，照此逆推，刘备应生于161年。那么，中平元年他应该不到二十五岁。史料记载关羽生年不详，死于建安二十四年（219年）。元代学者胡琦经过考证，认为关羽大概生于159年，比刘备大两岁。清康熙年间，有人在关羽的故乡解州（山西运城市）掘井时，掘到了关羽祖墓的墓碑，上面镌刻有关羽的家世。当时，有个叫朱旦的官员据此写了一篇《关侯祖墓碑记》，文中称关羽生于汉延熹三年（160年）。按此说法，关羽也比刘备大一岁。张飞的年龄相对比较好界定。据《关公年谱》记载，张飞小刘备四岁。综上，可以得出结论：刘、关、张三人中，关羽最长，刘备次之，张飞最小；假如真有"桃园结义"，应该是"关、刘、张"，而非"刘、关、张"。

由于"桃园结义"不但无太多的历史依据，且有漏洞，因此不可全信。民间之所以有桃园结义的传说，可能是对史书中"恩若兄弟"的想象与附会而已。至于民间传说和《三国演义》要称刘备为大哥，是因为刘是君，关、张是臣，从行政级别上看，刘始终大于关、张。

关羽真的"斩颜良、诛文丑"了吗

> 一般的理解是，文丑是在曹军"纵兵"攻击的时候被乱军杀死的，并没有明确说明是被关羽杀死的。

"斩颜良、诛文丑"，历来被作为关羽骁勇善战的典范。但从历史记载来看，在宋代的史料中，还没有出现关羽"诛文丑"的说法。元代时，著名戏剧作家关汉卿的《关大王独赴单刀会》剧中，首次出现了关羽"诛文丑"的说法。《全相三国志平话》中也有描写。到了《三国演义》，则表现得更为详细、突出，说关羽先是斩了颜良，被封为汉寿亭侯，之后又杀了文丑。因为他表现神勇，令曹操也十分敬佩。经过《三国演义》的渲染，关羽"斩颜良、诛文丑"的故事变得家喻户晓，甚至成为戏曲舞台上经久不衰的剧目。那么，颜良、文丑真的是被关羽斩杀的吗？

据《三国志·蜀书·关羽传》记载："绍遣大将（军）颜良攻东郡太守刘延于白马，曹公使张辽及羽为先锋击之。羽望见良麾盖，策马刺良于万众之中，斩其首还，绍诸将莫能当者，遂解白马围。曹公即表封羽为汉寿亭侯。"这是关羽斩颜良的记载，文中说得很清楚，颜良就是被关羽杀的。那么，文丑是怎么被杀的呢？据《三国志·魏书·武帝纪》记载："绍骑将文丑与刘备将五六千骑前后至 时（曹）骑不满六百，遂纵兵击，大破之，斩丑。良、丑皆绍名将也，再战悉禽，绍军大震。公还军官渡。绍进保阳武。关羽亡归刘备。"在这段文字中，只说文丑被杀，而没有说是被谁杀死的。一般的理解是，文丑是在曹军"纵兵"攻击的时候被乱军杀死的，并没有明确说明是被关羽杀死的。

关羽

后来，随着关羽逐渐被神化，关羽的地位也如日中天。因此，关羽的事迹也逐渐增加了，人们把本来不属于关羽的成就也放在了关羽的功劳簿上。再加上《三国演义》本身就有虚构成分，而颜良、文丑又在同一次战役中相继被杀，所以，"斩颜良、诛文丑"就顺其自然地归到了关羽的名下。

关羽"华容道义释曹操"是真的吗

"诸葛亮智算华容，关云长义释曹操"是《三国演义》中的重点篇章，已成为妇孺皆知的一个故事了。小说写赤壁之战前，诸葛亮算定曹操必败走华容道。而且，诸葛亮夜观天象后算定，曹操不当身亡。一是考虑到曹操与关羽有恩，于是派关云长把守华容道，留个人情与关羽做。二是如果这时灭掉魏国，会使吴国全力攻击蜀国，使蜀国处于水深火热之中。按照小说所写，后来曹操果然由乌林向华容道败退，并在途中三次大笑诸葛亮、周瑜智谋不足，未在险要处暗设伏兵。然而，出人意料的事情却发生了。一笑笑出赵子龙，多亏徐晃、张郃二人双敌赵云，才使曹操得以逃脱。二笑笑出张翼德，又是张辽、徐晃二将抵挡张飞，使曹操再次脱险。三笑非同小可，笑出了关云长，且又在有一夫当关之险的华容狭路上，加之曹军几经打击，此时已无力再战。无奈之下，曹操只得听谋臣之言，亲自哀求关羽放行。关羽念旧日恩情，义释曹操，使曹操得以回到江陵。曹军最后只剩下数十骑，最多几十人。其实，这段是虚构出来的，只是为了突出关羽的性格。

曹操对关羽而言不但无恩甚至存恨。所以，"义释"之说是没有真凭实据的。

"华容道义释曹操"图

在《三国志》等正史中,并没有关羽"华容道义释曹操"的记载,只记有曹操在赤壁之战战败逃跑时,孙刘联军的士兵在路上放火的描写。在正史中,关羽降曹操时,曹操并没有厚待关羽。比如,赐衣赠袍、送赤兔马等事都是虚构的。据正史记载,曹操在破吕布时,关羽想纳吕布之将秦宜禄之妻杜氏为妾。但曹操也想纳杜氏为妾,所以没同意。后来,曹操纳杜氏为妾。可见,曹操对关羽而言不但无恩甚至存恨。所以,"义释"之说是没有真凭实据的。

"草船借箭"的真正主人公是谁

在《三国演义》第46回有"用奇谋孔明借箭"一节,是这部名著里的精彩故事之一。但实际上,三国时"草船借箭"的真正主角并非诸葛亮,而是孙权。

> 但实际上,三国时"草船借箭"的真正主角并非诸葛亮,而是孙权。

据《三国志·吴书》记载,建安十八年(213年)正月,曹军与吴军对垒濡须。初次交战,曹军大败,于是坚守不出。某日孙权见江面薄雾缭绕,便乘一艘大船从濡须口行到曹军水寨旁窥视曹军军情,被曹军发现。曹操心疑,不出战,下令弓弩齐发,射击吴船。箭如雨下,射在孙权大船一侧,船身因落箭太多而倾斜。孙权急令调转船身,让船的另一面受箭。没过多久船又自正,恢复平衡。孙权不仅安然脱险,而且还意外获得曹军的大量雕翎箭。由此可见,孙权"借箭"并非事先策划,而是一次偶发事件,箭是直接射于大船的木板之上,而不是草船上。并且此事发生在赤壁之战的五年之后。

《三国演义》是部小说,为了增强了艺术魅力,使人物形象丰满,故事情节更加生动,采用了大量采录自话本、戏剧、民间传说的内容,遵循"七分真实,三分虚构"的原则编写,不一

孙权

定符合历史事实。自从《三国演义》流传开来,平民百姓家只知有《三国演义》而不知有《三国志》,是故"草船借箭"的主角便成了诸葛亮。

诸葛亮真的用过"空城计"吗

在明朝罗贯中的《三国演义》第九十五回有著名的"诸葛亮大摆空城计"一节,令读者对诸葛亮的足智多谋有了深刻的印象。但据研究,历史上,诸葛亮并未曾用过"空城计"。

"诸葛亮大摆空城计"之事最早出自《三国志·诸葛亮传》中裴松之注引《蜀记》载郭冲五事。但郭冲五事多为附会,不可信。据《三国志》载,诸葛亮此次北伐的时候,曹魏派了两员大将领兵拒蜀,一个是张郃,另一个是曹真。孔明见街亭败绩,迅速撤回汉中,也并未多做停留。而此时司马懿是在宛城(今河南省南阳市),而诸葛亮所在的西城位于陕西阳平关附近,两地相隔千里。所以此次诸葛亮和司马懿没有引兵交锋,又何来"空城计"呢?

> 三国时的战争中确使用过空城计,但和诸葛亮无关,而且,这两个空城计都不是疑兵计,而是骄兵计。

历史上,曾有多次使用空城计的事实。一次是公元前666年,楚令尹公子元率军伐郑,直逼郑国国都。郑国军力弱,于是都城设空城计,兵藏暗处,另设疑兵。楚以为有诈,不敢进攻。又听闻齐鲁宋三国来救,便想撤军,但怕郑军于后偷袭。便于夜间人衔枚、马裹蹄而撤军。营寨不拆,军旗照旧飘扬,亦设下空城计。

西汉时期,一次飞将军李广率领一百名骑兵与数千名匈奴骑兵相遇。匈奴以为李广的百名骑兵是汉军诱敌的前锋,急忙上山摆开阵势,观察动静。李广跟士兵们说:"我们只有百余骑,离大营有几十里。如果我们逃跑,匈奴肯会追杀。如果我们按兵不动,敌人肯定会疑心我们有大部队才敢如此,就绝不敢轻易进攻。"于是全体下马卸下马鞍,在草地上休息。匈奴部派了一名军官出阵观察形势。李广立即上马,冲过去,一箭射死了那个匈奴军官。然后又回到原地,继续休息。匈奴部将见此情形,料定附近定有汉军伏兵。天黑以后,匈奴部将怕遭到汉军大部队的突袭,慌忙引兵逃跑。李广百余骑得以安全返回大营。

三国时只有东吴大将朱桓与曹操的军师程昱用过空城计。《三国志·朱桓传》记载,黄武元年(222年),魏国派遣大司马曹仁率领步、骑兵数万进军东吴的濡须。曹仁大军已突然杀来。当时濡须仅剩5000人守城,由吴将朱桓主持。朱桓将计就计,偃旗息鼓,显示兵力薄弱,以此诱骗曹仁前来,

飞将军李广

"诸葛亮大摆空城计"图

另派所部兵将进攻曹军军营。曹营被吴军烧毁,只好撤退。

《三国志·程昱传》记载,袁绍在黎阳,欲南下伐曹。当时程昱率700名兵士守卫鄄城,曹操派人通知程昱,要给他增兵2000人。程昱不肯接受,说:"袁绍拥军十万之多,自以为所向无敌。见我兵少,一定轻视,不来进攻。如果增加我的兵力,让袁绍看重,必来进攻。希望不要增兵。"曹操以为然。袁绍听说程昱兵少,果然不屑于去攻城。曹操对贾诩说:"程昱的胆识比得过孟贲和夏育。"

由此可见,三国时的战争中确使用过空城计,但和诸葛亮无关,而且,这两个空城计都不是疑兵计,而是骄兵计。只是因为《三国演义》采用了《郭冲五事》中的记载,才使"诸葛亮大摆空城计"广为传播。

诸葛亮的"木牛流马"知多少

> 诸葛亮发明木牛流马,仅靠人力推拉,即可用其在崎岖的山道上运送军粮,且"进退自如","人不大劳,牛不饮食"。

木牛流马最远可追溯到春秋末期的自动机器。据《韩非子·外储说》:"墨子为木鸢,三年而成,蜚一日而败。"《论衡》记载,鲁班为其老母造了一驾木车马,"木人御者,机关备具,载母其上,一驱不还",而走失其老母。

至三国时代,诸葛亮发明木牛流马,仅靠人力推拉,即可用其在崎岖的山道上运送军粮,且"进退自如","人不大劳,牛不饮食"。东晋陈寿《三国志·蜀志·诸葛亮传》对"木牛流马"有简单的记载:"(建兴)九年,亮复出祁山,以木牛运,粮尽退军,与魏将张郃交战,射杀郃。十二年春,亮悉大众由斜谷出,以流马运……亮性长于巧思,损益连弩,木牛流马,皆出其意;推演兵法,作八陈图,咸得其要云。亮言教书奏多可观,别为一集。"《三国志·后主传》:"(建兴)九年(231年)春二月,亮复出,围祁山,始以木牛运……十二年(234年)春二月,亮由斜谷出,始以流马运。秋八月,亮卒于渭滨。"《三国演义》对诸葛亮木牛流马的记述绘声绘色、

木牛流马

活灵活现。但陈寿和罗贯中却没详述如何制造木牛流马。宋齐时期的祖冲之（429—500）曾造出一种人力自行机器。《南齐书·祖冲之传》记载："（祖冲之）以诸葛亮有木牛流马，乃造一器，不因风水，施机自运，不劳人力。"

做木牛流马法在《三国志》裴松之的注中有详载："《亮集》载作木牛流马法曰：'木牛者，方腹曲头，一脚四足，头入领中，舌著于腹……牛仰双辕，人行六尺，牛行四步。载一岁粮，日行二十里，而人不大劳。流马尺寸之数（是）……'"此外，清朝严可均辑有蒲元的三篇文。蒲元为丞相诸葛亮的西曹掾。其一为《与丞相诸葛亮牒》："元等辄率雅意，作一木牛，廉仰双辕，人行六尺，牛行四步，人载一岁之粮也。"很多人都想复制出木牛流马，创意不少，但样式不一，互不认同。有四腿的、五腿的，有三轮的、独轮的，有腿加轮的等。

> 很多人都想复制出木牛流马，创意不少，但样式不一，互不认同。

赤壁之战曹操真是败于火攻吗

曹操在赤壁之战中战败的原因，历来被认为是孙吴的火攻。李白《赤壁送别》云："烈焰张天照云海，周瑜于此破曹公。"苏东坡《念奴娇·赤壁怀古》里也说"谈笑间，樯橹灰飞烟灭"。《三国志·蜀书·先主传》也明确记载："权遣周瑜、程普等水军数万，与先主并力，与曹公战于赤壁，大破之，焚其舟船。""焚其舟船"，当然是用火攻了。可见，古人众口一词，认为火攻是曹军致败的原因。然而，李友松先生在《中华医史杂志》1981年第2期发表《曹操兵败赤壁与血吸虫病关系之探讨》一文，对火攻论提出质疑，认为曹操赤壁战败，是疾疫造成的，这种疾疫，是血吸虫病。

> 李友松先生对火攻论提出质疑，认为曹操赤壁战败，是疾疫造成的，这种疾疫，是血吸虫病。

《三国志·魏书·武帝纪》叙及赤壁之战时，并未提火攻一事，反而强调的是疫病："（曹）公至赤壁，与备战，不利。于是大疫，吏卒多死者，乃引军归。"交战一方的主帅曹操，也不承认因遭火攻而败北。《三国志·吴书·周瑜传》注引《江表传》载，曹操在赤壁战后曾给孙权一信，里面说："赤壁之没，值有疾病，孤烧船自退，横使周瑜虚获此名。"看来，疫病的确是曹军败北的一个重要原因。

血吸虫病在我国古代早已存在，远溯古医籍中

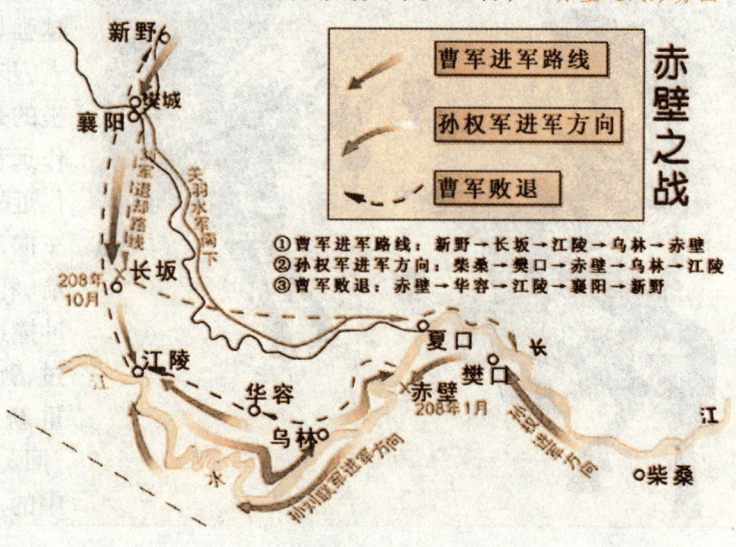

赤壁之战形势图

> 应该说，曹军赤壁之战败于火攻和疾疫的说法并不矛盾，火攻是对曹军的直接打击，血吸虫病是对曹军健康素质的严重袭扰。

周易卦象"山风蛊"之症以及7世纪初叶的《诸病源候论》，都有类似血吸虫病的记载。近观1973年长沙马王堆一号汉墓出土的女尸，研究者在其肠壁和肝脏组织中都发现血吸虫卵。由此证明，至少在汉时，长沙附近就存在着血吸虫病之患。根据大量调查资料表明，与赤壁之战有关的地域，特别是两湖（湖北、湖南）地区，是严重的血吸虫病流行区。

赤壁之战时，曹军转徙、训练水军都在秋季，恰好是血吸虫病的易感季节。曹军大多为北方战士，免疫能力差，他们舍鞍马、仗舟楫，一触即发，极易感染。虫体在宿主体内经过一个月以上的发育后才出现典型的急性期症状，所以训练期间已陆续发病，到了冬季决战，疾病急性发作，曹军疲病交加，软弱到不堪一击的地步，因而致败。

当然，曹军败于血吸虫病的说法还没有直接的史籍依据。不过，从医学的角度来讲，这种可能性是存在的。应该说，曹军赤壁之战败于火攻和疾疫的说法并不矛盾，火攻是对曹军的直接打击，血吸虫病是对曹军健康素质的严重袭扰。不过，究竟哪个方面是主因，还需要历史学家和医学史家的进一步研究。

"大战三百回合"中的"回合"是怎么计算的

> "回合"一词源于古代军事斗争中的车战，就是指车战中的一次完整交锋。

评书里在描写打仗或打斗时经常会说"大战三百回合"。日常习语中，"回合"也是人们频频使用的词语。那么，"回合"是怎么计算的呢？

"回合"一词源于古代军事斗争中的车战。在战争史上，无论东西方都存在一个以车战为主要战争形式的时期。我国以车战为主的战争见于夏商至西汉初期。尤其是西周和春秋时期，国家之间的战争主要是车战。当时常有"千乘之国"这样的说法，是说当时国家军队的强弱不是以人数计算而是以战车的多少为准，战车越多就表示国家越强盛。一辆战车配有甲士三人，步卒七十二人。战车上中间坐的是驾车者，左边是弓箭手，作远程攻击；右边的人执戈盾，作近战和防御。交战双方分别驾车向对方冲去，相距远时互射弓箭，相距近时互击戈矛，这一个冲撞过程就是一"合"。当两车错过，背向驶远，需要将战车掉头，重新对攻，这个过程被称为"回"。因此，"回合"就是指车战中的一次完整交锋。

"张飞战马超"图

战车交战耗时都比较短,双方的交战几个回合后,很快就能分出胜负,一方的战车会严重受损而不能行驶,或者驾驶者直接驾车而逃。西汉武帝时,由于作战的对象是为北方匈奴骑兵,汉朝便开始舍弃笨重的战车,改为大力发展骑兵。从此,战车交战的"回"、"合"壮烈情况渐渐不再出现。但"回合"一词常用来指作战中的一次交锋,却一直流传至今。

在白话小说中,一"回合"常指二人骑马对冲厮杀一次。如《西游记》第五十五回:"交锋三五回合,不知是甚兵器,把八戒嘴唇上也又扎了一下。"《三国演义》云:"张飞大怒。两马齐出,二枪并举。(与马超)约战百余合,不分胜负……张飞与马超又斗百余合,两个精神倍加。""张飞听了,瞋目大叱(吕布)曰:'我哥哥是金枝玉叶,你是何等人,敢称我哥哥为贤弟!你来!我和你斗三百合!'""布挺戟出马来战张飞,飞亦挺枪来迎。两个酣战一百余合,未见胜负。"云长与黄忠"两马交锋。斗一百余合,不分胜负。""言未绝,许褚拍马舞刀而出。马超挺枪接战。斗了一百余合,胜负不分。马匹困乏,各回军中,换了马匹,又出阵前。又斗一百余合,不分胜负。"在现代汉语中,一"回合"已渐渐抽象为双方冲突或较量一次。

> 在现代汉语中,一"回合"已渐渐抽象为双方冲突或较量一次。

"八百里加急"究竟有多急

驿传是古代官方的通信方式之一。乘马传递曰驿。早在商朝时就有驿传,秦汉时期,形成了完备的驿传制度。将所传递文书分出等级,不同等级的文书要由专人、专马按规定次序、时间传递。收发这些文书都要登记,以明责任。隋唐时期,大致30里设一驿站。邮驿分为陆驿、水驿、水路兼并三种。陆驿快马一天走6驿即180里,再快要日行300里,最快要求日驰500里。唐朝诗人岑参在《初过陇山途中呈宇文判官》一诗中云:"一驿过一驿,驿骑如流星。平明发咸阳,暮及陇山头。"他把驿骑之快比做流星。安禄山在范阳起兵叛乱时,驿骑6天之内行三千里,把消息传到了长安。当时的传递速度就达到了每天500里。唐律规定,驿丁抵驿,必须换马更行,若不换马则杖八十。凡在驿途中耽误行期,应遣而不遣者,杖一百;文书晚到一天杖八十,两天加倍,以此类推,最重的处徒罪二年。

宋代陆驿驿传有三等:曰步递、马递、急脚递。急脚递最遽,日行400里。急脚递的驿马领上

> 宋代陆驿驿传有三等:曰步递、马递、急脚递。急脚递最遽,日行400里。

张家口古驿站

> 只有在边关告急或出现大规模的聚众造反时,才会用八百里加急送信。

系有铜铃,在道上奔驰时,白天鸣铃,夜间举火,撞死人不负责。铺铺换马,数铺换人,风雨无阻,昼夜兼程。若需要经驿站送公文和物品,官府使用时凭勘合;兵部使用时凭火牌。古时征调军队的文书,上插鸟羽表示紧急,必须速递,称为"羽檄"。在宋代,平民和官员的私信都可以出资由驿站传送。还出现了专门的递铺。

清代驿站制度更加完备。全国驿、站、塘、台计为 1785 处,驿道四通八达,从北京通向全国各区。陆驿改为一般每隔 20 里一驿,以增加速度。如果遇到紧急情况,传送的速度可达到每天 600 里、最快达到 800 里,称为"六百里加急"、"八百里加急"。驿差每到一站换马一次,人的吃喝全在马上。当达到八百里加急的时候,常常是跑死马,因为以这样的速度急行 20 里,已经达到了马奔跑能力的极限。将消息送到目的地以后,驿差本人如果体质差一些的话,也会因为劳累过度而亡。因此,非到万不得已,不会如此传信。只有在边关告急或出现大规模的聚众造反时,才会用八百里加急送信。

宋朝宦官童贯为何能成为最高统帅

> 当时朝政由蔡京、王黼、童贯、梁师成、朱勔、李彦六人把持。此六人被称为"六贼",蔡京与童贯是头领。

童贯,北宋开封人,初为宋神宗时大宦官李宪的部属,任内侍殿头,曾出为登州(今山东蓬莱市)巡检。宋徽宗即位后,设明金局于杭州,由时任内供奉官的童贯主持,收集古人字画。与当时被贬居在杭州的蔡京互相勾结,互相推荐,得到徽宗赏识出任西北监军,接着又被提升为景福殿使、襄州观察使,开了阉人任两使的先例。政和元年(1111 年),童贯邀马植(后改名李良嗣、赵良嗣)归宋,策划联金灭辽。政和二年末,童贯的官阶升为最高的武官阶太尉。政和五年(1115 年)二月,童贯为谋削弱西夏,在宋夏边境的横山地区筑城,遂领六路边事。次年初,以太尉任陕西、河东、河北路宣抚使,积极开边。之后又升为开府仪同三司为"使相"、签书枢密院河西和河北两房事,又升为签书枢密院事。

宣和二年(1120 年)十月,两浙路爆发方腊起义。次年八月,童贯在镇压方腊起义后,升加太师衔、徒封楚国公。随后童贯通金灭辽因功除去节度使衔而为"真太师,加封徐、豫国公"。宣和七年(1125 年),童贯再升为领枢密院事,成为最高军事长官,封泾国公。时人称蔡京为公相,因称童贯为媪相。当时朝政由蔡京、王黼、童贯、梁师成、朱勔、李彦六人把持。此六人被称为"六贼",蔡京与童贯是头领。当时都城汴梁流传着一首民谣:"打破筒,泼了菜,便是人间好世界。""菜"指蔡京,"筒"是童贯。

童贯(选自《水浒》人物,戴敦邦绘制)

童贯虽是阉人,却当上了最高军事官职领枢密院事,成为宋徽宗时期的最高军事统帅,原因有如下几点:

第一,北宋时期朝廷重文轻武,抑制武将,故在军事上起用阉人。《宋史》记载,童贯"状魁梧,伟观视,颐下生须十数,皮骨劲如铁,不类阉人"。他虽是阉人,却体格健壮,能担任武事军职,加之很有眼色,能讨皇帝的欢心,故特别受重用。

第二,《宋史》上对其性格的描述是这样的:"性巧媚,自给事宫掖,即善策人主微指,先事顺承。"

第三,童贯有一系列的胜绩和战功。童贯监军西北时,以其超凡的胆略,抗旨进攻西夏,"师竟出,复四州",其后又"讨溪哥臧征,复积石军、洮州",颇有战功。

第四,童贯"少出李宪之门"。李宪同是当时的大宦官,神宗时,屡次参与监督、指挥边境的征讨活动,能提出一些好的建议并取得胜利。童贯出于其门,为今后的指挥军事奠定了基础。童贯在杭州任供奉官时交游蔡京,蔡京在拜相后积极引荐童贯。

童贯主持军政的20余年有功有过,其功在于征西夏收复四州,攻吐蕃拓地三千里,平方腊;其过在于恃功骄恣,选置将吏,皆"捷取中旨,不复关朝廷,浸咈京意",导致军纪败坏,战斗力分散,而且定联金灭辽之短见军策,对北宋的灭亡负有不小的责任。

> 童贯虽是阉人,却当上了最高军事官职领枢密院事,成为宋徽宗时期的最高军事统帅……

八十万禁军教头究竟是多大的官

禁军,原指侍卫皇帝的亲兵,负责保卫京师、守护宫廷,相当于现在的中央卫戍部队。《宋史·兵志》记载:"天子之卫兵,以守京师,备征戍,曰禁军。禁军者,天子之卫兵也,殿前侍卫二司总之。其最亲近扈从者,号诸班值,总于御前忠佐军头司、皇城骐骥院,皆以守京师、备征伐;其在外者,非屯住、屯泊,则就粮军也。太祖鉴前代之失,萃精锐于京师,虽曰增损旧制,而规模宏远矣。"由此看出,禁军是皇帝管辖的士兵,主要职责是保卫京城,同时也在外驻军戍守。由于禁军是朝廷直接管辖的正规军,也是军队之中的精锐之师,其数量之大、地位之高,远在其他军队之上。

八十万禁军教头林冲

教头,就是教练的意思,是宋朝军队中教士兵练习武艺的人员。当时有"都军教头"、"教头"、"副教头"之别。都军教头统领所有禁军教头。教头作为武术教官,也可以同时兼任行政职权。林冲只是八十万枪棒教头,没有担任其他官职。

《水浒传》第八十回讲，高太尉两次交战，都输给了宋江，于是朝廷就派两员上将助高太尉一臂之力。这两位上将也都是八十万禁军教头。一位是护驾将军丘岳，是八十万禁军都教头，官带左义卫亲军指挥使；另一位则是车骑将军周昂，是八十万禁军副教头，官带右义卫亲军指挥使。从宋代的武官制度来看，丘岳的官比周昂要大一些。丘岳与周昂都是将军并兼任八十万禁军教头，而林冲则只是教头，并没有兼任官职。

宋代武官从一品到九品，共有三十一个级别，八十万禁军教头还不入这三十一级之内。可见，它只是一个教职，或者说一个工作岗位，而不是一种官阶。八十万禁军教头并不只有林冲一人，教头数量很多，而且各有分工。如，林冲是专教枪棒的，丘岳是专教刀剑的，周昂是专教斧头的。当时，八十万禁军教头的社会名声却很好，如柴进听说是八十万禁军教头林冲来庄上，就隆重款待，奉为上宾。

八十万禁军教头不是说一个教头就教八十万士兵，这么多士兵自然不可能全部教遍，而是说他们是禁军的教练。只不过当时禁军规模有"八十万"，而八十万这个数字，听起来威风凛凛。这就好像我们现在说"国家队教练"这个称呼一样，国家队教练也不是只有一个人，而且不同的运动，如足球、排球、篮球的国家队教练也不是同一个人，也有专业分工。

杨家将中确有佘太君、穆桂英其人吗

在明代小说《北宋志传》和《杨家将演义》中，"杨门女将"中的佘太君（佘赛花）百岁挂帅，率十二寡妇西征；穆桂英亲挂先锋印，大破天门阵，她们的形象感人至深。这些人物是艺术虚构，还是历史上确有其人？

在宋朝、元朝的史料中几乎没有发现关于佘太君的记载。始修于明永乐十九年（1421年），重修于清康熙年间的《保德州志》称"（折）太君墓，在州（今山西保德县）南四十里折窝村。《北宋纪说》曰：'杨业娶府州折氏，称太君。'岂其父为麟州刺史，又为火山（今河曲）军节度使。业后为代州刺史。皆距此不远，故缔姻卜地于此。与太君生子六。今州北河神庙乃四将军延昭，号六郎。宋太宗朝，（杨延昭）以崇义使知保州，屡败契丹。延昭子文广，娶慕容氏，善战。今州南慕塔村犹其故地云。考（山西省忻州市）岢岚县《岢岚志》载，折氏系折德扆女，性警敏。尝佐（杨）业立战功。后上书陈夫战没之由。以原籍曾属岢岚（县）耳。"从这些记载看，佘太君本姓

百岁佘太君

折,为宋将折德扆之女。《姓氏考略》云:"折氏出匈奴折兰王之后。"折与佘音近,后来的人以讹传讹,将"折太君"写为"佘太君"。也有传说折太君感于丈夫和儿子都为国战死沙场,"折"有折损之意,便将姓改为同音的"佘"字,意在子孙福禄有余。

折德扆(917—964)为北宋大将,云中(今山西省大同市)人,折从阮之子。据《宋史·折德扆传》载:"折德扆世居云中,为大族。父从阮,自晋、汉以来,独据府州,控扼西北,中国赖之。仕(后)周至静难军节度使。其镇府州时,署德扆为马步军都校。广顺间,周世宗建府州为永安军,以德扆为节度使,时从阮镇邠宁,父子俱领节镇,时人荣之。显德中,德扆率师攻下河市镇,斩并军五百余级。入朝,以其弟德愿权总州事。时(周)世宗南征,还次通许桥。德扆迎谒,且请迁内地。世宗以其素得蕃情,不许,厚加赐赉而遣之。德扆未至,德愿又破并军五百余于沙谷砦,斩其将郝章、张剑。宋初,德扆又破河东沙谷砦,斩首五百级。(宋)建隆二年(961年)来朝,待遇有加,遣归镇。乾德元年(963年)败太原军于城下,擒其将杨璘。二年(964年)卒,年四十八,赠侍中。子(有)御勋、御卿。"

《保德州志·人物·列女》又云:"折太君,宋永安军节度使镇府州折德扆女,代州刺史杨业妻,性警敏,尝佐业立战功。后(宋)太平兴国十年,契丹入寇,业进兵击之,转战至陈家谷口,以无援兵,力屈被擒,与其子延玉偕死焉。太君上书,陈夫战没,由王侁违制争功。上深痛惜,诏赠(杨)业太尉,除王侁名。"清朝康基田的《晋乘搜略》卷二十载:"乡里世传,折太君善骑,婢仆技勇过于所部,用兵克敌如蕲王夫人之亲援桴鼓然。"人们常把折太君比作蕲王韩世忠的夫人梁红玉。此二人皆女中豪杰。

从以上的记载看,佘太君确有其人,是杨业之妻无疑。但这样的女中豪杰,在正史中不载,在宋人笔记中也提及,反而是到明清时,其的事迹才进入史料。明清的记载与宋时的真人是不是一样,有多大差距,则是很难说。但可以肯定的是小说中佘太君的事迹肯定有夸张和编造的成分,不可信以为真。

史籍中关于穆桂英的记载则更少,其事迹大多来自小说和戏曲,不能令人十分相信。《保德州志》记载:"慕容氏,杨业孙文广妻。州南慕塔村人。雄勇善战。"又云:"(杨)业孙文广,娶慕容氏,其故居在今州南慕塔村。"小说中穆桂英是杨延昭长子杨宗保之妻,穆柯寨穆羽之女,

> 佘太君确有其人,是杨业之妻无疑。但这样的女中豪杰,在正史中不载,在宋人笔记中也提及,反而是到明清时,其的事迹才进入史料。

穆桂英大破天门阵

窥探文化真相

> 到底历史上是否有穆桂英其人，实在是难以判断，但可以肯定小说和戏剧中穆桂英的事迹过于夸张，多为编造，不可信以为真。

武艺超群，机智勇敢，生子杨文广。杨文广是杨延昭之孙。有人认为历史上无杨宗保，杨宗保是小说家加上去的，穆桂英也不存在。据《宋史》记载，杨文广确为北宋名将，乃杨延昭之子，卒于熙宁七年（1074年）十一月。而杨延昭生于958年，卒于1014年，年57岁。在杨延昭与杨文广之间好像还有一代人。或许是元朝编宋史时漏掉了杨家一代人。因此不好说历史上有没有穆桂英。

又有人说穆桂英的原型是明朝末年战功卓著的女性军事统帅秦良玉。秦良玉文武双全，一生戎马40余年，足迹遍及长城内外、大江南北、四川盆地。但《北宋志传》和《杨家将演义》出于明朝中期的嘉靖年间，比秦良玉要早近百年，故穆桂英的原型不会是明朝末年的秦良玉。到底历史上是否有穆桂英其人，实在是难以判断，但可以肯定小说和戏剧中穆桂英的事迹过于夸张，多为编造，不可信以为真。

宋高宗为什么连下十二道金牌召岳飞回来

南宋绍兴十年（1140年）夏，岳家军在郾城大破金军拐子马、铁浮图，收复郑州、洛阳等地。金军统帅哀叹："撼山易，撼岳家军难。"七月中旬，岳飞挥师北进到开封南25公里的朱仙镇，金兵10万兵马一触即溃。岳飞鼓励部下说："宜捣黄龙府，与诸君痛饮耳。"这满腔豪言大大地鼓舞了军队的士气。可就在这时，岳飞一连收到十二道金牌班师诏。诏令措辞严厉，命令岳家军立即班师回鄂州。岳飞长叹："十年之功，毁于一旦！"岳家军班师时，渴望王师北定的中原父老兄弟，拦道恸哭。宋高宗为何急于召回岳飞呢？

宋高宗赵构是宋徽宗的第九子，宋钦宗之弟，曾被封为"康王"。靖康二年（1127年）金兵俘徽、钦二帝北去后，他于应天府（商丘）即位，拒绝主战派的抗金主张，后又南逃至临安（今杭州）定都，建立南宋政权。当时的南宋王朝软弱无能，力主与金人议和。所以作为投降派头目的秦桧深得高宗的喜爱。而岳飞是主战派的重要人物，这与宋高宗的策略背道而驰。他统率的"岳家军"有十万余众，是南宋当时抗金的三大主力之一。队伍大都是收编和招募的抗金义军。这支队大部分不吃朝廷的俸禄，不全是朝廷的正规军，有私家军的性质。宋高宗一面有意拉拢岳飞，一面又对岳飞心存疑心。

1139年，岳家军收复了黄河以南的大片土地，全国抗金的形势一片大好。岳飞慷慨激昂，表示要收复失地，迎回二圣（宋徽宗、钦宗）。其实当时宋徽宗已死，但要迎回他的遗骸。而"迎回二圣"的口号恰恰为

> 岳家军大部分不吃朝廷的俸禄，不全是朝廷的正规军，有私家军的性质。宋高宗一面有意拉拢岳飞，一面又对岳飞心存疑心。

宋高宗赵构

他召来了杀身之祸，触到了南宋皇帝赵构的"逆鳞"。试想如果有一天，岳飞真的荡平金寇，直捣黄龙府，把徽宗、钦宗二帝迎回中原，一个朝廷同时出现了三个皇帝，这势必要威胁到赵构的地位。面对这个口号，宋高宗赵构尽管心里极不情愿，可是表面上还得大加赞赏。"迎二圣还朝，雪靖康之耻"的口号虽然顺应天意民心，但却使岳飞遭到猜疑。要不是金军大兵压境，说不定这时岳飞早就死无葬身之地了。

岳飞祠

另外秦桧一心想与金人议和，岳飞等人反对议和。金人战岳家军不过，便跟秦桧说，要想议和，先除掉岳飞，然后方可议和。秦桧为保证议和成功，便想除去岳飞。正好宋高宗也想议和。于是此二人一番密谋之后，便定下先除掉岳飞，然后与金人议和的策略。

绍兴十一年（1141年）一月，金国再犯淮西，岳飞领八千骑兵驰援淮西。还朝后，罢宣抚使，授枢密副使。十月下狱大理寺。十二月二十九日年除夕，秦桧以"莫须有"的罪名将岳云、岳云、副将张宪害死于临安风波亭。一代良将就这样怀着满腔的屈辱与遗憾离开了人世，年仅39岁。但金人见南宋大将已没，便不想与之议和了，发动了更大规模的战争。高宗与秦桧议和的企图落空，还白白折损了一员大将。

清代八旗有哪"八旗"

八旗制是满清兵民合一的社会军事组织制度，以旗统兵民，由努尔哈赤在女真人牛录制度上建成，其目的主要是为了适应满族社会的发展和军事斗争的需要。八旗兵制初建之时，全民皆兵，兵民合一。最开始只有正黄旗、正蓝旗、正白旗、正红旗，后来就增设镶黄旗、镶蓝旗、镶白旗和镶红旗，遂构成八旗。旗帜除四正色旗外，镶黄旗、镶蓝

> 八旗兵制初建之时，全民皆兵，兵民合一。最开始只有正黄旗、正蓝旗、正白旗、正红旗，后来就增设镶黄旗、镶蓝旗、镶白旗和镶红旗，遂构成八旗。

满清八旗

正黄旗

正白旗

正蓝旗　正红旗

镶黄旗　镶白旗

镶蓝旗　镶红旗

沈阳故宫八旗子弟服装

旗、镶白旗均镶在红底上,镶红旗镶在白底上。此外,八旗又有上三旗与下五旗的区别。由皇帝控制的正黄、镶黄、正白三旗,称为上三旗;由诸王、贝勒统辖的正红、镶红、正蓝、镶蓝、镶白五旗,称为下五旗。

后金管辖下的所有人都被编在旗内。其制规定:每300(男)人为1牛录,设牛录额真1人;5牛录为1甲喇,设甲喇额真1人;5甲喇为1固山,设固山额真1人。此时所编设的八旗,即满洲八旗。清太宗时,又建立蒙古八旗和汉军八旗,旗制与满洲八旗同。各旗有军营、前锋营、骁骑营、健锐营和步军营等常规营伍,司禁卫、云梯和布阵等职。另外,设立了相礼营、虎枪营、火器营等特殊营伍,演习摔跤、射箭、刺虎和操练检枪等。

八旗兵分为京营和驻防两类,京营是守卫京师的八旗军总称,由郎卫和兵卫组成。侍卫皇室的人,称郎卫,必须是出身正黄、镶黄、正白上三旗的人,如紫禁城内武门,东西华门、神武门由上三旗守卫。驻防是指驻防全国各要地的八旗。京营总兵约10万,驻防兵总人数也在10万左右。八旗制度是清王朝统治全国的重要军事支柱。

总督、都督、提督的职责各有何区别

> 总督、都督、提督,都是我国历史上设置过的不同职位的官员职称。

总督、都督、提督,都是我国历史上设置过的不同职位的官员职称。

总督:是管辖一省或数省军政的地方最高长官,这个名称起源于明代。那时,总督主要负责军务和粮饷,没有固定的职务,也没有固定的品级,时设时撤,由朝廷直接封授。到了清代,总督成了正式的封疆大臣,主要管理民政民刑,下属有副将、参将等。大多数总督是武官,也有文职,但都带过兵,有过功勋。

都督:开始设置于汉代末年,是主要领兵打仗的将帅,故有"大都督"之称。都督是全国的军事统帅,一般不理民事。晋代以后,都督往往兼任驻地的刺史,这样就总揽了军政大权,形成了"军管"。都督大都会成为当地的军政总首长,往往会形成"割据"的独立王国。

提督:是清朝的要职,分为两种。一种是提督学政,也称学政、学台,掌学术政令,负责岁、科考试,考查学生的优劣。另一种是军务总兵官,负责一个省的军务。

两江总督署衙门

第十一篇

等级森严的宫殿·王府·民居

古代有钱人为何也住不上豪宅

> 古代的商人地位低下，生活各个方面都受到封建统治的刻意打压，就算他们再有钱，也是住不上豪宅的。

现在，如果人们有足够的钱，就可以买到别墅豪宅，享受舒适高档的居住环境。相比之下，古代的有钱人就没有这么好福气了。有些朝代的富商，就算他们坐拥金山，也未必能住上豪宅。

古代社会等级制度很严，房屋也有等级，但各朝的规定不尽相同。譬如唐代，据唐《营缮令》记载，五品以上官吏住宅正堂宽度不得超过五间，进深不得超过九架，可做成工字厅，建歇山顶，用悬鱼、惹草等装饰；六品以下官吏至平民的住宅正堂只能宽三间，深四至五架，只可用悬山屋顶，不准加装饰。

明代建国之初，对亲王以下各级封爵和官民的宅第规模、形制、装饰特点等都作了明确规定。公侯至亲王，正堂为七至十一间（后改为七间）。五品官以上的为五至七间；六品官以下至平民的为三间。宫殿可用黄琉璃瓦，亲王府许用绿琉璃瓦。对宅院进深也有限制，富商之家最多二或三进院。油饰彩画和屋顶瓦兽也有等级规定。

古代商宅不能使用金柱大门和广亮大门，只能使用规模小的蛮子门。因为没有了深宏的门庑，门的上方也没有任何装饰，其中尤为显著的是不设雀替。雀替又称为"插角"或"托木"、"牛腿"，安置在梁与柱交点的角落，具有稳定和装饰的功能。因为在封建社会，门的上方设雀替是官职的象征。如果有的商人因为拥有充足的银两便想建造王府宫殿的样式，那便触犯了律法。《唐律》规定建舍违令者杖一百，并强迫拆改。如被指为摹仿宫殿者，就会招来杀身之祸。"逾制"在古代不仅会受到处罚，而且还会受到舆论的谴责，是很抬不起头的事情。

这些建筑上的种种严格等级限制，是封建时代重农轻商的表现之一。中国的古代是一个重农轻商的社会，古代的富商们虽然颇有些家资，但社会地位却与官员不可相提并论。"士农工商"这四结构中，商人一直排在最末一位。商人通过做生意，互通有无，把百姓的钱财迅速聚积起来，壮大自己的势力，对帝王和官员的身份和地位构成威胁。另外在传统观念中，商人的本性是唯利是图，理论上不利于社会道德水准的提高，有悖于封建时代上至君王下至庶民所尊崇的儒家思想。这些都是轻商的主要因素。

安徽歙县徽商大宅院

在这样的历史背景下,古代的商人地位低下,生活各个方面都受到封建统治的刻意打压,就算他们再有钱,也是住不上豪宅的。

皇家建筑为何多用黄色和红色

参观过故宫、颐和园的人们可能都注意到了这些明清时代的皇家建筑都是黄色的琉璃瓦,红色的墙砖。皇家建筑多用黄色和红色与中国人对颜色的看法有关。

黄色在"五行"学说里代表中央方位,中央属土,土为黄色。黄色自古以来被认为是尊贵的颜色。唐代时,黄色袍服成了皇帝的专用服装,黄色被规定为皇室的代表色彩,普通百姓不能采用。如果大臣和民间有人穿黄色的衣服,便有谋反篡位的嫌疑了。公元 960 年,后周大将赵匡胤带兵在外,诸将乘机把黄袍加在他的身上,拥他为帝。他就成了北宋的第一任皇帝。从宋代开始,皇宫开始采用黄色琉璃瓦,以后便按此规定沿袭下来。

红色代表火和太阳,有避邪作用,在我国被视为一种美满喜庆的色彩,意味着庄严、富贵。远在公元前 11 世纪的周代,宫殿建筑的外墙颜色就普遍采用红色。以后各代宫殿一直沿用这种形制。

明成祖朱棣永乐四年(1406 年),朱棣下令仿照南京皇宫营建北京宫殿,动用工匠 23 万、民夫百万,至明永乐十八年(1420 年)落成。紫禁城的建筑色彩上应用了对比的手法。在蓝天下,黄色琉璃瓦顶,红色墙壁、柱子与门窗,白色的石基座和深色的地面,形成了强烈对比,造成鲜明和富丽堂皇的色彩效果,体现出帝王的权势和威严。

在色彩学中,红色和黄色为暖色调,蓝色和绿色称为冷色调。把两种冷暖色或者互补色放在一起可以起到相互衬托的作用,使它们显得更加鲜明、活跃,效果更为醒目而突出。在紫禁城建筑上就是广泛地应用了这种对比的方法。

紫禁城红墙

紫禁城黄瓦

> 这些吻兽除起装饰和防止漏水作用外，还能保护其下面防止屋脊滑动的大铁钉和木柱。

古代建筑的屋脊上为何会装饰一些走兽

在中国古建筑的岔脊上，都装饰有一些飞禽走兽，主要起祝愿、守护、避邪、镇火等作用。走兽的排列有着严格的规定，其数量的多少是依宫殿的大小、建筑的等级而定的。少的有一两种，多的有十种。

汉代时屋脊上采用朱雀、铜鸟等作脊饰，正脊两端一般使用凤凰。南北朝时正脊两端置鸱（chī）尾。这种鸱尾在唐代以后又演变为鸱吻。据《太平御览》述："唐会要目，汉柏梁殿灾后，越巫言，'海中有鱼虬，尾似鸱，激浪即降雨'遂作其像于尾，以厌火祥。"唐朝苏鹗《苏氏演义·卷上》曰："蚩者，海兽也。汉武帝作柏梁台。有上疏者云：'蚩尾水之精，能辟火灾，可置之堂殿。'今人多作鸱字。"中唐以后出现龙形鸱吻，两两相向，张口翘尾咬住正脊，故称为大吻；因其安放在正脊上，又称为正吻；又因其形似龙而称为龙吻、螭吻。由于古代建筑多为木质结构，而龙吻衔接了殿顶正脊与垂脊之间的重要位置，因而让殿顶更加牢固、严密，并有防止雨水渗入的功能。所以古人很重视屋脊上的龙吻，视为镇宅避火的神兽。在古代，龙吻并非一般建筑都能使用，大都用于宫殿或庙宇。宫殿的龙吻制成后，皇帝要派一品大臣前去迎接。屋脊安装龙吻时须举行隆重仪式，要焚香、行跪拜礼，以示敬意。

宋代时，殿脊上除鸱吻外，还有嫔伽、蹲兽、滴当、火珠等。明清时则演变为正吻、戗兽、仙人、走兽等，做工日趋精巧细致。出现了龙吻的颈背上插有宝剑，并露出扇形剑靶。据传，这把剑是晋朝道士许逊之物。许逊曾任旌阳县令，勤俭廉洁，为当地治水患、除瘟疫，深受百姓爱戴，人们敬称为"许旌阳"。檐角上的走兽是置于骑凤仙人与垂兽或戗兽之间。走兽最多九个，以仙人骑凤领头，共10个。这些吻兽在建筑功能上除起装饰作用外，还有结构上的作用。鸱吻是固定正脊两端的构件。屋脊的坡度会使脊瓦下滑，交梁上需要铁钉固定。为了保护铁钉免受雨雪侵蚀，脊兽就用来当做铁钉的帽子。

紫禁城太和殿鸱吻

紫禁城太和殿檐角走兽

据《大清会典》中记载，走兽的排放顺序为骑凤仙人、龙、凤、狮子、天马、海马、狻猊(suān ní)、押鱼、獬豸(xiè zhì)、斗牛、行什。骑着凤凰的仙人是真人或冥王，据说是齐闵王的化身。东周列国时的齐闵王被燕将乐毅所败，仓皇出逃，遇到大河，走投无路。危急之中一只凤凰飞到跟前。齐闵王骑上凤凰渡过大河，逢凶化吉。在屋檐的上安置这个"仙人骑凤"有绝处逢生、逢凶化吉的含义。龙、凤代表至尊。龙九子之一嘲风平生好险，最喜欢四处眺望。凤凰是祥瑞的象征，比喻有圣德之人。《史记·日者列传》："凤凰不与燕雀为群。"狮子是猛兽，主守护。天马、海马象征威德通天入海，畅达四方。狻猊是龙九子之一，相貌凶悍，但平生喜静不喜动，好坐。獬豸头顶一角，善于辨明是非曲直，为皇家"正大光明"、"清平公正"的象征。斗牛、押鱼是海中奇兽，据说能兴云作雨，镇火防灾。斗牛是一种虬龙。据《宸垣识略》载："西内海子中有斗牛，即虬螭之类，遇阴雨作云雾，常蜿蜒道路旁及金鳌玉栋坊之上。"行什是一猴面神兽，背生双翼，手持金刚宝杵，颇像传说中的雷公，主防雷。因排行第十，是压尾兽，故名"行什"。

走兽的数量随着建筑等级的降低而递减。小兽的减少是从最后一只依次往前减的。故宫太和殿上的走兽数量最多，是唯一有十个走兽的特例。其他殿上的小兽按级递减，中和殿、保和殿、乾清宫等都是九个，减去行什；坤宁宫为七个，东西六宫为五个；一些门庑和琉璃门顶上仅用一至三个。这些吻兽除起装饰和防止漏水作用外，还能保护其下面防止屋脊滑动的大铁钉和木柱。

"胡同"名称有何由来

胡同，是北京的一大特色。来北京旅游的游客，都要到小胡同里逛逛。而说到胡同，就不得不提到四合院。这是因为在过去，北京是由千百万大大小小的四合院平排且并列有序地组成的。胡同就是指每排院落间为了出入方便而留出的通道。那曲折幽深的小小胡同和温馨美丽的四合院，组成了北京的"胡同文化"或"四合院文化"。

那么"胡同"的名称是怎么来的？"胡同"一词较早见于元曲杂剧，比如《张生煮海》中，梅香姑娘有"我家住在砖塔儿胡同"的台词，这说明"胡同"一词是产生在元代。关于"胡同"名称的由来有多种说法，但无论哪种说法，都与蒙古人建立的元朝有关。

历史上元朝曾将北京作为国都，也就是元

什刹海烟袋斜街

> 关于"胡同"名称的由来有多种说法，但无论哪种说法，都与蒙古人建立的元朝有关。

大都。统治者蒙古人来自塞北沙漠地区，他们对于水源有着超乎寻常的尊敬。胡同作为居民聚居的地方，必要有水源，所以有"因井成巷"的说法。"井"也就渐渐成为人们居住地的代称。所以将一排排民房间的狭窄街道命名为"忽洞格儿"，这在蒙语中是水井的意思。后来是人们就将"忽洞"的谐音"胡同"一直沿用至今，就形成了北京特有的胡同文化。

另外从胡同的名字上看，北京的胡同名称中，以井命名的为数最多，带井字的有80多个，极大地说明了水井在胡同里的重要性。最有趣的是，北京有四条叫井儿胡同的胡同，现在为避免重复，取其谐音分别改名为警儿胡同、景儿胡同、景阳胡同与镜子胡同。

"八大胡同"为何成了老北京烟花柳巷的代名词

老北京八大胡同里的名妓

老北京的胡同多如牛毛，但是"八大胡同"绝对是闻名中外。因为，它曾经是老北京闻名遐迩的"风月场"，是烟花柳巷的代名词。

八大胡同不是指的一条胡同，也不是指八条胡同，而是指铁树斜街以南，珠市口西大街以北，南新华街以东，煤市街以西这一大片区域内的许多条胡同。这里的"八"只是一个虚指。

起初，八大胡同一代并不是"红灯区"，是为进京戏班提供住处的旅馆性质的地方。但是，戏班逐渐增多，一些唱旦角的漂亮男孩子就成为那些达官贵人养的"相公"，也就是男性娼妓。清朝中后期，八大胡同是北京城男性娼妓最为集中的地方。

而后来的八大胡同成为妓女聚集的风月场所，就是在"相公"行业的基础上发展起来的。

清朝末年，原位于内城的妓院逐渐迁往外城，并被允许公开营业。所以，男色风气渐转，八大胡同逐渐成为南方脂粉和北地胭脂聚集的"风月场"。

> 北京的胡同两侧主要是一些单层的四合院，而弄堂两侧楼房较多，往往更加狭窄，甚至影响采光。

上海的弄堂和北京的胡同有何不同

北京有四合院，上海有石库门；北京有胡同，上海有里弄。里弄就是弄堂，是一种上海特色的住宅区，它既不同于传统的江南民居，也不同于任何一种西方的建筑形式。它是近代上海历史的最直接产物,是最能代表近代上海城市文化特征的事物。

"弄堂"古时写作"弄唐",本意是朝堂或宗庙门内的大路。后来"弄唐"逐渐演变为与建筑联系更紧密的"弄堂"。而弄堂能与北京的胡同一样著称于世,主要是因为近代上海大批里弄住宅的兴起。

里弄和胡同一样,也是由许多幢建筑组成的建筑群,它们也建在被城市道路划分出的小区内,每个小区内有一个或者若干个里弄,每个里弄中的单体建筑造型和结构都基本相同,而且在总体上采取了英国的多幢联排式,一排通常为10幢左右。排与排的组合一般都采用行列式,只有少数因地制宜,依地形布置。在这种新式里弄内,各排建筑之间的空间就叫弄堂。北京的胡同两侧主要是一些单层的四合院,而弄堂两侧楼房较多,往往更加狭窄,甚至影响采光。

多少年来,大多数上海人就是在这些狭窄的弄堂里度过了日久天长的生活,并且创造了形形色色独具风情的弄堂文化。

上海石库门弄堂

四合院是如何设计与布局的

汪曾祺先生曾形象地把四合院比喻为"中国盒子"。四合院的基本构造是什么?由哪些建筑物构成呢?

四合院由正房(北房)、倒座(南座)、东厢房和西厢房四座房屋在四面围合,形成一个"口"字形,里面是一个中心庭院。在四合院里,正房是整个建筑的中心,建在整个院落的中轴线上,尺度最大,进深最大,极具威严和气派。一些中型和大型的四合院有多排正房。其中最后一排正房叫作后罩房。而处于东西两侧的厢房,无论位置和朝向都处在次要和陪衬的位置上。另外,在

> 四合院由正房(北房)、倒座(南座)、东厢房和西厢房四座房屋在四面围合,形成一个"口"字形,里面是一个中心庭院。

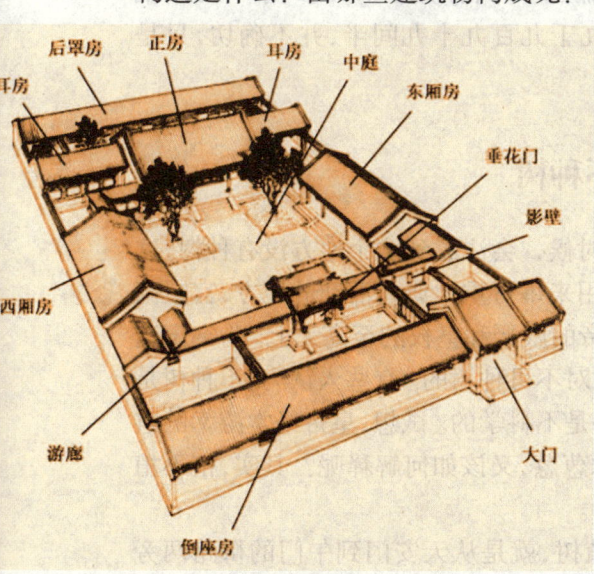

北京四合院结构图

> 四合院的建筑布局非常有秩序，营造出一种自然和谐的居住环境。

正房的两侧，还有耳房作为正房的直接陪衬。与正房相对的就是倒座房。比较大的院落，还有陪衬厢房的厢耳房。

这样由四座房屋围和起一个院落，就构成四合院的基本单位，称为一进四合院，两个院落即为两进四合院，三个院落即为三进四合院，以此类推。北京的超大型四合院可多达七进、九进院落。两进院落以上的四合院，一般分内宅和外宅，由垂花门或屏门连接沟通。正房和厢房一般由供人们行走、休憩、观赏景致的抄手游廊连接沟通。

所以，四合院的建筑布局非常有秩序，营造出一种自然和谐的居住环境。

紫禁城的房屋真有九千九百九十九间半吗

传说紫禁城的房屋为九千九百九十九间半，因为天帝居住的房屋才有一万间，皇帝自称是天帝的儿子，他所居住的房屋不能超过一万间，于是建造时有意少半间。

紫禁城的房屋到底有多少间呢？这首先必须弄明白古建筑的房屋间数是怎样计算的。原来中国古建筑的间数有一种特殊的计算方法，叫作"四柱一间"，就是以大殿里四个柱子之间围成的立体空间为一间。

紫禁城文渊阁内半间房

四个柱子之间的地面面积，有的是正方形，有的是长方形，开间有大有小，但是不可能存在半间之说。现在，据有关古建筑专家最新统计，紫禁城大小宫殿、堂、楼、斋、阁等共有房屋8700多间。因此，说故宫有房屋九千九百九十九间半，并不确切，只是传说而已。

故宫前三殿为什么不种树

> 为突出故宫前三殿的威严和肃穆，此处是绝对不可种树的。

当我们游到故宫前三殿的时候，会注意到这个地方没有种树，这是为什么呢？原来这组建筑是用来举行重大典礼活动的地方，宫殿高大雄伟，院落宽敞壮丽，象征皇帝的威严和皇权的至高无上。为突出这组建筑的威严和肃穆，此处是绝对不可种树的。有些人认为，不种树是为了保护皇帝的安全，这种说法是不科学的。试想，皇帝经常游幸的避暑山庄和圆明园等处，到处树木葱葱，又该如何解释呢？其实，植不植树，完全取决于封建礼仪的需要。

事实上，不仅前三殿没有植树，就是从天安门到午门的御路两旁

故宫前三殿

也没有植树。如今这些地方的树木,都是清亡以后才植的。不过,当您进入后宫,特别是御花园时,会注意到到处树木林立,极富生活气息。

紫禁城过去为什么不设厕所

过去皇宫里不设厕所,是因为当时宫内没有下水道设备,如果设置厕所,宫内人员众多,天长日久,紫禁城恐怕就会被臭气笼罩。

既然宫内不设厕所,那么他们大小便用什么器具,又怎样处理粪便呢?原来皇帝、皇后、妃嫔以及太监、宫女等人,大小便都使用各种形状的便器。

皇帝和后妃使用的便器叫"官房",有木制、锡制和瓷制的。他们大小便就在寝宫之中。便后由太监、宫女来收拾清理。

慈禧太后的坐便器

太监、宫女等使用的便器叫便盆。放置便器的地方叫"净房","净房"分布在皇宫内各个角落。这些地方都备有恭桶、便盆等。解大便时,盆内放炭灰,事后用炭灰撒盖,因炭灰能吸收水分,又能消除臭味。解小便后,倒进恭桶,每天由小太监清理。最后,由太监们定期将粪便运出宫外。

> 皇帝、皇后、妃嫔以及太监、宫女等人,大小便都使用各种形状的便器。

昔日紫禁城如何取暖、消暑

取暖: 冬季北京极为寒冷,紫禁城里各宫殿取暖的方法有三种:其一,自然取暖。紫禁城的宫殿都是坐北朝南,屋顶覆盖很厚,墙壁砖缝严密,能起到很好的保温效果。其二,炉火取暖。故宫前三殿冬季举行

> 紫禁城里各宫殿取暖的方法有三种:其一,自然取暖;其二,炉火取暖;其三,地炕取暖。

大典时,都安置火盆和熏炉。所用的木炭,都是上好的红萝炭。这种木炭火热耐烧,灰白不爆。

其三,地炕取暖。在帝后居住的宫殿,都有东暖阁和西暖阁。在暖阁窗外廊檐下的地面上,挖有1.5米左右深的地洞,洞内砌有纵横交错的火道。在洞内砌有砖炉,燃烧木炭,或放进燃烧好的火炉子,可使暖阁内地面升温。

消暑：北京属于大陆性气候,冬冷夏热。因此紫禁城所建宫殿都是顶高墙厚,便于隔热防寒。尤其是宫殿前后两面都有窗户,便于夏季通风、透凉。夏季,各宫殿廊檐下都挂窗帘,院内均搭凉棚,以遮强烈阳光。另外,紫禁城内设有5处冰窖,位于隆宗门外西南造办处附近。冬季御河起冰,将冰凿成方块,拉入冰窖,以备夏季消暑之用。夏季来临,长春宫、储秀宫等处都设有冰桶,可用来冰镇食物,制造冷饮。清代自康熙以后,每到夏天,历朝皇帝都要到圆明园、颐和园和承德避暑山庄等地去避暑。

紫禁城烟囱

昔日紫禁城如何照明、排水

照明：在明清两代,皇宫里夜间照明主要用各种灯具,光源主要是蜡烛。清代晚期,宫内安装上了电灯,开始用电照明。在紫禁城的东、西一长街和东、西二长街都有

紫禁城乾清宫雕花窗格

路灯。这种路灯1米多高,上面为铜制的楼阁型的灯框,四面镶有玻璃,里边点上蜡烛,可以照明。紫禁城内廷各宫殿的灯具,更是五颜六色,琳琅满目。特别是每逢重大节日时,各宫殿都要增设灯具。灯具上绘有彩画,各式各样,千姿百态。清代晚期,在宫中安装上电灯。目前漱芳斋、储秀宫后殿还保留着当时悬挂电灯的各式灯架和灯伞。

排水：早在营建紫禁城时,工匠们就已充分考虑到排水问题。当时开凿内金水河,水从故宫西北角城垣外护城河引入,在东南角城垣下流出,其目的之一就是供排水之用。紫禁城内各宫殿的庭院都是中高边低,北高南低。其排水方法,主要利用地面坡度,使雨水通过石槽流入各种明沟、暗沟。紫禁城用于排水的明沟、暗沟纵横交织,沟通各个

紫禁城养心殿内的宫灯

紫禁城西六宫排水孔

宫殿庭院,形成一个巨大而完整的排水网络。总的走向是将东西方向流的水,汇流于南北走向的干线内,然后流入内金水河,排出城外。明清两代,每年春季都要按时整修沟渠。因此排水的沟渠,至今仍然畅通,仍能起到较好的排水作用。

天安门城楼的设计者是谁

天安门城楼以其雄伟的气势屹立于东方之林。每每有游客驻足于此,内心都不禁会问:这如此宏伟的建筑,到底出于哪位能工巧匠之手呢?现在,虽有很多争议,但多数人都认为,其设计者为蒯祥。蒯祥,为明洪武年间苏州府吴县香山人。其父是当时很有名望的工匠,受父亲影响,他在30多岁时即已成为造诣很深的木匠。永乐十五年(1417年),明成祖朱棣营建北京时,向全国征召能工巧匠。蒯祥遂以高超的技艺被应征入列。由于其工艺精湛,具有较强的审美意识,再加上非常谦逊,很快就受到重用,被提升为工部营缮所丞。1420年,承天门完工后,因工作出色,被称为"蒯鲁班"。后,其官升至工部左侍郎,又做了不少修建工程,获评价均较高。

明成化十七年(1481年),蒯祥去世,终年84岁。

天坛因何而建

传说明朝永乐皇帝迁都北京后,天下大旱,土地龟裂,地里种下的种子都被烤熟了,却一直不见下雨。旱灾持续蔓延,永乐皇帝更是心急火燎。

> 天安门城楼以其雄伟的气势屹立于东方之林。现在,虽有很多争议,但多数人都认为,其设计者为蒯祥。

蒯祥

> 永乐皇帝认为祈雨是有必要的,但不能年年都让皇后这样劳累,于是下旨在皇后祈雨之地建一座祭坛。这就是天坛。

窥探文化真相

天坛祈年殿

一天夜里，焦虑不已的永乐皇帝做了个怪梦。他梦见自己在一片干旱的大地上行走，累得口干舌燥，便想找水喝，却没有水源。永乐皇帝不禁脱口而出："老天爷，下场雨吧！"话音刚落，一个霹雳轰隆作响，电光中闪出一条浑身通红的大汉道："娘娘求雨，方可降雨。"说完就没了踪影。永乐皇帝一着急就醒了。他暗自思忖，认为这是上天的指示，于是立即下旨在正阳门外，也就是现在圜丘坛的位置搭建祈雨台，并要皇后前去求雨，一日不下雨就一日不许回宫。

刚开始皇后还为能出宫而高兴，并不诚心祈雨。眼看一天就要过去，又饿又累的皇后失去了求雨的兴趣，却不敢违命，只好坚持。到了第三天，备受煎熬的皇后终于开始一遍遍诚心祷告。永乐皇帝心疼皇后，便御驾探望。皇后看到皇帝，抑制不住心中的委屈，眼泪像断了线的珠子般流了下来。就在这时天空乌云聚合，倾盆大雨从天而降。

这场及时雨缓解了旱情，全国上下一片欢腾。永乐皇帝认为祈雨是有必要的，但不能年年都让皇后这样劳累，于是下旨在皇后祈雨之地建一座祭坛。这就是天坛。此后皇家年年来此祭天，祈求上苍保佑风调雨顺，五谷丰登。

> 在天坛建筑中，很多材料的使用都与数字"九"息息相关。

为何说"天坛走一走，到处都是九"

在天坛建筑中，很多材料的使用都与数字"九"息息相关。天坛圜丘坛的底层直径有9丈，3层合起来有45丈，寓意"九五之尊"。圜丘坛底层栏板数为每面45个，共180个，中层数目为每面27个，共108个，最上层为每面18个，共72个，3层共有栏板360个，象征着一个圆满的周期年。这些也都符合9的倍数。另外著名的天心石周围的石板数目也都依九的倍数依次递增，第一层为9块，第二层为18块，直到第九层为81块，就连每层的台阶都是9级。那么，为什么九受到如此推崇呢？

在中国古代有阴阳之分，"九"为阳数的极数，即单数中最大的数字，代表阳刚、高贵和权威，并且是

天坛圜丘台阶

"久"的谐音,代表长长久久。因此,在我国古代文化中"九"是多、大、极之意。如称天下为九州,形容天之辽阔宽广为九天,形容地之深不可测为九泉,就连家族的庞大也称之为九族等。

可见,古建筑中"九"的融入既是帝王对"天"的崇敬之意,也寄托了希望自己的王朝"长治久安"的美好愿望。

> 古建筑中"九"的融入既是帝王对"天"的崇敬之意,也寄托了希望自己的王朝"长治久安"的美好愿望。

中国现存最完整的清代王府是哪一座

"一座恭王府,半部清朝史。"这是历史地理学家侯仁之先生对恭王府的评价。恭王府作为中国现存最完整的清代王府,经历过哪些历史的变迁?与哪些重要的历史人物有关系?

恭王府二宫门

恭王府坐落在风景秀丽的北京什刹海的西南角,占据了京城的绝佳位置,是一块极佳的风水宝地。其建筑布局规整、工艺精良、楼阁交错,充分体现了皇室辉煌富贵的风范和民间清致素雅的风韵。恭王府规模宏大:府第错落有致,布局讲究,气派非凡;花园古树参天,怪石林立,环山衔水。

恭王府是一座闻名世界的地上天宫,显赫一时、举足轻重,见证了清王朝许多重要的历史变革。其始建于清乾隆四十一年(1776年),建造者是当时权倾一时的宠臣和珅,因此初名为"和第"。嘉庆四年(1799年),和珅倒台,府第被赐予庆僖亲王永璘。咸丰元年(1851年),清末重要政治人物恭亲王奕䜣成为这所宅子的第三代主人。从此,这座王府有了一个更加广为人知的名字——恭亲王府。

清朝灭亡后,这座王府被恭亲王的孙子溥伟卖给教会,后被辅仁大学赎回,用做女生学堂。新中国成立以后,曾被公安部宿舍、风机厂、音乐学院等多家单位使用过。

一座王府见证一段历史。在众多王府中,恭王府是最幸运的,它不仅被较为完整地保留了下来,而且还作为中国王府文化的代表,成为北京乃至中国的一个象征。

> "铁帽子王"权倾一时,"铁帽子王府"恢弘庞大。但是百年的岁月已洗去了它们当初的威严,沧桑的历史已褪去了它们曾经的辉煌。

清初八大"铁帽子王"及王府知多少

清初,在北京城修建的形形色色的王府中,有八座王府无论是在

窥探文化真相

和硕睿亲王多尔衮

形制、规模上还是在等级、地位上都远远大于、高于其他的王府，它们就是被称为"铁帽子王"的八大王爷的府邸。那么，"铁帽子王"是怎样来的呢？他们的府邸为何比一般王府都庄重气派呢？

"铁帽子王"是指在清初为打下大清江山立下赫赫战功的六家亲王和两家郡王，他们拥有至高无上的荣誉，子孙世代承袭亲王爵位（按照清王朝的规定，后代承袭爵位，只能降爵承袭，只有皇帝特殊恩准，才能够平爵承袭，叫作"世袭罔替"）。所以他们的府邸与众不同，气派非凡。

这八大"铁帽子王"是指和硕礼亲王代善、和硕郑亲王济而哈朗、和硕睿亲王多尔衮、和硕豫亲王多铎、和硕肃亲王豪格、和硕庄亲王硕塞、多罗克勤郡王岳托、多罗顺承郡王勤克德浑。这八位王爷均是大清开国元勋，个个能征善战、勇略过人。"铁帽子王府"的规制都是严格按照规制建造的，府院深深，朱门层层。

"铁帽子王"权倾一时，"铁帽子王府"恢弘庞大。但是百年的岁月已洗去了它们当初的威严，沧桑的历史已褪去了它们曾经的辉煌。

现如今，"铁帽子王府"或消失或改建或用作他途。

清朝最后两位皇帝为何均出生于醇王府

> 醇亲王奕譞的出名，不是因为他有着卓越的功勋或者是莫大的政治权利，而是因为家中一连出了两位皇帝：一位是他的儿子光绪帝载湉，另一位是他的孙子宣统帝溥仪。

末代王朝的两位末代皇帝，不是出生于气势恢弘的紫禁城，而是醇亲王的府邸。这究竟是为什么？醇亲王有着怎样的地位与身份？醇王府又因此而发生了怎样的故事？

第一位醇亲王是清宣宗道光帝的第七子奕譞。他于同治十一年（1872年）获得爵位。奕譞是清末名倾朝野但权力衰微的亲王。这是因为奕譞的出名，不是因为他有着卓越的功勋或者是莫大的政治权利，而是因为家中一连出了两位皇帝：一位是他的儿子光绪帝载湉，另一位是他的孙子宣统帝溥仪。

醇亲王府

醇亲王府位于后海北沿,清初时为大学士明珠的相府。后来和珅在明珠倒台后得到这座府邸。而他自己倒台后,这里又被嘉庆帝(1796—1821)赐给成亲王永瑆作为府邸,直到清末成为醇亲王府。奕譞的原府位于西城区太平湖东里(现中央音乐学院)。因为光绪帝出生于此,即位后这里便成为光绪帝的潜邸。按规矩,奕譞及其家人不能再在此居住,所以,迁入位于后海北沿的新醇王府。旧府被称为南府,新府被称为北府。

新中国成立后,醇亲王北府曾作为宋庆龄故居,现为卫生部和国家宗教局的办公地。

作为出了两位皇帝的醇王府,基本规模和建筑保存完好,是中国级别最高的王府。

> 作为出了两位皇帝的醇王府,基本规模和建筑保存完好,是中国级别最高的王府。

张氏帅府的"小青楼"因何得名

张氏帅府是张作霖长子"千古功臣"张学良的官邸和私宅,位于辽宁沈阳朝阳街,曾经是近代东北的政治中心。许多震惊中外的历史大事发生在这里。张氏帅府内的每一栋建筑几乎都见证过很多重大历史事件。其中,小青楼作为张作霖的离世地和张作霖五夫人智斗日本探视者所在地更是闻名中外。

> 小青楼作为张作霖的离世地和张作霖五夫人智斗日本探视者所在地更是闻名中外。

小青楼是张作霖为最宠爱的五夫人寿氏修建的。寿夫人不仅年轻貌美,而且聪明贤淑,不但赢得了张作霖的欢心,而且赢得了张府上下的敬重,管理着张府内部的大小事物。

1928年6月4日凌晨5时30分,张作霖由北京回沈阳途径皇姑屯时,被日本人炸成重伤。据原帅府管家温守善回忆:"张作霖被炸出约三丈远,咽喉处有一个很深的窟窿,满身是血。奉天宪兵司令齐恩铭驱车赶来接张作霖。张学曾等人忙把张作霖抬上他的汽车。到帅府后,张作霖即被抬进小青楼会客厅。"1928年6月4日上午9时45分,因伤势过重抢救无效,张作霖谢世。小青楼会客厅,成为张作霖一生的最后弥留之地。

面对这突如其来的变故,为了掩人耳目,不使日本人的阴谋得逞,为张学良回沈阳主持大局赢得时间,寿夫人强忍住心中的悲痛,与东北政要决定:帅府秘不发丧,终日闭门谢客,帅府

小青楼会客厅——张作霖最后的弥留地

窥探文化真相

> 寿夫人赢得东北政要与帅府上下的连连赞许。而见证了这一切的小青楼也成为研究、回顾那段惊心动魄历史的一个幽深的窗口。

厨房、医生,照常准备张作霖的饭食,按时给张作霖换药,给急于打探张作霖生死虚实的日本人以假象。

果然,日本人终于露出了狐狸尾巴,决定派日本总领事的太太到帅府以访问寿夫人为名,暗中打探张作霖生死虚实。这日,日本总领事夫人来到帅府,寿夫人闻讯立即在小青楼内梳洗打扮、浓妆艳抹,然后款款走进会客厅招待客人。在与日本总领事夫人的寒暄中,寿夫人一面让副官开启香槟,与之共同举杯庆贺大帅遇大难而不死,一面却连连致歉:"大帅遇险轻伤并受惊吓,刚安置睡下,致劳歉候。"

寿夫人泰然自若、谈笑风生,毫无悲凄之相,使日本总领事夫人相信张作霖没有死。寿夫人也因此赢得东北政要与帅府上下的连连赞许。而见证了这一切的小青楼也成为研究、回顾那段惊心动魄历史的一个幽深的窗口。

清朝为何要修建承德避暑山庄

> 清朝的皇帝们已经在北京修建了很多行宫,那为何还要在距离北京180公里的承德再修建一处如此浩大的宫殿建筑呢?

在河北省承德市市区的北部,是我国现存最大的古典皇家园林——避暑山庄。其修建于康乾盛世,曾是中国清朝皇帝的夏宫。山庄修建时,清朝的皇帝们已经在北京修建了很多行宫,那为何还要在距离北京180公里的承德再修建一处如此浩大的宫殿建筑呢?

这要从清政府的木兰围场和秋狝大典说起。

清代皇家猎苑——木兰围场位于今河北省承德市围场满族蒙古族自治县,修建于康熙二十年(1681年),由蒙古的翁牛特、敖汗、喀喇沁几个部落贡献的牧场建成。所谓秋狝就是在金秋的时候,皇帝狩猎习武,训练部队。由于皇帝到木兰围场狩猎的次数很多,所以,秋狝在当时也被称作"木兰秋狝"。加之,木兰围场与蒙古部落的渊源很深,于是,每次木兰秋狝时皇帝也会处理满蒙关系。因此,皇帝就下令在围场附近修建行宫,经过不断扩建、重修、整饬后,承德避暑山庄就逐渐形成了。每次皇帝打完猎,就会和随同而来的百余名蒙古王公下榻承德避暑山庄议事。

承德避暑山庄

为何将城楼上的墙垛称为"女墙"

女墙也称女儿墙,是指城墙上呈凹凸形的小墙。至于为何将这些小墙称为"女墙"。汉代刘熙所著的《释名·释宫室》中有一段话有助于我们了解它的来历。其云:"城上垣,曰睥睨,亦曰女墙,言其卑小比之于城,若女子之于丈夫也。"意思是说,用女墙称呼城墙上的小墙,是因为这些小墙相对于伟岸的城墙而言显得卑微而渺小,正如古代的女子依托于男子一样。

《三国演义》第五十一回中写道:"只见女墙边虚所掷旌旗,无人守护。"这里的"女墙"一词是指城墙顶部筑于外侧的连续凹凸的齿形矮墙,以在反击敌人来犯时,掩护守城士兵之用。有的垛口上部有瞭望孔,用来瞭望来犯之敌,下部有通风孔。

老北京广安门瓮城上的女墙

关于女墙的来历还另有一种说法。《古今注》云:"女墙者,城上小墙。一名睥睨,言于城上窥人也。"这则是说在城墙上所筑起的墙垛是为了窥视敌情。而女子是常常显露出睥睨的神态的,所以女儿墙又被叫作"睥睨"。由于"睥睨"一词太过于绕口和文雅,不如"女墙"通俗好懂,所以后来此叫法流行较广。

女墙后来也泛指矮墙,是用来防止户内妇人、少女与外界接触的小墙。古时候的女子大多久锁深闺,不能出三门四户。这种建筑形式既成全了古代女子窥视心理的需要,又可以避免被人耻笑的尴尬。借助于这样的"女墙",往往在一瞥之间,便能一见钟情,发现自己的意中人。

乔家大院在乱世中是怎样保存完好的

乔家大院是山西晋商中保存最完好的一座宅院。乔致庸建造这处宅院时,正值清末乱世,后又经历了八国联军侵华、日本侵华战争。日本侵华期间山西的大宅院几乎都遭到过不同程度的破坏,而唯独乔家大院从未被拆过,一直保留着那份原汁原味。这是为什么呢?

其实,乔家大院在后世之所以得以保留,还是因为乔致庸的正直、仁厚佑及了乔家子孙。

修建乔家大院是乔致庸在人生的最后时刻为后人做的一件大事。当时,清王朝内忧外患,岌岌可危,乔致庸当然明白,国家都要灭亡了,自然不敢奢望其家族的生意前景。所以,为了子孙后代的幸福,乔致庸开始翻盖老宅,营建新的院落。

新的宅院落成不久,就发生了八国联军侵华的战争。山西总督毓

> 乔家大院在后世之所以得以保留,还是因为乔致庸的正直、仁厚佑及了乔家子孙。

乔家大院

贤在山西地界杀洋人。在太原的洋人开始四处逃命。其中，有七个意大利修女逃到祁县，乔致庸将她们藏到自己的银库保护起来，最后用运柴草车把她们送到河北，躲过一劫。

意大利政府知道这件事后，便授予乔家一面意大利国旗以示奖励。就是这面国旗在日本侵华战争中保护了乔家大院。

日本扫荡山西的时候，乔家把那面意大利国旗挂到了自家的门口上。日本人以为乔家与自己的盟友意大利有着密切的关系，便没有破坏乔家大院。

乔家大院能够完整地保留到今天，实属不易。其以完美的建筑构局和传奇的家族故事，称得上"北方民居建筑史上一颗璀璨的明珠"！

修筑长城究竟征发了多少劳力

> 仅补筑一段约300公里的边堡城池的女墙就用工75万！由此推算，中国历代修筑长城所耗费的人力更是惊人。

长城作为一个浩大的系统工程，必须要依靠众多的人力才能完成。当年修筑长城到底征用了多少劳力，恐怕已经很难做出统计，但我们仍可以从部分历史记载中管中窥豹：仅补筑一段约300公里的边堡城池的女墙就用工75万！由此推算，中国历代修筑长城所耗费的人力更是惊人。

修长城所需劳力主要来自以下三个方面：一是被派到当地的戍边部队的军队，这些戍边士卒是修筑长城的主力；二是强征的大量失地农民，这些人的地位比士卒低，待遇比士卒差，工作量却更大，也是修筑长城的直接参与者；三是发配充军的犯人，秦朝有专门的"城旦"罪，白天轮流巡守，晚上筑城。很多人忍受不了这种苛酷的刑罚，冤死在长城脚下。

即便如此，由于工程进度紧、劳动力死亡率高等原因，仍有大量的劳力缺口。

修筑长城的劳役

统治阶级为了征调劳力,常常巧立名目,强迫人民去修筑长城。因此,巍巍横亘的长城到底凝结了多少人的劳动成果,至今仍是个谜,但我们应该能从中深深地体会到修筑长城的不易和艰辛,从而对长城这一人类文明给以足够的尊重和重视。

福建客家土楼是如何闻名的

在福建省的龙岩地区,分布着被称为"中国古建筑奇葩"的永定客家土楼。这些宋元时期的土夯建筑,直到20世纪80年代才闻名世界。而且,其闻名方式之独特,故事之传奇颇有趣味。

20世纪80年代,正值以美国为首的资本主义和以苏联为首的社会主义两大阵营对峙时期。作为社会主义阵营一个不可忽视的部分,中国一直处于美国的高压政策和强度监视之下。美国的卫星一直在密切监视着中国的每一寸土地和每一个举动。

> 突然有一天,美国的卫星在福建侦查到一大群大型蘑菇状建筑,这令美国上下举国难安……

永定土楼

突然有一天,美国的卫星在福建侦查到一大群大型蘑菇状建筑,这令美国上下举国难安。时任美国总统的罗纳德·里根出于其敏感的政治嗅觉,认为这些深藏在中国福建山区的异型建筑与中国的核武器研发有莫大的关系。于是,里根总统派出两名调查员来到中国研究这些神秘的建筑。可是,当调查员把调查结果带回美国时,里根总统和政府官员均大跌眼镜:这根本不是什么核设施,只是中国客家人的传统民居土楼而已。

从此,这些在不为人知的山坳里屹立了数个世纪的独特建筑闻名于世,而且还成为世界遗产。

吊脚楼有何特色

蓝天碧水之间,群山掩映之中,一座座精巧别致的木楼依山势而建。这便是在南岭四处都可以看到的一道独特风景线——吊脚楼。它们在陡峭的山地间营造出了一片平坦的人类生存空间。

吊脚楼,也称为"吊楼",是瑶、苗、壮、侗、水、土家等民族的传统民居。吊脚楼呈虎坐形,以"左青龙,右白虎,前朱雀,后玄武"为最佳屋场。按朝向来说的话,以坐西向东或坐东向西为最宜。吊脚楼是干栏式

> 吊脚楼最基本的特点是正屋建在实地上,厢房三边皆悬空,一边靠在实地。

湖南凤凰古城吊脚楼

的建筑，但与一般所指的干栏又有所区别——吊脚楼最基本的特点是正屋建在实地上，厢房三边皆悬空，一边靠在实地。在实地上和正房相连，而干栏建筑则应该是全部都是悬空的。所以，吊脚楼又称为半干栏式建筑。

吊脚楼一般在平地上是用木柱撑起的，分为上下两层：上层干燥通风，下层来关养牲口或者堆放杂物。房屋规模依据不同人家有所区别，一般的人家都为4排扇3间屋，或者6排扇5间屋结构，中间称作堂屋，左右两边称为饶间，居住、做饭之用。饶间以中柱为界分为两半，前面作火炕之用，后面作卧室之用。

也有的吊脚楼是三层的建筑，屋顶盖以瓦片，其余全部都用杉木建造。屋柱以大杉木凿眼。大小不一的杉木斜穿直套将柱与柱连接起来。即使没有一颗铁钉，仍然坚固异常。房子四壁皆用杉木板开槽密镶，里里外外都涂上桐油，这样既显得干净又亮堂。

底层是用来饲养家禽、放置农具和重物的；第三层干燥透风，十分宽敞，作居室之用，另外还要隔出个小间来，用作储粮和存物之用。第二层就是饮食起居之处，建有堂屋。堂屋一侧设有火塘，一家人围着火塘吃饭。堂屋内设有卧室，外人一般是不得入内的。由于房屋有窗，光线充足，通风也好，所以家人多在此做手工活和休息，同时也在这里接人待客。堂屋的另一侧有一道宽敞的绕楼曲廊与之连接，曲廊还配有半人高的栏杆，内有一大排长凳，家人常在这里休息，节日期间，妈妈也可以在此为女儿打扮。

吊脚楼比"干栏"摆脱了更多的原始性，具有较高的文化层次，被称为巴楚文化的"活化石"。然而，随着社会的进步，新一代瑶民们走出了大山，融入到现代文明的城镇居民行列中来了，吊脚楼也因此受到了冷落。走进瑶山，一座座现代砖瓦小楼雨后春笋般拔地而起，却总会有那么几幢破陋的吊脚楼，隐隐约约有几分难以支撑的局促和飘摇，在斜风秋雨中默默守望。

> 由木头相摞而成的房子不隔音。当地的摩梭人说，他们从小是听走婚脚步声长大的。

摩梭人的木楞子房有何结构

木楞子房是泸沽湖畔的摩梭人传统民居，建造历史悠久。其皆用圆木或方木垒墙，以木板覆顶，一般构成四合院结构。许多木楞子房修得气势恢弘，很精致，有花窗、飞檐。一幢木楞子房要传好几代人。

木楞子房由草楼、经堂、主屋和花楼组成一个四合院。主屋内有两根柱子，名为"女柱"和"男柱"。这两根柱子同出一棵树木，女柱和男柱支撑着房屋的整个梁架，

摩梭木楞子房

象征着女人和男人支撑着家庭和社会。院坝左边的建筑是花楼。摩梭人家的女儿是不出嫁的，家中成年的姐妹在花楼各自拥有一间独立的小屋，与"阿夏"共享爱情的甜蜜。木楞子房里，常生活着一大家子，每人分工明确，煮饭喂猪、带小孩儿、生产劳动，一家人就是一个独立经济体，由称作达布的女主人负责全家的重要决策和开支。

木楞子房主屋内，一年四季火塘都在燃烧。周围的火铺上，人们没事就坐在那里聊天、喝酒、唱歌。到了晚上，火铺是老人和小孩睡觉的地方。由木头相擦而成的房子不隔音。当地的摩梭人说，他们从小是听走婚脚步声长大的。摩梭村庄大多由众多的木楞子房构成。每到晚上和早晨，川流不息的走婚男子就行走在这些村寨里。

建这种房子主要有两个原因：一是过去当地森林多，人们可就近在山上采伐很多木料来建房子；二是泸沽湖地区地震多，木楞子房抗震能力强，所以世代传承使用这种房子。

陕北的窑洞是如何修建的，有何特色

陕北窑洞是陕北的特色民居之一，有着悠久的历史。窑洞的修建也是由于当地特殊的地理地质环境和自然环境而产生的。陕北有丰富的黄土和砂石，地形沟深万壑纵横，为修建窑洞提供了得天独厚的地理条件。

由于陕北的黄土深达一二百米，很难渗水，而且直立性非常强，加上气候干燥少雨、冬季寒冷、木材少等自然原因，就产生窑洞这种民居。陕北窑洞的形式各式各样，可分为土窑洞、石窑洞、砖窑洞、土基子窑洞、柳椽柳巴子窑洞和接口子窑洞等多种。但从建筑的布局结构上可划分为靠崖式、下沉式和独立式三种形式。陕北的窑洞有的是依山凿出的拱洞，叫作土窑洞，一般深 7~8 米，宽 3 米多，高 3 米多。由于黄土的直立性极强，地下水位又很低，且拱形比平顶的抗压力强，故窑

> 窑洞有防火、防噪音、冬暖夏凉的特点，既节省土地，又经济省工，是因地制宜的完美建筑形式，可称得上是天地对人类的一种恩赐。

窥探文化真相

陕北窑洞

> 窑洞一般在山腰或山脚下的向阳处修建，并在窑顶种上植物。

洞比较稳固，不易坍塌。还有一种用石头建造的窑洞，一般深7~9米，高3米多，宽3米多，叫石窑洞。砖窑洞的样式和制造方法与石窑洞一致，外表美观。

　　窑洞一般在山腰或山脚下的向阳处修建，并在窑顶种上植物。一院窑洞一般建有3孔或5孔，中窑为正窑，有的分前窑和后窑，有的1进3开。窑洞内主要有两大设施，一是火炕，另一个是灶台，是居民最需要的设施了。窑洞有防火、防噪音、冬暖夏凉的特点，既节省土地，又经济省工，是因地制宜的完美建筑形式，可称得上是天地对人类的一种恩赐。

第十二篇 别具风味的美食·特产

"筷子"真是大禹发明的吗

中国的确是筷子的发源地，在我国殷商时代，中国人便开始使用筷子了。但可以推测，筷子并不是由某个人所发明。

传说大禹为治好水患，曾经三过家门而不入，就连吃饭、睡觉也都抓得很紧。有一次，大禹在野外煮肉吃，陶锅的肉很烫手，无法立刻抓食，他又不想浪费时间，便砍下两根树枝，把肉夹出来吃。久而久之，大禹养成了用两根小棍夹取食物吃的习惯。他的部下见他这样吃饭，既不烫手，也很干净，纷纷仿效。这样就产生了用筷子吃饭的习俗。

中国的确是筷子的发源地，在我国殷商时代，中国人便开始使用筷子了。古籍《韩非子·喻老》载："昔者纣为象箸而箕子怖。"司马迁在《史记·宗微子世家》亦云："纣为象箸，箕子叹曰：'彼为象箸，必为玉杯……'"以这些文献记载的年代来推判，我国在殷商时代就已出现了精制的象牙箸。

关于筷子的名称，各个时代叫法不同。先秦的时候写做"挟"，秦汉时期又作"箸"。《礼记·曲礼》载，"羹之有菜用挟，其无菜者不用挟。"郑玄注："挟，犹箸也。"隋唐的时候筷子写为"筋"。直到宋代的时候，才有"筷"的称呼。

因筷子的诞生史无记载，现只能根据一些专家的种种推论和旁证来追溯它的产生。但可以推测，筷子是我国的人们缓慢演化过程中的产物，并不是由某个人所发明。

筷子的出现，并不是孤立的。远在新石器时代中期，在仰韶文化遗址中，已发现了匕匙。当历史推进到新石器时代晚期，人的智慧有了一定的发展，生活条件也有所改善，单以匕匙进食已不能适应烹饪的进化，筷子也就顺乎潮流而出现。

日本筷子节上五颜六色的筷子

人们猜测，早期的筷子大概是两根树枝之类的东西，人们用它来帮助自己用餐，以后才慢慢发展成了筷子。这可能与人们的饮食结构有关。中国人的饮食以米饭和蔬菜为主，筷子便于夹取食物。筷子看起来只是非常简单的两根小细棒，但它有挑、拨、夹、拌、扒等功能，且使用方便，价廉物美。筷子在餐具使用比重上占世界人口的40%之多，是亚洲人的主要用餐工具。

"狗不理"包子何以闻名

狗不理包子是天津著名美食,津门老字号,为"津门三绝"食品之首,在京津地区名气很大,有中华第一包子之美称。改革开放以后,"狗不理"甚至在美国纽约、日本东京、韩国首尔等都打出了自己的品牌,成为一个知名的国际美食品牌。

狗不理包子创制于清咸丰年间,距今已有100多年的历史,由一个叫高贵友的小厨师创制。高贵友的父亲四十得子,为了孩子好养活便为其取乳名"狗子"。狗子14岁时到天津一家蒸吃铺打工学艺,由于其勤奋好学,很快就小有名气。学了三年手艺后,狗子自己单独开办了一家包子铺,名叫"德聚号"。他精心选馅,严控加工过程,再加上从不掺假,因此其制作的包子十分香软、可口,引来了无数的顾客。从此其包子铺生意红火,名声也传遍各地。由于顾客太多,狗子顾不上和他们说话。这些顾客就说:"狗子卖包子,不理人。""狗不理"包子的名称由此而来。一说高贵友的乳名叫"狗不理",所以他的包子叫"狗不理包子"。

相传袁世凯任直隶总督在天津编练新军时,曾把"狗不理"包子作为贡品进京献给慈禧太后。慈禧太后尝后曰:"山中走兽云中雁,陆地牛羊海底鲜,不及狗不理香矣,食之长寿也。"这使狗不理包子名声大振,生意日益红火。

狗不理包子选料精细,制作讲究。每个包子的褶花匀称且都不少于18个。其馅心种类齐全,有三鲜包、猪肉包、肉皮包、海鲜包、全蟹包、野菜包六大系列,共100多个品种,口味多样,各有特色。包子柔软,味道鲜香,油而不腻,让人尝过难忘。也难怪很多人到了天津,指名要吃狗不理包子。

天津狗不理包子

> 狗不理包子选料精细,制作讲究,口味多样,各有特色。包子柔软,味道鲜香,油而不腻,让人尝过难忘。

究竟是宫保鸡丁还是宫爆鸡丁

在大大小小的餐馆中,"宫保鸡丁"这道菜可谓司空见惯。而有些菜单上写成了"宫爆鸡丁"。有人认为这是因为烹制方法为爆炒,但其实这是一种误解,正确的说法应是"宫保鸡丁"。那么,为什么会把这道菜命名为"宫保鸡丁"呢?

要清楚地分清两者谁是"真身",那首先要明白"宫保鸡丁"的由

> 而有些菜单上写成了"宫爆鸡丁"。有人认为这是因为烹制方法为爆炒,但其实这是一种误解,正确的说法应是"宫保鸡丁"。

官保鸡丁

来。提起这道名菜,当然不能不提它的发明者丁宝桢。所谓"宫保",其实是丁宝桢的荣誉官衔。丁宝桢原籍贵州,是清咸丰三年(1853年)的进士。光绪二年(1876年),任四川总督,为正二品。丁宝桢平过捻乱,被加了"太子少保"之官衔,人称"丁宫保"。

而在宫保鸡丁的命名起因上有四种说法。一说丁宝桢小时不慎落水,恰巧被桥边一户人家救起,后来他为官后记起此事,遂前去感谢,那户人家就做了这道菜招待,他吃后觉得味道很好,就加以推广。一说丁宝桢在山东任职时,命家厨制作"酱爆鸡丁"及类似菜肴,很合胃口,但那时此菜还未出名。丁宝桢调任四川总督后,每遇宴客,他都让家厨用花生米、干辣椒和嫩鸡肉炒制鸡丁,肉嫩味美,很受客人欢迎。一说丁宝桢来到四川,大兴水利,百姓感其德,献其喜食的炒鸡丁,名曰"宫保鸡丁"。一说丁宝桢在四川时常微服私访,一次在一小肆用餐,吃到用花生米炒的辣子鸡丁,便叫家厨仿制,家厨以"宫保鸡丁"命名之。

但不论是哪个典故,这道菜的名字都和丁宫保联系在一起。时过境迁,很多人已不知"宫保"为何意,就想当然地把"宫保鸡丁"写成了"宫爆鸡丁"。虽一字之差,但却改变了菜名的本意,改变了人们爱戴丁宝桢的初衷。

东北人为何称葵花子为"毛嗑"

> 在沙俄侵占东北后,大批俄国人来到东北定居,他们平时喜欢嗑葵花子。慢慢地中国百姓就把葵花子称为"毛嗑",意思是老毛子嗑的东西。

葵花子是人们休闲之时爱吃的一种零食,为何东北方言称它为"毛嗑",起因还得从苏联人说起。中国人最早称苏联人为"老毛子",这个称谓始于清朝后期我国北方,尤其是东北地区,用以代指俄罗斯人。因为俄罗斯人胸毛、腿毛又长又浓密,东三省的老百姓就这样称呼他们。在沙俄侵占东北后,大批俄国人来到东北定居,他们平时喜欢嗑葵花子。慢慢地中国百姓就把葵花子称为"毛嗑",意思是老毛子嗑的东西。

在东北农村,基本上每家每户都在院子里或田边种上几排葵花。秋天葵花籽成熟后把整个葵花摘下来,用短粗的木棒敲打,打下来的籽摊在干净宽敞的院子里晒干,然后放在大铁锅

恰恰毛嗑

里加些粗盐翻炒。接下来一整个冬天就可以享受坐在热炕头上嗑着毛嗑的悠闲日子了。"牙豁儿"是由"毛嗑"带给东北人的特征。葵花子总是放在两个门牙间嗑，久而久之，门牙中间因为磨损就会出现豁口。

究竟是"买单"还是"埋单"

改革开放以来，南风北渐，一些粤语词汇成了各地民众习语。人们在吃过饭后结算金额时，有人说"买单"，有人说"埋单"。一种意思为什么有两种说法呢，如果有一种是错误的，哪个是正确的表述呢？

在粤语中，"埋"与"买"两字音近义远。粤语的"埋"字，有多个含义，其中之一，有聚合、结算之意，如"埋口"（伤口愈合）、"埋堆"（志趣相投者常相聚一起）等。从前做生意者年终结算，叫"埋年"；至茶楼酒肆，食毕开单结账，便是"埋单"。广州的饮食业，以前有先食后结账的传统做法。就是茶居食肆，顾客食用结束后便招呼伙计"埋数"（结账）。新中国成立前或20世纪50年代，珠江三角洲一带的茶楼食肆均实行"先吃后付款"的做法。在广东餐馆点菜单是一式几联的，吃完后服务员就把交给前台以及留在饭桌上的点菜单合在一块，谓之"埋"，粤语"聚合、合并"之意。因此后来"埋单"便引申为结账。

"吃饭买单"漫画

而"买单"一词源起早年广州开埠穗港异地间商业票据往来，本地付款，异地取货，当下付钱"买"到的其实是一纸提单。可见"埋单""买单"两者是有根本区别的。

由于"埋单"与"买单"谐音，有些不了解广州话的字义和广州民俗文化的人把"埋单"误作"买单"，也是不足为奇的。

"元宵"和"汤圆"是一种东西吗

正月十五有"北方吃元宵，南方吃汤圆"的说法。元宵、汤圆外形相似，又都是糯米粉包馅，又是冬季的时令食品，所以很多人认为二者是同一种食品，只是北方南方的叫法不一样。其实二者只能说是一类东西，但不完全一样。

北方的元宵是先拌馅料，和匀后摊成大圆薄片，晾凉后再切成约

窥探文化真相

上海人元宵节吃汤圆

1厘米的小立方块,蘸上水,放在盛有糯米(江米)面的笸箩内,"筛"动笸箩,使小立方块滚动,一边滚一边洒水。里面的小立方块就会被滚成小圆球状,表面也蘸上一层糯米面,便成了元宵。下锅煮后,江米粉层会变成黏糯糊状。

汤圆在南方多称为汤团,做法和元宵完全不同,倒有点儿像包饺子包馄饨,或包包子。先把糯米粉加水和成团,放置几小时让它"醒"透。把做馅的各种原料拌匀放在大碗里备用。湿糯米粉黏性很强,不易于擀面皮,只能用手揪一小团湿面,挤压成圆片形状。用薄竹片挑一团馅放在糯米面片上,再用双手边转边收口做成汤团。做得好的汤团表面光滑发亮,有的还留一个尖儿,像桃形。汤团很黏,不易长时间保存,要现做现煮。冷冻后才可以运输售卖。

汤圆煮时不乱汤,皮面润滑,馅流动性好。元宵容易乱汤,但皮面松软。汤圆煮后汤比较清;元宵煮后汤比较浓,如糯米面汤。元宵多为甜馅,有白糖、豆沙、芝麻、山楂等类。南方的汤圆则甜、咸、荤、素馅皆有,如黑芝麻、藕粉、果肉、酸菜、肉类、海鲜等。

虽然元宵和汤圆的做法不一样,但基本用途是一样的,都是冬季时令食物。因为冬季气温低,易于制作和保存,其他季节温度都高,食物宜变味,而且油馅不能成冻,不适合做元宵或汤圆。在正月十五元宵节这天,北方吃元宵,南方吃汤圆。因此说元宵和汤圆是一类食品,但不完全一样。

油条的来历与秦桧有关吗

> 油条是人们早餐食谱上的常客,也称油炸烩、油炸鬼。民间一直传说油条的来历和南宋大奸臣秦桧有关。

油条是人们早餐食谱上的常客,也称油炸烩、油炸鬼。民间一直传说油条的来历和南宋大奸臣秦桧有关。相传在南宋初年,宰相秦桧和他的妇人王氏因妒忌及贪婪,外通金国,设毒计把精忠报国的岳飞害死在风波亭。消息传开后,酒楼茶馆、街头巷尾的老百姓都在讨论这件事,各个义愤填膺,对秦桧、王氏深恶痛绝。

当时在临安城最热闹的集市上有两个吃食摊,一家卖芝麻葱烧饼,一家卖油炸糯米团。两家店主议论起这事,非常激愤,便从盆中抓起一块面团,捏成一男一女两个小人,并将它们背靠背粘在一起,丢进油锅,喊道:"吃油炸桧啦!"他这么一喊,周围的百姓个个心里就都明白他们的意思了,便一齐拥上来,一边动手帮着做,一边帮着喊。做出来的油炸桧味道还很好,很受食客欢迎。其他的饮食店见状,也争相效

秦桧等形象图

仿。但面人要一个一个捏起来,做一个"油炸桧"得花不少工夫,实在很费事。后来,改用切面刀切成许多小条条,拿两根来,黏在一起,放到油锅里去炸。这样做起来就方便多了。

老百姓当初吃"油炸桧"是为了消消恨的。但因味道好,价钱也便宜,所以吃的人越来越多。当时,整个临安城在集市上都有做"油炸桧"的,并很快传遍全国。天长日久,远离那段历史背景,人们就把这油炸的长面条称作"油条"了。

> 老百姓当初吃"油炸桧"是为了消消恨的。但因味道好,价钱也便宜,所以吃的人越来越多。

"馒头"有何来历

古代的馒头就是现在的包子,相传是三国时诸葛亮所创。当时南蛮有猎杀人头以祭祀之俗,诸葛亮用面皮裹肉做成人头形,代替真人头用于祭祀,以改风易俗。宋朝高承《事物纪原·删醴饮食毅头》云:"稗官小说云,诸葛武侯之征孟获,人曰蛮地多邪术,须祷于神,假阴兵以助之。然蛮俗必杀人,以其首祭之,神则助之,为出兵也。武侯不从,因杂用羊豕之肉,而包之以面,像人头以饲,神亦助焉,而为出兵。后人由此为馒头。至晋芦谌祭法,春祠用馒头,始列于祭祀之品。而束晳《饼赋》亦有其说,则馒头疑自武侯始也。"

晋以后,有人把馒头称作"饼"。凡以面揉水作剂子,中间有馅的,都叫"饼"。唐朝时馒头已很流行,长安人称之为笼饼。馒头的形态变小,有称作"玉柱"、"灌浆"的。《汇苑详注》:"玉柱、灌浆,皆馒头之别称也。"唐人徐坚《初学记》把馒头写作"曼头"。当时馒头属点心类。宋代《集韵》云:"馒头,饼也。"

> 古代的馒头就是现在的包子,相传是三国时诸葛亮所创。

宋朝时开封的太学馒头很有名，是馈赠的佳品。而且宋朝时已有包子之称。宋朝王栐撰《燕翼诒谋录》："今俗屑面发酵，或有馅，或无馅，蒸食之者，都谓之馒头。"南宋时孟元老著《东京梦华录》记述了北宋都城汴京（开封）的繁华，记有不少有名的包子，在州桥南有王楼山洞梅花包子，御廊西有鹿家包子，州桥夜市有梅家鹿家鹅鸭鸡兔肚肺鳝鱼包子，很多店都外卖诸色包子，会仙酒楼正店和分店皆外卖诸色包子。还有仍称为馒头的，和包子可能稍有不同，在尚书省西门的西车子曲街有京城第一的万家馒头，州桥西有孙好手馒头，巷陌市井有卖羊肉小馒头的，大内英殿山楼教坊有独下馒头。"凡孕妇入月，于初一日父母家以银盆，或丽或彩画盆，盛粟秆一束，上以锦绣或生色帕复盖之，上插花朵及通草，帖罗五男二女花样，用盘合装，送馒头，谓之'分痛'。"吴自牧《梦粱录·荤素从食店》："且如蒸作面行卖四色馒头，细馅大包子。"

但宋时皇宫赏赐的金银珠宝包也称包子，易与吃的包子混淆。如宋朝朱彧《萍洲可谈》卷一云："近岁帝子蕃衍，宫闱每有庆事，赐大臣包子，银绢各数千匹两。"宋朝蔡绦《铁围山丛谈》卷四："祖宗故事，诞育皇子、公主，每侈其庆，则有浴儿包子，并赍巨臣戚里。包子者，皆金银大小钱、金粟、涂金果、犀玉钱、犀玉、方胜之属。"

明人郎瑛《七修类稿》记："馒头本名蛮头，蛮地以人头祭神，诸葛之征孟获，命以面包肉为人头以祭，谓之'蛮头'。今讹而为馒头也。"明朝小说《三国演义》云："诸葛亮平蛮回至泸水，风浪横起兵不能渡，回报亮。亮问，孟获曰：'泸水源猖神为祸，国人用七七四十九颗人头并黑牛白羊祭之，自然浪平静境内丰熟。'亮曰，'我今班师，安可妄杀？吾自有见。'遂命行厨宰牛马和面为剂，塑成假人头，眉目皆具，内以牛羊肉代之，为言'馒头'奠泸水，岸上孔明祭之。祭罢，云收雾卷，波浪平息，军获渡焉。"

但似乎明朝也有人分不清馒头与包子。明朝周祈撰《名义考》云："以面蒸而食者曰'蒸饼'，又曰'笼饼'，即今馒头。"明代崇祯末年国子监生张自烈撰《正字通》云："'韦巨源《食单》有婆罗门轻高面，今俗笼蒸馒头发酵浮起者是也。'笼蒸馒头发酵浮起者有馅者，有无馅者，有馅者今日谓包子，无馅者是今所说的白面馍。

清末民国以来，馒头与白面馍相混淆。清末民初徐珂编撰《清稗类钞》辨馒头："馒头，一曰馒首，屑面发酵，蒸熟隆起成圆形

烤馒头

者。无馅，食时必以肴佐之。""南方之所谓馒头者，亦屑面发酵蒸熟，隆起成圆形，然实为包子。包子者，宋已有之。《鹤林玉露》曰：有士人于京师买一妾，自言是蔡大师府包子厨中人。一日，令其作包子，辞以不能，曰：'妾乃包子厨中缕葱绿者也。'盖其中亦有馅，为各种肉，为菜，为果，味亦咸甜各异，惟以之为点心，不视为常餐之饭。"但《清稗类钞》把有甜馅包子称"馒头"。云："山药馒头者，以山药十两去皮，粳米粉二合，白糖十两，同入擂盆研和。以水湿手，捏成馒头之坯，内包以豆沙或枣泥之馅，乃以水湿清洁之布，平铺蒸笼，置馒头于上而蒸之。至馒头无黏气时，则已熟透，即可食。"

上海生煎馒头（包子）

实际上，河南省等地一直把发酵蒸熟的面团称为馍或白面馍，而绝不会称为馒头。之所以称之为馍，是因为发酵蒸熟的面团不仅仅是圆的或方的，还有一些模型，如枣花儿馍；也有把面团放在模子里，按成形后，再蒸熟的，故称之馍。近代以来，一些文人竟把白面馍称作馒头，居然还推广流行了，很多地方把白面馍写做馒头。现在仍把包子叫作馒头的地方已经不多了。在南方一些地区，包子仍然保留了老的说法，叫作馒头，如上海馒头、杭州馒头等。

> 现在仍把包子叫作馒头的地方已经不多了。在南方一些地区，包子仍然保留了老的说法，叫作馒头，如上海馒头、杭州馒头等。

京菜为何进不了八大菜系

中国菜肴素有四大风味和八大菜系之说。其中，四大风味是指鲁菜、川菜、粤菜、淮扬菜，八大菜系一般是由前者再加上湘菜、浙菜、闽菜、徽菜四大风味组成。里面并无北京菜。这是什么原因呢？

第一，八大菜系历史，悠久，而京菜历史并不长，只是在明清以后才有了飞快的发展。

第二，京菜名菜众多，兼容八方风味，难以归类。改革开放以来，不但北京的老字号餐馆兴旺发展，而且全国各地乃至世界五大洲的名吃、名店

> 中国菜肴素有四大风味和八大菜系之说，里面并无北京菜。这是什么原因呢……

宫廷菜：寿字人参鸭

也纷纷落户北京。因此造就了复杂多元的北京风味菜点。

第三,菜系的形成,首先要和自己的本土文化相吻合,另外在品种、规模、制作方法、食用方法等方面,要有自己的完整体系。但是北京本土文化欠缺,包括饮食文化,也都是由全国各地汇集的。因此,八大菜系中没有京菜也就不难理解了。

"满汉全席"有多大规模

满汉全席是清朝宫廷菜的最高代表,是美味佳肴的代名词,被称为中华菜系文化的瑰宝和最高境界。在这一盛宴的菜品,有咸有甜,有荤有素,取材广泛,用料精细,山珍海味无所不包。

满汉全席的菜品最起码要108种,其中南菜54道,北菜54道。全席计有冷荤热肴196品,点心茶食124品,计肴馔320品。

> 满汉全席的菜品最起码要108种,其中南菜54道,北菜54道。全席计有冷荤热肴196品,点心茶食124品,计肴馔320品。
>
> 满汉全席

满汉全席的108种菜品分为六大宴席:蒙古亲王宴、廷臣宴、万寿宴、千叟宴、九白宴、节令宴。这六大宴席适用于不同的场合,招待不同的宾客,要分三天才能吃完。其中有代表性的菜品有燕窝鸡丝汤、海参烩猪筋、海带猪肚丝羹、鲍鱼烩珍珠菜、淡菜虾子汤、鱼翅螃蟹羹、鱼肚煨火腿、蒸驼峰、梨片伴蒸果子狸、鲫鱼舌烩熊掌、西施乳、获炙哈尔巴小猪子、挂炉走油鸡鹅鸭等。这豪华的六宴可以说是择取了时鲜海味,搜寻了山珍异兽而汇集成的满汉众多名馔。

满汉全席作为清朝宫廷盛宴,一直是老北京人津津乐道的美食。人们谈论它的吃法、探究它的菜名、寻找它的做法、品尝它的味道。如今,满汉全席已走出宫廷,来到民间,揭开了它神秘的面纱。

"一日三餐"的说法有何来历

> 实际上一日三餐的饮食结构,并不是随着食物起源之初便存在的固定模式。

实际上一日三餐的饮食结构,并不是随着食物起源之初便存在的固定模式。上古时候多为一日两餐,以适应"日出而作,日落而息"的农业生活。在春秋战国时期,人们也是一天只能吃两顿饭。即便如此,还要视人而待。《墨子·杂守》说,兵士每天吃两顿,食量分为五个等级。第一顿称"朝食"或"饔",在太阳行至东南方(隅中)时就餐。第二顿称

"飧"或"食",在申时(下午四点左右)进餐。对于进餐时间,古人讲:"食不时,不食。"(《论语》)在不应进餐的时间用餐,被认为是一种越礼的行为或特别的犒赏。如《史记·项羽本纪》记载,项羽听说刘邦欲往关中,曾怒而下令"且日享士卒",借此犒劳将士,激发士气。

重庆小天鹅餐馆

汉代以后,一日两餐逐渐变为三餐或四餐。《白虎通义》云:"平旦食,少阳之始也;昼食,太阳之始也。餔食,少阴之始也。暮食,太阴之始也。"并且,三餐开始有了早、中、晚饭的分称。早饭,指早晨起床漱洗后所用之小食。至唐代,早饭始有点心之称。宋人吴曾《能改斋漫录》云:"世俗例以早晨小食为点心,自唐时已有此语。"至今我国许多地区,仍称早饭为早点。午饭,古人曾称之为"中饭"或"过中"。餔食时间在下午四时前后。暮食在天黑时。

另外,我国古老的中医理论也表明,一日三餐这种饮食结构符合人体与自然间的规律。辰时是指早晨7点到9点,这个时候是胃经当令。从子时开始,经脉气血一直在上升,至辰时最旺。此时进餐最容易消化。午时是11点到13点,心经当令,是身体能量需求最大的时候,12点左右是吃午餐的最佳时间。酉时是指17点到19点,这个时候是肾经当令。肾主藏精。中医称"肾为先天之本"。所谓的"先天",就是指肾所藏的精。精有两个来源:一个是来源于父母,另外一个就是来源于饮食营养。此时应合理膳食,补充营养。

但从古到今,打铁的工匠一直是一日两餐。因为活重,又要赶工,一日两餐可以节省不少时间,可是每次饭吃的都很多。

臭豆腐为何还有个雅名——"青方"

臭豆腐以"闻着臭、吃着香"闻名于全国乃至世界。在我国,绍兴臭豆腐、长沙臭豆腐、南京臭豆腐和北京臭豆腐最为有名。臭豆腐分两种,一种是在南方地区流行的臭豆腐干,另一种就是老北京人最难忘怀的臭豆腐乳。

臭豆腐名字俗、长得丑、闻着也臭,但这些都掩盖不了它的别具风味。清代,老北京豆腐乳还曾作为宫廷御膳摆上了贵族的餐桌。清宣统年间,爱吃臭豆腐的慈禧太后特为其赐雅名"青方"。从此,臭豆腐名扬

> 清代,老北京豆腐乳还曾作为宫廷御膳摆上了贵族的餐桌。清宣统年间,爱吃臭豆腐的慈禧太后特为其赐雅名"青方"。从此,臭豆腐名扬天下。

王致和臭豆腐

天下。

中华老字号"王致和"的创始人王致和被认为是臭豆腐乳的发明者。相传，清康熙八年（1669年），安徽仙源县举人王致和进京会试落第，因无盘缠回乡，遂滞留京城，闲居会馆之中。为谋生计，王致和便一边继续刻苦读书，一边做起了豆腐生意。一次，为了防止没卖完的豆腐在夏天变质，王致和将剩余的豆腐切成小块腌在了一口小缸里。后来，他一心读书，竟将这缸豆腐忘在了脑后。直到秋天到来，他才又想起了这些豆腐。打开小缸一看，先是一股臭味扑鼻而来，豆腐已然变质了。王致和觉得可惜，大胆地尝了一口，竟十分美味。他又将臭豆腐送与邻里品尝，结果广受欢迎。王致和屡试不中，就干脆专心经营起臭豆腐生意来。

老北京有句顺口溜："窝窝头就臭豆腐，吃起来没个够。"臭豆腐乳与南方的臭豆腐干不同，不能炸着吃，要抹在馒头、大饼上吃。还有人发明了臭豆腐就热汤面的吃法。臭豆腐吃起来是越吃越香，令人欲罢不能。

除了好吃，臭豆腐的营养价值也值得一提。它富含维生素 B_{12}，有预防老年痴呆的功效。此外，臭豆腐还有"素奶酪"之称，它富含蛋白质、钙类，经发酵能产生促进消化吸收的酵母等物质。臭豆腐能够和脾胃，消胀痛，清热散血，也有一定的药用价值。不过，臭豆腐不宜多食，制作时也要特别注意防止有害细菌的滋生。

"驴打滚"和香妃有关系吗

老北京的名小吃之一豆面糕有一个更加为人熟知的名字——驴打滚，是源于满族的一个古老小吃。在民间，传说驴打滚源于香妃，成名于香妃。这究竟是一个怎样的传说呢？

据说，乾隆平定大小和卓的叛乱后，把新疆维吾尔族首领的妻子据为己有，召入宫中，封为妃，也就是传说中的香妃。

香妃入宫后，整日闷闷不乐，茶饭不思，这可把乾隆急坏了。为了博得美人欢心，乾隆传旨到御膳房，说："谁能做出香妃爱吃的美食，不但升官，而且还赏银千两。"御厨们为了能够升官发财，都使出了看家本领，一个个大显身手，做出了一道道美味佳肴。但是，谁知香妃根本都不正眼瞧一眼。

乾隆和御厨们都只看到了表面，都以为香妃郁郁寡欢是因为中原

> 老北京的名小吃之一豆面糕有一个更加为人熟知的名字——驴打滚，是源于满族的一个古老小吃。

的饭菜不合西域的习惯与口味。其实,香妃是因为思念家乡,思念亲人,不想给乾隆皇帝做妃子才会心情低沉,胃口欠佳的。

其实,远在西域的香妃的丈夫又何尝不是在煎熬中度过呢!为了能够寻得机会救出妻子,香妃的丈夫跋山涉水来到了北京,藏身在京城的白帽营中,想方设法地打听妻子的境况。可巧,皇宫中无计可施的乾隆皇帝下令让京城白帽营的人为香妃准备一道西域最好吃的食物敬献到皇宫中。于是,这位维吾尔部首领为了和妻子联系,便自告奋勇地准备美食。他做了祖传的自制点心江米团子。当太监来取食物问这道点心的名字时,他就随便说了一个名字:驴打滚。

护国寺小吃:驴打滚

宫中的香妃看到了丈夫家祖传的点心,便知道是丈夫来到了北京,于是,便吃了这道点心。乾隆皇帝听说香妃开始进食了,高兴得不得了,便下令白帽营天天送驴打滚进宫。所以,作为乾隆宠妃心爱的点心,驴打滚在北京就出名并流传开来。

> 乾隆皇帝听说香妃开始进食了,便下令白帽营天天送驴打滚进宫。作为乾隆宠妃心爱的点心,驴打滚在北京就出名并流传开来。

"涮羊肉"是怎样来的

涮羊肉又称"羊肉火锅",是全国各地冬日里最爱吃的风味食品之一。相传,早在三国时就已出现铜质火锅。宋代,京城出现了专门以火锅招揽生意的酒楼。但真正的涮羊肉却起源于元代。当年,元世祖忽必烈统率大军南下,饥肠辘辘之时就想吃一盘家乡的清炖羊肉。谁曾想,刚吩咐完部下烧火宰羊,便有敌军逼近的消息传来。忽必烈一边赶忙下令部队开拔,一边还想着他那盘没吃上的清炖羊肉。饥饿难耐的他对厨师发起了脾气。厨师急中生智,拿起刀来,飞刀片下薄薄的肉片,放进沸水一搅和,待肉色一变,立马捞出来放进碗里,撒上细盐,这就端给了忽必烈。忽必烈拿起碗来将羊肉匆匆下肚,之后便上马迎敌去了。

涮羊肉

> 但真正的涮羊肉却起源于元代。当年,元世祖忽必烈统率大军南下,饥肠辘辘之时想吃一盘家乡的清炖羊肉……

> 如今，涮羊肉已经成为家常美食。数九寒冬，涮锅一开，暖意伴着肉香扑面而来，真是无比惬意的享受。

忽必烈这一战旗开得胜，筹办庆功酒宴时，他想起拔营前吃的那碗美味的羊肉片，便吩咐厨师做给宴席上的将帅们吃。将帅们果然也对这种羊肉片赞不绝口。忽必烈在宴席上给这道菜赐名"涮羊肉"，从此，涮羊肉成了宫廷美食。

如今，涮羊肉已经成为家常美食。数九寒冬，屋外是一片银装素裹的景象。这时，涮锅一开，屋内顿时热气腾腾，暖意伴着肉香扑面而来，真是无比惬意的享受。

> 老婆饼皮薄馅厚，色泽金黄，馅香皮酥，入口即化，甜而不腻，此饼在上海、广州、澳门、厦门、潮州和香港等地都十分畅销。

"老婆饼"有何来历

老婆饼是广东、福建、江浙一带的特色糕点，是以冬瓜、糖、芝麻为馅料，糯米粉为饼皮，烘烤制成，皮薄馅厚，色泽金黄，馅香皮酥，入口即化，甜而不腻。此饼在上海、广州、澳门、厦门、潮州和香港等地都十分畅销。关于老婆饼的来历有几种说法。

一说元朝末年，统治者经常增加赋税，使得民间怨声载道，各地不断爆发起义。朱元璋率领一支起义军与元军作战。起初，朱元璋的军队较为薄弱，粮食和装备也极其匮乏。为了使军队有方便的行军干粮，朱元璋的妻子马氏想到了一个方法，用小麦、冬瓜磨成泥，做成圆饼，既方便携带，还耐储存，给军队打仗带来了诸多便利。后来此饼流传开来，经过人们精心改良，成为现在声名远播的老婆饼。

一说老婆饼是广州、江西一带的名小吃，雅号叫"冬茸酥"。冬茸即冬瓜茸。传说以前有一对恩爱夫妻，为给家翁治病，妻子到远方做工。丈夫在家研制出一道味道奇好的"冬茸酥"，很是畅销，便把妻子接回来共同经营，最终致富，过上了幸福生活。感于这对夫妻的不易和恩爱，人们便称"冬茸酥"为"老婆饼"。

还有一说，以前有一个潮州人到广州做点心师傅。有一次他回老家探亲时，带了很多广州点心给家人品尝。谁知他老婆吃了点心后却说："这些广州点心还没有我做的冬瓜角好吃。"潮州师傅不相信。老婆便以冬瓜茸为馅，面粉为皮，做了些冬瓜角给他吃。他一尝果然好吃。后来，他又让老婆做了一些冬瓜角，带到广州给其他点心师傅品尝。没想到他们吃了也连声道好。由于这点心为潮州师傅的老婆所做，大家便叫它"潮州老婆饼"。后来经过他们的一番改进，此饼成为广州有名的点心，最终简称为"老婆饼"。

关舟北园的点心：老婆饼

"东坡肘子"由何而来

东坡肘子是传统名菜,肥而不腻,粑而不烂,色、香、味、形俱佳。眉山东坡肘子的制作比较讲究,在选料上只选猪蹄髈,将其洗净后放入清水中炖,至八分火候,再将肘子捞起来,上蒸笼蒸。经过两次脱脂后,肘子能达到肥而不腻、粑而不烂的程度。东坡肘子的来历主要有三种说法。

东坡肘子

一说东坡肘子实为东坡之妻王弗的佳作。一次她在炖肘子时把肘子炖焦煳了。为了掩饰煳味,她赶紧加入各种配料慢慢烹煮。不想做出来的肘子味道奇好,很得东坡喜欢。于是东坡如法反复试做,才最终定型。东坡肘子遂因此得名。

二说东坡在江西永修一带时,为一农夫的孩子治好了病。农夫留东坡吃饭。东坡看到乡村美景便吟了句诗:"禾草珍珠透心香。"农夫听成"和草整煮透心香",以为大学士在教他煮肉,于是便将猪肉和系肉的稻草一起煮,不料煮出来的肉别有风味。

三说是20世纪40年代,四川大学中文系的四位学生在成都开办了一家餐厅,取名"味之腴",并从苏东坡的传世墨迹中辑出"味之腴"三字,做成招牌,宣称这三字系苏东坡亲手所写,店内的"东坡肘子"也是苏东坡亲手所创,秘传而来。因东坡名气大,加之肘子味道好,东坡肘子很受欢迎。

> 东坡肘子是传统名菜,肥而不腻,粑而不烂,色、香、味、形俱佳。来历主要有三种说法……

"夫妻肺片"因何得名

夫妻肺片原名夫妻废片,已有百年的历史。相传早在清朝末年,成都街头便有卖凉拌肺片的小摊。20世纪30年代成都少城附近有一男子名郭朝华,与其妻一道以制售凉拌肺片为业。当时成都回族居民只食用牛羊肉,将内脏丢弃。郭朝华夫妻便捡起这些废弃的内脏做成肺片。由于其味道鲜美,价廉物美,很受好评,特别受到拉车夫、脚夫和学生们的青睐。据说当时成都长顺街有一家"张婆酒铺",有好酒却无好菜。店主遂邀郭氏夫妻俩在铺前摆长摊,互借所长。某日,一客商赞赏"废片"的味道,

夫妻肺片

> 郭朝华夫妻便捡起这些废弃的内脏做成肺片。由于其味道鲜美,价廉物美,很受好评,特别受到拉车夫、脚夫和学生们的青睐。

竟送来"夫妻废片"金字牌匾。从此他们经营的废片正式定名为"夫妻废片"。

新中国成立后不久，实行公私合营，郭氏夫妇的店并入国营单位。经几代人努力，夫妻废片已成为很有名的菜品了。有人嫌"废片"不雅，改名为"肺片"。1985年正式注册商标"夫妻肺片"。如今"夫妻肺片"已成为一个著名品牌。

"佛跳墙"有何来历

佛跳墙是一道集山珍海味之大全的闽菜"状元"，迄今有100多年历史，曾作为国宴招待外国元首，赢得了很高的声誉。但"佛跳墙"为何取了一个和菜肴本身无直接关系的名字呢？

"佛跳墙"的创始地福州地区一直流传着不同的典故。一说清朝的福州官钱局一官员宴请福建布政使周莲，令内眷亲自主厨，用绍兴酒坛装鸡、鸭、羊肉、猪肚、鸽蛋及海产品等10多种原料、辅料，煨制成菜，味道极佳，起名"坛烧八宝"。后来，衙厨郑春发学成此菜烹制方法后，又加以改进，并开设"聚春园"菜馆，以此菜轰动福州。后来"坛烧八宝"改名"福寿全"。

一说福建有新婚媳妇入门第三天须下厨试手艺的风俗。相传一位富家女，不习厨事，出嫁前夕愁苦不已。她的母亲把家里的山珍海味原料拿出来，一一用荷叶包好，告诉她如何烹煮。可是，这位富家女嫁入夫家后试厨时，忘了烹饪方法，情急之下把所有的菜都倒进一个绍酒坛子里，盖上荷叶，搁在灶上烧。谁知第二天浓香飘出，全家人连连称赞。

另外，据著名社会学家费孝通记载，佛跳墙原是由乞丐发明的。乞丐拎着破瓦罐，每天到处要饭，把饭铺里各种残羹剩饭汇集在一起烧。某一天，有一位饭铺老板出门，偶然闻到街头有一缕奇香飘来，循香发现了破瓦罐中用剩酒与各种剩菜所烩成的菜。这位老板因此而得到启示，回店以多种原料与酒杂烩于一瓮，创造了一道名菜。

据说此菜在聚春园成为佳品后，经常有文人墨客闻名而来。这些文人品尝后，赞叹不已。有人即兴发挥赞云："坛启荤香飘四邻，佛闻弃禅跳墙来。"意思是此菜香味太诱人，连佛都会启动凡心。一说，聚春园隔墙有佛寺，此菜启坛后浓香四溢，香气使隔墙和尚垂涎欲滴，于是不顾清规戒律，越墙而入，

> 有人嫌"废片"不雅，改名为"肺片"。1985年正式注册商标"夫妻肺片"。

> 佛跳墙是一道集山珍海味之大全的闽菜"状元"，创始地福州地区一直流传着不同的典故。

颐和园听鹂馆的佛跳墙

请求入席。一说，福州话"福寿全"与"佛跳墙"的发音相似，久而久之，"福寿全"就被"佛跳墙"取而代之。

"叫花鸡"真的和"叫花子"有关吗

叫花鸡又称煨鸡，是江苏常熟的传统名菜，历史悠久，属于江浙菜系。关于这道菜名字的由来，民间广泛流传着一个典故。古时在常熟虞山脚下，一个饿了几天的叫花子在草丛中捉到一只鸡，欲以充饥。但一无锅灶二无调料，也没有开水煺去鸡毛。便将鸡宰掉，取出肠后，采几张荷叶包起来，外面裹上泥巴，堆积些枯枝败叶点火烤了起来。待烤得泥巴发黄干透时，往地上一摔，泥巴裂开后鸡毛随之脱落，扑鼻的香气四散开来。附近大户人家的仆人恰巧经过，被香气吸引，向叫花子讨得煨鸡之法，回去禀告了主人。主人如法炮制，邀亲友品尝。众人吃过赞不绝口，询问主人菜名，主人以"叫花子鸡"回之。后来，这种烹制方法就在民间流传开来。

> 叫花鸡就地取材，易于制作，实难说起于何时，是何人所创。

叫花鸡就地取材，易于制作，实难说起于何时，是何人所创。但叫花鸡的制法与周代"八珍"之一的"炮豚"相似。"炮豚"就是用黏土把乳猪包裹起，加以烧烤，然后再进一步加工而成的菜。二者实在是很相似，不知是谁借鉴了谁的做法。但可以推断，叫花鸡和炮豚的创制时间都非常早，难以考证最早出于何时。

叫花鸡

景泰蓝因何得名

景泰蓝原名珐琅、"佛郎"、"发郎"、"发蓝"，又称"铜胎掐丝珐琅"，俗名"珐蓝"，又称"嵌珐琅"，是一种在铜质的胎型上，用柔软的扁铜丝，掐成各种花纹焊上，然后把珐琅质的色釉填充在花纹内烧制而成的器物。因其在明朝景泰年间盛行，制作技艺比较成熟，使用的珐琅釉多以蓝色为主，故而得名"景泰蓝"。

> 因其在明朝景泰年间盛行，制作技艺比较成熟，使用的珐琅釉多以蓝色为主，故而得名"景泰蓝"。

景泰蓝诞生于我国元末明初，其制作既运用了青铜和瓷器工艺，又融入了传统手工绘画和雕刻技艺，堪称中国传统工艺集大成者。明朝景泰年间的匠师们首先将我国的钴蓝釉料与西亚的钴蓝釉料加以区别开来，创造出"蓝中透绿"的特色。由于尚蓝的意识越来越强，经过演化，把所有色质的釉料统称为"蓝"。这时的"蓝"的载体已是"釉料"，故称施釉为"点蓝"，称补釉为"补蓝"，称焙烧为"烧蓝"，称崩釉为"崩

京城百工坊的景泰蓝

蓝"。制作工艺的成熟,也使得景泰年间珐琅的品种日渐丰富,除了盒、盆、碗、花瓶等日用品以外,还有花觚、鼎、尊等大的摆件。装饰图案更是多姿多彩的人物、花鸟、动物、果实、风景等。

"景泰蓝"这个称谓最先见于清宫造办处档案。清雍正六年(1728年)《各作成做活计清档》记载:"五月初五日,据圆明园来贴内称,本月四日,怡亲王郎中海望呈进活计。内奉旨……珐琅葫芦式马褂瓶花纹群仙祝寿,花篮春盛亦俗气。今年珐琅海棠式盆再小,孔雀翎不好,另做。其仿景泰蓝珐琅瓶花不好。钦此。"当时把仿明景泰蓝时期的珐琅制品称作"景泰蓝珐琅"。这是目前所见"景泰蓝"称谓的最早文字记录。

"泥人张"为何被称为"天津一绝"

中国泥塑艺术最早可以追溯到原始社会的河姆渡文化时期。最新出土的一尊年代久远、整体造型完整的彩塑泥兽,据专家考证为春秋早期的珍贵文物。

天津"泥人张"彩塑是一种深得百姓厚爱的民间艺术。它始于清道光年间,流传、发展至今已有100多年的历史。其创始人是张明山。他自幼随父亲从事泥塑制作,在继承传统工艺的基础上创造出自己独有的风格,最终练就一手绝技。其作品取材广泛,塑造人物生动,塑与绘的结合使作品更具生命的张力。泥人张经过几代人的传承,成为我国泥塑艺术的又一个高峰。

泥人张彩塑具有鲜明的艺术特色。它能细致入微地刻画出不同人物的性格、体态,追求解剖结构,取舍恰如其分,色彩鲜明,独具匠心,形成了独特的风格,达到了形神兼备、令人爱不释手的地步。另外,其创作题材广泛,有的反映民间习俗,有的取材于

> 泥人张彩塑能细致入微地刻画出不同人物的性格、体态,追求解剖结构,取舍恰如其分,色彩鲜明,独具匠心,形成了独特的风格,达到了形神兼备、令人爱不释手的地步。

泥人张

民间故事、舞台戏剧，有的则直接取材于四大名著等古典文学名著。由此所塑出的作品不仅形似，而且以形写神，达到形神兼具的境地。郭沫若、赵朴初、吴作人、徐悲鸿等大师都分别题词、著文予以颂扬。

因天津"泥人张"具有以上诸多的优点，被人们称为"天津一绝"。

> 因天津"泥人张"具有诸多优点，被人们称为"天津一绝"。

陕北剪纸为何能让老外垂青

若要问最受外国友人欢迎的中国纪念品是什么，当然非陕北剪纸莫属了。有人会奇怪，剪纸全国都有，为什么老外们偏偏就喜欢陕北的呢？其实这与陕北剪纸艺术包含了民间艺术的所有特点是分不开的。

陕西自古便是中华民族的政治文化中心，周秦汉唐等13朝都曾在此建都，留下了丰富的民间艺术遗产。陕北地区因为交通闭塞，地处偏僻，自元明清之后受外来文化的影响很少，古代文化和艺术便被农家妇女一代代承袭下来。所以，"中国剪纸在陕西，陕西剪纸在陕北"的美名绝对名不虚传。

陕北剪纸比较完整地传承了中华民族古老的纹样，如有着商周文化特点的"抓髻娃娃"，以及有汉代特色的"牛耕图"等。

在全国各地不同风格和特色的剪纸艺术中，陕北剪纸以其淳朴豪放、形式多样、风格凝练、线条明快等独特魅力征服了全世界，被誉为"地上文物"和文化的"活化石"。

> 陕北剪纸以其淳朴豪放、形式多样、风格凝练、线条明快等独特魅力征服了全世界，被誉为"地上文物"和文化的"活化石"。

随着经济的发展，陕北剪纸的形式也变得多样化起来，很多精美的剪纸艺术品都是多种形式相互运用的结晶，但剪纸内容依旧以戏曲人物、风土人情为主，即使是在非常普通的花鸟动物作品中也会加入有文化象征意义的符号，有非常浓烈的中原文化特征。即使是现代化越来越快的今天，陕北人民创作的剪纸中仍饱含浓郁的泥土气息和强烈的感情色彩，绝不含一丝矫揉造作，依然表现着它们的古朴民风。

陕北剪纸之所以会在国际友人的心中占据最重要的位置，除了因为它包含了汉族传统文化的精髓外，与越来越频繁的国际交流分不开。近年来，许多优秀的陕北剪纸作品都被国家和政府转赠给各国政要，起到了中外文化交流桥梁的作用；而陕北民间艺人在国外的现场剪纸表演

陕西剪纸：回娘家

陕西剪纸：
房子半边盖

更是震惊全场，更巩固了陕北剪纸在国际友人心目中的地位。

住在陕北黄土地上的普通农村妇女们，接过老一辈手中的剪刀，用她们精巧的双手丰富了自己的生活，也把外国人眼中神奇的中国艺术代代传承，让全世界的人都知道陕北剪纸，记住陕北剪纸。她们是人类非物质文化遗产的创造者和守护者，她们就是中华艺术的瑰宝。

为何购物叫"买东西"，不叫"买南北"

东、西是方位名词，既然我们可以把购物称为"买东西"，那么购物为什么不叫"买南北"呢？

一说认为"买东西"一词来源于我国古代的阴阳五行之术。阴阳五行学说认为，东西南北中与五行学说中的木金水火土相对应，也就是说，东对应木，西对应金，南对应火，北对应水，中对应土。木金是有形的实体且具有价值，人们生活中的很多物品都是由木、金制作而成；水火无形，为虚。而且古代购买的物品常用竹篮装，遇火则焚，遇水则漏，而木金却可以放置其中。因此，人们便将购物称为"买东西"。

另一说认为"买东西"一词来源于东汉时期，当时的富贾大商、商场货栈等大多集中在东京洛阳和西京长安（今西安），人们购物要到东、西两京去，慢慢地人们便将购物称为"买东西"。唐代的国都长安既是政治、经济、文化中心，又是商业中心，有东市和西市之分。人们购买物品时，常常要跑完东市，再去西市看看，久而久之，"东西"就成了货物的代名词，购物也就自然称为"买东西"了。

事实上，这两种说法都有一定的合理性。中国传统的阴阳五行学说一定程度上影响了城市的布局，房屋常常坐北朝南，那么东西向自然就成了集市，并在此基础上形成了东、西二市，久而久之，人们便形象地把购物称为"买东西"了。

超市购物车及礼盒

> 东西向自然形成了集市，并在此基础上形成了东、西二市，久而久之，人们便形象地把购物称为"买东西"了。

"唐三彩"是三种颜色吗

用陶俑陪葬是秦汉至唐朝时期王室富家的习俗，这比用人和动物

> 唐三彩是一种低温铅釉陶器，多以黄、赭、绿三色为主，故后人称之为唐三彩。

殉葬要文明。唐三彩类陶器始于南北朝或更早的秦汉时期，盛于唐代。唐代繁华富庶，达官贵人盛行厚葬，三彩俑是很流行的陪葬物。唐三彩的人物造型有妇女、文官、武将、胡俑、天王等，动物多是骆驼、马，还有日常用器和房屋等。色彩自然协调，花纹流畅，线条粗犷有力，色釉浓淡变化，互相浸润，斑驳淋漓，显得富丽堂皇。唐三彩是后人对唐朝的这类彩绘陶器的统称。

唐三彩马

唐三彩是一种低温铅釉陶器，以铜、铁、钴、锰、锑等几种金属氧化物为着色剂，经过焙烧，能形成浅黄、赭黄、浅绿、深绿、天蓝、褐红、茄紫等多种色彩，但多以黄、赭、绿三色为主，故后人称之为唐三彩。

中国"四大名绣"有哪些

我国四大名绣有苏绣、湘绣、蜀绣、粤绣。

苏绣： 因产于苏州而得名。它有单面绣、双面绣、双面异色绣、双面异色异物绣、双面异色异针异物三异绣及环形绣等。其题材广泛，图案新颖别致，做工细腻，形象逼真，色彩艳丽，富有浓郁的民族风情和地方特色，具有高贵典雅的风格特征。最能体现苏绣艺术特征的当属"双面绣"，它可从两面观赏，其代表作为《猫》。

湘绣： 产于湖南长沙，是湖南长沙一带绣品的总称。其吸收苏、粤绣的精华，制作过程中融合传统的绘画、刺绣、书画及金石艺术于一体，整体作品具有构图优美、针法细腻、绣艺出众、色彩绚丽夺目、不拘一格、花纹瑰丽奇特、神态逼真等特点，享有"超级绣品"之誉，并有"苏猫、湘虎"之说。其著名代表作有《鬅毛狮》《鬅毛虎》。

蜀绣： 产于四川成都，是四川成都传统刺绣工艺品。它以软缎和彩丝为原料，技艺精湛，做工考究，施针严谨，针脚精细，色彩柔和，虚实得体，图案大方、美观。其代表作有《芙蓉鲤鱼》《熊猫》等。

苏绣

> 我国四大名绣有苏绣、湘绣、蜀绣、粤绣。

> 蜀绣以软缎和彩丝为原料，技艺精湛，做工考究，施针严谨，针脚精细，色彩柔和，虚实得体，图案大方、美观。

> 金银线垫绣是粤绣特技，以构图饱满、繁而不乱、色彩浓郁、立体感强等特点著称。

粤绣：产于广东省（广州、潮州）。金银线垫绣是粤绣特技，以构图饱满、繁而不乱、色彩浓郁、立体感强等特点著称。其题材广泛，主要以各种吉祥图案、百鸟等为主。其中"百鸟朝凤"、"龙凤"、"博古"最具特色，充分体现了当地人民的审美观点和情趣。

"云锦"和云有关吗

> 制作工程中大量使用金线，形成富丽华贵的独特风格，色彩及图案宛如天上彩云般的瑰丽，故称"云锦"。

云锦是南京传统的提花丝织工艺品，也是南京工艺"三宝"之首，现代只有南京能生产，常称为"南京云锦"。南京云锦配色多达18种，质地坚实细腻、花纹绚丽优美、色彩浓艳庄重，并且制作工程中大量使用金线，形成富丽华贵的独特风格，色彩及图案宛如天上彩云般的瑰丽，故称"云锦"。在元、明、清三朝，云锦多用于龙袍、冕服，官吏士大夫阶层的贵妇衣装，以及民间婚礼服饰等。

云锦是苏州缂丝衍生出来的丝织品，已有1580年历史。云锦工艺独特，用老式的提花木机织造，必须由提花工和织造工两人配合完成，一天只能生产5~6厘米。这种工艺至今仍无法用机器替代。云锦主要特点是逐花异色，从云锦的不同角度观察，绣品上花卉的色彩是不同的。

用于皇家服饰布料的云锦在织造中往往用料考究，不惜工本，精益求精，喜用金线、银线、铜线及长丝、绢丝、各种鸟兽羽毛等。如在皇家云锦绣品上的绿色是用孔雀羽毛织就的。如果要织一幅78厘米宽的锦缎，在它的织面上就有14 000根丝线，所有花朵图案的组成就要在这14 000根线上穿梭，从确立丝线的经纬线到最后织造，整个过程非常复杂，工作艰苦。

妆花类织物是代表云锦技艺特色和风格的品种，图案布局严谨庄重，纹样造型简练概括，多为大型饱满花纹作四方连续排列，亦有彻幅通匹为一独图的大型妆花织物，用色浓艳，对比强烈，常以金线勾边或金银线装饰花纹，经白色相间或色晕过渡，以纬管小梭挖花装彩，织品典丽浑厚，金彩辉映。这是云锦区别于蜀锦、宋锦等其他织锦的重要特点。

云锦图案

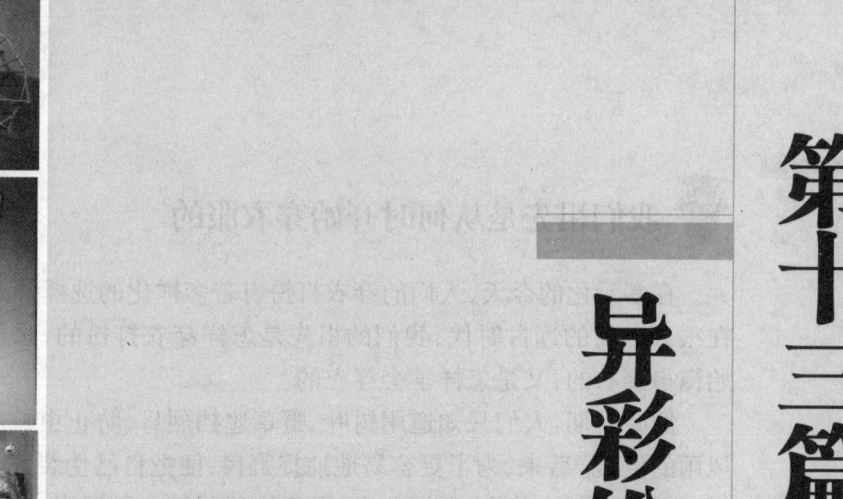

第十三篇

异彩纷呈的民族服饰

窥探文化真相

尽管，我们不能确切地知道人类学会穿衣的具体时间，但这并不能抹杀我们祖先创造的灿烂多彩的衣饰文化。

 我们祖先是从何时开始穿衣服的

在多元化的今天，人们的穿衣打扮有着多样化的选择。很难想象，在很久以前的远古时代，我们的祖先是怎样穿衣打扮的，是从何时开始懂得穿衣的，又是怎样学会穿衣的。

原始时期，人们只知道用树叶、野草遮挡烈日、防止虫蛇的叮咬和风雨的侵袭。后来，为了更容易地捕捉野兽，便把自己伪装成野兽的模样，如头顶兽角、兽头，身披兽皮，臀后拖兽尾等。再后来，人们逐渐懂得了用捕获的各种兽皮把自己的身体包裹起来。这也正是我们祖先懂得穿衣的开始。其后，人类学会了磨制骨针、骨锥，并用它们来缝制衣服，从而使人们的服饰从萌芽进入到了初步成熟状态。

在中国民间传说中，把衣服的发明归功于黄帝。据《易经》记载："黄帝、舜垂衣裳而天下制。"实际上，中国衣服的产生要比黄帝时期早很多。据考古发现 18 000 年前的北京山顶洞人已经懂得自制骨针，这是我国迄今为止发现的最早的缝制衣服的发端。而且还有确切的考古资料证明，我国从 6000 年前就已经开始纺纱织布了。

原始社会做衣服的器具

尽管，我们不能确切地知道人类学会穿衣的具体时间，但这并不能抹杀我们祖先创造的灿烂多彩的衣饰文化。

先秦时期，我国就建立了完备的穿衣制度。那时，华夏族穿衣的特点是上衣下裳，宽衣博带。

 "衣"和"裳"有何区别

先秦时期，我国就建立了完备的穿衣制度。那时，华夏族穿衣的特点是上衣下裳，宽衣博带。

《释名·释衣服》载："凡服上曰衣。衣，依也，人所依以避寒暑也。下曰裳。裳，障也，所以自蔽障也。"

上身所穿的就是"衣"，有很多类别。短上衣称为"襦"，是一般人，比如奴仆、平民等平常所穿。长衣和中衣称作"深衣"，是贵族上朝、祭祀时所穿。其中，长衣至脚踝部，贴身所穿；中衣至膝盖左右，套在长衣的外面。先秦时期，古人所穿"内衣"叫作"亵衣"。男女老幼都有穿亵衣的习惯，冬日可保暖，夏日可吸汗。"衣"还有"罩衣"，用来给衣服增加纹饰，叫作"裼衣"。古人冬日时，常穿狐裘保暖，在外面还需要再罩上一层裼衣，这才被看做是礼貌的。

裳，亦作"常"，是专用做遮蔽下体的服装。这里的裳，其实是裙而不是裤。由于古代织造技术有限，织出的布很窄。所以，制作一件裳一般要用七副布帛才能拼合而成，前三后四，在左右两边各开一条缝隙。另外，还要在腰部施褶。

上衣下裳的服饰制度，对后世影响很大。并且，随着时代的发展，人们往往"衣"、"裳"并用，来泛指衣服。

"冠冕堂皇"由何而来

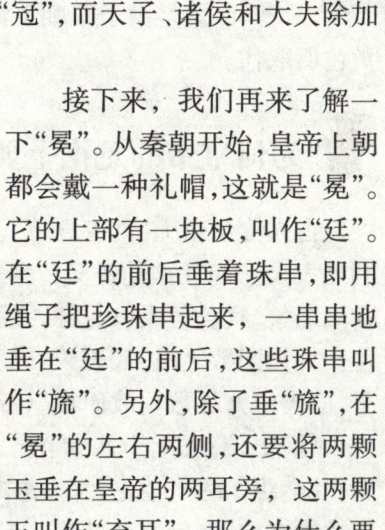

上"衣"下"裳"连为一体的夫妇

现在，人们常用"冠冕堂皇"来形容一个人表里不一，不切实际。从字面很容易看出，这个词与"帽子"有联系。那么，这个词由何而来？与古时的什么制度有关？

首先，应该了解一下古时的冠礼，也就是成年礼。古时男子20岁、女子15岁行成年礼。男子要把头发往中间梳，盘起后，戴上帽子，再用一根杆子插起来，这叫作"冠礼"。但是，在汉代以前，只有贵族男子才可以在行成年礼时戴"冠"。平民只能把头发盘起来后戴头巾，没有资格戴帽子。所以，有"冠"和无"冠"也就成了区分社会等级的标志。

秦始皇统一六国后，把贵族分为四个等级：天子、诸侯、大夫和士。其中，贵族中最低一级的"士"只能戴"冠"，而天子、诸侯和大夫除加"冠"外，还可以加"冕"。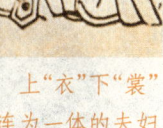

接下来，我们再来了解一下"冕"。从秦朝开始，皇帝上朝都会戴一种礼帽，这就是"冕"。它的上部有一块板，叫作"廷"。在"廷"的前后垂着珠串，即用绳子把珍珠串起来，一串串地垂在"廷"的前后，这些珠串叫作"旒"。另外，除了垂"旒"，在"冕"的左右两侧，还要将两颗玉垂在皇帝的两耳旁，这两颗玉叫作"充耳"。那么为什么要

明十三陵出土的"冕"

> 贵族中最低一级的"士"只能戴"冠"，而天子、诸侯和大夫除加"冠"外，还可以加"冕"。

"垂旒充耳"呢？它们的意思就是，不该看的不要去看，不该听的也不要去听，视而不见、充耳不闻。

为了显示尊贵，皇帝一般都会把"冠"戴在"冕"的下部。这样，既有"冠"又有"冕"，就是"冠冕堂皇"了。

> 为了显示尊贵，皇帝一般都会把"冠"戴在"冕"的下部。这样，既有"冠"又有"冕"，就是"冠冕堂皇"了。

秦朝穿衣以什么颜色最尊贵

秦朝黑色服饰

在一般人的印象中，黄色是皇家专用，是高贵与权力的象征，是最为尊贵的衣服颜色。那么，在中国第一个大一统的秦王朝是不是这样呢？

秦王嬴政统一中国后，开始实施了一系列维护统一的制度与措施，其中就包括服饰制度。秦始皇深受邹衍"终始五德"五行学说的影响，认为"周得火德，秦代周德"。既然是秦朝代替周朝，那么秦朝必然是主"水德"。水，色尚黑，因此，在秦朝，黑色就是最尊贵的颜色或说是皇家专用的颜色。但凡有重大的祭祀活动，皇帝都要穿黑色的服装。

既然以黑色为尊，那么秦朝时民间衣服以何种颜色流行？

在对秦始皇陵兵马俑的研究后发现，秦国军队并没有统一的着装。士兵所穿的衣服都是自备的。各个秦俑甚至其不同部位均显示出了不同的色彩。据此，我们可以看出，当时，秦人的衣服色彩以绿、红、紫、蓝为主，而且尤其偏爱绿色。

看来，作为帝王专用色的黑色并没有流行到民间。但是由于秦朝统治时间过短，不久黑色的尊贵地位就被黄色所取代。

为何皇帝的龙袍上要绣九条龙

> 古人称皇帝为"九五之尊"。九为阳数之极，代表天，因为天是九层，号称九天。而皇帝号称天子，应当应九之数。故而在皇帝的龙袍上绣九条龙。

古人称皇帝为"九五之尊"。在《易经·乾卦》云："九五，飞龙在天，利见大人。"唐孔颖达正义："言九五，阳气盛至于天，故云飞龙在天。此自然之象，犹若圣人有龙德，飞腾而居天位。"后来就以"九五"比喻君位。九为阳数之极，代表天，因为天是九层，号称九天。而皇帝号称天子，应当应九之数。故而在皇帝的龙袍上绣九条龙。

《清史稿·志七十八·舆服二》上载："龙袍，色用明黄。领、袖俱石青，片金缘。绣文金龙九。"龙袍属吉服的一种。其上的九条龙有四条正龙绣在前胸、后背及两肩，前后衣襟则各绣有两条行龙，一条龙是绣在衣襟里面，除非掀开外面的衣襟才能看到，所以龙袍上共有九条龙，前后看皆见五条龙，正好符合九五之数。

龙袍上除绣有九条主龙外，在云领、腰部、袖口上也绣有体态较小的龙纹。而龙袍下摆斜排着弯曲的许多线条，则称为"水脚"。在水脚上还绣有许多翻滚的波浪及挺立的山石宝物，称之为"海水江芽"。在龙纹间也绣有五彩云纹、红色蝙蝠纹、十二章纹等象征祥瑞的图纹。龙无水和云则不快活，故加以波浪和云。另有凤纹、富贵牡丹纹、八宝纹等。五彩云纹有陪衬作用，象征吉祥。红色蝙蝠纹取其谐音"洪福"，也是龙袍上不可或缺的装饰纹样。

清朝皇帝龙袍

中国是从哪一个皇帝开始穿黄袍的

古代皇帝的衣食住行都有着非常严格的规定。对于皇帝的服饰，龙袍为皇帝独用。自唐朝到清朝以来，黄色一直作为最尊贵的颜色专为帝王所用。秦朝尚黑，皇帝服饰的专用色为黑色。那么，皇帝的龙袍后来为何由尚黑变成了尚黄？谁是中国第一个穿黄袍的皇帝？中国古代对于黄色服饰的规定发生过哪些变化呢？

秦代周后，以黑色为尊。汉朝建立后，根据推绎：周尚红，秦尚黑，那么汉就应该尚黄。加之，黄色在东、南、西、北、中五方中属于"中"，代表中央正色。所以，汉朝的皇帝就把黄色作为了尊贵的颜色。

汉朝文帝刘恒穿的龙袍第一次采用黄色。此后，黄色作为象征中央的最尊贵颜色就一直沿用了下来，直到清朝灭亡。期间，统治者对于黄色服饰的规定也是不同的。

汉朝虽然以黄色为尊，但并没有规定黄色只能为皇家专用。所以，民间的黄色服饰还是很流行的。隋朝，政府要员和士卒的服饰也是以黄色为主的。到了唐代，认为赤黄近似日头之色，日是皇帝尊位的象征，且"天无二日，国无二君"，所以，唐律规定，赤黄色是除皇帝

汉文帝刘恒

> 汉朝文帝刘恒穿的龙袍第一次采用黄色。此后，黄色作为象征中央的最尊贵颜色就一直沿用了下来，直到清朝灭亡。

> 赵匡胤发动陈桥兵变，诸将领为他"黄袍加身"，使他成为皇帝后，黄色的服饰更是成为皇帝的象征，更为皇家垄断。

以外，任何人不能用的颜色。在唐高宗时，一般的官员和庶民还可以穿色光偏冷的柠檬黄，到了唐高宗中期，就规定官民一律禁止穿黄色衣服了。

五代后期，后周大将赵匡胤发动陈桥兵变，诸将领为他"黄袍加身"，使他成为皇帝后，黄色的服饰更是成为皇帝的象征，更为皇家垄断。

哪几类人可以穿黄色马褂

黄马褂是清代的一种官服，半截的褂子。清代的一般文武官员都可以穿马褂，只是不能用明黄、杏黄两色。

清廷曾明确规定，只有四种人可穿着黄马褂。一是随皇帝出行的随行人员。如各内臣、御臣、御侍卫等。这些人随皇帝出行，必须穿黄马褂，以壮行色。这种黄马褂被称为"行职褂子"，有花纹图案。因为是因职务穿着，离开工作岗位或非与皇帝同行不能穿。

二是随皇帝狩猎、射箭表现出众者，或者向皇帝献猎物者，可赏赐黄马褂。他们穿的黄马褂被称为"行围褂子"。按规定，只有在跟随皇狩猎才可穿，平常穿属于违法，是要被处罚的。

三是因特殊功勋被奖赏黄马褂的人。得赏者可以在任何隆重的场合穿，其意义上属于一般人所说的"赐穿黄马褂"。据考证，这种赏赐方式在清初并不盛行，一直到嘉庆年间都未见于史书，是在道光或咸丰以后才开始

黄马褂

出现。到了太平天国之后，更多见赏赐于对太平军作战有功者。而获得赏赐者不单是有军功的战将，有时为皇帝（或太后）办事得力亦可获得赏赐。清末慈禧太后便曾赏赐为其开火车的司机黄马褂一件。

第四类是特使和宣慰中外的官员。通常情况下，皇上特赐某官员黄马褂的诏书宣读后，被特赐黄马褂的官员须骑马绕紫禁城一周。这种威武而又庄严的仪式，在咸丰年间最为盛行。

"明黄"、"淡黄"色是帝王专用的颜色，最为名贵。除皇帝外，只有甘心为皇帝服务的人才特别允许穿明黄色马褂。一般说来，这种马褂是天子近侍的服装。一般贵族或宫妃只能用"深黄色"的。其他被赏者只能用"杏黄色"马褂。

"乌纱帽"为何成为官宦的代名词

在东晋成帝时，在都城建康宫中做事的人都戴一种由黑纱做成的帽子，称为幞头，俗称"乌纱帽"。后来这种帽子在民间流行开来。乌纱帽在隋代初年曾一度受到朝野上下的青睐。《通典》记："隋文帝（杨坚）开皇初，尝着乌纱帽，自朝贵以下至于冗吏，通着（乌纱帽）入朝。"当时用乌纱帽上的玉饰多少显示官职大小。一品有九块，二品有八块，三

定陵出土的乌纱翼善冠

品有七块，四品有六块，五品有五块，六品以下就不准装饰玉块了，但这样的制度很快就被废弃了。到了唐朝，乌纱帽是一种比较普遍的帽子，上至天子百官士大夫，下至庶民，都可以戴乌纱帽，但也有一定的形制区别，但总体来说，区别不大。

到了宋朝，宋太祖赵匡胤登基后，令官员着长翅展脚幞（pú）头，即长翅乌纱帽，以乌纱帽上装饰的不同花纹区别官位的高低。当时还有几种乌纱帽，在日常生活中戴用。

到了明朝，乌纱帽被官府当做官帽，成为官员特有的标志性服饰，平民不得使用。《明史·舆服三》记载："文武官常服，洪武三年定，凡常朝视事，以乌纱帽、圆领衫、束带为公服。"另外，已经取得功名而未授官的状元、进士等，也可以戴乌纱帽。但官用乌纱帽的形制是改进的宋朝官用展脚幞头，前有半圆的顶，后脑部位有后山突起，呈前低后高的台阶形，两旁有翅，以纱为外表而涂以黑漆，以便固定成型。

清朝入关以后，废除了明朝的冕服制度。官员的乌纱帽也换成了清朝的红缨帽。但在清朝的戏曲中，演的主要是宋明故事，所用服饰多用明朝服饰。故人们还是把乌纱帽当成官帽的代名词。

为何宋朝官帽上有两根长翅

每个朝代的官场服饰都有自己的特点，其中宋朝官帽上的两根长翅，最引发后人的好奇。为什么要在官帽上设计两根长翅呢？

长翅官帽名叫展脚幞头，相传设计者是宋太祖赵匡胤。宋朝之初，文武百官们所戴的官帽只是普通的幞头纱帽。赵匡胤当皇帝后，考虑自己是因军变登基，所以特别怕部将掌握兵权，重演历史，于是用"杯

> 每个朝代的官场服饰都有自己的特点，其中宋朝官帽上的两根长翅，最引发后人的好奇……

宋太祖赵匡胤

酒释兵权"解除了高级武官的兵权,同时提高文官地位,以文制武。在采取一系列措施后,还是不放心文武百官,尤其见文武百官在朝堂上交头接耳,评论朝政,便觉他们有异志。一日赵匡胤在早朝听取某个大臣上奏时,又发现两侧有不少官员窃窃私语,心里有点恼火。退朝后,他下令把朝官的幞头翅加长到一尺多长,而且很直,以幞头上装饰的不同花纹来区别官位的高低。并规定在朝堂和官场正式活动时须戴这种长翅幞头。这样官员只能面对面交谈,难以并排私议,交头接耳。从此大臣上朝,再无交头接耳现象,朝堂变得严肃了。由于戴上这种官帽在街上行走极不方便,所以在一般场合是不戴的。

幞头相传始于北周武帝,始名帕头,至唐始称为幞头。初以纱罗为之,后因其软而不挺,乃用桐木片作一山子衬在纱内,使顶高起。裹幞头时除在额前打两结外,又在脑后扎成两脚,自然下垂。后取消前面的结,又用铜、铁丝为干,将软脚撑起,成为硬脚。唐时皇帝所用幞头硬脚上曲,人臣则下垂。五代渐趋平直。唐以前用缯绢,唐代改用黑色薄质罗、纱,并且有专门做幞头用的薄质幞头罗、幞头纱。至宋朝,幞头以藤织草巾子作里,用纱作表,再涂以漆,称为"幞头帽子",可以随意脱戴。其式样有直角、局脚、交脚、朝天、顺风等,身份不同,式样也不同。皇帝或官僚的展脚幞头两脚向两侧平直伸长。身份低的公差、仆役则多戴无脚幞头。1999年在泰州东郊宋代蒋师益墓中出土了一批珍贵文物,其中就有一件宋代展脚幞头。幞头左右长120厘米,帽身高21厘米,左右宽16.5~18厘米,前后宽22厘米,帽体直径为18厘米,单翅长53.5厘米,左右通长116厘米。由此可见,宋朝时官用展脚幞头的翅确实很长,足可以起到纠正坐姿、防止交头接耳的作用。

"留仙裙"有何来历

现在有不少女裙都会在后面开一个衩,更显出女子曲线的美丽。其实,这种习惯还是从汉代流传下来的。在汉成帝年间,这种后面开衩的女裙叫作"留仙裙",当时非常流行。关于"留仙裙"的产生,还有一个有趣的故事。

自汉成帝把赵飞燕封为皇后以后,就开始了对这位"掌上美人"的专宠,不仅为她营造豪华的宫殿,而且还经常与她歌舞作乐。赵飞燕非常擅长舞蹈,每每表演起来,形神都好像融入到翩翩而起的音乐中,常

> 自此以后,后宫佳丽们便都将裙后留一缺口,命之为"留仙裙"。这种裙子很快就成为时髦之物,并作为汉朝最著名的裙子流传了下来。

常让成帝不能自已。

一次，汉成帝命人在太液池筑瀛洲台，做千人舟，以便此后可以和赵飞燕置身水上舟中。台竣舟成之时，恰值金风涤暑、玉露生凉的时节。汉成帝与赵飞燕双双登上瀛洲台，俯瞰帝京繁华，遥看远处云霞时，顿时心中大乐。于是，便从台上走下舟中，泛舟太液池，把酒言欢。酒兴来时，赵飞燕登上太液池一高榭，表演《归风》《送远》之舞，并由侍郎冯无方吹笙伴奏。正当歌舞酣畅时，大风骤起。赵飞燕借着风势扬袖举袂，尽情欢舞。汉成帝远观赵飞燕衣袂飘飘，大有御风而去之势，一时情急，连忙命冯无方拉住皇后的裙角。不料，只听"吱啦"一声，赵飞燕那薄如蝉翼的裙幅已被扯下一片。赵飞燕趁势跌入汉成帝怀中撒娇："若不是你命人拉住我，我恐怕就要成仙女了！"

自此以后，后宫佳丽们便都将裙后留一缺口，命之为"留仙裙"。这种裙子很快就成为时髦之物，并作为汉朝最著名的裙子流传了下来。

赵飞燕的留仙裙

"背心"有何由来

说起背心，您肯定不陌生。这种无领无袖的短上衣在人们的日常生活中已经很普遍。可是，您知道背心的最早来源吗？您知道背心是怎样发展成现在这种样式的吗？

魏晋南北朝时期，女子所穿的贴身上衣叫作"两当"。其样式是既有前片又有后片，敞领无袖束腰，即可当背又可当胸，因此得名"两当"。这就是背心的最早雏形。

到了宋代，这种内衣就被叫作"背心"了。到了清代，背心有了很多种形制，比如大襟，即纽扣偏在一侧的形制；对襟，即衣服在中间闭合的形制；还有琵琶襟，即纽扣在衣服正面盘旋的形制。清代的背心不仅男女皆可穿着，而且还可当做外衣罩在衣服最外面。清代有一种"巴图鲁坎肩"，正胸饰一排13颗横纽扣，最初只是朝廷要员才可以穿，后来普及到了一般官员和民众，比较流行。民国时期，背心的样式更加多样化，而且，还被人们当

早期的背心——两当

> 魏晋南北朝时期，女子所穿的贴身上衣叫作"两当"，就是背心的最早雏形。

做单衣，直接穿在身上。时至今日，背心的穿着更加随意、普遍了。

女孩前额的头发为什么叫"刘海"

> "刘海"本为"留孩"、"留孩发"，指的是小孩所留的头发。

"刘海"一词大家并不陌生，指的是女孩前额的头发。那么，人们为什么把女孩前额的头发称为"刘海"呢？

第一种说法是，"刘海"本为"留孩"、"留孩发"，指的是小孩所留的头发。古代男孩儿15岁时要束发为髻，20岁时举行"冠礼"，也即成人礼，表示已经成年。与男孩的"冠礼"相对的是，女孩15岁时就要行"笄礼"，"笄"是束发用的簪子。说的是女孩儿15岁时要由家长把头发盘起来，插上一根簪子，表示已经成年。而在未成年之前，小孩儿的头发都是自然下垂的，所以我们在古文中常见到古人用"垂髫"、"髫年"等指代小孩儿。而男孩、女孩所留的头发是不同的：男孩留的是额上左右两角的头发，称为"兆"，女孩留的是垂于额头中央的胎发，称为"髦"。这种孩童时代所留的头发称为"留孩发"。古代一些女子成年之后，依然让额头的头发自然下垂。由于"留孩"多为口语，"刘海"与"留孩"的发音相同，于是，人们便逐渐用"留孩"的同音词"刘海"来指代女孩前额的头发。

第二种说法是刘海是"八仙"之一吕洞宾的徒弟，民间传说中，他的前额总是有一列整齐的短发，骑在蟾蜍上，手撒金钱，给人带来财富。由于其童稚、可爱的模样，加之能够给人带来财富，他的形象深受

各种形式的"刘海"

人们喜爱。刘海的这种发型也流传了下来,多为孩童和女性采用,人们便以其名字将其命名为"刘海"。后来,人们便将女孩前额的头发称为"刘海"。

直至今天,"刘海"一词依然为我们所沿用。

女子为何喜欢"戴耳环"、"戴耳坠"

女子戴耳环、耳坠由来已久。古代称耳环、耳坠为珥、珰。大部分耳环都是金属的,有些可能是石头、香木或其他相似的硬物料,每个时期的用途和含义也不相同。据考古发现,8000 年前就有人戴耳环。至于女子为何喜欢佩戴耳环,主要有以下几种说法:

一说"戴耳环"、"戴耳坠"起装饰作用,并且能把耳垂拉长,增加美观。 一些女孩自幼开始穿耳洞,随着年龄的增长,会佩戴不同的耳环、耳坠。耳环、耳坠成为爱美女性的重要装饰之一。而且,不仅是女子,有时男子也戴耳环、耳坠,但是一侧的,而女子是双侧佩戴。

另一说是为了使女子注意姿态和行动。 因为有些妇女坐姿站姿过于不良,有人便想出在女子的耳上扎上一孔,并悬挂上耳珠,以提醒她们注意仪态,行动谨慎。后来逐渐也变成了一种礼俗。到了宋明时期,由于礼教思想的抬头,妇女穿耳之风空前流行。不说一般的妇女,就连皇后、嫔妃也不例外。

还有研究说戴耳环、耳坠是古代的一种医学疗法。 我国古代医学中有一种"耳针治疗",即用小毫针、皮内针或其他方法刺耳穴进行治病。由于耳上有很多穴位,穿耳戴环、坠能起到刺激耳上穴位的作用,有利于身体健康。

> 女子戴耳环、耳坠由来已久。据考古发现,8000 年前就有人戴耳环。

故宫景阳宫金银器馆收藏的清金累丝葫芦耳坠、金累丝连环耳环

唐代女子服饰有什么特点

唐代是中国的盛世，不仅表现在经济、文化以及对外交往上，而且表现在服饰上。唐代的服饰承前启后，不仅样式精美别致，图案生动清新，而且对世界以及中国后代服饰的发展都产生了深远的影响。特别是唐代女子的服饰，其浪漫多姿的设计风格、开放大度的设计理念在中国服饰史上留下了绚丽的篇章。那么，唐代女子服饰都有哪些特点呢？

唐朝女性服饰

一般的唐代女子服装由衫、裙、帔三部分组成。衫是贴身穿的无袖单衣。唐初流行的裙紧身窄小，多是下摆呈圆弧形或喇叭形的多褶斜裙。裙子的形式为高腰或束胸、贴臀。穿衣时，将衫的下摆束在裙腰里面，再配上一条随风飘扬的披肩，就将女子妩媚动人的身姿和富丽优雅的风度都完美地展现了出来。

在日常生活中，唐代的女子多会穿胡服。紧身、圆领、开衩的胡服短小利落，利于骑射。唐代胡人大批南迁到中原，使胡服更加流行。

在唐代永泰公主墓东壁的壁画上，有一个梳高髻、露胸、肩披红帛，上着黄色窄袖短衫、下着绿色曳地长裙、腰垂红色腰带的唐代女子形象。由此我们可以了解唐代贵族女子"慢束罗裙半露胸"的装扮与唐代社会思想开放的程度。当然，这种开胸衫并不是所有人都穿，只有身份高贵和风月场中的女子才会穿。

还有一种社会现象——女穿男装，也可以反映唐代思想的开放。从唐朝的文献记载中，我们不难看出当时女子对男装的热爱。太平公主曾身着男装舞于殿前。唐高宗的王才人身形高大，经常与高宗穿着同样的衣服在围场狩猎。

唐代以丰腴为美。女子的服装也经历了由窄小到宽松肥大的过程。这主要是因为唐代经济繁荣，使人们有能力在衣料上下工夫，使用大量上好的面料。唐文宗以后，贵族妇女多身着锦绣长裙。裙子用锦带系于胸部，宽大的下摆拖在地上，上身不穿厚厚的内衣，而代之以一件薄薄的透明纱衣。脖子、胸、手臂大

> 唐代女子的服饰，其浪漫多姿的设计风格、开放大度的设计理念在中国服饰史上留下了绚丽的篇章。

晚唐仕女壁画

部分都露在外面,风流多姿,仪态流芳。

唐朝能够产生丰富多彩的服饰,与其强大的国力是密不可分的。我们大可以在这姹紫嫣红的大唐华服中,领略气象万千的盛唐风韵。

> 唐朝能够产生丰富多彩的服饰,与其强大的国力是密不可分的。

唐装与"马褂"有什么关系

唐朝在我国古代历史上是一个繁盛的朝代,其声誉远及海外。因而,许多外国人习惯称中国人为"唐人",外国境内的华人居住区亦被称为"唐人街"。《明史》中即有相关记载:"唐人者,诸番呼华人之称也。凡海外诸国尽然。""唐装"与"唐代的服装"则全无关联。唐代人穿的是汉服,而唐装是由清代满族人的传统服装"马褂"改良而来,两者的风格、款式并无相似之处。

唐装

早在宋代就记载有类似马褂样式的衣服。宋人曾三异《同话录》载:"近岁衣制,有一种如旋袄,长不过腰,两袖仅掩肘,以最厚之帛为之,仍用夹裹,或其中用绵者,以紫皂缘之,名曰貉袖,闻之起于御马苑圉人,短前后襟者,坐鞍上不妨脱,着短袖者以其便于控驭耳。"这里提到的"貉袖"是一种前后襟和两袖都较短的上衣,且于骑马时穿着,从样式到功能均与马褂相似。

清代,"长袍马褂"是最常见的服饰。马褂本是满族人骑马时穿在袍服外面的一种短褂,故名。满族入关以前至清代初期,马褂仅限于八旗士兵穿着。到康熙、雍正年间,单、夹、纱、皮、棉等材质的马褂开始在民间流行,逐渐成为一种人人皆可穿着的便服。还有一种用明黄色的绸缎或纱制成的短褂叫作黄马褂,也称"黄褶"。起初,黄马褂只有在宫中任职的部分官员才可以穿着。后来又出现了由皇帝赏赐给有功者的"赏穿黄马褂"。

马褂有多种样式。常见的有大襟马褂、对襟马褂、琵琶襟马褂和翻毛皮马褂。大襟马褂衣襟开在右侧,平袖及肘,衣长及腰,多用于日常穿着。对襟马褂也称"长袖马褂",

清末穿长袍马褂的男子

> "唐装"与"唐代的服装"则全无关联。唐代人穿的是汉服,而唐装是由清代满族人的传统服装"马褂"改良而来,两者的风格、款式并无相似之处。

窥探文化真相

> 唐装继承了清代马褂的面料和样式，又吸取了西方的立体式剪裁方法，将现代时装风格和满族服装特色进行了融合。

衣襟对开，常用于谒客时穿着。琵琶襟马褂又称"缺襟马褂"，特点是右襟下端短缺一块，状似琵琶，故名。翻毛皮马褂是一种将皮毛翻露在外的短褂，一般为贵族冬季所穿。

唐装继承了清代马褂的面料和样式，又吸取了西方的立体式剪裁方法，将现代时装风格和满族服装特色进行了融合。如今，无论男女均可穿着唐装，它也成为中式服装的代表。

旧时女子出嫁为什么穿凤冠霞帔

旧时出阁的姑娘们无一不是戴凤冠披霞帔，一抹浓艳，满身喜庆。凤冠因以凤凰点缀而得名。凤凰是万鸟之王，所以只有皇后、公主和后妃们在隆重的庆典上才可以佩戴凤冠。霞帔更是在宋代被定为命妇冠服，非皇帝恩赐不可以穿戴。那为何旧时的新娘子可以享受"戴凤冠，披霞帔"的娘娘般的待遇呢？这要从南宋年间一个动人的故事说起。

北宋覆灭之后，南宋在金军的穷追猛打中建立，随时面临着宫廷的政变与外敌的攻击。在一次与金军的作战中，金军攻破南宋京城临安。康王赵构不敌金军，弃城南逃。赵构跨过钱塘江，一直南下，无奈金军一直穷追不舍。于是，他便经奉化直奔海宁而来。就在他路过西店的前金村时，看见路边一座破庙前晒场的谷箩上坐着一位村姑。那村姑知是康王后，急中生智，让其藏到谷箩内，自己仍若无其事地坐在谷箩上面。等到金军追到前金村问村姑是否看到有人经过时，村姑不慌不忙地告诉金军，看到有一个行色匆匆、疲惫不堪的人向南边逃走了。金兵信以为真，便继续向南追捕。就这样，那位随机应变的睿智村姑使康王死里逃生。康王对这位救命恩人感激不尽，当即向这位村姑许诺，若自己有朝一日东山再起、重登皇位后，必使她以"娘娘"的身份嫁人，享受到坐花轿、戴凤冠、披霞帔的殊荣。

凤冠

> 后来，江南一带的民间女子出嫁时纷纷效仿那位村姑，戴凤冠披霞帔。此习俗一直流传了800多年。

不久，康王得救，重新回到临安，并登上九五大位。重新当了皇帝的赵构对那位救命的村姑铭记于心，对当初自己许下的诺言更是不敢忘记，所以，便下了一道旨意，封那位村姑为"娘娘"，令她出嫁时着凤冠霞帔，并重建了那座庙，为其亲笔题名"皇封庙"。

后来，江南一带的民间女子出嫁时纷纷效仿那位村姑，戴凤冠披霞帔。此习俗一直流传了800多年。

明代皇帝的龙袍为何以红色为尊

自汉文帝穿起第一件黄色龙袍起，后代的皇帝们就开始对黄色情有独钟，不仅自己的常服、便服和礼服主打黄色，而且还规定官民一律不得穿黄，对黄色进行了强制性的垄断。可是，明朝却不尽然，举国上下尽爱红色，皇帝的礼袍也是全红色。这是为什么呢？

中国古代每当有政权更迭、朝代更换时，统治者为了宣扬自己所建立政权的合理性，往往都会按照五行相生相克的原理为国号和一些制度来命名。因为元朝是金命，尚白；那么明克金，就是火命，尚红。

明朝是朱氏所建，"朱"本来就是红色的意思。当年，朱元璋起兵反元，为自己的起义军命名为"红巾军"。所以，明朝皇帝对红色钟爱有加。

穿红色龙袍的明神宗

明朝皇帝的礼服有三个等级。第一个等级就是全红色龙袍；第二个等级才是黄色龙袍；再次一级就是平日里的便服——青色或黑色龙袍。

"旗袍"有何来历

旗袍以其流动的韵律、潇洒的画意和浓郁的诗意，表现出了东方女性典雅、贤淑、温柔、清丽的性情与气质，展现出东方女性独有的神韵和魅力，已经成为中华服饰文化的代表。那么，这样美丽、独特的服装是怎样设计出来的？这在满族人民中还流传着一个美丽的传说。

相传，在镜泊湖畔有一个渔家姑娘。因为她整天都跟着阿妈外出打渔，所以，皮肤被晒得很黑。因此，大家都把她叫作"黑姑娘"。但是，黑姑娘与生俱来的美丽并没有因为肤色而减弱半分。而且，她心灵手巧，女工和打鱼的本领均令旁人羡煞不已。那时，满族女子的服装仍然是祖上留传下来的宽大裙袍，可是，黑姑娘因为经常打鱼，穿那种衣服很不方便，就设计出一种新的样式，将连衣裙的两边开衩，纽扣也是从领子一直缝到腿弯儿。这样打鱼下水时，就可以解开一部分纽扣，把长衫开衩的衣襟别到腰间了，既方便实用，又美观大方。

也就是这件长衫，使黑姑娘成了"黑娘娘"，并使"旗袍"诞生并流传下来。这是怎么回事呢？

有一年，皇帝做了一个梦，梦见了自己的祖先说，在北国有一位骑

> 旗袍以其流动的韵律、潇洒的画意和浓郁的诗意……展现出东方女性独有的神韵和魅力，已经成为中华服饰文化的代表。

窥探文化真相

穿旗袍的女人

着土龙、头戴平顶卷沿乌盔,手托白玉方印,身穿十二扣锦袍的姑娘,能帮他治理天下。于是,本着宁可信其有、不可信其无的想法,皇帝就派钦差到北方的镜泊湖一带按照梦中祖先的说法去选妃。

这一天,镜泊湖一带的八旗姑娘都被叫到了渤海故都坍塌了的墙围子里候选。可是,钦差左挑右选,就是没有见到满意的人选。就在这时,突然看见一个脸蛋黑黑、头顶泥盆、手托一块方豆腐、身穿多扣长衫的姑娘出现在土墙上。这就是黑姑娘。原来,这一天,黑姑娘正好去外婆家串门。选妃的时候,恰巧她去给外婆买豆腐,看到古城人山人海,便站到土墙上看热闹。

钦差看见黑姑娘,就冲着她直喊"娘娘",并对身边的人解释道:"那土墙不就是土龙吗,那泥盆不就是平顶卷沿乌盔吗,那豆腐不就是白玉方印吗,还有她身上的衣服正好有十二个纽扣。这就是我们要找的娘娘啊!"说完,钦差就命人把黑姑娘抬到了皇宫。皇上看到黑姑娘,觉得她长得还算俊俏,于是就把她封为黑娘娘。

黑娘娘不习惯宫里的生活,一心只想着自己从小生活的那片黑土地。皇上知道后,就命人去拿她家乡的貂皮、鹿茸和人参进宫。黑姑娘一看见家乡的"三宝",就想到会有人因为采集它们而丧命,因此就想办法让皇上放弃采集这"三宝",而是去收集那些随手可得的草莓、湖鲫、烟袋草等东西。这一举动,可以说救了许多关东人的性命。于是,关东地区到处都赞颂黑娘娘的功德。

后来,黑娘娘觉得宫廷后妃的"山河地理裙"又大又肥,并且后面还拖着长长的后摆,实在太不方便了。于是,她就把自己的裙子剪开,在两边开衩,改制成自己以前穿的又简单又方便的裙子。可是,这一举动,竟给了那些平日里嫉妒她的后宫嫔妃陷害她的借口。这些后妃对皇上告状说,黑娘娘剪掉了山河地理裙,就等于剪掉了皇上的半壁江山。于是,皇上就找来黑娘娘问罪。没想到,倔强的黑娘娘不但不认罪,还要求

> 黑娘娘觉得宫廷后妃的"山河地理裙"太不方便。于是,她就把自己的裙子剪开,在两边开衩,改制成自己以前穿的又简单又方便的裙子。

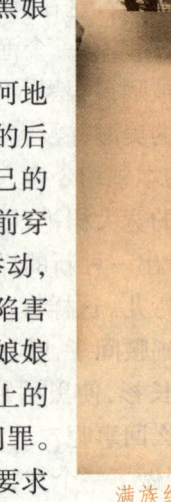

满族绿纱旗袍

皇上放她回去捕鱼。皇上一气之下，抬脚踢中了黑娘娘的后心，使得黑娘娘惨死于皇宫之中。

关东人听见黑娘娘的死讯后，伤心欲绝。后来，人们为了纪念她，制作出她生前经常穿的开衩长衫。后来，这种款式的衣服就在旗人中逐渐流行起来，"旗袍"这个名字也就诞生了。

"一幅壮锦"有何传奇故事

壮族人民擅长纺织、刺绣，喜爱织色彩鲜艳、图案精美的壮锦和壮布。壮锦更是中国的四大名锦之一，被称为"广西民族文化瑰宝"。壮锦珍贵、精美，而流传于壮族民间的"一幅壮锦"的故事更是生动、传神。

古时候，有一位名叫妲布的壮族老妈妈，她独自抚养勒墨、勒堆厄和勒惹三个儿子。妲布老妈妈有一手织壮锦的好手艺，全家就靠她卖壮锦为生。

一日，妲布拿着织好的壮锦去圩上卖，路过一家店铺时，看到了一幅五彩的画。这幅画上有高大的房屋、好看的花园、大片的田地，有果园、菜园和鱼塘，还有成群的牛羊鸡鸭。妲布看得心里美滋滋的，于是，便用卖壮锦的一部分钱买了这张画。回到家，妲布拿出这幅画给儿子们看，并说："我们能生活在这样一个村子里吗？"大儿子勒墨和二儿子勒堆厄都坚决地说："这不可能，这只是一个不可能实现的梦想。"妲布听了，叹了口气："我要是不能住在这样一村子里，会很遗憾的！"小儿子勒惹为了安慰母亲，便提出了一个建议："若是阿咪能把这幅画上的场景织进壮锦里，看着锦，你就感觉和生活在其中没什么两样了。"妲布很高兴，便下决心织成这幅美丽的壮锦。

妲布从此就沉浸在织锦的生活中，家中不得不靠三个儿子上山打柴维持生计。为此，勒墨和勒堆厄很不高兴，便拉着妲布的手说："阿咪，你都不织锦卖钱，我们上山打柴都累坏了。"勒惹对大哥和二哥说："你们让阿咪织吧，如果你们觉得辛苦，我一个人上山打柴好了。"于是，家中的重担从此全部落在了勒惹的肩上。

妲布日复一日、不知辛苦地织着那幅壮锦，眼睛熏坏了，也不肯停手。眼泪落在壮锦上，妲布就顺着泪痕织成河流；眼中流出血，

壮锦

> "一幅壮锦"的故事，处处透露着壮族人们对美好生活的向往和对人性真、善、美的追求，在壮族人们的生活中经久流传。

她就在血滴处织成太阳、织成花朵。终于，三年后的一天，妲布完成了这幅比画美丽千倍的壮锦。

可是，就在一家四口欣赏这幅壮锦时，一阵风儿吹过，把那幅壮锦卷向了东方遥远的天空。妲布顿时就昏倒了。为了帮阿咪找回壮锦，三个兄弟便陆续前往东方寻找。在去往东方的路上，有一位老奶奶告诉兄弟三人，壮锦是东方太阳山的一群仙女借去做样子了。要想找回壮锦，便要敲下嘴里的两颗牙齿，放在大石马口中，使石马复活吃饱后，才能驮着他们到达太阳山。勒墨和勒堆厄都不愿敲下自己的牙齿。老奶奶便给了他们每人一盒金子。这兄弟二人得到金子后就到城里享乐去了。只有勒惹，毅然敲下自己的牙齿，骑上大石马义无反顾地奔向东方。

最终，勒惹终于拿回了阿咪织的那幅壮锦。待妲布激动地打开失而复得的壮锦时，奇迹发生了：一阵香风吹来，壮锦慢慢地伸展，伸展，不大工夫把几里宽的平地都铺满了。妲布原来住的茅屋不见了，出现了几间金碧辉煌的大房子，周围是花园、果园、菜园、田地、牛羊，同锦上织得一模一样。

妲布和勒惹站在大房子门前，欣喜不已。突然，妲布看到池塘边有一位红衣姑娘，便上前招呼。原来，这红衣姑娘是仙女，在太阳山上照着妲布的锦自己织，可就是没有办法像妲布织得那样好，便把自己织在了妲布的锦上，被勒惹一同带回了家。

从此，这红衣仙女便同妲布和勒惹一同生活，并嫁给了勇敢、孝顺的勒惹。一家人过上了幸福的生活。而勒墨和勒堆厄在城里花完了金子后，只能以乞讨为生。

"一幅壮锦"的故事，处处透露着壮族人们对美好生活的向往和对人性真、善、美的追求，在壮族人们的生活中经久流传。

苗服为何被称为"无字史书"

苗族百鸟衣

苗族是我国支系最多的民族之一。繁多的支系也让其服饰以纷繁的款式、耀眼的色彩和颇具韵味的文化内涵著称于世。此外，苗族服饰还有一个独特的称号——"无字史书"。其名号从何而来？

苗族服饰，历史悠久，但却由于某些历史原因，一直未被任何一部史料记载。苗族服饰图案从一开始就被赋予了继承民族传统文化、纪念祖先和传承祖训等丰富多彩的内涵和意义。

这些图案背后的意义和由来代表着苗族人民的感性经验和对客观世界的解释。图案是随着苗族服装服饰发展起来的装饰艺术，至今仍应用于日常的服饰和生活用品之中，且具有实用功能和审美功能相结合的特点。从苗族服饰图案符号所代表的文化内涵看，其距今已有几千年的历史了。苗族虽然没有本民族的文学，但苗族人民凭着其强烈的民族认同感，世代的口传身授，将流传千年的故事、先民居住的城池、迁徙漂泊的路线等毫无遗漏地融进服饰文化当中，一针一线地绣进衣冠服饰，世代"穿"承，永不忘怀。因而，苗族服饰遂被称为"无字史书"。

> 苗族服饰是原始苗族人民的一种符号和象征，一种规则和历史的存根，一种无字的史书，一种无声语言和标志。

苗族服饰是原始苗族人民的一种符号和象征，一种规则和历史的存根，一种无字的史书，一种无声语言和标志。由于时代的久远，这些图案所代表的文字功能和传达的特定含义也蒙上了神秘的色彩，无法完全解读，不过这也是苗族服饰图案所具有的独特魅力。

苗族人为何如此酷爱银饰

走进广西融水，我们不难发现，银饰是当地苗家人服饰当中的一个亮点和独特标志。那么，苗族人为什么如此酷爱银饰？

据有关史料记载，自秦汉以来，苗族的银饰文明便一脉相承。这在很大程度上得益于苗族对古老的金银神话的诠释。在同一族群同一支系中，银饰成为族群的识别符号。唐宋时期，苗族银饰以多、大、重为美。妇女戴大耳环，戴银项圈。明代方志说，苗族佩戴的有金银耳环，富人还戴硕大的项圈。一个盛装的苗家妇女，其银饰重达二三十斤。到了清朝雍正年间，苗乡"改土为流"以后，苗族银饰趋向纤细、复杂和精致。

> 自秦汉以来，苗族的银饰文明便一脉相承。这在很大程度上得益于苗族对古老的金银神话的诠释。

除了历史原因之外，银饰在苗家人的日常生活中也有很多用途。其主要有四个方面。一是青年男女定情，男方要送女方银镯、银耳环等作信物，而在正式出嫁时如男方送的信物不足一定银两，则双方不能成婚。二是有功能性的作用，比如说去毒、防止瘟疫。此外，苗家父母为孩子制作的银饰，如头帽、手镯、脚钏、银铃响物、罗汉菩萨等，可以祈求"长命富贵，驱鬼避邪"。三是苗家富有的象征，如日常家珍饰银、存银等。四是给老年人祝寿或送葬用，常有

缀满银饰的苗族凤冠

些老人，生前将银私藏，死后无人知晓。

总之，苗族银饰已不是单纯的装饰品，而是植根于苗族社会生活中的文化载体。"以银为结，以银为彩，以银为荣，以银为贵"已成为苗族区别于其他民族的重要标志。

德昂族的姑娘为何要佩戴"腰箍"

德昂族是中国西南边疆最古老的民族之一。其服饰具有浓郁而鲜明的民族特色，而女子服饰中的"藤篾缠腰"最为别致，最为引人注目。那么，这种装饰是由何而来的呢？

"藤篾缠腰"即佩戴在德昂族女子腰部的"腰箍"。按照德昂族的习惯，姑娘成年后，都要在腰间佩戴被漆成红、黑、绿等色的宽窄粗细不一的"腰箍"。这"腰箍"既是年龄的标志，也是德昂族姑娘们引以为美的象征。这一独特的服饰习俗与德昂族古老的婚配传说有着密切的关系。

德昂族腰箍

> 德昂族认为，姑娘们的腰箍做得越精致，就说明她们越心灵手巧，越聪明能干。

传说，德昂族的发源地是葫芦，而其祖先都是从葫芦里出来的。德昂族刚刚诞生的时候，男人们都长得一模一样。女人们因为男人们的相貌分不出彼此。所以，不愿意和他们生活在一起，都东游西逛、到处乱飞。后来，一位天神用自己的智慧将德昂族男子的容貌区分开来。可是，过惯了游荡生活的女人们还是不愿安安分分地过日子。所以，男人们就想出了一个办法。他们用藤篾编成圈套在女人的腰间。这样，女人们再也飞不动了，只好同男人们生活在一起。渐渐地，女人们就习惯了被藤篾缠腰的生活。以后，藤篾就慢慢发展成为叫作"腰箍"的饰品。

德昂族认为，姑娘们的腰箍做得越精致，就说明她们越心灵手巧，越聪明能干。而那些为了得到姑娘芳心的德昂族小伙子，也经常费尽心机地制作各种各样刻有精美图案的腰箍送给自己心爱的姑娘。所以，现在，腰箍也成为德昂族青年男女的爱情信物。

彝族姑娘为何戴"花包头"

> 彝族撒尼姑娘为了纪念阿洼若兹和布达若舒的忠贞爱情，就在包头上镶上了五道彩条来象征他们化作的彩虹。

每个进入成年的彝族姑娘都留有"花包头"。这种花包头很漂亮，可是缠起来很复杂，要经过七八道手续才能完成。先是把长发绾成一个高髻，接着戴上用木片做成的5厘米宽、马蹄形的"发竹"；然后再用一块一米多长的名叫"额度磨"的布将"发竹"缠在头上,把五彩布条镶嵌的包头布加在外层,夹上两个三角形的"蝴蝶",一左一右;最后再挂上一绺乳白色的串珠。

相传这种花包头起源于"圭山彩虹"的彝族撒尼人传说。

古时候,在圭山这个地方,有一个美丽聪慧的姑娘叫阿洼若兹,有一个英俊勇敢的小伙子叫布达若舒。他们俩青梅竹马,相互爱慕。随着年龄增长,阿洼若兹越来越漂亮,被可恶的土司看上。他自恃富有,倚仗权势,赶来33头牛,拉来55匹布,挑来77坛酒,送来99袋贝币,想要用这些财物换走聪慧美丽的阿洼若兹,据她为己有。然而,阿洼若兹钟情于布达若舒,不为权势和财物所动。

彝族姑娘"花包头"

狠毒的土司遂派家丁把阿洼若兹抢走,还把布达若舒绑起来,在他身边堆上木柴点火焚烧。此时,意外发生了,被土司抢夺到手的阿洼若兹奋力挣脱了看守,纵身跳进火堆。土司发狂了,就是死也不能把阿洼若兹与布达若舒烧在一块。但是燃烧的青烟汇聚在一起,化作彩云飘然升空。土司气急败坏,命家丁点起九堆大火,想用浓烟把彩云冲散。不料霎时间狂风骤起,暴雨倾盆,山洪呼啸而来,冲走了土司。一会儿又雨过天晴,一道美丽的彩虹挂在天空,那就是阿洼若兹和布达若舒的化身。

从此,彝族撒尼姑娘为了纪念阿洼若兹和布达若舒的忠贞爱情,就在包头上镶上了五道彩条来象征他们化作的彩虹。

 彝族女子为何喜欢戴护心帕

彝族姑娘,无论穿什么衣服,都喜欢在胸前戴一块上面织满图案、挂着银饰品的方方的帕子。彝族人管它叫作"护心帕"。据说,这块护心帕可以保佑彝族姑娘们永远都有高尚、善良的心灵。那么,彝族姑娘佩戴护心帕的习俗是怎样来的呢?

在彝族人民的传说中,开天辟地的是一位名叫拉则史希的女神。这位女神不仅英勇无比,而且智慧超群。她射出的箭,要一个人走一两天才能捡到;她提出的问题,一般人很难回答上来。但是,如果有人把她难住了,那么就会从女神那里得到一件珍贵的宝物。

有一天,拉则史希骑马到彝族居住区巡查,看见一个在庄稼地里锄地的农民,便上前问道:"庄稼大哥,你从早上到现在一共挖了多少

> 据说,这块护心帕可以保佑彝族姑娘们永远都有高尚、善良的心灵。

窥探文化真相

戴"护心帕"的彝族妇女

锄?"庄稼人被问住了,老老实实地回答说,自己没有计算过。第二天,拉则史希走过那片庄稼地,又照样问了那个庄稼人一遍,可是他仍然答不出来。这天,回到家,庄稼人就把自己在劳动时的遭遇告诉了妻子。他的妻子很聪明。她告诉农夫:"如果明天那人还问你,你就问她'你的马儿今天走了多少步?'"果然,第三天,拉则史希又一次询问了农夫。这庄稼汉就照妻子的话反问了这位女神。拉则史希很惊讶,就问他是谁让他这样问的。农夫也一五一十地告诉了女神。拉则史希很想见一见这位聪明的妻子,便嘱咐农夫明天把妻子一同带过来。

又过了一天,农夫夫妻俩便一起到了庄稼地。女神不久就到了。拉则史希问妻子:"你是一个聪明的女子,为什么要找这样一个有点傻憨的丈夫?"农夫的妻子马上回答说:"他虽然傻憨,但是他踏踏实实劳动;我聪明,所以我忠于爱情。"女神被农夫妻子的聪慧和忠诚打动,于是就把自己那块挂着银饰的护心帕送给了她,来保护这位彝族女子美好的心灵。

就这样,彝族女子佩戴挂银饰的护心帕的习俗就流传了下来。护心帕也时刻提醒善良聪慧的彝族姑娘,对爱情要始终不渝、忠贞不悔。

白族姑娘为何喜欢戴凤凰帽

> 美丽的白族姑娘戴上凤凰帽,实在令人艳羡。其实,不仅帽子精美,关于凤凰帽的传说更是动人。

生活在邓川、洱源一代的白族姑娘都喜欢戴一种名叫"凤凰帽"的帽子。用两半鱼尾形的帽帮缝合成凤凰一样的帽身,在帽前檐正中配上一颗红光闪闪、用白银镶边的帽花,在帽花周围缝制上白银和绿玉的饰物,最后再把一朵五彩丛花插到帽子上方,一顶别具特色的凤凰帽就制成了。美丽的白族姑娘戴上凤凰帽,实在令人艳羡。其实,不仅帽子精美,关于凤凰帽的传说更是动人。

据说,在很久以前的洱源凤羽鸟吊脚山下,住着一位美丽善良的白族姑娘,名叫玉莹。她每天上山砍柴,以此养活自己和失明的母亲。

有一天,玉莹照常上山砍柴,可是在路上的一处岩洞里,竟突然飞出一只凶猛的羊雕,张开翅膀和血盆大口,伸出锋利的爪子向她扑来。正当玉莹心惊肉跳地无处躲藏时,一支利箭"嗖"的一声飞来,正中羊雕胸膛。那凶恶的羊雕惨叫一声跌下山去。得救的玉莹急忙寻找救命恩人，就在不远处看见一位英俊的白族小伙子手拿弓箭微笑地看着自己。玉莹心波荡漾，羞涩地道谢。那小伙子走上前，便与玉莹攀谈起来。在两人的谈话中，小伙子知道了玉莹的不幸身世；玉莹同样了解到小伙子也是在深山老林打猎为生。两人互生情愫，就在太阳落山之前，玉莹把自己的一缕头发塞进了小伙儿的胸口，小伙子也割下一缕头发连同自己的弯刀赠给了玉莹。他们相约一个月后，待小伙子盖好新房，便成亲。

又是一天，玉莹上山砍柴，迷了路，不知不觉就走到了森林的深处，看到一块石板，便坐下休息。忽然她听到森林中百鸟齐鸣，看到不远处红霞升腾，彩云飘逸。在这梦幻的霞云中，玉莹看到一对五彩孔雀带路，被百鸟簇拥着的一只高贵凤凰向她走来。凤凰走到玉莹身边，看到她孤身一人，便问领头的孔雀："这是谁家的姑娘，怎么会一个人跑到这茂密的森林中了？"那无所不知的孔雀便把玉莹的身世一五一十地告诉了凤凰。这只凤凰打量着玉莹，觉得她非常讨人喜欢，便命令孔雀把一顶凤凰帽戴到玉莹的头上，继续向前走了。

戴凤凰帽的白族姑娘

玉莹借着这金光灿灿的凤凰帽找到了走出森林的路。就在砍完柴回家的路上，玉莹借着水中的倒影，看见戴着凤凰帽异常动人的自己，又想到马上要和那年轻的猎人成亲，顿时心情非常愉快，便唱起了歌。

这个时候，南诏王打猎正好路过，听见优美的歌声，便循声找到了玉莹。看见宛若天仙般的玉莹，南诏王便起了歹心，命人不由分说地把她带回了宫殿，逼玉莹与自己完婚。最终，迫不得已的玉莹答应了南诏王。可是，就在成亲的当天，玉莹在南诏王的酒杯里放进了毒药，毒死了南诏王。

南诏王死后，宫内一片大乱，玉莹趁乱逃出了宫殿。回到家后，她戴上金光闪闪的凤凰帽，带着自己的母亲一起上山了。半路上，正好遇见要下山迎娶玉莹的年轻猎人。

从此，美丽的玉莹和英俊的猎人在大森林中度过了幸福的一生。而那象征着白族姑娘勇敢、勤劳、善良和执著的凤凰帽也就成为白族姑娘的最爱。

从此，美丽的玉莹和英俊的猎人在大森林中度过了幸福的一生。而那象征着白族姑娘勇敢、勤劳、善良和执著的凤凰帽也就成为白族姑娘的最爱。

白裤瑶服装中的白裤有什么来历

白裤瑶是瑶族的一个支系，因男子都穿着及膝的白裤而得名。白裤瑶的裤子用白布制成，裤长及膝，裤脚用黑布包边，裤子的膝盖处绣有五根直的红线条，中间三根长，两边两根短，就像印在白裤上的鲜红的手印。白裤瑶为什么要穿这样的白裤呢？

相传很久以前，瑶王和他的族人居住在一个美丽的山寨里，日子虽然谈不上富裕，却也是衣食不愁，邻里也相处融洽，团结友爱，日子过得安稳太平。瑶王年过六旬，膝下有一个漂亮的公主，嫁给了当地莫家土司的儿子。公主嫁到莫家后，莫家土司利用儿子的关系，设计盗取了瑶王的大印，并派兵包围了瑶寨。瑶王对土司的围攻毫不畏惧，亲自带领族人与莫家土司作战。战斗持续了几天几夜，非常激烈。由于双方实力悬殊，瑶王和他的同胞被围困在一个山头上。瑶王也已身负重伤，流血不止。在此紧要关头之时，瑶王召集各寨寨主商量对策。一位采药老人献计说："我以前采药时，发现山后悬崖有一条小路，可以从那里下山突围。"瑶王听后，高兴得两手往膝盖上一拍说："对，就这么办。"白裤上留下了瑶王手指的血印。在采药老人的带领下，瑶族同胞脱险了，但瑶王却因伤势过重，不久壮烈牺牲。

为了纪念这位英勇善战的瑶王。瑶族人民按照他逝世时的装束做成民族服装，并在裤子上缝制五根红线条，象征瑶王的手印。

仫佬族的"麦秆帽"知多少

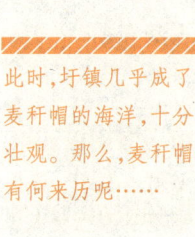

此时，圩镇几乎成了麦秆帽的海洋，十分壮观。那么，麦秆帽有何来历呢……

在广西罗城仫佬族自治县，春夏之交，到处可以看到茶余饭后的仫佬妇女，三五成群地汇集在一起，编制着麦秆帽。盛夏的街日，一群群男女青年，从四面八方的乡间小路涌向圩镇，头上戴顶麦秆帽，肩上挑

戴草帽的仫佬族姑娘

着一担担各式各样的麦秆帽,到集市上售卖。此时,圩镇几乎成了麦秆帽的海洋,十分壮观。那么,麦秆帽有何来历呢?

仫佬族在清朝以前就盛行穿戴"麦秆帽"。它以麦秆为材料,用手工编制而成。编成后,还要用石灰水煮,用于增白。从古到今,仫佬族男女老幼都喜爱戴"麦秆帽",并且人人都会编制。也有一些姑娘,将亲手编织的麦秆帽送给情人,就如山歌中唱到的:"麦秆白白麦帽圆,走龙飞凤妹手编。此帽不是无情物,戴在头上暖心间。"

关于"麦秆帽"的由来,民间还流传这么个传说。仫佬人祖祖辈辈挖煤为生,女孩子也下到很深的窿洞。天长日久,女孩们一个个雪白的瓜子脸都变成了煤黑子,上街被人嫌,出嫁没人要。姐妹们中有个名叫"勒乜"的姑娘,从煤窑回来,看见一位官人骑着一匹大白马,头戴一顶白帽,鼻梁上架着一副黑框眼镜,远远望去,黑白相间,十分协调。她想,要是姐妹们也戴上一顶白帽子多好呀!当时正是麦收季节,勒乜就用麦秆编帽,多次失败也不灰心。编成后发现帽子不够白,她就用石灰水煮,最后终于成功了。勒乜编成麦秆帽的消息在十里八乡传开了,远远近近的仫佬姑娘都跑来跟她学。仫佬姑娘的瓜子脸,在一顶雪白的麦秆帽的衬托下,显得格外美丽。从此以后,麦秆帽就在仫佬族流行开了。

> 仫佬族在清朝以前就盛行穿戴"麦秆帽"。它以麦秆为材料,用手工编制而成。编成后,还要用石灰水煮,用于增白。

京族的传统服饰为什么是越南的国服

京族主要聚居在素有"京族三岛"之称的广西壮族自治区防城各族自治县江平乡的沥尾、巫头、山心三个小岛上。京族人的传统装扮大多是"头戴竹笠,身穿开衩长衫及一袭长裤"。

其实,京族人所穿的"长衫"是越南的国服,也被称为"越南旗袍"。那么,为何中国京族的传统服饰会是越南的国服呢?

这就要从京族的历史说起了。京族是越南的主要民族,占越南总人口的近90%。中国的京族正是从越南迁徙而来的。

16世纪初,京族的祖先从越南的南涂山等地漂流而来。其最早的先民到达中国至今已有近500年的历史了。当时,"京族三

> 其实,京族人所穿的"长衫"是越南的国服,也被称为"越南旗袍"。

京族姑娘

窥探文化真相

> 明白了京族来自于越南，这就不难解释为何其传统服饰为越南的国服了。

岛"荒无人烟，一片凄凉。于是，京族先民便与陆续迁来的壮、汉等民族的人们一起开发和建设这三个岛屿。在19世纪法国侵占越南的战争中，在抗日战争、解放战争以及新中国成立后保卫边疆的战争中，京族人们与汉族、壮族同胞一直紧密团结，为捍卫祖国主权作出了自己的贡献。1958年以前，京族一直自称为"京"、"越"或"安南"。1958年，根据本民族意愿，经国务院批注，正式定名为"京族"。

京族人的服饰简朴美观，男子多穿无领无扣的袒胸上衣，又宽又长的黑色裤子；女子多穿白、青或草绿色的上衣与褐色或黑色的长裤。无论男女，都喜欢穿开衩到腰间的长衫，即越南国服。京族的服饰中最有特色的就是他们的斗笠，用越南盛产的葵树叶制作，质地轻盈，内斗很深，几乎盖住整个脸部。

明白了京族来自于越南，这就不难解释为何其传统服饰为越南的国服了。

独龙族女子独特的身体毁饰——"文面"知多少

> 在独龙族看来，这种身体毁饰就是一种神圣的装饰和美的象征……

由于历史、地理等因素的影响，生活在云南省独龙河两岸的独龙族一直处于一种鲜为人知的状态。他们至今仍维持着刀耕火种的原始农业，而他们的传统服饰也甚为简单：一块独龙毯从左肩腋下斜拉至胸前，袒露左肩右臂，左肩一角用草绳或竹针拴结。虽然独龙族的服装很简单，但是其神秘的身体毁饰——"文面"习俗却比较独特。

独龙族文老人

"文面"仅限于独龙族的女子，是表示成年的一种象征。独龙族的女孩到了十二三岁必须文面。文面时，女孩会躺在一个舒适的地方，由专门的文面师用竹签蘸着锅烟水在脸上画出纹样，然后再用削尖的竹签按纹样扎刺。每扎完一条纹线，将血水拭去后，再用锅烟灰或者一种深色的草汁反复揉擦刺纹，使它渗入皮下。等到刺花的脸庞结痂，痂落愈合，脸上就会留下黑色或青靛色的花纹。

在独龙族看来，这种身体毁饰就是一种神圣的装饰和美的象征。他们认为，人死后的灵魂会变成蝴蝶，然后自行消亡。每当看到峡谷中飞出的蝴蝶，独龙族便认为是人的灵魂在游荡。为了表示对这些传说中精灵的敬意，独龙族便按照祖祖辈辈传承的习俗,在即将成年的少女脸上刺出蝴蝶的纹样。这种由女性面部展示民族信仰的习俗最终成为独龙族祖辈沿袭的一种爱美的象征。

如今,独龙族女子已经不再接受这种独特的身体毁饰了。在相对封闭的独龙江峡谷,至今还有不足百名的独龙文面女子,在展示着独龙族曾经拥有的独特美丽。

> 在相对封闭的独龙江峡谷,至今还有不足百名的独龙文面女子,在展示着独龙族曾经拥有的独特美丽。

回族人为什么喜欢戴无檐小白帽

回族礼拜帽

回族在我国处于散居的状态,但是,他们的民族认同感很强,总喜欢在头上戴一顶无檐的小白帽。即使在冬天,生活在北方的回民也会在厚实的棉帽里面戴一顶小白帽,并且故意将小白帽戴斜,露出其边,以此来表明自己的回民身份。那么,这小白帽究竟意味着什么?回族人为什么如此喜欢戴这种无檐小白帽呢?

这种小白帽又叫作"礼拜帽",除了白色,还有灰、蓝、绿、黑等颜色,一般在春夏秋季会戴白色的无檐小帽,在冬季会戴灰色或黑色的小帽,而绿色是阿訇戴的。当然,由于地区和教派的差异,回民的无檐帽也是有区别的。哲赫忍耶教派的回民,爱戴白色和黑色圆边六角尖顶帽。这种帽子是由六个等边三角形缝合而成,上尖下宽,帽顶缀一个同颜色的布料结成的疙瘩,形似阿拉伯式的圆形屋顶。六瓣表示坚信六大信仰,帽圆表示万教归一,帽顶表示真主独一无二。泉州、海南等地的有些回民,在帽前正中用金黄色线绣着阿拉伯经文"真主至大",有的绣有"清真言",即"万物非主,唯有真主,穆罕默德,真主使者"。

回族人之所以喜欢戴这种小白帽,与其民族信仰的伊斯兰教有着密切的关系。回民在做礼拜时,要使额头和鼻尖都着地。所以,戴无檐的小白帽就比戴一般的遮阳帽方便多了。久而久之,回民就自发地形成了戴无檐小白帽的习惯。

现在,无檐小白帽已经成为回民的标志。

清代官员为何要戴顶戴、花翎

明末清初,清朝政权对女真民族传统的戴帽习惯进行规范,应用于官制,以与明朝官帽相区分。清朝官用礼帽分二种:凉帽和暖帽。凉帽像斗笠,无檐,初期扁而大,后期小而高,用藤篾编,外裹绫罗,多为白色,也有湖色、黄色,上缀红缨顶珠。暖帽为圆形,上大下小,有一圈

> 顶戴、花翎是清朝官员的等级标志。在官员被革职或降职时,即摘去其顶戴、花翎。

盛锡福生产的大清顶戴

檐边,多用皮、呢、缎、布制成,多黑色,中有红色帽纬;帽子最高处有顶珠。这种形制的暖帽在金国女真贵族和元朝蒙古贵族中常见。清朝时把它加以改造,再次用于官帽。

顶戴就是这两种清朝官帽上的顶珠,用于区别官员品级,以红宝石为最高,仅用文武一品官朝冠,吉服冠用红珊瑚珠;其他依次为二品戴花珊瑚、三品戴蓝宝石、四品戴青宝石、五品戴水晶、六品戴砗磲、七品戴素金、八品戴镂花阴文金顶、九品戴镂花阳文金顶。另外,进士、举人、贡生都戴金顶,生员、监生戴银顶。

在顶珠下有翎管,质为白玉或翡翠,用以安插翎枝。清翎枝分蓝翎和花翎两种。蓝翎为鹖羽所做,花翎为孔雀羽所做。孔雀翎上有眼状的圆圈,有一眼、二眼、三眼的。花翎以三眼的最尊贵。在清朝初期,贝子和固伦额附(皇后所生公主的驸马)有资格享戴三眼花翎;清朝宗室和藩部中被封为镇国公或辅国公的亲贵、和硕额附(即妃嫔所生公主的驸马)享戴二眼花翎;满洲镶黄旗、正黄旗、正白旗这上三旗出身的五品以上内大臣、前锋营和护军营的各统领、参领享戴单眼花翎。而外任文臣不戴花翎。有资格享戴花翎的亲贵们要在10岁时,经过必要的骑射考试,合格后才能戴用花翎。但后来赏赐花翎渐多,戴花翎就不一定要经过考试了。

清康熙时,施琅降清后被赐籍汉军镶黄旗,康熙特许其戴花翎。乾隆时,有显赫军功者也可以戴花翎。皇帝赐给臣下花翎是非常审慎的。从乾隆至清末被赐三眼花翎的大臣只有傅恒、福康安、和琳、长龄、禧恩、李鸿章、徐桐7人,被赐双眼花翎的约20余人。

蓝翎又称为"染蓝翎",以染成蓝色的鹖鸟羽毛所作,无眼,为六品以下在皇宫和王府当差的侍卫官员所戴,也可以赏赐建军功的低级军官。鹖鸟生性好勇斗狠,至死不却,故将蓝翎赐给武士戴用。

顶戴、花翎是清朝官员的等级标志。在官员被革职或降职时,即摘去其顶戴、花翎。道光后期,花翎的赏赐范围渐大,各方面对国家有功之人均可赏戴花翎。到第一次鸦片战争后,因国库空虚,竟有了捐翎的例制,一眼花翎需7000两实银,蓝翎为5000两实银,出现满街皆见戴翎的现象。其实其中很多人官职很低或根本没有官职。

> 到第一次鸦片战争后,因国库空虚,竟有了捐翎的例制,一眼花翎需7000两实银,蓝翎为5000两实银,出现满街皆见戴翎的现象。

瓜皮帽是怎样流行起来的

清代男子前颅剃发、脑后梳大长辫子、头戴瓜皮帽的形象为今人熟知。实际上,瓜皮帽并不是在清代才出现的,明代已有关于此帽的记载。

明人陆深《豫章漫钞》载:"今人所戴小帽,以六瓣合缝,下缀以檐如筒,阎宪副闳谓予言,亦太祖所制,若曰'六合一统'云尔。"清人谈迁所撰《枣林杂俎》也写道:"清时小帽,俗称'瓜皮帽',不知其来久矣。瓜皮帽或即六合巾,明太祖所制,在四方平定巾前。"

据考证,清代流行的瓜皮帽确由明代"六合帽"衍变而来。明太祖朱元璋取"六合一统、天下归一"之意首创六合帽后,此帽很快便开始在民间流行。不过,汉族男子除了戴六合一统帽,也常戴方巾、网巾等巾帽。

> 据考证,清代流行的瓜皮帽确由明代"六合帽"衍变而来。

清初,满族男子戴的是一种俗称"帽头儿"的帽子。这种帽子上尖下宽,底边镶檐或以缎包边,帽顶缀一丝绒结。当时,清军内部都戴这种帽子,进而要求全国百姓也要戴这样的帽子。于是,汉族人便不再戴巾帽,只戴与满族"帽头儿"式样相似的六合帽。据说,康熙皇帝曾询问民间汉人为何均将帽子以六瓣合缝,大臣便解释了六合帽"东、南、西、北、上、下一统"的含义。从此,满人也开始戴六合帽。以后,满、汉两族的帽子样式逐渐融合,产生了后人熟知的瓜皮帽形制。

> 满、汉两族的帽子样式逐渐融合,产生了后人熟知的瓜皮帽形制。

根据不同季节的需要,瓜皮帽有缎制、纱制之别。另外,帽顶也有平顶硬胎、尖顶软胎的区别。平顶硬胎的瓜皮帽是用硬纸板做衬,里面絮棉花。尖顶软胎的则不用硬纸板,不戴时可折叠起来放入衣袋之中,因而也称"军机六折"。帽顶上的结子一般用红、黑丝绒线编成,有大有小。清末还有用珊瑚、水晶、料珠等饰品代替结子置于帽顶的。为了区别帽子的正反,帽前又镶有"帽准",也叫"帽正"、"帽花"。帽准有圆形的,也有四方的,所用材料也多样。有钱人用珍珠、玛瑙、翡翠、珊瑚等宝石作为帽准,普通人则多用料器代替。瓜皮帽的颜色以红、黑、蓝三色居多,讲究的人还要根据其衣着搭配相应颜色的帽子。

瓜皮帽

世界上第一套中山装是由谁设计裁制的

中山装是20世纪50—80年代中国男子的主要服装,因孙中山先生率先穿着而得名"中山装"。那么,孙中山先生所穿的世界上第一套中山装是由谁设计、裁制的?

1923年,孙中山在广州任大元帅,深感西装式样烦琐、穿着不便,不适合中国人生活、劳动等多方面的需求,而中国传统的长袍、马褂、瓜皮帽又不符合锐意进取的精神面貌。加之,有很多革命党人都觉得中国有统一服装的必要。于是,孙中山便决定设计一款新式服装,并亲自主持设计工作。

对孙中山设计新式服装工作帮助最大的当属黄隆生了。

黄隆生是广东台山人,少年时到越南河内做学徒,从做鞋开始学起,慢慢成为小有名气的裁缝师傅,并在河内开办了洋服店。1902年,在日本的孙中山应越南当局的邀请赴河内访问,偶然机会到黄隆生的店内购物,并与黄隆生攀谈起来。当黄隆生得知眼前这个举手投足透着高贵与优雅的顾客就是中国革命党领袖孙中山时,大为倾倒,当即恳请加入孙中山的兴中会,并表示愿意为中国革命出资出力。在1923年,黄隆生随孙中山一起到广州大元帅府任职。

孙中山设计中山装时,黄隆生提了不少宝贵的意见。最终,在二人不断研究、商议与规划下,这种既带有中国传统衣裤特点又吸收了南洋华侨"企领文装"和"西装样式"优点,具有"适于卫生,便于动作,易于经济,壮于观瞻"的服装就由黄隆生亲自裁剪、制作出来了。

当孙中山先生穿上自己亲手设计的,也是世界上第一套中山装时说:"这种服装好看、方便、实用、省钱。不像西装那样,除上衣、衬衣外,还要硬领。这些东西多是进口的,费钱费事。"

从此,在孙中山先生的极力倡导下,中山装受到了很多人的喜爱,至今仍是正式场合下国家领导人们青睐的服装。

孙中山与中山装

第十四篇

弥足珍贵的考古·文物

窥探文化真相

> 现行的汉字都是由甲骨文演变而来，所以，甲骨文也被称为"汉字之祖"。

甲骨文为何被称为"汉字之祖"

中国作为四大文明古国之一，有着5000余年的传统文化和悠久文明史。而汉字作为世界上使用人数最多、使用寿命最长的文字，更是体现了我国深厚的文化底蕴。

汉字经历了几千年的演变历程，发展到现在已经成为无可替代的文字，我们今天所能看到的最古老的文字就是商代刻在甲骨上的文字，即甲骨文。甲骨文作为古老的字体，对我国汉字的发展有着重要的作用。

甲骨文又称契文或"卜辞文字"，是书写或者镌刻在龟甲、兽骨上的卜辞。据考证，在商代，帝王由于迷信，做什么事之前都要用龟甲或兽骨进行占卜，然后把占卜的有关事情刻在甲骨上（如占卜时间、占卜者、占问内容、视兆结果、验证情况等），并作为档案材料由王室史官保存。除占卜刻辞外，甲骨文献中还有少数记事刻辞。

最早发现甲骨文的是清朝光绪年间一个叫王懿荣的人，他是当时最高学府国子监的祭酒。有一次他看见一味中药叫龙骨，上面刻着一种看似文字的图案。于是他把药店所有的龙骨都买了下来，发现每片龙骨上都有相似的图案。他把这些奇怪的图案画下来，经过长时间的研究他确信这是一种文字，而且比较完善，并且推断出这种文字应该是殷商时期的。后来，人们找到了龙骨出土的地方——河南安阳小屯村，那里又出土了一大批龙骨。因为这些龙骨主要是龟类兽类的甲骨，所以人们将它们命名为"甲骨文"。

甲骨文的发现者：王懿荣

甲骨文

到目前为止，共发现甲骨大约 15 万片，4500 多个单字，其中已识别的有大约 2500 个单字，它们已具备了"象形、会意、指事、转注、假借"的造字方法，可见甲骨文已经具有相当成熟的文字系统，展现了中国文字的独特魅力。这些甲骨文所记载的内容极为丰富，涉及到商代政治、军事、文化、社会习俗，还涉及天文、历法、医药等科学技术，涵盖范围很广，是研究中国古代特别是商代社会历史、文化、语言文字的宝贵资料。

现有资料表明，甲骨文被认定是我国古代早期的书体，是中国现存的最古老的一种成熟文字。现行的汉字都是由甲骨文演变而来，所以，甲骨文也被称为"汉字之祖"。

甲骨文的出土，不仅反映出我国古代人民的聪明智慧，更显示出我们的民族文化源远流长、博大精深。

> 现有资料表明，甲骨文被认定是我国古代早期的书体，是中国现存的最古老的一种成熟文字。

钟鼎文为何又叫金文

钟鼎文是指铸刻在殷周青铜器上的铭文。商周处于青铜器时代，青铜业发达。青铜器的礼器以鼎为代表，乐器以钟为代表，"钟鼎"是青铜器的代名词。所谓青铜，就是铜和锡的合金。但是，钟鼎文还有一个名称叫金文，这个名称到底因何而来呢？

早从夏朝起，我国铜的冶炼和铜器的制造技术就十分发达。因为周以前把铜也叫金，所以铜器上的铭文就叫作"金文"或"吉金文字"；又因为这类铜器以钟鼎上的字数最多，所以过去又叫作"钟鼎文"。

金文应用的年代，上自商代的早期，下至秦灭六国，约 1200 多年。金文的字数，据容庚的《金文编》记载，共计 3722 个，其中可以识别的字有 2420 个。金文是铸刻在青铜器的钟或鼎上的一种文字。金文起于商代，盛行于周代，是在甲骨文的基础上发展起来的文字，但比起甲骨文，它更粗犷、雄厚、壮观。因铸刻于钟鼎之上，有时也称为钟鼎文。金文上承甲骨文，下启秦代小篆，流传书迹多刻于钟鼎之上，所以大体较甲骨文更能保存书写原迹，具有古朴之风格。金文在笔法、结构、章法上都为书法的进一步发展作出了重要的贡献。

> 因为周以前把铜也叫金，所以铜器上的铭文就叫作"金文"或"吉金文字"；又因为这类铜器以钟鼎上的字数最多，所以过去又叫作"钟鼎文"。

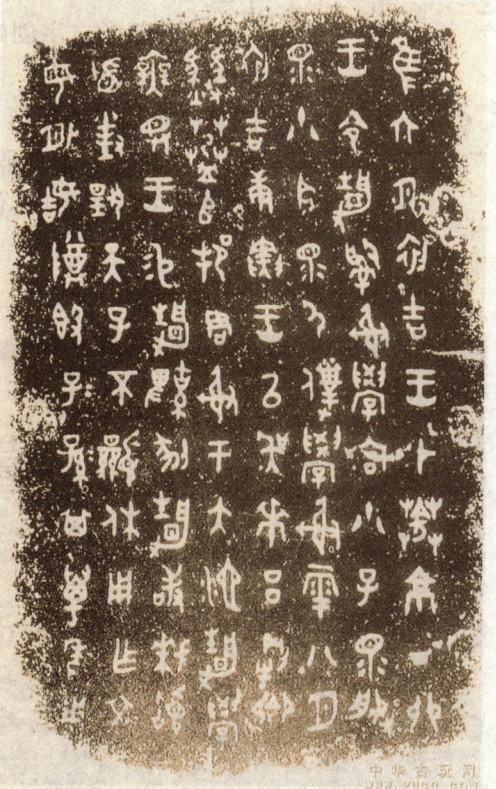

金文

窥探文化真相

> 东巴文至今仍有人在使用，而世界上其他古老的象形文字却早已被历史尘封，因而它被公认为是世界上唯一"活"着的古文字。

被誉为世界上唯一活着的古文字是哪种文字

文字对于人类来说，是书写语言的符号和交流信息的工具，如果说它是"活"的，我想很多人都会很惊讶。但是，在中国却有一种文字被誉为是世界上唯一"活"着的文字，你知道是哪种文字吗？

中国的纳西族文字是纳西族先民模仿人、兽、花、鸟和山川、河流等形状创造的，文字形态比甲骨文还要原始，民间也叫东巴文。这种文字在丽江坝子、大街小巷中随处可见，至今仍有人在使用，而世界上其他古老的象形文字却早已被历史尘封，因而它被公认为是世界上唯一"活"着的古文字。

汉文化传入纳西族地区以后，汉文字成为纳西族日常应用的文字，但长期以来，纳西象形文字由被称为"东巴"的纳西族巫师掌握并使用着，变化极少。东巴主持各种祭祀仪式时，都要吟诵用纳西象形文字记录的东巴经。东巴象形文字属于象形表意文字类型，包括象形、会意、指事、形声等字体，文字总数约1600个左右。东巴文的表意方法主要是用一个字或几个字代表一句话，字句从左至右，自上而下。最早是写画在木头和石头上的符号图像，后来发明了纸，才把这些符号图像写在纸上，成为东巴文经典。由于东巴掌握这种文字，故称东巴文。

纳西象形文字创始于何时至今仍没有定论。纳西族古籍里说，古代有圣人，为创制汉、藏、纳西三种文字之三人，生于同时，分居三地。有学者推断纳西象形文字成批产生，应该在唐宋时期，因为当时政治经济发展较高，纳西族不再迁徙游牧，而是聚居于丽江。到了明末清初，丽江的一些东巴，创造了格巴文。格巴是弟子的意思，格巴文的意

> 纳西象形文字创始于何时至今仍没有定论。纳西有学者推断纳西象形文字成批产生，应该在唐宋时期……

云南丽江东巴象形文字

云南丽江东巴文化博物馆

思是东巴什罗后代弟子创造的文字，格巴文是对东巴文的改造和发展。纳西族创造了两种古文字，而且还使用着这两种古文字，它不仅是解开人类文字产生之谜的宝贵史料，而且也是丰富和发展中国传统书法和篆刻艺术的理想字体之一。

纳西族的象形文字虽然是世界上唯一还在使用的象形文字，但是从某种意义上说它还不是成熟的，跟甲骨文相比它还是有很多不同之处。甲骨文已经比较成熟，成为方块文字，也是国际公认的文字，而纳西象形文字，至今还停留在一种图画与文字的过渡阶段，所以，有人也说东巴文是图画文字，或者说是图画象形文字。

但不管怎样，纳西族的象形文字都被视为全人类的珍贵文化遗产，是人类社会文字起源和发展的活化石，是世界上唯一活着的古文字。

> 但不管怎样，纳西族的象形文字都被视为全人类的珍贵文化遗产，是人类社会文字起源和发展的活化石，是世界上唯一活着的古文字。

秦代的钱币为何是"天圆地方"的

春秋战国时期，各国的货币形式并不统一，有刀币、布币、铲形币，还有圆形圆孔的环钱。公元前221年，秦始皇兼并六国，统一了天下，下令废除战国时期纷繁错杂的六国币制，在全国范围内建立统一的货币制度。

圆形方孔的半两钱成为秦朝的统一货币，这也是历史上著名的秦半两。它不仅便于使用者随身携带，而且在频繁的流通中不易磨损。明代科学家宋应星认为，这是出于制作工艺的要求，因为方孔圆形钱便于打磨。不过，除了工艺学的原因外，人们更相信，对于崇尚以象观道的古人来说，外圆内方肯定还有更深刻的意蕴。

《史记》称："圆方者，天地之行，方属地，圆属天。"在古人的眼里，铜钱的外圆内方，正符合"天圆地方，其国乃昌"的思想。《吕氏春秋·圜道篇》解释为："天道圆，地道方。圣王法之，所以立天下。何以说天道之圆也，精气一下一上，圆周复杂，无所稽留，故曰天道圆；何以说地道之方也，万物殊类形皆有分职，不能相为，故曰地道方。主执圆，臣主方。方圆不易，其国乃昌。"古人把"圆"与"方"，"天"与"地"，"君"与"臣"联系起来了，它们之间有着各执其道、不可易位的关系。还有人说，外圆代表天命，内方象征皇权。统治的地区称为"九州方

> 圆形方孔的半两钱不仅便于使用者随身携带，而且在频繁的流通中不易磨损。

秦半两

> 在古人的眼里，铜钱的外圆内方，正符合"天圆地方，其国乃昌"的思想。

圆"，意即普天之下，可以流通。秦始皇是一个专制集权欲望非常强烈的人，方孔圆形钱的观念正符合他"君权神授"的统治思想，也符合他统治整个中国和长治久安的愿望。

秦始皇统一货币后，把货币的铸造权和发行权统统收归中央，并用严酷的法律维护这种权威，任何人私铸铜钱、擅自发行一律处以极刑。秦半两不仅在观念上，而且在事实上都成了皇权的代表。自"秦半两"问世以来，这种方孔圆形的货币制一直持续到中国封建社会的结束。

这种小小的方寸之物——方孔圆形铜钱，却有如此深邃的文化内涵，是中国钱币史上的空前之举。

"元宝"与"通宝"有何区别

> 在清代的咸丰以前，历朝的"通宝"、"元宝"是相同的。到了清朝咸丰以后，就有了明显的界限。

中国的货币不仅历史悠久，而且种类繁多，不同的时期有着不同的货币形式，而"元宝"和"通宝"都是唐朝货币的形式，那么它们两者有什么区别呢？

通宝是中国自唐至清末铜币的一种名称。唐王朝的建立，出现了长期稳定与统一的局面，为重新统一货币创造了条件。据《旧唐书》记载，唐武德四年（621年），铸开元通宝钱，当时朝廷废除五铢钱，改变了以往以重量为钱名的旧制，这是中国古代货币史上又一划时代意义的铜铸币制度。"开元"意思为开创新纪元，以后历代沿用，并常在"通宝"二字前冠以年号、朝代或国名。"开元通宝"钱采取的是古代钱币常用的外圆内方的形式，"开元通宝"四个字分列方孔的四边。

从唐朝起，钱就不再以重量为名称了，而改称宝。如"大唐通宝"、"唐国通宝"、"太平通宝"、"永乐通宝"、"康熙通宝"等。货币称"宝"是有其社会意义的，这说明货币的威力增大了。有关专家总结了历代钱币中钱文称为通宝的有"宋元、太平、天禧、皇宋、至和、嘉祐、治平、熙宁、元丰、元祐、元符、建国、圣宋、崇宁、大观、政和、重和、宣和、靖康"等。

"元宝"这一名称最早用于唐肃宗时史思明在洛阳铸造的"得壹元宝"和"顺天元宝"。顺天元宝是由得壹元宝改制的。大历年间曾铸有大历元宝，制作不精。当时钱价很低，铜价却很高，因此官铸也不精良。以后还有天福元宝、淳化元宝、圣宋元宝、宣和元宝、靖康元宝等。到了元代，元宝成为对马蹄形银锭的专有称呼，通常是

大唐通宝

50两为一个元宝,后世所说的元宝一般指此物。

在清代的咸丰以前,历朝的"通宝"、"元宝"是相同的。有些"元宝"是以寄重形式存在的,也就是说,一个当成几个。明朝少见,因为从元朝开始,四川首先出现了"交子"(也称交钞、权钞),"交子"就是中国最早的纸币钞票。纸币有便于携带的优点,寄重铜钱就失去了地位,这样就很少发行寄重铜钱了。

到了清朝咸丰以后,就有了明显的界限。"通宝"称谓的是小平,也就是一文钱;"重宝"称谓的是百内寄重(不含百),就是兑换"通宝"一百个以内;"元宝"是一百到一千,通常有一百、五百、一千;另有三百、二百等,属于宫内使用的。

得壹元宝

司母戊鼎为何更名为"后母戊鼎"

司母戊鼎是商代后期(约公元前16世纪至公元前11世纪)王室祭祀用的青铜方鼎。1939年3月19日出土于河南省安阳市一片农地中,因其鼎内部铸有"司母戊"三字而得名,是商朝青铜器的代表作,现藏于中国国家博物馆。

据中国文物网记载,司母戊鼎是已知的中国古代最大最重的青铜礼器,鼎腹内壁铸有铭文,旧说认为这表示该鼎为祭祀母戊而作。

2011年3月6日中午12点,中央电视台新闻频道《新闻30分》在播报了一条简单的文物新闻时,主持人和记者将大众熟知的"司母戊鼎"播成了"后母戊鼎"。这在网上引起了一场不小的风波。那么,央视记者和主持人是否犯了这样一个低级错误呢?经过查询资料得知,20世纪70年代,学术界已对司母戊鼎的铭文提出了新的考释:将"司"改释为"后"。

因为商代的文字书体较自由,可以正书,也可以反书。"后"在这里表示墓主人的身份,称"后母戊鼎"更妥。

> 因为商代的文字书体较自由,可以正书,也可以反书。"后"在这里表示墓主人的身份,称"后母戊鼎"更妥。

后母戊鼎

三星堆文化遗址为什么被誉为"长江文明之源"

三星堆文化遗址属于我国重点文物保护单位，位于成都历史文化名城——广汉城西鸭子河畔，距成都约30公里，行程约30分钟。它是迄今在西南地区发现的范围最大、延续时间最长、文化内涵最丰富的古蜀文化遗址。因其在马牧河南岸的台地上，有三个巨大的黄土堆起伏相连，呈东西排列，且分布在一条直线上，看上去宛如天空的星辰，当地人即称为"三星堆"。三星堆文明从新石器时代晚期延续发展至商末周初，前后历时约2000年。它是我国长江流域早期文明的代表，也是迄今为止我国历史中已知的最早文明之一。它被称为20世纪人类最伟大的考古发现之一，同时它的出现也昭示了长江流域与黄河流域一样，同属中华文明的母体，因此被誉为"长江文明之源"。

三星堆文化遗址的出现也昭示了长江流域与黄河流域一样，同属中华文明的母体，因此被誉为"长江文明之源"。

三星堆文化遗址出土文物

武侯祠的"三绝碑"有何由来

武侯祠，位于成都南门武侯祠大街，始建于西晋末年，1000多年来几经毁损，屡有变迁。明朝初年重建时将武侯祠搬进了祭祀刘备的"汉昭烈庙"，形成了君臣合祠的格局。

武侯祠中，有一块唐代"蜀汉丞相诸葛武侯祠堂碑"。此碑有很高的文物价值，被称为"三绝碑"。三绝碑是成都最古老的碑刻之一。其在武侯祠大门至二门之间的东侧碑亭中。碑高367厘米，宽95厘米，厚25厘米，下有碑座。碑帽的云纹雕饰，具有唐代石刻艺术特点。其石质为峡石。碑文共22行，每行约50字，字体为楷书。唐宪宗元和四年（809年）刻建。由曾任监察御史、宰相的裴度撰文，曾任吏部尚书、兵部尚书又是著名书法家柳公权之兄的柳公绰书写，蜀中名匠鲁建镌刻。裴文、柳书、鲁刻，三者俱佳，所以后世誉为"三绝碑"。

裴文、柳书、鲁刻，三者俱佳，所以后世誉为"三绝碑"。

武侯祠内的"三绝碑"

"鸳鸯七志斋"有何由来

谈起"鸳鸯七志斋",还要从邙山说起。邙山位于河南省洛阳市北,黄河南岸,是秦岭山脉的余脉,崤山支脉。其景色宜人,土质疏松,自汉代以来就被视为"风水宝地",民间有"生在苏杭,死葬北邙"之说。除此之外,唐代诗人王建也曾题诗写道:"北邙山上少闲土,尽是洛阳人旧墓。"

民国初年,邙山成了盗墓贼的天下,许多无价之宝被国外的江洋大盗掠走。面对这一现实,充满爱国之心的于右任先生(陕西三原县人,早年随孙中山积极从事民主革命活动,曾任南京临时政府交通次长、国民党监察院院长。他善诗词,精书法。其书法融魏碑和草隶于一体,号称"于体"。其草书被推广为"标准草书","易识、易写、准确、美丽")为之痛心疾首。为了保护国家文物,从民国初年起,他先后收集了从汉代至宋代的墓志近400余方,均来自洛阳邙山。他收藏的墓志中有七对夫妇的墓志。于是,他给自己的书斋起了一个既浪漫而又有纪念意义的名字——"鸳鸯七志斋",收藏的碑石也因此被称为"鸳鸯七志斋藏石"。

于右任

定陵出土的帝后尸骨现存何处

在定陵出土的众多文物中,我们并没有见到万历帝后的尸骨。它们究竟在什么地方呢?不幸的是我们再也看不到那些文物了。定陵玄宫被发掘不久就爆发了史无前例的"文化大革命",万历皇帝和皇后们被当成地主阶级的代表。"革命"小将们将帝后的尸骨抬出扔掉并付之一炬了。

1966年8月24日,在"打倒地主阶级头子万历"的口号声中,十几个红卫兵冲进定陵地下博物馆。3具尸骨和它的发掘者、保护者,顿时成为"专政对象"。他们把3具尸骨拉出来摆放在博物馆大红门前的广场上,进行批斗。在批斗中,还有人抱起石块向尸骨猛烈砸去,3具

定陵出土的棺椁

尸骨被击得七零八落。最后他们还决定烧掉尸骨,于是尸骨被扔进火堆,烟灰纷纷扬扬,四散飘落……中国考古史记下了这悲惨的一页。

乾隆皇帝为什么要把玉玺定为25颗

在紫禁城交泰殿的御座两边有25个大盒子,这是清代存放25颗御玺的地方。不过,现在殿里边的盒子已空,25颗御玺已改放到外东路的珍宝馆了。乾隆以前,御玺的数目很不统一,有时高达39颗之多,并且其使用也相当混乱。在这种情况下,乾隆皇帝亲自选定了25颗。那么,为什么乾隆帝要选25这个数字呢?原来25被认为是一个天数(即奇数),它正好是阳数一、三、五、七、九之和。乾隆皇帝希望保存25颗御玺,能够得到上天的保佑,他所统治的清朝能像周朝一样统治25代,自己就相当满足了。其实,他这个愿望并没有实现,清朝只存在了10代就灭亡了。

清皇帝御印

> 乾隆皇帝希望保存25颗御玺,能够得到上天的保佑,他所统治的清朝能像周朝一样统治25代,自己就相当满足了。

紫禁城的"大禹治水玉山"有何传奇

在紫禁城乐寿堂后面,有一座巨大的玉山,称为"大禹治水玉山"。它是仿照宋朝的《大禹治水图》雕刻成的,高224厘米,宽96厘米,重达5350多公斤。这块玉石来自新疆和阗,如此重的一块石雕,要运往京城,确实是一件艰苦的工程。据历史记载,玉石从新疆和阗运到北京,然后由北京运往扬州雕刻,雕刻完毕后再运回北京,整个运输过程,逢山凿山,遇水架桥,前后一共用了13年的时间。

这块玉山描述的是传说中的大禹带领劳动人民治理黄河的图案。玉雕上,山岭重叠,瀑布激涌,成群结队的民工凿山、橇石,展现了一幅生动、活泼的劳动场面。大禹治水玉山是中国现存最大的一座玉石雕刻,在世界艺术史上有着重要的地位。

> 大禹治水玉山是中国现存最大的一座玉石雕刻,在世界艺术史上有着重要的地位。

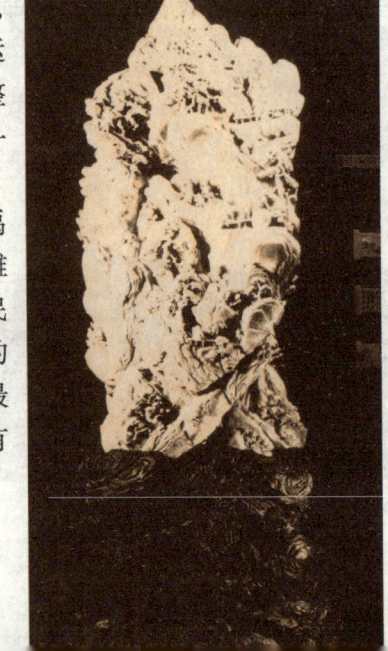

大禹治水玉山

世界上最大的石刻佛像是哪一尊

我国乃至世界最大的一尊石刻佛像是乐山大佛。它位于四川乐山市岷江东岸、凌云山西壁。这里是岷江、青衣江、大渡河汇合之处。大佛坐东朝西，面江而坐，"山是一尊佛，佛是一座山"。

大佛慈眉善目，眼睛半睁半合，神态安详，双手放于膝盖上，端坐在山侧。其造型稳重大方，比例适度，艺术感很强。大佛通高 71 米，头高 14.7 米，头宽 10 米，发髻 1021 个，耳长 7 米，鼻长 5.6 米，眉长 5.6 米，嘴巴和眼长 3.3 米，颈高 3 米，肩宽 24 米，手指长 8.3 米，膝盖到脚背高 28 米，脚背宽 8.5 米，脚面可围坐百人以上。

乐山大佛

佛像建造的发起者为唐代海通和尚，他去世后，由川西节度使韦皋继续组织开凿，前后历时 90 年。乐山大佛不仅体形巨大，且雕刻技巧高超。佛体结构匀称，比例适宜。它还筑有科学而巧妙的排水系统，以避免山水冲蚀和减弱风化作用。

敦煌莫高窟为什么被称为"东方艺术明珠"

莫高窟俗称千佛洞，被誉为 20 世纪最有价值的发现以及东方罗浮宫。其位于甘肃省敦煌市的鸣沙山东麓断崖，前临宕泉河，面向东，南北长 1680 米，高 50 米。洞窟分布高低错落，上、下最多有五层。敦煌莫高窟始建于前秦建元二年（366 年），是一座举世闻名的佛教艺术宝库，一朵有着 1600 余年历史的旷世奇葩。其现存石窟 492 洞。其中魏窟 32 洞、隋窟 110 洞、唐窟 247 洞、五代窟 36 洞、宋窟 45 洞、元窟 8 洞，其他朝代洞窟 14 个。敦煌莫高窟因岩质不适于雕刻，故造像以泥塑、壁画为主。其中，壁画 4.5 万平方米、彩塑 2400 余身、飞天 4000 余身，是一处由建筑、绘画、雕塑组成的博大精深的综合艺术殿堂，是世界上现存规模

敦煌莫高窟全景

> 敦煌莫高窟是一处由建筑、绘画、雕塑组成的博大精深的综合艺术殿堂，是世界上现存规模最宏大、保存最完好的佛教艺术宝库，被誉为"东方艺术明珠"。

最宏大、保存最完好的佛教艺术宝库,被誉为"东方艺术明珠"。

"马踏飞燕"是在何地出土的

"马踏飞燕"俗称"铜奔马",本名为"马超龙雀",1969年出土于甘肃省武威县雷台汉墓,是中国青铜雕塑中的精品。其铸造传神,构思精妙,别具风姿,可与秦代铜车马相媲美。

奔马昂首甩尾,张口嘶鸣,四蹄飞腾,做奔驰状。马体态矫健俊美,一蹄踏在一只展翅疾飞的燕子背上,其他三足腾空而起,把铜马飞驰的速度表现得淋漓尽致。马蹄下的飞燕展翅欲飞,回首作惊愕状,似乎突遭踏击,惊慌不知所措,想弄清事情原委。与之呼应的是,奔马头略微向左倾顾。一马一燕、一腾一驰,作者以精湛高超的技法,把这一刹那惊心动魄的情景,借助雕塑语言定格在永恒的瞬间,动中有静,静中显动,似乎燕子仍在飞,马仍在跑。作者运用烘云托月的手法,反衬出骏马的神速。其构思之精巧令后人叹服。而马三足腾空,体重全落于蹄下的飞鸟上。其平实稳定的力学结构,也同样令人为之赞赏。它所具有的蓬勃生命力和一往无前的气势,更是中华民族的象征。

马踏飞燕

> "马踏飞燕"俗称"铜奔马",本名为"马超龙雀",1969年出土于甘肃省武威县雷台汉墓,是中国青铜雕塑中的精品。

天下第一壶指的是什么

被誉为天下第一壶的是彩陶双连壶,也被称为彩陶之冠。

1972年,在郑州市北郊大河村仰韶文化遗址房基内,发现了一件造型极为独特的彩陶壶,距今已经有5000多年的历史,是仰韶文化的典型代表之一。其高20厘米,两壶并列,腹部相连处有一圆孔相通。两壶两侧各附一耳。壶有两个喇叭形口,尖唇,高领斜直,束颈,圆腹平底,底部微内凹。泥质红陶,外饰黑彩平行纹,古朴典雅、韵味十足。在众多绚丽多彩的仰韶文化彩陶中,双连壶以其独特造型和新颖的构思,独压

> 被誉为天下第一壶的是彩陶双连壶,也被称为彩陶之冠。

彩陶双连壶

群芳,被誉为天下第一壶,对研究原始社会的习俗和制陶艺术有重要的价值。

双连壶巧妙运用了连通器原理,把两件相同的陶壶连为一体。因此有人推测:这种特殊的酒具很可能是部落间结盟时首领对饮的专用器具,用以象征和平和友好;也可能是婚礼上一对新人喝交杯酒的器具,象征着俩人永结同心。

双连壶的表面施红衣黑彩,绘画的图案是平行线条纹。但一边绘制的是横线斜条,一边绘制的是横线竖条。这也表现了先人求同存异、和谐相处的理想追求。

> 双连壶以其独特造型和新颖的构思,独压群芳,被誉为天下第一壶,对研究原始社会的习俗和制陶艺术有重要的价值。

我国最古老的吹奏乐器是什么

中国有很多历史悠久的乐器,其中广为世人所知的有湖北随州出土的距今 2400 年的楚国编钟,以及《诗经》中提到的琴和瑟。不过,到目前为止,我国迄今所发现的最早的一种吹奏乐器是埙,其大多由泥土制成。它属于气鸣乐器,形状有管形、橄榄鱼形、圆锥形等多种。它们的顶端都有一个吹孔,埙体上有的无按音孔,有的有若干按音孔。多为陶制品,也有骨制品。古代主要为诱捕猎物所用。陶埙在八音中属土音,最早文献记载始于《诗经》中:"如埙如篪,伯氏吹埙,仲氏吹篪。"其在周代奴隶制社会已相当流行,秦汉以后用于历代宫廷雅乐。

唐三彩埙

据考古学家考证,埙产生于史前时代,首次是在西安的半坡遗址中发掘的。目前发现的最古老的埙,是大约 6000 年前居住在今天浙江杭州湾河姆渡遗址的居民使用的椭圆形无音孔陶埙与西安半坡村仰韶文化遗址发现的两个陶埙。

端砚为什么被称为"天下第一砚"

端砚,向来就是中国"文房四宝"中的极品。它的历史悠久,石质优良,雕刻精美。其之所以会被世人称为"天下第一砚",一是石质特别幼嫩、纯净、细腻、滋润、坚实、严密,制成的端砚具有呵气可研墨、发墨不损毫、冬天不结冰的特色。二是与其开采、制作的艰辛有关。一方端砚的问世要经过探测、开凿、运输、选料、整璞、设计、雕刻、打磨、洗涤、配

> 端砚,向来就是中国"文房四宝"中的极品。它的历史悠久,石质优良,雕刻精美,被世人称为"天下第一砚"。

荷叶形端砚

装等10多道艰辛而精细的工序。采砚石无法用机械化操作，只能以手工为主。历代采石工人都是按石脉走向，顺其自然向深层采掘，从接缝处下凿。采出来的砚石如能有三四成可用，已属难得。坑道向下倾斜，曲折蜿蜒，工人进出要下蹲弯腰，有些地段仅能容一人裸体匍匐爬行。三是由于历代制砚艺人的精雕细作，使端砚造型式样多姿多彩。端砚现在已成为中国工艺美术百花园中的一朵奇葩，闻名遐迩。

现今，世界上最大的端砚是"端溪九龙砚"，其长为 4.6 米，宽 3.15 米，厚 0.45 米，重达 13.8 吨。被誉为"中华之最"。现收藏于肇庆市端茗砚雕工艺厂内。

宣纸为什么被称为"千年寿纸"

宣纸，是中国书画艺术的特殊用纸，生产原料主要是以皖南山区特产的青檀树为主。想要制作出优质的纸品，光有主要原料还不行，须同时配以部分稻草，经过浸泡、灰腌、蒸煮、洗净、漂白、打浆、水涝、加胶、贴烘等 18 道工序、100 多道操作过程，历时 1 年多，方可完成。因其产于宣州府（今安徽泾县），故称"宣纸"。现主要产于安徽泾县。

宣纸折扇

对宣纸的记载最早见于《历代名画记》《新唐书》等。它起源于唐代，在唐代还被列为贡纸。宣纸作为我国文房四宝中的珍品，迄今已有 1500 余年的历史，为历代文人墨客所喜爱和推崇，又因其品质纯白细密，柔软均匀，绵韧而坚，光而不滑，色泽不变，而且久藏不腐，百折不损，耐老化，防虫防蛀，素有"纸寿千年，墨润万变"之称。1915 年泾县宣纸在巴拿马国际博览会上获金奖。

宣纸因其品质纯白细密，柔软均匀，绵韧而坚，光而不滑，色泽不变，而且久藏不腐，百折不损，耐老化，防虫防蛀，素有"纸寿千年，墨润万变"之称。

中国最早的钱币是什么

中国是世界上较早使用货币的国家，货币种类繁多，是世界上任

早在 3000 多年前，随着商品交换的进一步发展，钱币作为一般等价物的特殊商品就诞生了。我国最早使用的钱币是"贝"。

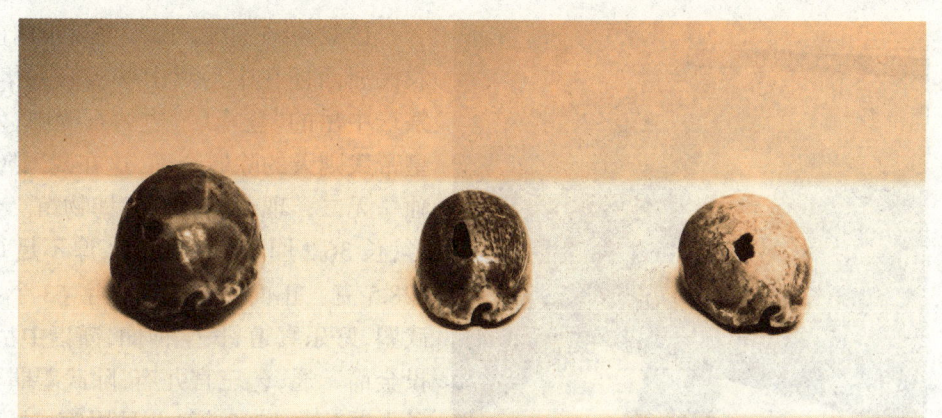

贝币

何一个国家都无法比拟的。在这文明古国悠久的历史文化中,钱币文化也是其光彩夺目的一章。

早在3000多年前,随着商品交换的进一步发展,钱币作为一般等价物的特殊商品就诞生了。我国最早使用的钱币是"贝"。一般来说,游牧民族以牲畜、兽皮类来实现货币职能,而农业民族以五谷、布帛、农具、陶器、海贝、珠玉等充当最早实物货币。因为充当实物货币,牛、羊、猪等牲畜不能分割,五谷会腐烂,珠玉太少,刀铲笨重,所以,最后集中到海贝这一实物货币。

贝壳成为货币的条件有以下几个:第一是本身有实用的功能(如其装饰品的用途);第二具有天然的单位;第三是坚固耐用;第四是便于携带。尤其是其天然的单位,在熔解金属技术尚不发达的古代,具有它独到的天然优势。古代人民使用贝币,多用绳索将它们穿成一串,所以一串也成一单位。贝币最早的货币单位为"朋",即十枚成一串,两串为一朋。在我国古代的甲骨文中,贝朋两字常连在一起,贝字的意义,和现在的"财"字差不多。至今中国的文字中,许多与货币意义有关的字,像财、贵、贫、贱等,都是以贝字作为偏旁。

随着商品交换的迅速发展,货币需求量越来越大,海贝已无法满足人们的需求,人们开始用铜仿制海贝。随着人工铸币的大量使用,海贝这种自然货币便慢慢退出了中国的货币舞台。

> 随着商品交换的迅速发展,货币需求量越来越大,海贝已无法满足人们的需求,人们开始用铜仿制海贝。

中国现存唯一的古代金简是什么

武则天除罪金简是中国现存唯一的古代金简。

中国古时历代皇帝为永保江山和个人平安,都曾亲率大臣到祖国名山大川筑坛焚香,祷告上苍,向天地诸神祈祷平安,并将写好或刻好的表明心迹的简策(册)埋到土内或投入土中,这就是古代帝王的"封禅"活动。

> 武则天除罪金简是中国现存唯一的古代金简。

武则天除罪金简

1982年5月21日,登封市唐庄乡王河村农民屈西怀在中岳嵩山峻极峰采集草药时,在祭坛中岳的"登峰坛"边的石缝中,发现了大周皇帝武则天的除罪金简。这在我国属首次发现,独一无二,现藏于河南省博物馆。金简为长方形,长36.2厘米,宽8厘米,厚不足0.1厘米,重228.5克。正面镌刻双钩文字63个:"大周国主武曌,好乐真道,长生神仙,谨诣中岳嵩高山门,投金简一通,乞三官九府,除武曌罪名。太岁庚子七月庚子(700年)七月甲寅,小使臣胡超稽首再拜谨奏。"内容为武则天乞三官九府除罪,并有"太岁庚子(700年)七月甲寅"纪年。武则天在嵩山所投的祈福除罪金简,是在其自称"圣神皇帝"改国号为"周"10年后,久视元年(700年)77岁时所为,属国家一级保护文物。

被誉为"青铜之冠"的是什么

秦陵铜车马出土于秦始皇陵西侧20米处,1980年局部试掘铜车马坑时,在一木椁内出土了一前一后纵置的两辆大型铜车马。出土时它们已残破,经修复后恢复原状。这两具铜车马因具有形体大、部件多、制作精、形象真的特点而被誉为"青铜之冠"。它们共重2.3吨,体积是后母戊鼎的10多倍。铜车马制作精良,采用了铸造、焊接、粘接、冲凿、錾刻、抛光、镶嵌等多种方法。其中不少工艺为秦代工匠首创。铜车马不仅把青铜器与彩绘结合起来,而且还成功地铸造了铜俑、铜马的形象,赋予了精美的青铜器以生命之感。

秦铜车马,是中国迄今为止发现年代最早、结构最完整的铜质车、人、马。车马全长3.28米,高1.04米。铜车上的圆形篷盖似一龟壳,寓意吉祥长寿,与四方形的车底相配,构成上圆下方的车身,与中国古代"天圆地方"的传统观念配合得恰如其分。据专家们统计,这组铜车马构件多达3400多件,其中金制品有700多件、银制品800多件,工艺极为复杂,为中国举世无双的艺术珍品。

> 秦陵铜车马因具有形体大、部件多、制作精、形象真的特点而被誉为"青铜之冠"。

秦铜车马

中国使用时间最短的钱币是什么

中国使用时间最短的钱币是祺祥钱。1861年7月,清咸丰皇帝在热河承德避暑山庄病危,特封肃顺、载垣、端华等八人为赞襄政务大臣,处理国事。不久,咸丰帝病死,八大臣遵从遗诏,拥立载淳为皇帝,拟定次年改元"祺祥",并铸造"祺祥"钱币。而慈禧则以她和慈安的名义,联络当时留守北京的恭亲王奕䜣,于9月30日发动宫廷政变,逮捕八大臣,并将肃顺等三人处死。这就是有名的"辛酉政变",又称"祺祥政变"。不久,慈禧采纳大学士周祖培奏议,废止"祺祥"年号,停铸"祺祥"钱,改用"同治"年号,并铸"同治"钱币。"祺祥"年号是在咸丰十一年7月26日确定的,但到当年10月5日即被废除,仅仅存在69天,"祺祥钱"可说是我国使用时间最短的钱币。

祺祥通宝

> 中国使用时间最短的钱币是祺祥钱,仅仅存在69天。

 ## 毛公鼎有何传奇

被誉为晚清"海内三宝"的大盂鼎在北京,大克鼎在上海,唯独另外一宝毛公鼎越过海峡,落脚在了台北故宫博物院。

毛公鼎为西周晚期的宣王时期器物,通高近54厘米,重34.5公斤,大口圆腹,口沿上竖立着两只高大的耳朵,半球状深腹,腹下三只兽蹄形足看起来敦实有力,整体造型浑厚而凝重,纹饰简洁有力、古朴典雅,标志着西周晚期青铜器已经从浓厚的神秘色彩中摆脱出来,淡化了宗教意识而增强了生活气息。它的内壁铸有500字的长铭,是现存商周两代7000多件有铭文的铜器中铭文最长的一件。其内容主要是周王为中兴周室,励精图治,策命重臣毛公,要他忠心辅佐,以免遭丧国之难,并赐给他大量物品作为赏金。毛公为感谢周王,特铸鼎记其事。其书法是成熟的西周金文风格,结构匀称准确,线条遒劲稳健,布局妥帖,充满了理性色彩,显示出金文已发展到极其成熟的境地。铭文中有阳文网格线,是西周中晚期制铭的习惯。因此除了史料的价值外,

毛公鼎

> 被誉为晚清"海内三宝"的大盂鼎在北京,大克鼎在上海,唯独另外一宝毛公鼎越过海峡,落脚在了台北故宫博物院。

窥探文化真相

> 金缕玉衣是汉代规格最高的丧葬殓服，大致出现在西汉文景时期，其中最具代表性的是河北满城一号墓出土中山靖王刘胜的金缕玉衣。

毛公鼎在中国古文字学与书法艺术上也具有举足轻重的地位。

毛公鼎系于清末道光二十八年（1848年）前后，在陕西省岐山县出土的。出土后，经多次转手秘藏。抗战期间，险为日本军方所夺。抗战胜利后，民间献鼎归公。

金缕玉衣的主人是谁

玉衣也称"玉匣"、"玉押"，是汉代（前202—公元220年）皇帝和高级贵族死后穿用的殓服，外观与人体形状相同。玉衣是穿戴者身份等级的象征，皇帝及部分近臣的玉衣以金线缕结，称为"金缕玉衣"。其他贵族则使用银线、铜线编造，称为"银缕玉衣"、"铜缕玉衣"。

金缕玉衣是汉代规格最高的丧葬殓服，大致出现在西汉文景时期。据《西京杂志》记载，汉代帝王下葬都用"珠襦玉匣"，形如铠甲，用金丝连接。这种玉匣就是人们日常说的金缕玉衣。当时人们十分迷信玉能够保持尸骨不朽，更把玉作为一种高贵的礼器和身份的象征。玉衣的起源，可以追溯到东周时的"缀玉面幕""缀玉衣服"，到三国时，魏文帝曹丕下诏禁用玉衣，前后共流行了400年。

到目前为止，全国共发现玉衣20余件，其中最具代表性的是河北满城一号墓出土中山靖王刘胜的金缕玉衣。它用1000多克金丝连缀起2498片大小不等的玉片，由上百个工匠花了两年多的时间完成。整件玉衣设计精巧，做工细致，是旷世难得的艺术瑰宝。1968年，这件金缕玉衣出土时，轰动了国内外的考古界。

1995年出土于徐州狮子山楚王陵的金缕玉衣是现今发现年代最早、玉片最多、玉质最好的。制作一套"金缕玉衣"要从遥远的地方运来玉料，通过一道道的工序把玉料加工成为数以千计的、有一定大小和形状的小玉片，每块玉片都需要磨光和钻孔，大小和形状必须经过严密的设计和细致的加工，编缀玉片还需要许多特制的金丝。由此可见，制成一套"金缕玉衣"所花费的人力和物力，是十分惊人的。

满城汉墓出土的金缕玉衣

用金缕玉衣做葬服不仅没有实现王侯贵族们保持尸骨不坏的心愿，反而招来盗墓毁尸的厄运，许多汉帝王陵往往因此而多次被盗。其实，即使那些盗墓贼没有光临，当考古工作者打开那神秘的洞室时，企求"金身不败"的墓主人已化作一捧泥土，剩下的也就是一具精美绝伦的玉衣了。这些仿佛向人们讲述了一个千百年来破灭的神话。

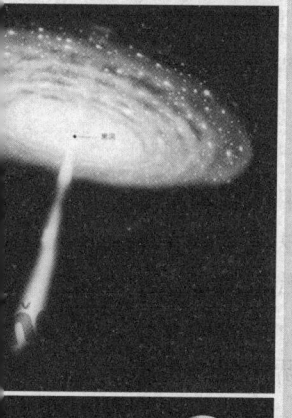

第十五篇 领先世界的天文·历法

> 中国科技史专家李约瑟就曾评价一行组织的子午线长度测量是"科学史上划时代的创举"。一行被称为世界上最早测量地球子午线的人,当之无愧。

世界上最早测量地球的人是谁

僧一行,本名张遂,汉族,唐朝魏州昌乐(今河南省南乐县,一说邢州巨鹿)人,唐功臣张公瑾之曾孙,唐朝佛教密宗传持八祖之一,天文学家。他少年时从天台山国清寺一大德研习数术,造诣很深,颇负盛名。武三思慕其学行,有意拉拢他。张遂不愿为之所用,又怕因此而遭到迫害,于是逃到河南嵩岳寺剃度出家,得法名"一行"。

开元七年(719年),印度高僧金刚智入京,一行追随其后,并施弟子之礼。开元九年(721年),据李淳风的《麟德历》预报几次日食月食,时间都不准。唐玄宗命一行主持修编新历。从此,一行就开始专门从事研究天文历法的工作。开元十一年(723年),为了测定星体位置,一行与率府兵曹参军梁令瓒等人制成了黄道游仪、水运浑天仪。他通过长期的天文观测发现了恒星移动的现象,并第一次提出了月亮比太阳离地球近的科学论点。

开元十二年(724年),一行又组织了一次全国各地的日影和北极星高度的测量,是一次史无前例的天文大地测量工作,实际上是测量地球子午线。他在全国选择了12个观测点,派人实地观测,自己则在长安总体统筹指挥。他们在经度相同、地势高低相似的四个地方设点观测,分别测量了当地的北极星高度,冬至、夏至和春分、秋分四时日影的长度,以及四地间的距离。最后经一行统一计算,得出了北极高度差一度,南北两地相距351里80步(129.2公里)的结论。这与现测量值"差1度南北长111.2公里"相比有较大误差,但这是世界上第一次用科学方法进行的子午线实测,在科学发展史上具有划时代的意义。中国科技史专家李约瑟就曾评价一行组织的子午线长度测量是"科学史上划时代的创举"。一行被称为世界上最早测量地球子午线的人,当之无愧。

僧一行(张遂)

天为何叫"九天"

> 中国古代的人认为天分为九重。《淮南子·天文训》云:"天有九重。"

中国古代的人认为天分为九重。《孙子·形篇》云:"善攻者,动乎九天之上。"谓兵势难测。《淮南子·天文训》云:"天有九重"。《楚辞·天问》云:"圜则九重。"又云:"九天之际,安放安属?"是说在九天那么高的地方,怎么放,又属于谁。

另外,古人还把天空分为九野,分别是东北、正北、西北、正西、西南、正南、东南、正东、正中上方。但这九个方位并不能称为九重天。通常所说的九天是指天之九层。唐李白《望庐山瀑布》诗云："疑是银河落九天。"此九天是泛指天。

古代的印度也是把天分为九层。佛经里把天分为欲界天、色界天、无色界天。欲界天就是我们通常所说的天。佛经里讲，欲界天分为九层，第二层单独称为一天，名忉利天，是释帝（玉皇大帝）所居，其他八层的东南西北各分为一天，每层四天，共三十二天，加第二层天，共三十三天，就是佛经里常讲的"三十三天"。四大天王居于第一层天，分占东南西北各一天。弥勒菩萨和太上老君居住在第四层天。佛经里讲的九天和中国本土讲的九天是一样的，只是分得更细，分九层天为三十三天。

龙舞九天

"北斗"的名称有何来历

北斗又称"北斗七星"，指在北方天空排列成斗勺形的七颗亮星。这七颗星的名称是：天枢、天璇、天玑、天权、玉衡、开阳、摇光。因这七星排列如斗勺，故称"北斗"。屈原《九歌》："操余弧兮反沦降，援北斗兮酌桂浆。"说的就是北斗七星。根据北斗星便能找到北极星，故又称"指极星"。

在低纬度（就赤道坐标系而言）天区上有"南斗"星，与北斗七星相对应。只有在中纬度（北纬30~40度）地区的居民看来，北斗七星才是常年在北方。因为对临近赤道的人们而言，北斗随季节时隐时现，不能成为可靠的时间指示器。

北斗的斗柄能指示季节。北斗东指，天下皆春；北斗南指，天下皆夏；北斗西指，天下皆秋；北斗北指，天下皆冬。《古诗十九首》："玉衡指孟冬，众星何历历。"说

> 北斗又称"北斗七星"，指在北方天空排列成斗勺形的七颗亮星。因这七星排列如斗勺，故称"北斗"。

> 北斗的斗柄能指示季节。北斗东指，天下皆春；北斗南指，天下皆夏；北斗西指，天下皆秋；北斗北指，天下皆冬。

故宫御花园"诸葛亮拜北斗七星石"

> 因为北斗绕北极旋转，像帝王居中（居北极），车驾绕之，故北斗又称帝车。

的是斗柄于孟冬之时指西北的星象。玉衡是北斗星中的第五星，在斗勺尾部，能指方向。《尚书纬》说："七星在人为七瑞。北斗居天之中，当昆仑之上，运转所指，随二十四气，正十二辰，建十二月，又州国分野、年命，莫不政之，故为七政。"《太上玄灵北斗本命长生妙经》云："北斗司生司杀，养物济人之都会也。凡诸有情之人，既禀天地之气，阴阳之令，为男为女，可寿可夭，皆出其北斗之政命也。"

因为北斗绕北极旋转，像帝王居中（居北极），车驾绕之，故北斗又称帝车。《史记·天官书》："斗为帝车，运于中央，临制四乡。"李白《闻李太尉出征东南》诗："帝车信廻转，河汉复纵横。"清朝钱谦益的《新阡八景·石城开障》诗云："错列垣墙天市近，萦廻阁道帝车行。"这些都是说北斗为帝车，临制四向。

"黄道吉日"中的"黄道"是怎么来的

"黄道"本是古代天文学的一个名词，指太阳在天球上的周年视运动轨道。太阳在天球上每天运行1度，1年行365.25度，即360度。《汉书·天文志》记载："日有中道，月有九行。中道者，黄道，一曰光道。"天文上的赤道又名天赤道，是地球赤道在天球上的投影。不与黄道平行，而有23°26'的夹角。

早在晋朝时，司马彪撰《后汉书·志·律历中·贾逵论历》中就分析了赤道和黄道在测定天体位置上的区别，"臣前上傅安等用黄道度日月弦望多近，史官一以赤道度之，不与日月同，如今历弦望至差一日以上，辄奏以为变，至以为日却，缩退行。于黄道，自得行度，不为变……《五纪》论'日月循黄道，南至牵牛，北至东井，率日日行一度，月行十三度十九分度之七'也"。

中国古代把沿黄道和赤道的恒星天区分成大小不等的二十八个小区，名之为二十八宿（xiù）。宿就是住地的意思。月亮在绕地球运动过程中，每日从西往东经过一宿。人们又把相连的七宿合称为一象，共四象。每象用有代表性的动物名称命名。它们是苍龙：角、亢、氐、房、心、尾、箕七宿；玄武（龟和蛇）：斗、牛、女、虚、危、室、壁七宿；白虎：奎、娄、胃、昴、毕、觜、参七宿；朱雀：井、鬼、柳、星、张、翼、轸七宿。

> 黄道"本是古代天文学的一个名词，指太阳在天球上的周年视运动轨道。

北京天文馆"黄道"模型

黄道天空中共分布着十二个亮度最高的星座，它们是青龙、白虎、明堂、天刑、朱雀、金匮、天德、玉堂、天牢、玄武、司命、勾陈等。旧时占卜认为，吉日的选择并不是不顾年、月、时的吉凶，而要相互观览，综合选择。青龙、明堂、金匮、天德、玉堂、司命六个星辰是吉神。六吉神值日之时，诸事皆宜，不避凶忌，称为"黄道吉日"，泛指宜于办事的好日子。如元无名氏《连环计》第4折说："今日是黄道吉日，满朝众公卿都在银台门，敦请太师入朝授禅。"白虎、天刑、朱雀、天牢、玄武、勾陈六辰为凶神。这六神值日时称为"黑道凶日"，犯之不吉。

在旧时老《皇历》上，除了干支记日外，同时把日期上又加上了另外12个字编成口诀："建满年好黑（黑道），除危定执黄（黄道），成开皆可用（黄道），闭破不能行（黑道）。"将建、除、满、平、定、执、破、危、成、收、开、闭12个字分别注在皇历中的每个日期的下方。凡与除、危、定、执、成、开6个字对应的日子，就是黄道吉日；与建、满、平、破、收、闭6个字对应的日子，就是黑道凶日。人们可按此避凶趋吉。

> 六吉神值日之时，诸事皆宜，不避凶忌，称为"黄道吉日"，泛指宜于办事的好日子。

阴历和阳历有何由来

现在人们通常所说的阴历是指农历，阳历是指西方传过来的公历。但这种说法只是近几十年以来的俗称，并不规范，也不科学。历法大致分为三种：太阴历、太阳历、阴阳合历。

太阴历以朔望月为历法的基本单位，每月为30日或29日，平均每个历月为29.5日，积12个月为一年，共354日，12个朔望月实际上约有354.3671日。回回历属太阴历。太阳历只考虑太阳的周期变化，不考虑月亮的周期变化，一年分12个月，共365日。现行的公历（格历）和中国的二十四节气以及古代的物候历属太阳历。阴阳合历是将太阴历与太阳历合二为一，既考虑太阳的变化，又参照月亮的变化，以适应人们的日常生活，一年分12个朔望月，全年354天或355天；有闰之年为13个月，全年383天或384天。其太阳历部分以冬至为岁首，把一回归年分为七十二候二十四节气。阴阳合历是一种计算难度很大的历法，也最适合人们的日常生活。我国的农历是阴阳合历。

由于古代中国的历法水平高度发展，在很早的时候就使用阴阳合历了。由考古已知的，中国至少从帝尧时期就将太阳历和太阴历合二为一了。帝尧陶唐氏，帝喾

> 现在人们通常所说的阴历是指农历，阳历是指西方传过来的公历。

武强年画：农历图

> 阴阳合历的难度非常大,甚至早在2000年以前也只有中国能做得比较准确。

之子,曰放勋,都平阳。《尚书·尧典》云:"帝曰:'咨汝羲暨和,期三百六十六日,以闰月正四时。'"《史记·五帝本纪》亦曰:"岁三百六十六日,以闰月正四时。"此是后世历法之本。《尧典》说"期三百六旬有六日",是一年365日又加1日之闰,并非一年三百六旬有六日。山西临汾陶寺遗址发掘出的观象台遗迹,共有四个层面。2003年12月22日冬至实地模拟观测,证明东2号缝为冬至日出观测缝。东3号缝长1.3米、宽0.2米,1月21日大寒实地模拟观测,此缝为大寒日观测缝。观象台遗迹压在陶寺文化晚期文化层之下,这座观象台是以观象授时功能为核心的、兼有观象台功能的复合建筑。这可证明帝尧之时确有观象授时的能力。从上古帝尧时到清朝时,中国一直通用的就是这种阴阳合历,又称为夏历,现在称之农历、阴历。

阴阳合历的难度非常大,甚至早在2000年以前也只有中国能做得比较准确。古埃及使用太阳历,古希腊阴阳合历是外来的,计算得不精,历法较为混乱。古罗马早期历法混乱,很不准确,儒略·恺撒执政时,从埃及引进太阳历,是为儒历。阴阳合历对古希腊古罗马来说太难了,太阳历计算起来简单些。现行的格历(公历)是1582年罗马教皇格列高利十三世颁行的。格历是由原行的儒略历修改而成。儒略历是公元前46年罗马统帅儒略·恺撒颁行的,由古埃及学者制定一种太阳历,岁实365.25天,4年一闰,闰年366日。因该历的岁实比回归年365.2422日长11分14秒,至格列高利时,历日误差积累已迟了10天。于是将原行的儒略历1582年10月减去10天,定10月4日之次日即为10月15日,规定400年设97闰,即公元年数被4除尽者置闰,但世纪年只有能以400除尽者才置闰,岁实改为365.2425天。改后的儒历称为格列高利。其岁实与宋统天历岁实相同。太阳历不管月亮的圆缺,无闰月,年长较固定,计算简单,长时期内不用修正,用于科学技术运算很方便,故渐渐成为国际通用历法。

辛亥革命次年(1912年),我国虽名义上采用改用西洋历格列高利历(格历),又称为西历、洋历、阳历,即现行之公历,是一种太阳历。但纪年用中华民国年次,如民国十二年,纪洋历年用西元某年。民间仍通用农历。1949年中华人民共和国成立之初,由毛泽东同志提出,经中国人民政治协商会议第一届全体会议决定"中华人民共和国的纪年采用世界公元",纪

楚雄彝族太阳历

年称公元某年。亦有不少学者反对称"公元",纪年应称"西元某年"。但农历(夏历)仍然通行。

万年历有何来历

相传万年历是中国一部很古老的历法,是由一个叫万年的人编撰的,故名万年历。其实万年就是神农炎帝,万年是他的小名。

炎帝神农氏,姜姓,以火德王天下。是时民益多,禽兽益少,炎帝乃教民播种百谷,斫木为耜,揉木为耒,春耕夏耘,秋获冬藏,民食以充,故号神农氏。《晋·律历志》:"逮乎炎帝,分八节以始农功。"晋杨泉《物理论》:"神农始治农功,正节气,审寒温为早晚之期,故立历日。"

据说神农炎帝万年看到当时的节令很乱,决心把节令定准。他从那移动的树影中受到启发,设计了一个专门测日影计天时长短的"日晷仪"。他看见那崖上的泉水很有节奏地往下滴,又设计了五层漏壶,用滴漏的方法来计时。经过常年观测,总结出一年360多天,最短的一天在冬至,还弄清了日月运行的周期规律。寒来暑往,春去冬来。一直到他年老时,才把历法定准了。于是人们把这部历法称为"万年历",万年封为寿星。今天,人们把春节称为"年",过年挂上寿星图,据传说就是为了纪念神农炎帝万年。

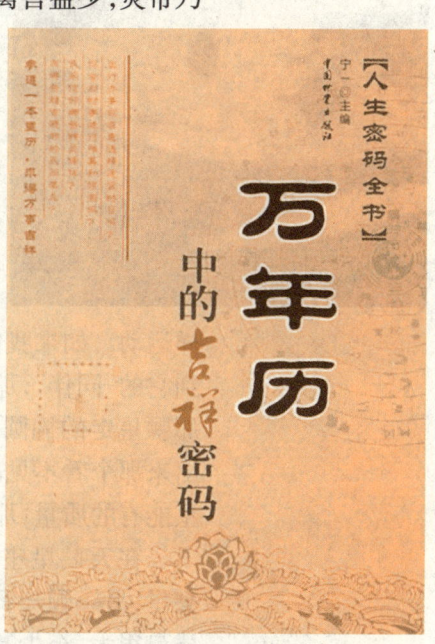

与"万年历"相关的书籍

相传万年历是中国一部很古老的历法,是由一个叫万年的人编撰的,故名万年历。其实万年就是神农炎帝,万年是他的小名。

但是,我们平时见到的万年历,只是数十年乃至数百年的日历,用于查找某年某日的干支。这种日历册子虽命为万年历,但并不是传说中万年制定的那个万年历,跟原始历法没有关系。

"黑洞"是怎样形成的

黑洞是一种引力极强的天体,就连垂直表面发射的光也不能逃脱。说它"黑",是指它就像宇宙中的无底洞,任何物质一旦掉进去,"似乎"就再也不能逃出。由于黑洞中的光无法逃逸,所以我们无法直接观测到黑洞。然而,可以通过测量它对周围天体的作用和影响来间接观测或推测到它的存在。这种黑洞是怎么形成的呢?

从万有引力定律可以知道,把一个物体从星球表面抛射到宇宙空间,需要有足够大的抛射速度。例如,在月亮上,抛射速度需要2.4km/s,物体才能离开月球。对与地球等质量和密度越大的星球,物体从它表面逃离所需的速度就越大。当星球的密度大到一定程度,以至

由于黑洞中的光无法逃逸,所以我们无法直接观测到黑洞。然而,可以通过测量它对周围天体的作用和影响来间接观测或推测到它的存在……

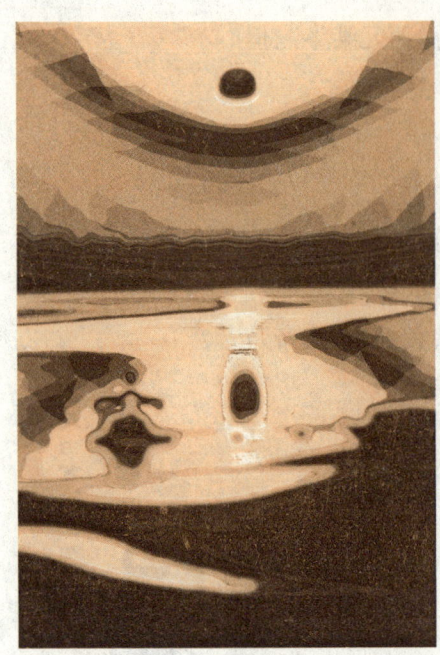

黑洞

于逃离速度是光速的光子也不能再从星体表面逃离。光会被星体的万有引力拉回去，远方的观测者也就不可能看见这颗星了。

黑洞的结构是由奇点、振荡层、辐射层组成。当恒星的史瓦西半径小到一定程度时，就连垂直表面发射的光都无法逃逸了。这时恒星就变成了黑洞。对于太阳，其史瓦西半径是 2.9 公里；对于地球，史瓦西半径等于 0.88 厘米。如果太阳缩小到半径 2.9 公里以内，或者地球缩小到半径 0.88 厘米以内，它们会形成一个黑洞，掉进其中的东西就无法逃出来。

有一种情况下的黑洞比较好观测的，那就是双星里的黑洞。双星就是两颗互相绕着转的恒星。虽然我们看不见黑洞，但却能从那颗看得见的恒星的运动路线分析出黑洞的位置。因为，双星中的每一颗星都是沿着椭圆形路线运动的，而单颗的恒星不是这样运动。如果我们看到天空中有颗恒星在沿椭圆形路线运动，却看不到它的"同伴"，那就值得仔细研究了，看是不是存在一个黑洞天体。把那颗星走的椭圆的大小和走完一圈用的时间，都测量出来，就可以算出来那个看不见的黑洞的质量大小。如果算出来质量很大，超过中子星能有的质量，那就可以进一步证明它是个黑洞了。

在天鹅星座有一对双星，名叫天鹅座 X-1，其中一颗是看得见的亮星，另一颗却看不见。根据那颗亮星的运动路线，算出来它的"同伴"质量很大，至少有太阳质量的五倍。这么大的质量是任何中子星都不可能有的，再加上别的证据，基本上可以肯定，天鹅座 X-1 中那个看不见的天体就是一个黑洞。这也是人类找到的第一个黑洞。

黑洞有可能是由以下三种途径形成：

第一种是由恒星核燃烧后，残核坍缩形成。恒星的核燃烧过程中，首先是氢聚变成氦，然后氦聚变为碳、氧、氖再聚变为镁、硅、硫；最后镁、硅和硫聚变为铁族元素。大质量的恒星平缓地剩下一个白矮星残核，或者出现灾变性的爆发，剩下一个中子星残核。在有些情况下，当残核超过了中子星可能具有的最大质量时，将坍缩为一个黑洞。

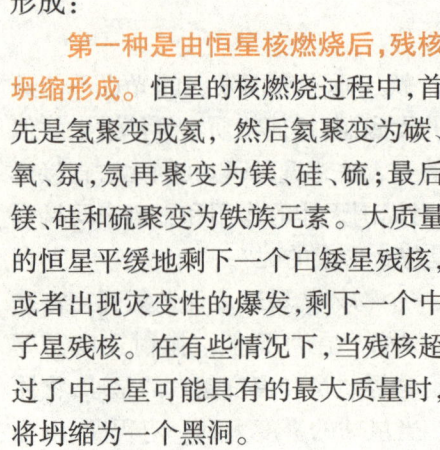

引力强大的黑洞

第二种是星团的坍缩形成黑洞。这种方式比起第一种更抽象一些。如银河系的中心区域内恒星密布。在一些地方形成稠密的星团。随着时间的推移,星团越来越凝缩,从而形成一个单独的超巨质量天体。然后这个天体的物质受自身强大引力的吸引,向中心坍缩,形成黑洞。

第三种是原生黑洞。与前两种相比,这种可能性在很大程度上是一种推测。在宇宙形成初期,物质的密度极高。有些地方可能塌缩形成黑洞。根据密度不均匀性质,这样的原生黑洞几乎可以有任何质量。尤其是特别小的黑洞,其质量比太阳质量小。在近代的宇宙中是不可能形成这样黑洞的。上述第一、二种过程都不能产生质量非常小的黑洞。

> 根据密度不均匀性质,这样的原生黑洞几乎可以有任何质量。

"白虹贯日"是一种什么天象

《战国策·魏策四》云:"聂政之刺韩傀也,白虹贯日。"战国时期,韩国大臣严遂与相国韩傀结仇,他到齐国去找聂政去刺杀韩傀。聂政是个以屠狗为业的屠夫。他待母亲去世后,为报答严遂的知遇之恩,就仗剑独身闯入韩傀府刺杀了韩傀,然后自我毁容自杀,断绝追查线索。传说当时有白虹穿日而过。另外,《史记·鲁仲连邹阳列传》记载:"昔者荆轲慕燕丹之义,白虹贯日,太子畏之。"也提到白虹贯日。那么白虹贯日是一种什么样的天象呢?

白虹贯日的字面意思是白色的长虹穿日而过,但实际上,"白虹"不是虹,而可能是晕,是一种大气光学现象。这种现象的出现,往往是天气将要变化的预兆。可是古人却把这种自然现象视作人间将要发生异常事情的征兆。

当天空中有由冰晶组成的薄的卷云或卷层云时,在日、月周围会出现一些以日月为中心的彩色光环和圆弧,称为晕。色彩排列是内红外紫。晕是由于日月光通过云中冰晶折射或反射后再到达人的眼睛而形成的。由于冰晶形状、分布不同,光线通过冰晶时的路径各不相同,晕的形状也就十分复杂。其中对观测者所张的角半径为 22 度的晕最为常见,称 22 度晕;偶尔也可看到角半径为 46 度的晕和其他形式的与晕相近的光弧。46 度晕环的色彩排列与 22 度晕相同,只是由于光线较弱,有时呈现暗淡的白色晕环,比较少见。由于有卷层云

> 白虹贯日的"白虹"不是虹,而可能是晕,一种大气光学现象。这种现象的出现,往往是天气将要变化的预兆。

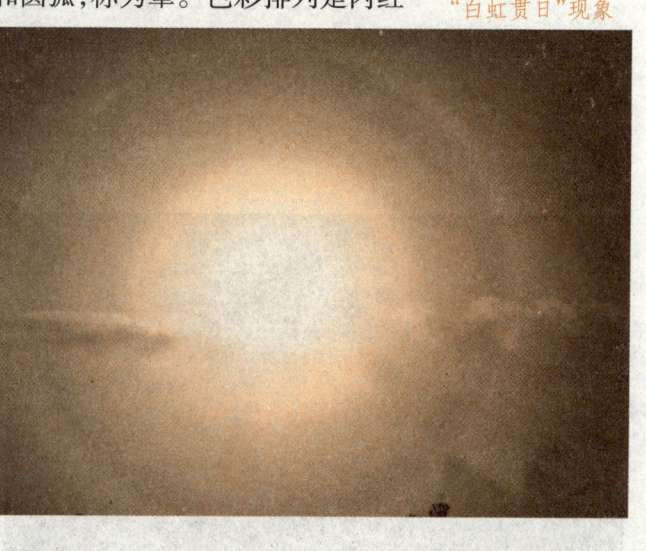

"白虹贯日"现象

窥探文化真相

> 当月球、地球和太阳处在一条直线或近于一条直线的情况下,地球或月球被黑影遮住,就发生了日食或月食。

存在才出现晕,而卷层云常处在距离锋面雨区数百公里的地方,随着锋面的推进,降雨区不久可能移来,因此晕就往往成为阴雨或大风天气的先兆。因此有"日晕三更雨,月晕午时风"的谚语。

"天狗食月"是什么自然现象

"天狗食月"是指月食这一天文现象。天狗食月的传说在中国出现得比较晚,大约出现在唐朝以后,而且流传得也不广泛,仅在个别地方流传。

天狗一词在现存经典中最早出自《山海经·西山经》,其原文为:"又西三百里,曰阴山。浊浴之水出焉,而南流于番泽。其中多文贝,有兽焉,曰天狗,其状如狸而白首,其音如榴榴,可以御凶。"另外天狗还是火流星。《史记·天官》云:"天狗状如大奔星,有声,其下止地类狗,所堕及炎火,望之如火光,炎炎冲天。"也就是说,天狗就是现代天文学上的火流星,坠地后还在块陨石的那种。

在先秦时代,当日食月食时,人们会伐鼓救日月。《周礼·地官·鼓人》篇云:"救日月,则诏王鼓。"郑玄注:"救日月食,王必亲击鼓者,声大异。"在汉代和晋朝时,似乎有蟾蜍食月之说,但汉代的画中往往是月中有蟾蜍,而并非蟾蜍食月。《淮南子·刘林训》云:"月照天下,蚀于詹诸。"唐李白《古风》云:"蟾蜍薄太清,蚀此瑶台月。"唐卢仝《月蚀》诗云:"尝闻古老说,蚀月是蟆精。径圆千里入汝腹,汝此痴骸阿谁生。"均只言蟾蜍食月。到了宋元明清时,在部分地区演变为"天狗食月"。清朝钦定《协纪辨方》卷四引宋《枢要历》:"天狗者,月中凶神也。其日忌祷祀鬼神,祈求福愿。"又引《历例》云:"天狗者,常居月建前二辰。"

月食总是发生在农历十五,但并不是每个月的十五都能发生月食。当月球、地球和太阳处在一条直线或近于一条直线的情况下,地球或月球被黑影遮住,就发生了日食或月食。如果是月球转到地球与太阳中间,这三个天体正好接近于排成一条直线时,那么从地球上看去,月球遮住了太阳,就发生了日食。月球把太阳全部遮住时叫日全食;只遮住一部分叫日偏食,遮住中间而四周还露出一圈日光时叫日环食。

日环食

月全食

日全食和日环食前后也能看到日偏食。如果地球转到月球与太阳中间，这三个天体恰好或接近处于一条直线时，那么月球就走进了地球的黑影里，太阳光照不到月球上，就发生了月食。月球全部进入地球的黑影，叫月全食，只有一部分进入地球黑影，叫月偏食。

月食的过程有初亏、食既、食甚、生光、复圆五个阶段，好像是月亮被什么吞了下去，又吐了出来，所以才有蟾蜍或天狗食月之说。

"彗星袭月"是何现象

《战国策·魏策四》的《唐雎不辱使命》一篇云："夫专诸之刺王僚也，彗星袭月。"这说的是公元前515年吴国公子光（即吴王阖闾）派勇士专诸刺杀吴国国君王僚之事，当时有彗星袭月的天象。

彗星俗称扫把星，是太阳系中的一种小天体，由冰冻物质和尘埃组成。当它靠近太阳时，太阳的热使彗星物质蒸发，在冰核周围形成朦胧的彗发和一条稀薄物质流构成的彗尾。由于太阳风的压力，彗尾总是指向背离太阳的方向。中国民间把彗星贬称为"扫帚星"、"灾星"，把彗星的出现和人间的战争、饥荒、洪水、瘟疫等灾难联系在一起。彗星袭月是指在天球上，拖着长尾的彗星扫过月亮的现象。按占星的说法，这是重大灾难的征兆。

彗星

中国现在保存完好的最早的天文台在何处

中国现在保存完好的最早的天文台是元朝初期建的登封观星台，已有约700年的历史。

登封观星台坐落在河南省登封县城东南15公里的告成镇北，系砖石混合建筑结构，由盘旋踏道环绕的台体和自台北壁凹槽内向北平铺的石圭两个部分组成；台体呈方形覆斗状，四壁用水磨砖砌成，台高9.46米，连台顶小室统高12.62米；顶边各长8米多，基边各长16米多；台四壁明显向中心内倾。台顶小室是明嘉靖七年（1528年）修葺时所建。台下北壁设有对称的两个踏道口，可以由此登临台顶。石圭是用来度量日影长短的，所以又称"量天尺"。此石圭长31.196米，宽0.53

河南登封观星台模型

米，南端高 0.56 米，北端高 0.62 米，表面用 36 方青石板接连平铺而成，下部为砖砌基座。石圭居子午方向。用此高表和石圭，另加一个影符，即可准确测量日影。除了测量日影的功能之外，当年的观星台上可能还有观测星象等设施。

元至元十三年（1276年）元灭南宋，统一中国。忽必烈命御史中丞张文谦、枢密副使张易主持成立治历机构太史局，并由太子赞善王恂、都水少监郭守敬，王恂又推荐前中书左丞集贤大学士许衡主持治历。许衡与南北日官陈鼎臣、邓元麟、毛鹏翼、刘巨渊、王素、岳铉、高敬等精制仪器，在全国建立 27 个观测站，参改历代历法，复测候日月星辰消息运行之变，参别同异，酌取中数以为历法。观测所用高表由原来的高 8 尺改为高 40 尺，端影用景符来矫正，所得数值比以往更为精确。至元十七年冬至历成，诏赐名曰授时历。至元十八年颁行天下。登封观星台即是这 27 个观测站里的中心观测站。

十二生肖中为何无猫，为何以鼠为首

传说在很早很早以前，玉皇大帝决定挑 12 种动物代表人间的十二地支：子、丑、寅、卯、辰、巳、午、未、申、酉、戌、亥。为体现公平，玉帝规定人间的动物可于某日前往某处报名应选，并且以动物们赶到的先后来排名。

那时，鼠和猫是一对好朋友，他们约定一同去报名。但猫喜欢睡大觉，便跟鼠说："你去报名的时候叫上我。"鼠说："好的，你就放心睡吧。"报名那天一早，鼠就起来了，稍做漱洗，便急匆匆赶去报名，但忘了叫猫。路上他遇见牛也去报名，便偷偷爬到了牛的角上，藏了起来。牛辛

十二生肖之首：鼠

苦奔波,果然第一个赶到。正要到终点时,鼠从牛角上向前一跃而下,冲在了牛前面,夺了第一。牛得了第二。于是玉帝宣布鼠为生肖之首,牛为第二。

鼠回到家里,看到猫还在睡,便叫醒他,跟他说自己得了生肖第一位。猫问:"为何不叫醒我,一块去?"鼠说:"忘了。"猫大怒,恨透了老鼠,扑去咬鼠,鼠赶紧跑了。从此猫鼠结了怨,直到今天,猫和老鼠还是一对冤家。

传说归传说,鼠为何是十二生肖的开头还另有说法。清代刘献廷的《广阳杂记》引李长卿《松下馆赘言》说:"子何以属鼠也?曰:天开于子,不耗其气不开。鼠,耗虫也。于是夜尚未央,正鼠得令之候,故子属鼠。"每天开始于子夜,正是老鼠活动之时,所以将十二地支的"子"配之鼠。

> 每天开始于子夜,正是老鼠活动之时,所以将十二地支的"子"配之鼠。

中国为何把一周称为"星期"

在古巴比伦有以 7 日为单位计日的习惯。公元前 7—前 6 世纪,巴比伦人把 1 个月分为 4 周,每周有 7 天,即 1 个星期。7 天星期制,首先传到古埃及,又传到古希腊、古罗马等地。

据说我国的先秦时期也有以 7 日为单位计日的习惯,称为七曜。《后汉书》卷八十二上《方术列传》第七:"十臣以顽弩,器非其畴,尸禄负乘,夕惕若厉。愿乞骸骨,更授夷吾,上以光七曜之明,下以厌率土之望,庶令微臣塞咎免悔。"东汉时的刘洪所著的历法里有《七曜术》。又如《晋书》卷二十二:"煌煌七曜,重明交畅。我有嘉宾,是应是贶。邦政既图,接以大飨。人之好我,式遵德让。"中国的古七曜与西方的七天星期制颇合,二者之间的关系尚不很清楚。据陈志辉通过史料分析认为,东汉刘洪及东晋徐广家传之七曜历术为中土原产的旧七曜;另由南北朝开始至唐代输入极盛的七曜术是新七曜。七曜指太阳、月亮和水星、金星、火星、木星、土星。七曜日按日、月、火、水、木、金、土的次序排列,七日一周,周而复始。日曜日是星期日,月曜日是星期一,火曜日是星期二,水曜日是星期三,木曜日是星期四,金曜日是星期五,土曜日是星期六。现在日本、韩国、朝鲜还在使用"七曜日"。

在不同地区,由于宗教信仰的不同,

> 据说我国的先秦时期也有以 7 日为单位计日的习惯,称为七曜。

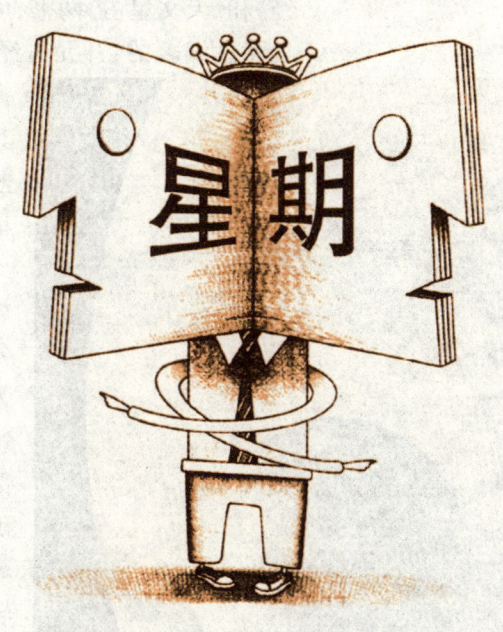

"星期"制度

一星期的开始日并不完全一致。埃及人的一星期是从星期六开始的，犹太教以星期日开始，而伊斯兰教则把星期五排在首位。现在多数欧洲国家把星期一当做一星期的开始。而且基督教徒做礼拜这一天，叫"礼拜日"，把七天称"一个礼拜"。

光绪三十一年（1905年），清廷宣布停止乡试、会试，废除延续了1000多年的科举制度，成立"学部"。光绪二十九年（1903年）的状元袁嘉谷被调入学部筹建编译图书局，后任该局首任局长。编译图书局下设编书课、译书课，以编写"统一国之用"的官定各种教材。1909年，编译图书局设立了一个新机构统一规范教科书中的名词术语。袁嘉谷亲自主持制定了很多统一的名称，其中一项是把七日一周改称"星期"，一星期内的七日分别称为星期日、星期一、星期二、星期三、星期四、星期五、星期六。

是谁最早发现了木星的卫星

中国人在4000多年以前就知道木星，称木星为岁星。木星在黄道十二星次上运行，一岁运行一星次，约12年运行一周，故称岁星。古人认为从岁星的运行情况可以预测天下大事和人的吉凶祸福，所以对岁星的观感是很细的，设有专人观测岁星的运行。

木星的卫星总共有63颗，其中的木卫一、木卫二、木卫三、木卫四是意大利天文学家伽利略在1610年用自制的望远镜发现的，这四个卫星后被称为伽利略卫星。其实木卫三是中国战国时代的天文学家甘德在公元前346年发现的，比伽利略早了将近2000年。他著有《岁星经》和《天文星占》两书，可惜均已失传。唐朝来华的天竺国天文学家瞿昙悉达编著的《开元占经》第二十三卷中记载："甘氏曰：单阏之岁，摄提格在卯，岁星在子，与须女、虚、危晨出夕入，其状甚大有光，若有小赤星附于其侧，是谓同盟"。经天文学家计算对比，证明甘德所说的岁星的小赤星即是木卫三。

木卫三是木星最大的卫星，也是太阳系中最大的卫星。其直径比水星大，半径约为2631公里，但质量只有水星的一半。其公转周期约为7天。木卫三有三层结构：一个小型的铁或铁硫化物内核，外面是硅酸盐岩石地幔，最外部是冰质外壳，表面不同程度地覆盖着钠盐和硫黄。木卫三的表面很粗糙，混有两种地形，一是非常古老，陨坑遍布的黑暗区，二是相对年轻，有着大片凹槽和山脊的较明亮地区。木卫

木星

三是太阳系中已知的唯一一颗拥有磁圈的卫星，其磁圈可能是由含铁的流动内核的对流运动所产生的。

"算圣"指何人

刘洪，字元卓，东汉泰山郡蒙阴（今山东蒙阴县）人，约生于东汉永建四年（129年），约卒于建安十五年（210年），是东汉杰出的天文学家和数学家，被后世尊为"算圣"。

"算圣"刘洪

刘洪自幼"笃信好学，观乎六艺群书"，有着渊博的知识，所以，年轻时就成为宫廷内臣。他潜心研究天文历算，得到朝廷的重视。在汉灵帝光和年间，由太史蔡邕推荐，被调回京师，专门从事历法研究。《后汉书》说："洪善算，当世无偶。"在此期间，他经过多年研究写成《乾象历》《七曜术》和《九章算术》等专著。《乾象历》是考虑了月球运动不均匀的历法，在推算日食、月食时采用了定朔的方法，测得近月点的长度为 27.5508 日，白道和黄道约成 6 度的角。《乾象历》对之后历代历法的修订产生了很大的影响，其方法为后世所沿用。刘洪的另一重要成就是和蔡邕一起补续了《汉书·律历记》。其中许多资料被后来的《续汉书·律历记》所采用。

他在数学上也很有成就。如正负数的概念在先秦里就有了，刘洪把正负数的计算方法编为《正负数歌诀》："强正弱负，强弱相并，同名相从，异名相消。其相减也，同名相消，异名相从，无对无之。"此诀至今仍在使用。东汉末年的数学家徐岳是刘洪的学生，他在《数术纪遗》中说："珠算控带四时，经纬三才。"北周甄鸾注云："刻板为三分，位各五珠，上一珠与下四珠色别，其上别色之珠当五，其下四珠各当一。"又云："刘会稽，博学多闻，偏于数学……隶首注术，仍有多种，其一珠算。"刘会稽即指刘洪。汉代即有算盘，不是穿珠算盘，而是算板上有算珠。其中梁以上一珠当五，中梁以下各珠当一，则与现代相同。又据徐岳说，刘洪曾问学于道家天目先生；天目先生解释了14种计算方法，其中一种就是珠算。在北宋张择端在《清明上河图》中一小店的柜台上画有一个算盘。可见，早在北宋或北宋以前我国就已普遍使用穿珠算盘了。

珠算的发明，使人们的计算能力产生了一次飞跃。它虽不是刘洪发明的，但算法或许是他推广的。且刘精于"珠算"，跟珠算的流行推广关系很大。故后世将刘洪称为"算圣"。

珠算虽不是刘洪发明的，但算法或许是他推广的。且刘精于"珠算"，跟珠算的流行推广关系很大。故后世将刘洪称为"算圣"。

窥探文化真相

> 有些人认为老黄历与老皇历是同一个事物，只是写法不同而已，可以通用，这是不准确的。"皇历"中所记载的，主要是当年的历法，过了这一年就要更换新历书。

"老黄历"与"老皇历"有何区别

西汉以前，我国使用有六种历法，即黄帝历、颛顼历、夏历、殷历、周历和鲁历。传说以黄帝时创造的历法为最古，所以人们就把这种历法称为"黄历"。黄历也是一种阴阳全历，和后来的夏历差不多，但里面配以天干地支、阴阳五行，可以用来选择出嫁、动土、出行、开张、耕种的吉日合历，对人们的生产和生活具有很重要的指导作用。后来人们把配有吉日凶日和宜忌的书称为老黄历。

唐朝以来，朝廷规定历书须由皇帝审定后才能发布，并且只有官方才能印发，不准民间私印。据史书记载，唐太和九年（835年）就有木板印刷的历书出现了。宋太宗在位期间，注重农田水利，鼓励开荒。每年年终，他都要宴请群臣，论功行赏，并送给每人一本记载着农历时令及有关耕作知识的历书。这个历书只有一年的日历，一年一本。每年年末，皇帝就把下一年的历书赐给文武百官，受赐者要上表谢恩。由于这种历书是皇帝赠送的，所以称为"皇历"。清乾隆时，因为乾隆皇帝的名字为弘历，为了避讳，把皇历又改名叫"时宪书"。

老黄历

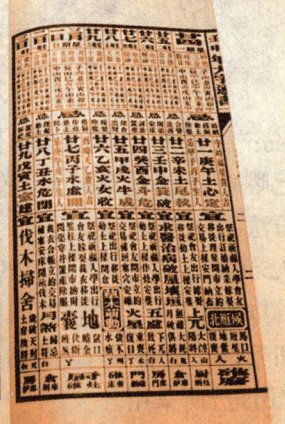

由于老黄历与老皇历同音，又都是历书，所以容易用混。有些人认为老黄历与老皇历是同一个事物，只是写法不同而已，可以通用，这是不准确的。"皇历"中所记载的，主要是当年的历法，过了这一年就要更换新历书。人们称旧皇历为老皇历，表示已过时的历书，不能再用了。后来"老皇历"也就逐渐演变成了一个贬义词，用来指守旧不合时宜的思想行为。这时应写为"老皇历"，而不能写成"老黄历"。

> 《诗经》里的"七月流火"确实是指大火星西流，天气开始转凉的意思，不是指天气炎热。

"七月流火"是说七月天气很热吗

在报纸上和一些会议的贺词中，总是时不时地见一些名人误用"七月流火"来形容天气炎热，而引发争论。很多汉语学者认为这个词形容"天气炎热"是不对的。那七月流火到底是什么意思呢？

"七月流火"出自《诗经·国风·豳风》，诗云："七月流火，九月授衣。一之日觱发，二之日栗烈；无衣无褐，何以卒岁？"这里的七月是指农历七月，"火"是指大火星，"流火"指大火星逐渐向西方迁移落下。这个时节，天气就开始变凉。到了九月就该穿冬衣了。宋朝朱熹注："觱发，风寒也；栗烈，气寒也。"觱是一种发声悲凄的管乐器。栗是颤抖。九月之后，第一天北风悲凄如觱发声，第二日寒风冷烈得让人战栗。无衣无褐，何以过冬？通篇没有一点火热的意思。

七月如火的晚霞

又有人狡辩说周代创作这首诗的人未必懂"七月流火"的真意吧，当时的人们未必懂，或许也是误用。若当时的人不懂"七月流火"，怎么逻辑成诗，又怎么能被大学者编在一起呢？顾炎武《日知录》有云："三代以上，人人皆知天文：七月流火，农夫之辞也；三星在户，妇人之语也；月离于毕，戍卒之作也；龙尾伏辰，儿童之谣也"。既然"七月流火"是农夫之辞，肯定是当时把大火星跟时令节气联系在一起了。

《左传·昭公三年》云："火中，寒暑乃退。"就是说大火星清晨出现在南方正中时，寒就退了；晚上出现在正南方时，暑就退了。这个大火星是一颗著名的红巨星，不是现代天文学中的火星，而是心宿二，即天蝎座 α。大火星每年农历五月黄昏时位于正南方，位置最高。农历七月黄昏，大火星的位置由中天逐渐西降，"暑渐退而秋将至"，故称"流火"，即天气转凉的意思。

另外，中国古代也曾以大火星在不同时间出现在天空中不同地方的规律，制定过历法，称火历纪时。《春秋》昭十七年，"有星孛于大辰"。《公羊传》曰："大辰者何？大火也。"《左传》哀十一年曰："火伏而后蛰者毕，今火犹西流，司历过也。"可见春秋时期，人们很了解大火星的运动规律，并把大火星与农时天气结合在一起，以指导人们的日常生活。所以《诗经》里的"七月流火"确实是指大火星西流，天气开始转凉的意思，不是指天气炎热。

为何说"十五的月亮十六圆"

月亮在一月之中有朔望盈缺的变化。当月亮从轨道上绕行到太阳和地球之间，月亮阴暗的一面对着地球，这时叫朔，或合朔，正是农历每月的初一。当月亮绕行至地球的后面，被太阳照亮的半球对着地球，这时叫望，一般在农历每月十五或十六日，这时月亮最圆满。

但有时初一日，全朔时分可能发生在凌晨，也可能发生在晚上，而且每个朔望月本身也有长有短有时可能连续 3 个小月，有时可能连续

导致满月望时迟来的根本原因是由于月球围绕地球公转速度不恒定引起的。

八月十五的月亮

科举考试兴起以后,"奎星"在儒士学子心目中具有至高无上的地位,并改写为"魁星"。

3个大月。这样,月亮最圆满时刻的"望"最早可发生在十五日的凌晨,最迟可出现在十七日凌晨。

导致满月望时迟来的根本原因是由于月球围绕地球公转速度不恒定引起的。受几百种因素干扰,月球绕地球公转速度有时稍快、有时稍慢,平均周期是29.53天,但最长与最短周期相差有13个小时。如果月亮运行较慢,则从"朔"到"望"可能要走16天,所以会出现"十五的月亮十六圆"。根据自1987年到2005年19年的统计,农历八月月望时刻在十五日的有7年,占37%;在十六日的有9年,占47%;在十七日凌晨的有3年,占16%。

"魁星"有何传说

魁星,本名"奎星",是中国古代天文学中二十八宿之一,指北斗七星中前四颗星,即是天枢、天璇、天玑、天权四星。东汉纬书《孝经援神契》中有"奎主文章"之说,后世将奎星视为主文章兴衰之神,建奎星阁,并塑神像以祭祀之。科举考试兴起以后,"奎星"在儒士学子心目中具有至高无上的地位,并改写为"魁星"。"魁"与"奎"同音,并有取第一之意。五经考试时每经所考取的头一名称之为"经魁",又称"五经魁"或"五经魁首"。进士第一名称状元,也称作"魁甲";举人第一名称解元,也称作"魁解"。另一说,元朝时,把魁星又称作文昌帝君。七月七日为魁星诞。闽东一带读书人崇敬魁星,仅次于孔子,"七夕"有"拜魁星"之俗。

传说古代有一个秀才,聪慧过人,过目成诵,出口成章,才高八斗,可是长相奇丑无比,满脸麻子,一只腿还瘸了,所以屡屡面试时落第。但由于文章写得太好了,终于被乡试、会试步步录取。到了殿试时,皇帝看他的容貌和画着圈上殿的走路姿势,心中

广西东兰武篆魁星楼

不悦,问:"你那脸是怎么了?"他回答:"回圣上,这是'麻面映天象,捧摘星斗'。"又问:"你这腿怎么了?"他又回答:"回圣上,这是'一脚跳龙门,独占鳌头'。"又问:"你说,如今天下谁的文章写得最好?"他想了想说:"天下文章属吾县,吾县文章属吾乡,吾乡文章属舍弟,舍弟请我改文章。"皇帝大喜,阅读完他的文章后,说:"不愧天下第一!"于是钦点他为状元。这个丑学子后来升天成为魁星,主管功名禄位。

"魁"字拆开来,一半是"鬼",应魁星的面目丑陋;一半是"斗",应才高八斗,也应北斗星。魁星塑像蓝面环眼,锦袍皂靴,一脚独立站于龟上,左手斜捋飘胸红髯,右手执朱笔。据说魁星手中的朱笔点了谁,谁就能考中。

> 魁星塑像蓝面环眼,锦袍皂靴,一脚独立站于龟上,左手斜捋飘胸红髯,右手执朱笔。据说魁星手中的朱笔点了谁,谁就能考中。

日晷究竟如何计时

日晷,又写为"日规",是我国古代的一种计时仪器,其原理就是利用竖杆的日影转移来测定并划分时刻。因盘面安置的方向不同,日晷可分为地平日晷、赤道日晷、立晷、斜晷。日晷的发明已有几千年了,但早期的形制演变情况尚不清楚,最早的可靠记载是《隋书·天文志》记载的隋开皇十四年(594年)袁充发明的短影平仪(即地平日晷)。赤道日晷的明确记载初见于南宋曾敏行《独醒杂志》卷二中提到的晷影图,但晷盘是木制的。后世改用石质晷盘,金属晷针。北京故宫等处保存的都是清代制造的石质赤道日晷。

> 日晷,又写为"日规",是我国古代的一种计时仪器,其原理就是利用竖杆的日影转移来测定并划分时刻。

赤道日晷通常由铜制的指针和石制的圆盘组成。铜制的指针叫作"晷针",垂直地穿过石圆盘的中心,起着圭表中立竿的作用,因此,晷针又叫"表"。石制的圆盘叫作"晷面",安放在石台上,呈南高北低,使晷面平行于天赤道面,故名赤道日晷。晷针的上端正好指向北天极,下端正好指向南天极。晷面的正反两面都刻有12个大格,每个大格代表一个时辰(两个小时)。12个大格分别对应12个时辰,从正南是子时,从正南到西,再到北,再到东,转一圈,分别是子、丑、寅、卯、辰、巳、午、未、申、酉、戌、亥。

当太阳一出来,光照在日晷上,晷针的影子就会投向晷面西半部的卯格附近,根据指向的刻度就可以确定时辰。太阳由东向西移动,投向晷面的晷针影子也慢慢地由西向东移动。晷面的刻度是不均匀的。当太阳达正南上

北京故宫钟表馆内日晷模型

地平式日晷

中天时,针影位于正北下方,指示着当地的午时正时刻。午后,太阳西移,针影东移,依次指向未、申、酉几个时辰。

现在的北京时间并不是北京(东经 116.4°)地方的时间,而是选取东八时区东经 120° 线的地方时间。因东经 120° 线正好穿过杭州,所以杭州南北一线的当地时间与北京时间的误差最小;杭州以西的当地时间渐渐落后于北京时间。如北京的当地时间落后于北京时间 14 分 10 秒,河南郑州落后 25 分 24 秒,重庆落后 53 分 50 秒,青海西宁落后 1 小时 13 分 2 秒,新疆乌鲁木齐落后 2 小时 9 分 17 秒。所以当北京时间 12 点整,只有杭州南北一线的日晷晷针的影子指向正北,杭州以西地方的日晷晷针影子均未到达正北,因为当地还不到正午,等到当地的晷针的影子指向正北时,才是当地的正午 12 点。

日晷两面的刻度相同。春分至秋分之间,阳光照在日晷上面,因此用上面来计时;秋分至春分之间,阳光照在日晷下面,因此用下面来计时。春分秋分时刻,阳光与日晷面平行,两面皆可观测。

第十六篇 传诵至今的名家·典籍

窥探文化真相

> 成书于汉和帝永元十二年（100年）到安帝建光元年（121年）的《说文解字》是我国第一部按部首编排的字典，其作者是许慎。

 ## 历史上第一部字典是什么

字典是为字词提供音韵、意思解释、例句、用法等的工具书。而在西方，是没有字典概念的，也就是说字典是我国所特有的。字典以收字为主，也收有词；词典或辞典以收词为主，也会收字。那么，历史上第一部字典是什么呢？

成书于汉和帝永元十二年（100年）到安帝建光元年（121年）的《说文解字》是我国第一部按部首编排的字典，其作者是东汉著名经学家、文字学家(有"字圣"之称)、语言学家许慎。

《说文解字》中的部首排列是按照形体相似或者意义相近的原则排列的，其大致结构是先列出小篆，若古文和籀（zhòu）文（也称大篆，古汉字的一种书体）不同，则在小篆后面列出。然后解释这个字的本义，接着再解释字形与字义或字音之间的关系。

《说文解字》

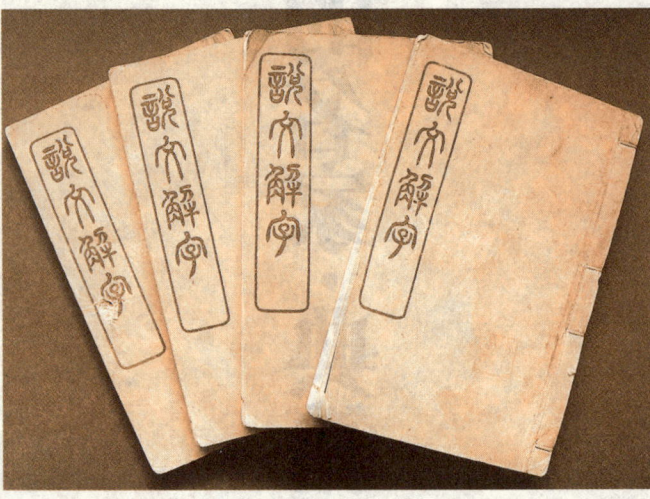

另外我国第一部用"字典"命名的字书是清康熙年间编撰的《康熙字典》，也是我国历史上第一部官修字典。我国第一部现代汉语字典是1953年在《伍记小字典》的基础上重编的《新华字典》，至今修订、刊印多次，2011年7月第11版《新华字典》出版发行，是迄今为止世界出版史上发行量最高的字典。

> 正是因为孔子的思想自汉代以来影响了我国2000多年，在各个方面都产生了巨大的影响，而且，其对朝鲜半岛、日本、越南等国也都影响深远。所以，人们尊称其为"圣人"……

 ## 孔子为何被称为"圣人"

众所周知，孔子是我国春秋末期著名的思想家和教育家，儒家思想的创始人，是古文化之集大成者。在世时已被誉为"天纵之圣"、"天之木铎"、"千古圣人"等，后世更尊称其为"圣人"。那么，孔子为何被称为"圣人"呢？

首先，孔子的思想顺应了统治者巩固统治的需要。 儒家思想提倡"仁"和"礼"，主张"为政以德"，这些思想有利于稳定、巩固封建统治秩序。自汉代董仲舒"罢黜百家，独尊儒术"以来，历代统治者一直视儒家思想为正统思想，将其作为治国的主导思想。其思想受到统治者的重视，孔子的地位也在不断提高，自西汉起，历代统治者不断给孔子追封加谥。汉平帝时追封孔子为公爵，称"褒成宣尼公"；唐玄宗李隆基给孔子加谥为"文宣"，始称"文宣王"；元武宗年间又加封其为"大成至圣文宣王"，后又称"至圣先师"、"大成至圣先师"等。

其次，孔子思想对后世教育也起到了巨大的影响。 孔子打破了西周以来"学在官府"的奴隶主垄断教育的局面，首创私学，并提出"有教无类"的主张，不仅打破了少数奴隶主贵族对文化的垄断，而且扩大了教育对象，使得无论富贵还是贫贱，贵族还是平民，都可以接受教育。此外，孔子还系统地提出了教育对国家、社会的作用和教育对人的培养作用；以"六经"即《诗》《书》《礼》《乐》《周易》《春秋》为主的教育内容；学思结合、诱导启发、因材施教、学而时习之、学以致用、正确的学习态度等至今仍有借鉴意义的教学原则和教学方法；以"礼"为道德教育规范，以"仁"为道德教育的最高原则，及立志乐道、克己内省、改过迁善、身体力行的道德教育原则和方法；温故知新，以身作则、言传身教，学而不厌、诲人不倦，爱护学生，无私无隐的关于教师的思想。

孔子石刻画像

此外，除了由孔子弟子及其再传弟子编纂的《论语》这部儒家学派的经典之作外，孔子还修订"六经"，对于思想文化的传承也起到了重要作用。

正是因为孔子的思想自汉代以来影响了我国2000多年，在各个方面都产生了巨大的影响，而且，其对朝鲜半岛、日本、越南等国也都影响深远。所以，人们尊称其为"圣人"，联合国教科文组织也将其列为"世界十大文化名人"之首。

孔子、老子见过面吗

孔子（公元前551年9月28日（农历八月廿七）至前479年4月11日（农历二月十一），春秋时期鲁国人，我国春秋末期著名的思想家、教育家，儒家学派的创始人。老子（约公元前571—前471年之间），春秋时期楚国人，我国春秋时期伟大的哲学家、思想家，道家学派的创始人。有细心的读者会发现，孔子和老子同为春秋末期的人，不由得心生疑问：这两位同时代的学术巨擘见过面吗？

我们都知道，在唐代诗人、"唐宋八大家"之首韩愈的《师说》中有"孔子师郯（tán）子、苌（cháng）弘、师襄（xiāng）、老聃（dān）"的句子，"老聃"即老子，据说孔子曾向他请教礼仪。而且，在《礼

> 孔子和老子到底见过几次面，每次见面的细节还有待于进一步考证，但有一点可以肯定的是，孔子和老子见过面，而且至少见过一次。

记》《庄子》《史记》《孔子家语》等许多文献中也都有关于孔子见老子的记载。由此可以推断,孔子和老子是见过面的。但是由于相关文献记载不明且较简略,有的还有缺失,因此,关于二人见面的次数、时间、地点、所讨论的话题等一直都存有争议。一种观点认为孔子和老子只见过一次面,另一种观点认为孔子和老子至少见过三次面,我国著名的道家学者孙以楷教授认为孔子和老子除了第二种观点中见的三次面外,至少还有两次交往,也就是至少见过五次面。

孔子和老子到底见过几次面,每次见面的细节还有待于进一步考证,但有一点可以肯定的是,孔子和老子见过面,而且至少见过一次。

老子

孟子为何被称为"亚圣"

孟子,名轲,字子舆,战国中期鲁国邹人,是我国著名的思想家、教育家,著有《孟子》一书,是儒家思想的代表人物之一。因其继承和发展了孔子的学说,成为仅次于孔子的一代儒家宗师,对我国后世文化影响巨大,被后人尊称为"亚圣",而儒家学说也常被说成是"孔孟之道"。

其实,孟子在宋代以前地位是不高的,孟子被尊崇始于宋代。据清代考据家赵翼在其《尊孟子》中考证:"宋人之尊孔子,其端发于杨绾、韩愈,其说畅于(皮)日休也。"在安史之乱结束的那一年也就是宝应二年(763年),时任礼部侍郎的杨绾曾上疏唐代宗要求把《孟子》一书与《论语》《孝经》一起作为科举考试的必读书目。这一建议虽未被批准,但却是将孟子和孔子并列的首次记录。韩愈在《原道》中也提到"轲之死,不得其传焉"。人们便逐步开始关注孟子。后来,晚唐时期文学家、散文家皮日休曾向唐懿宗连上两本《请韩文公配飨太学书》《请〈孟子〉为学科书》,他声称,如若不将《孟子》列为教科书,必将"儒道不行"、"圣化无补"。在此之后,不仅孟子本人而且他的思想、书籍也都受到重视,地位不断提高。宋神宗熙宁四年(1071年),《孟子》

> 其实,孟子在宋代以前地位是不高的,孟子被尊崇始于宋代。

孟子

一书首次被列入科举考试科目之中。宋朝元丰六年（1083年），孟子首次被官方（宋神宗）追封为"邹国公"，第二年被批准配享孔庙。此后《孟子》一书升格为儒家经典，南宋朱熹又将《孟子》与《论语》《大学》《中庸》合为"四书"。元朝至顺元年（1330年），元文宗追封孟子为"邹国亚圣公"。明嘉靖九年（1530年），明世宗奉其为"亚圣"，罢公爵，地位仅次于孔子。

因此，孟子之所以会被称为"亚圣"，是因为他继承和发展了孔子的学说，使之更加系统化。元文宗在至顺元年（1330年）追封孔子为"邹国亚圣公"时说明了追封原因："孟子百世之师也。方战国之纵横、异端之充塞，不有君子，孰任斯文？观夫七篇之书，倦倦乎致君泽民之心，凛凛乎拨本澄源之论。黜霸功而行王道，距诐行而放淫辞，可谓有功圣门……可加封为邹国亚圣公。"

> 孟子之所以会被称为"亚圣"，是因为他继承和发展了孔子的学说，使之更加系统化。

吕不韦为何被秦王称为"仲父"

《史记·吕不韦列传》中记载："庄襄王即位三年，薨，太子政立为王，尊吕不韦为相国，号称'仲父'。"在古代一般称父亲的大弟为"仲父"，《释名·释亲属》中有"父之弟曰仲父……仲父之弟曰叔父"的记载。春秋时期齐桓公很尊重国相管仲，又因管仲名仲，所以齐桓公尊称其为"仲父"。曾给《史记》作注的唐代学者张守节在其《史记正义序》中也提到："仲，中也，次父也。盖效齐桓公以管仲为仲父。"那么，秦王嬴政为何要称吕不韦为"仲父"呢？

吕不韦原为战国末期卫国的著名商人，在赵国都城邯郸遇到被派到赵国作为人质的秦国公子子楚，子楚为秦昭王的孙子，安国君的儿子，但不受宠爱。吕不韦认为其"奇货可居"，便去拜访子楚，两人聊得很投机。于是，吕不韦便帮子楚出谋划策，帮助子楚攀上安国君最为宠爱但膝下无子的华阳夫人，在华阳夫人的帮助下，子楚不仅回到了秦国，而且还受到安国君的重视。秦昭王逝世后，安国君继位，华阳夫人为王后，子楚为太子。不幸的是，安国君在守孝一年后，加冕才三天就突发急病去世了，谥号为孝文王。这样，子楚继位，即历史上的秦庄襄王，吕不韦被任命为丞相，封为文信侯。庄襄王即位三年便去世了，13岁的太子政继位，由于太子年龄还小，尊奉吕不韦为相国，称其为"仲父"。

还有一说认为赵姬在怀了吕不韦的孩子后才嫁给子楚，也就是说嬴政为吕不韦的孩子，所以吕不韦逼着年

> 庄襄王即位三年便去世了，13岁的太子政继位，由于太子年龄还小，尊奉吕不韦为相国，称其为"仲父"。

吕不韦

幼的嬴政封自己为"仲父"。但史官司马迁尚无从知晓嬴政的真实身份,在《史记》中记述"仅以听闻记之"。因此,作为后人的我们更无从知晓。

"竹林七贤"指哪"七贤"

> "竹林七贤"指的是我国魏晋时期的嵇康、阮籍、山涛、向秀、刘伶、王戎和阮咸七位名士。

"竹林七贤"指的是我国魏晋时期的嵇康、阮籍、山涛、向秀、刘伶、王戎和阮咸七位名士,因他们常在当时的山阳县(今河南辉县、修武一带)的竹林之下喝酒、纵歌,肆意酣畅,高谈阔论,所以世称"竹林七贤"。

《晋书·嵇康传》中记载,嵇康居山阳,"所与神交者惟陈留阮籍、河内山涛,豫其流者河内向秀、沛国刘伶、籍兄子咸、琅邪王戎,遂为竹林之游,世所谓'竹林七贤'也。"南朝宋刘义庆在《世说新语·任诞》中亦说道"七人常集于竹林之下,肆意酣畅,故世谓竹林七贤。"

嵇康(223—262),三国时期魏国的著名文学家、思想家、音乐家,魏晋玄学的代表人物之一,主张"越名教而任自然"、"审贵贱而通物情",为"竹林七贤"的精神领袖。他相貌出众,却不注重打扮,擅长音乐,《长清》《短清》《长侧》《短侧》四首琴曲被称为"嵇氏四弄",与东汉蔡邕的"蔡氏五弄"合称为"九弄",隋炀帝时曾将"九弄"作为取士的条件之一。后嵇康迎娶曹操曾孙女长乐亭主为妻,任曹魏中散大夫,世称"嵇中散"。司马昭曾试图拉拢嵇康,但嵇康更倾向于曹魏一方,对司马昭采取不合作的态度,司马昭一直记恨在心。后又得罪司马昭心腹钟会,被司马昭处死。

阮籍(210—263),"建安七子"之一阮瑀的儿子,曹魏末年文学家、思想家。政治上采取谨慎避祸的态度,常与嵇康、刘伶等七人畅饮于竹林之下,为"竹林七贤"之一。

山涛(205—283),字巨源,为"竹林七贤"中年龄最大的一位,因投靠司马氏而平步青云,却生活节俭,俸禄薪水,常散于邻里。曾因好心举荐好友嵇康而反使嵇康写了一篇《与山巨源绝交书》称"志气所托,不可夺也"与其绝交。有趣的是,在嵇康被司马昭杀害前,曾临终托孤,将子女托付给了山涛,而山涛也一直悉心照顾并抚养嵇康的儿女,演绎出一段"君子和而不同"的佳话。

向秀(约227—272),河内怀(今河南武陟西南)人,曹魏时期著名的思想家、文学

嵇康砖画像

家,曾注《庄子》,但注未完便过世。向秀和山涛为同乡,在山涛的引见下,向秀结识了嵇康与阮籍,嵇康的被杀也改变了向秀的人生之路。前期向秀隐居不仕,在目睹好友嵇康被杀后,向秀不得不接受司马昭的邀请,选择做官。但他主张老子的无为而治,只做官不做事,政治上一直消极无为。

刘伶,魏晋时期沛国人,主张老庄的无为而治思想。为避政治迫害,他嗜酒如命,曾乘鹿车,手里抱着酒壶,让仆人拿着挖掘工具跟在后面,什么时候死了便就地埋了。他平素沉默寡言,对人情世故等也漠不关心,但和嵇康、阮籍等却很谈得来,因此也加入了"七贤"的行列。

刘伶

王戎(234—305),"竹林七贤"中年龄最小的一位,比嵇康小11岁,比阮籍小24岁,比山涛小29岁,却和他们交往甚密。只是和其他几位相比,王戎少了文学家的气质风度,多了世俗官宦的气息,但他在位居高官时,一味避祸求全,对国家、百姓并没有作出应有的贡献。

阮咸,阮籍的侄子,与阮籍并称为"大小阮"。他放荡不羁,好饮酒,虽没有诗文留下来,却精通音律,有很高的音乐素养,古代有一种琵琶即以"阮咸"命名,作有《三峡流泉》一曲。

在当时司马氏和曹氏异常激烈的争夺权势的斗争中,社会动荡,战争不断,民不聊生,文人雅士无法施展自己的才华,在混乱的世道中前途未知,便崇尚老庄哲学,遁隐山林,主张无为而治,与"志同道合"者在山林中谈天论地,放歌纵酒,用或清淡或佯狂或醉酒的方式来排遣内心的苦闷。

"大李杜"和"小李杜"各指谁

在我国唐朝历史上,有两个"李杜",分别是"大李杜"和"小李杜",他们分别是指谁呢?

"大李杜"指的是盛唐时期的李白和杜甫,不仅因为他们同为盛唐时期的诗人,而且一个达到浪漫主义的最高峰,一个达到现实主义的最高峰,在我国古典诗歌发展史上,与"诗仙"李白齐名的也只有"诗圣"杜甫了。

李白(701—762),字太白,号青莲居士,是我国盛唐时期的著名诗

> "大李杜"指的是盛唐时期的李白和杜甫,不仅因为他们同为盛唐时期的诗人,而且一个达到浪漫主义的最高峰,一个达到现实主义的最高峰……

> **窥探文化真相**
>
> "小李杜"的叫法是为了与李白、杜甫相区别,指的是晚唐时期的李商隐和杜牧。

人。他在批判继承前人诗风的基础上形成了自己独特的风格,语言轻快,既豪迈奔放,又清新飘逸,而且想象丰富,意境奇妙,同时富有浪漫主义气息,创造了古代积极浪漫主义文学的高峰,为唐诗的繁荣与发展打开了新局面,也开创了我国古典诗歌的黄金时代。他讴歌理想、抒发悲愤,蔑视权贵、追求自由,揭露现实、抨击时政,同时又情绪起伏,充满矛盾。在他的身后也留下了很多脍炙人口至今为人所传唱的千古名句:如自信满满的"长风破浪会有时,直挂云帆济沧海","天生我材必有用,千斤散尽还复来";蔑视权贵、追求自由的"功名富贵若长在,汉水亦应西北流","安能摧眉折腰事权贵,使我不得开心颜","仰天大笑出门去,我辈岂是蓬蒿人";剪不断理还乱的离愁琐绪"抽刀断水水更流,举杯消愁愁更愁","弃我去者,昨日之日不可留;乱我心者,今日之日多烦忧";洋溢着及时行乐思想的"人生得意须尽欢,莫使金樽空对月"。

杜甫(712—770),字子美,自号少陵野老,是盛唐时期伟大的现实主义诗人。他忧国忧民,诗作中充满了对国家、民众的关切与对现实的不满,如"国破山河在,城春草木深。感时花溅泪,恨别鸟惊心。烽火连三月,家书抵万金。白头搔更短,浑欲不胜簪","君不见青海头,古来白骨无人收,新鬼烦冤旧鬼哭,天阴雨湿声啾啾","朱门酒肉臭,路有冻死骨"等充满了"沉郁"的色彩,这也是与李白浪漫主义诗作不同的地方。

"小李杜"的叫法是为了与李白、杜甫相区别,指的是晚唐时期的李商隐和杜牧。

李商隐(813—858),河南荥阳人,晚唐时期出色的诗人之一。他的诗作构思新奇,辞藻华美,对仗工整,诗风鲜明而独特。他的无题诗堪称一绝,爱情诗更是写得缠绵悱恻,优美动人。李商隐的诗不仅广为后世传诵,而且很多人都自觉学习李商隐的诗风,清初诗论家叶燮曾说:

杜甫

李商隐

"宋人七绝,大概学杜甫者十六七,学李商隐者十三四。"王安石的诗风也明显受到李商隐的影响,民国时期鸳鸯蝴蝶派小说中的香艳诗也受到他的影响。

杜牧(803—852),字牧之,京兆万年(今陕西西安)人,晚唐时期杰出诗人、散文家。因晚年居于长安南樊川别墅,号樊川居士,后世也称其为"杜樊川"。杜牧吸收前人的优点,并形成了自己独特的风格,其诗作以七言绝句著称,内容多咏史抒怀。咏史之诗,忧国忧民;抒情之诗,风格清丽,意境深远。《江南春》《泊秦淮》《过华清宫》等至今仍经久不衰,广为传诵。杜牧在诗、赋、古文等方面都有所成就,在诗歌创作方面,尤为突出,与同时期的李商隐齐名,世称"小李杜"。

> 如果说盛唐时期的李白、杜甫开创了唐代诗歌的高峰,那么晚唐时期的李商隐和杜牧则是晚唐没落景象中绚丽的一笔。

如果说盛唐时期的李白、杜甫开创了唐代诗歌的高峰,那么晚唐时期的李商隐和杜牧则是晚唐没落景象中绚丽的一笔。

初唐四杰指哪"四杰"

"初唐四杰"是我国唐朝初年的王勃、杨炯、卢照邻、骆宾王四位文学家的合称,《旧唐书·杨炯传》中记载:"炯与王勃、卢照邻、骆宾王以文诗齐名,海内称为王杨卢骆,亦号为四杰。"

王勃(649或650—676或675),唐高宗时著名诗人,年少时已被赞为神童,后因戏作《檄英王鸡》而触怒唐高宗,惨遭驱逐,随即出游巴蜀。上元二年(675年)或三年(676年)王勃在南下探亲途中,渡海溺水,惊悸而死,年仅27岁。年纪虽小,但王勃给我们留下了著名的《滕王阁序》《送杜少府之任蜀州》等不朽诗篇,至今"落霞与孤鹜齐飞,秋水共长天一色"、"海内存知己,天涯若比邻"的名句还为后人传诵。

杨炯(650—692),亦为少年英才,显庆六年(661年),年仅11岁的杨炯被举为神童,后应试及第,历任校书郎、司法参军、盈川县令等职务,如意元年(692年)卒于任上。杨炯以边塞征战诗著名,《从军行》《出塞》《战城南》等诗都雄健有力,气势轩昂,表现了为国立功的战斗精神。

卢照邻(636—695),少时聪慧,屡获提升,一直到都尉。但天妒英才,卢照邻不幸患了"风疾"(可能是小儿麻痹症或麻风病),不得不辞官归隐。虽有名医孙思邈的悉心医治,但他的病情每况愈下,双脚萎缩,后来一只手也废了,政治的失意和疾病的痛苦,使得卢照邻痛苦不堪,终投颍水自尽。卢照邻擅长诗歌骈文,以歌

> "初唐四杰"是我国唐朝初年的王勃、杨炯、卢照邻、骆宾王四位文学家的合称。

王勃

体诗最为出名,有《长安古意》中"得成比目何辞死,愿作鸳鸯不羡仙"的名句传世。

骆宾王(约619—约687),婺州义乌(今属浙江)人。7岁咏鹅的骆宾王一举成名,获得"江南神童"的称号。"初唐四杰"中以骆宾王留下的诗作最多,他所擅长的七言歌行诗《帝京篇》在当时被誉为绝唱,五言律诗中的咏物诗《在狱咏蝉》亦为传世佳作。

之所以称他们四人为"初唐四杰",是因为他们一改前朝宫体诗绮丽的诗风,主张"刚健"、"骨气"的雄健文风,初步扭转了初唐时期的文学风气,诗歌多从宫廷转向人生,题材广泛,风格清俊,对唐代诗歌的繁盛奠定了很好的基础。

"初唐四杰"的这种文风在我国文学史上起到了承前启后、继往开来的作用,杜甫的《戏为六绝句》中"王杨卢骆当时体"指的便是他们四人的这种文风,并以"尔曹身与名俱灭,不废江河万古流"给予了高度的评价。

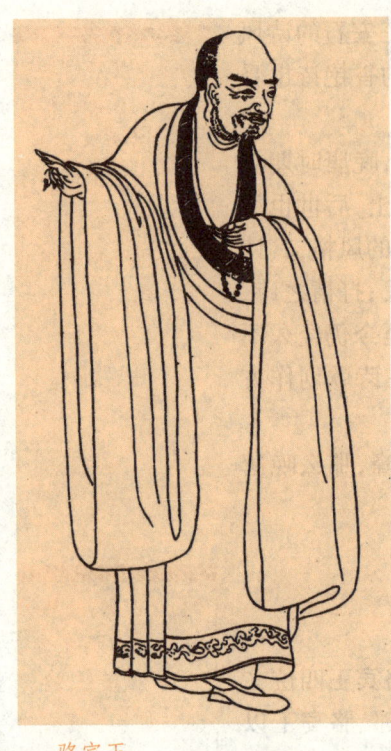

骆宾王

李白为何被称为"诗仙"

> 不仅他的诗作有"仙"之风,而且他随性洒脱的性格亦不负其"诗仙"盛名……

李白(701—762),字太白,号青莲居士,是我国盛唐时期的著名诗人,也是继屈原之后我国文学史上又一位伟大的浪漫主义诗人。他在批判继承前人诗风的基础上形成了自己独特的风格,语言轻快,既豪迈奔放,又清新飘逸,而且想象丰富,意境奇妙,同时富有浪漫主义气息,创造了古代积极浪漫主义文学的高峰,被后世誉为"诗仙"。

杜甫曾赞李白的诗曰:"笔落惊风雨,诗成泣鬼神。"他讴歌理想、抒发悲愤,蔑视权贵、追求自由,揭露现实、抨击时政,同时又情绪起伏,充满矛盾。不仅他的诗作有"仙"之风,而且他随性洒脱的性格亦不负其"诗仙"盛名,如他曾让"力士脱靴"、"国忠磨墨",肆无忌惮地嘲笑以政治权力为中心的等级秩序,批判当时腐败的社会政治现象等。

李白

王维为何被称为"诗佛"

王维(701—761),字摩诘,盛唐时期的著名诗人、画家,精通音乐,他的诗,不仅"诗中有画,画中有诗",而且富有佛家的禅意,有"诗佛"之称。

王维出生在一个虔诚的佛教徒家庭中,深受佛教的影响。而且王维仕途起伏,时升时降,过着半官半隐的生活。中年以后的王维日渐消沉,常常以佛理和山水寄托自己的情怀。安史之乱中,来不及逃走的王维深陷叛军中,不得已做了叛军的伪官,后唐朝军队打败了叛军,王维因他深陷叛军时写的一首《凝碧池》不仅没有被杀反而让他继续在京城做官。但王维一直很自责,懊悔不已,更加流连于山水,向往佛教。他的诗中意境便是这种佛教的禅境和画境的结合,如《山中》中的"山路元无雨,空翠湿人衣",《鸟鸣涧》中的"人闲桂花落,月静春山空",《鹿柴》中的"空山不见人,但闻人语响"等皆具有这种空灵清远的意境。

王维

因此,之所以称王维为"诗佛",是因为他虔信佛教,将自己的生活体验和佛教思想相印证后,形成了自己独特的看法,在部分诗歌中宣扬佛教,赞美佛教的无声寂灭。

杜甫为何被称为"诗圣"

杜甫(712—770),字子美,自号少陵野老,是盛唐时期伟大的现实主义诗人。因他经历了唐朝由盛到衰的转变过程,自己也经历了遭贬官、仕途失意、奸佞进谗等人生挫折,深深地感受到世态的炎凉。但尽管杜甫自己遭遇了不幸,却并不因此怨恨国家或自暴自弃,而是在诗作中关心国家命运和人民疾苦,饱含忧国忧民的思想,并奋笔创作出很多不朽的诗作,如"三吏"(即《新安吏》《石壕吏》《潼关吏》)和"三别"(即《新婚别》《垂老别》《无家别》)。"国破山河在,城春草木深。感时花溅泪,恨别鸟惊心。烽火连三月,家书抵万金。白头搔更短,浑欲不胜簪","君不见青海头,古来白骨无人收,新鬼烦冤旧鬼哭,天阴雨湿声啾啾","朱门酒肉臭,路有冻死骨"等诗句中无不透露着他对国家的忧虑、对世俗权贵的不满和对百姓疾苦

杜甫本人也因忧国忧民、人格高尚,诗作极见功力而被后世尊称为"诗圣"。

杜工部像

> 白居易的诗语言平易通俗，取材广泛，形式多样，有"诗魔"和"诗王"之称。

的同情与关切。

杜甫的诗，诗风"沉郁顿挫"，忧国忧民，由于多反映了唐朝由盛转衰的历史，因此，他的诗被称为"诗史"，杜甫本人也因忧国忧民、人格高尚，诗作极见功力而被后世尊称为"诗圣"。

白居易为何被称为"诗魔"

白居易

白居易（772—864），字乐天，因晚年长期居住在洛阳香山，晚年又号香山居士，河南新郑人，我国中唐时期一位伟大的现实主义诗人。他的诗语言平易通俗，取材广泛，形式多样，有"诗魔"和"诗王"之称。

白居易主张"文章合为时而著，歌诗合为事而作"，他写的诗力求富有韵味，雅俗共赏，通俗易懂，连老太太都能听得懂。同时白居易写诗非常刻苦，一生著述颇丰，共写了3000多首诗。过分的诵读和书写，"以至于口舌生疮，手肘成胝"。他自己在《与元九书》中也写道："劳心灵，役声气，连朝接夕，不知其苦，非魔而何。"在《醉吟》中有"酒狂又引诗魔发，日午悲吟到日西"的诗句，所以后人称之为"诗魔"。

李贺为何被称为"诗鬼"

> 宋代以来，有"太白仙长，长吉鬼才"的说法，其实，李贺的"鬼"不仅在于他善于写神仙鬼魅题材的诗，还在于他丰富奇特的想象，善于运用神话传说营造新颖诡异的意境。

李贺（790—816），字长吉，河南福昌人，我国中唐时期浪漫主义诗人的代表，又是中唐到晚唐诗风转变的重要人物，世称李长吉、"鬼才"、"诗鬼"等。

李贺

李贺童年时已能作诗,但与李贺争功名的人说他的父亲名为晋肃,"晋"、"进"谐音,李贺应避他父亲的讳不应举进士。后来李贺虽应举赴京,但却遭谗落第。李贺体弱多病,只做了三年的奉礼郎,便因病辞官。郁郁不得志的李贺把自己苦闷的心情都写进了诗里,以寄托自己对好景不长、时光易逝的感伤情绪。在李贺短短27年的一生中,创作出242首诗,他写的诗中出现的"死"字却多达20多次,"老"字多达50多次。而且他的诗中有大量关于道教神仙鬼魅的题材,如《梦天》《天上谣》《古悠悠行》等。因此,后世称其为"诗鬼"。宋代以来,有"太白仙长,长吉鬼才"的说法,其实,李贺的"鬼"不仅在于他善于写神仙鬼魅题材的诗,还在于他丰富奇特的想象,善于运用神话传说营造新颖诡异的意境。

"三曹"和"三苏"都是一家人吗

"三曹"是指曹魏时期的曹操和他的两个儿子曹丕、曹植三人,因他们在文学上的成就,后人便将他们父子三人合称为"三曹"。

有"子治世之能臣,乱世之奸雄"之称的曹操不仅在政治上叱咤风云,而且在文学方面也造诣颇高,是建安文学新局面的开创者和代表人物之一,在七言诗的发展史上占有重要的地位,其代表作有《短歌行》《观沧海》等。

曹丕在争夺王位继承权的斗争中战胜了弟弟曹植,被立为世子,曹操逝世后,曹丕称帝,即魏文帝,也是曹魏的开国皇帝。曹丕不仅是著名的政治家,而且也是著名的文学家,是三国时期建安文学的代表者之一。其代表作《燕歌行》是我国现存最早的文人七言诗,《典论》是我国文学批评史上第一篇专题论文。

七步成诗的曹植,字子建,曹丕的亲弟弟,从小天资聪慧,深得曹操的喜爱,几次要立其为世子,但曹植为人放荡不羁,屡犯法纪,加之兄长曹丕的明争暗斗,曹植最终没能被立为世子。但他文学成就非凡,出言为文,落笔成诗,亦为建安文学的代表人物。南朝宋文学家谢灵运曾给予其"天下才有一石,曹子建独占八斗"的高度评价。其代表作品有《白马篇》《飞龙篇》《洛神赋》等。

"三苏"指的是北宋散文家苏洵(1009-1066)和他的两个儿子苏轼

魏文帝曹丕

苏辙

（1036—1101）和苏辙（1039—1112），同时他们父子三人又都位列唐宋八大家之中。宋仁宗嘉定初年，苏洵携苏轼、苏辙一同来到北宋都城东京（今河南开封），由于得到时任翰林学士欧阳修（1007—1073）的推荐和赏识，他们的文章很快流传开来，他们也因此名声大振。

苏洵长于散文，尤其擅长政论，代表作有《嘉祐集》《权书》《横论》等。

苏轼，字子瞻，号东坡居士，为北宋文学家、书画家，在诗、词、赋、散文、书法、绘画等方面均有成就，是豪放派词人的代表。其代表作有《赤壁赋》《石钟山记》《饮湖上初晴》《念奴娇·赤壁怀古》等。

苏辙深受父兄的影响，擅长政论和史论，代表作有《新论》《上皇帝书》《上枢密韩太尉》等。

宋人王辟之在《渑水燕谈录·才识》中记载："苏氏文章擅天下，目其文曰三苏。盖洵为老苏、轼为大苏、辙为小也。""三苏"的称号由此而来。

"打仗亲兄弟，上阵父子兵"，历史上这种父子同为文豪的例子还有很多，如二十四史的第二部《汉书》是由班彪、班固、班昭两代三人完成的，王羲之、王献之父子二人同为东晋著名的书法家，蔡邕、蔡文姬父女为和"三曹"同时代的著名学者、作家。

辛弃疾是文武全才吗

> 不为多数人所知的是，辛弃疾还是一位军事家、政治家，堪称文武全才……

我们都知道，辛弃疾为我国南宋著名的爱国词人，豪放派的代表人物，他开拓了词的思想意境，提高了词的文学地位，在我国文学史上有重要的地位。不为多数人所知的是，辛弃疾还是一位军事家、政治家，堪称文武全才。

辛弃疾出生时中原已被金兵所占，父亲辛赞还在金国任职，但父子俩却一直希望有机会能够"投衅而起，以纾君父所不共戴天之愤"。况且，从小在金人统治下的北方生活，辛弃疾不仅目睹了汉人在金统治下的屈辱与痛苦，而且并没有接受循规蹈矩的传统文化教育，身上反而具有传统文人所不具有的侠义之

辛弃疾

气,这也更加坚定了他恢复中原、报国雪耻的志向。终于,绍兴三十一年(1161年),21岁的辛弃疾参加抗金义军,第二年奉表归南宋。归南宋之后的辛弃疾曾上奏《美芹十论》和《九议》等,分析敌我形势,提出强兵富国的具体计划,但都未得到皇帝的采纳和实施。但这些表文已显示出辛弃疾卓越的军事才能和一腔爱国热情。虽未被采用,但辛弃疾不放弃努力,在地方上认真整顿军备,革除弊病,辛弃疾也因此而受到革职处分。壮志难酬的辛弃疾将一腔抱负写于词中,抒发自己的戎马之志与爱国之心,词风雄健豪迈又不乏细腻之处。1207年,67岁的辛弃疾忧愤而卒,据说他临终前仍大呼:"杀贼!杀贼!"

因此,辛弃疾不仅是一位词作大家,还是一位有抱负、有才能的军事家,可是苦于没有施展的机会。有人曾说,如果南宋统治者重用辛弃疾的话,那么宋金的历史将会改写。这足以彰显辛弃疾的文韬武略。

> 有人曾说,如果南宋统治者重用辛弃疾的话,那么宋金的历史将会改写。这足以彰显辛弃疾的文韬武略。

《百家姓》是如何排序的

"赵钱孙李,周吴郑王",相信大家对《百家姓》的这前八个姓都不陌生,那么,百家姓究竟是如何排序的呢?

《百家姓》成书于北宋初年,原收集姓氏411个,后增补到504个,其中单姓444个,复姓60个。据宋朝王明清《玉照新志》记载,《百家姓》中的姓氏顺序是按照当时皇权统治者的姓氏来排列的。宋代开国皇帝是宋太祖赵匡胤,所以赵姓便在《百家姓》中排在第一位。在宋朝初年,在浙江还存在有吴越王钱俶。据说当时编写《百家姓》的人为钱塘人士,于是便将钱俶的正妃孙姓紧排其后,这样便有了"赵钱孙李"的排序。至于"周吴郑王"也是根据钱俶其他后妃和他父亲后妃的姓氏而排列的。

《百家姓》采用四言体例,读起来朗朗上口,易学好记,与《三字经》《千字文》一起成为我国古代蒙学中的固定教材。

《百家姓》

"三通"、"四史"指哪些书

"三通"指的是唐代杜佑的《通典》、南宋郑樵的《通志》和宋末元初马端临的《文献通考》三部史书。

我国的正史也即"二十四史",除《史记》外,基本上是各朝各代记述自己的历史,以记人、记事为主,典章制度只是顺带记录上去的,历

> "三通"指的是唐代杜佑的《通典》、南宋郑樵的《通志》和宋末元初马端临的《文献通考》三部史书。

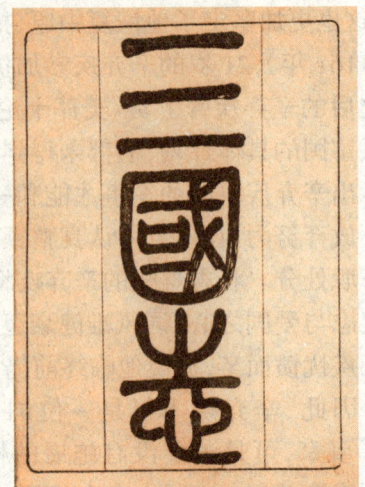

《文献通考》　　　　　　《三国志》

代历史之间缺乏连贯性。"三通"便弥补了这一问题，在时间上，打破了朝代的限制，内容上，政治、经济、文化、礼仪、风俗等都有记录，这为后人研究古代的社会生活提供了方便。

唐代杜佑的《通典》是我国第一部政书，结合了历代正史、文集、奏议等相关资料，详细记载了自上古时期到唐代宗时期历代典章制度的沿革，分食货、选举、职官、礼、乐、兵刑、州郡、边防八门。南宋郑樵编撰的《通志》是一部自上古时期到隋唐时期的纪传体通史，分为帝纪、后妃传、年谱、略、列传五部分，内容多抄录前代史书和《通典》，只有氏族、六书、七音、都邑、昆虫草本五略为首创。《文献通考》简称《通典》，为元末明初的马端临编撰，记述了自上古时期至宋宁宗时期的各项制度沿革变迁，共分为田赋、钱币、户口、职役、征榷、市籴、土贡、国用、选举、学校、职官、经籍、郊社、宗庙、王礼、乐、兵、刑、舆地、四裔、帝系、封建、象纬、物异二十四门，所记述内容比《通典》更丰富，而且朝代延续到了宋代。

"四史"即二十四史中的前四史——《史记》《汉书》《后汉书》《三国志》的合称。

《史记》是我国历史上第一部纪传体通史，为西汉时期的司马迁所著。全书分为本纪、书、表、世家、列传五种形式，共130篇。梁启超曾在《论中国学术思想变迁之大势》中赞其为"千古之绝作"，鲁迅亦高度评价其为"史家之绝唱，无韵之《离骚》"。《汉书》为我国第一部纪传体断代史，为东汉时期的史学家班固编撰。《汉书》以西汉一朝为主，记述了自汉高祖元年（前206年）至新朝王莽地皇四年（23年）共230年间的历史。自班固首创断代史记述后，此后历代的正史均改为断代史记录方式。《后汉书》的作者为南朝宋的史学家范晔所编撰，记述了自王莽起至汉献帝止共195年的历史，是一部记述东汉历史的纪传体史书。

"四史"即二十四史中的前四史——《史记》《汉书》《后汉书》《三国志》的合称。

《三国志》为西晋陈寿编写，详细记述了自魏文帝黄初元年（220年）至晋武帝太康元年（280年）魏、蜀、吴三国鼎立时期的历史，是一部纪传体国别史。

之所以把"三通"、"四史"单列出来，是因为他们各有自己独特的特点，"三通"打破了朝代的限制，贯通各代，综合各方面详细记录了典章制度的沿革，"四史"首先为"二十四史"中的前四史，其次，这四本史书评价客观、历史隐晦较少，为后代正史的记载作了一个好榜样。

四大奇书指哪"四奇"

所谓"四大奇书"是指《三国演义》《水浒传》《西游记》和《金瓶梅》，因它们的作者都为明代人，所以又称为"明代四大奇书"。之所以称它们为"奇书"，不仅是指它们内容新奇或艺术手法独特，还"奇"在这四部书所取得的创造性成就上：《三国演义》是我国第一部长篇章回体历史小说，《水浒传》是我国第一部用白话文写成的长篇小说，开创了白话章回小说的先河，《西游记》开创了神魔小说的传统，《金瓶梅》是我国文学史上第一部由文人独立创作的长篇小说名著，也开创了世情小说传统。

《三国演义》原名《三国志通俗演义》，普遍认为其作者是元末明初的罗贯中。《三国演义》描述的是从东汉末年至西晋初年之间近100年的历史，反映了三国时期的政治军事斗争和各类矛盾的相互渗透与转化。书中通过复杂的故事情节刻画了近200个个性鲜明的人物形象，如足智多谋、鞠躬尽瘁死而后已的诸葛亮；既有雄才大略又残暴奸诈的奸雄曹操；义重如山、武艺超群的关羽；仁政爱民、礼贤下士、知人善任的刘备；性格耿直、粗犷豪放的张飞；骁勇善战、有勇有谋的赵云；忠心不二、嫉贤妒能的周瑜等。也留下了"赔了夫人又折兵"、"万事俱备，只欠东风"、"乐不思蜀"、"淡泊以明志，宁静以致远"的警世名言。总之，非凡的叙事才能、场面宏大的战争描述、性格特征化的人物形象，浅近易懂的文言，构成了《三国演义》的主要特色。《三国演义》一书"据正史，采小说，证文辞，通好尚"，虚实结合，极其巧妙。明末清初文学家、戏曲家李渔曾赞其曰："演义一书之奇，足以使学士读之而快，委巷不学之人读之而亦快；英雄豪杰读之而快，凡夫俗子读之而亦快。"

《水浒传》又名《忠义水浒传》，一般简称为《水

《三国演义》

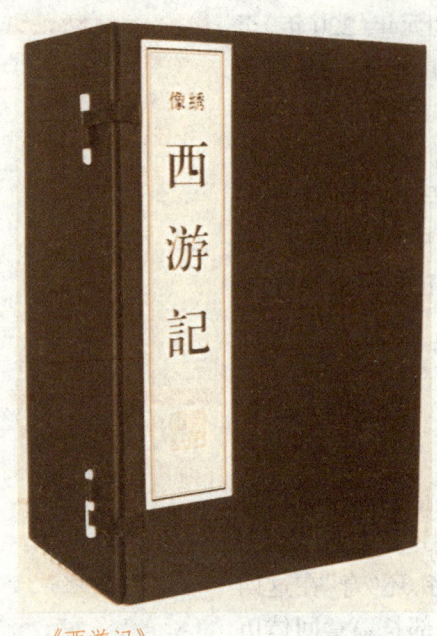

《西游记》

浒》，作者一般认为是元末明初的小说家施耐庵。《水浒传》取材于北宋末年宋江起义的故事，通过纵横交错的复杂结构，曲折动人的情节，尖锐激烈的矛盾冲突，将一个个画面展开，并将故事推向高潮，历史性地表现了梁山起义由小到大、由弱到强而又转为失败的全过程，深刻地揭示了"官逼民反，民不得不反"的阶级压迫是这场农民起义战争的社会根源。

《西游记》描述了一个孙悟空、猪八戒、沙悟净保护师傅唐僧历尽九九八十一难西天取经的传奇故事，作者吴承恩通过丰富的想象力，向读者展示出一个绚丽多彩的神魔世界，也成功地塑造了本领无穷、敢想敢干、有情有义的孙悟空，性格温和、憨厚单纯、好吃懒做且好色的猪八戒，正直无私、忠心耿耿、任劳任怨的沙僧，精通佛法、虔心求学、一心求取真经的唐僧的不朽艺术形象，至今为人所津津乐道。

《金瓶梅》位居"四大奇书"之首，约成书于明隆庆至万历年间，是一部长篇世情小说。该书作者署名为兰陵笑笑生，具体是谁目前众说纷纭，不一而足。《金瓶梅》之前的长篇小说，基本上都取材于历史故事或神话传说等，而《金瓶梅》摆脱了这一传统，以现实社会中的人物和家庭日常生活为题材，借《水浒传》中"武松杀嫂"的故事为引子，通过对封建时代市侩势力的代表人物，兼有官僚、恶霸、富商三种身份的西门庆及其家庭兴衰史和罪恶史的描述，以及一群女子悲惨命运的描述，揭露了明代中叶社会的黑暗和腐败。其结构特点是透过家庭看社会、人生和时代。这种现实主义创作手法对后世的小说创作有很大的影响，《红楼梦》便是其中之一。只是因书中淫秽词语较多，被历代列为禁书。

"六书"指的是六本书吗

> "六书"指的是汉字的六种造字方法，即"象形、指事、会意、形声、转注、假借"。

看到"六书"，很多人会想当然地认为"六书"是指《诗》《书》《礼》《乐》《易》《春秋》六本书，其实，这六本书史称"六艺"或"六经"。那么，"六书"到底指的是什么呢？

"六书"指的是汉字的六种造字方法，即"象形、指事、会意、形声、转注、假借"。东汉著名经学家、文字学家（有"字圣"之称）、语言学家，中国文字学的开拓者许慎通过对汉字的结构、构成规则和使用方法进行概括和归纳后，在其《说文解字》中给"六书"下了具体定义。

纳西族的象形文字

"象形者,画成其事,随体诘诎,日月是也",即象形字就是把字画成这个字所表示的含义,如"日"字和"月"字就是这种字。"日"是太阳的意思,相应"日"字的篆文像太阳形,中间一短横是填补空隙的饰画,"月"字是弦月形,中间的两横也是饰画。

"指事者,视而可识,察而见意,上下是也",意思是指事字是一看就知道是什么字,仔细观察一下就明白它的意思,"上"和"下"就是这种字。

"会意者,比类合谊,以见指撝,武信是也",这就是说会意字是并列两个以上的字,合并它们的字意所表示出新的意思的字,"武"和"信"便是这样的字。

"形声者,以事为名,取譬相成,江河是也",也即形声字是用与该字字义相关的字作形旁,用和该字读音相同或相近的字作声旁,即组合成新字,"江"字和"河"字就属于这种字。

"转注者,建类一首,同意相受,考老是也",由于在《说文解字》中,许慎除了"考"、"老"两个字外,没有再列出其他的转注字,所以,关于转注字,各文字学家的解释不同,没有统一的定论,但大致有"形转"、"音转"、"义转"三说。

"假借者,本无其字,依声托事,令长是也",这就是

> 象形字就是把字画成这个字所表示的含义,如"日"字和"月"字就是这种字。

> 形声字是用与该字字义相关的字作形旁,用和该字读音相同或相近的字作声旁,即组合成新字,"江"字和"河"字就属于这种字。

失,形声字。手表意,乙表声,本义指手的东西掉落在地,如失物招领。引申为过失、丧失等义。楷书变乙为"丶"。形近字:夫、天、矢等。

会意字"失"

窥探文化真相

> "六书"是后人在对汉字进行研究、概括、归纳后总结出来的。

说本来没有表示某事物的字,就借用与其读音相同或相近的现成的字来表示本来所要表示的字,"令"字和"长"字就是这种字。

"六书"作为汉字的造字方法,却并不是先有"六书"才有的汉字,因为,汉字在商朝时已发展得很有系统性。"六书"是后人在对汉字进行研究、概括、归纳后总结出来的。当然,在"六书"这一规律出现后,人们再造字时便以这一规律为依据,如"猫"是形声字,"凹"、"凸"是指事字等。

《诗经》是孔子删减编纂的吗

> 有人在孔子之前就已经做了一些编次周代诗歌的工作,但真正把人间正道大义融入《诗经》的,非孔夫子莫属。

《诗经》是中国最早的是一部诗歌总集,分为《风》《雅》《颂》三部分。传世《诗经》中有诗305篇。经学界一直坚信这305篇是孔子从3000余篇诗中选编而成的。汉代司马迁在《史记·孔子世家》中说:"古者《诗》三千余篇,及至孔子,去其重,取其可施于礼仪,而成之……三百五篇,孔子皆弦歌之。"即认为现存《诗经》系孔子删定,融进了圣人的微言大义。但唐代孔颖达、宋代朱熹、明末清初的朱彝尊、清代魏源等以及近代一些学者对此说持怀疑态度。那么孔夫子是否曾选删《诗经》呢?

持怀疑者认为《诗经》大约成书于公元前6世纪,此时孔子尚未出生。公元前544年吴公子季札至鲁国观乐,鲁乐工为他所奏的风诗次序与今本《诗经》基本相同,说明那时已有了一部《诗》,而此时孔子年仅8岁。近人张西堂认为,孔子所谓"乐正雅、颂,各得其所",不是正诗之篇章,都是从声乐的角度评论郑声,而不是郑诗。孔子反鲁正乐之时,年已69岁,而前此言诗,皆曰三百,足见诗并不是孔子删的,即孔子并不曾选删《诗经》。

《诗经》

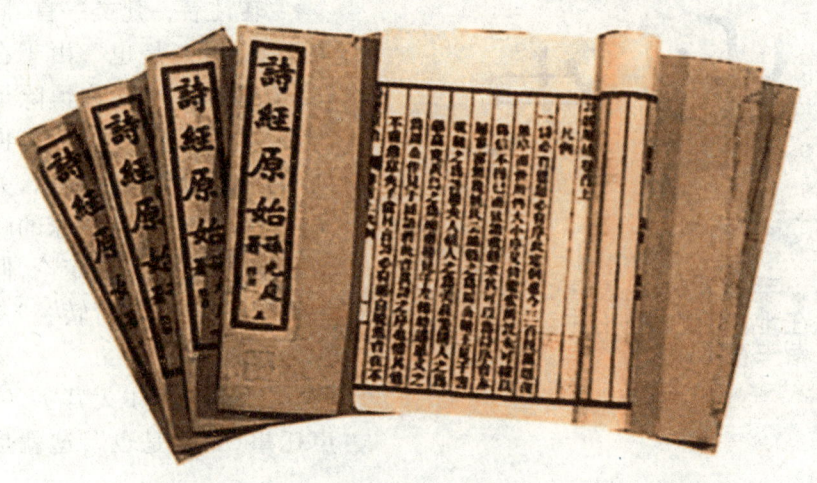

1994年上海博物馆从香港文物市场购得两批战国竹简，共有1697枚。经整理，里面有《孔子诗论》一书。书中有孔子对许多诗篇的解释，对诗旨有准确的把握。这证明孔子确实整理评讲过《诗经》，使孔夫子不曾选删《诗经》之说不攻自破。

通过上博简《孔子诗论》与传世文献的相互参证，可以看出有人在孔子之前就已经做了一些编次周代诗歌的工作，但真正把人间正道大义融入《诗经》的，非孔夫子莫属。孔子在所编的《诗经》中寄寓了自己的儒家理想，才使得《诗经》成为历代儒家十分珍重的典籍之一。当然，由于在后人传承中出现一些讹误，今本《诗经》未必保持着孔子编辑时的原貌，这是毋庸讳言的，但大体上还保持了孔子所编《诗经》的风格。

> 《孔子诗论》一书证明孔子确实整理评讲过《诗经》，使孔夫子不曾选删《诗经》之说不攻自破。

《左传》是出自左丘明之手吗

《左传》是一部通过具体史实为《春秋》作注解的史书，原名为《左氏春秋》，汉代时改称为《春秋左氏传》，简称《左传》，它与《春秋公羊传》《春秋穀梁传》一起被合称为"春秋三传"。《左传》是我国现存第一部叙事详尽的编年体史书，相传为春秋末年鲁国史官左丘明所作。

西汉史学家司马迁、东汉史学家班固都认为《左传》为左丘明所作，司马迁在其《史记·十二诸侯年表》中记载："鲁君子左丘明惧弟子人人异端，各安其意，失其真，故因孔子史记具论其语，成《左氏春秋》。"清代文学家纪昀在《四库全书总目》中也以严谨的史料为依据，认为《左传》为左丘明所作。虽然左丘明的生卒年不详，但目前这是最为可信的史料。

但也有学者对此持怀疑的态度，认为《左传》并非左丘明所作。最初指出《左传》并非左丘明所作的是唐代的经学家赵匡，他认为，"《春秋》是因史制经，以明正道。救世宗旨是尊王室、正陵僭、举三纲、振五常，彰善瘅恶。《左传》解经，浅于《公羊传》《穀梁传》，谬误繁杂。以此推论，作者不是左丘明，而是孔子门人所著"。此后，朱熹等人均持怀疑态度。清末的康有为也断言《左传》为西汉末年的刘歆伪造。

虽有争议的声音存在，但当代更多的人认为《左传》为左丘明所作。

> 虽有争议的声音存在，但当代更多的人认为《左传》为左丘明所作。

《左传》

《楚辞》是屈原一个人写的吗

"楚辞"又称楚词,是战国时期楚国诗人屈原创立的一种文体。因屈原的作品多运用楚地的文学样式、方言声韵等来叙写楚地的山川历史和风土人情,具有浓郁的楚地地方特色,北宋文字学家、书法家、书学理论家黄伯思曾说"皆书楚语,作楚声,纪楚地,名楚物",故称为楚辞。

《楚辞》是西汉刘向把屈原、宋玉、贾谊、东方朔等人"承袭屈赋"的作品收集在一起,编辑成册,名为《楚辞》。《楚辞》是我国第一部浪漫主义诗歌总集,也是继《诗经》之后对我国文学有深远影响的一部诗歌总集。

因此,"楚辞"作为一种文体,是屈原所创立的;《楚辞》作为一本书,不是屈原一个人的作品,而是多个人的作品总集,由西汉的刘向编订。

《楚辞》

《金瓶梅》的作者兰陵笑笑生究竟是谁

《金瓶梅》位居我国明代"四大奇书"之首,作者署名为兰陵笑笑生,据考证,兰陵为地名,笑笑生为笔名,然而,这位兰陵笑笑生究竟姓甚名谁一直困扰着我国文学界和"金"学界的众多专家学者和一大批读者们,这个问题也从而成为《金瓶梅》研究中的"哥德巴赫猜想"。

关于兰陵笑笑生的猜想历来众说纷纭,莫衷一是,各种说法提出的可能作者达60人之多,但主要的有嘉靖年间的文学家、史学家王世贞作《金瓶梅》之说;黄霖教授首先提出"屠隆说",即认为《金瓶梅》为屠隆所作;我国著名古代文学

《金瓶梅》

> 也许,谁是《金瓶梅》的真正作者并不重要,重要的是这是一本让人百读不厌的好书,影响着一代又一代的人。

研究专家、元明清戏曲小说研究领域的泰山北斗级的人物徐朔方教授则主张《金瓶梅》为李开先所著,并列举出了多条依据作为佐证;而潘承玉教授在其《金瓶梅新证》一书中则详细论述了《金瓶梅》作者之"徐渭说",并从多方面进行了分析论证。

此外,还有"贾三近说"、"蔡荣名说"、"王稚登说"、"汤显祖说"、"冯梦龙说"、"李元芳说"、"李渔说"、"赵南星说"、"李贽说"、"金圣叹说"、"王采说"等,不一而足。但各方所持的见解均不能完全使人信服,因此至今《金瓶梅》的作者仍无定论,悬而未决。

位居明代"四大奇书"之首的《金瓶梅》,是我国文学史上最伟大的小说之一,在我国文学史上具有开拓性的意义。也许,谁是《金瓶梅》的真正作者并不重要,重要的是这是一本让人百读不厌的好书,影响着一代又一代的人。而作为读者,可能重要的是你是否真正读懂了《金瓶梅》这本书的意义和历史价值。

《红楼梦》的名字有何来历

四大名著之一的《红楼梦》有《石头记》《情僧录》《风月宝鉴》《金陵十二钗》等名称,直到1784年,这部享誉世界的名著才正式题名为《红楼梦》。那么,这一名字有何来历呢?

曹雪芹在"凡例"中说:"'红楼梦',是总其全部之名也。"意思是说整部小说说的不过就是红楼一梦。脂砚斋对《红楼梦仙曲十二支》的批注是:"点题,作者自云所历不过红楼一梦耳。"那么,为什么称为"红楼"呢?

我国著名红学研究者周汝昌说,"红楼"一词可追溯到唐代诗人韦庄《长安春》中的诗句"长安春色谁为主,古来尽属红楼女",其《闺月》中的"美人情易伤,暗上红楼立"亦提到了红楼一词。据此,周汝昌认为,"红楼"一词指的是富家女儿的金闺绣阁。据考证,"红楼"和"朱门"一样,都是古代王公贵族豪华住宅的代称,那么,不言而喻,"红楼梦"说的就是红楼中贵族的南柯一梦。

《红楼梦》通过对宝黛爱情的悲剧以及贾、史、王、薛四大家族从兴盛到衰败的描写,显示出了对封建统治思想及制度的批判以及其必然灭亡的趋势,宛若"红楼一梦"。

《红楼梦》

与其说蒲松龄的《聊斋志异》是一部神仙鬼怪故事的小说集，不如说这是一部蒲松龄历尽"二十余寒暑"写出的对黑暗现实的不满与对理想的追求的"孤愤之作"。

蒲松龄为何要写《聊斋志异》

《聊斋志异》是我国清代小说家蒲松龄创作的一部文言短篇小说集。"聊斋"是蒲松龄的书斋名，"志"是记的意思，"异"指的是奇异的故事。《聊斋志异》记述的便是"神仙狐鬼精魅故事"，那么，蒲松龄为何要写《聊斋志异》呢，是闲得无聊才写这些神仙鬼怪的故事吗？

这要从蒲松龄的生平经历说起。蒲松龄（1640—1715）出身于一个没落的地主家庭，刻苦好学，学识渊博，19岁时即以县、府、道三个第一考取秀才，但以后却屡试不第，直到71岁时，才援例称为贡生。热衷科举却不得志的蒲松龄对科举制度和封建社会的弊病深有体会，于是便广泛收集社会上的神仙狐鬼精魅的故事，结合自己的生活体验，在合理想象的基础上加以创作，以反映黑暗的社会现实，揭露科举制度的黑幕，以及对底层人民坚贞、纯洁爱情的赞美。郭沫若曾高度评价蒲松龄的《聊斋志异》："写鬼写妖高人一等，刺贪刺虐入木三分。"

因此，与其说蒲松龄的《聊斋志异》是一部神仙鬼怪故事的小说集，不如说这是一部蒲松龄历尽"二十余寒暑"写出的对黑暗现实的不满与对理想的追求的"孤愤之作"。

蒲松龄

第十七篇 趣味横生的人名·地名

古人为何给孩子取"狗剩"之类的贱名

> 无所依托的古人便迷信神灵,信奉"名字越贱,人越好养活"的说法……

给孩子起小名的习惯自古就有,只是在我国古代时,人们常给孩子取"狗剩"、"狗屎"、"铁蛋"、"猫尿"等贱名,或者是以动物的名字命名,如"小猫"、"小狗"、"小羊"、"牛娃"等,这在我们现代是无法理解的。人们常常会有疑问:古人为什么要给孩子取这些贱名呢,是父母不喜欢这个孩子吗?

娃娃剪纸

其实,正好相反,给孩子起贱名是宠爱孩子的表现。而且越是被长辈宠爱的孩子,小名就越贱。在医学水平等各方面都不发达的古代,孩子夭折的事情时有发生,养活一个孩子是一件很不容易的事。因此,无所依托的古人便迷信神灵,信奉"名字越贱,人越好养活"的说法,相信给孩子起一个贱名,妖魔鬼怪等也会因是贱名而厌弃这个孩子,从而就不会来索孩子的命,孩子就能健康成长了。另一方面,以动物的名字来给孩子起小名的,一来妖魔鬼怪不易辨认,二来是家长希望孩子可以像动物那样健壮,富有生命力。

目前,以动物名字给孩子起小名的现象在我国城乡地区还存在,但更多的是取一些好听易读的小名,如"宝宝"、"豆豆"、"莎莎"等。无论是古人的贱名还是今天的小名,都是家长出于对孩子的爱而起的,这一点毋庸置疑。

孔子的名字有何来历

> 对一些有所成就的大家,人们不会直接称呼对方的名字,而称其为某子。如孔子、老子、孟子、墨子等。

孔子,名丘,字仲尼,是我国古代著名的思想家和教育家,儒家学说创始人。他生于公元前551年鲁国陬县(今山东曲阜),卒于公元前479年。孔子作为世界上最有影响力的文化名人之一,关于他的名字由来流传着这样一个故事。

孔子的先祖叫作公孙嘉,字孔文,也可称其为孔文嘉。古人是可以用先祖的名或字为姓的,因此,到了孔子父亲叔梁纥这一代就用"孔"作为家族的代号。古时男尊女卑,膝下有女不算有子,叔梁纥有九女一子,而这仅有的一子却患有腿疾,让他颇为遗憾。为此,叔梁纥与妻子到曲阜东南的尼丘山恳求上天再赐一子。这之后妻子果然为他生下一个儿子。叔梁纥认为此子是天神因其夫妻二人在尼丘山的一番虔诚祈祷而赐予的,遂取尼丘山的"丘"字为儿子的名,取"尼"为字,以表示对上天的感激。

孔子字仲尼,这个"仲"字是源于古人惯于将"伯、仲、叔、季"添加到兄弟的字里来区别同辈间的长幼次序,孔子在男孩里排行第二,因此取字"仲尼"。

在古代"子"是对男子的一种美称或尊称,也含有老师之意。于是,对一些有所成就的大家,人们不会直接称呼对方的名字,而称其为某子。如孔子、老子、孟子、墨子等。这样的称呼都是为表示对标志性人物的尊敬。

"鸱夷子皮"是谁的名字

"鸱夷子皮"是范蠡经商时用的名字。据《史记》记载,范蠡是春秋楚国宛人,是当时著名的政治家、军事家和实业家,被后人尊称为"商圣"。他在青年时因不满楚国的政治黑暗,遂与宛邑令文种一起投奔越国。他足智多谋、博学多才,被越王勾践重用为大夫,成了"智囊"。他辅佐勾践兴越国,灭吴国,一雪会稽之耻。功成名就之时却急流勇退,主动请辞。此后,范蠡化名为"鸱夷子皮",号"朱公"。在陶地置产经商,"十九年中三致千金",达到"巨万",自号陶朱公,乃我国儒商之鼻祖。

"鸱夷子皮"用今天的话来说其实就是酒囊皮子。范蠡为何会为自己起这么一个看似粗俗的名字呢?其原因有两层。第一,鸱夷子皮作为古代民间普遍使用的、以牛皮为原料的盛酒器具,其韧性极强,可任意伸缩。因此,它虽然看似粗俗,实则含有包罗万象、吞吐天地之意,这与范蠡隐退后的忘我且挥洒自如的境界甚为相似。这也是他选用此名最重要的理由。第二层原因是这个名字便于范蠡在陌生的地方生活、经商。他以农牧业为主要经营项目,需要雇用大批农夫、驭手、屠户、脚夫等劳动力。其要想事业长足发展,就需要与这些"下里巴人"打成一片,更要和当地居民建立良好的人际关系。如果用范蠡的

孔子雕像

范蠡

> 范蠡化名为"鸱夷皮",号"朱公"。在陶地置产经商,"十九年中三致千金",达到"巨万",自号陶朱公,乃我国儒商之鼻祖。

鬼谷子

大名，就难免显得严肃。而用风趣通俗的"酒囊皮子"作自我介绍，恐怕话一出口，对方就笑了。如此一来，雇主与雇工之间的隔膜消失了，也能更好地融入当地人的生活。这就是一代商圣范蠡化名的由来。

"鬼谷子"的名字有何由来

鬼谷子，姓王名诩，号玄微子，具体生卒日不详，出生于今河北省邯郸市临漳县盐食村。他是集神学、兵学、游学、出世学、数家学问于一身的大家，"诸子百家"之一，被视为纵横家的鼻祖。鬼谷子也是颇有成就的教育家，苏秦与张仪为其最杰出的两个弟子。另有孙膑与庞涓亦为其弟子之说。

如今，在临漳县盐食村一带，仍流传着关于鬼谷子名字由来的种种传说。

相传，在战国时魏国陪都邺城东北十里处有个王家庄，庄主有个美貌的女儿叫王春花。一日，春花在缸边发现一株野生谷子，谷穗饱满油亮，煞是引人垂涎。她搓食谷粒，不久便有孕在身。女儿未婚受孕有辱门风，王庄主一怒之下将其逐出家门。春花只得带着一个丫鬟到东南自家的茅草庵居住。母亲时常为女儿送来吃食、衣物，暗中照料着女儿。就这样过了十个月，春花产下一名男婴。男婴无父，便随母姓；又因其出生时有蝉鸣在侧，于是，春花为其取名王蝉，后改为王禅。她认为儿子是自己误食缸边谷子而生，那谷子必定有"鬼"，便取了"鬼谷"的乳名。这就是鬼谷子其名的由来。

> 春花认为儿子是自己误食缸边谷子而生，那谷子必定有"鬼"，便取了"鬼谷"的乳名。这就是鬼谷子其名的由来。

荆轲的名字有何来历

荆轲，姜姓，庆氏，战国末期人。据说，他是春秋时期齐国大夫庆氏的后裔，后迁居卫国，当地人称呼其为庆卿。那么，为什么他在受燕太子丹所托刺秦之时会被称作荆轲呢？

传说当年荆轲以庆卿之名游历四方，遍访诸侯，却苦于无人赏识，心中烦闷郁结，每每借酒浇愁。他初到燕国时也是同样遭遇，无人举荐之下，常常独自一人四处游逛。一日，他来到燕国都城西面的一座山上，举目北眺，但见易水滔滔，气象非凡，心中愈发感叹自己怀才不遇，壮志难酬，不免悲从中来。于是对景吟诵："怀珠玑兮抱玉才，挎长剑兮

> 荆轲据说是春秋时期齐国大夫庆氏的后裔，当地人称呼其为庆卿。那么，为什么他在受燕太子丹所托刺秦之时会被称作荆轲呢？

荆轲刺秦王

有以待！无人知兮何足庆，心不甘兮在草莱。"一番慨叹后，他悻悻然寻路下山，在途中遇见一个樵夫，便出言询问此山名字。樵夫告诉他这是荆轲山。这时荆轲才注意到，山上灌木全是紫荆，时值秋季，荆花已落，结成黑籽，状极丑陋，却依然旺盛茁壮。荆轲似有所悟，心中思忖：紫荆虽然普通，却能命名山峰；虽然寂寥，却生生不息。即使添作柴草，它也能散发自己的光热。念及此，他当下决定改庆卿之名为荆轲，并于燕国定居。荆轲高兴起来，随口吟道："高山卧虎兮海藏龙，慕荆轲兮亦有名。"

从此，荆轲这个名字便伴随着他，直至人生的终点，并在史册上留下了浓墨重彩的一笔。

屈原的名字有何寓意

屈原（约前340—约前278），芈姓屈氏，名平，字原，战国末期楚国丹阳（今湖北秭归县）人，楚武王熊通之子屈瑕的后代，中国最早和最伟大的诗人之一。

屈原的先祖和楚武王的先祖一样，初始也姓芈，后来改姓熊。传到熊绎时，其因功受封于楚，遂居丹阳，也就是屈原的故乡。后来楚武王的儿子受封于"屈"，便被称为"屈瑕"，其后代

> 紫荆虽然普通，却能命名山峰；虽然寂寥，却生生不息。即使添作柴草，它也能散发自己的光热。念及此，他当下决定改庆卿之名为荆轲，并于燕国定居。

屈原

窥探文化真相

> 屈原的名字与其生辰配合起来，正符合"天开于子，地辟于丑，人生于寅"的天地人三统。这在当时可谓是不寻常的好命格。

也就开始以"屈"为姓了。

屈原在自己的著作《离骚》中有言："皇览揆余初度兮，肇锡余以嘉名，名余曰正则兮，字余曰灵均。"意思是：父亲看到我生辰不凡，给我起了个好名字，名为"正则"，字为"灵均"。东汉王逸在《章句》中解释屈原的名字时说"正，平也；则，法也"，"灵，神也；均，调也。言正平可法者莫过于天，养物均调者，莫神于地"。"平"是公正的意思，平正就是天的象征；"原"是又宽又平的地的象征。所以，其名"平以法天"；字"原以法地"。再与其生辰配合起来，正符合"天开于子，地辟于丑，人生于寅"的天地人三统。这在当时可谓是不寻常的好命格。"屈原"的这个名字也完美体现了他一生的不凡。

曹操为什么又被称作曹阿瞒

曹操，字孟德，沛国谯（今安徽亳州）人。东汉末年著名的军事家、政治家和诗人，三国时代魏国的奠基人和主要缔造者。其子曹丕称帝后，追尊他为魏武帝。

在《曹瞒传》中有记载："太祖一名吉利，小字阿瞒。"那么，魏武帝曹操的小名为什么叫阿瞒呢？有一种说法是，曹操的父亲曹嵩本是夏侯家的儿子，因曹家没有后代，夏侯家便将此子过继给了曹家。等到曹嵩生下曹操后，曹家上下欣喜若狂，将曹操奉为"掌中宝"般倍加呵护。在亳州当地，自古就有"贵人取贱名"的习俗，想以此不引起阎王的注意，让孩子能够平平安安地长大。因此曹家也一直没有为其取名。造化如斯，这次换成夏侯家没有男孩了。曹家担心对方将曹操给要回去，便将他藏了起来。而后，只要一提到曹操，家人总是"瞒呀瞒呀"的含糊其辞。日子一久，索性就叫他"阿瞒"了。

> 据各种材料分析显示，其小字应该是"阿满"，表示可爱的意思。后来因为《三国演义》尊刘贬曹，于是可爱的"阿满"就变成了贬义的"阿瞒"。

曹操

另有一种说法是，曹操小名阿瞒的说法只是民间演艺说书流传时的改动，并且《曹瞒传》在当时属于野史杂记，不可全信。据各种材料分析显示，其小字应该是"阿满"，表示可爱的意思。后来因为《三国演义》尊刘贬曹，于是可爱的"阿满"就变成了贬义的"阿瞒"。"瞒"为欺瞒的意思，也正符合曹操多疑、好用计谋的性格。

这就是流传最广的关于曹操小名阿瞒来历的两种说法了。

关羽姓关吗

《三国演义》中关羽"身长九尺,髯长二尺;丹凤眼,卧蚕眉,面如重枣,唇若涂脂,使青龙偃月刀,胯下赤兔马"的形象为我们大家所熟知,其义气更为后人称道,清初文学批评家毛宗岗称其为《演义》三绝"之"义绝",有"义绝关羽"之称。然而,曾有人提出质疑,说关羽并不姓关。而且在毛泽东和张治中的一次谈话中也提到"曹操并不姓曹,关羽并不姓关"。那么,关羽姓关吗?

在关公故里今山西省运城市常平乡流传着"关公指关为姓"的故事,山西省运城市常平乡在汉代时为解县宝池里下冯村,传说关羽便生活在这里,原名冯贤,为卖豆腐坨老汉的儿子。据说关羽从小就很讲义气,一次为朋友打抱不平,怒火中烧的关羽一气之下杀了人,因此也惹上了官司。于是关羽连夜逃往他乡,在途经潼关时遭到守军的盘问,情急之下他随手指着关口说自己姓关,此后便没再改变。

关羽

"关公指关为姓"的故事流传很广,在《中国古代历史小说考》、清代《关帝志》《关圣帝君圣迹图志》、清人梁章钜的《归田琐记》和褚人获所著《坚瓠集》等书中均有类似的记载,虽然故事情节不太一致,但大致都是为民除害而杀了人,在逃至潼关遭人盘问时,为避免暴露身份情急之中指关为姓。

但在正史中却并没有"关公指关为姓"的记载,西晋陈寿的《三国志·关羽传》中只是说"关羽字云长,本字长生,河东解人也。亡命奔涿郡"。而且在《三国演义》中也未对关羽"亡命奔涿郡"的原因作具体交代,只是采用除暴出逃的笼统说法。在第一回"宴桃园豪杰三结义,斩黄巾英雄首立功"中关羽作自我介绍时说:"吾姓关,名羽,字长生,后改云长,河东(今山西位于黄河东)解良(元代解县为解良县)人也。因本处豪绅倚势凌人,被吾杀了,逃难江湖,五六年矣。"

目前"关公指关为姓"的传说仍没有确切证据,因此,人们更倾向于关羽姓关的说法。

> 目前"关公指关为姓"的传说仍没有确切证据,因此,人们更倾向于关羽姓关的说法。

李白的名字有何来历

李白

李白(701—762),字太白,号青莲居士,又号"谪仙人",被后人尊称为"诗仙"。他创造了古代浪漫主义文学的高峰,为唐诗的繁荣与发展打开了全新的局面,开创了中国古典诗歌的黄金时代。

然而,谁能想到这位才高八斗、名贯古今的诗仙直到七岁还没有名字呢!据说李白抓周时,抓了一本诗经。他的父亲非常欣喜,认为儿子日后可能成为诗人,就想为他取一个好名字。可越是慎重就越是想不出来,所以直到李白七岁时都还没有大名。

就在李白七岁那年的一个春日的傍晚,李白的父亲伴妻携子于庭院漫步,眼望绿树繁花在夕阳的映衬下别有一番风景,顿时诗兴大发。他想写一首春日绝句,同时也想试试儿子的诗文才学,便随口吟道:"春日送暖百花开,迎春绽金它先来。"妻子会意,沉思片刻道:"火烧杏林红下落。"李白却不等父母亲示意,抬手指向庭中繁花盛开的李树,脱口而出:"李花怒放一树白。"父亲听闻后很是震惊,待到归室落座,仔细回味这首合家诗作,觉得前三句都不如这最末一句清雅自然,尤其最后一字用得堪称绝妙。那满树李花不正是洁白似雪吗?那李花的馨香四溢不正是书香门第清雅淡泊的绝佳写照吗?并且这第四句诗的首字不也恰恰是李家之姓吗?何不索性为儿子取名李白呢?于是,李白之名即出。

欧阳修为何自称"醉翁"与"六一居士"

欧阳修曾对自己的晚年称号"六一居士"有过说明:古籍一千卷、书一万册、琴一张、棋一局、酒一壶、老头子一个,故号"六一居士"。这个别号实则与"醉翁"之号如出一辙。

欧阳修(1007—1073),字永叔,自号醉翁,晚年号六一居士。吉安永丰(今属江西)人,自称庐陵(今永丰县沙溪)人。谥号文忠,世称欧阳文忠公,北宋著名的文学家、史学家。

欧阳修为什么要自号"醉翁"呢?这与他仕途经历有着密切的关系。他被贬滁州之时,其如大部分封建文人一样的"学而优则仕"与"修身齐家治国平天下"的理想遭受了重大的挫伤。那么,他的心境又有怎样的转变呢?"我时四十犹强力,自号醉翁聊戏客。"(《赠沈遵》)"四十未为老,醉翁偶题篇。醉中遗万物,岂复记吾年?"(《题滁州醉翁亭》)难道自号"醉翁"仅是"聊戏客"和"偶题篇"的原因吗?

欧阳修曾对自己的晚年称号"六一居士"有过说明：古籍一千卷、书一万册、琴一张、棋一局、酒一壶、老头子一个，故号"六一居士"。这个别号实则与"醉翁"之号如出一辙。《醉翁亭记》完成于1046年，即欧阳修39岁之时。他为何要以壮年之身号"翁"？回望他的坎坷仕途，难免令其内心郁结。此时，"一醉解千愁"成了他忘却失意的方式。一个"醉"字映衬出他寄情山水、以醉消愁的失落和痛苦；同时，在以"翁"自嘲的背后，隐藏着他对自己蹉跎岁月的喟叹。因此，自号"醉翁"是他在感叹自己功业未建，却韶华已逝。

这就是欧阳修两个自号的缘由。

欧阳修

苏轼为何又被称为"东坡居士"

苏轼（1037—1101），字子瞻，又字和仲，号"东坡居士"。他是中国文学艺术史上罕见的全才，也是中国数千年历史上被公认的文学艺术造诣最杰出的大家之一。据统计，苏轼一生可查的称号多达30余个，其中流传最广的就是"东坡居士"。至于这个最著名的称号始于何时，缘于何故，就要从他被谪贬黄州开始说起了。

元丰三年（1080年），苏轼因"乌台诗案"受诬陷被贬黄州任团练副使，其处境虽形同软禁，但当地民风淳朴，百姓也都很佩服他的才华与为人，这让他决定仿效晋代诗人陶渊明，归于隐居生活。于是，一座田园式农庄在黄州东门外名为"东坡"的地方落成了。次年二月农庄增建，因为完成后下了几场大雪，显得格外洁白素雅。苏轼倍感爽心悦目，便将新建的书房取名为"雪堂"。进而联想到这是建在东坡之上的家园，便以地名自号"东坡居士"。他认为这个朴实无华的称号不仅有远离政权、归隐山林的意味，且"居士"也属平民百姓之列。苏轼很喜欢这个新称号，无论书信

苏轼

> 据统计，苏轼一生可查的称号多达30余个，其中流传最广的就是"东坡居士"。

> 苏轼认为这个朴实无华的称号不仅有远离政权、归隐山林的意味，且"居士"也属平民百姓之列。

> 陆游字务观，号放翁，人称"小李白"。他的这些字、号并非随意取的，而是分别有一些与之相关的典故。

往来，绘画题诗，落款大都使用"东坡居士"。当地人也觉得这个称号亲切上口，都喜称他为东坡居士、苏东坡或东坡先生。后来，连亲朋好友称呼他都爱冠以"东坡"二字。至此东坡居士、苏东坡等雅称广为流传。

陆游的名字、别号有何来历

陆游（1125—1210），字务观，号放翁，南宋杰出诗人，人称"小李白"。他的这些字、号并非随意取的，而是分别有一些与之相关的典故。

陆游

据说，陆游的母亲生他的时候，身体虚弱，恍惚中似是看到有一书生打扮的人进入室内，来人自称是北宋苏门学士秦观。后来，陆游的父亲陆宰要为儿子取名，母亲忆及生产时的事，陆宰听后笑道："那就叫务观吧。""务观"这个名字，寄寓了其父母希望他文采出众，将来能够成为第二个秦观的愿望。陆游果然不负厚望，十七八岁就有了诗名，最终成为南宋中兴四大诗人之冠。

陆游"放翁"的别号又是因何而来呢？这要从他就任成都府路安抚使参议官时说起。那时，陆游曾与大诗人范成大一起共事。由于二人间有些矛盾，范成大身边的官员认为他不守礼仪，不懂高下，为人更是粗野狂放。陆游愤慨地想："说我狂放，我索性就当个'放翁'，总比只懂明哲保身的庸人强。"从此，"放翁"这个别号就经常出现在他的诗文中。

这就是陆游名字与别号由来的两则典故了。

> 1206 年，蒙古各部首领共同推举铁木真做大汗，并尊奉其为"成吉思汗"。关于这个称号有三种说法……

成吉思汗的名、号是如何来的

成吉思汗（1162—1227），孛儿只斤氏，奇渥温姓，名铁木真，蒙古族，乞颜部人，蒙古帝国奠基者，世界历史上最伟大的政治家、军事家之一。

1206 年，蒙古各部首领共同推举铁木真做大汗，并尊奉其为"成吉思汗"。关于这个称号有三种说法：其一，据《史集·部族志》记载：蒙古语"成"为坚强之意，"成吉思"是其复数。《通史简编》也认为"成"是刚强的意思，"吉思"是多数的意思。"成吉思汗"即是坚强的大汗。其二，"成吉思"蒙古语意思为天赐，成吉思汗即上天赐予蒙古人的大汗。其三，《蒙古源流》和《蒙古世系谱》两书载：在铁木真即位前三天，每天清晨都有一只五色鸟在其帐边鸣叫,闻之如"成吉思"之音,似有吉兆。于是,成吉思汗的称号应运而生。

成吉思汗即位后,他的名字"铁木真"便少被提及。然而,关于这个名字的由来却不曾被人忘记。

话说铁木真出生那天,其父也速该活捉了鞑靼部落首领铁木真·兀格和豁里不花,胜利而归。他刚一踏入营房,恰闻长子降世的第一声啼哭。也速该认为儿子的出生为他带来了好运气,使其最终打败了宿敌。当时的蒙古族有一种风俗,即使用仇人或被消灭的强敌的名字命名亲子。于是,也速该便用"铁木真"为自己的孩子命名。铁木真在蒙古语中有"像钢铁一样"、"铁之精魄"的含义。而后,历史也印证了铁木真果真不负其名,在他带领下的蒙古铁骑横扫欧亚,成就天骄帝业。

成吉思汗

施耐庵的名字有何来历

施耐庵(1296—1371),原名施彦端,字肇端,号子安。江苏兴化白驹场人。元末明初作家,中国古典四大名著之一《水浒传》的作者。他为何将"彦端"之名改称"耐庵"呢?这其中因由与他游学时的一段经历有莫大的关联。

施耐庵在江阴游学时,遇见了祝塘镇的徐麒。徐麒学识渊博,且富甲一方。当徐麒开口邀请施耐庵到徐家庄教馆教书时,施耐庵欣然应允。于是,徐麒亲自陪同他去看坐馆的地方。途经东林庵时,施耐庵见此处环境优雅,绿树成荫,便提议不如就选在这里开馆讲学。自此,施耐庵一边讲学,一边写书,与徐麒宾主相处也甚为融洽。一日,施耐庵写到《江湖豪客传》中"石秀乔杀裴如海,头陀敲木鱼"一段时,想起东林庵也收藏有木鱼木槌,可自己却从未见过。于是便询问

施耐庵

> 施耐庵原名施彦端,中国古典四大名著之一《水浒传》的作者。他为何将"彦端"之名改称"耐庵"呢?这其中因由与他游学时的一段经历有莫大的关联。

> 此后，施耐庵便写了斗大的"耐庵"两字贴在门楣上，时时告诫自己要如慧能师傅一样，排除困难，潜心写作。时间久了，大家也都渐渐习惯称他为"耐庵"先生了。

徐麒：何以一副木鱼槌也要像珍宝一样收藏？徐麒取来木鱼木槌，告诉他道："这庵里原先住着一位法号慧能的老和尚，30年前我请他来此礼佛诵经，超度祖宗亡灵，保佑家宅安宁。慧能师傅心极虔诚，每日诵经，从不懈怠。这副木鱼槌，他一敲便是30年，木鱼也被他敲出了一个深坑。"说着他还一边用手摩挲着木鱼的凹陷处。施耐庵听后，微微点头，若有所思。

此后，施耐庵便写了斗大的"耐庵"两字贴在门楣上，时时告诫自己要如慧能师傅一样，排除困难，潜心写作。外人尽管不知其意，但时间久了，大家也都渐渐习惯称他为"耐庵"先生了。他自己也觉得这个名字不错，索性改名为"施耐庵"。

朱元璋的名字有何来历

朱元璋（1328—1398），是继汉高祖刘邦以来第二位社会底层出身并且统一全国的君主。他出身于濠州（今安徽省凤阳县东）钟离太平乡的一个贫苦农民家庭，家中排行第四，家族兄弟排行第八。其原名为朱重八，后取名朱兴宗，参加元末农民起义后改作朱德裕，最后才定名朱元璋，字国瑞。

那么，这位雄才大略、励精图治的盛世君主，他的名字又有什么特别的意义呢？下面我们就来一一解答。

首先，朱重八这个名字是儿时父母为他取的。元代时期的百姓，如果不能上学或当官就不能有名字，只能以父母年龄合计数字、出生日期或者行辈次序命名。"重八"这个名字就是按照行辈次序而来的，朱元璋属于"重"字辈，有4个堂兄分别叫重一、重二、重三、重五，3个胞兄占了四、六、七，他既然行八，"重八"就是由此而来。参加起义军后，他改名为朱元璋，这个时候的朱元璋已经是义军中小有地位的人物了，名字自然不能再随意编排。"元"的意思是开始，第一；"璋"是一种锋利的玉器，再加上他的姓，朱和"诛"同音。这个名字的含义就是朱元璋在把自己比做诛灭元朝的利器。

> "元"的意思是开始，第一；"璋"是一种锋利的玉器，再加上他的姓，朱和"诛"同音。这个名字的含义就是朱元璋在把自己比做诛灭元朝的利器。

十六年戎马倥偬，朱元璋终于实现了"驱逐胡虏，恢复中华"的梦想，他也从过去横笛牛背的小牧童、小行僧成为大明王朝的开国皇帝。"朱元璋"这个名字也随之深深印刻在历史的经卷里。

朱元璋

徐渭为什么改字"文长"

徐渭（1521—1593），山阴（今浙江绍兴）人，初字文清，后改字文长，号天池山人、田水月、青藤居士等。他是明代著名的文学家、书画家。其在诗文、戏剧、书画等方面都独树一帜，给当世及后代留下深远影响，这在人才辈出的明清两代是颇为难得的。

徐渭之所以改字"文长"，其中还有一则有趣的逸闻。

一次，徐渭在参加举人考试时，见了题目便一挥而就，文章虽然写得很短，却字字珠玑，掷地有声。因尚余时间，他便在试卷的空白处作起画来。他先是画上祖先神像，又画上供桌、祭品和自己穿着举人服装祭祖的模样。画间还题有"不过如此"四字。主考官看了试卷后，虽然很欣赏徐渭的短文，却对那幅画连连摇头。为了惩戒其轻率傲慢的态度，主考官故意批道："文章太短脸皮厚，名字排在孙山后。"于是，"名落孙山"的徐渭只得等待下一次考试。然而三年过去了，当徐渭再次面对同一个主考官时，恼火的他便在试卷上历数科举制度的弊端，不知不觉间，文章越写越长。试卷上写不下，就写在桌子上、抽屉边上。等到交卷时，他更是把试卷和桌子一同交了上去。主考官见状大惊道："你这是要干什么？"徐渭笑道："你喜欢长文章，我就给你长文章看！"后来，这则逸闻不胫而走，徐渭便被人们称作"文长"，他自己也索性将此名沿用下来。

徐渭

曹雪芹的名字有何来历

曹雪芹（1715—1763），名霑，字梦阮，号雪芹，又号芹溪、芹圃。清代小说家，满洲正白旗"包衣"人。他出身于一个"百年望族"的官僚家庭，少年时代曾有过一段奢华的富贵生活。雍正年间，因官场斗争，曹家被人参奏，抄家。后于乾隆元年（1736年）家道彻底败落，他也因此饱尝世态炎凉之苦。

据说，曹雪芹出生后三天，久旱的江南恰逢甘露。他的父亲曹頫很高兴，为他取名"霑"。此字取自《诗经》的"既霑既足，生我百谷"，另有"世霑皇恩"的意思。不知从何时起，曹雪芹为自己取了"雪芹"这个称号。从曹雪芹的祖父曹寅开始，其家族世代都很喜欢苏东坡的诗词。苏

他给自己起"雪芹"这个号，用意就是把自己比喻成压在雪底的芹菜根，正期盼着春天的到来。

东坡的名作《东坡八首》中，有"泥芹有宿根，一寸嗟独在；雪芹何时动，春鸠行可脍"的名句。意思是说：泥土里留有芹菜的根，只有一寸多长。在这雪地里，它什么时候才能发芽生长呢？要等到春天到来，才可与斑鸠肉一起炒着吃！他给自己起"雪芹"这个号，用意就是把自己比喻成压在雪底的芹菜根，正期盼着春天的到来。

这就是后世文学巨匠曹雪芹名字的由来。

李时珍的名字有何传说

李时珍（1518—1593），字东璧，晚年自号濒湖山人。我国古代伟大的医学家、药物学家，撰有《本草纲目》《奇经八脉考》等巨著。

关于李时珍的名字，民间流传着一个传说。

李时珍的父亲叫李言闻。一日，他为有孕在身的妻子捉鱼补充营养，可惜几次撒网都毫无所获。眼看时间已近晌午，李言闻不免心中焦急，决定再撒最后一网便要回家。没想到这最后一网竟沉甸甸的，似是网了大鱼。可拉上来一看，却只是块普通的白玉石。李言闻难掩失望之色，喃喃道："玉石呀玉石，我与你并无冤仇，你何苦与我掺乱！"不料，玉石竟吐出人言："我不是掺乱，却是来道喜的。先生得子在今日，贵子降生时运转，若想滋养贵夫人，却得末网鱼满船。"原来这白玉石竟是传说中的镇水之神。李言闻大喜过望，连忙撒网入河，果然肥鱼满满。待他回到家中，正赶上妻子即将临盆。他劈柴烧水，协助产婆里里外外地忙活，疲惫至极，竟打起盹来。梦中，一头口衔灵芝的小白鹿立于祥云之上，径直飞入妻子的卧室。这时，一声婴孩的啼哭让他醒了过来，儿子出生了。李言闻喜出望外，便将河边的事告知于妻子："儿子就叫石珍吧！"妻子微笑道："取玉石的'石'，不如取时辰的'时'，时珍时珍，这个孩子一出生，便时来运转，极

曹雪芹

妻子微笑道："取玉石的'石'，不如取时辰的'时'，时珍时珍，这个孩子一出生，便时来运转，极是珍贵。"这就是李时珍名字的由来。

李时珍

是珍贵。"

这就是李时珍名字的由来。

林则徐的名字有何由来

林则徐

林则徐（1785—1850），字元抚，又字少穆、石麟，福建侯官（今福建福州）人，清朝后期政治家、思想家和诗人。因其主张严禁鸦片、抵抗西方的侵略、坚持维护中国主权和民族利益而深受国人敬仰。

关于林则徐的出生与命名有着这样一个故事。

林则徐的父亲叫林阳谷，是个收入微薄却洁身自好的教书匠。是日，林阳谷的妻子临盆在即，接生婆也已经进了门，他自己便去镇上为妻子买补品。正巧那日福建巡抚徐嗣曾来乡下体察灾情，不想回衙门的路上雷雨阵阵，顷刻间便寸步难行。徐嗣曾是个廉洁勤政、体恤下属的好官，当即吩咐众人速速寻找避雨的地方。一干人等只见山岙边有间破旧的小屋，连忙赶去避雨。刚来到檐下，便闻听屋内一阵婴儿坠地的啼哭声。正巧林阳谷也在此时赶回了家门。他见一位二品红顶花翎大官居然立在自己家门口，不禁大吃一惊，顾不得满地泥泞，便要跪拜。徐嗣曾亲自将其搀扶起来说道："古人云：'天生万物，唯人为贵。'你为大清国生下一个子民——说不定将来还是栋梁之材，不能拜，不能拜，本官应向你道贺才是哩！"林阳谷闻言内心十分感动，又见这位堂堂巡抚大人为人和蔼，全无官架子，便给儿子取名为则徐。"则"是效法的意思，"则徐"便是要儿子长大成人后要像徐嗣曾那样，做一个清廉正直、为民做主的好官。

这就是被史学界称为近代中国第一人臣——林则徐之名的来历。

孙文为何又被称作"孙中山"

孙中山（1866—1925），名文，字德明，号日新，后改逸仙。他出身农家，一生曾用或被人称呼过的名字达30多个，但最被人熟知的名字却是孙中山。"中山"是典型的日本姓，关于其来历，还藏着一个鲜为人知的历史掌故。

1896年，孙中山到日本从事革命活动。日本青年宫崎滔天、平山周对其十分仰慕，几经辗转，终于在横滨中国革命志士陈少白的寓所

> 孙中山一生曾用或被人称呼过的名字达30多个，但最被人熟知的名字却是孙中山。"中山"是典型的日本姓，关于其来历，还藏着一个鲜为人知的历史掌故。

见到了孙中山。交谈中，两人为孙中山的革命热情与深刻见解所折服，决心尽全力在事业上助其一臂之力。出于人身安全的考虑，孙中山接受了他们暂留日本的建议，并在两人的陪同下寻到一处名为"对鹤馆"的旅店。由于当时孙中山正处于流亡之中，不便公开身份，便需要一个化名登记入册。这让为他代笔的平山周一时犯了难，寻思之下，忽地想起刚才路过的中山侯爵府第。这"中山"是日本人常见的姓，正好借来一用。有了姓，还需要一个名才行。平山周正踌躇间，孙中山自己又添上了一个"樵"字，并笑着对平山周说道："我是中国的中山樵。"事后，有人问孙中山为什么要以"樵"为名。他回答："现在中国到处是榛莽荆棘，我就是披荆斩棘的开山樵夫啊！"

孙中山

在日本期间，孙中山就以"中山樵"这个名字进行革命活动。大家都称呼他为"中山先生"。久而久之，便不再称呼他原本的名字孙文，而是在"中山"前冠以"孙"姓。就这样，一个日本常见的姓变成伟大的革命先行者——孙文的另一个名了。

"冯玉祥"之名及称号有何由来

> "冯玉祥"一名源自一个偶然的机会。他自幼因家境贫寒失学，其父一直希望他能当兵，领些"恩饷"以补贴家用……

冯玉祥（1882—1948），民国时期著名军阀、军事家、爱国将领、民主人士；本名冯基善，字焕章，祖籍安徽巢县人。

"冯玉祥"一名源自一个偶然的机会。他自幼因家境贫寒失学，其父一直希望他能当兵，领些"恩饷"以补贴家用。但当时他父亲所在的清朝保定练军补兵很难。有一次，营中恰好空出一个缺额，与其父同营的苗管带便想将冯玉祥补上去。但那时苗管带并不知道他的名字，又怕来往询问耽误时间，缺额被别人抢走。于是，便随手写下了"冯玉祥"三个字。不曾想从此以后，"冯玉祥"这个名字竟沿用下来。

冯玉祥还有"倒戈将军"及"植树将军"的称号。"倒戈将军"之称是由他一生

冯玉祥

的三次倒戈而来。第一次"倒戈",参与滦州起义,主要目的是反对清王朝;第二次"倒戈",发动北京政变,主要目的是反对直系军阀统治;第三次"倒戈",发动反蒋战争,主要目的是反对蒋介石独裁。"植树将军"的称号来源也很有意思。1915年孙中山倡导全民植树后,他便热心植树造林,还曾在其辖区内针对破坏林木的行为题诗一首:老冯驻徐州,山上绿油油。谁砍我的树,我砍谁的头!故此,人们尊称他为"植树将军"。

冯玉祥还有"倒戈将军"及"植树将军"的称号。"倒戈将军"之称是由他一生的三次倒戈而来。

"鲁迅"是真实人名吗

鲁迅(1881—1936),浙江绍兴人,原名周树人,字豫山、豫亭,后改名为豫才,被人民称为"民族魂"。毛泽东评价他是伟大的无产阶级文学家、思想家、革命家,是中国文化革命的主将。1918年5月,在钱玄同的激励和介绍下,鲁迅在《新青年》第4卷第5号发表了中国现代文学史上第一篇白话文小说《狂人日记》,首次使用笔名"鲁迅"。鲁迅一生用了140多个笔名,其中独以"鲁迅"一名闻达于天下。

"鲁迅"这个笔名,历来有两种解释:其一,"鲁"字是其母的姓;"迅"是他的小名,在其小说中也出现过"迅哥儿"一词。其二,鲁迅挚友许寿裳曾得到鲁迅本人的回答:"鲁迅"二字"取愚鲁而迅行的意思。"如今,又出现了关于鲁迅笔名的第三种解释。著名史学家侯外庐在一篇文章中对鲁迅的笔名作了如下注解:一般人把迅字解释为"快迅",是不确切的。"迅"字在《尔雅·释兽》中有云:"牝狼,其子獥,绝有力,迅。"注云:"狼子绝有力者,曰迅。""獥"即激,从犬言兽性,从水言水性,都是激烈的意思。鲁迅的鲁,取自鲁迅母亲的姓。迅,古义的狼子。鲁迅的字义可理解为牝狼的一个有勇力的儿子。据说,侯外庐曾向鲁迅的夫人许广平提起过自己的这种解释,许广平对此表示了首肯。这就是被国人称为"民族魂"的鲁迅先生笔名由来的几种解释。

鲁迅

香港的名字有何来历

香港是亚洲经济发达的国际金融大都市之一,位于珠江东侧,与深圳经济特区相连。其面积约1104平方公里,人口超过700万。关于"香港"一名的由来,有三种传说:

一说源自"香江"。早年间岛上有溪水自山间流下,被附近居民与

"香港"一名的由来,有三种传说:一说源自"香江",二说源自"香姑",三说源自"红香炉"。

香港夜景

过往船只取做饮用水。其水质甘甜清冽,故此被称作"香江"。有香江出海的港口也就被称为了"香港"。香江故址今已不存,但"香江"却成了香港的别称。

二说源自"香姑"。相传清朝时期有一个实力雄厚的女海盗盘踞在岛上,其名为"香姑"。于是,人们便以她的名字命名岛屿,称作"香姑岛",简称香岛,后逐渐演变成香港岛。

三说源自"红香炉"。传说很久以前,一只红香炉自海上飘到铜锣湾天后庙前。人们以为是天后显灵,便把香炉供奉在庙里。天后庙所在的山也被改称为红香炉山。后来,人们也渐渐习惯称这个地方为红香炉港,简称香港。

秦皇岛地名有何传说

秦皇岛位于河北省东北部,是一座有着悠久历史的古城,素有"京津后花园"的美称。

说起"秦皇岛",人们便会不由自主地将其和"秦始皇"联系起来。事实也是如此,它是全国唯一一个以皇帝名号命名的城市。关于"秦皇岛"之名的由来,流传最广的要数"秦始皇东巡入海求仙"的传说了。

> 说起"秦皇岛",人们便会不由自主地将其和"秦始皇"联系起来。事实也是如此,它是全国唯一一个以皇帝名号命名的城市。

秦皇岛天下第一关

相传，秦始皇统一中国后，一心追求长生不老。他听闻东海有蓬莱、方丈、瀛洲三座仙山。如果自己能够登上仙山，就可取得长生不老药。于是，秦始皇先后派了许多人出海觅仙山，取灵药，最终却都以失败告终。后来，有个叫卢生的方士表示定能寻访到真仙，带回灵药。秦始皇很高兴，赐予卢生很多财物，且亲自为其送行。后来为纪念秦始皇曾亲到此地，人们便在码头立了"秦皇求仙入海处"的石碑。"秦皇岛"由此得名。

南京为何又被称作"金陵"

南京中山陵

金陵，南京的别称。而关于"金陵"之称的由来，千百年来一直有着多种说法。

其一，"因山立号"说。 "金陵"原本是钟山的名字。由于当时长江流经清凉山西麓，金陵地势险要，楚威王便选此置金陵邑。他是想以长江天堑为屏障而图谋天下。唐代《建康实录》中明确记载楚威王"因山立号，置金陵邑"，即以山名作邑名。

其二，"帝王埋金"说。 相传金陵这个名字是因为秦始皇在金陵岗"埋金"以镇王气而得，即"金之陵墓"。《景定建康志》载："父老言秦（始皇）厌东南王气，铸金人埋于此。"且有传说在秦始皇金陵岗立有石碑，其上镌刻："不在山前，不在山后，不在山南，不在山北，有人获得，富了一国。"也有说秦始皇并没有埋金在此处，而是声称山中埋金，好让寻金之人"遍山而凿之，金未有获，而山之气泄矣"，以此凿断山脉风水地形，泄露王气。另外，还有传说"埋金"的是楚威王本人。楚威王认为南京"有王气"，遂在龙湾（今狮子山北）江边埋金。

其三，"金坛得名"说。 南京地接华阳金坛之陵，故称金陵。

罗布泊的名字有何由来

罗布泊位于新疆塔里木盆地东部，是塔里木盆地的最低处。它又被称罗布淖尔，为蒙古语译名，即多水汇聚之湖。罗布泊曾是中国的第二大咸水湖，有塔里木河、孔雀河、车尔臣河、疏勒河等河流汇聚于此。

窥探文化真相

新疆罗布泊楼兰遗址

此后由于注入其中的河流断流、人口增多等因素最终令罗布泊干涸殆尽,只留下一大片形似耳朵的盐壳。说起罗布泊之名的由来,还要从一段浪漫感人的爱情故事说起。

从前,有个聪明俊俏的青年名叫罗布淖尔。作为草原酋长的儿子,他无心继承父位,却对龟兹的歌舞有着浓厚的兴趣。在他20岁时,为了逃避父亲强加给自己的一门亲事,他横穿塔克拉玛干沙漠前往龟兹学习歌舞。途中由于缺水少食,最终昏倒在荒漠里。当他醒来时,发现自己躺在一棵古桑树下,一位青年在为他包扎伤口,一位少女正给他喂水。原来他们是风神婆收养的一对同胞兄妹,哥哥叫若羌,妹妹叫米兰。兄妹二人因为无法忍受风神婆的虐待,便偷跑到凡间学习二人向往已久的龟兹舞蹈。三人从此后便以兄妹相称,同甘共苦。天长日久,米兰爱上了罗布淖尔,亲昵地称呼他为罗布。风神婆发现女儿爱上了凡人后十分气愤,令兄妹速归。若羌和米兰誓死不从。罗布与兄妹二人一同对抗风神婆。风神婆见状更加愤怒,发起风暴将他们抛到高空。罗布被飞沙走石打瞎了双眼,米兰从空中掉落摔断了双腿。若羌见状急火攻心,从此便不会说话了。风神婆将他们刮到不同的地方,从此三人天各一方。三人因彼此思念,每日以泪洗面,眼泪越流越多,逐渐汇聚成孔雀河、塔里木河及车尔臣三条大河,且最终聚集一处形成一片盐泽。后人为纪念罗布与米兰、若羌彼此间的情谊,便将用三人眼泪汇成的盐泽称为罗布泊。

桂林的名字有何来历

> 桂林之名有桂树成林的意思。那么,这里为什么会生长出如此多的桂花树呢……

桂林市位于广西壮族自治区东北部,湘桂走廊南端。它是中国历史文化名城,全国重点旅游城市,素有"山水甲天下"的美誉。桂林之名有桂树成林的意思。那么,这里为什么会生长出如此多的桂花树呢?

这还得从王母娘娘的蟠桃盛会讲起。话说,在一次王母娘娘的蟠桃会上,因被孙悟空胡闹了一番,众仙都颇感扫兴。天宫中大名鼎鼎的嫦娥、织女、麻姑和元女这四位仙女无聊之余,便相邀游览瑶池的风光去了。仙女们见一路上琼楼玉宇、玉树银花、天池荷开、凤鸾和鸣,很是羡慕。麻姑心念一动说道:"若是能有一座自己的瑶池,岂不是美事一桩？其实凭我们的法力，造一座出来也不是难事。"其他三位仙女当即抚掌称妙。因为怕触犯天条，便决定到人间去，各自选一处佳地建造，并约定，三日之后要比比谁造的园林是人间最美的。

第一天，麻姑选中今云南省路南县的一个地方，造出一座云南石林来，堪称"天下第一奇观"。

桂林象鼻山风光

第二天，织女选中了今杭州之地，造出西湖美景。

第三天，元女选中了今天的洛阳，拂尘挥摆处，龙门石窟立现；玉指落处，牡丹遍地盛开，姹紫嫣红，尽显华贵。

唯有嫦娥，眼看时间将尽，她还是没有选出令自己满意的地方。正当她朝南飞去时，途径如今的桂林，只见漫漫荒野，无山无水，当地的百姓穷困潦倒，苦不堪言。嫦娥仙子见此惨状，不觉动了恻隐之心，便取了月宫中的桂花树种子，袍袖一抖，原本荒芜的土地便长出大片大片的桂花树来。此情此景，百姓见了无不欢欣雀跃，都大声叫喊道："桂林，桂林，桂树成林。"于是，便有了"桂林"这个地名。

长沙的名字是怎样来的

长沙为湖南省省会，别称星城，素有"中国工程机械之都"的美誉。其有文字可考的历史已达3000多年之久，是首批国家历史文化名城之一。

长沙之名的来历一直众说纷纭，概括起来主要有三种说法：

其一，得名于长沙星。 古代天文学家创立二十八宿之说。认为天有星象，地有与之对应的"星野"，二十八宿中"轸宿"有一附星名为"长沙"。古人按星象分野的理论，以长沙之地对应长沙星，故长沙又有"星沙"之称。此说在后世影响最大，流传最广。

其二，得名于万里沙祠。 "万里沙祠"一说最早见于阚骃所著《十三州志》："有万里沙祠，西自湘州，至东莱万里，故曰长沙也。"后有唐代李吉甫《元和郡县志》援引《东方朔记》云："南郡有万里沙祠，自湘州至东莱可万里，故曰长沙。"至后代，各地方志多引

> 长沙之名的来历一直众说纷纭，概括起来主要有三种说法：其一，得名于长沙星；其二，得名于万里沙祠；其三，得名于"沙土之地"。

长沙湘江风帆广场

> 汉武帝曾到山东东莱祈祷"万里沙"。长沙与东莱相隔万里，后人将此事和两地联系起来，便有了"长沙者，所谓万里长沙也"的说法。

此说作为长沙一名的来源，并加以阐释，认为长沙在古代有祭祀沙土之神的活动。据《史记·孝武本纪》记载：汉武帝曾到山东东莱祈祷"万里沙"。东汉应劭注曰：万里沙，神祠也。长沙与东莱相隔万里，后人将此事和两地联系起来，便有了"长沙者，所谓万里长沙也"的说法。

其三，得名于"沙土之地"。长沙的地质结构以石英砂岩、砂砾岩、粉砂岩及页岩等为主。后来，在外力作用下坍塌的岩石经风雪雨水的侵蚀冲刷，大量砂石积于地表。每当枯水时节，裸露的地面便出现了成片的砂土。在自然环境仍保持在原始状态的古代，这种"白沙如霜雪"的砂土层格外引人注意。故此，典籍中多称长沙为沙乡或沙土之地。

成都因何得名

> 虽然还有其他几种说法，但以成都因"都广之野"和"一年成邑，二年成都。因名之曰成都"，最有内涵，也影响最广。

成都平原海拔450～720米，是由岷江、沱江及其支流冲积而成的冲积扇平原。其得益于都江堰水利工程，河网密布，同时由于土地肥沃，是中国最重要的粮食产区之一。平原上也零星分布着一些浅丘，如成都近郊的凤凰山、磨盘山。"成都"成为一座城市的名字已经有很久远的历史了。至迟在秦代，"成都"的名称就已频频见诸典籍。西汉扬雄（前53—前18）《蜀王本纪》说："蜀王据有巴、蜀之地，本治广都樊乡，徙居成都。"《华阳国志·蜀志》也说："九世有开明帝……开明王自梦郭移。乃徙治成都。"

关于"成都"一名的由来，最早可追溯到三皇五帝时期。《山海经·海内经》记载："西南黑水之间，有都广之野，后稷葬焉。其城方三百里，盖天地之中，素女所出也。爰有膏菽、膏稻、膏黍、膏稷，百谷自生，冬夏播琴。鸾鸟自歌，凤鸟自舞，灵寿实华，草木所聚。爰有百兽，相群爰处。此草也，冬夏不死。"都广之野当指成都平原。到公元前4世纪的周代末年，当时蜀国的国都在郫县。郫县今地处川西平原腹心地带，位于成都市西北近郊，东靠金牛区，西连都江堰市，北与彭州市和新都区接壤，南与温江区毗邻。由于当时的成都地区土地肥美，少有战争，人民安居乐业，蜀国开明九世便把国都由郫县迁至今成都地区。宋朝乐史《太平寰宇记》取周太王从梁止岐："一年成邑，二年成都。因名之曰成都。"

虽然还有其他几种说法，但以成都因"都广之野"和"一年成邑，二年成都。因名之曰成都"，最有内涵，也影响最广。

成都俯瞰

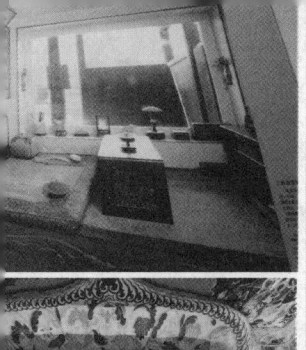

第十八篇 极具价值的书画·曲艺

"三希堂法帖"知多少

《三希堂法帖》是中国清代宫廷世藏书法帖,于乾隆十二年(1747年)清乾隆皇帝敕命吏部尚书梁诗正、户部尚书蒋溥等人将内府所藏历代书法作品,择其精要,由宋璋、扣住、二格、焦林等人镌刻而成。法帖共32册,刻石500余块,收集自魏、晋至明代末年共134位书法家的300余件书法作品。因帖中收有3件东晋的稀世墨宝,即王羲之的《快雪时晴帖》、王献之的《中秋帖》和王珣的《伯远帖》,而这3件稀世珍宝藏在三希堂,故法帖取名《三希堂法帖》,全名《三希堂石渠宝笈法帖》。法帖原刻石嵌于北京北海公园阅古楼墙间。

三希堂本为乾隆皇帝的读书之所,原名"温室"。乾隆帝在此珍藏了《快雪时晴帖》《中秋帖》和《伯远帖》三件稀世墨宝,遂更名三希堂。希,即稀字,稀世之意。

《快雪时晴帖》是一封书札,以行书写成,现存此帖怀疑是唐代摹本,但尚未定论。帖纵23厘米,横14.8厘米,行书四行,28字,内容是作者写他在大雪初晴时的愉快心情及对亲人的问候。释文为:"羲之顿首。快雪时晴,佳想安善。未果为结。力不次。王羲之顿首。山阴张侯。"该帖现收藏于台北故宫博物院。

《中秋帖》为纸本手卷,纵27厘米,横11.9厘米,行书3行,共22字,释文为:"中秋不复,不得相还,为即甚省,如何然胜人何庆等大军。"无署款。《中秋帖》书法纵逸豪放,应是王献之创造的新体。《中秋帖》是《宝晋斋法帖》《十二月割帖》的不完全临本,原帖在"中秋"之前还有"十二月割至不"六字。帖用竹料纸书写,据说这种纸东晋时尚制造不出,约到北宋时方出现。从行笔中可知,所用毛笔是柔软的无心笔,而晋朝时使用的是有心硬笔,吸水性较差,笔的提、按、转折往往不能灵活自如,常出贼毫,写不出《中秋帖》丰润圆熟、线条连贯、行气贯通、潇洒飘逸的效果。明朝张丑《书画舫》云:"献之《中秋帖》卷藏檇李

故宫三希堂内景

项氏子京,自有跋。细看乃唐人临本,非真迹也。"清吴升《大观录》云:"此迹书法古厚,黑采气韵鲜润,但大似肥婢,虽非钩填,恐是宋人临仿。"现在大多鉴定者认为此帖是宋朝画家米芾所临摹,故同样是宝贵珍品。帖卷前后及隔水钤有宋"宣和"内府、南宋内府,明项元汴、吴廷,清内府等鉴藏印。卷前引首有清乾隆行书题"至宝"两字。前隔水乾隆御题一段。帖正文右上乾隆御题签"晋王献之中秋帖"一行。卷后有明董其昌、项元汴、清乾隆题跋,其中附乾隆帝、丁观鹏绘画各一段。此贴现藏于北京故宫博物院。

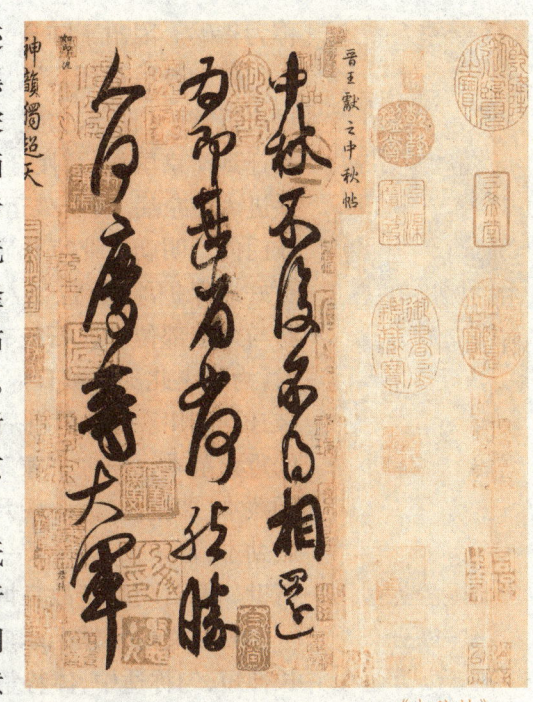

《中秋帖》

《伯远帖》是东晋王珣书写的一封信,纸本,纵 25.1 厘米、横 17.2 厘米,行书,共 5 行 47 字。原文为:"珣顿首顿首,伯远胜业情期群从之宝。自以赢患,志在优游。始获此出意不克申。分别如昨永为畴古。远隔岭峤,不相瞻临。"卷首上方为乾隆时所钤"内府图书",下方为"游六艺圃"是乾隆所用闲章。"江左风华"左侧有乾隆"观书为乐"闲章。卷前引首有乾隆御书"江左风华"四大字,上有"乾隆御笔"一玺,并御题:"唐人真迹已不可多得,况晋人耶!内府所藏《右军快雪帖》《大令中秋帖》,皆稀世之珍。今又得王珣此幅茧纸家风信,堪并美!几余清赏亦临池一助也。御识。"钤"乾隆宸翰"、"涵虚朗鉴"二玺。《伯远帖》被认为是东晋王氏法书的真迹,现藏于北京故宫博物院。

《三希堂法帖》摹刻精良,卷帙浩繁,堪称丛帖中之巨制。完成之后,仅精拓数十本赐予宠臣。后于乾隆十七年(1752 年)复从宫中藏品中再次精心挑选出历代名人书法五卷,摹刻上石。至此,《三希堂法帖》始成完璧。至清代末年,其传始广。原石嵌于北京北海公园阅古楼壁上。

"石鼓文"是何文字

石鼓文是先秦时期的刻于石鼓上的文字,于唐代初出土于陈仓天兴县三畤原,今陕西省宝鸡市凤翔县三畤原。石鼓高二尺,直径一尺多,形像鼓而上细下粗顶微圆,习惯称其为石鼓,实为碣状,花岗岩材质,共 10 只。石鼓上分别刻有大篆四言诗一首,共 10 首,计 718 字。石鼓文 10 首诗为《马荐》《汧殴》《霝雨》《虞人》《作原》《銮车》《田车》《而师》《吾车》《吾水》。由于当时的金石学家以前没有见过石鼓上的这种字体,故称这些石鼓上的文字为石鼓文。因铭文中多言渔猎之事,故又

由于当时的金石学家以前没有见过石鼓上的这种字体,故称这些石鼓上的文字为石鼓文。因铭文中多言渔猎之事,故又称为猎碣。因出于陈仓云野,也称"陈仓十碣"。

> 石鼓文被历代书家视为习篆书的重要范本，故有"书家第一法则"之称誉。

称为猎碣。因出于陈仓云野，也称"陈仓十碣"。

此十鼓后被迁入凤翔孔庙。五代战乱时，石鼓散于民间。至宋代几经周折，终又收齐，放置于凤翔学府。宋徽宗于大观二年（1108年），将其迁到汴京国学后，用金符字嵌起来，后入内府保和殿稽古阁。后来金兵进入汴京后，将石鼓运到燕京（今北京）。元朝时石鼓置于国子学大成门内。明朝在北京孔庙。清乾隆五十五年（1790年），清高宗乾隆为更好地保护原鼓，曾令人仿刻了10个石鼓，放置于辟雍（太学），其形状与刻字部位和原石鼓有不少差别，现置于北京国子监。抗日战争爆发，为防止此国宝被日寇掠走，由当时故宫博物院院长马衡主持，将石鼓迁到四川。抗战胜利后又运回北京。石鼓文被历代书家视为习篆书的重要范本，故有"书家第一法则"之称誉。传世墨拓善本有元代赵孟頫藏本（即范氏《天一阁》藏本）、明代安国藏中权本、先锋本（前茅本）、后劲本，皆宋拓本。《天一阁》本已毁于火，后三种俱在日本。有影印本行世。原石现藏于故宫博物院。

石鼓文的字体上承西周金文，下启秦代小篆，多取长方形，结体促长伸短，匀称适中，体势整肃，端庄凝重，古朴雄浑；笔力稳健，用笔起止均为藏锋，圆融浑劲；比金文规范、严正，但仍在一定程度上保留了金文的特征，属于一种过渡书体。学者对石鼓文的年代和所属有多种看法。唐代张怀瓘、窦臯、韩愈等人以为是周文王时物；韦应物等人以为是周宣王时物；宋代董逌、程大昌等以为是周成王时物；南宋郑樵以为制作在秦惠文王之后；金代马定国以为是西魏大统十一年（545年）刻；清代俞正燮以为是北魏太平真君七年（446年）刻；清代震钧以为是秦文公时物。现代学者马衡以为是秦穆公时物，郭沫若以为是秦襄公时物，唐兰则考为秦献公十一年（前374年）刻；刘星、刘牧则考证石鼓为秦始皇时代作品。2010年高明在《论石鼓文年代》中，从字体对比、刻凿工具、秦王称谓三方面考证，考证石鼓文的诗创作时间不一，但石鼓文刻制于秦惠文王称王后的14年内，即公元前324年至公元前311年之间。

> 高明从字体对比、刻凿工具、秦王称谓三方面考证，考证石鼓文的诗创作时间不一，但石鼓文刻制于秦惠文王称王后的14年内，即公元前324年至公元前311年之间。

凤翔石鼓　　　　石鼓文拓片

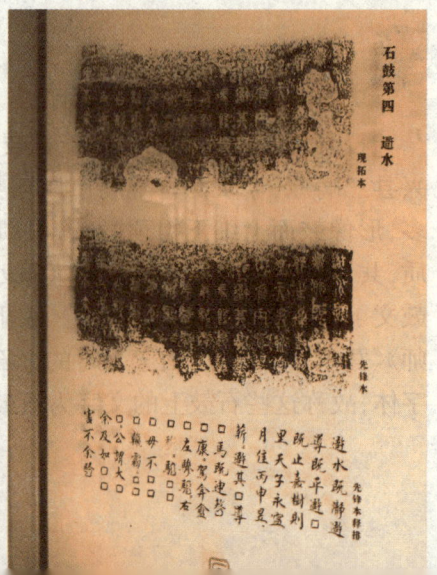

"草圣"是何许人

"草圣"是对在草书艺术上有卓越成就的人的美称,在我国的书法史上,东汉的张芝和唐代的张旭均有"草圣"之称。

张芝出身官宦世家,其爷爷张亨曾任汉阳(今天水)太守,父亲张奂更是声名显赫,年少时就立志大丈夫处世,应当为国立功边疆,后来历任中郎将、度辽将军、大司农等,母亲也是大家闺秀,贤良淑德。虽然张芝出身较好,却并无不良习气,勤奋好学,潜心研究书法,对草书颇有研究。为方便张芝练习书法,其父亲张奂便在河边锻造石桌、石凳等,张芝兄弟便常常以帛为纸,写满了之后漂洗再用。谁知,这样日复一日,年复一年,河中的水都变黑了,后被称为"墨池"。而张芝的勤学苦练也有了结果,不仅师承崔杜之法,而且在前人的基础上又有了创新,将当时字字区别、笔画分离的草法,改为上下牵连富于变化的新写法,"字之体势,一笔所成,偶有不连,而血脉不断;字迹气脉贯通,隔行不断",极富独创性。张芝的这种写法在当时影响很大,开辟出书法的一片新天地。古人称之为"一笔飞白",张芝的草书也被称为"一笔书",其本人更被誉为"草圣"。东晋书法家王羲之对汉、魏时期的书法只推崇钟繇和张芝的草书,而且也很受他们的影响。遗憾的是张芝的书法并无墨迹存世,只有北宋的《淳化阁帖》中收有他的《八月帖》等五帖。

张芝草书

另一位被称为"草圣"的是唐代的书法家张旭。张旭工诗书,通晓楷法,以草书最为著名,张旭的草书、李白的诗歌和裴旻的剑舞曾被唐文宗下诏称为"三绝"。张旭嗜酒成性,常在醉后挥笔书写,有时一时兴起竟用头发蘸着墨汁疾书,而且其"发书"飘逸奇妙,妙趣横生。唐代诗人高适在《醉中赠张旭》中曾说他"兴来书自圣,醉后语尤颠",慢慢的人们便称他为"张颠"。后来的颜真卿、怀素等人师从张旭,继承和发展了张旭的草书笔法,怀素更以"狂草"得名,人们索性将他们合称为"颠张素狂"。张旭草楷俱佳,其

"草圣"张旭

> "草圣"是对在草书艺术上有卓越成就的人的美称,在我国的书法史上,东汉的张芝和唐代的张旭均有"草圣"之称。

> 张旭草楷俱佳，其楷书继承多于创造，而草书则是多创新与发展。

楷书继承多于创造，而草书则是多创新与发展。唐代韩愈曾盛赞张旭书法为："观于物，见山水崖谷、鸟兽虫鱼、歌舞战斗、天地事物之变，可喜可愕，一寓于书。"近代法籍华人艺术家、哲学家熊秉明在其《中国书法理论体系》中也说："张旭是中国书书法史上一个极重要的人物。他创造的狂草向自由表现方向发展的一个极限，若更自由，文字将不可辨读，书法也就成了抽象点泼的绘画了。"由此可见张旭草书在书法史上的地位。

书法是一种艺术，正是因为有"草圣"、"书圣"等一代代杰出的书法家存在，我国的书法艺术才得以不断传承、发展。20世纪我国两位公认的"草圣"是于右任和林散之。

王羲之为何被称为"书圣"

> "书圣"虽有"圣化"之嫌，但历代文苑名家通过比较、揣摩王羲之的书法，无不心悦诚服，推崇备至。称其为书圣，并不为过。

学苑文士在谈论诗书文章时总会说"唐诗晋字汉文章"。晋朝以书法而见长。篆、隶、楷、行、草书，几种书体的演化，到了两晋时期都已基本完成。学书法若不学晋字，终不入格。而晋书法中以王羲之成就最高，被称为书圣。

王羲之（303—361），字逸少，号澹斋，汉族，东晋书法家，原籍山东琅琊（今山东临沂），后迁居会稽（绍兴），历任秘书郎、宁远将军、江州刺史。后为会稽内史，领右将军，人称"王右军"、"王会稽"。代表作有《兰亭集序》帖等。其子王献之书法亦佳，世人合称其父子为"二王"。

晋朝书法的代表有钟繇、张芝、王羲之、王献之。王羲之自云："羲之少学卫夫人书，将谓大能。及渡江北游名山，比见李斯、曹喜等书。又之许下，见钟繇、梁鹄书。又之洛下，见蔡邕《石经》三体书。又于从兄洽处，见张昶《华岳碑》。始知学卫夫人书，徒费年月耳……遂改本师，仍于众碑学习焉。"他的书法直超晋代前人。

王羲之

南朝宋泰始年间的书法家虞和在《论书表》中说："洎乎汉、魏，钟（繇）、张（芝）擅美，晋末二王称英。"《晋书·王羲之传》赞"尤善隶书，为古今之冠，论者称其笔势，以为飘若浮云，矫若惊龙"。《晋书》评钟繇书法则云"论其尽善，或有所疑"；论献之则贬其"翰墨之病"；论其他书家如子云、王蒙、徐偃辈皆谓"誉过其实"。唐朝时，唐太宗和武则天都极度推崇王羲之，都曾广为收罗其书帖。唐太宗还亲自为《晋书·王羲之传》撰赞辞。

王羲之书法影响了一代又一代的书苑。唐代欧阳询、虞世南、褚遂良、薛稷和颜真卿、柳公权，五代杨凝式，宋代苏轼、黄庭坚、米芾、蔡襄，元代赵孟頫，明代董其昌，历代书法名家无不皈依王羲之。从此，王羲之在书法史上至高无上的地位被确立并巩固下来。宋、元、明、清诸朝学书人，无不尊晋宗"二王"。清代虽以碑学超出帖学的范围，但王羲之的书圣地位未被动摇。"书圣"虽有"圣化"之嫌，但历代文苑名家通过比较、揣摩王羲之的书法，无不心悦诚服，推崇备至。称其为书圣，并不为过。

为何将吴道子称为"画圣"

中国作为文明古国，其绘画艺术历史悠久，绘画大师更是数不胜数，而被后世称为"画圣"的却唯独只有吴道子一人。为什么人们对吴道子的评价如此之高呢？

吴道子（约680—759），唐代画家。画史尊称"吴生"，唐玄宗赐名"道玄"，民间画工尊他为"祖师"。他从小失去双亲，生活清苦，刚开始为民间画工，20多岁时就已经成为小有名气的画师。吴道子擅佛道、神鬼、人物、山水、鸟兽、草木、楼阁等，尤精于佛道、人物，长于壁画创作。《卢氏杂记》记载了这样一个故事。有一次，吴道子去访问某僧人，欲讨杯茶喝，但此僧对他不太礼貌。他很气愤，即请来笔砚，迅速地在僧房墙壁上画了一头驴，然后离去。不料一天晚上，他画的驴变成了真驴，恼怒异常，满屋地尥蹶子，把僧房的家具等物都给践踏得乱七八糟，十分狼藉。这僧人知道是吴道子所画的驴在作怪，只好去恳求他，请他把壁上画涂抹掉。以后则相安无事了。画上的驴变成了真驴，固然是一种神奇的传说，但却反映了吴道子画动物具有传神之笔。

苏轼曾在《书吴道子画后》中评价说："出于新意于法度之中，寄情理于豪放之外。"吴道子因画风自成一体，不拘一格，他的画作故被当时的人称为"吴带当风"，就是说具有迎风起舞的动势，赞美其高超画技与飘逸的风格。据记载，吴道子曾经在洛阳、长安两地的寺观中，绘制过300多幅壁画，竟然没有一幅雷同，可见吴道子的壁画造诣之深。

> 吴道子因画风自成一体，不拘一格，他的画作故被当时的人称为"吴带当风"，就是说具有迎风起舞的动势，赞美其高超画技与飘逸的风格。

吴道子的《送子天王图》

窥探文化真相

> 吴道子的绘画对唐代的绘画有着深刻的影响。后世有很多模仿之作,但都难以再现吴道子画作的神韵。

后来,吴道子的画作被唐玄宗看中,召他入宫中,并下诏说:"非有诏不得画。"从此吴道子便开始了宫廷画师的生涯。据说有一次唐玄宗忽然想起蜀中嘉陵江山清水秀,妙趣横生,于是命吴道子去嘉陵江写生。到了嘉陵江,吴道子漫游江上,纵目远眺,此地好山好水,一幕一景地掠过,当时的体会与感受,便深深铭记在心上,但并没有绘制一张草图。当吴道子游览了嘉陵江的山山水水之后回到长安,玄宗问他绘画的情况时,他回答说:"臣无粉本,并记在心。"玄宗于是命他在大同殿壁上绘画,吴道子在大殿上凝神挥笔一日而成,嘉陵江三百里的旖旎风光跃然壁上。玄宗看了啧啧称赞。在此之前,擅长山水画的大画家李思训也曾在大同殿壁上画嘉陵江山水,虽然画得也十分奇妙,但是却画作时间很长,花了好几个月才完成,不如吴道玄画得又快又好。因此,玄宗颇为感慨地说:"李思训数月之功,吴道玄一日之迹,皆极其妙也。"可见吴道子画技高超,笔法娴熟。

吴道子的绘画对唐代的绘画有着深刻的影响。他一生所创的画作很多,但至今流传下来的真迹却凤毛麟角。后世有很多模仿之作,但都难以再现吴道子画作的神韵。

什么作品被誉为"天下第一行书"

> 《兰亭序》书帖由晋代书法家王羲之在绍兴撰写,书法成就很高,与颜真卿《祭侄季明文稿》、苏轼《寒食帖》并称三大行书书法帖。历代书家都推《兰亭序》帖为"天下第一行书"。

《兰亭序》书帖,又名《兰亭集序》《兰亭宴集序》《临河序》《禊序》《禊帖》《三月三日兰亭诗序》书帖,由晋代书法家王羲之在绍兴撰写,书法成就很高,与颜真卿《祭侄季明文稿》、苏轼《寒食帖》并称三大行书书法帖。后人评其书法字体"古法一变。其雄秀之气,出于天然,故古今以为师法","点画秀美,行气流畅","清风出袖,明月入怀","飘若浮云,矫若惊龙","遒媚劲健,绝代所无","贵越群品,古今莫二"。因此,历代书家都推《兰亭序》帖为"天下第一行书"。

东晋穆帝永和九年(353年)三月初三,王羲之与谢安、孙绰等41位名士,在今浙江绍兴会稽郡山北面的兰亭聚会,行流觞(shāng)曲水之乐,各有诗文,辑为《兰亭集》。王羲之乘着酒兴方酣,用蚕茧纸、鼠须笔疾书,为《兰亭集》作序文。书法帖共28行,324字,章法、结构、笔法都很完美。书法遒健飘逸,为书法中的极品。当时王羲之50岁,正是书法家最好的时候。《兰亭序》书法不类王羲之早先的作品,连他自己都感到不似平生之作。王羲之酒醒之后,再书《兰亭

《兰亭序》

序》,但均逊色于原作。所以《兰亭序》原稿一直被王羲之视为至宝,并当做传家之宝传给王氏后代。至王羲之第七代子孙智永和尚时,《兰亭序》原稿被唐太宗李世民"骗"入朝廷。唐太宗得《兰亭序》后,曾诏名手赵模、冯承素、虞世南、褚遂良等人钩摹数个副本,分赐亲贵近臣,但摹本无一胜过王羲之的原作。

传说因为唐太宗太喜欢《兰亭序》真迹了,以至于死时也让其陪葬。可是,到五代时,耀州刺史温韬把唐太宗的昭陵盗了,在其写的出土宝物清单上,并没有《兰亭序》。另一说《兰亭序》真迹藏在武则天的乾陵里面。另一说温韬盗出的有《兰亭序》帖,后来传到明朝时入藏于藏书家丰坊的万卷楼。1562年,《兰亭序》原帖毁于万卷楼大火。

现存的《兰亭序》帖为唐朝时的摹本,有五大摹本,分别是《兰亭神龙本》《虞本》《褚本》《定武本》《黄绢本》,以"神龙本"最为著名。

> 唐太宗得《兰亭序》后,曾诏名手赵模、冯承素、虞世南、褚遂良等人钩摹数个副本,分赐亲贵近臣,但摹本无一胜过王羲之的原作。

"铁门限"一词有何来历

铁门限原指铁皮包着的门槛。唐朝李绰的《尚书故实》记:"(智永禅师)积年学书,秃笔头十瓮。每瓮皆数石。人来觅书,并请题头者如市,所居户限为之穿穴,乃用铁叶裹之,人谓为铁门限。"这里的智勇禅师是陈、隋朝代间的书法家,名法极,吴兴永欣寺的和尚。他曾亲笔写了800本《千字文》,散发到民间。江南各个寺院各都留下了一本。智永住在永欣寺时,年复一年地学习书法,光写秃的笔头就有10坛子。随着他的书法名气越来越响,人们都争先恐后地上门来索求他的书法作品。智永所住屋子的门槛也因此被踏坏了,于是就用铁皮包起来,人们称之为"铁门限"。他把那些秃笔埋起来,称它为"退笔冢"。后来这一词用于来访请益者多之典。宋代苏轼《赠常州报恩长老》诗之二:"凭师为作铁门限,准备人间请话人。"

"铁门限"也被比喻人们为自己做长久打算。唐朝王梵志《世无百年人》诗:"世无百年人,强作千年调。打铁作门限,鬼见拍手笑。"原谓打铁作门限,以求坚固,后即用"铁门限"比喻人们为自己作长久打算。宋代范成大《重九日行营寿藏之地》诗:"纵有千年铁门限,终须一个土馒头。"元代郑光祖《正宫·塞鸿秋》曲:"金谷园那得三生富,铁门限枉作千年妒。"

到清朝时,铁门限又多了一层新的含义,用来比喻生活经历对人的影响和局限。王夫之《姜斋诗话》卷二:"身之所历,目

> 智永所住屋子的门槛也因此被踏坏了,于是就用铁皮包起来,人们称之为"铁门限"。他把那些秃笔埋起来,称它为"退笔冢"。后来这一词用于来访请益者多之典。

智永禅师

到清朝时,铁门限又多了一层新的含义,用来比喻生活经历对人的影响和局限。

之所见,是铁门限。"意思就是说,不要受环境的限制和周围人的影响。

为何绘画又叫"丹青"

丹青本指丹砂和青䨼两种矿物质燃料。丹砂,表示正红色;青䨼,表示蓝绿色。因为这两种燃料不易褪色,备受画者的青睐,在中国画中最常见,所以,丹青后来被指代中国的绘画。

早在汉魏时期,史书便有了丹青的记载。《汉书·苏武转》载:"竹帛所载,丹青所画。"《晋书·文苑传·顾恺之》:"尤善丹青,图写特妙。"杜甫《丹青引赠曹将军霸》:"丹青不知老将至,富贵于我如浮云。"这里丹青是指绘画。汉代的陆贾在《新语》中说道:"民弃末趋本,伎巧横出……丹青玄黄琦玮之色,以穷耳目只好,极工匠之巧。"意思是说,绘画中,人们广泛使用"丹青"这两种颜料。最初,"丹青"仅指代红、青两种颜色。后来,绘画中的所有色彩都被泛指"丹青"。因而,由各种色彩绘画出的图画,便被人们通称为"丹青"。一些杰出的画家、绘画高手也被称为"丹青手"、"丹青妙手"。

丹青本指丹砂和青䨼两种矿物质燃料。因为这两种燃料不易褪色,备受画者的青睐,在中国画中最常见,所以,丹青后来被指代中国的绘画。

从美术史的角度讲,民国前的都统称为古画。国画在古代无确定名称,一般称之为丹青,主要指的是画在绢、宣纸、帛上并加以装裱的卷轴画。汉族传统绘画形式是用毛笔蘸水、墨、彩作画于绢或纸上,这种画种被称为"中国画",简称"国画"。国画自古就分为人物、山水、花鸟三大科。按其题材和表现对象大致可分为人物画、山水画、花鸟画、动物画等;根据制作技巧、笔法,国画可以分为工笔、写意和兼工带写;按其使用材料和表现方法,又可细分为水墨画、重彩、浅绛、工笔、写意、白描等;按表现形式有壁画、卷轴、册页、扇面等画幅形式,辅以传统的装裱工艺装潢之。中国画的画幅形式较为多样,横向展开的有长卷(又称手卷)、横披,纵向展开的有条幅、中堂,盈尺大小的有册页、斗方,画在扇面上的有折扇、团等。中国画在内容和艺术创作上,都体现了古人对自然、社会及与之相关联的政治、哲学、宗教、道德、文艺等方面的认识,涵盖极广,内容极为丰富。

国画与西洋画相比较,西洋画重写实,尤以素描和油画驰名,《颐园论画》中说"西洋画工细求酷肖"便是这意思。而中国画更注重神韵和意境,国画或干净简练,或华丽繁复,有着独特的风韵。尤其是国画画面上常

山水国画

伴有诗句,为画赋予了灵魂,这是西洋画所不能比拟的。

"颜筋柳骨"是什么意思

颜筋柳骨是书法中的一个术语,出自宋代范仲淹《祭石学士文》:"曼卿之笔,颜筋柳骨。""颜筋"、"柳骨"分别指颜真卿、柳公权两位书法家的书法特点。

颜真卿(709—784 或 785),是唐朝书法家,四朝元老朝官,汉族,唐京兆万年(今陕西西安)人,祖籍唐琅琊临沂(今山东临沂)。他为人笃实耿直,以义烈闻名于官场,对宦海浮沉,不以为意。后奉命招抚谋反的淮西节度使李希烈,为李所杀。其书法以楷书著称,雄强浑厚,韧若筋带,"蚕头燕尾,横轻竖重",世称"颜体"。"颜筋"是对其书法特点的概括。颜真卿的书法作品传世的比较多,著名墨迹有《竹山堂联句诗帖》《告身帖》、行草书《祭侄季明文稿》《刘中使帖》《湖州帖》等。其中除《祭侄季明文稿》公认为真迹外,其余作品真伪尚存异议。

柳公权(778—865),亦为唐朝书法家,官至太子少师,世称"柳少师",汉族,京兆华原(今陕西铜川市耀州区)人。柳公权书法以楷书著称,与颜真卿齐名,人称颜柳。他的书法初学王羲之,后学颜真卿、欧阳询,便吸取了颜、欧书法之长,在晋人劲媚和颜书雍容雄浑之间,形成了自己的风格,以字体挺拔,间架严谨,骨力劲健见长,有"柳骨"之称。柳公权的作品有《冯宿碑》《检校金部郎中崔稹碑》《淮南监军韦元素碑》《义阳郡王苻磷碑》等近 20 通碑刻。《玄秘塔碑》和《神策军碑》是柳体的代表,声名最为卓著。

后世将颜真卿和柳公权的楷书书法并称"颜筋柳骨"。书法中凡及楷书,必提颜柳。颜书凝练浑厚气势充沛,巧妙自然,如奔腾咆哮的洪流;柳书用笔骨力深注,爽利快健,像是流于山涧中的清泉。一个人的书法若能同时拥有颜筋和柳骨,已能称得上极好的书法了,但实际上很少有人能做到这一点。

> 后世将颜真卿和柳公权的楷书书法并称"颜筋柳骨"。书法中凡及楷书,必提颜柳。

> 颜书凝练浑厚气势充沛,巧妙自然,如奔腾咆哮的洪流;柳书用笔骨力深注,爽利快健,像是流于山涧中的清泉。

颜真卿

柳公权

> 其书法以其形象论，有"瘦"和"筋"的特点，应称为瘦筋体。而以"金"易"筋"是对宋徽宗书法的一种尊重。

为何将宋徽宗书法称为"瘦金书"

宋徽宗虽是北宋的亡朝之君，在政治上没有雄才大略，但在书法和绘画上可是一流的人才。他的书法瘦金书是书法中的极品，风韵独具，自成一家，无人能及，为宋朝以来的文人所赞叹，"天骨遒美，逸趣霭然。"

瘦金书，又称瘦金体、瘦筋体、鹤体，属楷书，由宋徽宗赵佶所创。他早年学薛稷、黄庭坚，参以褚遂良诸家，融会贯通，变化二薛（薛稷、薛曜），字体结构取黄庭坚大字楷书，形成自己的楷书风格。特点是字体舒展劲挺，笔道瘦细削硬挺拔、瘦而不失其肉，腴润洒脱；横画收笔带钩，竖划收笔带点，撇如匕首，捺如切刀，竖钩细长；转折处可见明显藏锋露锋等运转提顿的痕迹。其书法以其形象论，有"瘦"和"筋"的特点，应称为瘦筋体。而以"金"易"筋"是对宋徽宗书法的一种尊重。

宋徽宗"瘦金书"

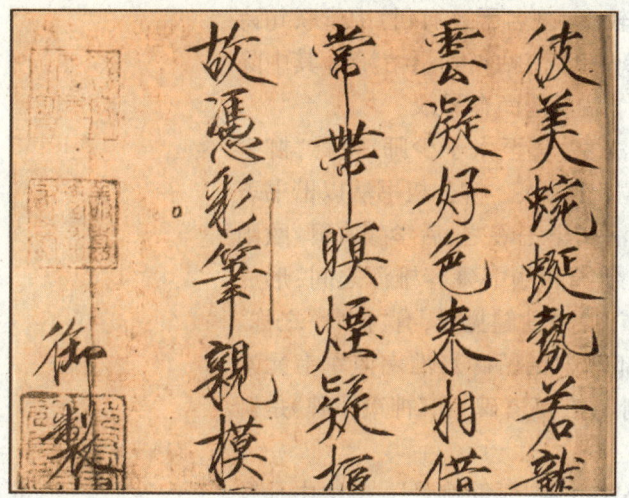

宋徽宗的瘦金体作品流传下来很多，比较有名的有《楷书千字文》《秾芳诗》《夏日诗帖》《怪石诗帖》《牡丹》《风霜》《大观圣作碑》《神霄玉清万寿宫诏》《瘦金体草书千字文》等。《楷书千字文》是赵佶23岁写给大奸臣童贯的，此时的瘦金书体已初具规模，而《草书千字文》作于宋徽宗40多岁，属于狂草，笔法洒脱，一气呵成，可见其深厚的书法功力。

瘦金体唯一的缺点就是阳刚之气不足，偏重于美观，缺少浑厚有力的神韵。现代美术字体中的"仿宋体"即是模仿瘦金体而创作的。

> 隶书又名八分书。郑板桥是在隶书中融入真、行、草的成分，因此隶法（八分）只剩下了六分半了。

为何将郑板桥的书法称为"六分半书"

郑板桥在《五十八岁自叙》中曾云"善书法，自号六分半书"，人亦称之为"板桥体"。至于为什么要自名为"六分半书"，这个就得从郑板桥的书法艺术说起。

郑燮（1693—1765），字克柔，号板桥，江苏兴化人。郑板桥多才多艺，被誉为诗、书、画三绝，与金农、黄慎、李鱓、李方膺、高翔、汪士慎、罗聘等八人因不拘泥旧法，独创风格，故当时称之为"扬州八怪"。一说是与高凤翰、华嵒、闵贞、边寿民等八人。郑板桥对书法有一种独特的审美追求,他还把真、行、隶、篆熔为一炉,而又参入绘画技法,形成一种看似奇崛,却浑然天成的真趣。隶书又名八分书。郑板桥是在隶书中融入真、行、草的成分,因此隶法(八分)只剩下了六分半了。

郑板桥以"六分半书"自许,实际上表现了郑板桥对当时书风的不满以及标新立异。当时士大夫阶层中的许多人醉心于写"圆、光、齐、亮"的"馆阁体",以求跻身仕途。郑板桥从不如此,他勇于探索创造出了"六分半书",纵横恣肆,千变万化,奇趣盎然,使人耳目为之一新,在当时产生了强烈的反响。郑板桥为人洒脱不羁,他的书法作品中,往往正、行、草、隶、篆五种书体并用,这正体现了"扬州八怪"的"怪"。这在书法史是一种创造,前无古人,后无来者。他同时又把画法移入书法,往往在书法中参入画意,形成自己独特的书风。《国朝先正事略》云:"(郑)燮书法以隶、楷、行三体相参,古秀独绝。"

郑板桥书法

除此之外,郑板桥为官清正廉洁,对下层百姓有着十分深厚的感情,对民情风俗有着浓厚的兴趣。在他的诗文书画中,总是不时地透露着这种清新的内容和别致的格调。他曾当过 12 年七品官,清廉刚正。在任上,他画过一幅墨竹图,上面题诗:"衙斋卧听萧萧竹,疑是民间疾苦声。些小吾曹州县吏,一枝一叶总关情。"

清朝康有为曾评价郑板桥的"六分半书"书帖说:"乾隆之世,已厌旧学。冬心板桥,参用隶笔,然失则怪,此欲变而不知变者。"

> 郑板桥以"六分半书"自许,实际上表现了郑板桥对当时书风的不满以及标新立异。

为何将苏轼的书法称为"石压蛤蟆"

北宋文豪苏东坡,在文学艺术方面堪称全才。他不仅诗词飘逸豪放,而且在书画方面更是有着很深的造诣,与黄庭坚、米芾、蔡襄并称"宋四家"。到底他的书法有什么样的特色,为什么人们把他的字称为"石压蛤蟆"呢?

黄庭坚曾在《山谷集》中评价苏东坡道:"本朝善书者,自当推(苏)为第一。"正如黄庭坚所说,苏东坡在书法上有自己独特的风格,他汲取晋、唐、五代书法名家所长,加以自己对书法的独特理解,不拘泥于古体,自成一派。他的字既有天真烂漫的韵调,又有饱满强劲的丰腴之态。常说字如其人,苏东坡的字体与他豪迈、不拘小节的性格是分不开的。他曾自我评价说:"我书造意本无法,出自新意,不贱古人。"

> 苏轼的字用笔多取侧势,结构扁平,比较丰腴,头向斜上方抬起,脚向斜下方伸去,尽力承载起石头的重压,看上去真的是有"石压蛤蟆"之势。

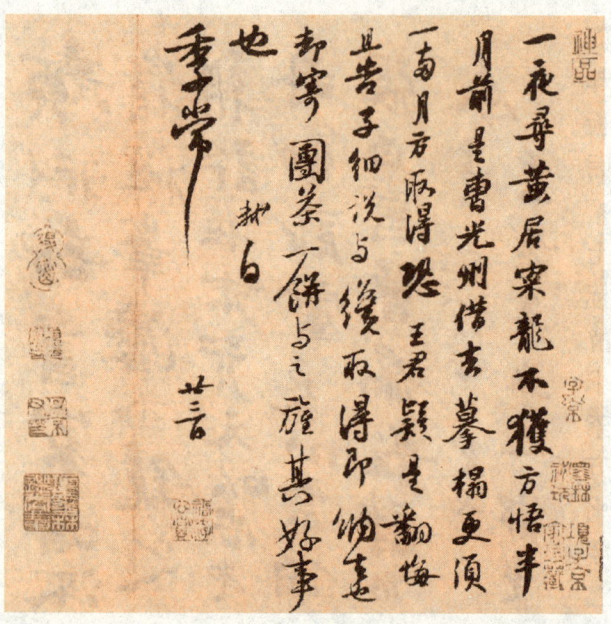

苏轼书法

苏轼的字用笔多取侧势，结构扁平，比较丰腴，头向斜上方抬起，脚向斜下方伸去，尽力承载起石头的重压，看上去真的是有"石压蛤蟆"之势。关于苏轼的字被评为"石压蛤蟆"，有这样一段趣事。苏东坡和黄庭坚是宋代书坛上的两位艺术巨匠，也是宋代尚意书风的倡导者和开拓者。虽然他们在辈分上有长幼之别，但毕竟苏比黄只年长八岁，由于他们经常在一起切磋诗文，推敲书法画艺，使他们成为了无话不谈的忘年之交。黄庭坚虽然也以诗词见长，但他在书法上的成就却更胜一筹。有一次，他们互相品评书法，苏东坡曰："鲁直（黄庭坚字）近字虽清劲，而笔势有时太瘦，几如树梢挂蛇。"山谷曰："公之字固不敢轻论，然间觉褊浅，亦甚似石压蛤蟆。"（见《独醒杂志》卷三）。两人在互相调侃的同时，指出了对方书法的不足之处。"石压蛤蟆"的比喻固然是对苏字的一种打趣，但形象地反映出苏字的风格特点，扁平的字形与肥腴的态势是连在一起的，二者都使字的气力更加内敛紧凑。

总之，他们的"石压蛤蟆"和"树梢挂蛇"之互评，在一定意义上反映出二人在用笔、结字及章法上的不同特色及各自的审美取向。正是由于他们的书法有着各自鲜明的艺术风格，二人才跻身"宋四家"之列。而后人沿用了黄庭坚这句调侃之词，将苏轼的书法概括为"石压蛤蟆"。

何时将笔墨纸砚称为"文房四宝"

> 唐宋以后，"文房"则专指文人的书房。而"文房四宝"之说源于南唐。

笔墨纸砚是古时文人们吟诗作画常用到的书写工具，"工欲善其事，必先利其器"，笔墨纸砚对文人的重要作用不言而喻。久而久之，人们便将笔墨纸砚称为"文房四宝"。那么，这一称呼源于何时呢？

"文房"一词可上溯至南北朝时，但在当时指的是国家典掌文翰的地方。唐宋以后，"文房"则专指文人的书房。而

皇帝读书房的文房四宝

"文房四宝"之说源于南唐时,《南唐书》中记载:"南唐时推李廷硅墨、澄心堂纸、诸葛氏笔、龙尾砚为文房四宝。"也就是说在南唐时"文房四宝"是指徽州李廷圭墨、澄心堂纸、诸葛笔、婺源龙尾砚。但历史上,"文房四宝"所指之物屡有变化。宋代后,又将湖(今浙江湖州)笔、徽(徽州,今安徽歙县)墨、宣纸(今安徽省泾县)、端(端州,今广东肇庆)砚称为"文房四宝"。如今,文房四宝的外延再次扩大,凡是用于书画创作的笔墨纸砚都称为"文房四宝"。

古代壁画主要绘制在哪些场所

中国古代的壁画有着悠久的历史,在古今中外的壁画史上独具风格,在中国美学史上更是占有重要的地位。古代壁画一般以绘制场所的不同而区分,有店堂壁画、寺观壁画、石窟壁画、墓室壁画、民居住宅壁画等。

永乐宫壁画

古代壁画,是绘在建筑物的墙壁或天花板上的装饰性图画。早在2000多年前的战国时期,我国的壁画绘制就已经达到了很高的艺术水平。到汉代时,绘画应用范围日趋广泛,皇帝的宫室、殿堂、贵族的建筑物以及神庙、陵墓等,比比皆是。1991年在河南永城县东北芒山柿园村附近西汉梁王墓中,发现了色彩鲜艳的壁画,保存完好,这是我国已发现的最早壁画。

随着佛教的传播,除了墓室壁画外,出现了大量宣传佛教内容的壁画。在甘肃、河南等地的石窟寺中,就存留着许多美丽的佛教壁画。其中最有名的当属敦煌莫高窟里的壁画,匠师们根据当时的社会生活塑造神灵和人物形象、生活场景以表现故事情节内容,不仅形象逼真、内容丰富,而且还反映出我国封建社会的政治、经济、文化等状况,是中国古代美术史的光辉篇章。尤其是"飞天"图案,被唐朝人赞誉为"天衣飞扬,满壁风动",成为敦煌壁画的象征。

元代时期,道教盛行。也因此成就了道教的不朽巅峰艺术,即永乐宫壁画,它是我

> 古代壁画一般以绘制场所的不同而区分,有店堂壁画、寺观壁画、石窟壁画、墓室壁画、民居住宅壁画等。

> 随着佛教的传播,除了墓室壁画外,出现了大量宣传佛教内容的壁画。其中最有名的当属敦煌莫高窟里的壁画,是中国古代美术史的光辉篇章。

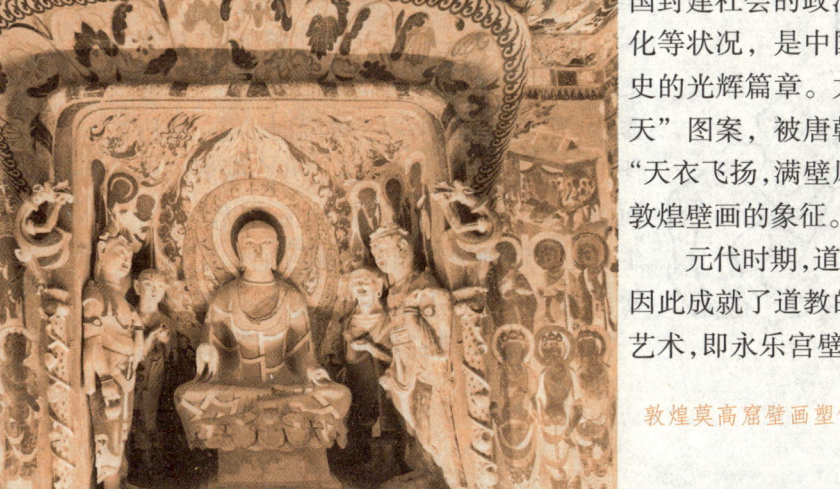

敦煌莫高窟壁画塑像艺术

> 永乐宫壁画较敦煌壁画，在作画的环境与幅面上更益于施展画工的才华，是我国现存最宏伟的道教壁画，它们体现了古代艺术的卓越成就。

国古代寺观壁画的奇葩。整个壁画共有1000平方米，分别画在无极殿、三清殿、纯阳殿和重阳殿里。其中三清殿是座主殿，殿内壁画共计403.34平方米。画面高4.26米，全长94.68米。绘制精美，题材丰富，画技高超，匠师们用传统的程式画法，使得近300个形象无一雷同，真让人叹为观止。永乐宫壁画较敦煌壁画，在作画的环境与幅面上更益于施展画工的才华，是我国现存最宏伟的道教壁画，它们体现了古代艺术的卓越成就。

今天，我们看古代的壁画，不仅能领略到古代绘画艺术的风采，还为以后的绘画艺术提供了重要启示。

扬州八怪指哪"八怪"

> "扬州八怪"指的是我国清朝康、雍、乾时期的一批志趣相投、画风相似的画家。

"扬州八怪"指的是我国清朝康、雍、乾时期的一批志趣相投、画风相似的画家。但"扬州八怪"到底是指哪些人，历来说法不一。有说"八"只是江淮官话中的虚数，泛指多的意思，并不仅指八个人，当时被称为"扬州八怪"的画家多达十五六位，后被统称为"扬州画派"。而人们已习惯"扬州八怪"这个称呼，便采用清末李玉棻的《瓯钵罗室书画过目考》中"八怪"说法，也是记载"八怪"较早且最全的，即汪士慎、郑燮、高翔、金农、李鳝、黄慎、李方膺、罗聘八人。

汪士慎（1686—1759），字近人，号巢林，安徽休宁人，幼时家贫，寓居扬州以卖画为生。但汪士慎安贫乐道，潜心研究艺术，擅画梅花。其所画之梅神腴气清，墨淡趣足，与金农、高翔、罗聘被时人称为四大画梅高手。54岁时左眼病盲，但仍能画梅，自刻一印云："尚留一目看梅花。"67岁时双目失明，自谓"从此不复见碌碌常人，觉可喜也"，仍能挥写狂草大字，署款"心观"，正所谓"盲于目，不盲于心"。其代表作有《潇湘灵芳图》《绿萼梅开图》《洒香梅影图》《月佩风襟图》《灵根出谷图》《苍松偃寒图》等。汪士慎不仅善于画画，而且也擅作诗，著有《巢林集》。

郑燮（1693—1765），即郑板桥，清代官吏、书画家、文学家。郑板桥曾是康熙时的秀才，雍正年间的举人，乾隆时的进士，历任山东范县、潍县知县，后因开仓赈济灾民而得罪豪绅，便愤然辞官，居扬州以卖画为生。他的诗画造诣颇高，擅长画竹、兰、石、松、菊等，在任潍县知县时，曾给巡抚画了一幅竹子，题诗曰："斋衙卧听潇潇竹，疑是

汪士慎

民间疾苦声,些小吾曹州县吏,一枝一叶总关情。"他还以汉隶为八分书,融入真、草、篆、行的成分,自创出一种称为"六分半书"的书法。为我们所熟知的还有他"吃亏是福"、"难得糊涂"的名言警句。

他们之所以会被称为"八怪",是因为他们在所谓的正统画派、官廷派眼里,做人不合时宜,我行我素……

高翔(1688—1753),字凤岗,号西唐,又号樨堂,江苏扬州人,善画山水花卉,作品有《弹指阁图》等。少年时的高翔敬慕石涛(1630—1724),后与石涛、金农、汪士慎等结识为友,交情深厚。据清代李斗在《扬州画舫录》中记载:"石涛死,西唐每岁春扫其墓,至死弗辍。"说的是石涛去世后,高翔每年春天都会去给石涛扫墓,直到自己去世从未间断过。高翔的园林画作,多从写生中来,秀雅苍润,自然逼真。晚年的高翔右手残疾,便以左手作画。除了山水花卉画外,高翔还精于写真和刻印,金农、汪士慎诗集上的小像就是出于高翔之手,线描简练,神态逼真。著有《西唐诗钞》。

金农(1687—1764),字寿门,号冬心,今浙江杭州人。金农博学多才,曾被举荐博学鸿词科,入京未试而返。50多岁后金农才开始作画,擅长画山水、花鸟、人物等,尤擅墨梅。其画作构思别出心裁,布局考究,造型奇古,风格古雅拙朴。代表作品有《墨梅图》《月花图》等。金农的楷书也自创一格,笔画横粗竖细,撇飘逸而捺厚重,字体多呈长方形,头重脚轻,很是好看,自谓"漆书"。

李鱓(1686—1762),字宗扬,号复堂,江苏兴化人。自小喜欢画画的李鱓16岁时就已小有名气,曾因绘画被召为内廷供奉,但终因不受正统画派束缚而被排挤出来,后又出任山东滕县知县,但也因正直而得罪官吏,被罢官。在经历仕途的波折之后李鱓最终到扬州以卖画为生,与郑燮交好。到扬州之后,李鱓的画风受徐渭、石涛的影响,一改之前精致的画法,以破笔泼墨作画,画风粗放,任意挥洒,泼墨淋漓,以"水墨融成奇趣",且李鱓喜欢在画上作长文题跋,字迹参差错落,字与画相映成趣,对晚清时期的花鸟画有较大的影响。其代表作品有《秋葵图》《松柏兰石图》等。

黄慎(1687—1770),字恭懋,号瘿瓢子,福建宁化人,为"扬州八怪"中的全才画家之一。黄慎自幼丧父,以卖画为生,奉养母亲。青年时期的黄慎曾寄居萧寺,"书为画,夜无所得蜡,从佛殿光明灯读书其下"。黄慎擅长人物写意,早期多作工笔,后从唐代书法家怀素的真迹中得到启发,改为狂草写意,偶尔也作花鸟、山水画。其代表作有《醉眠图》《苏武牧羊图》等。

金农

黄慎《捧梅图》

李方膺（1695—1755），字虬仲，号晴江，今江苏南通人。李方膺出身于官宦世家，曾先后当官约20年，后因遭到诬告而被罢官。罢官之后的李方膺居住在扬州借园，自号借园主人，以卖画为生。李方膺与李鱓、金农、郑燮等情谊甚笃，善画松、竹、梅、兰，而且喜欢画狂风中的松和竹，这也许和他被罢官有关，晚年的李方膺更是专门画梅自喻，"此幅梅花又一般，并无曲笔要人看。画家不解随时俗，毫气横行列笔端"。其代表作有《游鱼图》《潇湘风竹图》等。

罗聘（1733—1799），字遯夫，号两峰，祖籍安徽歙县，后迁居扬州。罗聘为金农的弟子，也是"扬州八怪"中年龄最小的一个。幼时丧父的罗聘虽家境贫寒，但他勤奋好学，对所读过的书，几乎过目不忘。24岁时拜金农为师，学习诗画，30岁时便已在扬州画界崭露头角。罗聘擅长画人物、山水、花卉等，尤以人物画最为著名，其《鬼趣图》借形形色色的丑陋鬼态讽刺了当时社会中存在的丑恶现象，曾轰动一时。而且罗聘的妻子方婉怡和两个儿子也都擅长画梅花，因此他们一家又有"罗家梅派"之称。

"扬州八怪"中尤以汪士慎、郑燮、金农更为出名。他们之所以会被称为"八怪"，是因为他们在所谓的正统画派、宫廷派眼里，做人不合时宜，我行我素，作画不循常理，推陈出新，追求真实、自然，把一些生活化、平民化的东西搬到画作当中去，甚至揭露一些社会的阴暗面。因此，人们称他们为不入流的"丑八怪"，"扬州八怪"也由此得名。

哪一剧种被称为"百戏之祖"

中国是一个戏剧王国，除了闻名世界的"国粹"京剧之外，还有各种各样、丰富多彩的地方剧。在这些五花八门、种类、唱腔以及表演形式各具特色的戏剧中，有一个剧种被称为"百戏之祖"。

流行于我国西北地区的秦腔是我国现存的相当古老的剧种，因其历史悠久，传播演变途径广泛，故被称为中国的"百戏之祖"。秦腔俗名"乱弹"，流行在陕西、甘肃、宁夏、青海、晋南、豫西、内蒙古、川北等地区。

秦腔艺术源远流长，起源有秦汉、唐、金元、明清说，其中以唐代说为多。相传唐玄宗开设的梨园乐师李龟年原是陕西民间乐人,所作《秦王破阵乐》被称为"秦王腔",简称"秦腔"。其后,秦腔受宋词的影响,从内容到形式日臻完美。明朝嘉靖年间,陕西、甘肃一带的民歌已发展成为秦腔梆子戏。清乾隆时,秦腔名旦魏长生自蜀入京。他以动人的腔调、通俗的词句、精湛的演技轰动京城,观者如潮。

著名京剧艺术家欧阳予倩说:"秦腔可分为东西两路,西路入川为梆子;东路在山西为晋剧,在河南为豫剧,在河北为河北梆子。"所以说秦腔是京剧、晋剧、川剧、豫剧、河北梆子等剧的源头,堪称"百戏之祖"。

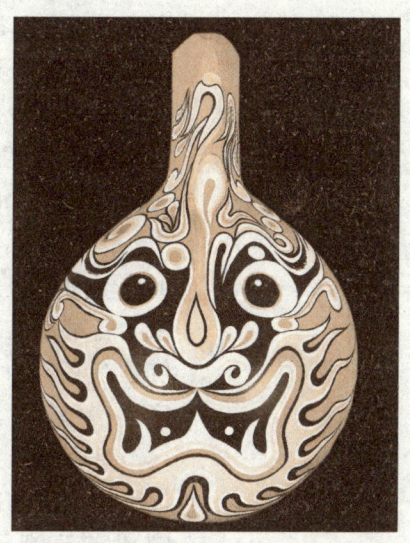

秦腔脸谱

 京剧是怎样形成的

京剧在清朝开始逐步形成。清初,昆曲与京腔在京城盛行。到乾隆中叶,京腔逐渐兴盛,并取代了逐渐衰落的昆曲在京城舞台的地位。乾隆四十五年(1780年),秦腔艺人魏长生以其俊美的扮相、甜润的嗓音、委婉的唱腔一举轰动京城。从此,京腔也走向衰落,各京腔名班纷纷入秦腔班演出。然而,仅仅五年后,魏长生便被清廷以"表演有伤风化"逐出了京城。秦腔班自此停止了在京城的演出。

乾隆五十五年(1790年),徽班开始落脚京城。其中以三庆、四喜、和春、春台四家最为有名,有"四大徽班"之称。徽班流动性强,在各地吸收了不同剧种的表演艺术,除唱徽调外,也兼用昆腔、梆子腔、四平调等。吸收了各家之长的徽班,上演剧目丰富、阵容齐整,深受京城人

乾隆五十五年(1790年),徽班开始落脚京城。其中以三庆、四喜、和春、春台四家最为有名,有"四大徽班"之称。

京剧表演

> 道光至咸丰年间，徽戏、秦腔、汉调、昆曲与京腔的融合达到成熟，形成了曲调板式均超越徽、秦、汉三剧的新剧种，京剧由此诞生。

士喜爱。一直萎靡不振的秦腔艺人纷纷搭入徽班，秦、徽两腔的融合由此开始。徽班还致力于将秦腔与京腔的剧目和表演方法合并，同时继承昆曲的舞台艺术，使徽戏在京城得到了迅速的发展。

乾隆末年，汉剧进京加入了徽班。汉剧的融入使得徽戏日趋丰富完善，唱法、念白也更趋近京音，为京剧的诞生奠定了基础。

道光至咸丰年间，徽戏、秦腔、汉调、昆曲与京腔的融合达到成熟，形成了曲调板式均超越徽、秦、汉三剧的新剧种，京剧由此诞生。此后，京剧名家辈出。晚晴工笔写真作品《同光名伶十三绝传》中描绘的十三位享有盛名的京剧演员就诞生在这个时期，算是第一代京剧表演艺术家。

京剧进入宫廷演出始于咸丰十年（1860年）。到光绪年间，京剧演员不仅入宫演出，还在宫中向太监们传授京剧技艺。慈禧太后极爱京剧，促进京剧日渐繁荣。京城各戏园每日皆有京剧演出，京剧名家也频繁入宫献艺。京剧从此在京城内独领风骚。

民国以后，京剧演员大量涌现，京剧达到鼎盛时期。"四大须生"、"四大名旦"以及众多京剧流派均诞生于此时。

京剧发展到今天已有近200年的历史，成为我国最具影响力的剧种之一。

川剧是如何形成的

> 川剧素来以独特的风格与川酒、川菜并列为"三大川粹"。

川剧，是四川文化的一大特色，更是我国戏曲宝库中一颗璀璨的明珠。川剧素来以独特的风格与川酒、川菜并列为"三大川粹"。"这般歹症天难治，醒也川腔，醉也川腔，唱到凄凉众口帮。"这首《采桑子》传神地表达了川剧的特色和川人酷爱川剧的情状。川剧是四川人的骄傲，更是民族文化的精华。那么何以四川能酝酿出这生动活泼、美妙动人的戏曲呢？

川剧，是中国汉族戏曲剧种之一，流行于四川东中部、重庆及贵州、云南部分地区。川剧脸谱，是川剧表演艺术中重要的组成部分，是历代川剧艺人共同创造并传承下来的艺术瑰宝。其历史久远，早在唐代就有"蜀戏冠天下"的说法。但其真正意义上的形成，却只有200多年时间。在明末清初，张献忠屠四

川剧表演

川，当时410万川人最后只剩下不到50万。清朝康熙初年到乾隆末年，强制粤、苏、赣、皖、鄂、陕、甘、豫等地的民众迁往四川，史称"湖广填四川"。外省流入的昆腔、高腔、胡琴腔（皮黄）、弹戏和四川民间灯戏五种声腔艺术，均单独在四川各地演出。清乾隆年间，由于这五种声腔艺术经常同台演出，日久逐渐形成共同的风格，清末时统称"川戏"，后改称"川剧"。

于是，吸收融会苏、赣、皖、鄂、陕、甘各地声腔，用四川话演唱的川剧形成，含有高腔、胡琴、昆腔、车灯戏、弹戏五种声腔。其中川剧高腔曲牌丰富，唱腔美妙动人，最具地方特色，是川剧的主要演唱形式。川剧帮腔为领腔、合腔、合唱、伴唱、重唱等方式，意味隽永，引人入胜。

川剧形成的传统剧目有"五袍"：《青袍记》《黄袍记》《白袍记》《红袍记》《绿袍记》，"四柱"：《碰天柱》《水晶柱》《炮烙柱》《五行柱》，以及"江湖十八本"等，还有川剧界公认的"四大本头"：《琵琶记》《金印记》《红梅记》《投笔记》。

> 于是，吸收融会苏、赣、皖、鄂、陕、甘各地声腔，用四川话演唱的川剧形成，含有高腔、胡琴、昆腔、车灯戏、弹戏五种声腔。

四大徽班指哪四个戏班

"四大徽班"指的是清朝乾隆年间活跃于北京戏曲舞台上的四个著名徽班：三庆班、四喜班、和春班、春台班。

相传，清乾隆五十五年（1790年）秋天，乾隆皇帝八十大寿时，徽班中的三庆班进京为乾隆帝祝寿。三庆班最早进京，以唱二黄声调为主，又兼具昆曲、吹腔、梆子等戏风。三庆班以其优美的曲调、多样的形式和贴近生活的剧目受到了北京百姓的喜爱。这样，一场戏演下来，三庆班便声名大振。

其他戏班看到三庆班在京城很受欢迎，便纷纷来京城寻求发展，四喜班、启秀班、霓翠班、和春班、春台班等安徽戏班相继进京。在随后的发展中，六大戏班合并成为四大戏班，即三庆班、四喜班、和春班、春台班。

据《梦华琐簿》记载，四大徽班之所以

> "四大徽班"指的是清朝乾隆年间活跃于北京戏曲舞台上的四个著名徽班：三庆班、四喜班、和春班、春台班。

四大徽班演出

> 据《梦华琐簿》记载，四大徽班之所以能在京城占领戏曲市场，是因为他们"各擅胜场"……

能在京城占领戏曲市场，是因为他们"各擅胜场"：三庆班的轴（zhòu）子（即三庆班擅长演有头有尾的整本大戏）、四喜班的曲子（指昆曲，即四喜班擅长演昆腔的剧目）、春台班的孩子（"孩子"即童伶，指的是春台班的演员以青少年为主，生气勃勃）、和春班的把子（"把子"指武戏，即和春班的武戏火暴，最受欢迎）。随后，"四大徽班"在演唱二黄、昆曲、梆子、啰啰诸腔的基础上，也不断吸收融合京腔、秦腔、楚调等的特色，为向京剧的演变奠定基础。清末，"四大徽班"相继散落。

"压轴戏"是最后一出戏吗

> 倒数第二场戏一般由最好的演出阵容来演，以便能"压"得住场子，因此，"压轴戏"都是好戏。

现在，人们常常称最后一出戏为"压轴戏"，其实，这是一种错误的说法，因为，"压轴戏"指的是倒数第二场戏，而非最后一出戏。而且《辞海》中对"压轴戏"的解释是："旧时一台折子戏演出中的倒数第二个剧目。由于最末一个剧目称大轴而得名。"

"压轴"一词本为京剧术语，在京剧形成今天的表演形式（一出戏只有两三个小时）演出以前，一场戏通常从下午的一两点开始，一直到午夜才散场。考虑到观众可能会出现的倦怠情况，常分为五场："开锣戏"、"早轴戏"、"中轴戏"、"压轴戏"、"大轴戏"。"开锣戏"也即开场戏，于下午一两点钟开始，演出一两个小时后，观众可能就会有些疲惫了，于是便演出一些"硬整"的剧目，以便引起大家的兴趣，这就是"早轴戏"。"中轴戏"又称叫座戏，一般是在快吃完晚饭时演出，且演出的都是一些比较重要的"正戏"，以便再次把观众吸引回来。而倒数第二场戏一般由最好的演出阵容来演，以便能"压"得住场子，否则出现一个一个观众离开的"抽签儿"和大量观众离开的"起堂"现象，对任何一个

压轴戏

剧团来说都是非常失败的。因此,"压轴戏"都是好戏。最后一出"大轴戏"常常是一出热闹的武戏,一来给整场演出一个完满的结局,二来给观众留下一个好的印象。一般在"大轴戏"上演的时候,人们就知道快散场该走了,所以"大轴戏"一般又称"送客戏"。

事实上,之所以有这五场戏的名称,是按照相应的剧本所在的位置而定的。过去的剧本常常写成一场卷,在卷的底部有一个卷轴,因长卷的最后一出戏紧靠卷轴,所以称为"大轴",倒数第二出戏称为"压轴",中间的戏称为"中轴",前面的就称为"早轴",而第一场戏就叫"开锣戏"也即"开场戏"。

因此,把"压轴戏"理解为重头戏或好戏是可以的,但却并非是最后一出戏,而是倒数第二出戏。

> 把"压轴戏"理解为重头戏或好戏是可以的,但却并非是最后一出戏,而是倒数第二出戏。

"花架子"指什么,有何来历

人们常用"花架子"一词来形容花哨而不实用的武术动作,用于讽刺对方的武功华而不实。在现实生活中,"花架子"一词也用来比喻好看但缺少实用价值的东西,只讲求形式主义,而忽略了事物本身的价值。"花架子"一词还有一番来历呢!

元朝时,松江纺织家黄道婆的纺织技术名扬天下。在她的带动下,当地男女老少都会织布,以织布增加收入,生活也都好了起来。镇上有个姓李的穷秀才,自以为是书香门第,虽然常常饿肚子,也不愿意学习纺织。后来经人介绍,他到浙江湖州当了一名私塾教师,才勉强混口饭吃。那里也是纺织之乡,人们得知新来的李秀才是黄道婆家乡的人,就纷纷找他请教纺织新技术。李秀才对纺织技术一窍不通,又不愿意承认,就撒谎说自己是读书人,没亲自动手纺织过,只能把黄道婆的纺织机画成图给乡亲们。李秀才画好图纸交给了乡人。乡人请来了木工,请他照着图纸做了一架织布机。织布机看起来很漂亮,也很新颖,但是不好用,根本没法织布。于是乡亲们去问秀才,他却狡辩说,是你们的手艺不行,不会用新机器。

后来,黄道婆发明的织布机传到了这里,人们才知道李秀才画的织布

> "花架子"一词也用来比喻好看但缺少实用价值的东西,只讲求形式主义,而忽略了事物本身的价值。

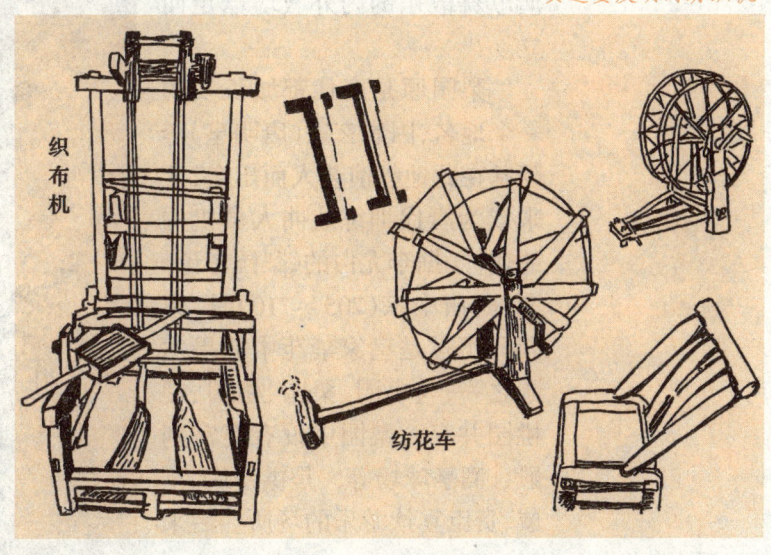

黄道婆发明的纺织机

织布机　纺花车

梨园祖师：唐玄宗

机只是样子好看而已，根本不能用。所以人们把李秀才画的织布机称做"花架子"，意指徒有其表，华而不实，缺乏实用。

戏曲艺人为何又称"梨园弟子"

人们习惯上称戏班、剧团为"梨园"，称戏曲演员为"梨园子弟"，把几代人从事戏曲艺术的家庭称为"梨园世家"，戏剧界称为"梨园界"。据说用"梨园"代指戏曲班子源于唐玄宗李隆基。

据《新唐书·卷二十二》记载："（唐）玄宗既知音律，又酷爱法曲，选坐部伎子弟三百教于梨园，声有误者，帝必觉而正之，号'皇帝梨园弟子'。宫女数百，亦为梨园弟子，居宜春北院。梨园法部，更置小部音声三十余人。"《唐会要·卷三十四》记载："开元二年，上以天下无事，听政之暇，于梨园自教《法曲》，必尽其妙，谓之'皇帝梨园弟子。'"《资治通鉴·卷二百一十一》记："旧制，雅俗之乐，皆隶太常。上精晓音律，以太常礼乐之司，不应典倡优杂伎；乃更置左右教坊以教俗乐，命右骁卫将军范及为之使。又选乐工数百人，自教法曲于梨园，谓之皇帝梨园弟子。又教宫女使习之。又选伎女，置宜春院，给赐其家。（唐）礼部侍郎张廷珪、酸枣尉袁楚客皆上疏，以为：'（皇）上春秋鼎盛，宜崇经术，迩端士，尚朴素，深以悦郑声、好游猎为戒。'（皇）上虽不能用，欲开言路，咸嘉赏之。"由此可见，唐玄宗设梨园戏班大约开始于开元二年，即公元714年。梨园的主要职责是训练乐器演奏人员，与专司礼乐的太常寺和充任串演歌舞散乐的内外教坊鼎足而立。

梨园原是唐代都城长安的一个地名，因唐玄宗（唐明皇）李隆基在此地教演艺人而出名，后来成为唐代训练戏曲人员机构的代称。据李尤白的《梨园考论》考证，唐中宗（705—710）时，梨园只不过是皇家禁苑中的果木园之一，与枣园、桑园、桃园、樱桃园并存。梨园中设有离宫别殿、酒亭球场等，是供帝后、皇戚、贵臣宴饮游乐的场所。后来

> 梨园原是唐代都城长安的一个地名，因唐玄宗李隆基在此地教演艺人而出名，后来成为唐代训练戏曲人员机构的代称。

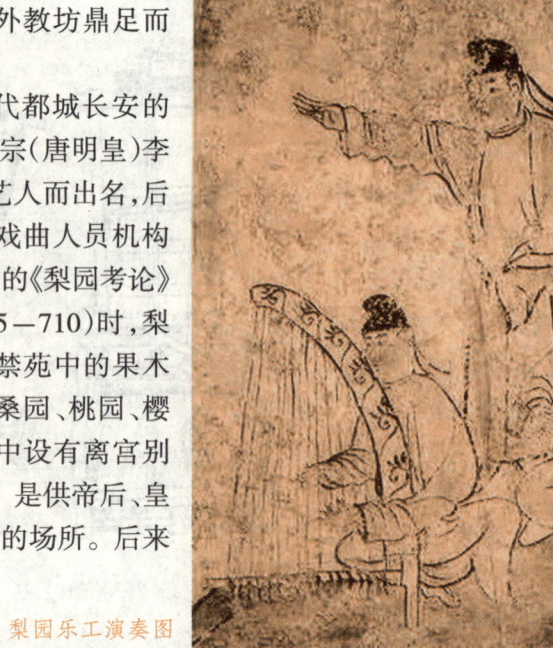

梨园乐工演奏图

因唐玄宗李隆基喜欢戏曲，梨园的性质起了变化，逐渐成为演习戏曲的地方。李隆基自己担任了梨园的崔公，相当于现在的艺校校长（或院长）。后世遂将戏曲界习称为梨园界或梨园行，戏曲演员称为梨园弟子。

但清乾隆时的进士孙星衍另有一说。他在嘉庆九年（1804年）撰写的《吴郡老郎庙之记》中载："余往来京师，见有老郎庙之神。相传唐玄宗时，庚令公之子名光者，雅善，赐姓李氏，恩养宫中教其子弟。光性嗜梨，故遍值梨树，因名曰梨园。后代奉以为乐之祖师。"说唐人庚令公之子光被后代奉以为乐之祖师，因其性嗜梨，故遍值梨树，因名曰梨园。

从史籍中看，还应以李隆基为梨园界祖师为准。毕竟其功劳最大，影响最大，对梨园行的形成起了很大作用。

> 因梨园逐渐成为演习戏曲的地方，后世遂将戏曲界习称为梨园界或梨园行，戏曲演员称为梨园弟子。

"票友"有何来历

"票友"是戏曲界的术语，指的是偶尔会登台唱戏却不以演戏为职业的戏曲爱好者。那么，"票友"一词从何而来呢？

据说，"票友"一词的出现与雍正皇帝有关。当雍正还没有当皇帝时，曾与善歌者来往。登基后的雍正便发给这些人龙票，但不再允许他们继续与其他伶人来往。后来人们便将会唱戏但不以此为生的人称为"票友"。另外一种说法是在清军入关初年，清政府为了鼓舞士兵斗志，便编写太平鼓词，让八旗子弟凭借清政府发的"龙票"去各地传唱，类似于现在的"义演"。由于这些人并没有报酬，只是义务为清政府宣传，后人就把非专业演员且不取报酬的人称为"票友"。还有一种说法是在以前没有收音机、录音机等工具时，戏曲爱好者要学习戏曲，只能买票去剧院现场观看学习，因此称之为"票友"。

虽然各种说法不一，但"票友"是指业余演唱者这一点毋庸置疑。值得一提的是，也有从"票友"发展成为专业演员的，这种情况在清代的戏曲界被称为"下海"，只是后来"下海"一词又有了新的含义。

> 虽然各种说法不一，但"票友"是指业余演唱者这一点毋庸置疑。

曾为票友的四大须生——奚啸伯在《碰碑》中饰杨继业

干杂活为何叫"跑龙套"

"跑龙套"原指戏曲中拿着旗子作兵卒的角色,后常常用来比喻在别人手下做无关紧要的事,或专干杂活的角色。干杂活的何以被称为"跑龙套"?

"龙套"原为传统戏曲中的角色,因其所穿戴的戏服上常绣有龙纹而得名。"龙套"角色一般四人一组,以示人数众多,常负责呐喊助威或起烘托声势的作用。又因"龙套"角色常跟着主帅跑来跑去,故形象地称他们为"跑龙套"。

由于在戏曲中,"跑龙套"主要是起陪衬作用或做一些不很重要的动作,因此在生活中,人们便用"跑龙套"来形容那些常围着别人转或给他人干杂活的人。

> "跑龙套"主要是起陪衬作用或做一些不很重要的动作,因此在生活中,人们便用"跑龙套"来形容那些常围着别人转或给他人干杂活的人。

跑龙套的女演员

第十九篇 极具休闲的体育·娱乐

> 相传，五子棋起源于4000多年前的尧舜时期，早在"尧造围棋"之前，民间就已有五子棋的游戏。

五子棋是怎样起源的

五子棋，又称"连五子"、"串珠"等，是一种两人对弈的棋类游戏，棋具与围棋通用，属于我国古代的传统黑白棋种之一。《辞海》中记载，五子棋是"棋类游戏，棋具与围棋相同，两人对局，轮流下子，先将五子连成一行者为胜"。五子棋作为一项简单易学、趣味横生的棋类游戏，历来为大家所熟知和喜爱。那么，五子棋是怎样起源的呢？

相传，五子棋起源于4000多年前的尧舜时期，早在"尧造围棋"之前，民间就已有五子棋的游戏。在上古神话中有"女娲造人，伏羲做棋"故事，《增山海经》中亦有"休舆之山有石焉，名曰帝台之棋，五色而文状鹑卵"的记录，虽未说明是哪一种棋类，但可知在远古时期就已有用漂亮的彩色石头做棋子的棋类游戏，与五子棋颇为相似。

五子棋

五子棋起源于我国，后发展于日本，流行于欧美，而且各国对其也都有不同的爱称，如日本人称其为"中老年棋"，是说五子棋适合中老年人来下；韩国人称其为"情侣棋"，意为情侣之间下五子棋可以增加感情的交流；美国人则称五子棋为"商业棋"，是说商人可以边谈生意边下棋，棋下完时，生意也就基本上谈好了；欧洲人称五子棋为"绅士棋"，则是说下五子棋时所表现的风度与绅士风度相似。不同的称呼彰显出五子棋不同的特点。

五子棋文化源远流长，不仅简单易学、趣味横生，老少皆宜，为广大民众所喜闻乐见；而且还富含哲理，可以增强人的思维能力，还有助于修身养性。

> 关于围棋的起源，目前还没有确切的答案，但不管其起源于何时，都是古老的中国人民智慧的结晶。

围棋源于何时

围棋作为我国古代的文化瑰宝之一，起源于我国自是无可争辩的事实，但其究竟起源于何时，学者们历来观点不一。

尧舜说： 先秦史官编修的《世本》中有"尧造围棋"的记载，西晋张华的《博物志》中亦有记载："尧造围棋，以之教丹朱，或曰舜以子商均愚，'故作围棋以教之，尧舜造围棋。'"说的是尧的儿子丹朱十几岁时不思上进，整日游手好闲，不务正业，尧帝便发明了围棋以其趣味性吸引丹朱,从而达到让其修身养性的目的,但是,没坚持多长时间,丹朱便又恢复到以前无所事事的状态,无奈的尧帝便将其送往南方,将帝位禅让给了有德有才有智的虞舜。虞舜即位后也效仿尧帝的方法用石子棋教儿子商均。于是,相关资料中便有了"尧造围棋,以教丹朱"的记载。但质疑者提出尧、舜都只是神话传说中的人物,并不可靠,且目前也没有发现能够支持此说的相关出土文物或其他证据。

夏人乌曹说:与尧舜说相似的说法是"夏人乌曹说",因《潜确居类书》中有"夏人乌曹作赌博、围棋"的记载。乌曹与尧、舜同属于我国原始社会末期时的人物,因此,此说与"尧舜说"一样,苦于没有相关证据的支撑,其可信度受到人们的质疑。

首都博物馆馆藏围棋盘

春秋以前说:迄今发现的关于围棋的最早文字记载是春秋末期鲁国史官左丘明所作的《左传》,《左传·襄公二十五年》中记载:"今宁子视君不如弈棋,其何以免乎?弈者举棋不定,不胜其耦,而况置君而弗定乎?必不免矣。"据许慎的《说文解字》解释,这里的"弈"即是指围棋。因《左传》所记述的为春秋时期的史实,因此人们推断围棋应起源于春秋以前。但具体起源于春秋以前的何时,目前尚无法考证。

西周说:另外还有"西周说",是说围棋同周易一样,原为用来占卜天命祸福的神圣之物。圆形的棋子和方形的棋盘正是天与地的象征,黑白二色的棋子也是阴阳对立的绝妙体现。但此说能否成立,还需进一步考证研究。

因此,关于围棋的起源,目前还没有确切的答案,有待于学者们的继续考察研究。但不管其起源于何时,都是古老的中国人民智慧的结晶。围棋这项益心益智的棋艺活动,也必将发扬光大,继续传承下去。

围棋为何黑子先行

围棋有古代围棋和现代围棋之别,表现之一便是白子先行还是黑子先行。

在我国古代,是白子先行,因为当时公历尚未传入我国,古人以每一天太阳升起为开始,也就是以阳为始,且有黑白二色的棋子是阴阳对立的体现之说,因此,在我国古代是代表白天的白子先行。

而到了近代,那段黑暗的历史也让我国丧失了很多规定法则的权益,围棋便是其中之一。为了与世界接轨,我国围棋便改为和日本一样的黑子先行。

窥探文化真相

围棋对弈

而到了近代，我国在国际上一度被瞧不起，那段黑暗的历史也让我国丧失了很多规定法则的权益，围棋便是其中之一。为了与世界接轨，我国围棋便改为和日本一样的黑子先行。

一个变化，背后是一段屈辱的历史，也是一段奋进的历史，值得每个中国人铭记。铭记历史，直面未来，相信中华儿女不会让历史重演。

象棋是怎样起源的

象棋是一种二人对抗性的棋艺活动，在我国有着悠久的历史。由于其用具简单，趣味性强，深受人们的喜爱。

关于象棋的起源，历来说法不一。有说起源于古代神话传说中的神农氏，元代僧人念常编辑的佛教史籍《佛祖历代通载》中记载："神农以日用星辰为象，唐相国牛僧孺用车、马、士、卒加 代之为机矣。"有说起源于黄帝，北宋晁补之《广象戏格·序》中有"象戏兵戏也，黄帝之战驱猛兽以为阵；象，兽之雄也，故戏兵以象戏名之"的记载。有说起源于周武王伐纣，因明代谢肇淛的《五杂俎》中记载："象戏，相传为周武伐纣时作，即不然，亦战国兵家者之流，盖彼时犹重车战也。"有说象棋起源于战国之时，《潜确居类书》有"雍门周谓孟尝君：足下燕君，则斗象棋，亦战国之事也。盖战国用兵，故时人用战争之象为棋势也"的记载。也有说象棋起源于北周武帝时，北宋官修类书《太平御览》中有"周武帝造象戏"的文字记载，明代罗欣的《物源》中亦有"周武帝作象棋"的记载。

但更多的人根据象棋棋盘上刻有"楚河汉界"的字样认定象棋是秦朝末年楚汉战争的产物。

象棋因其历史悠久，至今其起源仍没有确切的结论。但象棋作为一项集体育、艺术和科学于一体的棋艺活

> 但更多的人根据象棋棋盘上刻有"楚河汉界"的字样认定象棋是秦朝末年楚汉战争的产物。

> 象棋作为一项集体育、艺术和科学于一体的棋艺活动，其引人入胜的对局，巧妙的构思布局，闪烁着我国古代人民的智慧。

中国象棋

动,其引人入胜的对局,巧妙的构思布局,闪烁着我国古代人民的智慧。

象棋上的"楚河汉界"是怎样来的

中国象棋是一种风行全国的游戏工具,由棋盘与32个棋子组成。棋盘上最引人瞩目的当属那个"楚河汉界"标志。那么,这个标志是怎样来的?有着怎样的历史故事?

"楚河汉界"源于楚汉战争中的一项停战协议。楚,指自称"西楚霸王"项羽一方。汉,指被项羽封为"汉王"的刘邦一方。后两人反目,打了起来,史称"楚汉战争"。一直打了四年,最后项羽彻底失败,自刎于乌江。

公元前205年(汉王二年),刘邦大败于彭城,狼狈逃至荥阳,后在荥阳、成皋一带,与项羽作战,双方各有胜负,形成僵持局面。成皋原在项羽手中,后因用将不当,落到刘邦手中,总的形势对项羽不利。但刘邦的父亲和妻子还在项羽手中,项羽就想利用一下刘邦的这两个亲人。为了激怒刘邦,项羽在阵前立了一个高台,台上放了一个大的切肉案子,他把刘邦的父亲放到肉案子上,让刘邦远远就能看到。项羽大喊道:"刘邦,你快投降吧,否则我杀了你的父亲。"接着,项羽派使臣来听刘邦的回话。岂料刘邦说:"当初我和项羽一道反秦,都是楚怀王的部将,我们两人还是结义兄弟,我父亲就是项羽的父亲。如果项羽一定要烹杀他的父亲,那就分我一碗用他父亲的肉做成的汤,给我尝尝!"项羽听到这样的回话,当即要杀刘邦的父亲。项伯劝阻道:"刘邦想争天下,必然不顾自己的家庭和亲人,你就是杀了他父亲,他也不会投降的,反而会增加仇恨。"项羽觉得有理,也就作罢。接着项羽又要与刘邦单独决战,分个胜负。刘邦笑道:"我宁可和你斗智,不愿和你斗勇。"项羽无奈,便命令战士挑战。刘邦命令神射手一连射杀项羽三个壮士。项羽大怒,亲自披甲持枪,上马挑战。刘邦的神射手正要射击,项羽大喝一声,把他吓了回去。这时刘邦又走了出来,历数项羽十大罪状。项羽恼羞成怒,命部将向刘邦射箭。刘邦胸口中箭,差点落下马来。但他怕影响士气,便机智地弯下腰,捂着自己的脚说:"啊,我的脚趾头被射伤了。"然后退回军营。

僵持总不是办法,刘邦也还是挂念他的亲人。公元前203年(汉王四年)八月,刘邦派陆贾为使者,来到项

"楚河汉界"源于楚汉战争中的一项停战协议。楚,指自称"西楚霸王"项羽一方。汉,指被项羽封为"汉王"的刘邦一方。

汉高祖刘邦

霸王别姬蜡像

> 后人发明了象棋进行博弈。虽是游戏，也有"战"有"和"，形如楚汉战争，于是便在棋盘上写上"楚河汉界"四字。

羽军营，要求释放其父亲和妻子，开始和谈，但被拒绝。刘邦又派侯生为使者，此人能言善辩，去和项羽谈判，并提出和谈条件：以荥阳东南的鸿沟（秦始皇时开凿的运河）为界，鸿沟以西为刘邦所有，鸿沟以东为项羽所有，彼此各守疆土，互不侵犯。这样，双方停战，既保持兄弟情义，又共享天下，老百姓也能过好日子。项羽对这个方案动心了，因为他也厌倦了战争，而且粮草不足，又三面被刘邦的部队包围，就准备答应。虽然手下有人反对，认为刘邦是反复无常的小人，不讲信义，不能放走他的父亲与妻子。但项羽决心已定，认为天下自有公论。为此，双方在这年九月，达成了停战协议，项羽也放回了刘邦的父亲和妻子。这便是战争中"楚河汉界"的故事。

后人发明了象棋进行博弈。虽是游戏，也有"战"有"和"，形如楚汉战争，于是便在棋盘上写上"楚河汉界"四字。

斗鸡的游戏源于何时

> 斗鸡在我国约有2000多年的历史，相传起源于春秋战国时期，是当时贵族间广为流行的一项娱乐活动。

斗鸡，顾名思义，是指两鸡相斗，以退避逃遁者为输。斗鸡在我国约有2000多年的历史，相传起源于春秋战国时期，是当时贵族间广为流行的一项娱乐活动。

《战国策·齐策》《左传》《史记》等书中都有关于斗鸡的记载。山东

斗鸡活动

《成武县志》记载:"斗鸡台在文亭山后。周鳌王三年(前679年),齐桓公以宋背北杏之会,曾搂诸侯伐宋,单伯会之,取成于宋北境时,斗鸡其上。"说的是公元前679年,齐桓公以宋国违背"北杏之会"盟约为由,曾率诸侯国攻打宋国,获胜后,筑高台以斗鸡庆祝胜利。这是关于斗鸡的最早文字记载。开始时斗鸡活动只是上层社会人们的一项娱乐活动,在普通民众中并未流行开来。

唐代时,斗鸡活动不仅在贵族子弟中非常流行,而且连皇上都十分喜爱。斗鸡活动也由上层社会普及到普通民众中,并一度发展到全盛时期。据记载,唐玄宗、唐文宗和唐僖宗等都是斗鸡活动的爱好者,唐玄宗更是经常在长安举行大规模的斗鸡比赛,尤其是在每年的元宵节、清明节、中秋节等节日,更是会让宫廷乐队和后宫佳丽集体出动,组织斗鸡活动,以示天下太平。皇家斗鸡以娱乐为主,民间斗鸡则带有赌博的性质,很多人借此升官发财。唐代斗鸡活动的兴盛一度使得来到这里的日本留学生回国时将斗鸡活动引入日本。

宋、明、清的斗鸡活动也很兴盛,南宋时临安还设有专门的斗鸡项目,只是此后斗鸡活动的热情逐渐冷却了下来。

斗鸡之风的盛行,反映了上层社会生活的奢靡和社会风气的腐败。"玩物丧志"或许说的就是这个道理吧。

> 斗鸡之风的盛行,反映了上层社会生活的奢靡和社会风气的腐败。"玩物丧志"或许说的就是这个道理吧。

斗蛐蛐源于何时

蛐蛐,学名叫蟋蟀,又因一般一听到蛐蛐的叫声就意味着入秋,天气转凉,提醒人们该准备冬天的衣服了,所以,蛐蛐又叫"促织"。因此,斗蛐蛐又名"斗蟋蟀"、"秋兴"、"斗促织"。斗蛐蛐是一项观蛐蛐相斗以取乐的娱乐活动,在我国历史悠久,源远流长。

据记载,斗蛐蛐的活动起源于唐天宝年间,但具体史料无法考证。也许是人们发现蛐蛐好斗、生命力顽强的特点,便把它们捉回来,观其争斗,分出胜负,借以取乐。旧时城镇、集市等都设有专门的斗蛐蛐场,蛐蛐相斗时,要选大小、重量差不多的,以示公平。且要用蒸熟后特

> 据记载,斗蛐蛐的活动起源于唐天宝年间,但具体史料无法考证。

金陵民俗斗蛐蛐

> 斗蛐蛐活动从唐朝产生流传至今,已有千年的历史,不仅丰富了人们的日常生活,而且俨然已成为我国特有的文化生活之一。

制的日蔽草或马尾鬃引斗,让它们互相较量,经过激烈的交锋后,败的退却,获胜的蛐蛐则张翅长鸣。至宋代时,斗蛐蛐活动盛行一时,曾出现"万金之资付于一啄"的历史事实。清朝时,斗蛐蛐的活动愈发讲究,不仅要求蛐蛐无"四病","四病"即仰头、卷须、练牙、踢腿,而且蛐蛐的颜色也有等级之分,"白不如黑,黑不如赤、赤不如黄"。

如今,虽然旧时专门的斗蛐蛐场地已被废除,但民间仍保留着这项娱乐活动,爱好斗蛐蛐的人们闲时三五成群凑在一块便开始了激烈的斗蛐蛐活动。斗蛐蛐不仅丰富了人们的日常生活,而且也是一项艺术生活。

斗蛐蛐活动从唐朝产生流传至今,已有千年的历史,不仅丰富了人们的日常生活,而且俨然已成为我国特有的文化生活之一。

究竟是"荡秋千"还是"荡千秋"

> "荡秋千"是我们所熟知的一项活动。殊不知,在古代时,这项活动是被称为"荡千秋"的……

"荡秋千"是我们所熟知的一项活动。殊不知,在古代时,这项活动是被称为"荡千秋"的。这是什么原因呢?

原来,早在远古时期,人们为了获得高处的食物,便发明了一种双手抓一根绳子而迁移的方法,称为"荡千秋",据说这种方法最初为春秋时期北方的山戎民族所创,唐代欧阳询等主编的类书《艺文类聚》中有"北方山戎,寒食日用千秋为戏"的记载。后来,齐桓公北征山戎族,把"千秋"引入到中原地区。汉武帝时,宫中开始以"千秋"为祝寿词,取其"千秋万寿"之意。于是人们便将"荡千秋"改为"荡秋千",并成为清明节、寒食节、端午节等节日的民间活动项目之一。后世也一直沿用"荡秋千"的名字,并逐渐发展为在绳子上加一块踏板的秋千。唐宋时期,秋千成为专供女性玩乐的游戏,以练习体态动作轻捷、矫健,宫中的嫔妃宫女们也都竞相加入到"荡秋千"的游戏中。五代后周人王仁裕编撰的《开元天宝遗事》"半仙之戏"条载:"天宝宫中,至寒食节,竞竖秋千,令宫嫔辈戏笑,以为宴乐。帝呼为半仙之戏,都中士民因而呼之。"另外,唐代诗人韦应物在其《寒食》一诗中也写道:"晴明寒食好,春园百卉开。彩绳拂花去,轻球度阁来。"生动地描述了宫女们在寒食节荡秋千的场景。

荡秋千民俗

现在"千秋"一词多是形容时间长或对别人生日的敬辞,也是对人去世的一种委婉的说法,而"秋千"在大部分地区成为儿童的专项活动。

纸牌起源于什么娱乐活动

纸牌是一项历史悠久的娱乐活动,据说起源于我国唐朝后期的"叶子戏"。

"叶子戏"是当时的人们用纸剪成的与树叶相似的纸牌,以供游戏取乐,因此称为"叶子戏"。但关于"叶子戏"的起源却历来说法不一。有说是唐代的禅师一行发明的;也有的说是唐太宗向一行讨教世数,一行便创制了"叶子戏"献给唐太宗,以"叶子"(繁体字为"葉子")暗喻"二十世李";还有人说"叶子戏"是唐代妇女叶子青发明的,因她曾写了一本名为《叶子格》的纸牌书。后来,"叶子戏"传入民间,便很快流传开来。五代时关于"叶子戏"的记载已有很多,如《偏金子格》《小叶子格》《击蒙叶子格》等。元代时,"叶子戏"传入西方,并逐渐演变成为塔罗牌及现代扑克牌。而在我国国内,到了明清时期,"叶子戏"则逐渐发展成为麻将牌,也就是现代麻将的前身。

> "叶子戏"是当时的人们用纸剪成的与树叶相似的纸牌,以供游戏取乐,因此称为"叶子戏"。

长春伪满皇宫馆藏纸牌

古人如何行酒令

酒令是酒席上的一种饮酒助兴的方式,一般指定席间一人为令官,其他人按照指令轮流说诗词、联语或做其他的游戏,没有按指令行事的或违反规则的要罚饮酒,所以一般又称为"行令饮酒"。行酒令是我国特有的一种酒文化,文化底蕴深厚且源远流长,那么古人是如何行酒令的呢?

酒令最初不是一种互动性的游戏,而是为了维持酒席上的秩序而临时设立的"裁判",称"酒监",多用来执行罚酒。酒令的"令"字本身就含有一种强制、约束的意思,意为对不执行规则或违反规则的人实行某种惩罚。《红楼梦》第四十回中鸳鸯吃了一盅酒,笑着说:"酒令大如军令,不论尊卑,唯我是主,违了我的话,是要受罚的。"这是刘姥姥进大观园,鸳鸯担任酒令时说的话。虽说酒令多用来罚酒,但从根本上来说,酒令罚酒也是为了活跃酒席上的气氛。因为有时可能同在一桌坐

> 酒令最初不是一种互动性的游戏,而是为了维持酒席上的秩序而临时设立的"裁判",称"酒监",多用来执行罚酒。

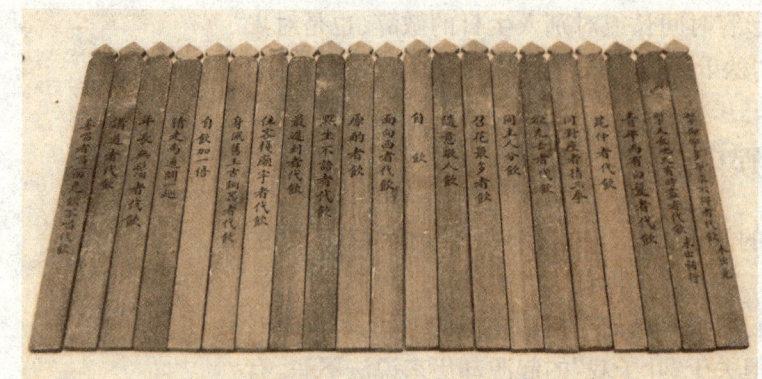

古代酒筹

的客人相互之间并不认识，这样酒令就能通过行令的方式使大家相互之间有交流，带动整个酒席的活跃气氛。

酒令作为一种互动性的游戏，早在春秋战国时期就已出现，《礼记》中就有"酒食者所以合欢"的文字记载，说的就是喝酒行令营造的一种合欢的氛围。魏晋南北朝时，发展成为一种多人的群体游戏。东晋著名书法家、文学家王羲之的《兰亭集序》中描绘的便是王羲之同一帮好友在兰亭清溪旁用曲水流觞的方法即兴饮酒赋诗的场景。当时还有另外一种行令方式，即"竹制筹令"，在竹签上写上酒令的要求，如作诗、作对等，把竹签当酒筹，抽到酒筹的人按酒筹上的酒令去做。唐代诗人白居易《同十一醉忆元九》一诗中的"花时同醉破春愁，醉折花枝当酒筹"，说的就是这种酒令。到了宋代时，酒筹称为"叶子"，是用纸做成的，纸上画有图案，并写明了要罚几杯酒。后来，酒令的种类越来越多，谜语最初也是在酒桌上出现的，包括字谜、灯谜等。

行酒令的方式多种多样，文人雅士多吟诗作对或猜谜语等，而平民百姓则通常做一些简单的酒令。

酒的魅力，也许不仅仅在于酒本身，而在于其所蕴含的丰富的酒文化中，行酒令便是其中之一，因它需要参与者的机敏与才智。行酒令的出现是古人机智聪慧和饮酒艺术相结合的表现，值得人们去传承、发扬光大。

古人如何踢"足球"

足球是我国的一项古老的体育运动，其历史源远流长，早在战国时期就有关于足球的记载，只是那时不叫足球，而称"蹴鞠"。

"蹴"即用脚踢，"鞠"是指皮制的球，所以"蹴鞠"一词就是用脚踢球，又称"塌鞠"、"蹴球"、"蹴圆"、"筑球"、"踢圆"等。《战国策》《史记》《西京杂记》等典籍中均有关于"蹴鞠"一词的记载。《史记·苏秦列传》中记载，苏秦游说齐宣王时曾形容齐国故都临淄："临淄甚富而实，其民无不吹竽、鼓瑟、蹋鞠者。"据《史记》和《战国策》等书记载，蹴鞠在当时的齐国已是一种成熟的体育和娱乐活动项目，而且在民间也广为盛行。至唐宋时期，一度出现了"球终日不坠"、"球不离足，足不离球，华庭观赏，万人瞻仰"的壮观景象。《水浒传》中更是有高俅因球技高超，陪宋徽宗踢球，从而发迹当太尉的情节。

蹴鞠在我国古代甚为流行，很多帝王对蹴鞠也很是推崇，如《汉书》记载汉武帝就很喜欢观看蹴鞠运动，经常在宫中举行蹴鞠等活动。宋徽宗赵佶也是一个蹴鞠爱好者，他在看了宫女踢蹴鞠后写诗道："韶光婉媚属清明，敞宴斯辰到穆清。近密被宣争蹴鞠，两朋庭际再输赢。"元代时，关汉卿等人的散曲中记载了男女对踢蹴鞠的情景，只是此时已不再是自身娱乐的方式，而是妇女踢球作为一种艺妓的形式供他人观赏。《明史》记载，朱元璋称帝后为防止士兵淫乱，明令禁止军人踢球。满族人曾将蹴鞠与滑冰结合起来，出现了一种"冰上蹴鞠"的运动形式，但清代的史籍中关于蹴鞠的记录已很少。至清朝中叶以后，随着西方足球的传入，我国传统的蹴鞠逐渐被西方的现代足球所取代。

古代蹴鞠图

古人"蹴鞠"的踢法一般有直接对抗、间接对抗和白打三种形式。汉代时多采用直接对抗的形式，分队比赛，双方队员身体直接接触就像打仗一样，有"僻脱承便，盖象兵戎"的文字记载。唐代时也是分队比赛，只是不再是直接对抗，已改为间接对抗的形式，双方球员各站一侧，中间隔着球门，以射门"数多者胜"。而且，唐代时由于蹴鞠的改进，球体变轻，所以此时出现了女子蹴鞠。女子蹴鞠的踢法不同于前面直接对抗和间接对抗的两种踢法，而是采用"白打"的形式，即以踢高、踢出花样为胜。宋代蹴鞠和唐代蹴鞠踢法一样，有用球门的间接对抗和不用球门的"白打"，但相关书上记载的踢法多为"白打"，有"脚头十万踢，解数百千般"的文字记录，即头、肩、背、胸、膝、腿、脚等并用以追求多种踢球花样。

至元代后，我国传统的蹴鞠逐渐衰落，直至清末被西方的现代足球所完全取代。自此，我国自战国时期兴起的蹴鞠活动，在经历了唐、宋时期的辉煌后，就这样湮没在历史的长河中。

古人如何打马球

马球是一种骑在马上用球杆击球的运动，又称"马上曲棍球"，在我国古代就已有这项运动，古人称其为"击鞠"。

马球一般是用质轻韧性好的木料制成，球体中空，外面涂上红色或其他颜色，有的还加上花纹彩绘，球如拳头大小。球杆又称球杖，形状有点像今天的冰球杆儿，球杆上往往还雕刻有精美的花纹。马球常常在空旷的草原或旷野中进行，参加游戏的人分为两队，手持球杆，共击一球，以打入对方球门为胜。因此，马球不仅要求打球技术好，而且马术也要过硬。

马球在东汉末年时就已出现，三国曹植《名都篇》中有"连翩击鞠壤"之句。隋、唐、宋时马球逐渐兴盛，唐王朝300年间的22个皇帝中更有18个皇帝是马球运动的爱好者。《析津志》中记载辽国把打马球作为端午节、重阳节等节日的风俗，宋代有"打球乐"舞队，《金史》中也记述金人有在端午节击球的习俗。明代时，马球依然很流行，《续文献通考·乐考》中有明成祖朱棣多次前往东苑击球、射柳的记载，明代《宣宗行乐图》中生动地描绘了明宣宗朱瞻基观看打马球的场景。直至清朝中叶后，马球运动才逐渐消失了。

马球运动虽既可强身健体，又能附庸风雅，但因马球运动不仅要求有制作轻巧柔韧的马球、雕刻精美的球杖，还要有昂贵的马匹和宽阔的场地，因此，古代时马球多为贵族或游牧民族的休闲娱乐方式，普通百姓对此是可望而不可即的。

唐《唐女马球图》

古人如何拔河

拔河是一种人数相等的双方同拉一根绳子以比较力量的对抗性体育娱乐活动，在我国有着悠久的历史。相传起源于我国春秋战国时期的楚国，最初用于军事活动中，时称"牵钩"，以训练兵士作战时的钩拉和抗拒能力。后因楚国地处大江南北，水道纵横，有一支专门用于水上作战的强大水军，并在长期的战争中发明了一种叫"钩拒"的兵器，用于在击退敌人时士兵用钩拒将敌人的船只钩住，往后拉，使之逃脱不了。后来，这种活动从军队扩展到民间，并逐步演变为"拔河"。古人拔河时参加的人数很多，且在绳的正中插一根大旗，旗的两边划两条竖线，成为河界线，比赛时以河界线为胜负的标志，所以唐代时人们便

> 古人拔河时参加的人数很多，且在绳的正中插一根大旗，旗的两边划两条竖线，成为河界线，比赛时以河界线为胜负的标志。

将"钩拒"改称为"拔河"。唐初的"拔河"以拉扯竹索为主,之后才将竹索改为大绳。唐代封演撰写的《封氏闻见记》中记载:"拔河,古用篾缆,今民则以大麻,长四五十丈,两头分系小索数百条,挂于前。分二朋,两朋齐挽。当大之中,立大旗为界,震鼓叫噪,使相牵引。以却者为胜,就者为输。"唐玄宗时曾在清明节举行大规模的拔河比赛,此后拔河便成为清明节的习俗之一。

拔河

在西方,拔河原为英格兰乡村地区的一种游戏,后被归入奥运会田径比赛项目,自1900年起共连续举行过五次,1920年在第七届比利时安特卫普奥运会后,国际奥委会取消了拔河作为奥运会的比赛项目。

如今,"拔河"已成为一项喜闻乐见的体育娱乐项目,不仅强身健体,而且可以增强团体凝聚力。

如今,"拔河"已成为一项喜闻乐见的体育娱乐项目,不仅强身健体,而且可以增强团体凝聚力。

古人如何跳绳

从最初的"结绳记事"到捆绑东西,绳子与人们的生活密切相关。人们在制造绳索的过程中,孩子们发现反复跨越绳索很有趣,于是便仿照绳索用短的绳索加一些简单的跳跃动作,这样最原始的跳绳运动就产生了。

跳绳运动在我国是一项有1500多年历史的民间体育运动项目,早在南北朝时就出现了单人跳绳的游戏。《北齐书·幼主纪》中有"游童戏者好以两手持绳,拂地而却上跳"的文字记载。隋、唐、宋、明、清也都有关于跳绳的记载。隋唐时称跳绳为"透索",唐人段成式的《酉阳杂俎》中有"透索为戏"的记载。两宋时期称跳绳为"跳索",南宋时更是每逢节日便举行跳绳活动。《松风阁诗抄》中有"白光如轮舞索童,一童舞索一童唱,一童跳入光轮中"的诗句。这种边唱边跳的跳绳活动,不仅锻炼了身体,而且娱乐性也很强。明代时称之为"跳白索",据明朝刘侗、于奕正著的《帝京景物略》记载:"二童子引索掠地,如白光轮,一童子跳光中,曰跳白索。"明代沈榜的《宛署杂记·民风一》中也有记述:"跳白索,正月十六日,儿以一绳长丈许,两儿对牵,飞摆不定,令难凝视,似乎白索,其实一也。羣儿乘其动时,轮跳其上,以能过者为胜,否

这种边唱边跳的跳绳活动,不仅锻炼了身体,而且娱乐性也很强。

剪纸：跳绳

则为索所绊，听掌绳者绳击为罚。"清代的《有益游戏图说》中有"用六尺许麻绳，手执两端，使由头上回转于足下，且转且跃，以为游戏，是谓绳飞"的文字记载，这说明清朝时跳绳被称为"绳飞"。民国以后才称之为"跳绳"。

跳绳是一种在环摆的绳索中作各种跳跃动作的体育运动，最初是一项在家庭庭院进行的游戏，后逐渐发展成为民间竞技类的运动，并作为中小学校体育课的组成部分。跳绳的种类也很多，绳有长绳和短绳之分，长绳可集体跳，短绳可单人跳也可双人跳；跳法也有多种多样，有双脚并跳、单脚跳、单脚换跳，双脚空中前后左右分跳、多人同跳，多人换跳，编花跳等。

跳绳不仅锻炼了人们的身体协调能力，也锻炼了人们的团体协作能力，更是孩子们童年的美好记忆之一，至今仍广为流传，且在不断演绎和创新，融合了舞蹈、健美操等元素于跳绳之中，使之动作更优美、更有节奏感、更具吸引力。

"五禽戏"由谁所编创

"五禽戏"是一套模仿虎、鹿、熊、猿、鸟五种动物的动作而编制的一套养生健身术，又称"五禽操"、"五禽气功"，相传由距今2000多年的东汉末年著名神医华佗所编创。

"五禽"即五种动物，"戏"在古代是指歌舞杂技之类的活动。据说华佗在许昌地区行医时，遇到了很多疑难杂症，都不太好治。于是，他在综合观察了多种动物之后，便编创出了这么一套模仿虎、鹿、熊、猿、鸟五种动物动作、形态和神态的功法，来舒展筋骨、畅通经脉，从而达到防病、治病、延年益寿的效果。最早关于"五禽戏"的描述是在《后汉书·华佗传》中："是以古之仙者为导引之事，熊经鸱顾，引挽腰体，动诸关节，以求难老。吾有一术，名五禽之戏，

五禽戏

一曰虎,二曰鹿,三曰熊,四曰猿,五曰鸟,亦以除疾,兼利蹄足,以当导引。"说的便是要模仿虎快速扑动的姿态,鹿伸展头颈的姿态,熊沉稳爬行的姿态,猿机敏纵跳的姿态和鸟眼珠环视展翅飞翔的姿态,从而让全身关节都活动起来,才能长寿。另外,在做"五禽戏"时,最重要的是要做到动作到位、形态逼真、刚柔并济、意念集中,从而达到"天人合一"的境界才能起作用。

"五禽戏"通过模仿虎的扑动前肢、鹿的伸转头颈、熊的伏倒站起、猿的脚尖纵跳和鸟的展翅飞翔的动作,不仅能锻炼四肢的筋骨,而且还能使五脏六腑得到全方位的运动。"五禽戏"以其自然简单的招式,神奇的效果,流传至今。作为我国宝贵的文化遗产之一,2003年国家体育总局已把重新编排后的"五禽戏"等健身法在全国范围内推广。

附:

"五禽"与五脏的关系

五行：	木	火	土	金	水
五禽：	鹿	猿	熊	鸟	虎
五脏：	肝	心	脾	肺	肾

"太极拳"和张三丰有关吗

太极拳以其独特的刚柔并济、阴阳互助、内外双修、以柔克刚的特性成为我国武术中享誉世界的一个拳种。提起"太极拳",熟悉金庸武侠小说的人可能立马会想到张三丰。众所周知,张三丰是横跨南宋、元、明三代的著名道士,对阴阳太极文化有较深的研究,其对推动道家理论的发展也起了重要的作用。那么,真的是道家的张三丰发明了"太极拳"吗,还是只是讹传?

2010年10月11日在我国河北省永年太极峰会论坛上,相关专家称"太极拳"和张三丰没有关系。据暨南大学历史系教授、广东省武术文化研究会会长马明达介绍,目前还没有发现确切的文献记载可以证明"太极拳"和张三丰有关系,而且在正史的文献记载中,张三丰也从没有和"太极拳"一起出现过。

据马明达考证研究发现,将张三丰和"太极拳"联系起来的说法最早出现于晚清时期,"当时杨氏太极拳的一代宗师杨班侯在京城教练太极拳时,为了给这一拳种有个正统名分,得到主流社会认可,假托太极拳

张三丰

> "太极拳"是综合了历代各家拳法,同时吸收了我国的古典哲学、周易学说、阴阳学说和传统中医理论等,在历史的长期发展过程中慢慢形成的一套拳术。

是道家鼻祖张三丰所创,从此这种观点才传播开来。杨班侯是出于更广泛的普及太极拳的目的才有此言论,这在当时无可厚非"。

那么,"太极拳"究竟起源于何时,又是由谁创立的呢?

至于这个问题,武术界一直是众说纷纭,莫衷一是,没有确切的答案。一般认为是由明末清初河南温县的陈王廷所创,但也有人坚持认为是张三丰所创。应当说,"太极拳"是综合了历代各家拳法,同时吸收了我国的古典哲学、周易学说、阴阳学说和传统中医理论等,在历史的长期发展过程中慢慢形成的一套拳术。

作为我国特有的民族体育项目,1956年二十四式"简化太极拳"的出现,对普及和传播"太极拳"起到了重要作用,目前,不仅国内有很多太极拳的爱好者,而且在国外"太极拳"也很受欢迎。

"南拳北腿"中的"南拳"出自何处

明朝中后期,中国东南沿海地区倭寇为患,抗倭名将戚继光、俞大猷吸取了一种拳法技艺来训练他们的队伍,使得士兵战斗力大增,并最终成功扫荡倭寇。这种拳法就是当时的壮拳。

壮拳的动作彪悍粗犷,形象朴实,功架清晰准确,沉实稳健。在攻击防守上,壮拳刚劲生猛,出入变化以灵捷为导,发劲与声气合一,进退以四门为径,刚柔结合,难有敌手。壮拳拳刚势烈,多短打,擅标掌,少跳跃,因而练习壮拳的武士们大都身高体壮。以壮拳为训练内容的军队则更是战斗力惊人。

宋朝时期,壮族首领侬智高发动起义反对朝廷的暴动。他精熟壮拳,并将它广为传播,使得起义军常常以少胜多,震惊朝野。南宋丞相王安石都评价说:"粤右良兵,天下称最。"当时的汉人将士吃尽了壮族军队的苦头,把壮拳贬称为"南蛮拳"。

> 瓦氏夫人将古老朴实的壮拳揉进了北长拳功架,用此架势功夫训练"狼兵",使"狼兵"在抗倭前线大显身手,屡建奇功。于是"南蛮拳"便逐渐演变为"南拳",与"北腿"遥相呼应。

明朝时期,壮族女英雄瓦氏夫人将古老朴实的壮拳揉进了北长拳功架,用此架势功夫训练"狼兵",使"狼兵"在抗倭前线大显身手,屡建奇功。于是"南蛮拳"便逐渐演变为"南拳",与"北腿"遥相呼应。后来,戚继光、俞大猷吸取壮拳技艺训练他们的队伍,使得壮拳技艺得以有很大发展,为天下所熟知。如今,壮拳已选编入《中华拳械录》一书中。

瓦氏夫人

第二十篇

陶冶情操的音乐·舞蹈

编钟是一种什么乐器

1978年湖北省随州市曾侯乙墓（约公元前433年）被发掘，许多战国时期的珍贵文物重见天日。其中，堪称国之瑰宝的曾侯乙墓编钟的出土，让这种中国古代的大型打击乐器惊现于当代世人面前，为研究我国古代乐器留下了极其宝贵的材料。那么编钟究竟是一种什么样的乐器呢？

编钟是汉族传统乐器，最早出现在距今3500年前的商代，只是那时的编钟形式较为简单，多为三枚一套。随着时代的发展，每套编钟的个数开始不断增加，最后被广泛应用于西周，盛行于春秋战国直至秦汉。古代的编钟因为制作工艺复杂，大多用于宫廷的演奏，在民间很少流传，每逢征战、朝见或祭祀等活动时，都要演奏编钟。编钟大多数都用青铜制成，表面装饰有人、兽、龙等花纹，铸制精美，花纹细致清晰，同时刻有错金铭文，用以标明各钟的发音音调。《隋书·音乐志》载：编钟"各应律吕，大小以次，编而悬之"。也就是说，编钟是由大小不同的扁圆钟按照音调高低的次序排列起来，悬挂在一个巨大的钟架上，用丁字形的木槌和长形的棒分别敲打铜钟，能发出不同的乐音。编钟发音的规律为：钟体越小，音调越高，音量越小；钟体越大，音调越低，音量越大。所以铸造编钟时的尺寸和形状对其发音有重要的影响。因为每个钟的音调不同，按照音谱敲打，可以演奏出美妙的乐曲。因其所奏乐曲清脆明亮，悠扬动听，如歌唱般婉转，故编钟又有"歌钟"之称。在中国古代，编钟是上层社会专用的乐器，代表了等级和权力。

近代，在中国云南、山西和湖北等地的古代王侯贵族的墓葬中，曾先后出土了诸多编钟，但仍以曾侯乙墓编钟最为引人注目。曾侯乙墓编钟共有65件，全部为青铜铸造，总重达2500千克，不仅制作精美而且通体铭文。这套编钟的音域可以达到五个八度，稍次于现代的钢琴。中声部约占三个八度，由于音列结构大致相同，形成了三个重叠的声部，几乎能奏出完整的12个半音，又可以演奏出五声、六声或七声音

> 编钟是汉族传统乐器，大多用于宫廷的演奏，在民间很少流传，每逢征战、朝见或祭祀等活动时，都要演奏编钟。

> 这套编钟的音域可以达到五个八度，稍次于现代的钢琴。

曾侯乙编钟

陕西历史博物馆馆藏编钟

阶的音乐作品。根据现代学者的推想：曾侯乙墓编钟演奏时应由三位乐工，执丁字形木槌，分别敲击中层三组编钟奏出乐曲的主旋律；另有两名乐工，执大木棒撞击下层的低音甬钟，作为和声。曾侯乙墓编钟出土后，曾经被用来演奏乐曲《楚殇》《胡笳十八拍》《梅花三弄》《浏阳河》《圣诞夜》等中外名曲。

编钟的重现，尤其是曾侯乙墓编钟的出土，不仅表明了我国在青铜铸造工艺上的巨大成就，更表明了我国古代音律科学的发达，是我国古代劳动人民高度智慧的结晶，也是我们中华民族的骄傲。

"磬"是一种什么乐器

2009年，由石头神人力涛大师倾力打造的"六十甲子中国磬"，成为祖国六十年华诞的珍贵献礼，也让世人见识到了磬这种古老而神秘的乐器。那么磬究竟是一种什么样的乐器呢？

磬，音质优美且历史悠久，是中国历史上最古老的打击乐器和礼器。先秦文献《尚书·益稷》中曾记载"戛击鸣球"、"击石拊石"。"鸣球"与"拊石"即是磬在远古时期的名称。根据战国时期的资料《世本·作篇》中的记载，磬是尧、舜时期的无句所制，但也有传说磬为"叔所造"。不论哪种为真，都可以推测出，在尧或舜做部落族长的新石器时代晚期，磬已经诞生。《吕氏春秋·古乐篇》中记载：尧命夔击磬"以象上帝"、"以致舞百兽"，呈现出一幅古老的原始社会乐舞场景。

在20世纪70年代，山西出土了一件大石磬，长60厘米。经测定，此磬距今约4000年，属于夏代的遗存，这是迄今发现最早的实物磬。商代时磬已经广泛流传，大多为王室宫廷乐队所用。后来磬被广泛用于历代帝王、上层统治者的殿堂宴享、宗庙祭祀、朝聘礼仪活动中的乐队演奏，成为象征其身份地位的"礼器"。唐宋以后新乐兴起，磬的使用范围日渐狭小，仅用于祭祀仪式的雅乐乐队。

磬的种类有很多，一般按照使用场所和演奏方式的不同分为"特磬"和"编磬"两种。特磬可以作为氏族"鸣以聚众"的信号乐器，也是皇帝祭祀天地和祖先时演奏的乐器；编磬是若干个磬编成一组，挂在木架上演奏，主要用于宫廷音乐，常常和编钟等乐器合奏，彰显"既和且平，依我磬声"的金石之声。在2000多年前的战国

碧玉特磬

清太平有象磬

时期，楚地的编磬制造工艺达到了较高水平。1978年8月，在湖北省随州市发掘了一座距今2400多年的战国古墓——曾侯乙墓。墓中不仅出土了一套非常完整的编钟，同时也出土了编磬总共32枚。曾侯乙墓全套编磬用石灰石、青石和玉石制成，音色清脆明亮，应分上下两层依次悬挂在青铜磬架上。遗憾的是，曾侯乙墓编磬出土时大多断裂破碎，已经无法敲击发音了。至于演奏方式，我们可以从"磬"字的书写方式中找到答案：殷墟出土的甲骨文字"磬"字左半像以绳悬石，右半部像手执槌敲击的样子，可见演奏磬的时候，是需要使用槌子敲击来发出声音。

磬除了是一种打击乐器和礼器之外，还可以指宗教当中使用的另一种样式的礼器。这种磬叫作"云磬"或"引磬"，外形与仰钵相类似，形体非常小，一般为铜制，有点像小酒盅。云磬口端直径一般有七厘米，被放置在一根长木柄上端，木柄旋以条纹为饰，全长也不过30余厘米。云磬大多作为寺院中使用的法器出现，常常用于宗教音乐之中，在梵乐中常用以敲击节奏。演奏时，演奏者左手持木柄下端，右手执细长铜棍敲击磬体，发音清脆。磬除了做乐器外，还可以指佛教的"僧磬"，这当然与"乐器磬"大不相同。在寺僧集体行动时，就会用僧磬指挥大众进退起止，号令赞诵。

作为中国最古老乐器之一的磬，虽然现在并不经常用来演奏，但是磬这种打击乐器所涵盖的深厚历史文化内涵却很值得后人去研究与开发。

中国最早的弦乐器是什么

中国最早的弦乐器是瑟，形似古琴，有25根弦，但弦的粗细不同。"瑟"的体积大空腔大，故音量大，弦多则音色变化多，一般都是作为背景音乐演奏的，多在帷幕后面的隐匿处，目的是给宾客饮酒谈天营造一种轻松愉快的气氛。

最早的瑟有五十弦，故又称"五十弦"。《诗经》中有记载："窈窕淑女，琴瑟友之。"传说在夏代已经有瑟了，甲骨文上的"乐"字，上面是"丝"，下面是"木"。瑟在先秦时便极为盛行，汉代也流行很广，到了南北朝时常用于伴奏相和歌。隋唐时，瑟应用得比较多，主要用于清乐。以后则只用于宫廷雅乐和丁祭（礼制名，为祭孔之礼）音乐，后来渐渐使用少了。

在考古发掘中，周、汉时期的古瑟多有发现。湖南长沙浏城桥一号楚墓(约为春秋晚期或战国早期)出土的瑟,是目前所知年代最早的实物。河南信阳、湖北江陵等地楚墓、湖北随州曾侯乙墓、长沙马王堆一号汉墓都出土有瑟,弦数23至25弦不等,以25弦居多。

瑟一般有三种构造制作方法,一种是用整木掏雕成瑟体,在另装底板,安插其他部件。这是比较原始的制造方法,春秋时期至战国早期楚瑟多用此种方法。第二种是瑟面板用独木制成,四周另围薄墙板,这种类型的瑟比较多见。第三种是完全采取拼合的方式,即不仅底板、墙板以木板拼成,连瑟的面板也用多块木板拼合而成。瑟面大多光素,少数绘有变形凤鸟花纹、几何纹。

二十五弦瑟

瑟和筝弹奏技巧很相似。最大区别就是因为瑟面和筝面不同,弹奏时落指自然不同,发出的声音也就不同了。因瑟体较古筝大,而且都是单弦发音,所以,瑟的发声在低音区略空泛,高音区略显单薄。

"知音"的说法源于何处

在人们日常生活中,如果遇到能够和自己配合默契同时非常了解自己的人时,往往会感叹:你真是我的知音啊!但是许多人对"知音"这个词语的来历并不十分了解。知音这种说法是不是和"音乐"有关?其来源于何处呢?

词语中既然含有"音"这个字,就说明知音这个词和音律有很大关系。《礼记·乐记》云:"凡音之起,由人心生也。人心之动,物使之然也。感于物而动,故形于声。声相应,故生变。变成方,谓之音。比音而乐之,及干戚羽旄,谓之乐。乐者,音之所由生也。其本在人心之感于物也……是故不知声者不可与言音,不知音者不可与言乐,知乐则几于礼矣。"从这段话中可以看出,声与音还是有一定区别的。声产生于发音器官的启动之时,一般人说话只是散布在空气

表现俞伯牙与钟子期知音故事的武汉古琴台

> 在后来的历史发展中，人们渐渐将"知音"和"知乐"糅和成了一个意思，用来形容"通晓音律"。

中的声响；音产生于发音器官的闭合之时，如果一开口发声就情动于中，就可以做到余音不绝。而乐是由音发出来的声音，如果能按照宫、商、角、徵、羽排列变化，形成高低抑扬、有节奏的音调，才能称之为乐。所以这里的"知音"二字，是"知乐"的前提，就是知道说话时要发自内心，才能有说服力。在后来的历史发展中，人们渐渐将"知音"和"知乐"糅和成了一个意思，用来形容"通晓音律"。《太平御览》引用汉代桓谭《新论》中的语句记载道："音不通千曲以上不足为知音。"宋代周邦彦《意难忘》一词也有所记载："知音见说无双，解移宫换羽，未怕周郎。"明代小说《醒世恒言·黄秀才徼灵玉马坠》一文中也写道："僖宗皇帝，妙选天下知音女子，入宫供奉。"这些文献中的"知音"都是通晓音律的意思。

在关于"知音"的诸多记载中，最著名的典故要数俞伯牙、钟子期的"高山流水遇知音"了，这则故事出自《列子·汤问》。俞伯牙善鼓琴，钟子期善听琴。一日，伯牙鼓琴，其音志在高山，子期说"巍巍乎若泰山"。之后伯牙鼓琴其音意在流水，子期说"洋洋乎若江河"。俞伯牙每次弹琴所思所念，钟子期都能清楚地体会到。后来钟子期染病而亡，俞伯牙认为世上再没有能如此懂他的"知音"，于是破琴绝弦，终身不复鼓琴。

> 伯牙和子期的故事在后世的广为流传中，将"知音"的意思进行了引申，代指彼此相互了解，情投意合的人，这在许多文献中都有所记载……

伯牙和子期的故事中提到的"知音"一词，虽然指的仍然是了解、理解音乐，但是这个动人的故事在后世的广为流传中，将"知音"的意思进行了引申，代指彼此相互了解，情投意合的人，这在许多文献中都有所记载。南朝刘勰在其《文心雕龙·知音》中写道："音实难知，知实难逢，逢其知音，千载其一乎！"南唐李中《吉水县依韵酬华松秀才见寄》云："诗情冷淡知音少，独喜江皋得见君。"鲁迅在《集外集拾遗·文艺的大众化》一文中写道："倘若说，作品愈高，知音愈少。那么，推论起来，谁也不懂的东西，就是世界上的绝作了。"这些文章中提到的"知音"，其实和音乐并没有很大的关系，都是指对自己作品能深刻理解、正确评价，并能和自己发生思想共鸣的人。

"知音"这个词在人们的使用过程中，意义虽然发生了一定程度的变化，但是"千金易得，知音难觅"，这并不会阻拦人们寻找了解并理解自己的"知音"的脚步。

元朝王振鹏的《伯牙鼓琴图》

"木鱼"是乐器吗

在寺庙里,经常可以看到和尚在敲打木鱼,边念经边敲。由于木鱼造型简单,发音单调,有人不禁会发问,就是这样一件简单的木器,它可能是乐器么?

木鱼外形酷似鱼头,腹部中空,头部正中开口,尾部盘绕,其状昂首缩尾,背部(敲击部位)呈斜坡形,两侧呈三角形,底部椭圆。棰为木制,棰头桃形。木鱼在我国很早就出现了,但是有记载的历史却比较晚。木鱼原为佛教"梵吹"的伴奏乐器,在明清时期,木鱼就已经用于宫廷音乐、昆曲以及民间音乐的演奏。明朝王折《三才图会》云:"木鱼,刻木为鱼形,空其中,敲之有声……今释氏之赞梵吹皆用之。"

木鱼

大木鱼通常用桑木或者椿木制作,最大的面径可以达到40厘米以上,发出的声音比较低。小木鱼一般用檀木或红木制作,发音较高。寺庙中使用的木鱼,大致分为两种:一种为圆形,一种是长条形的。一般来说,圆形木鱼的规格多种多样,而长条形的木鱼大多在一米左右。大寺院大殿中,做法事唱念里所用的木鱼形制较大,一般有 0.5 米左右,有伴奏、打点和醒众的作用。木鱼既然是按一定形制制作的发声木器,常用于伴奏,当然属于乐器了。

木鱼的由来有一个传说:远在东汉时期,皇帝派慈光大师和两个僧徒去西天取经,历尽千辛万苦,取经归国途中,乘船渡海,突然风浪大作,一条恶鱼张着大口扑上船来,船头上的经书被大鱼一口吞掉,两僧徒急忙殴鱼护经。霎时间,阳光灿烂,风平浪静,大鱼身躯化为污水流入大海,只剩下鱼头摆在船头。慈光师徒带着经书和大鱼头返回中国后,每天敲打大鱼头口念"阿弥陀佛"。日复一日,大鱼头被敲得粉碎。后来只好照着大鱼头的模样做了个木头的,天天敲打。从此,敲木鱼诵经成了佛家的习惯。

"山歌"是一种什么歌

山歌是民间歌谣,是中国民歌的基本体裁之一,它不仅蕴含着地方色彩,而且还反映出劳动人民的聪明智慧。

山歌主要集中分布在高原、内地、山乡、渔村及少数民族地区,流

广西山歌对唱

传极广。一种说法认为，凡是流传于高原、山区、丘陵地区，人们在行路、砍柴、放牧、割草或民间歌会上为了自慰自娱而唱的节奏自由、旋律悠长的民歌都是山歌。再者认为，草原上牧民传唱的牧歌、赞歌、宴歌，江河湖海上渔民唱的渔歌、船歌，南方一些地方婚仪上唱的"哭嫁歌"，也都应归属于山歌。

山歌可分为一般山歌、田秧山歌、放牧山歌三类。一般山歌在中国汉族地区分布甚广，如陕北地区的"信天游"、青海地区的"花儿"、安徽的"赶慢牛"等。田秧山歌主要常用于插秧、车水等劳动中，是为了鼓舞劳动者的情绪，提高功效，由专门的"秧歌帮子"在田间地头演唱的一种山歌。放牧山歌是放牧者为吆喝牲畜或互相问答逗趣所唱的山歌，多为少年儿童所唱，曲调活泼，唱词生动，富有情趣，常带有吆喝性的衬词。

山歌一般以四行、七言体式韵文为一条，四句为一首。也有少数歌词第一句为三个字或五个字，讲究押韵，第三句末字须是仄声。山歌多唱"假声"，有独唱、对唱和齐唱，很少伴随动作和音乐。自由、悠长的节奏形态是典型山歌体裁的特征，不仅使歌唱者能够直接而清楚地说出心中的话，而且还能尽情抒发心中的慨叹，富有表现力。

山歌唱起来朗朗上口，又容易记，不仅可以使劳动人民排忧解乏、充满干劲，更是男女对唱表露心情的一种很好方式。山歌是集文学与音乐为一体带有民间故事的传唱艺术，更具有较浓的生活气息，是劳动人民生活的一部分。

> 山歌是集文学与音乐为一体带有民间故事的传唱艺术，更具有较浓的生活气息，是劳动人民生活的一部分。

"靡靡之音"是一种什么音乐

在中国改革开放初期，台湾地区歌手邓丽君凭借其甜美的嗓音迅速在大陆走红，她的歌曲也被许多人喜爱。但是当时因为邓丽君的歌曲大都柔美流畅，又都描写的是男女爱情，故被许多媒体批为"靡靡之音"。"靡靡之音"是一种什么样的音乐呢？会对人产生伤害吗？

"靡靡之音"一词的诞生与商纣王密切相关。《韩非子·十过》中记载道："此师延之所作，与纣为靡靡之乐也。"相传说商纣王乐师师延常

> "靡靡之音"指的就是那些软绵绵、听了让人萎靡不振的音乐。

商纣王

为其谱曲。师延原本擅长高雅的音乐，但为保性命只好按照纣王的要求，创作了一种让人听后便会产生柔情蜜意和疲倦的音乐。纣王听后相当满意，立刻沉醉其中，再不思朝政，最后导致殷商的灭亡。武王伐纣时，师延抢琴向东而逃，后来投濮水而死。自此，水中常有音乐声细细地传出，所以被形容为"靡靡之音"。由此可知，"靡靡"指柔弱、萎靡不振、颓唐的意思，这种涵义在《史记·殷本纪》中被司马迁揭示得非常详尽："帝纣……好酒淫乐，嬖于妇人。爱妲己，妲己之言是从。"于是命乐师做："北里之舞，靡靡之乐。"北里是一首非常淫荡的舞曲名，是"靡靡之音"最早的代表。因而"靡靡之音"指的就是那些软绵绵、听了让人萎靡不振的音乐。

此外，《韩非子·十过》中还记载了另一则与"靡靡之音"相关的故事：春秋时卫灵公手下的著名乐师师涓随卫灵公赴晋，君臣途中夜宿濮水之上。灵公夜半听到一种奇妙的音乐，以为是鬼神之音，命师涓记录下来。听到此音后，师涓同样也被此曲所动，便"端坐援琴，听而写之"。第二天师涓又一夜未睡，边听边练习此曲，待天刚明便演奏给卫灵公听。灵公认为和之前所听一模一样。到了晋国，师涓为晋平公援琴鼓此曲。还没奏完，晋国乐师师旷就出面制止，说这首曲子就是令商朝亡国的"靡靡之乐……闻此声者其国必削"，因而不可以弹奏。晋平公却满不在乎地说："我已经老了，生平喜欢的就是音乐。你就放开手，让师涓把曲子弹完吧。"师旷无法，只得抬手，让师涓继续演奏。曲终，师旷无奈道："这种靡靡之乐柔弱不振，殷纣王因为听它而亡了国。主公应该引以为鉴，切不可重蹈纣王的覆辙啊！"从晋国归来，卫灵公沉溺于师涓所作的音乐之中，贪图享乐的私欲与日俱增，见自己的重华宫简直不能和晋国妃妾宫女所住的厢房相比，便扩修

但是在今天，仍然还会有一些"靡靡之音"。对于这样的音乐，我们应该谨慎避开，让健康向上的乐曲更多地充斥于我们的生活。

卫灵公夫人南子

窥探文化真相

> 认为一首音乐会导致一个国家的灭亡，这实属妄谈，但是音乐确实会对人的思想和精神产生影响。

重华宫，新建卫王殿，日渐昏庸。东晋王嘉所作《王子年拾遗记》中讲到，师涓身为一代著名乐师，对于自己违背雅颂等古曲清新古朴的风格，而谱写"靡靡之音"非常悔恨，认为自己丧失了作为良臣的操守，于是退隐不知去向。

认为一首音乐会导致一个国家的灭亡，这实属妄谈，但是音乐确实会对人的思想和精神产生影响。千百年过去了，古人真正的"靡靡之音"已经伴随历史的脚步而湮灭。但是在今天，仍然还会有一些音乐，思想境界不高，充满低级趣味，让人听起来精神萎靡不振，消极避世，这就是今天的"靡靡之音"。对于这样的音乐，我们应该谨慎避开，让健康向上的乐曲更多地充斥于我们的生活之中。

让孔子"三月不知肉味"的是什么音乐

> 孔子听到了大名鼎鼎的《韶》乐，深深陶醉于其中，以至于三个月都不知道饭菜中的肉是什么味道。

在今天山东省淄博市齐都镇，有一处规模不大的淡灰色仿古建筑，门内北墙正中镶嵌着一方石碑，碑上隶书大字题曰"孔子闻韶处"。鲁昭公二十五年（前517年）孔子入齐，在高昭子家中观赏齐《韶》后，由衷赞叹曰："不图为乐至于斯！"《论语·述而》中的记载更为形象："子在齐闻韶，三月不知肉味。"这两条文献记载均说的是，孔子在齐国的时候，听到了大名鼎鼎的《韶》乐，被优美的乐曲所吸引，深深陶醉于其中，以至于三个月都不知道饭菜中的肉是什么味道。

《史记·孔子世家》称：孔子师襄子学琴，不仅要习其曲谱，还做到了历其境而得其志。在当时，礼乐并提，可见乐的重要。孔子30岁开始办学授徒，所授课目称"六艺"，其中就包含有《乐》。对此，《史记·孔子世家》也记载道："孔子以诗书礼乐教。"孔子周游列国返鲁后说："吾自卫反鲁，然后乐正，《雅》《颂》各得其所。""《诗》三百五篇，孔子皆弦歌之，以求合于《韶》《武》《雅》《颂》，礼乐自此可得而述。"从这些记载中可以看出，孔子可不是一般的音乐爱好者，也不是略通一二，而是一个音乐大家，他不但是能为学生教授乐，而且精通乐理，深谙音律。不过为什么他会在齐闻《韶》时"三月不知肉味"呢？这就要从《韶》乐本身来寻找答案了。

《韶》乐，史称"大韶"或"舜乐"，因需要用排箫演奏，分为九段，故又称"箫韶"、"九韶"、"九歌"。《韶》乐起源于5000多年前，为上古舜帝之乐，是一种

孔子墓

集诗、乐、舞为一体的综合古典艺术。《竹书纪年》载:"有虞氏舜作《大韶》之乐。"《吕氏春秋·古乐篇》同载:"帝舜乃命质修《九韶》《六列》《六英》以明帝德。"由此可知,舜作《韶》主要是用以歌颂帝尧的圣德,并表示忠心继承。此后,夏、商、周三代帝王均把《韶》作为国家大典用乐。尤其在周代,《韶》成为六代乐舞的重要内容之一,用以祭祀四方。在周初武王定天下封赏功臣时,姜太公以首功封营丘建齐国,《韶》由此传入齐。而且姜太公入齐后,奉行"因俗简礼"为基本国策,其下历代君主多继续执行开放务实的政策,所以不管是宫廷还是民间,都没有像周王朝那样森严的界限。一些齐国国君,如"寡人更好俗乐"的齐景公,很厌恶一本正经的宫廷乐舞而喜欢优美轻快的民间俗乐。这就促使韶乐更容易吸收当地的民俗风情和艺术营养,从内容到表演形式都有所丰富和演变,增强其表现力,呈现出崭新的风貌。

其实,孔子能"三月不知肉味"也不足为奇,因为他很早就听说过《韶》乐,一直心向往之,想领略《韶》乐的风范。孔子在访问东周洛邑时,曾向精通音律的大夫苌弘讨教过《韶》乐与《武》乐的不同。苌弘告诉他:"《韶》乐曲调优雅宏大,是种和谐之乐;《武》乐侧重表现豪放壮阔。两种音乐虽然都很高雅,但曲风却有所区别。"孔子听后慨叹道:"《韶》乐与《武》乐各有所长。《韶》乐尽善不尽美,《武》乐尽美不尽善。""尽善尽美"这一成语由此而来。所以当在齐国观赏到自己心仪已久的音乐时,孔子如痴如醉的表现也在情理之中,留下了"三月不知肉味"这样一段佳话。

之后,《韶》乐仍以其独特的魅力在历代不断发展。《隋书·何妥传》载:"秦始皇灭齐,得齐《韶》乐;汉高祖灭秦,《韶》传于汉,汉高祖改名《文始》。"《汉书·礼乐志》与《史记·孝文帝本纪》同载:秦二世用《大韶》《五行》祀极庙,汉祭高祖太宗用《文始》。《文始》舞者,本舜《韶》舞也。可知秦汉均曾把《韶》定为庙乐,使《韶》在国乐中的位置达到了极致。及至曹魏,魏文帝曹丕命《文始》复称《大韶》,以为庙乐。至南朝梁武帝,自定郊庙乐,以《大韶》名《大观》。可知此时《韶》乐虽数变其内容而易其名,但仍居于帝王用乐之列。

可以说,《韶》乐是中国宫廷音乐中等级最高、运用最久的雅乐,由它所产生的思想道德典范和文化艺术形式,一直影响着中国的古代文明,《韶》乐因而被誉为"中华第一乐章"。只是经唐历宋,有关

> 《韶》乐是中国宫廷音乐中等级最高、运用最久的雅乐,由它所产生的思想道德典范和文化艺术形式,一直影响着中国的古代文明,《韶》乐因而被誉为"中华第一乐章"。

天坛神乐署中和韶乐词曲展厅

《韶》乐的诸多资料散佚流失，史料中再不见《韶》乐被使用或表演的记载，一代名乐渐渐被历史所湮没，使今人无法观其端倪。可喜的是，当代的历史学家又开始重新寻找资料，借以重新编辑整理这一中华仪式音乐的代表。期待这种象征着华夏音乐传统的雅乐，在今天能得到延续，继续书写中华民族的文化灵魂！

春秋时期没有长眼睛的乐师是谁

师旷，春秋时晋国乐师，博学多才，尤精音乐，善弹琴，目盲，善听，辨音力极强。

师旷，字子野，山西洪洞人，一说鲁国平阳（今新泰市北师乡北师村）人，春秋时晋国乐师，博学多才，尤精音乐，善弹琴，目盲，善听，辨音力极强。世传"师旷之聪，闻弦歌而知雅意"，师是其职业名。由于他音乐艺术造诣极高，民间有许多师旷奏乐的神异故事。

关于其为何目盲，有三种说法：一说他生而无目，故自称盲臣、瞑臣；二说他是因为觉得用眼睛看东西无法使他专心于听，便用艾草熏瞎了自己的眼睛，以使自己的心清静下来；三说他自幼酷爱音乐，向卫国宫廷乐师高扬学琴时，用针刺瞎了双眼，发愤苦练，琴艺终于逐渐超过了师父。

师旷的音乐知识非常丰富，通晓南北方的民歌和乐器调律，不仅辨音准确，还能洞晓自然界音响的内涵。《淮南子·氾论训》说："譬犹师旷之施瑟柱也，所推移上下者，无尺寸之度，而靡不中音。"《左传》记载："晋人闻有楚师（来犯）。师旷曰：'不害！吾骤歌北风，又歌南风，南风不竞，楚必无功'！"有一次晋平公铸造一个大钟，师旷听出其音调不准，就直言相告，晋平公却不以为然。后经卫国乐师师涓证实，音调确实不准。

师旷为人耿直，不媚于国君。《韩非子·难一》记："晋平公与群臣饮，饮酣，乃喟然叹曰：'莫乐为人君！惟其言而莫之违。'师旷侍坐于前，援琴撞之。公被衽而避，琴坏于壁。公曰：'太师谁撞？'师旷曰：'今者有小人言侧者，故撞之。'公曰：'寡人也。'师旷曰：'哑！是非君人者之言也。'左右请除之。公曰：'释之，以为寡人戒。'"

师旷抚琴雕像

《韩非子·十过》记载，卫灵公赴晋途中，宿濮水之上，夜半闻鼓新声者，以为是鬼神，就命师涓记写下来。师涓端坐援琴，听而写之。至晋，晋平公喜欢新声，便请师涓援琴弹此曲，未终，师旷止之，说是商纣王的"靡靡之乐"，"闻此声者其国必削"，故不可弹。

东晋王嘉撰《王子年拾遗记》记："晋平公使师旷奏清徵，师旷曰：'清徵不如清角也。'公曰：'清角可得闻乎？'师旷曰：'君德薄，不足听之，听之将恐败。'公曰：'寡人老矣，所好者音，愿遂听之。'师旷不得已而鼓。一奏之，有云从西北方起；再奏之，大风至，大雨随之。掣帷幕，破俎豆，堕廊瓦。坐者散走；平公恐惧，伏于廊室。晋国大旱，赤地三年。平公之身遂病。"音乐能达到这种造诣的，几千年中所仅有。又记："（师）旷知命欲终，乃述《宝符》百卷。至战国分争，其书灭绝矣。"

现在山西洪洞县东南曲亭镇师村东有师旷墓。河南省开封市禹王台有古吹台，传师旷曾在奏乐。据明朝朱权《神奇秘谱》云，《阳春》《白雪》《玄默》为师旷所作。

师旷弹琴遗址：开封古吹台

陕北民歌"信天游"有何特色

陕北民歌，俗称"山曲儿"或"酸曲儿"，种类很多，包含信天游、小调、劳动号子等。其中以信天游流传最为广泛。信天游又称"顺天游"、"爬山调"，是陕北地区普遍流行的一种民歌形式。

信天游歌词的基本格式为上下句结构的两句体。一般上句起兴，下句点题，抒情和叙事相结合，短小精炼，言简意赅。歌词大多是即兴编唱，采用比兴手法，触景生情或借景抒情是其突出特点。信天游歌词具有很强的灵活性。人们在田间地头、翻山越岭之时，就眼前之景、心中所想编写出歌词，然后放声高歌几句，以此来抒发自身情怀，解除疲劳。歌词以七言为主，多用叠字、重字、重词，如"红格彤彤"、"巧格伶伶"等，增强了信天游的表现力。这些口语化的词句，语出惊人，形象生动，具有极强的艺术感染力。

> 信天游歌词大多是即兴编唱，采用比兴手法，触景生情或借景抒情是其突出特点。

唱信天游的陕北老汉

> 信天游中以描写抒发爱情的内容居多，这使信天游成为"爱的漫游"。

信天游的曲调基本上是单乐段，但其调式和节奏安排多样化。其节奏分为两种基本形态，一种节奏自由，用高音腔演唱，音域宽广，旋律起伏大，情感高亢奔放；另一种节奏规整，多用平腔演唱，其结构十分严谨，旋律比较平稳，情感细腻柔和。

信天游是陕北劳动人民创造出来的，其作品多反映身边的凡人凡事，十分贴近日常生活。小媳妇想娘家、大姑娘盼出嫁、出门人思念家乡、夫妻吵嘴逗趣等日常生活事件，陕北人都能用歌声来叙事抒情，四处传唱。

信天游中以描写抒发爱情的内容居多，这使信天游成为"爱的漫游"。信天游对爱情的描写脍炙人口，最具有感染力，像《走西口》《兰花花》等代表作，已经在全国范围内广为流传。

"琴仙"为何人

> 俞伯牙擅弹古琴、技艺高超，既是弹琴能手，又是作曲家，所以人们尊称他为"琴仙"。

一曲《高山流水》传承至今，俞伯牙与钟子期的故事也被世人所熟知，而在中国被称为"琴仙"之人，正是俞伯牙。

俞伯牙是春秋战国时晋国的上大夫，擅弹古琴、技艺高超，既是弹琴能手，又是作曲家，所以人们尊称他为"琴仙"。历代文献关于伯牙的记载颇多，最早见于荀况的《劝学》篇："昔者瓠巴鼓瑟，而沉鱼出听；伯牙鼓琴，而六马仰秣。"用夸张的手法赞美其音乐演奏的生动美妙。由此可见俞伯牙弹琴技术之高超。

《琴操》记载，伯牙学琴三年不成，他的老师带他到东海蓬莱山去听海水澎湃、群鸟悲鸣之音。伯牙心中豁然一亮，感慨地说："先生移我情矣！"于是创作了《水仙操》。现在的琴曲《高山》《流水》和《水仙操》都是传说中伯牙的作品。而被后世所传诵的伯牙抚琴"高山流水遇知音"的故事，在《列子·汤问》中有记载，记载为："伯牙善鼓琴，钟子期善听。伯牙鼓琴，志在高山，钟子期曰：'善哉，峨峨兮若泰山！'（伯牙）志在流水，钟子期曰：'善哉，洋洋兮若江河！'伯牙所念，钟子期必得之。子期死，伯牙谓世再无知音，乃破琴绝弦，终身不复鼓。"俞伯牙和钟子期之间的友谊感动了后人，人们在他们相遇的地方，筑起了一座古琴台。直至今天，人们还常用"知音"来形容朋友之间的情谊。

伯牙鼓琴图

"古琴"和"古筝"有何区别

琴又称瑶琴、玉琴、绿绮,现在一般称为古琴、七弦琴。在古代,"琴、棋、书、画"历来都备受文人雅士的推崇,更是大家闺秀所要学习的四门艺术。"琴者,情也;琴者,禁也。"吹箫抚琴、吟诗作画、登高远游、对酒当歌成为文人士大夫生活的生动写照。

古琴是我国历史最悠久的弹拨类乐器,至少已有3000多年的历史,传说为"伏羲"、"神农"氏所造。现在考古中发现的最早的实物,是湖北随州出土的战国时初期的10弦古琴和湖南长沙马王堆出土的7弦汉琴。就构造而音,琴的各部分结构十分合理,其体积不大不小,既便于携带,又方正雅致。古琴琴身以独木所成,琴面系有七根弦,琴弦由丝绒绳系住,拴绕于弦轴上,属弹拨乐类的"无马乐器"。古琴音色含蓄而深沉,古朴而典雅,表现力富有内涵,有独奏、琴箫合奏、琴歌、雅乐合奏四种传统的演奏形式。著名的琴曲有《广陵散》《高山》《流水》《胡笳十八拍》等。

古筝相较古琴则晚得多。在公元前5世纪至公元前3世纪的战国时代,当时的秦国(现今的陕西)一带广泛流传。相传秦时有婉无义者,将瑟(乐器)传与两个女子,二女相争,引破为二,所以称"秦筝",计算起来,它已经有2500年以上的历史了。

最早的古筝是从战国时期一种竹制的五弦乐器演变而来。秦汉时期,5弦发展为12弦,隋唐时期为13弦,到了元朝时是14弦,清朝年间,已经发展为16弦。后来,经过改良,由17至19弦不等发展到21至25弦。筝弦也由原来的丝弦改为钢丝弦。琴弦均匀排列于筝面上,每根弦均由人字形的弦马支起,属弹拨乐类的"有马乐器"。古筝音域宽广,音量宏大,音色淳厚优美,悠扬悦耳,它既可用作独奏、重奏、合奏,也可用作戏曲、曲艺和舞蹈等的伴奏。

自秦汉以来,古筝从我国西北地区逐渐流传到全国各地,并与当地戏曲、说唱和民间音乐相融会,形成各种具有浓郁地方风格的流派。传统的筝乐早期被分成南北两派,比较有代表的为"浙江、山东、河南、

> 古琴是我国历史最悠久的弹拨类乐器,至少已有3000多年的历史,传说为"伏羲"、"神农"氏所造。

> 自秦汉以来,古筝从我国西北地区逐渐流传到全国各地,并与当地戏曲、说唱和民间音乐相融会,形成各种具有浓郁地方风格的流派。

春秋晚期古堆木琴

古筝

客家、潮州"五大流派。到了现代，流派的区别已经很小了，几乎每个流派都兼具各家之长。古筝名曲有《渔舟唱晚》《林冲夜奔》《汉宫秋月》等。不管是古琴还是古筝，都是我国文化的瑰宝，都被世人所珍视。

"霓裳羽衣曲"的作曲是唐明皇吗

《霓裳羽衣曲》是我国历史上有名的宫廷歌舞大曲，对于它的创作和来历，说法不一，不过一般都认为是唐玄宗李隆基所作。

关于它的来历，一种说法是，唐玄宗东游时，登三乡驿，望见女儿山，触发灵感，归来后创作了《霓裳羽衣曲》。中唐诗人刘禹锡《三乡驿楼伏睹玄宗望女儿山小臣斐然有感》云："开元天子万事足，唯惜当时光景促。三乡陌上望仙山，归作霓裳羽衣曲。"不过，当时玄宗只创作了前半部分，等后来杨敬述带回《婆罗门曲》，才续成全曲，并配以歌舞。另一种说法是，《霓裳羽衣曲》是由唐玄宗吸收西凉都督杨敬述所献的印度《婆罗门曲》创作而成。但是在歌舞机构方面则遵循中原传入的相和大曲、清商大曲的三段式，分为散序、中序、破三个部分。因此，可以说，《霓裳羽衣曲》是中外音乐相交融的结晶。

该曲配有《霓裳羽衣舞》，由女子表演，是由唐玄宗亲自教授的。当时在宫中建有"梨园"，就是专门为了排练舞蹈的。表演者穿着孔雀毛的翠衣和浅色或者月白色的纱裙，肩着霞帔，头戴"步摇冠"，身上佩戴很多珠翠，宛如美丽典雅的仙子。《霓裳羽衣曲》共36段，分散序（六段）、中序（十八段）和曲破（十二段）三部分。散序为前奏曲，全是自由节奏的散板，由磬、箫、筝、笛等乐器独奏或轮奏，不舞不歌；中序又名拍序或歌头，是一个慢板的抒情乐段，中间也有由慢转快的几次变化，按乐曲节拍边歌边舞；曲破又名舞遍，是全曲高潮，以舞蹈为主，繁音急节，乐音铿锵，速度从散板到慢板再逐渐加快到急拍，结束时转慢，舞而不歌。

《霓裳羽衣舞》开始时仅在宫廷表演。开元二十八年，杨玉环在华清池初次觐见时，玄宗曾演奏《霓裳羽衣曲》以导引。当时，大臣张说《华清宫》云："天阙沉沉夜未央，碧云仙曲舞霓裳；一声玉笛向空尽，月满骊山宫漏长。"《霓裳羽衣舞》的演出方式并不完全固定，杨玉环表演过独舞形式，也有双人舞形式，后来也有百名宫女组成的大型歌舞队表演成群舞。白居易曾用"千歌万舞不可数，就中最爱霓裳舞"的诗句赞美《霓裳羽衣舞》的精美绝伦。

大唐神韵《霓裳羽衣舞》

由于《霓裳羽衣曲》乐调优美，构思精妙，后来各藩镇也纷纷排演此曲，使此曲在开元、天宝年间曾盛行一时。唐代文人对此多有歌咏或笔录。随着唐王朝的衰落崩溃，一代名曲竟然"寂不传矣"。五代时，南唐后主李煜得此曲残谱，昭惠后周娥皇与乐师曹生按谱寻声，补缀成曲，并曾一度整理排演，但已非原味了。

"六代乐舞"指的是什么

经过艺术史学家的考证，人类最早产生的艺术就是舞蹈。音乐和舞蹈是受到历代统治者重视和各阶层人民喜爱的艺术表现形式，对社会产生了巨大影响和作用。周代是我国奴隶社会由鼎盛走向衰亡的时代，音乐到这时已成为奴隶主阶级进行统治的工具，表现出等级森严的鲜明特点。乐舞也由"图腾"崇拜、歌颂祖先转变为作为宴会和祭祀活动的形式。商、周时代的中国可以说是当时世界奴隶制国家中最强盛的文明大国，不仅生产上处于世界领先地位，其音乐水平也达到了相当的高度，"六代乐舞"就在这样的历史背景下出现了。

杨贵妃

周初武王伐纣成功后，为了建立和巩固新的政治秩序，让周公旦"制礼作乐"，制定了一整套形式丰富且内容充实的礼乐制度——"六代乐舞"，其中"六舞"是这一制度的重要支柱。"六舞"大部分由所传周代以前各代的代表性乐舞整理增删而成，所以又叫"六代之舞"，其中包括：第一代乐舞《云门》、第二代乐舞《咸池》、第三代乐舞《大韶》、第四代乐舞《大夏》、第五代乐舞《大濩》和第六代乐舞《大武》。

《云门》又称《云门大卷》，诞生于黄帝时期，内容为歌颂黄帝的丰功伟绩，因而用黄帝所在氏族的云彩图腾命名，用以祭祀天神。《咸池》又名《大咸》，为尧时雅乐，因咸池为神话传说中日落之地和祖先亡灵栖息之地而得名。《咸池》表现了祭奠祖先和祈求祖先保佑的内容，故用之以祭祀地神。《大韶》简称之《韶》，因以排箫为主要伴奏乐器，又名《箫韶》，据说是舜时代的宗教性乐舞，用以祭祀四望，即四方，也有认为是指名山大川或日月星辰。《大韶》曲调优美，其中蕴含了九次变化，被分为九段，所以也被称为《九韶》或《九歌》，孔子曾为它"三月不知肉味"。《大夏》是夏时歌颂

歌颂黄帝的舞《云门》

"六舞"大部分由所传周代以前各代的代表性乐舞整理增删而成，所以又叫"六代之舞"。

> "六舞"主要用于周代宫廷祭祀礼仪，表演的场合隆重，人数众多，尤其是天子要用六十四人组成的"八佾"舞阵规格。

大禹治水功绩的乐舞，共分"九成"，即九段，需要用苇竹做成的"籥"伴奏，所以又称"夏籥九成"，用以祭祀山川。《大濩》是赞颂商代君王成汤讨伐夏桀功绩的乐舞，用以祭祀周的始祖姜嫄。"濩"本指用音乐舞蹈形式祭祀祖先的巫术活动，后来将这类巫术活动中表演的音乐舞蹈专称为"濩乐"。据说《大濩》汇聚了商代乐舞的所有优点，表演时场面壮观、气势宏大。《大武》一说为周公所编，一说为周武王所编，是歌颂周武王胜利讨伐殷商的乐舞，用以祭祀周朝的祖先。《大武》是前朝历代乐舞的集大成者，也是周代宫廷乐舞的最高典范，在表演时，乐分六章，舞分六场。这些歌曲的唱词，被收集在《诗经》的《周颂》里。

"六舞"主要用于周代宫廷祭祀礼仪，表演的场合隆重，人数众多，尤其是天子要用六十四人组成的"八佾"舞阵规格。其中《云门》《大咸》《大韶》《大夏》所代表的各代，都是由禅让而得天下，所以被称为"文舞"，表演时舞者左手执籥（形状像排箫的乐器），右手秉翟（用野鸡尾装饰的道具）。而《大濩》和《大武》所颂扬的都是以武力夺取天下的君主，故叫作"武舞"，舞者手里拿着朱干（盾）玉戚（斧）。到了后代，"六舞"就都被称作"先王之乐"，成为神圣的"雅乐"，自秦朝之后只留有韶乐（文乐）和武乐两种。

除了"六舞"外，"六代乐舞"中还包含有"六小舞"。史料记载，周代专设"乐师"一职，任务就是"掌国学之政，以教国子小舞"。"六小舞"包括：执长柄饰五彩丝绸的舞具而舞的《帗舞》；执鸟羽而舞的《羽舞》；执五彩鸟羽而舞的《皇舞》；执旄牛尾而舞的《旄舞》；执盾而舞的《干舞》（又叫《兵舞》）；不执舞具，以舞袖为内容的《人舞》。"六小舞"是专门用于教育贵族子弟的乐舞教材，有时也用于一些祭祀场合。当时的贵族子弟，多大年岁学什么舞，什么身份学什么舞，何人负责教授，何时组织会考，对不用功者如何答罚，对成绩优异者怎样任官封爵等，都有细致严密的规定。

> 六代乐舞承上启下，是中国古代音乐史上的创举。

为研究和发展音乐，周朝专门设立了相当于音乐教育机构总长官的"大司乐"，其下另设高、中、下三级乐官和乐工，等级分明，职责明确，构成了一个系统地管理、教习、排演礼乐的机构。随着周朝音乐机构设置的不断完善，各种新式乐器也不断涌现，"六代乐舞"也在这种情况下不断发展和成熟，不仅成为当时宫廷最具权威性的祭祀礼乐，而且也成为"乐教"的经典教材。可以说，六代乐舞承上启下，是中国古代音乐史上的创举。

"六小舞"中的舞蹈形象

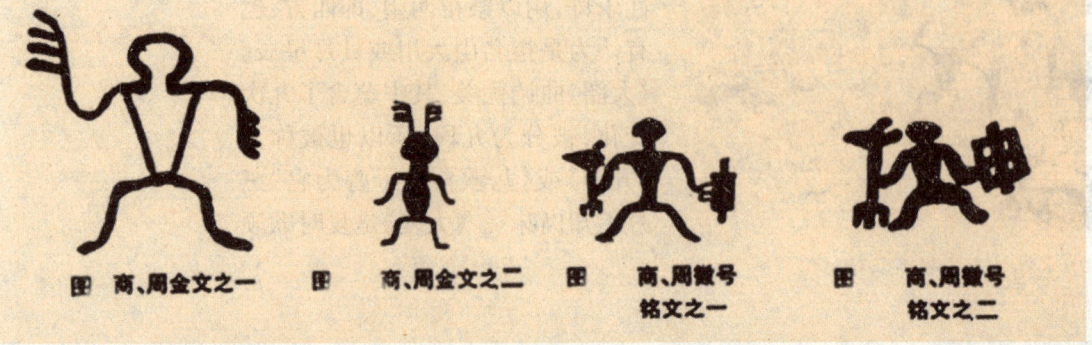

第二十一篇

独领风骚的医药·科技

窥探文化真相

《黄帝内经》之所以冠以"黄帝"之名，也是为了溯源崇本，意在说明书中所言非虚。换句话说，古人托黄帝之名写了《黄帝内经》。

《黄帝内经》真是黄帝所作吗

《黄帝内经》分为《灵枢》《素问》两部分，是我国医学宝库中现存成书最早的一部医学典籍。虽然人们把它列为中国传统医学四大经典著作之一，其实它是一部百科全书，记述的内容很广。那么《黄帝内经》的作者真的是黄帝么？

《淮南子·修务训》言："世俗之人多尊古而贱今，故为道者必托之于神农黄帝而后能入说。"《黄帝内经》之所以冠以"黄帝"之名，也是为了溯源崇本，意在说明书中所言非虚。换句话说，古人托黄帝之名写了《黄帝内经》。据考证，《黄帝内经》的作者也不是一个人。在《黄帝内经》中的篇目中引用了大量的古文献，以及《素问》《灵枢》互引、各篇互引等现象上也可证明此书不是同一个人所写。关于《黄帝内经》的成书年代，古代主要流行三种说法。一是先秦、战国时期。邵雍在《皇极经世》卷八《心学第一、二》中以为《素问》是"七国时书也"、"轩岐之书，类春秋，战国所为而托于上古"。二是成书于周、秦汉时期。司马光等人认为"黄帝亦治天下，岂可终日坐明堂，但与岐伯论医药针灸邪？此周、汉之间，医者依托以取重耳"。《四库全书》说《素问》"出上古，固未必然，然亦必周秦间人，传达旧闻，著之竹帛"。三是成书于西汉时期。明代郎玻所著的《七修类稿》认为《素问》"首篇曰上古、中古，而曰今世，则黄帝时末世邪？又曰以酒为浆，以妄为常，由仪狄是生其前面彼时人已皆伪邪？《脉要精微论》中罗裹雄黄，《禁服篇》中欲血而受，则罗与欲血皆汉时事邪？予故以为岐黄问答，而淮南文成之者耳"。郎玻从夏禹时仪狄造酒的传说和"罗"出现于汉代等证据推断《素问》产生于西汉时期。从成书年代上考虑，《黄帝内经》也不可能是黄帝所著。

现代人对《黄帝内经》进行研究发现，《黄帝内经》中篇目的不同其所作年代也不尽相同。

现代人对《黄帝内经》进行研究发现，《黄帝内经》中篇目的不同其所作年代也不尽相同。书中内容既有写成于战国时期，又有成于秦、汉甚至更后面。其论据主要有五个：第一，《素问》的有些篇章用干支来表示时间，而采用干支纪年是东汉以后的事。第二，《素问·宝命全形论》中用的"黔首"一词，是战国及秦代对国民的称呼，而《素问·灵兰秘典论》中的"相傅之官"和"州都之官"则是曹魏时期出现的官名。第三，书中引用的一些文献，如《上下经》《揆度》等是战国甚至更早的著作。第四，同1973年长沙马王堆考古发现的帛书《足臂十一脉灸经》、1972年甘肃武威汉墓发现出土的压药简牍、1977年安徽阜阳

《黄帝内经》

双古堆西汉汝阴侯墓出土的"六王斌盘"和"太乙九宫占盘"相比较,得知《灵枢》中有些篇章成书于春秋战国时,有些成书于西汉更早。第五,先秦时期的文章多韵语,《黄帝内经》中的某些篇章也是多韵语。这些篇章有可能就是完成于先秦时期。

现代《黄帝内经》不是一个人所作,也不是黄帝所书已经得到世人的肯定,至于书的作者已经不可考。关于《黄帝内经》成书的具体年代,还需要进一步的研究和考证。《黄帝内经》内容十分丰富。其医学理论在中医历史上的影响是很重大的。它的完成,标志着中医从实践阶段进入到理论阶段。该书在我国医学上所作的贡献是功不可没的。

黄帝

医生称"大夫"始于何时

"大夫"一词历史悠久,早在夏朝就有了。《礼记》曰:"夏后氏官百,天子有三公、九卿、二十七大夫、八十一元士。"周成王时,周公制周礼,亦设有公、卿、大夫、士等官。到战国时常把"士、大夫"连称。大夫世袭,有封地。《荀子·礼论》载:"大夫、士有常宗。"大夫分中大夫、太中大夫、谏大夫,无固定员数,亦无固定职务,依皇帝诏命行事。《吕氏春秋·上农》载:"是故天子亲率诸侯耕帝籍田,大夫、士皆有功业。"

汉武帝时改中大夫为光禄大夫,秩比二千石,为掌议论之官。隋朝时,隋炀帝设九大夫:光禄大夫,从一品;左光禄大夫,正二品;右光禄大夫,从二品;金紫光禄大夫,正三品;银青光禄大夫,从三品;正议大夫,正四品;通议大夫,从四品;朝请大夫,正五品;朝散大夫,从五品。至唐、宋时,大夫为高阶官之名,为从二品官员。至唐宋尚有御史大夫及谏议大夫之官。清朝时,文官分大夫、郎、佐郎三种,武官分将军、都尉、骑尉、校尉四种。文官大夫为五品以上官员,郎为正六品至正八品官员,佐郎为从八品以下官员。在书面语中通称高级文职官阶为大夫。

宋朝时期,科技和医学发达。宋徽宗政和年间重订

"光禄大夫"匾

> "大夫"一词历史悠久,早在夏朝就有了。到战国时常把"士、大夫"连称。

> 在书面语中通称高级文职官阶为大夫。

窥探文化真相

> 宋徽宗政和年间重订官阶时，在医官中设置"大夫"官阶，故今北方人尊称医生为"大夫"。

官阶时，在医官中设置"大夫"官阶，故今北方人尊称医生为"大夫"。为了区别于官名，将称"大夫"读成 dàifu（代夫），不读成 dà fu。

中国古代有没有女医生

在韩国励志电视剧《大长今》中，女主人公长今凭借顽强的奋斗精神由一位普通宫女成长为著名女医生，同时也成为许多青年人的励志榜样。那么在中国古代是否也有像长今一样的女医生呢？答案是肯定的。中国古代的医生以男性为主。即使在妇科诊断上，男性医生也占据主导地位，仅仅是在妇女生育时，才会寻找女性为其接生。因而有人认为，中国古代的女医生就是专事接生的"稳婆"，其实不尽其然，我国自古就有专门的女医制度。

> 有人认为，中国古代的女医生就是专事接生的"稳婆"，其实不尽其然，我国自古就有专门的女医制度。

早在西汉时期，医事制度中就专门设立"女医"一职。"女医"的职责是为皇后、公主等皇室女性成员诊治产乳之疾。在这个时期，出现了我国史书中记载的第一位女医生——义姁。义姁生活在汉武帝年间，是山西省复县人。义姁从小就对医学有浓厚的兴趣，开始只是跟随村中流动的郎中学习治病，后来在不断实践中积累了丰富的经验。据史书记载：义姁曾为一名已经气息奄奄的病人治病。经过仔细的观察，义姁发现病人的腹部膨大，于是在其腹部和腿部施针，并佐以中药。很快病人腹部的肿块消退，身体痊愈。义姁经常身背药筐到山间采药，回家将药材炮制好后无偿地送给周围患病的百姓。由于她经常这样悬壶济世救济黎民百姓，因而受到了民众的爱戴和欢迎，加上其医术精湛、医德高尚，故被誉为"巾帼医家第一人"。汉武帝获悉义姁的名望后，将她召入内廷赐以职号，令其专门为皇太后治病。义姁擅长妇科，因自己的医术和医德而深得太后的信任。

晋代时，岭南出现了一位女名医——鲍姑。鲍姑名潜光，父亲是广东南海太守鲍靓，丈夫是著有《肘后备急方》的名医葛洪。鲍姑生长于官宦之家，父亲鲍靓喜爱修道，故自幼深受家庭影响。鲍姑嫁给擅长炼丹的葛洪后，两人更是志同道合、琴瑟和谐。夫妻二人一起隐居山林，炼丹论医，据说《肘后备急方》即为夫妇二人合著而成。鲍姑医术高超，最擅长治疗

义姁

瘤疣之疾，相传经常用广东的红脚艾作艾绒进行灸疗，因此红脚艾又被称为"鲍姑艾"。鲍姑长期跟随丈夫在广东罗浮山行医，为民治病，在她去世后，岭南的老百姓在广州越秀山下修建了鲍姑祠，并将其尊称为"鲍仙姑"，以示纪念。

在唐代，有关女医制度的记载更为详细。据明代天一阁所藏的《天圣令》之《医疾令·女医》一条记载曰："诸女医，取官户婢年二十以上三十以下、无夫及无男女、性识慧了者五十人，别所安置，内给事四人，并监门守当。"从中可以看出，当时的女医生近似于宫女，一般是没有家室的年轻女子，即使有丈夫也要没有子女。

鲍姑

之后到了市民经济迅猛发展的宋代，出现了一位名叫张小娘子的著名女外科医生，相传其医术来历颇为传奇。据说张小娘子年轻时曾遇到一位皓首银须的老医生向她讨水喝，张小娘子观其气度不凡，便请进家中盛情款待。老医生欣赏张小娘子的聪明贤惠与热情善良，不仅将自己开刀和制膏的外科秘方倾囊相授，还赠送她一部秘不外传的外科医书——《痈疽异方》。后来张小娘子经过不断的学习和实践，终于成为一名精通外科的女医生，她在治疗疮疡臃肿等外科疾病方面，屡见奇效，在当地颇有名气。

到了明代，出现了一位理论与实践兼备的女名医，名叫谈允贤。谈允贤是江苏无锡人，祖父曾任南京刑部郎中，是当地的名医，祖母也对医药学十分精通。生长于医药世家的谈允贤，从小就在祖父母的指导下学习医药知识，长大成人后更是医术精湛，医名远扬。谈允贤擅长诊治妇科疾病，为当时一些因礼教束缚而羞于诊治的大家闺秀提供了良好的妇科治疗。50岁时，谈允贤将祖父母传授的医术和自己多年的临床经验相融合，著成一部妇科医学理论专著——《女医杂言》。《女医杂言》主要记载了各种妇科病案和诊治方法，是中医史上较早成书的个人医案之一，为后世留下了宝贵的知识和财富。

清朝咸丰年间也出现了一名叫作曾懿的女医生。曾懿出身官绅家庭，自幼研读经史，擅长丹青文辞。曾懿天性善良，心怀悲悯。她看到乡民生病时，往往因得不到及时的诊治和下药，以至延误病情，于是自己废寝忘食地精研家藏医药典籍，终成一代女名医。行医多年后，曾懿不

这些为数不多而青史留名的女医生，虽然大都出自民间，却仍然不乏力度的治愈病案和著作传世，为中医学的发展贡献了自己的一份力量。

曾懿《医学篇》

忘当初学医的艰难，发愤著述，在她54岁时终于写成《医学篇》一书。《医学篇》成书后广泛流传于民间，造福了无数黎民百姓。

中国封建社会男尊女卑的思想严重，尤其在中医学界更有一系列传男不传女的规定。就算是给宫廷服务的女医生也只是负责一些接生类的工作，并不是专职的医生，以至于中国古代历史上关于女医生的记载少之又少。但这些为数不多而青史留名的女医生，虽然大都出自民间，却仍然不乏力度的治愈病案和著作传世，为中医学的发展贡献了自己的一份力量。

中国古代有没有"公费医疗"

公费医疗是现代社会必备的一项社会保障。在古代，你能否想到也有公费医疗呢？那么古代的公费医疗又是什么样的情况呢？读过《红楼梦》的人大概会知道，在贾府中，府中的人生病一般都会请王太医来医治，而且不给诊金。这就是古代的公费医疗的一个缩影。那么古代公费医疗的具体情况是什么样子的呢？

在古代，公费医疗可以追溯到周朝，《周礼·天官》记载：凡是采集药物，分科治病，以及医生的培训等全部由政府控制，"凡邦之有疾病者，有疕疡者造焉，则使医分而治之"。这种医疗制度可以说是公费医疗的雏形。明文规定不管男女老少，无论贫富贵贱，一律享受公费医疗。

随着时间的推移，公费医疗制度也逐渐完善。到了唐宋时期，医药事业不断发展，公费医疗制度更加完善。

在唐代，政府设置太医署专门管理医学教育和医疗组织，就像现代的医学院一样，不仅有培养学生的房舍，还有专门看病的地方。这个地方可以供学生实习，培养实践能力。除了太医署还有翰林待诏院，也有一批医术精湛的医生。所谓的医生是指能开处方药的医学人士。到了宋朝，医药行政有所改变，但大同小异，或者只是换了一个名字而已。

从医疗对象来看，朝代不同，公费医疗的对象也不同。如唐代制度，凡京师官吏、宫廷宦官宫女、南衙卫兵、各边疆民族驻京人员等，看病服药，都找太医署。尚药局除了为皇帝嫔妃、诸王公主服务外，禁军官兵的医疗也归它负责。在地方，凡是州府都设置有专门的医疗机构。在这种医疗机构的医生一般是太医署毕业的人，在地方医疗机构里，他们不仅要培养医学人士，而且还要执掌地方医药行政。

在古代，公费医疗可以追溯到周朝，明文规定不管男女老少，无论贫富贵贱，一律享受公费医疗。

古代公费医疗，是全民福利，只是时期不同，服务的级别也不同。职位的高低也决定着公费医疗的好坏。

一般情况下，太医署的医生要比地方的医生医术高明。在京城的官员更容易得到名医的医治。在唐朝，文化交流频繁，来自西域等地的名医云集长安，医学交流很是繁荣。刘禹锡就曾写过一首关于医生的诗歌："三秋伤望眼，终日哭途穷；两目今先暗，中年似老翁。看朱渐成碧，羞日不禁风。师有金篦术，如何为发蒙。"这首诗是为婆罗门僧写的。看来当时刘禹锡有患白内障的可能。县一级的行政单位一般没有医学院，但是会设有专门看病的地方。《续资治通鉴长编》记载北宋县一级的官医配置是每一万户配一到五个医生。这些医生除看病外，还负责收采药物、指导防疫、验发行医和开设药房的执照、处理医疗事故等一切相关事务。清朝依然沿用这种制度。

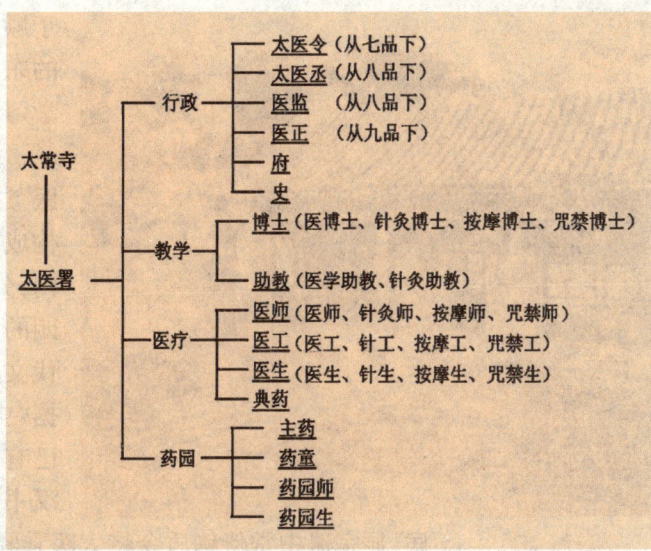

隋唐太医署组织结构示意图

古代公费医疗，是全民福利，只是时期不同，服务的级别也不同。职位的高低也决定着公费医疗的好坏。古代的公费医疗，在某一阶段缓和了阶级矛盾，有利于社会的稳定和发展。在某一阶段却又激化了社会矛盾，有时成了名不副实的摆设机构。

"太医"和"御医"是否一回事

现在许多展现中国古代宫廷生活的电视剧中，常常需要有太医或御医这样的角色出现，时间久了，不少人就会认为太医和御医是同样的意思。事实上，"太医"和"御医"虽然都是中国古代服务于皇帝及其家眷的医生，但是细究其各自职能，"太医"和"御医"之间有着明显的差别。

"太医"一方面是指一个职官系统，最早出现于战国时期，主要是为皇室及其附属机构的工作人员提供医疗保健服务，同时从事皇室下辖的医疗保健系统的管理。战国时出现有关于"太医令"的记载，由此可以推断，既然有太医令这种管理职务的设置，就应该有被太医令管理的太医的存在。但是由于现在还未有可靠的资料证实，这也仅仅是一种推断而已。但是从中可以看出，战国时已对宫廷御用医生与民间医生有了明确的划分。唐、宋时期在太常寺设有太医署或太医局，辽代也设有太医局，金朝开始称太医院。元代的太医院已经成为独立机构，负责医疗、制作御药，明代太医院则出现了分科。清代太医院设立

> "太医"和"御医"虽然都是中国古代服务于皇帝及其家眷的医生，但是细究其各自职能，"太医"和"御医"之间有着明显的差别。

太医院

于顺治元年（1644年），在正阳门以东的东交民巷内，太医们都在此办公和学习。

另一方面，"太医"是官职，即由"太医"这一职官系统中供职的工作人员所构成的特殊群体。比如在太医职官系统内：分管药物的，分管处方的，分管植物园的，等等，都可以被泛称为太医，在历代文献和小说中都可以见到其踪影。根据《史记·扁鹊仓公列传》记载：西汉时已有太医这一官职的设置。之后的《后汉书·东海恭王彊传》："永平元年，彊病，显宗遣中常侍钩盾令将太医乘驿视疾。"可见在当时，太医就有给当时朝廷大臣看病的责任了。唐代柳宗元《捕蛇者说》中有一句："太医以王命聚之。"从中可以看出，在唐代，当时为皇帝或皇族服务的医疗人员就叫作太医。之后元代王实甫《西厢记》第三本第二折中有云："请箇好太医，看他证候咱。"可见元代也沿袭太医之说。明代小说《警世通言·金明池吴清逢爱爱》："许多太医下药，病只有增无减。"这里的太医也指的是太医院的医生。而清代曹雪芹《红楼梦》中提到的"王太医"，也是当时在太医院或太医局中供职的医官。

与太医最根本的区别是，御医才是在真正意义上为皇族诊治疾病的大夫，直接听命并服务于皇帝、后妃等。在许多历史文件的记载中，宫廷医官在给皇室诊病时才被称为御医，平时则称其官职名——太医。而且如果遇到皇族们得了疑难杂症，宫廷中的太医们又都束手无策时，就会从民间寻找好的医生进宫诊病。这些民间名医因是给皇族诊病，也可以被称为"钦点御医"。所以在古代，御医的数量是相当少的。以清代为例，据《清史稿·职官志》中关于太医院的记载，太医院的大夫分四个级别：第一等叫"御医"，只有13人，雍正乾隆时期为七品，和县令一个级别；第二等称为"吏目"，只有26人，八品与九品各13人；第三等叫医士，共20人，"给从九品冠带"；第四等叫"医生"，有30人，无品，相当于现在医院里的助理医师。从

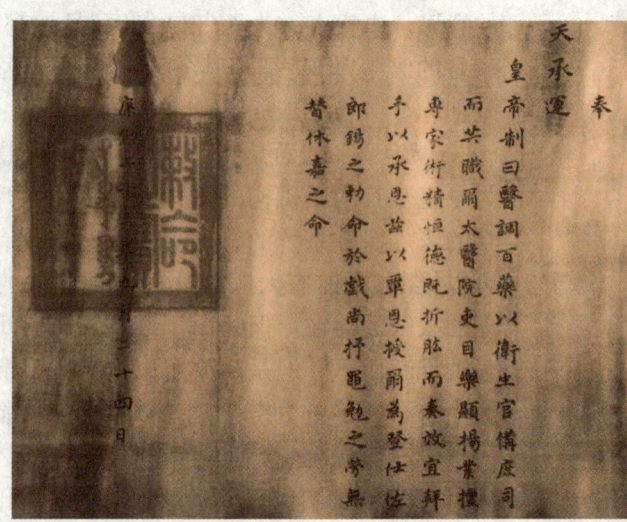

清代御医开的宫廷药方

这个记载中可以看出,清代太医院的编制一共只有92人,其中"御医、吏目、医士"这三级59位大夫是可以独立看病的,但真正意义上的"御医"只有第一等大夫13人,加上院长、两位副院长在内也不过16人。

通常情况下,御医属于皇族的专属私人医生,不给外人服务。但封建帝王大多礼贤下士,在一些股肱重臣得了重病时,也会特命医技高超的御医前往治疗。比如晚清一品经略督臣傅振邦,曾在边疆战事中屡建奇功,救国家于危难之中,后因阵前督战致使腕部受重伤,皇帝便赐御医专门负责他的伤病及健康。

不论是"太医"还是"御医",在平常人眼里他们均医术高超,地位尊贵,然而却不知他们的苦衷。在地位尊卑分明的皇宫大内,不论多有本事,这些皇家医生也都只是皇帝及其亲眷的奴才。他们的一举一动都关乎皇帝的安危和国家的命运,因此可能会因治好一个人的病而享受终身的富贵荣华,也可能仅仅因为一个微小的失误不仅自己人头落地,而且祸及全家。

> 在地位尊卑分明的皇宫大内,不论多有本事,这些皇家医生也都只是皇帝及其亲眷的奴才。

"悬丝诊脉"真的可以判断病情吗

在小说《西游记》第六十八回"朱紫国唐僧论前世,孙行者施为三折肱"中写道:朱紫国国王患病,孙悟空为其诊脉,通过"悬丝诊脉",诊断国王为"双鸟失群"之症。这段内容在搬上银屏的时候,成为一段很有传奇色彩的经典桥段。究竟什么是悬丝诊脉呢?悬丝诊脉真的能诊断病情吗?

悬丝诊脉顾名思义,就是医生将一根丝线拴在病人手臂的脉搏上,用丝线传递脉搏跳动的情况,借此来推断病人的脉相,然后根据诊断的情况看病抓药。悬丝诊脉的来由其实很容易理解:在古代宫廷,为后宫女眷看病的医生大多数为男性。碍于地位尊卑、男女之别的严格封建礼教,男医生不能直接对女患者进行望、闻、问、切,于是就诞生了"悬丝诊脉"之法。

悬丝诊脉最有名的传说是关于医神孙思邈的,这在民间为孙思邈建的药王庙里可以见到相关的壁画。传说讲述的是唐代贞观年间,唐太宗李世民的长孙皇后怀孕已10多个月,但是一直不能分娩,反而重病缠身,卧床不起,看遍太医都不见好转。正当唐太宗愁眉不展的时

> 碍于地位尊卑、男女之别的严格封建礼教,男医生不能直接对女患者进行望、闻、问、切,于是就诞生了"悬丝诊脉"之法。

古代"悬丝诊脉"图

窥探文化真相

> "北京四大名医"之一的施今墨老先生认为悬丝诊脉可以说是亦真亦假。说此事为真，是因为在宫廷内诊病时，确实会运用到悬丝诊脉的方式。说这是假的，因为悬丝诊脉只是一种形式。

候，大臣徐茂公推荐了当时的民间名医孙思邈进宫问诊。但是孙思邈只是民间医生，地位卑微，封建社会又存在"男女授受不亲"的礼教束缚，所以无法对长孙皇后贴身诊治。孙思邈一边仔细询问长孙皇后的近侍了解病情，一边要来了太医们开的处方认真研究。最后，孙思邈取出一条红线，系在长孙皇后的手腕上，为其"引线诊脉"。待判断清楚病情后，孙思邈只用一根银针在皇后中指上扎了一下，便化解了其胎位不正的病症。皇后不仅顺利诞下了皇子，而且自己的身体健康也逐渐得到了恢复。这里提到的"引线诊脉"大致就是悬丝诊脉的前身，只是这个故事只是民间传说，并无史料可考。

时至清代，据说乾隆皇帝有一次宣御医为自己的嫔妃看病。御医不知是那位妃子染恙，心想先讨个吉利再说吧，于是在悬丝上诊了一会儿"脉"后，喜形于色地说："启禀万岁，是喜脉！"乾隆一听就笑了，说道："就凭这根细丝诊脉看病，朕不信！"御医忙磕头道："臣诊脉从未有过差错。"乾隆就命太监带御医去看悬丝的另一头。原来皇帝想试试御医的本领，丝线的另一端并未系上病人的手腕，而是系在凳腿上。御医看了大吃一惊，险些吓晕，这可是欺君之罪啊！但他不愧是位有经验的老御医，稍定了一下神，搬起凳子细细查看一遍后说："敢请劈开凳腿，便知微臣讲的是真是假。"乾隆立即命太监取出利斧劈开凳腿，只见凳腿中有一个小蛀洞，洞内有只小虫正在蠕动。御医忙跪奏："万岁请看，此为木之孕也，所以叫喜脉。"皇上一听，面露喜色，点头表示认同，这才命其给正在生病的格格诊治。但此时的御医已经吓得大汗淋漓，衣衫尽湿。此外，在明清小说《西游记》和《封神榜》中均有关于悬丝诊脉的描写，只是这些都是玄幻妖魔小说，有意夸大悬丝诊脉的作用，是出于文学创作的需要。

悬丝诊脉真的可以诊断出患者的病情吗？病人的脉象是否真的可以通过一根细细的丝线就可以传导给医生呢？贵为"北京四大名医"之一的施今墨老先生曾给清廷皇室内眷看过病，他认为悬丝诊脉可以说是亦真亦假。说此事为真，是因为在宫廷内诊病时，确实会运用到悬丝诊脉的方式。说这是假的，因为悬丝诊脉只是一种形式。皇族贵胄生病，他们的贴身宫女太监会对病情状况非常了解。

> "悬丝诊脉"虽确有此事，却被蒙上了神秘的色彩。

为长孙皇后"悬丝诊脉"图

在诊脉之前，医生都会详细询问相关的情况，像胃纳、舌苔、二便、症状、病程等，有时为了得到这些宝贵信息还会给患者的近侍行贿送礼。就是医神孙思邈，也是在仔细问了长孙皇后的病情，看过处方之后，才敢引线诊脉，下针治病。所以在获得这些信息之后，医生已经对患者的病情有了全面的了解，即使不诊脉，也能判断得八九不离十。但为了一定的形式，依然要悬丝诊脉。诊脉的时候，医生会屏息静气，沉着认真。这样一方面是出于谨守宫廷礼仪的原因，表示臣子对皇室的恭敬；二是可以利用这个时刻暗思处方，准备应对接下来的询问，以免因一言不慎、一药不当而招致杀身之祸。

因此，"悬丝诊脉"虽确有此事，却被蒙上了神秘的色彩。中医看病由"望、闻、问、切"四要素组成，即：观气色，听声音，问症状，切脉象，四要素同等重要，亦同等有效，切脉只是其中之一而已。悬丝诊脉只是表示对皇室的恭敬而装模作样，走走过场，如果医生事先不通过各种途径获知详细病情，不论他医术多高明，仅凭借"悬丝诊脉"是不会为这些贵族女子看病的。

> 如果医生事先不通过各种途径获知详细病情，不论他医术多高明，仅凭借"悬丝诊脉"是不会为这些贵族女子看病的。

记载"天花"的第一人是谁

"天花"被史学家称为"人类史上最大的种族屠杀"，它是由天花病毒引起的烈性传染病，也曾是在全球范围内流行很广的一种传染病。其传染性强，传播速度快，且无药可治，死亡率高达30%，即使患者痊愈也会在脸上留有麻子，"天花"之名便由此而来。

历史上，"天花"给人们留下了浓厚的心理阴影，据统计，平均每5人中就有一位"麻脸"，甚至连至高无上的国王也不能幸免，法国国王路易十五、英国女王玛丽二世、德国国王约瑟一世、俄国沙皇彼得二世等都因"天花"而丧命。"天花"在我国的流行，则是在公元1世纪时由俘虏从印度经越南传进来的。

> 我国最早也是世界上最早记载"天花"的是东晋的葛洪。

我国最早也是世界上最早记载"天花"的是东晋的葛洪，他在《肘后备急方》一书中有"比岁有病时行，仍发疮头面及身，须臾周匝，状如火疮，皆戴白浆，随决随生"、"剧者多死"的文字记载，说的是有一年有一种很流行的疾病，发病时，从头到脚，全身都长出一个个的疮来，不久就会染及全身。这些疮和平时的火疮有点像，疮里会有白色的浓浆，患者只能生死由命，而且大多数感染此病者会不幸死亡。葛洪在书中

葛洪

还指出，这种病毒是在东汉建武年间的战争中从战俘中传染而来，因此在我国又被称为"掳疮"。以后历代典籍中都有关于"天花"的记载，唐宋以后，逐渐增多，明代之后，"天花"的流行范围更广，曾有清顺治帝因染"天花"而死亡的说法。

自"天花"出现以来，各国都积极探索防治"天花"的方法，我国也很早就进行了有意义的探索。唐代孙思邈曾根据以毒攻毒的原理，提出取天花患者疮中脓汁敷于皮肤的办法来预防天花。以后历代也都出现了大量的关于种痘的医书。1742年，清政府命人编写的大型医学丛书《医宗金鉴·幼科种痘心法要旨》中介绍了4种种痘方法，其中，以水苗法最佳，旱苗法其次，痘浆法危险性最大。我国的人痘接种术为阻止"天花"的传播起了一定的预防作用，对此法国哲学家伏尔泰曾给予高度评价。1796年英国医生詹纳发明了牛痘，成功地预防了天花的蔓延，这是人类与传染病斗争史上的一个伟大转折。

1980年5月，世界卫生组织宣布人类成功消灭天花，这也是迄今为止，在世界范围内被人类消灭的第一个传染病。这个在人类历史上留下了惊人死亡数字的"天花"，从最初出现到被彻底灭绝的3000多年间夺去了无数人的性命，也给人类带来了巨大的灾难，终于在人类的不懈努力下寿终正寝。

《肘后备急方》

谁被称为"外科鼻祖"

华佗是东汉末期的医学家，与董奉、张仲景并称为"建安三神医"。

众所周知，华佗为我国东汉时期的神医，他不仅精通内、妇、儿、针灸各科，诊疗手段多种多样，而且外科尤为擅长，是我国医学史上第一个施行剖腹手术的外科医生，被后人誉为"外科鼻祖"。

华佗是东汉末期的医学家，与董奉、张仲景并称为"建安三神医"。东汉末年，战乱频繁，给人民带来的不仅有瘟疫流行，还有大量的外伤疾病。但鉴于当时有限的医疗条件，在手术时病人十分痛苦。华佗见到这种状况，立志为病人减轻痛苦。他根据《神农本草经》中关

"外科鼻祖"华佗

于乌头、莨菪子等功效的记载,加之自己的临床经验,又观察喝醉酒人的状况,将几种具有麻醉作用的药放在一起,研制出一种具有麻醉作用对人没有伤害的药,并将其定名为"麻沸散"。华佗又根据平时看到的喝醉酒人的状况,在实施手术前,让病人就着酒喝下麻沸散,从而达到麻醉作用,以减轻病人在手术过程中的痛苦。华佗的这种麻醉技术不仅为中国第一,而且也是世界上第一个使用麻醉技术进行腹腔手术的人,比外国的麻醉技术早了1600多年。《后汉书·华佗传》中记载:"若疾发结于内,针药所不能及者,乃令先以酒服麻沸散,既醉无所觉,因刳(kū,剖开)破腹背,抽割积聚(肿块)。"后来,这种方法在外科手术中被广为应用。

《三国演义》中也有华佗为关公"刮骨疗毒"的故事,虽是传说,且本意是为表明关羽有毅力,能忍耐,但同时也显示了华佗外科医术的高明。正是因为华佗首创麻沸散及其在外科手术方面的贡献,从而有了"外科鼻祖"的称号。

> 正是因为华佗首创麻沸散及其在外科手术方面的贡献,从而有了"外科鼻祖"的称号。

中医为何被称为"岐黄之术"

中医是中国的国粹,是中国古代人民同疾病作斗争时积攒下的经验,也是经过长期医疗实践逐步形成并发展成的医学理论体系。然而中医理论又被称为"岐黄之术"或"岐黄之道",这是为什么呢?

"岐黄之术"中的"黄"指的是轩辕黄帝,"岐"是他的臣子岐伯。黄帝是华夏始祖之一,是中国远古时期部落联盟首领。岐伯,相传和黄帝生活于同一年代,是当时最富有声望的医学家。在黄帝时期,中国中医理论经过长期的总结和试验,已经趋于成熟。黄帝和岐伯都是中医高手,两人经常切磋医技。《帝王世纪》记载道:"(黄帝)又使岐伯尝味百

> "岐黄之术"中的"黄"指的是轩辕黄帝,"岐"是他的臣子岐伯。黄帝和岐伯都是中医高手,两人经常切磋医技。

轩辕氏黄帝

岐伯

草。典医疗疾，令经方、本草、之书咸出焉"。宋代医学校勘学家，林亿等在《重广补注黄帝内经素问·表》中强调："求民之瘼，恤民之隐者，上主之深仁，在昔黄帝之御极也……乃与岐伯上穷天纪，下极地理、远取诸物，近取诸身，更相问难，垂法以福万世，于是雷公之伦，授业传之，而《内经》作矣。"这段话讲的是黄帝常与岐伯、雷公等臣子坐而论道，探讨医学问题，对疾病的病因、诊断以及治疗等原理设问作答，予以阐明。其中很多内容都记载于《黄帝内经》这部医学著作中。

中国古人一般把具有一定法则，又必须学习和掌握的书籍，称作《经》，如儒家的《六经》、老子的《道德经》，以及进行启蒙教育的《三字经》等。至于"内"，则是与"外"的相对之称，古时也有《黄帝外经》的记载，只是后来佚亡了。《内经》加上黄帝的名字，也是表明我国医学文化渊源很早。《黄帝内经》事实上是战国以后的作品，大约成书于秦汉时期，是劳动人民集体的成果。《黄帝内经》包括《素问》《灵枢》两部分，每部分都有引篇。"素"作质（即物质）解，"问"即问题，《素问》就是研究人这个物质体的生理病理问题的意思。《灵枢》的主要内容是研究针刺法的，因此亦称为"针经"。"灵"是灵验，"枢"是机要、枢纽之意，《灵枢》的主要涵义就是必须掌握针刺法的枢机要领才能灵验。《黄帝内经》作为一部医学经典著作，比较全面地构建了中医的理论体系，为中医学的发展奠定了基础，其内容博大精深，除医学方面外，还涉及了哲学、天文、物候、历法等诸多领域，并以这些方面的理论来论证中医学的医理。因此，古人称《黄帝内经》为"上穷天纪，下极地理，远取诸物，近取诸身，更相问难"。意思是说：结合天地间的种种事物，来讨论人体有关生理、病理等方面的医学问题。

因此，《黄帝内经》不是一本单纯的医学著作，它的理论精华和光辉成就，不仅一直煦育着历代医家，指导着临床实践，而且也对世界医学的发展产生过积极影响。在《黄帝内经》中，古人假托黄帝和岐伯的对话阐述医理，这表明了古人对于这两位中国医科鼻祖的敬仰，故之后"岐黄"成了中医的代名词：中医医术自然被称为"岐黄之术"或"岐黄之道"，中医也被称为"岐黄家"，中医理论著作被称为"岐黄书"，中医行业被称为"岐黄业"。

> 在《黄帝内经》中，古人假托黄帝和岐伯的对话阐述医理，这表明了古人对于这两位中国医科鼻祖的敬仰，故之后"岐黄"成了中医的代名词：中医医术自然被称为"岐黄之术"或"岐黄之道"。

行医为何又称作"悬壶济世"

古时人们常将行医治病者称为"悬壶济世",这一词语我们至今还用来颂扬那些救人于病痛之中的医者。那么,"悬壶济世"和行医有什么关系呢,为什么要将行医称为"悬壶济世"呢?

相传有一位壶翁在集市上卖药,在他卖药的地方常悬挂一个壶作为标志,人们便称其为"壶翁"。这本无什么稀奇,但此翁卖的药从不讨价还价,而且,服用药物的人都痊愈了,壶翁甚至能说出病人痊愈的具体时间。更令人广为传诵的是,此壶翁每日卖药可得很多钱,但他都将这些钱施与那些生活贫困的人。于是,民间有了很多关于壶翁的神话传说,还说壶翁曾将医术传给费长房。后来人们开药店行医等都在门前悬挂一个葫芦作为标志,至今不少药店、制药厂等还沿用这一做法。

壶翁的故事虽有神话传说色彩,但史书中也有相关记载。据《后汉书·方术列传·费长房》记载:"费长房者,汝南(今河南上蔡西南)人,曾为市掾。市中有老翁卖药,悬一壶于肆头,及市罢,辄跳入壶中,市人莫之见,唯长房于楼上睹之,异焉。因往再拜,奉酒脯。翁知长房之意其神也,谓之曰:子明日可更来,长房旦日复诣翁,翁乃与俱入壶中。唯见玉堂华丽,旨酒甘肴盈衍其中,其饮毕而出。翁约不听与人言之,复乃就楼上候长房曰:我神仙之人,以过见责,今事毕当去,子宁能相随乎?楼下有少酒,与卿为别……长房遂欲求道,随从入深山,翁抚之曰子可教也,遂可医疗众疾。"晋代葛洪的《神仙传》中也有类似的记载。因此,壶翁悬壶济世的故事在民间流传,后来人们便将行医治病称为"悬壶济世"。

"悬壶济世"的故事虽带有传奇色彩,但揭开其神诞外衣看,费长房确为东汉名医,且用葫芦装药也有一定的道理,因其密封性较好,药物放置其中不易受潮。另外,我们也常见古代的行医者无论到了哪里身上都会背着一个葫芦,且我们至今还有"不知葫芦里卖的什么药"的说法,可见葫芦和药还真有一段渊源呢。

悬壶济世雕刻

"杏林"为何成为医药界的代名词

董奉

在我国，常用"杏林"一词来代表医药界。人们用"杏林春暖"、"杏林春满"、"杏林满园"或"誉满杏林"等词语来赞扬医生的高明医术和高尚医德。很多医学者还自居为"杏林中人"。近现代的一些医药团体和杂志刊物也常以"杏林"命名。那么，"杏林"为何能成为医药界的代名词呢？

据史学家考证，杏林代称医药界是源于三国时期道医董奉的故事。董奉，字君异，福建侯官（今福州）人，与当时的张仲景、华佗齐名。此三人合称"建安三神医"。董奉有不少传奇般的事迹，最有影响的乃是他在庐山行医济世。据晋朝葛洪编的《神仙传》卷十记载："君异居山间，为人治病，不取钱物，使人重病愈者，使栽杏五株，轻者一株，如此十年，计得十万余株，郁然成林……"

等杏熟了，不需拿钱买，只需装一盆米倒入他的米仓，便可自己换取一盆杏。米仓中的米又被董奉拿来救济清贫的民众。为了感谢董奉的善举，有人写了"杏林春暖"的条幅挂在他家门口。董奉去世很多年后，人们在董奉隐居处修建了杏坛、真人坛、报仙坛，以纪念他。许多药店挂上了"杏林春暖"的匾额，以暗喻其店重视医德。"杏林"也逐渐成了中医药行业的代名词。医家每每以"杏林中人"自居。

到药店买药为何称"抓药"

孙思邈

孙思邈常常是采药到哪里，就行医到哪里。从身上的小口袋中取出需用的药给病人服用，慢慢的人们就将买药称为"抓药"。

年长一些的人常将去药店买药称为"抓药"或者是将拿着药方去药店取药称为"抓药"，年轻一些的人可能不明白，这药明明是配出来的，怎么称为"抓药"呢？

相传，"抓药"一词的来历还和唐代的药王孙思邈有关呢。唐代时药王孙思邈为采集到好的药材，常常不畏艰难险阻跋山涉水去采药，由于药的性状、功用不同，不可以混放在一起，于是，孙思邈便专门制作了一个围身，在上面缝了很多小口袋，以方便药材的分类放置和取用。孙思邈常常是采药到哪里，就行医到哪里。在路上遇到病人时，就从身上的小口袋中取出需用的药给病人服用，由于每次需用的药量并不多，就这样一小撮一小撮地从口袋中抓出来。孙思邈采药的足迹遍布大江南北，行医范围也很广，慢慢的人们就将买药称为"抓药"。

后来的药店为了方便药材的分类和使用，就制作出一个个抽屉，在抽屉外面贴上药的名称，并在其中分成若干个小格子，以放置不同的药材。人们来买药时，就从这一个个小格子中抓出一些来称量。老药工常常能需要多少就抓多少，抓得很准，熟能生巧就是这个道理吧。

现在有些地方仍将到药店买药称为"抓药"。

> 老药工常常能需要多少就抓多少，抓得很准，熟能生巧就是这个道理吧。

中药店为何多称"堂"，有何典故

中国中医的治疗效果和治疗方法已经被世界各地的许多地方认可，所以在今天，不管是走在中国的大街上，还是远涉重洋到达海外，都可以找到中药店的身影。关于中药店的名字，不管是在中国还是海外，大都会以"某某堂"来命名，比如被人熟知的同仁堂、宝芝堂，就连现在最流行的网上药店，也会冠上"某某堂"的名字。中药店之名为什么要和"堂"字相关呢？这与医圣张仲景息息相关。

> 中药店之名为什么要和"堂"字相关呢？这与医圣张仲景息息相关。

张仲景名机，字仲景，东汉南阳郡人，生活在东汉桓帝年间，殁于建安末年。张仲景出生在一个没落的官僚家庭，受家庭影响，自幼博览群书，尤其热爱医药专业，善于"勤求古训，博采众方"。经过多年的刻苦钻研和临床实践，张仲景医名大振，成为中国伟大的医学家和世界医史伟人，被称之为"医中之圣，方中之祖"。

汉献帝建安中期，张仲景任长沙太守。当时长沙之地连年瘟疫流行，百姓罹难，死亡的人很多。为了拯救黎民百姓，张仲景在公务繁忙、日理万机的情况下，一边孜孜不倦地钻研医学，一边想尽一切办法为百姓治病。但因为官府礼仪严格，平常百姓想见到张仲景比较困难，所以许多人病情被延误。张仲景将这一切看在眼里，急在心头，最后他想出了一个大胆的办法——坐在官府的大堂上为病人诊脉开方。这样一来，既符合了官府的规矩，张仲景又办公、行医两不误，挽救了许多人命。随后，张仲景在开方之时，经常在自己的名字前冠以"坐堂医生"四个字，一方面表示自己藐视功名，不屑于金钱，另一方面表达了自己为民治病的决心。

张仲景救人图

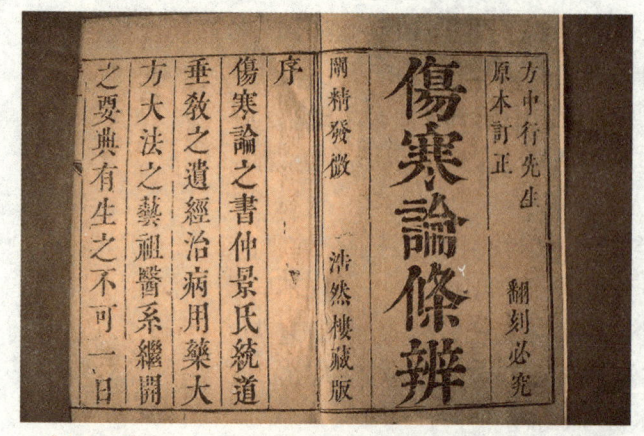

《伤寒论》

之后，东汉王朝四分五裂，疫情也没有停止扩散的脚步，张仲景的家乡最终也未能幸免，出现了"家家有僵尸之痛,室室有号泣之哀"的惨烈景象。在这样的社会背景下，张仲景有官不能做，有家无法回。两难之下，张仲景来到岭南隐居，潜心研究医学，撰写医书。建安十五年，张仲景穷尽毕生精力和心血终于著成了具有划时代意义的临床医学名著——《伤寒杂病论》。《伤寒杂病论》全书共十六卷，经后人整理成为《伤寒论》和《金匮要略》两本书。张仲景在《伤寒杂病论》中表达了自己"感往昔之论丧,伤横夭之莫救"的真实心声，和"上以疗君亲之疾，下以救贫贱之厄，中以保身长全，以养其生"的宏大理想。《伤寒杂病论》成为中国中医史上第一部理、法、方、药全部具备的经典。同时，张仲景本人也因精湛的医术和高尚的医德，被尊为"医圣"，成为后世竞相仿效的对象。因而现在中医在中药店行医，为了表示对张仲景的尊敬，仍然沿用"坐堂医生"的称呼，中药店的牌子也多用"堂"字。

张仲景去世后被葬于南阳（今河南省南阳市），坟墓至今仍然保存完好，成为人们拜谒的地方。后人沿袭张仲景的脚步，也创立了如同仁堂，宝芝堂这样的著名中医品牌，不断地造福于中国以及世界各地的民众，也可以说是完成了"医圣"造福于黎民百姓的伟大理想。

"蒙汗药"和"麻沸散"究竟谁更厉害

"蒙汗药"一词我们常在武侠小说和影视作品中见到，一般认为其主要是由曼陀罗花制成。因曼陀罗的叶子、花和种子含莨菪碱、东莨菪碱等成分，具有麻醉、镇痛作用，人食用后可使肌肉松弛，汗腺分泌受抑制，所以古人将用此做成的药取名为"蒙汗药"。

"蒙汗药"为粉末状，在书中或电视中我们常看到将配制好的蒙汗药搀在酒水里的场景，这样做一来可以遮味儿；二来提高麻醉效果。即使是走南闯北的"老江湖"，稍不留神，也有可能中招。"蒙汗药"的麻醉作用极强，人吃了之后，便会失去知觉，昏睡过去，如同死人。北宋时期的司马光就记载了杜杞用"曼陀罗酒"使千人昏睡进而杀害的阴谋："杜杞字伟长，为湖南转运副使。五溪蛮反，杞以金帛官爵诱出之，因为设宴，饮以曼陀罗酒，昏醉，尽杀之，凡数千人。"在史料中有明确记载的是成书比《桂海虞衡志》稍晚的南宋周去非著的《岭外代答》："广西曼陀罗花，遍生原野。大叶百花，结实如茄子，而遍生小刺，乃药人草

> "蒙汗药"的麻醉程度深，麻醉时间也长，需较长时间才能醒来。而"麻沸散"的麻醉效果和麻醉时间则相对好控制一些。

也。盗贼采干而末之,以置人饮食,使之醉闷,则挈箧而趋。"李时珍在《本草纲目》中也记载其麻醉效果"加以刀斧亦不知"。

据《后汉书》记载,"麻沸散"是东汉末年的"神医"华佗研制的一种用于外科手术的麻醉药,也是世界上最早的麻醉剂。病人"以酒服用麻沸散后,既醉无所觉,因刳破腹背,抽割积聚。若在肠胃,则断截湔洗,除去疾秽,既而缝合,傅以神膏,四五日创愈,一月之间皆平复"。由此可见,在当时使用"麻沸散"麻醉后来做外科手术和现代外科手术的情景几乎一致,"麻沸散"的麻醉效果可见一斑。

制造蒙汗药的曼陀罗花及果实

值得一提的是,"蒙汗药"与酒配伍后,其麻醉效果更佳,只是"蒙汗药"的麻醉程度深,麻醉时间也长,需较长时间才能醒来。而"麻沸散"的麻醉效果和麻醉时间则相对好控制一些。

中国最早的太医署有何用途

太医署最早出现在我国南北朝时期的刘宋政权时期,是从西晋的医政管理兼医疗机构——医署发展而来,但只是名称有所改变,职能大致未变。隋朝时在太医署中设置了医博士、按摩博士、咒禁博士,主要是一些太医们集中在一起办公的地方,但规模不大,设置也不齐全,是一个医学教育行政机构兼医疗机构。唐朝沿袭前朝制度,唐高祖武德七年(624年)在长安建立唐"太医署",规模、功能都比隋朝有所扩大,是我国第一座也是世界上最早的医学专科学校。由于唐朝多位皇帝都很重视医学教育,因此,唐朝的太医署是一个由行政、教

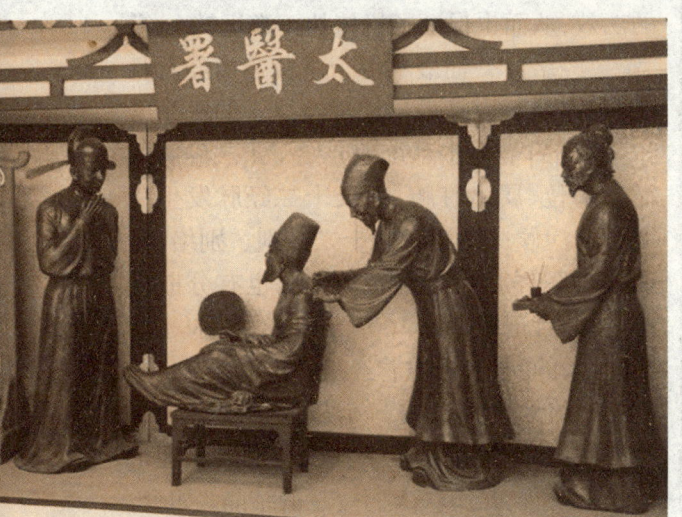

太医署

> 唐高祖武德七年(624年)在长安建立唐"太医署",规模、功能都比隋朝有所扩大,是我国第一座也是世界上最早的医学专科学校。

> 自金代后，金、元、明、清的医政管理兼医疗机构均改称为太医院。

学、医疗、药工四大部分组成的教育行政机构。其中，在医学教育行政方面，对学生的课程安排、考试制度、升、降、留、退等都有一定的规定，而且教师的职称也有博士、助教、师、工等之分。在医学教育方面，分为医、针、按摩、咒禁四大部分，医又分为体疗、疮肿、少小、耳目口齿、角法。这样在制度、学生、教师等方面的详细规定为唐代医学教育的教育质量提供了保障，也为唐代培养出了很多医学人才。这种制度也为以后各代所沿用。北宋时沿袭了唐代的太医署制度，但北宋初年时不再以医学教育为主要职能。宋太宗淳化三年（992年）改太医署为太医局，逐渐恢复了医学教育功能。此后，太医署的名字再也没有启用过，自金代后，金、元、明、清的医政管理兼医疗机构均改称为太医院。

经络学是如何形成的

> 经络学的形成是一个从偶然现象到有意识测试，从简单到复杂并逐步发展成理论的长期过程，是历代人们智慧的结晶。

经络学是人体经络与穴位的科学，它是研究人体经络系统的生理功能、病理变化及其与脏腑、气血津液之间相互关系的理论，是我国传统中医理论的重要组成部分。经络学是我国古代劳动人民和医学家在长期的生活和医疗实践中慢慢探索出来的，是一个长期形成的过程。

经络学是人们的生活经验和医疗实践的总结。古人在生活过程中，尖端物体碰触到身体的某些部位后，身体会有异样的感觉，有时身体的某些疾病竟然神奇般的好了。如当刺刺入虎口时，牙痛竟然会消失；飞来的小石块碰到头时，原本的头痛竟会有所缓解；树枝碰到小腿前部时，腹痛会得到缓解……久而久之，人们便根据生活中的经验，当身体出现某些症状时，便有意识地去测试相应的部位，并将找出的具有相同治疗作用的点连起来，形成"线"，即经络。

另外，经络学还受气功等的影响。气功有打通经络通道、使气血在经络中正常运转的功效，从而也保证了机体的正常运转。

"经络"一词最早见于《黄帝内经》，且《黄帝内经》也是最早记载经络学的医学著作。《黄帝内经》中系统地介绍了十二经脉的循行部位、属络脏腑，以及十二经脉发生病变时的症候；还记载了十二经别、别络、经筋、皮部等的内容；对奇经八脉也有分散的论述；并且记载了约160个穴位的名称。《黄帝内经》的问世，标志着经络学说的形成。

经络学的形成是一个从偶然现象到有意识测试，从简单到复杂并逐步发展成理论的长期过程，是历代人们智慧的结晶。如今，

人体经络图

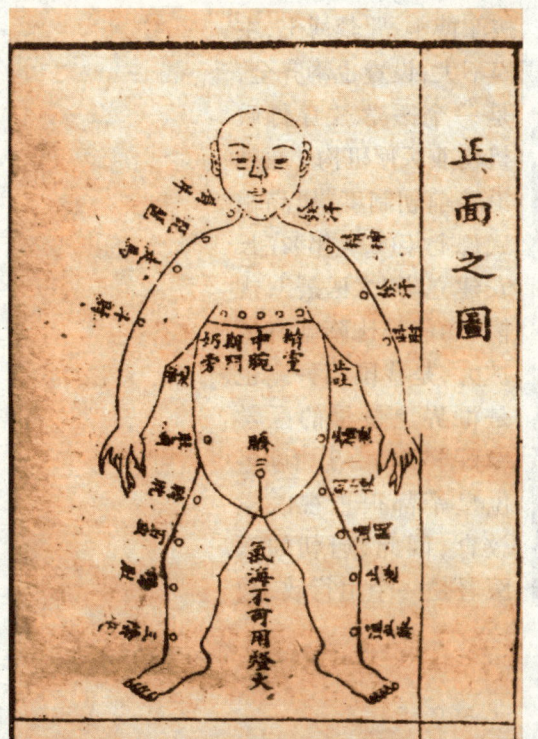

经络学已被广泛应用于临床治疗,针灸、按摩等都是经络学在医疗中的具体运用。

"拔火罐"的疗法始于何时

"拔火罐"是我国传统中医上的一种治疗方法,它是运用特殊的玻璃或陶罐、竹罐等,借助热力,排除罐内空气,使罐内形成负压,从而使罐吸附在皮肤或穴位上,引起皮肤充血或淤血,最终达到温经散寒、行气活血、止痛消肿、拔毒排脓等功效的一种治疗方法。

"拔火罐"疗法历史悠久,在我国民间已流传使用很久。据考古工作发现,在湖南长沙马王堆汉墓出土的帛书《五十二病方》中就已有关于"拔罐疗法"的记载,只是在当时被称为"角法"。这是因为,在当时是使用磨有小孔的牛角筒罩在病患处排吸脓血,故在一些古籍中被称为"角法"。西晋葛洪著的《肘后备急方》中也有关于拔罐疗法的文字记载,此时使用的依然是兽角。隋唐时期,拔罐疗法有了突破性的改进,开始使用竹罐来代替兽角。因竹罐质地轻巧,吸拔力强,加之竹罐材料来源广泛,价格也不贵,这就不仅提高了拔罐疗法的治疗效果,而且也使得拔罐疗法向大众化扩展。宋金元时期,竹罐完全取代了兽角,"拔罐疗法"的名称也由"角法"变为"吸筒法"。明代李时珍的药学巨著《本草纲目》中称之为"火罐气",明代另一位医家陈实功在其外科专著《外科正宗》中则称其为"拔筒法"。到了清代时,拔罐工具又有了一次革新,因竹罐久置干燥后易出现裂缝进而漏气,于是便出现了陶罐,并且出现了我们今天的叫法:火罐。清乾隆年间的赵学敏在其《本草纲目拾遗》一书中已有记述:"火罐:江右及闽中皆有之,系窑户烧售,小如人大指,腹大两头微狭,使促口以受火气,凡患一切风寒,皆用此罐。"而且清代的拔罐方法也有了很大的改进,开始采用有目的的吸拔穴位方法来提高治疗效果。此外,清代的拔罐疗法也不再仅仅以吸毒拔脓为主,开始广泛用于多种病症的治疗。

在随后的长期实践中,又出现了我们今天所使用的玻璃火罐、真空抽气火罐等,治疗范围也大大扩大。

在拔罐疗法2000多年漫长的发展过程中,由于其操作简单,使用方便,效果明显,所以在民间历代沿袭、改进,很受欢迎,至今仍传承不息。作

拔火罐

为一名中国人,在使用传承的同时,我们也有义务把这项传统医疗技术发扬光大。

"刮痧疗法"始于何时

"刮痧疗法"是我国民间的传统疗法之一,它是以我国中医理论为指导,用器具(牛角、玉石)等在皮肤的经络、穴位和病变等部位刮拭,从而达到疏通经络、活血化瘀的功效。

相传,刮痧这种疗法最早来源于旧石器时代,人们身体出现病患时,常会本能地用手或外物去抚摸、抓挠、捶击出现病患的部位,人们发现这样做有时竟然也有缓解病痛的功效。后来,在长期的探索中,民间便逐步形成了砭石治病的方法,也即"刮痧疗法"的雏形。

目前可知的较早记载"刮痧疗法"的是在元代医家危亦林于1337年撰成的《世医得效方》一书中,"痧"字从"沙"演变而来。"沙"被认为是一种病症,而"刮痧"便是将体内痧毒排出体外,从而达到治愈痧症的目的。因刮痧过后,在刮痧部位常会出现红色、紫红色或暗青色的类似"沙"一样的斑点,久而久之,便逐渐演变成为今天我们所熟知的"刮痧疗法"。

刮痧一度被认为是医学上的雕虫小技,登不得大雅之堂。但近年来,这种自然生态、无副作用的自然疗法为越来越多的人所关注和采用,正逐渐发展成为一项独特的临床保健治疗学科。

刮痧板

> 相传,刮痧这种疗法最早来源于旧石器时代,后来,在长期的探索中,民间便逐步形成了砭石治病的方法,也即"刮痧疗法"的雏形。

为何将走访医生称为"铃医"

在今天,如果我们生了病,下楼走不了几步路就能到达社区诊所或者是乡村卫生站,进行初步的诊断和治疗。但是在交通并不便利的中国古代,怎样才能让患者尽快就诊问医,得到及时治疗呢?在这种情况下,"铃医"就成为给中国古代平民百姓提供基本医疗服务的最直接人员。

"铃医",亦称"走乡医"、"串医"或"走乡药郎",即游走江湖的民间医生,因以摇铃招徕病家,故而得名。"铃医"历史悠久,相传始于宋代的"铃医"李次口,之后世代相沿,至宋元时开始盛行。"铃医"的医学常识大多为家传师授,他们有的肩挑药囊(篓),悬挂葫芦;有的肩背药箱(篮),手摇铜铃、串铃或弹拍竹鼓;有的手举自己的招牌,上面写有"路

> "铃医"虽然大多出身卑微,但他们在多年传承的行医过程中积累了许多丰富的经验,为中国古代广大基层劳动人民提供了方便,同时也成就了不少名医。

顺堂"三字或一些秘方；有的则慢步呼喊治病用药及介绍用法及疗效。民国时期，广东澄海樟东一带常有"走乡医"穿街过巷，口中吆喝着"剑波丸，专治腹痛、腹泻、食积伤脾"，"双剑铜青膏药，专治疔疮瘰疬，拔毒生肌，贴着就好"等。不论是摇铃、弹拍竹鼓，抑或吆喝，都是为了引起患病之人或其家人的注意。

铃医

"铃医"虽然大多出身卑微，但是却为中国古代的医疗工作作出了巨大贡献。他们在多年传承的行医过程中积累了许多丰富的经验，为中国古代广大基层劳动人民提供了方便，同时也成就了不少名医。先秦时期的"脉学之宗"扁鹊，三国时期的"神医"华佗，以及明代著有"东方医药巨典"的李时珍的父亲都是"铃医"出身。清代名医赵学敏和"铃医"赵柏云合作采集民间药方，撰成由江湖郎中医术方药经验汇编而成的医学著作——《串雅内、外编》。该书收集了"铃医"们"截药"、"串药"等治病方法，之所以定名为"串雅"，就是为了让千百年不受重视的民间医疗经验，登上大雅之堂。赵柏云在书中写得很清楚："顶串诸术，操技最神，而奏效甚速⋯⋯药物不取贵"，有"灵验"与"价廉"的特色，最符合底层民众的需要。

除了普通人民大众需要"铃医"，有时许多达官贵人也离不开"铃医"。《夷坚丙志·韩太尉》记载："迁御医王继先诊之，曰：'疾不可为也，时气息已绝'。适草泽医过门，针其四体至再三，鼻息拂拂，微能呻吟。"由此可见，"铃医"虽为民间医生，但其中也卧虎藏龙，不乏医技高超者。在《红楼梦》中，贾宝玉病重时，太医无措，贾府只好派人到城外破寺请来"铃医"毕知庵为其诊病。书中记载："悲喜激谢忧忿滞中，脉气沉静，神安郁散，服药调治乃安。"看来贵为钟鸣鼎食之家的贾府，有时也要求助于"铃医"。

"铃医"作为社会底层的医疗人员，需要面对艰苦的工

铃医用的铜串铃

> 除了普通人民大众需要"铃医"，有时许多达官贵人也离不开"铃医"。

窥探文化真相

铃医扁鹊

作条件和生活环境，但"扬仁义之德，怀济世之志"是"铃医"们始终恪守的教诲。无论寒冬腊月，还是炎夏酷暑，为了悬壶济世的职业操守和生计，"铃医"们都要风雨无阻地奔走于乡村山寨之间，为患病的人提供帮助，这让他们成为广大底层百姓最为信赖的人之一。据载，清代康熙年间，澄海浦大井乡有一位"铃医"，名叫林含铃，又命林俊荣。林含铃自幼学医，医术精湛，常年奔走于澄海至饶平一带的乡间，为老百姓们排忧解难，被尊称为"含铃仙"。林含铃日日沐风栉雨，风餐露宿，生活相当艰苦。相传有一天他夜宿在隆都陇下"马宫"的地上，突然联想到自己年老体弱时，难以适应这种漂泊不定的流浪生活，故而顿生能有一个安定住所的愿望。也许是济世救人的善举感动了天地，这天夜里，林含铃竟然梦见有一老翁对他说：当他来到肩挑药囊绳断之地，就是他安居创业之所。之后有一天，林含铃肩挑药囊走至隆都鹊巷卢厝时，突然风起云涌、雷电交加，肩上的绳子断裂，药囊掉于地上。梦境得到了验证，林含铃受到启示后立刻四处凑钱置地，在卢厝创设"长安堂"药材铺，出售按师传秘方制作的"眼药散"、"食积伤脾散"等疗效甚佳的中成药，立刻闻名遐迩。至今已过了280多年，林含铃的子孙后世已延续至第十四代，多数后人都继承了先祖衣钵，从事医科。林氏后人在卢厝建立"俊荣公厅"，将扁担及药囊悬挂于栋梁之上，将"铜铃"挂在"长安堂"的招牌上，以表深切怀念之情。

其实大多数"铃医"只是略懂医术，诊治病人时多依据的是一些民间疗法，如针灸、刮痧、拔罐、推拿、艾灸等方法；也有些"铃医"只是擅长某些病症，医技并不全面；还有些"铃医"几乎不懂医术，单凭三寸不烂之舌骗取患者钱财，完全是滥竽充数。因此社会上对"铃医"的褒贬不一。但是应当注意的是，在等级森严的封建社会，处于社会底层的黎民大众很多看不起病，吃不起药，患的又多是些伤风感冒、跌打损伤的小病，对医生的诊疗技术要求并不高，所以才会诞生"铃医"这一职业，来满足社会底层人民对医疗和药物的需要。可以说没有"铃医"，中国的古代民众不知还要遭受多少病痛和死亡。同时，"铃医"也使一些民间偏方和治疗手段得已传承，促进了中医学的发展。因此，"铃医"这个职业虽然平凡，但是却具有非常伟大的历史意义。

> 可以说没有"铃医"，中国的古代民众不知还要遭受多少病痛和死亡。同时，"铃医"也使一些民间偏方和治疗手段得已传承，促进了中医学的发展。

清代宫廷如何治病用药

清代皇帝、后妃、皇子、公主等人生病,都由太医院太医诊断、开方、配药,进行治疗。太医院为宫中的医疗机构,最高首领叫院使,下设御医、医士、医生等,统称太医。

值班太医为皇帝看病时,都要由御医房的太监带领前往。太医和太监都要在药方上签名。煎药时,太医和太监在旁边监视。煎好后分两杯装,一杯由主治太医先尝,太监也要尝一点;另一杯进呈皇帝服用。

皇帝服药后,如果病情不见好转,甚至病情加剧或死亡,太医就要被治罪,甚至被杀头。皇帝到外地出巡时,也要有太医跟随,随时应召给皇帝治病。

另外,后妃、皇子、公主等生病时,他们治病的方法也与皇帝相同。

> 太医和太监都要在药方上签名。煎药时,太医和太监在旁边监视。

清宫嫔妃所用各种药盒

造纸术真是蔡伦发明的吗

造纸术是中国四大发明之一,同时也是人类文明发展史上的一项杰出的发明与创造。有关于造纸术的发明,一般人们都普遍认为是东汉宦官蔡伦所为,但也有一些人认为造纸术并非蔡伦的发明。是也?非也? 历来众说纷纭。

《后汉书·蔡伦传》是认为蔡伦发明造纸术的最主要依据,书中记载道:"自古书契多编以竹简,其用缣帛(即按书写需要裁好的丝织品)者谓之为纸。缣贵而简重,并不便于人。(蔡)伦乃造意用树肤、麻头及敝布、渔网,以为纸。元兴元年,奏上之。帝善其能,自是莫不从用焉,故天下咸称'蔡侯纸'。"《后汉书》的作者范晔使用的"造意"一词,即包含有发明创造的意思。《后汉书》在当时和历史上都具有重要意义和地位,加之对蔡伦造纸的记录非常明确,所以在没有其他历史文献为证的情况下,后人就认为:是东汉蔡伦发明了造纸术。还有一些学者把蔡伦向汉和帝刘肇献纸的公元 105 年,作为纸的诞生年份。

然而,《后汉书》关于蔡伦造纸的说法与其他古代文献记载有很大出入。关于蔡伦事迹的最早历史记载,当推东汉时官修的国史《东汉观

> 《后汉书·蔡伦传》是认为蔡伦发明造纸术的最主要依据。然而,《后汉书》关于蔡伦造纸的说法与其他古代文献记载有很大出入。

蔡伦

记·蔡伦传》，后人援引之中原话记载："黄门蔡伦，典作尚方作纸，所谓'蔡侯纸'也。"认为蔡伦只是主管少府所属尚方造纸，并非发明了纸。《东汉观记》成书于东汉桓帝元嘉元年，距蔡伦之死还不足30年，故而较为可信。

此外，认为造纸术不是蔡伦发明的理由，从其他许多史籍中也能寻到踪迹。早在蔡伦以前，就有一些关于纸的记载。如《三辅旧事》上曾说：卫太子刘据鼻子很大，汉武帝不喜欢他。心怀不轨的江充给他出了个主意，让他再去见武帝时"当持纸蔽其鼻"。太子听信了江充的话，用纸将鼻子掩盖住，进宫去见父亲，没想到令汉武帝雷霆震怒，太子刘据完全失宠。又如《汉书·赵皇后传》记载：汉成帝的宠妃赵合德要害死后宫女官曹伟能，就派人送去毒药和一封"赫蹏书"，逼曹伟能自杀。据东汉人应劭解释："赫蹏"即"薄小纸也"（后来称为丝绵纸）。再如《后汉书·贾逵传》中记载：公元76年，汉章帝令贾逵选20人教以《左氏传》，并"给简、纸经传各一通"。以上这些有关纸的文献记载，均早于公元105年，即蔡伦向汉和帝献纸的那一年，有力地反驳了"蔡伦发明造纸术"这一观点。

其实要弄清楚"蔡伦是否发明造纸术"这个问题，还要从纸的定义和起源开始说起。中国是世界上最早养蚕织丝的国家。古人以上等蚕茧抽丝织绸，剩下的恶茧、病茧等则用漂絮法制取丝绵。漂絮完毕，篾席上会遗留一些残絮。当漂絮的次数多了，篾席上的残絮便积成一层纤维薄片，经晾干之后剥离下来，可用于书写。这种漂絮的副产物数量不多，在古书上称它为赫蹏、赫蹄或方絮。这表明了中国造纸术的起源同丝絮有着渊源关系。许多学者认为在蔡伦之前古代文献中所提到的纸，都是丝质纤维所造的，实际上不是纸，只是漂丝的副产品，但由于造价昂贵和数量稀少，故在社会上并没有被广泛使用。但在1957年5月，西安东郊考古出土了西汉时期的一种纸——灞桥纸。灞桥纸色泽暗黄，纸面较为平整、柔软，呈薄片状，有一定强度。经鉴定发现，灞桥纸的主要原料为大麻，间有少许苎麻，经过切断、蒸煮、舂捣及抄造等简易处理过程而成。如果这种植物性材质的纸可以被定义为"纸"的话，那造纸术的发明时间就要大大提前了，由东汉变为西汉，而且造纸术的最初发明人由蔡伦变为了西汉的劳动人民。到了东汉和帝时，尚方令（职掌管理皇室工场、负责监造各种器械）蔡伦运用少府尚方作坊充足的人力、物力，监制出一批精工于前世的良纸，于元兴元年（公元

> 认为造纸术不是蔡伦发明的理由，从其他许多史籍中也能寻到踪迹。早在蔡伦以前，就有一些关于纸的记载。

105年）奏上，经推广后，"自是天下莫不从用焉"。所以说蔡伦改进了造纸术的说法才更为恰当，故现今的中学教科书也将"蔡伦发明造纸术"改为"蔡伦改进造纸术"。

其实，不论蔡伦是造纸术的发明者，还是造纸术的改良者，造纸术都是中国的伟大发明，是我国人民对世界文明的伟大贡献，这一历史定论是无可非议的。

传统工艺造纸

指南针为何指北却叫"指南针"

指南针是中国历史乃至世界历史上的一项伟大发明，它原理简单、结构也不复杂，但是却意义重大，被马克思誉为："预兆资产阶级社会到来的三项伟大发明"之一。令人感到疑惑的是，不论是起初的司南、指南车，还是后来的指南针，都是既指南方也指北方，但却把命名的方向都放在了"南"字上，这是为什么呢？

指南针的发明是中华民族劳动人民在长期的实践中对物体磁性认识的结果。中国古代劳动人民很早就发现了磁石的吸铁性，并加以合理利用，许多古代文献中都有对于利用磁石的相关记载。公元前7世纪成书的《管子·地数》中写道："上有磁石者，下有铜金。"这句话的意思是：如果山上有磁石时，山里就藏有铁矿。地理名著《山海经》中也记载道："题灌山中多磁石。"《水经注》里记载了秦国阿房宫曾用磁石制成大门，防备有人进宫谋刺暗杀，如果图谋不轨者暗披盔甲、暗藏兵器入宫，就会被磁门吸住而被发现。后来在长期的生产活动中，我国劳动人民进一步利用磁体的指极性，制成指示方向的机械，名为"司南"，也就是最早的指南针。

关于司南，在《韩非子·有度篇》中和《鬼谷子》两部书中均有记载。在《鬼谷子》中记载道，郑国人到深山密林中去采集玉石时，为了辨清方向避免迷路，就带着"司南"。东汉王充在《论衡》中描述过"司南"："司南之杓，投之于地，其柢指南。"后人根据这句话考证认为，司南是用天然磁石琢成勺形，它的勺底呈球状，勺呈椭圆状，勺柄通体渐渐缩成柱状。为了确定方向，"司南"还配有一个"地盘"，为铜质或涂漆木制盘，中央有平滑圆槽，形状可能是内圆外方，盘框之上刻画出定向的刻

将磁勺投于地盘中央时，它的柄部就会大体停止在指南的方位上。这可能是司南之所以被称为"南"的最根本原因。

指南针的发明是中华民族劳动人民在长期的实践中对物体磁性认识的结果。

窥探文化真相

司南指南针

可以说，如果没有中国人民发明的司南和指南针，欧洲的航海事业就会滞后，哥伦布发现新大陆的时间可能还要向后推许多年。

度，用"干"、"支"（即甲、乙、丙、丁……和子、丑、寅、卯……）以及八卦等表明24方位。将磁勺投于地盘中央时，它的柄部就会大体停止在指南的方位上。这可能是司南之所以被称为"南"的最根本原因。

通过以上对司南的叙述可以发现，古人在发明司南的时候只是利用了磁石辨明方向的特点，但是并不通晓其中的原理。11世纪中叶时，我国大科学家沈括曾在他的《梦溪笔谈》中介绍了指南针的人工磁化方法、磁偏角的发现和指南针的架设方法，但是当提到指南针为什么会指南时却说："磁石之指南……莫可原其理！"随后，文人学者们从阴阳五行学说出发，结合当时人们对大地形状的认识，提出各种指南针理论。成书于宋代的《管氏地理指蒙》中这样推断："磁针是铁打磨成的。铁属金，按五行生克说，金生水，而北方属水，因此北方之水是金之子。铁产生于磁石，磁石是受阳气的孕育而产生的，阳气属火，位于南方，因此南方相当于磁针之母。这样，磁针既要眷顾母亲，又要留恋子女，自然就要指向南北方向。"也就是说，中国古人的指南针理论，是建立在阴阳五行学说基础上的"感应说"。指南针的命名，也和中国古代的五行理论有很大关系。

中国古代劳动人民发明的司南，在之后的历史发展中逐渐演变成了"指南鱼"、"旱针"、"水针"等重要的工具，也是现代指南针（磁罗盘）的雏形。可以说，如果没有中国人民发明的司南和指南针，欧洲的航海事业就会滞后，哥伦布发现新大陆的时间可能还要向后推许多年。因而这样一项伟大的发明，是叫指南针还是指北针已经不那么重要了。

趣闻传说

细细品味——你不知道的趣闻传说

最有趣的典故趣闻　最地道的土腔土韵

最浓烈的地方记忆　最难忘的思乡情结

最超强的视觉享受　最难忘的文化之旅

不可不知

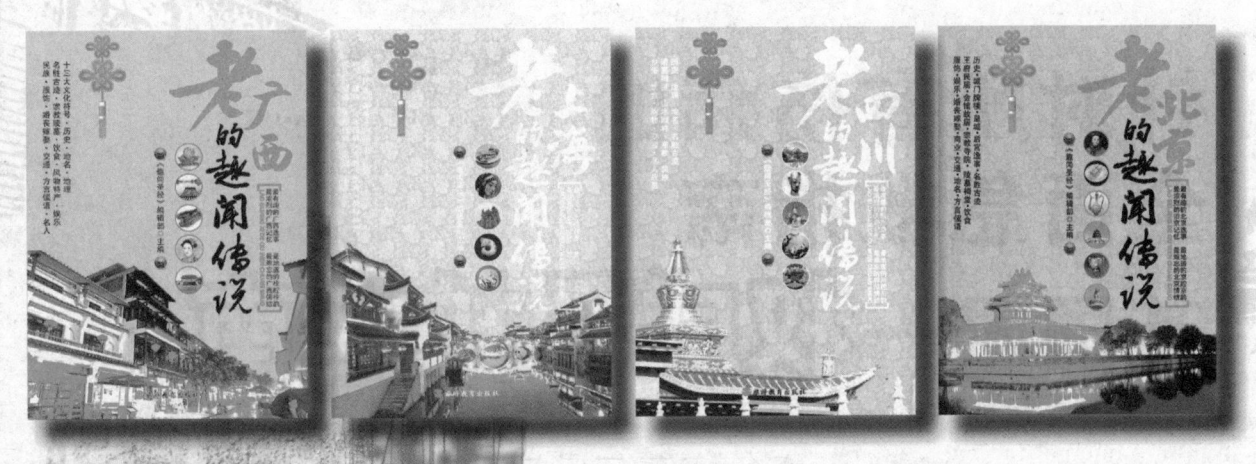

大千世界，你该多知道一点……

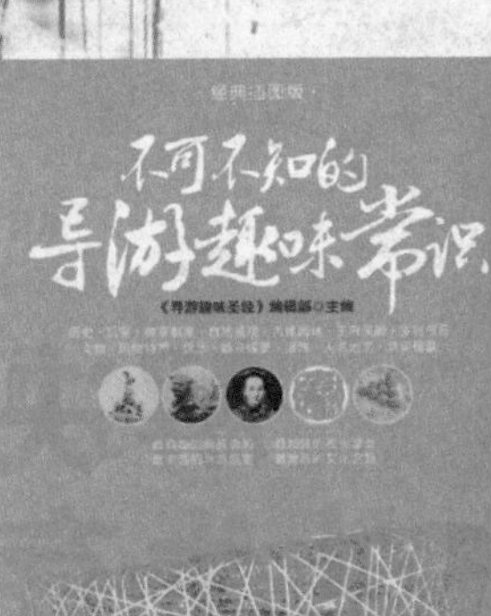

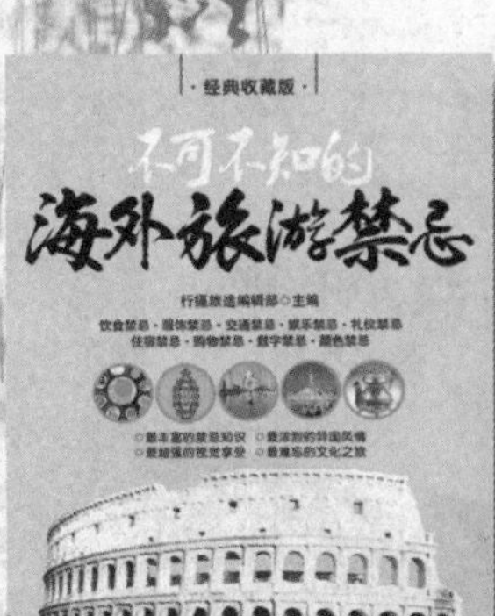

《急救手册》

全球已累计畅销过千万册

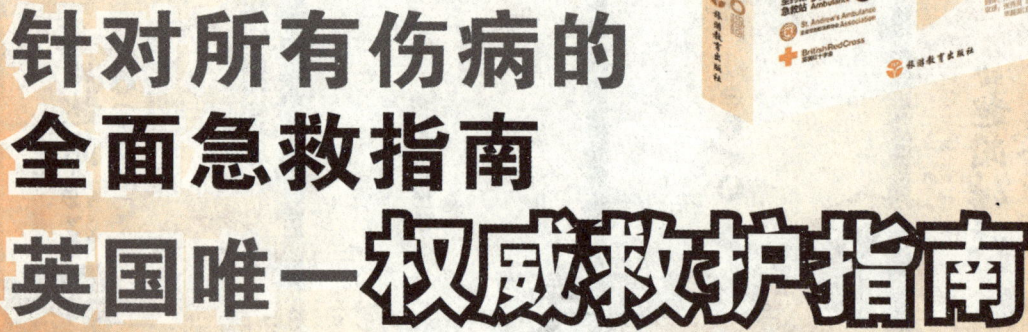

针对所有伤病的
全面急救指南
英国唯一**权威救护指南**

《生存手册》

解决所有
户外生存难题
背包客户外求生秘籍

WAN QUZN ZHI NAN
玩全指南

享玩全球 全年无休。
地图详尽，标志清楚，景点全览秘籍，绝不迷路。
尽享度假时光。

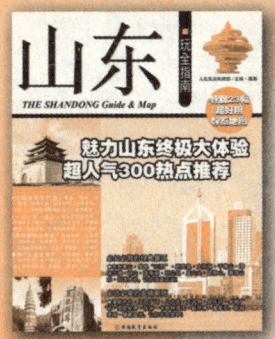

策　　划:丁海秀　李荣强
责任编辑:李荣强
部分图片提供:微图网

图书在版编目(CIP)数据

文化真相/《文化真相》编辑部主编. - 北京:旅游教育出版社,2013.1
(窥探)
ISBN 978 - 7 - 5637 - 2536 - 6

Ⅰ.①文… Ⅱ.①文… Ⅲ.①文化史—中国—通俗读物 Ⅳ.①K203 - 49

中国版本图书馆CIP数据核字(2012)第 307040 号

窥探——文化真相

《文化真相》编辑部　主编

出版单位	旅游教育出版社
地　　址	北京市朝阳区定福庄南里1号
邮　　编	100024
发行电话	(010)65778403 65728372 65767462(传真)
本社网址	www.tepcb.com
E - mail	tepfx@163.com
印刷单位	北京世艺印刷有限公司
经销单位	新华书店
开　　本	787mm×1092mm　1/16
印　　张	36
字　　数	683 千字
版　　次	2013 年 3 月第 1 版
印　　次	2013 年 3 月第 1 次印刷
印　　数	1－8000 册
定　　价	49.80 元

(图书如有装订差错请与发行部联系)